메가스터디
문제기본서
CPR

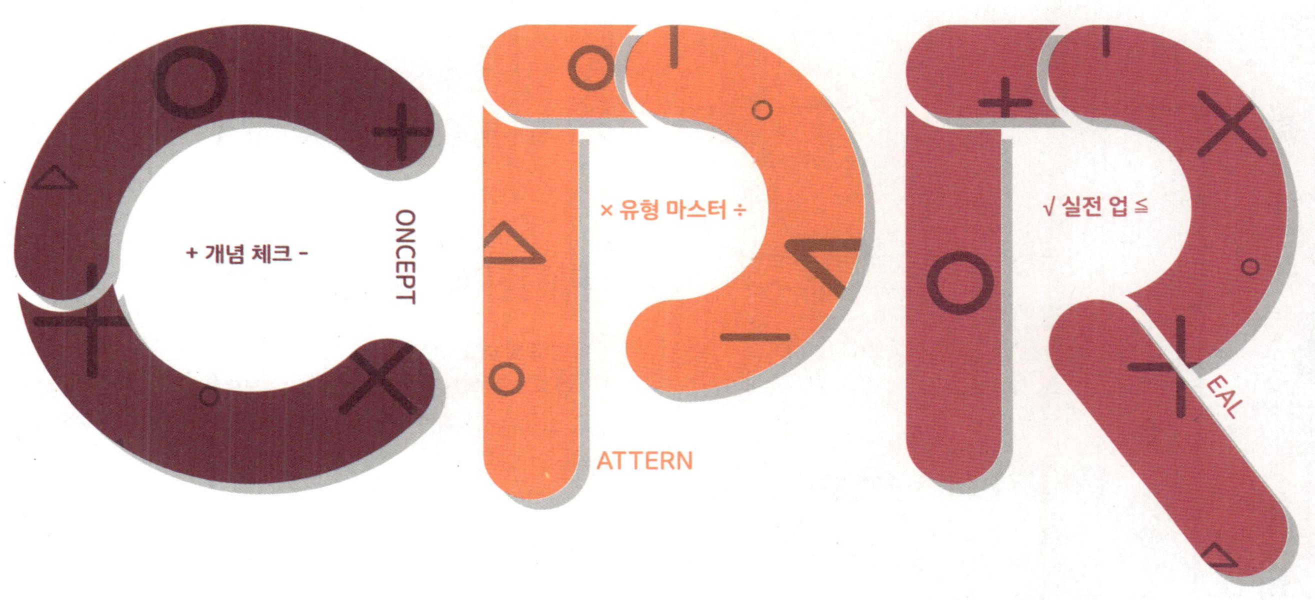

중학수학

3 · 2

구성 과 특징

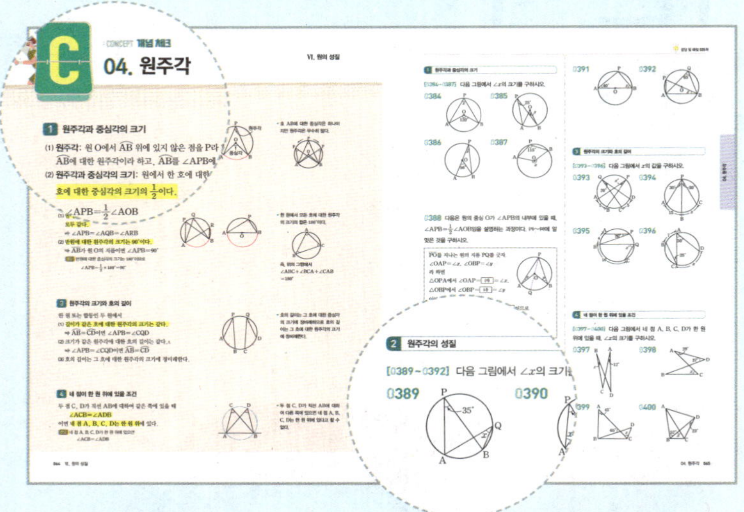

: CONCEPT 개념 체크

핵심 개념 정리
교과서의 내용을 철저히 분석하여 학습할 내용의 기본적인 개념, 원리, 법칙을 정리하였습니다.

개념 확인 문제
왼쪽 페이지에서 학습한 내용을 바로 적용하여 풀 수 있는 문제를 제시하여 핵심 개념을 제대로 파악했는지 확인할 수 있게 하였습니다.

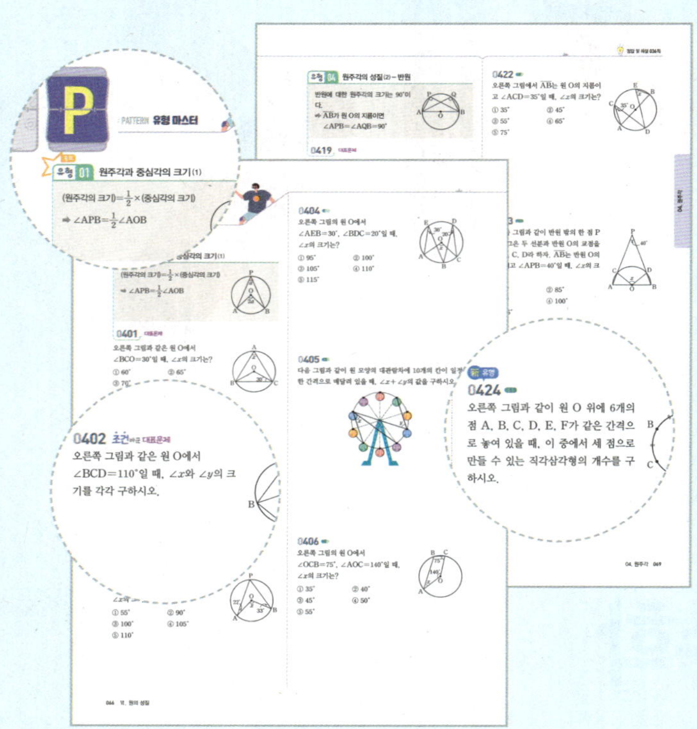

: PATTERN 유형 마스터

유형명 및 해결 전략
기출문제를 철저히 분석하여 유형을 분류하고, 각 유형에 따른 해결 전략을 제시하여 해당 유형을 완전하게 학습할 수 있도록 하였습니다.

대표문제
분석한 기출문제를 바탕으로 해당 유형의 대표문제를 선정하였습니다.

○○ 바꾼 대표문제
대표문제에서 숫자, 표현, 조건 등을 바꾼 변형 문제를 대표문제 다음으로 제시하여, 한 번 더 푸는 반복 학습을 통해 해당 유형에 익숙해질 수 있도록 하였습니다.

新 유형
교과서를 분석하여 창의·융합, 추론, 문제 해결 등의 수학적 사고력을 키울 수 있는 문제를 신유형 문제로 제시하였습니다.

✎ 서술형
시험에서 비중이 높아지는 서술형 문제를 제시하였습니다.

교과서를 분석한 3단계 시스템
교과서의 흐름인 '예제 – 유제(따라하기) – 문제'의 3단계를 통하여 각각의 유형을 완벽하게 마스터할 수 있도록 하였습니다.

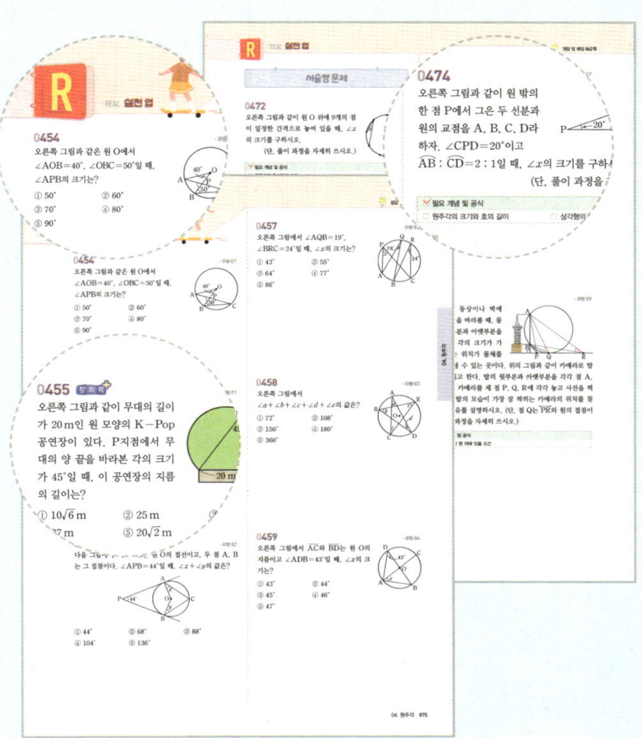

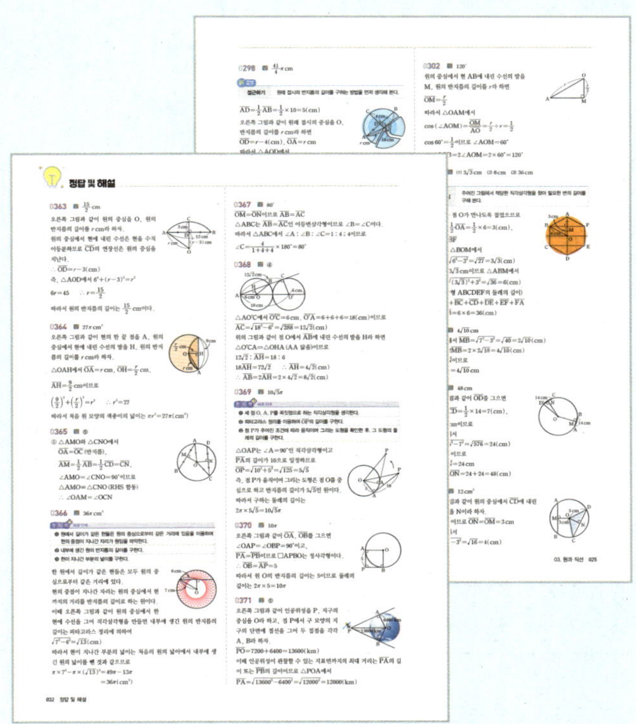

정답만을 모아 빠르게 확인할 수 있도록 SPEED CHECK를 해설 앞에 첨부하였습니다. 자세한 해설은 정답 및 해설을, 채점을 위한 정답 확인은 SPEED CHECK를 이용하면 편리합니다.

: REAL 실전 업

완벽한 실전 대비 문제

실제 학교에서 출제하는 시험 문제 수준의 문제를 제시하여 학습한 내용을 스스로 평가하고, 실전에 대비할 수 있도록 하였습니다. 이때 문항별로 해당 유형을 링크하여 어떤 유형의 문제인지 알 수 있게 하였습니다.

창의력+

수학적 창의력을 기를 수 있는 소재를 선정하여 단원당 1~2문제의 창의력 + 문제를 제시하여 종합적인 문제 해결 능력을 기를 수 있도록 하였습니다.

서술형 문제

시험에서 비중이 높아지는 서술형 문제를 제시하였습니다. 이때 꼭 이용해야 하는 개념 및 공식을 함께 제시하여 서술하는 과정에 도움을 줄 수 있도록 하였습니다.

정답 및 해설

다른 풀이

일반적인 풀이 방법 이외에 더 쉽고 빠르게 풀 수 있는 다른 풀이를 제시하여 문제를 다각도로 볼 수 있게 하였습니다.

선생님 톡 톡

선생님이 직접 전하는 문제 해결의 노하우 또는 주의 사항 등을 제시하였습니다.

해결 속 칠판

문제를 해결하기 위해 필요한 추가적인 개념 또는 원리를 제시하였습니다.

新 유형 접근하기

신유형 문제에 대한 접근 방법을 제시하여 문제 해결에 도움이 될 수 있도록 하였습니다.

창의력+ 해결 단계

창의력 + 문제를 해결하기 위한 논리적 사고 과정의 흐름을 단계별로 제시하여, 어떤 과정을 거쳐 답이 도출되는지를 파악할 수 있게 하였습니다.

차 례

01

삼각비

01. 삼각비

1 삼각비의 뜻

(1) **삼각비**: 직각삼각형에서 두 변의 길이의 비

(2) $\angle B = 90°$인 직각삼각형 ABC에서 $\angle A$, $\angle B$, $\angle C$의 대변의 길이를 각각 a, b, c라 하면

① $\angle A$의 **사인**: $\dfrac{(높이)}{(빗변의 길이)}$ ➡ $\sin A = \dfrac{a}{b}$

② $\angle A$의 **코사인**: $\dfrac{(밑변의 길이)}{(빗변의 길이)}$ ➡ $\cos A = \dfrac{c}{b}$

③ $\angle A$의 **탄젠트**: $\dfrac{(높이)}{(밑변의 길이)}$ ➡ $\tan A = \dfrac{a}{c}$

참고 • sin, cos, tan는 각각 sine, cosine, tangent를 줄여서 쓴 것이다.
　　　• $\sin A$, $\cos A$, $\tan A$에서 A는 $\angle A$의 크기를 나타낸 것이다.

주의 한 직각삼각형에서도 삼각비를 구하고자 하는 기준각에 따라 높이와 밑변이 바뀐다. 이때 기준각의 대변이 높이가 된다.

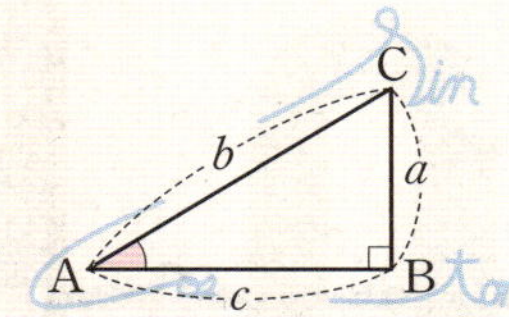

• $\sin A$, $\cos A$, $\tan A$를 통틀어 $\angle A$의 삼각비라 한다. 이때 삼각비는 직각삼각형에서만 생각한다.

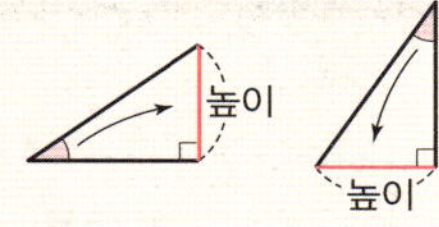

2 30°, 45°, 60°의 삼각비의 값

30°, 45°, 60°의 삼각비의 값은 다음과 같다.

삼각비 ＼ A	30°	45°	60°
$\sin A$	$\dfrac{1}{2}$	$\dfrac{\sqrt{2}}{2}\left(=\dfrac{1}{\sqrt{2}}\right)$	$\dfrac{\sqrt{3}}{2}$
$\cos A$	$\dfrac{\sqrt{3}}{2}$	$\dfrac{\sqrt{2}}{2}\left(=\dfrac{1}{\sqrt{2}}\right)$	$\dfrac{1}{2}$
$\tan A$	$\dfrac{\sqrt{3}}{3}\left(=\dfrac{1}{\sqrt{3}}\right)$	1	$\sqrt{3}$

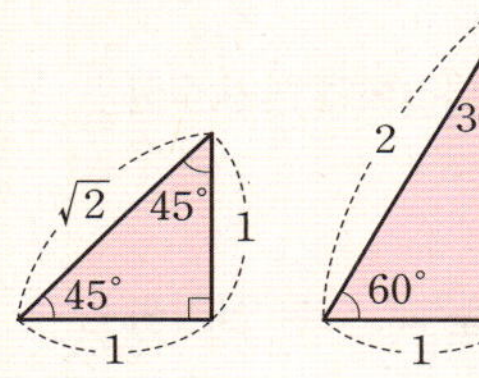

• $\sin 30° = \cos 60°$
　$\sin 45° = \cos 45°$
　$\sin 60° = \cos 30°$

• $\sin^2 x = (\sin x)^2$
　　　$= \sin x \times \sin x$

참고 (1) 45°의 삼각비의 값

오른쪽 그림과 같이 직각을 낀 두 변의 길이가 1인 직각이등변삼각형의 빗변의 길이는 $\sqrt{2}$이므로

$$\sin 45° = \frac{1}{\sqrt{2}} = \frac{\sqrt{2}}{2}, \ \cos 45° = \frac{1}{\sqrt{2}} = \frac{\sqrt{2}}{2}, \ \tan 45° = 1$$

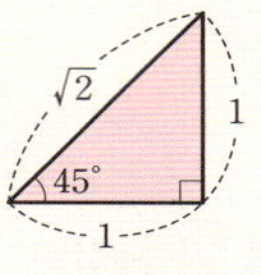

(2) 30°, 60°의 삼각비의 값

오른쪽 그림과 같이 한 변의 길이가 2인 정삼각형의 높이는 $\sqrt{3}$이므로

$$\sin 30° = \frac{1}{2}, \ \cos 30° = \frac{\sqrt{3}}{2}, \ \tan 30° = \frac{1}{\sqrt{3}} = \frac{\sqrt{3}}{3}$$

$$\sin 60° = \frac{\sqrt{3}}{2}, \ \cos 60° = \frac{1}{2}, \ \tan 60° = \sqrt{3}$$

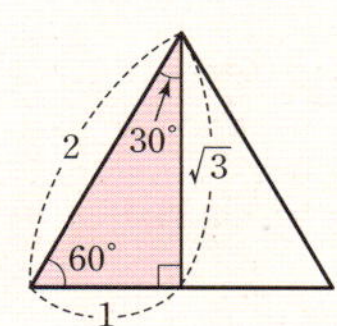

1 삼각비의 뜻

[0001~0006] 오른쪽 그림의 직각 삼각형 ABC에서 다음 삼각비의 값을 구하시오.

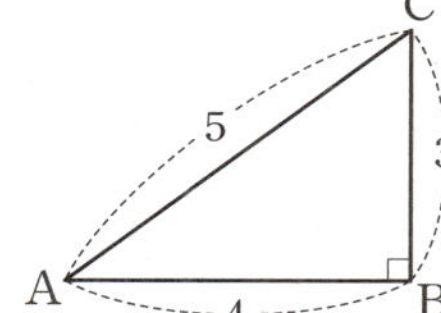

0001 $\sin A$

0002 $\cos A$

0003 $\tan A$

0004 $\sin C$

0005 $\cos C$

0006 $\tan C$

[0007~0008] 오른쪽 그림의 직각삼각형 ABC에 대하여 다음 물음에 답하시오.

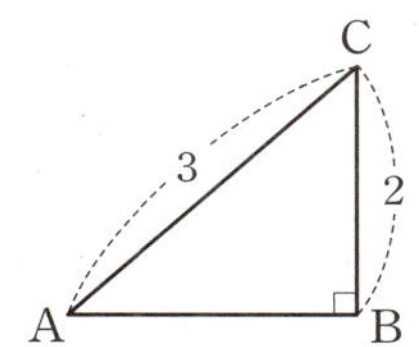

0007 $\overline{AB}$의 길이를 구하시오.

0008 $\sin C$, $\cos C$, $\tan C$의 값을 차례로 구하시오.

[0009~0011] 직각삼각형 ABC에서 삼각비의 값이 다음과 같이 주어질 때, x의 값을 구하시오.

0009 $\sin B = \dfrac{2}{3}$

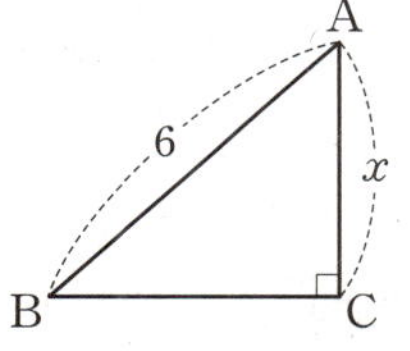

0010 $\cos A = \dfrac{\sqrt{3}}{2}$

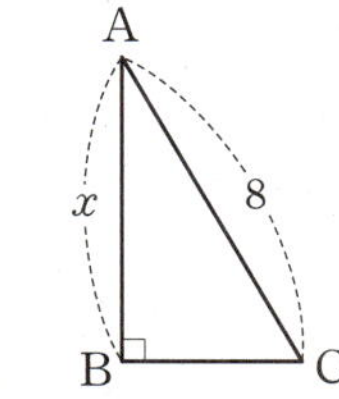

0011 $\tan A = \dfrac{\sqrt{5}}{5}$

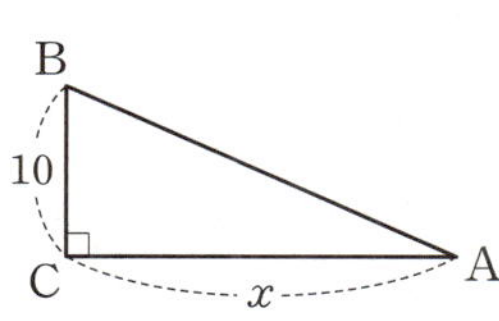

2 30°, 45°, 60°의 삼각비의 값

[0012~0019] 다음을 계산하시오.

0012 $\sin 30° + \cos 60°$

0013 $\cos 30° - \sin 45°$

0014 $\tan 60° \times \tan 30°$

0015 $\sin 60° \times \tan 60°$

0016 $\sin 45° \div \cos 45°$

0017 $\sin^2 30° + \cos^2 30°$

0018 $\sin 60° + \cos 30° + \tan 45°$

0019 $\sin 30° - \tan 45° + \cos 60°$

[0020~0022] $0° < x < 90°$일 때, 다음을 만족시키는 x의 크기를 구하시오.

0020 $\sin x = \dfrac{\sqrt{2}}{2}$

0021 $\cos x = \dfrac{\sqrt{3}}{2}$

0022 $\tan x = \sqrt{3}$

[0023~0026] 삼각비의 값을 이용하여 다음 그림에서 x, y의 값을 각각 구하시오.

0023
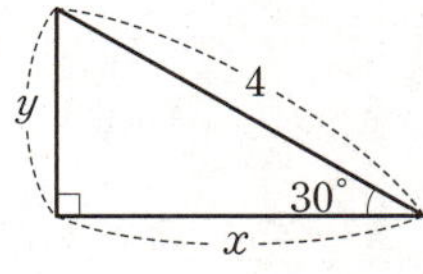

0024
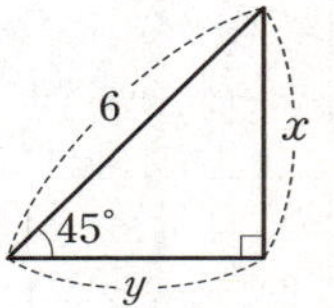

0025
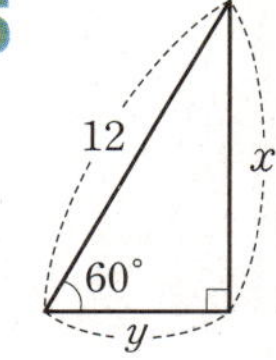

0026
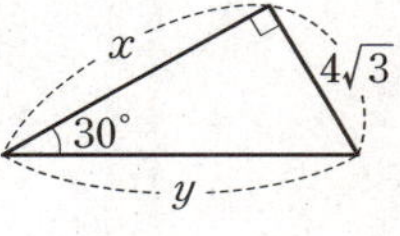

3 예각의 삼각비의 값

(1) 예각의 삼각비의 값

반지름의 길이가 1인 사분원에서 임의의 예각 x에 대하여

① $\sin x = \dfrac{\overline{AB}}{\overline{OA}} = \dfrac{\overline{AB}}{1} = \overline{AB}$

② $\cos x = \dfrac{\overline{OB}}{\overline{OA}} = \dfrac{\overline{OB}}{1} = \overline{OB}$

③ $\tan x = \dfrac{\overline{CD}}{\overline{OD}} = \dfrac{\overline{CD}}{1} = \overline{CD}$

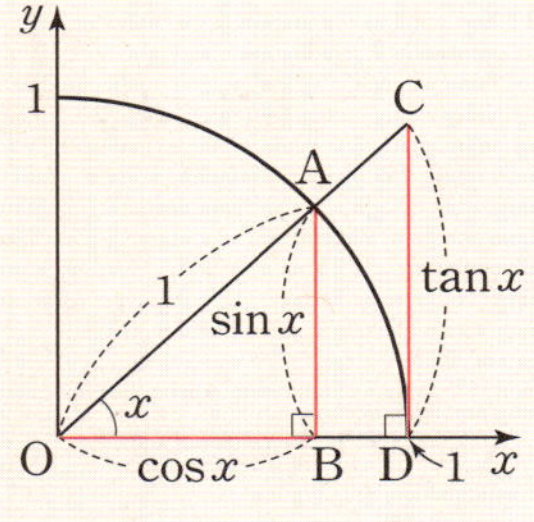

- 예각의 sin, cos의 값은 빗변의 길이가 1인 직각삼각형을 이용하면 편리하고, 예각의 tan의 값은 밑변의 길이가 1인 직각삼각형을 이용하면 편리하다.

(2) $0°$, $90°$의 삼각비의 값

① $0°$의 삼각비의 값

$\sin 0° = 0$, $\cos 0° = 1$, $\tan 0° = 0$

② $90°$의 삼각비의 값

$\sin 90° = 1$, $\cos 90° = 0$, $\tan 90°$의 값은 정할 수 없다.

참고 오른쪽 그림에서 $\sin x = \overline{AB}$, $\cos x = \overline{OB}$, $\tan x = \overline{CD}$

(1) x의 크기가 $0°$에 가까워지면 $\overline{AB}$, $\overline{OB}$, $\overline{CD}$의 길이는 각각 0, 1, 0에 가까워지므로
$\sin 0° = 0$, $\cos 0° = 1$, $\tan 0° = 0$

(2) x의 크기가 $90°$에 가까워지면 $\overline{AB}$, $\overline{OB}$의 길이는 각각 1, 0에 가까워지므로
$\sin 90° = 1$, $\cos 90° = 0$

이때 $\overline{CD}$의 길이는 한없이 길어지므로 $\tan 90°$의 값은 정할 수 없다.

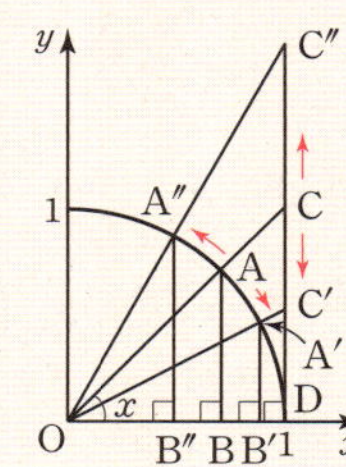

- $0° \leq x \leq 90°$인 범위에서 x의 크기가 커지면
  (1) $\sin x$
    ➡ 0에서 1까지 증가
  (2) $\cos x$
    ➡ 1에서 0까지 감소
  (3) $\tan x$
    ➡ 0에서 무한히 증가

4 삼각비의 표

(1) 삼각비의 표

$0°$에서 $90°$까지 $1°$ 단위로 삼각비의 값을 반올림하여 소수점 아래 넷째 자리까지 나타낸 표

(2) 삼각비의 표를 보는 방법

삼각비의 표에서 가로줄과 세로줄이 만나는 곳의 수가 삼각비의 값이다.

예 $\sin 50°$의 값은 삼각비의 표에서 각 $50°$의 가로줄과 사인($\sin$)의 세로줄이 만나는 곳의 수이다. 즉, 오른쪽 표에서
$\sin 50° = 0.7660$
마찬가지 방법으로
$\cos 51° = 0.6293$
$\tan 52° = 1.2799$

각도	사인(sin)	코사인(cos)	탄젠트(tan)
⋮	⋮	⋮	⋮
50°	0.7660	0.6428	1.1918
51°	0.7771	0.6293	1.2349
52°	0.7880	0.6157	1.2799
⋮	⋮	⋮	⋮

- 삼각비의 표에 있는 삼각비의 값은 반올림한 값이지만 편의상 등호 $=$를 사용하여 나타낸다.
- 삼각비의 표는 $0°$, $30°$, $45°$, $60°$, $90°$와 같은 특수한 각이 아닌 일반적인 예각의 삼각비의 값을 구할 때 이용한다.

3 예각의 삼각비의 값

[0027~0029] 오른쪽 그림과 같이 반지름의 길이가 1인 사분원에서 다음 삼각비의 값을 나타내는 선분을 구하시오.

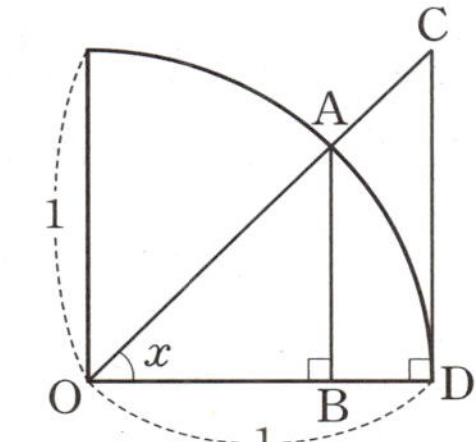

0027 $\sin x$

0028 $\cos x$

0029 $\tan x$

[0030~0034] 오른쪽 그림은 반지름의 길이가 1인 사분원을 좌표평면 위에 나타낸 것이다. 다음 삼각비의 값을 구하시오.

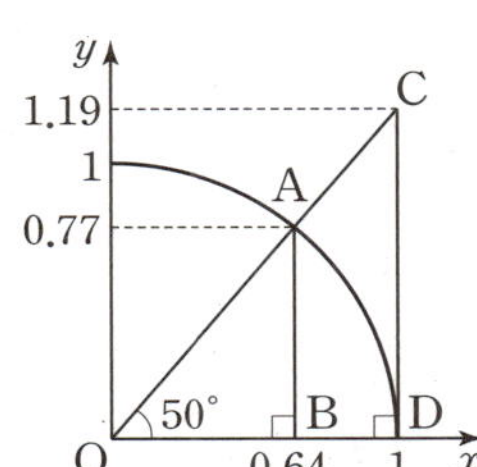

0030 $\sin 50°$

0031 $\cos 50°$

0032 $\tan 50°$

0033 $\sin 40°$

0034 $\cos 40°$

0035 다음 중 삼각비의 값이 1인 것을 모두 고르시오.

$\sin 0°$,	$\cos 0°$,	$\tan 45°$
$\sin 90°$,	$\cos 90°$,	$\tan 90°$

[0036~0040] 다음을 계산하시오.

0036 $\sin 0° + \tan 0°$

0037 $\sin 0° + \cos 0°$

0038 $\sin 90° + \cos 90° + \tan 0°$

0039 $\sin 90° \times \sin 30°$

0040 $\cos 90° + \sin 0° \times \sin 90°$

[0041~0043] 다음 ☐ 안에 >, < 중 알맞은 것을 쓰시오.

0041 $\sin 30°$ ☐ $\sin 90°$

0042 $\cos 45°$ ☐ $\cos 90°$

0043 $\tan 55°$ ☐ $\tan 80°$

4 삼각비의 표

[0044~0049] 아래 삼각비의 표를 이용하여 다음 삼각비의 값을 구하시오.

각도	사인(sin)	코사인(cos)	탄젠트(tan)
49°	0.7547	0.6561	1.1504
50°	0.7660	0.6428	1.1918
51°	0.7771	0.6293	1.2349
52°	0.7880	0.6157	1.2799
53°	0.7986	0.6018	1.3270
54°	0.8090	0.5878	1.3764

0044 $\sin 49°$

0045 $\cos 51°$

0046 $\tan 52°$

0047 $\sin 54°$

0048 $\cos 53°$

0049 $\tan 50°$

[0050~0052] 위의 삼각비의 표를 이용하여 다음을 만족시키는 x의 크기를 구하시오.

0050 $\sin x = 0.7771$

0051 $\cos x = 0.6157$

0052 $\tan x = 1.1504$

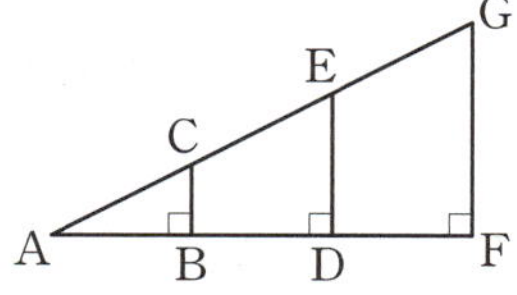

: PATTERN 유형 마스터

유형 01 삼각비의 값

$\angle B=90°$인 직각삼각형 ABC에서

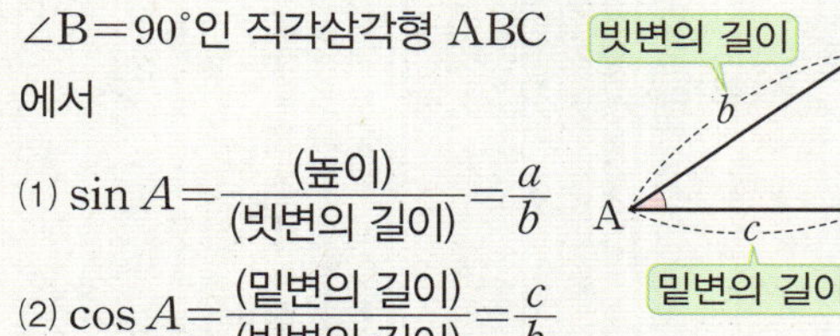

(1) $\sin A = \dfrac{(\text{높이})}{(\text{빗변의 길이})} = \dfrac{a}{b}$

(2) $\cos A = \dfrac{(\text{밑변의 길이})}{(\text{빗변의 길이})} = \dfrac{c}{b}$

(3) $\tan A = \dfrac{(\text{높이})}{(\text{밑변의 길이})} = \dfrac{a}{c}$

0053 대표문제

오른쪽 그림과 같이 $\angle C=90°$인 직각삼각형 ABC에서 다음 중 옳지 <u>않은</u> 것은?

① $\sin A = \dfrac{2}{3}$ 　② $\cos A = \dfrac{\sqrt{5}}{3}$

③ $\tan A = \dfrac{\sqrt{5}}{2}$ 　④ $\sin B = \dfrac{\sqrt{5}}{3}$

⑤ $\cos B = \dfrac{2}{3}$

0054 표현 바꾼 대표문제

오른쪽 그림의 직각삼각형 ABC에서 다음 중 $\sin B$와 값이 같은 것은?

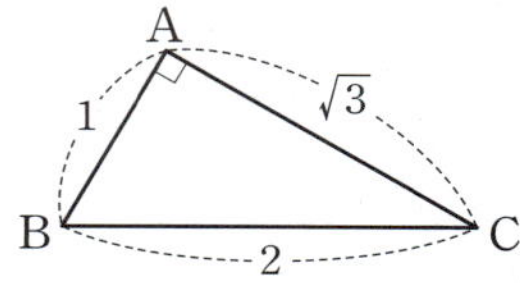

① $\cos B$ 　② $\tan B$

③ $\sin C$ 　④ $\cos C$

⑤ $\tan C$

0055

오른쪽 그림과 같이 $\angle A$의 크기가 같은 직각삼각형 ABC, ADE, AFG가 있다. 다음 중 옳지 <u>않은</u> 것은?

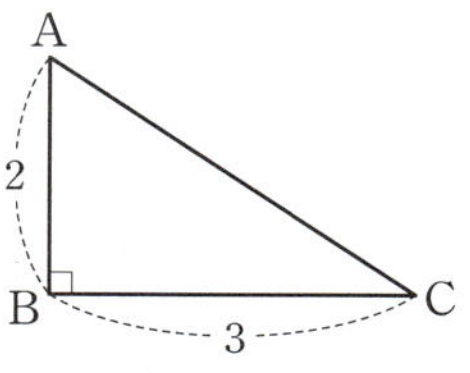

① $\dfrac{\overline{ED}}{\overline{AE}} = \dfrac{\overline{GF}}{\overline{AG}}$ 　② $\dfrac{\overline{AB}}{\overline{CA}} = \dfrac{\overline{AD}}{\overline{EA}}$

③ $\sin A = \dfrac{\overline{ED}}{\overline{AE}}$ 　④ $\cos A = \dfrac{\overline{AC}}{\overline{BA}}$

⑤ $\tan A = \dfrac{\overline{FG}}{\overline{AF}}$

0056 서술형

오른쪽 그림과 같이 $\angle B=90°$인 직각삼각형 ABC에서 $\overline{AB}=2$, $\overline{BC}=3$일 때, $\sin A + \cos A$의 값을 구하시오.

(단, 풀이 과정을 자세히 쓰시오.)

新 유형

0057

오른쪽 그림과 같이 반지름의 길이가 1인 반원 O 위를 움직이는 점 P가 있다. 점 P에서 $\overline{AB}$에 내린 수선의 발을 M이라 할 때, 다음 중 $\sin 2x$를 나타내는 것은?

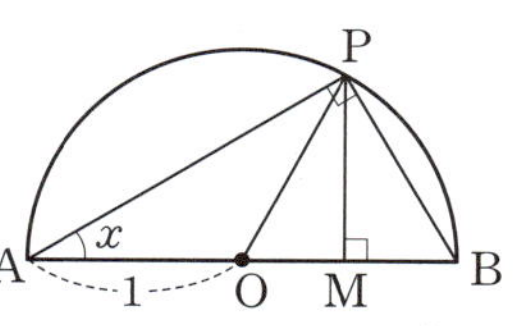

① $\overline{PA}$ 　② $\overline{PB}$ 　③ $\overline{PM}$

④ $\dfrac{\overline{PA}}{2}$ 　⑤ $\dfrac{\overline{PB}}{2}$

유형 02 삼각비를 이용하여 삼각형의 변의 길이 구하기

∠$C=90°$인 직각삼각형 ABC에서 $\overline{AB}=c$와 $\sin B$의 값이 주어질 때

❶ $\sin B=\dfrac{\overline{AC}}{c}$임을 이용하여 $\overline{AC}$의 길이를 구한다.

❷ 피타고라스 정리를 이용하여 $\overline{BC}$의 길이를 구한다.

0058 대표문제

오른쪽 그림과 같은 직각삼각형 ABC에서 $\overline{AC}=9$, $\sin A=\dfrac{2}{3}$일 때, $\overline{AB}$의 길이를 구하시오.

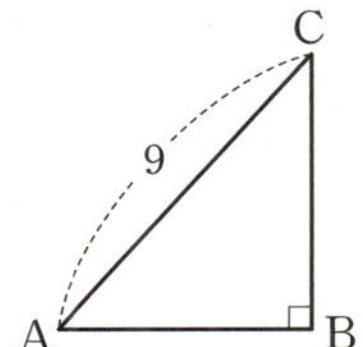

0059 조건바꾼 대표문제

오른쪽 그림과 같은 직각삼각형 ABC에서 $\overline{BC}=1$, $\tan B=\sqrt{3}$일 때, $\overline{AB}$의 길이를 구하시오.

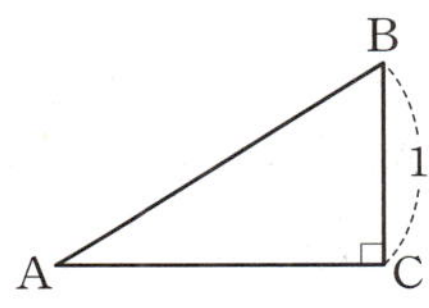

0060

오른쪽 그림과 같은 직각삼각형 ABC에서 $\overline{AB}=4$, $\cos B=\dfrac{1}{2}$일 때, △ABC의 넓이를 구하시오.

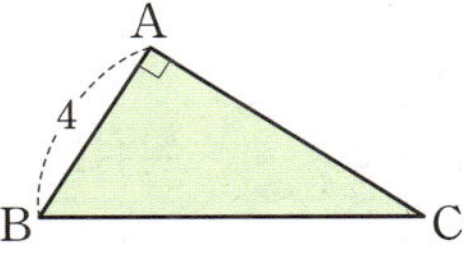

0061

오른쪽 그림과 같은 직각삼각형 ABC에서 $\overline{AB}=9$, $\tan B=\dfrac{\sqrt{5}}{2}$일 때, $\overline{BC}$의 길이를 구하시오.

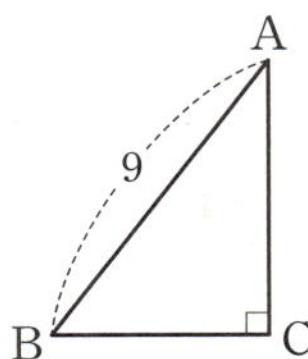

유형 03 한 삼각비의 값을 알 때, 다른 삼각비의 값 구하기

사인, 코사인, 탄젠트 중 어느 하나의 값이 주어질 때

❶ 주어진 삼각비의 값을 만족시키는 직각삼각형을 그린다.

❷ 피타고라스 정리를 이용하여 나머지 한 변의 길이를 구한다.

❸ 다른 삼각비의 값을 구한다.

0062 대표문제

∠$B=90°$인 직각삼각형 ABC에서 $\tan A=\sqrt{2}$일 때, $\sin A$의 값은?

① $\sqrt{2}$ ② 1 ③ $\dfrac{\sqrt{6}}{3}$

④ $\dfrac{\sqrt{6}}{2}$ ⑤ $\dfrac{\sqrt{2}}{2}$

0063 조건바꾼 대표문제

∠$C=90°$인 직각삼각형 ABC에서 $\cos B=\dfrac{3}{4}$일 때, $\tan A$의 값을 구하시오.

0064

∠$B=90°$인 직각삼각형 ABC에서 $\sin A=\dfrac{4}{5}$일 때, $\cos A\times\tan A$의 값을 구하시오.

0065 서술형

$5\sin A-2=0$일 때, $\cos A$의 값을 구하시오.
（단, $0°<A<90°$이고, 풀이 과정을 자세히 쓰시오.）

0066

다음 그림과 같이 표지판에 써 있는 10 %는 도로의 수평 거리에 대한 수직 거리의 비의 값이 $\dfrac{1}{10}$임을 뜻한다. 이 도로에서 수평면에 대한 도로의 경사각을 $\angle A$라 할 때, $\sin A$의 값을 구하시오.

유형 04 직각삼각형의 닮음과 삼각비 (1)

직각삼각형 ABC에서
$\overline{AH}\perp\overline{BC}$일 때
$\triangle ABC\backsim\triangle HBA\backsim\triangle HAC$
(AA 닮음)

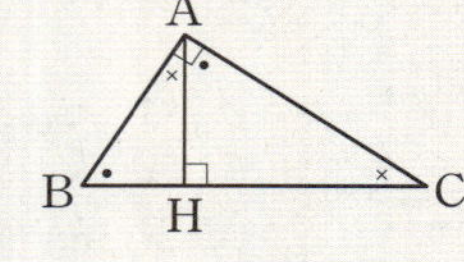

➡ $\angle ABC=\angle HAC$
　　$\angle BCA=\angle BAH$

참고 닮은 직각삼각형에서 대응각에 대한 삼각비의 값은 같다.

0067 대표문제

오른쪽 그림과 같이 $\angle A=90°$인 직각삼각형 ABC에서 $\overline{AH}\perp\overline{BC}$이고 $\angle BAH=x$일 때, $\sin x$의 값을 구하시오.

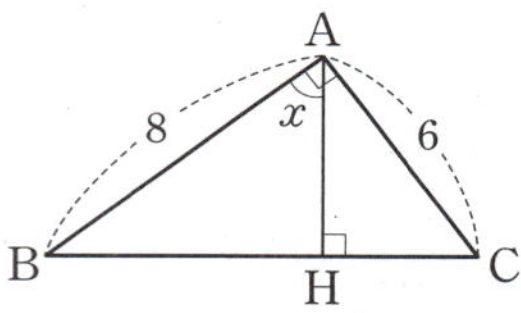

0068 표현 바꾼 대표문제

오른쪽 그림과 같이 $\angle A=90°$인 직각삼각형 ABC에서 $\overline{AD}\perp\overline{BC}$이고, $\overline{AB}=3$, $\overline{AC}=4$이다. $\angle BAD=x$, $\angle CAD=y$일 때, $\sin x+\cos y$의 값을 구하시오.

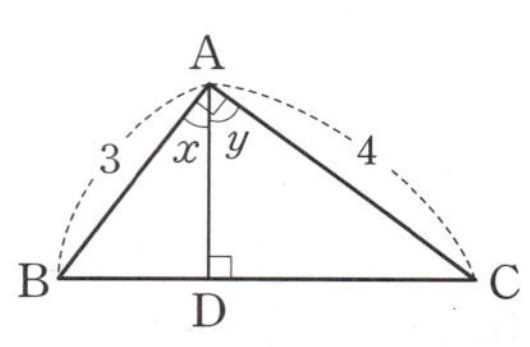

0069

오른쪽 그림과 같은 직각삼각형 ABC에서 $\overline{AH}\perp\overline{BC}$이다. 다음 |보기| 중 $\sin x$와 값이 같은 것을 모두 고르시오.

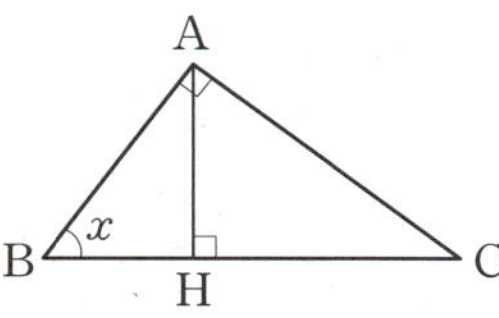

┤ 보기 ├

ㄱ. $\dfrac{\overline{BH}}{\overline{AB}}$ 　　　　　　ㄴ. $\dfrac{\overline{CH}}{\overline{AC}}$

ㄷ. $\dfrac{\overline{AB}}{\overline{AH}}$ 　　　　　　ㄹ. $\dfrac{\overline{AC}}{\overline{BC}}$

0070 서술형

오른쪽 그림과 같이 직사각형 ABCD의 꼭짓점 A에서 대각선 BD에 내린 수선의 발을 H라 하자. $\overline{AB}=12$, $\overline{BC}=16$이고 $\angle BAH=x$일 때, $\cos x-\sin x$의 값을 구하시오. (단, 풀이 과정을 자세히 쓰시오.)

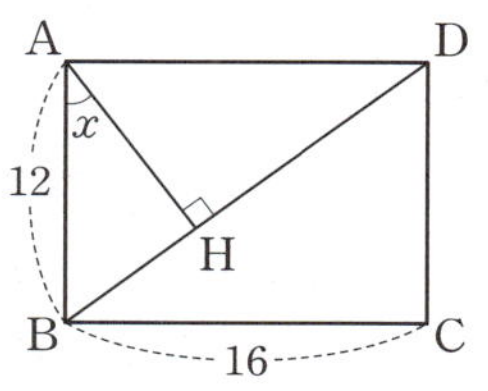

유형 05 직각삼각형의 닮음과 삼각비 (2)

직각삼각형 ABC에서
$\overline{DE}\perp\overline{BC}$일 때
$\triangle ABC\backsim\triangle EBD$ (AA 닮음)
➡ $\angle ACB=\angle EDB$

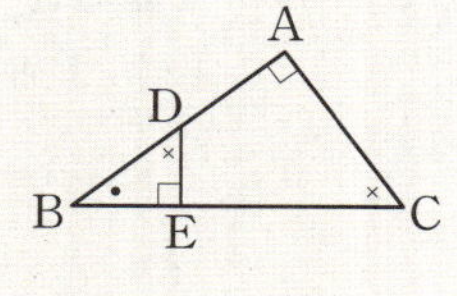

0071 대표문제

오른쪽 그림의 직각삼각형 ABC에서 $\overline{AB}\perp\overline{DE}$이고 $\overline{BD}=4$, $\overline{BE}=5$일 때, $\cos A$의 값을 구하시오.

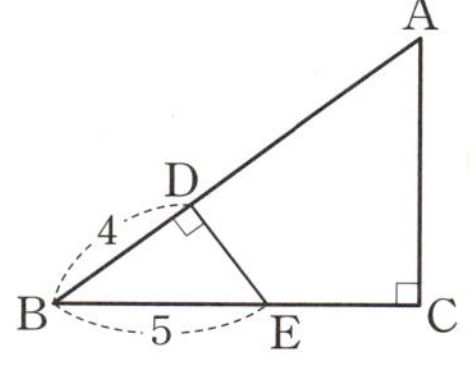

0072 초건바꾼 대표문제

다음 그림의 직각삼각형 ABC에서 $\overline{BC}\perp\overline{DE}$이고 $\overline{AB}=12$, $\overline{AC}=5$이다. $\angle BDE=x$일 때, $\sin x$의 값을 구하시오.

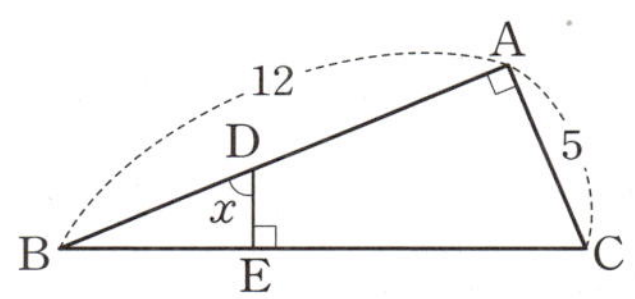

0073 ◗▬

오른쪽 그림과 같은 직각삼각형 ABC에서 $\overline{AB}\perp\overline{FE}$, $\overline{AC}\perp\overline{ED}$일 때, 다음 중 $\cos A$의 값으로 옳지 <u>않은</u> 것은?

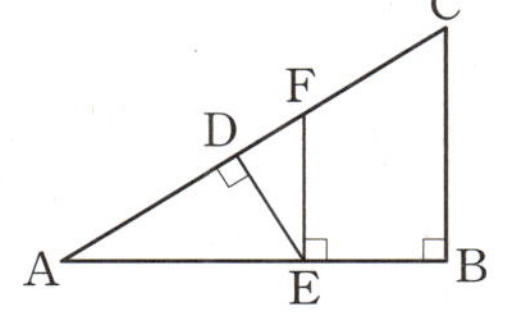

① $\dfrac{\overline{AB}}{\overline{AC}}$ ② $\dfrac{\overline{DE}}{\overline{AE}}$ ③ $\dfrac{\overline{AD}}{\overline{AE}}$

④ $\dfrac{\overline{DE}}{\overline{EF}}$ ⑤ $\dfrac{\overline{AE}}{\overline{AF}}$

0074 ◗▬

오른쪽 그림의 직각삼각형 ABC에서 $\overline{AC}\perp\overline{DE}$이고 $\overline{DC}=6$, $\overline{DE}=5$이다. $\angle BAC=x$일 때, $\tan x-\sin x$의 값을 구하시오.

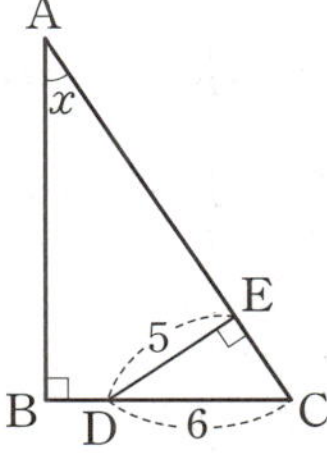

0075 ◗▬

오른쪽 그림과 같은 직각삼각형 ABC에서 $\angle ADE=\angle ACB$일 때, $\sin B+\sin C$의 값을 구하시오.

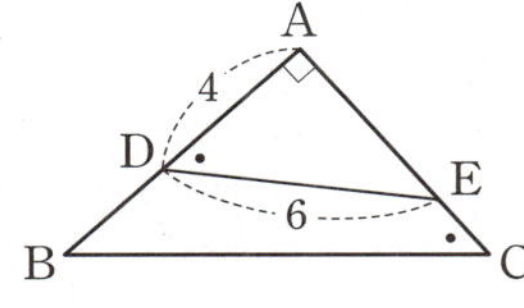

직선 l이 x축의 양의 방향과 이루는 각의 크기를 a라 할 때

❶ 직선 l과 x축, y축의 교점 A, B의 좌표를 각각 구한다.

❷ 직각삼각형 AOB에서 삼각비의 값을 구한다.

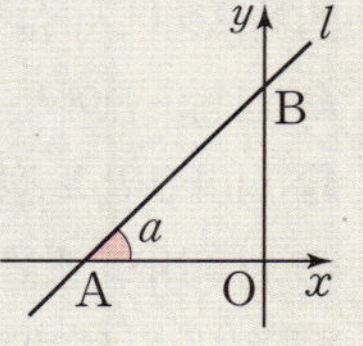

➡ $\sin a=\dfrac{\overline{BO}}{\overline{AB}}$, $\cos a=\dfrac{\overline{AO}}{\overline{AB}}$, $\tan a=\dfrac{\overline{BO}}{\overline{AO}}$

0076 대표문제

오른쪽 그림과 같이 일차방정식 $2x+y-4=0$의 그래프가 x축과 이루는 예각의 크기를 a라 할 때, $\cos a\times\tan a$의 값을 구하시오.

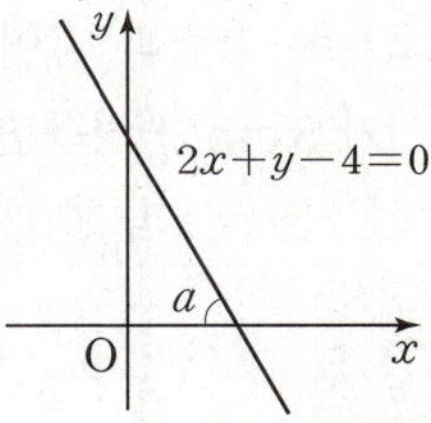

0077 그래프바꾼 대표문제

오른쪽 그림과 같이 일차방정식 $3x-4y+12=0$의 그래프와 x축, y축의 교점을 각각 A, B라 하고, 이 그래프가 x축의 양의 방향과 이루는 각의 크기를 a라 하자. 이때 $\dfrac{\cos a}{\sin a}$의 값을 구하시오.

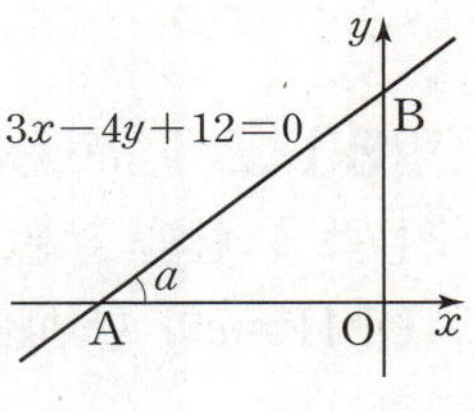

0078 ◗▬

일차함수 $y=\dfrac{2}{3}x+2$의 그래프가 x축과 이루는 예각의 크기를 a라 할 때, $\cos a-\sin a$의 값은?

① $-\dfrac{2\sqrt{13}}{13}$ ② $-\dfrac{\sqrt{13}}{13}$ ③ $\dfrac{\sqrt{13}}{13}$

④ $\dfrac{2\sqrt{13}}{13}$ ⑤ $\dfrac{3\sqrt{13}}{13}$

유형 07 입체도형과 삼각비   발전

입체도형에서 삼각비의 값은 다음과 같은 순서로 구한다.
① 입체도형에서 직각삼각형을 찾는다.
② 피타고라스 정리를 이용하여 변의 길이를 구한다.
③ 삼각비의 값을 구한다.

참고 세 모서리의 길이가 각각 a, b, c인 직육면체의 대각선의 길이
$$\Rightarrow l = \sqrt{a^2+b^2+c^2}$$

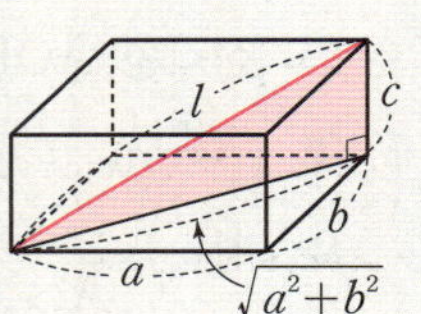

0079 대표문제

오른쪽 그림과 같이 한 모서리의 길이가 3 cm인 정육면체에서 $\angle BHF = x$라 할 때, $\sin x$의 값은?

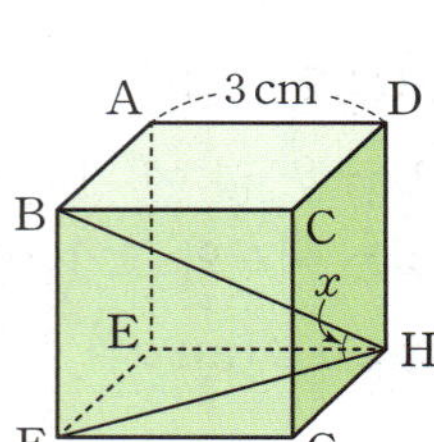

① $\dfrac{1}{2}$ 　　② $\dfrac{\sqrt{3}}{3}$

③ $\dfrac{\sqrt{2}}{2}$ 　　④ $\dfrac{2}{3}$

⑤ $\dfrac{\sqrt{6}}{3}$

0080 도형 바꾼 대표문제

오른쪽 그림과 같은 직육면체에서 $\angle DFH = x$라 할 때, $\cos x$의 값을 구하시오.

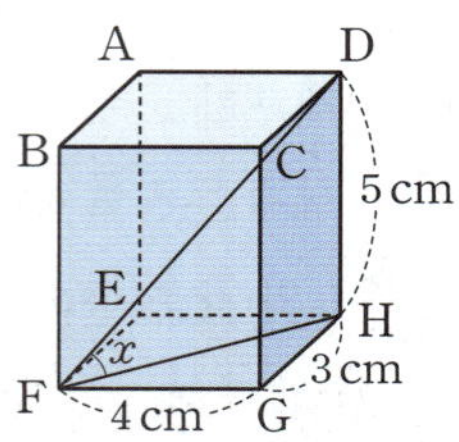

0081

오른쪽 그림과 같이 한 모서리의 길이가 4 cm인 정사면체에서 $\overline{BC}$의 중점을 M, $\angle AMD = x$라 할 때, $\sin x$의 값을 구하시오.

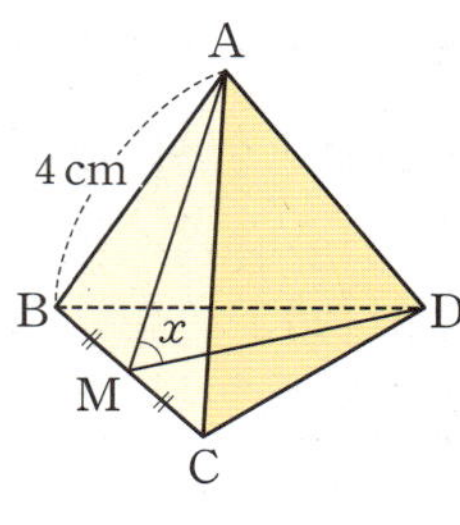

유형 08 30°, 45°, 60°의 삼각비의 값   중요

삼각비 ＼ A	30°	45°	60°
$\sin A$	$\dfrac{1}{2}$	$\dfrac{\sqrt{2}}{2}$	$\dfrac{\sqrt{3}}{2}$
$\cos A$	$\dfrac{\sqrt{3}}{2}$	$\dfrac{\sqrt{2}}{2}$	$\dfrac{1}{2}$
$\tan A$	$\dfrac{\sqrt{3}}{3}$	1	$\sqrt{3}$

참고 예각의 삼각비에 대하여 각의 크기가 커질수록
$\Rightarrow$ sin 값은 증가, cos 값은 감소, tan 값은 증가

0082 대표문제

다음 식의 값을 구하시오.

$$2\sin 45° \times \cos 45° + \sin 60° \times \tan 30°$$

0083 표현 바꾼 대표문제

다음 중 옳은 것은?

① $\cos 60° + \sin 60° = \sqrt{3}$
② $\tan 30° + \sin 60° = 2$
③ $\cos 45° \div \sin 45° = \sqrt{2}$
④ $\cos 30° \times \sin 30° = \dfrac{\sqrt{3}}{4}$
⑤ $\cos 45° + \tan 60° = \sqrt{3}$

0084

$2\cos 30° - \sqrt{2}\cos 45° - \tan 60°$의 값을 구하시오.

0085 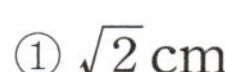

세 내각의 크기의 비가 $1:2:3$인 삼각형에서 가장 작은 내각의 크기를 $\angle A$라 할 때, $\cos A - \sin A \times \tan A$의 값을 구하시오.

0086 ◀

오른쪽 그림과 같이 반지름의 길이가 $3\,\text{cm}$인 원 O에서 $\angle BAC = 30°$일 때, $\overline{BC}$의 길이는?

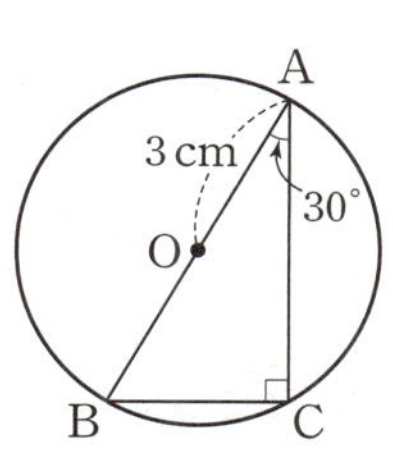

① $\sqrt{2}\,\text{cm}$ ② $\sqrt{3}\,\text{cm}$

③ $3\,\text{cm}$ ④ $2\sqrt{3}\,\text{cm}$

⑤ $3\sqrt{3}\,\text{cm}$

新 유형
0087 ◀

오른쪽 그림과 같은 직각삼각형 ABC에서 변 BC의 중점을 M이라 하자. $\angle AMC = 60°$일 때, $\tan C$의 값을 구하시오.

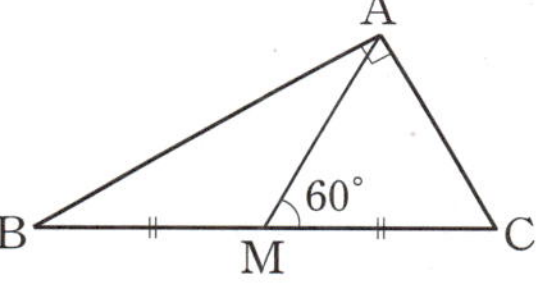

유형 09 30°, 45°, 60°의 삼각비의 값을 이용하여 각의 크기 구하기

예각에 대한 삼각비의 값이 30°, 45°, 60°의 삼각비의 값으로 주어지면 이를 만족시키는 예각의 크기를 구할 수 있다.

예 x가 예각일 때, $\cos x = \dfrac{\sqrt{2}}{2}$이면

➡ $\cos 45° = \dfrac{\sqrt{2}}{2}$이므로 $x = 45°$

0088 대표문제

$\sin(2x - 10°) = \dfrac{1}{2}$을 만족시키는 x의 크기를 구하시오.

(단, $5° < x < 50°$)

0089 조건 바꾼 대표문제

$\cos(3x + 15°) = \dfrac{1}{2}$을 만족시키는 x의 크기는?

(단, $0° < x < 25°$)

① $5°$ ② $10°$ ③ $12°$

④ $15°$ ⑤ $20°$

0090 ◀

$\tan(x + 15°) = 1$일 때, $\sin 2x + \cos x$의 값은?

(단, $0° < x < 75°$)

① $\dfrac{1}{2}$ ② $\dfrac{\sqrt{3}}{2}$ ③ 1

④ $\sqrt{2}$ ⑤ $\sqrt{3}$

0091 ◀

이차방정식 $4x^2 - 4x + 1 = 0$의 한 근을 $\sin a$라 할 때, a의 크기는? (단, $0° < a < 90°$)

① $15°$ ② $30°$ ③ $45°$

④ $60°$ ⑤ $75°$

0092 ◀

오른쪽 그림과 같은 평행사변형 ABCD에서 $\angle CDF = 90°$일 때, $\angle x$의 크기를 구하시오.

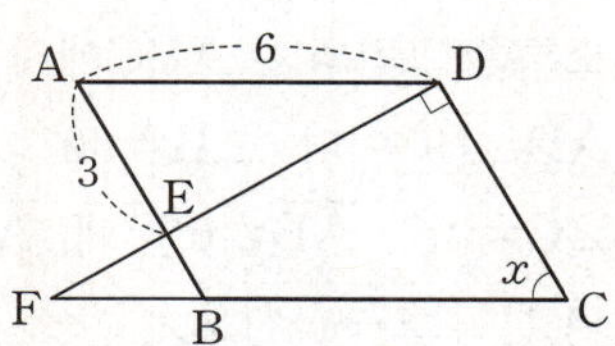

유형 10 중요 30°, 45°, 60°의 삼각비의 값을 이용하여 변의 길이 구하기

30°, 45°, 60°를 포함한 직각삼각형에서 주어진 변의 길이와 삼각비의 값을 이용하여 다른 변의 길이를 구할 수 있다.

0093 대표문제

오른쪽 그림에서
$\angle ADC = \angle BAC = 90°$이고
$\angle CBA = 60°$, $\angle CAD = 45°$,
$\overline{BC} = 12$일 때, $\overline{AD}$의 길이를 구하시오.

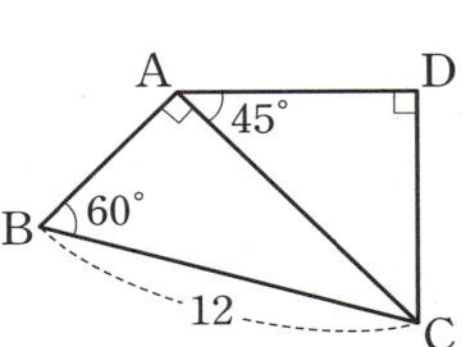

0094 조건 바꾼 대표문제

오른쪽 그림에서
$\angle ABC = \angle BCD = 90°$이고
$\angle A = 60°$, $\angle D = 45°$, $\overline{DC} = \sqrt{3}$일 때, $\overline{AB}$의 길이를 구하시오.

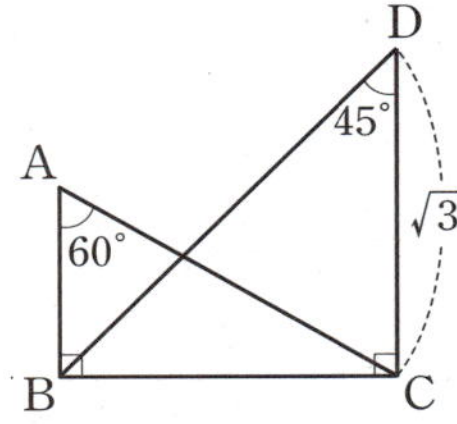

0095

오른쪽 그림과 같이 $\angle B = 90°$인 직각삼각형 ABC에서 $\angle CAB = 30°$,
$\overline{AC} = 8\,\text{cm}$일 때, $\triangle ABC$의 넓이를 구하시오.

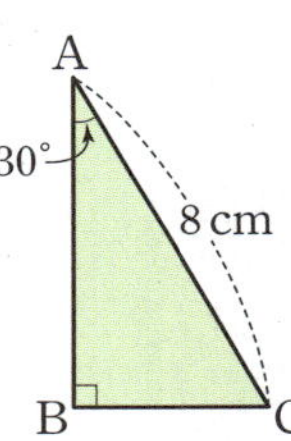

0096

오른쪽 그림의 $\triangle ABC$에서
$\overline{AD} \perp \overline{BC}$이다. $\angle B = 30°$,
$\angle C = 45°$, $\overline{AB} = 6$일 때, $\overline{AC}$의 길이를 구하시오.

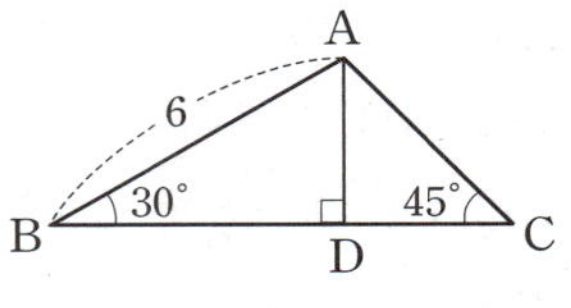

0097

오른쪽 그림에서 $\angle ABC = 30°$,
$\angle ADC = 45°$, $\angle ACD = 90°$,
$\overline{AC} = 4$일 때, $\overline{BD}$의 길이는?

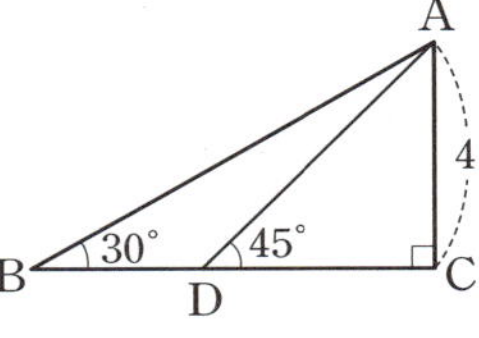

① $2\sqrt{3}$ ② $2\sqrt{3} + 1$

③ $2(\sqrt{3} + 1)$ ④ $4(\sqrt{3} - 1)$

⑤ $4\sqrt{3} - 1$

0098

오른쪽 그림과 같이 부채꼴 AOB의 내부에 직사각형 CDEF를 그렸다. $\overline{OC} = 4$이고 $\angle AOB = 45°$,
$\angle FOB = 30°$일 때, 다음 물음에 답하시오.

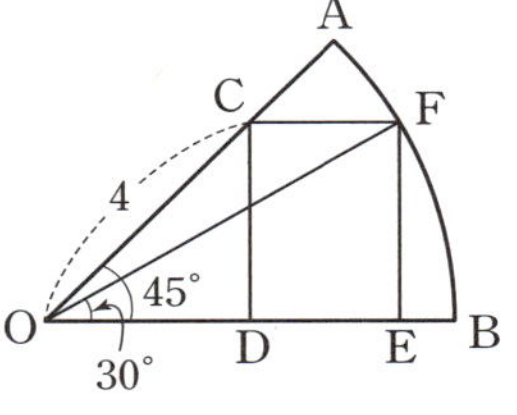

(1) $\overline{OD}$, $\overline{OE}$의 길이를 각각 구하시오.

(2) $\overline{DE}$의 길이를 구하시오.

유형 11 직선의 기울기와 삼각비의 값

직선 $y = ax + b$가 x축의 양의 방향과 이루는 각의 크기를 α라 할 때

➡ (직선의 기울기) $= a = \dfrac{\overline{BO}}{\overline{AO}}$
$= \tan \alpha$

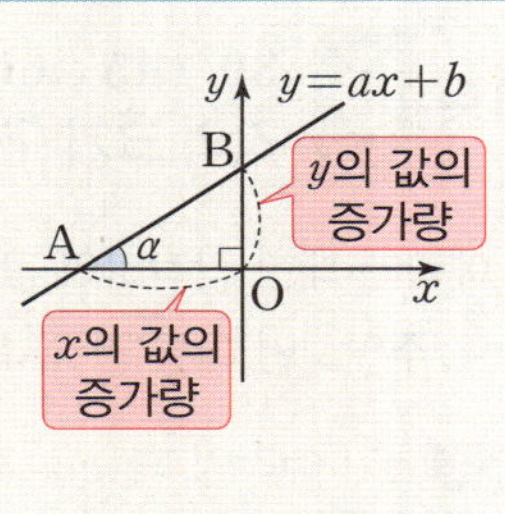

0099 대표문제

오른쪽 그림과 같이 x절편이 -3이고 x축의 양의 방향과 이루는 각의 크기가 30°인 직선의 방정식을 구하시오.

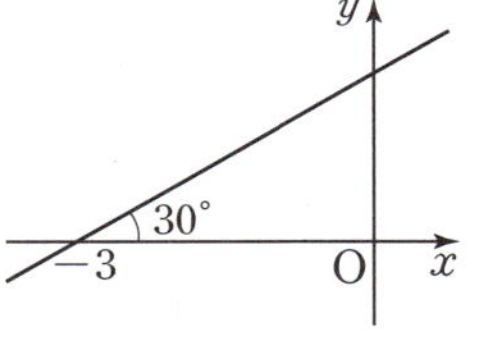

0100 · 그래프 바꾼 대표문제

오른쪽 그림과 같이 y절편이 5이고 x축
의 양의 방향과 이루는 각의 크기가 $45°$
인 직선의 방정식을 구하시오.

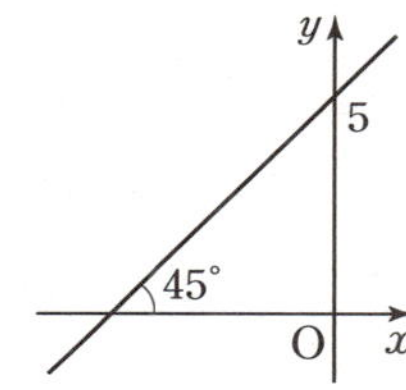

0101 ●

오른쪽 그림과 같이 직선
$3x-2y+4=0$이 x축의 양의 방향과
이루는 각의 크기를 a라 할 때,
$\tan a$의 값을 구하시오.

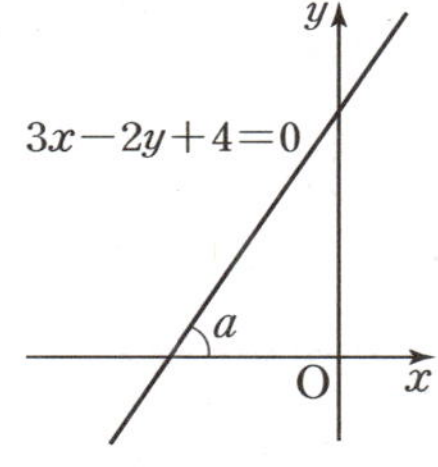

0102 ●

점 $(-1, \sqrt{3})$을 지나고 x축의 양의 방향과 이루는 각의 크
기가 $60°$인 직선의 방정식을 구하시오.

0103 ● ✎ 서술형

오른쪽 그림과 같이 일차방정식
$\sqrt{3}x-3y+1=0$의 그래프가 x축
의 양의 방향과 이루는 각의 크기
를 a라 할 때, $\sin a$의 값을 구하시
오. (단, 풀이 과정을 자세히 쓰시오.)

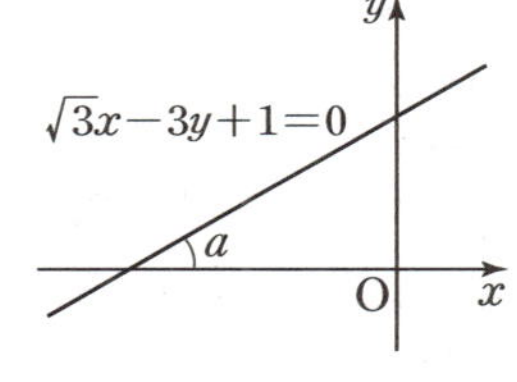

반지름의 길이가 1인 사분원에서

(1) $\sin x = \dfrac{\overline{AB}}{\overline{OA}} = \dfrac{\overline{AB}}{1} = \overline{AB}$

(2) $\cos x = \dfrac{\overline{OB}}{\overline{OA}} = \dfrac{\overline{OB}}{1} = \overline{OB}$

(3) $\tan x = \dfrac{\overline{CD}}{\overline{OD}} = \dfrac{\overline{CD}}{1} = \overline{CD}$

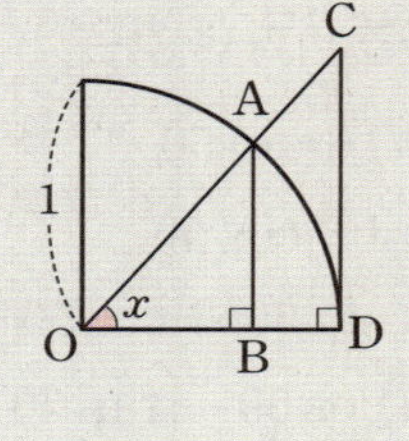

0104 · 대표문제

오른쪽 그림과 같이 반지름의 길이가
1인 사분원에서 다음 중 옳지 <u>않은</u> 것
을 모두 고르면? (정답 2개)

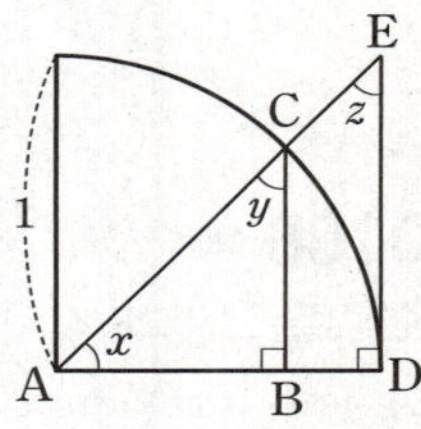

① $\cos x = \overline{AD}$

② $\cos y = \overline{BC}$

③ $\sin x = \overline{AC}$

④ $\sin z = \overline{AB}$

⑤ $\tan z = \dfrac{1}{\overline{DE}}$

0105 표현 바꾼 대표문제

오른쪽 그림과 같이 반지름의 길이가
1인 사분원에서 $\tan x$의 값을 나타내
는 선분은?

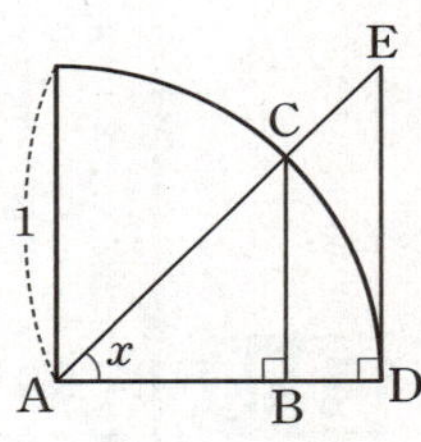

① $\overline{AB}$ ② $\overline{AC}$

③ $\overline{AD}$ ④ $\overline{BC}$

⑤ $\overline{DE}$

0106 ●

오른쪽 그림은 좌표평면 위에 원점 O
를 중심으로 하고 반지름의 길이가 1
인 사분원을 나타낸 것이다. 이때
$\sin 57° - \cos 57°$의 값을 구하시오.

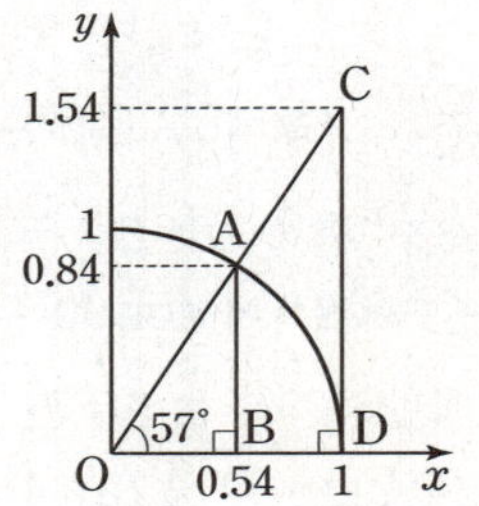

0107

다음 중 오른쪽 그림에서 $\overline{AC}$의 길이를 나타낸 것은?

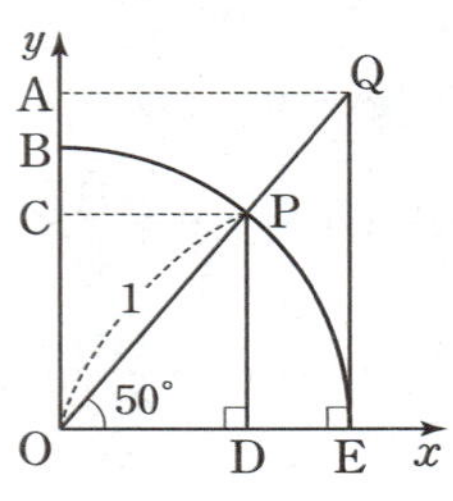

① $1+\sin 50°$

② $1-\cos 50°$

③ $\sin 50°+\cos 50°$

④ $\cos 50°-\tan 50°$

⑤ $\tan 50°-\sin 50°$

0108

오른쪽 그림과 같이 반지름의 길이가 1인 사분원을 좌표평면 위에 나타낼 때, 다음 중 점 B의 좌표를 나타내는 것을 모두 고르면?

(정답 2개)

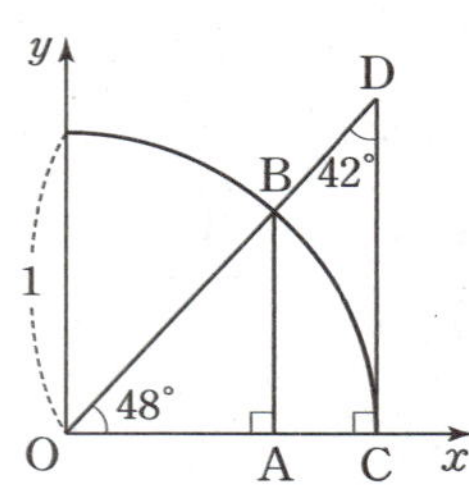

① $(\sin 48°,\ \sin 42°)$

② $(\cos 48°,\ \sin 48°)$

③ $(\cos 48°,\ \tan 48°)$

④ $(\cos 42°,\ \sin 42°)$

⑤ $(\sin 42°,\ \cos 42°)$

유형 13 $0°$, $90°$의 삼각비의 값

A \ 삼각비	$\sin A$	$\cos A$	$\tan A$
$0°$	0	1	0
$90°$	1	0	정할 수 없다.

0109 대표문제

다음 중 옳지 않은 것은?

① $\sin 0°+\cos 90°=0$

② $\cos 0°+\tan 0°=0$

③ $\cos 0°+\cos 90°=1$

④ $2\cos 0°+\sin 90°=3$

⑤ $2\sin 90°+\tan 45°=3$

0110 표현 바꾼 대표문제

다음을 계산하시오.

$$\sin 90°\times\tan 0°+\cos 0°\times\tan 60°-\cos 30°$$

0111

다음 중 삼각비의 값이 1인 것을 모두 고르면? (정답 2개)

① $\cos 0°$ ② $\sin 0°$ ③ $\cos 90°$

④ $\sin 90°$ ⑤ $\tan 0°$

0112

다음 중 옳은 것을 모두 고르면? (정답 2개)

① $\sin 30°+\sin 60°=\sin 90°$

② $\cos 45°=\tan 45°$

③ $\sin 60°=\cos 30°$

④ $\sin 0°+\cos 90°=1$

⑤ $\sin 90°\times\cos 0°\times\tan 45°=1$

유형 14 삼각비의 값의 대소 관계

(1) $0°\leq x\leq 90°$인 범위에서 x의 크기가 증가하면

　① $\sin x$의 값은 0에서 1까지 증가한다.

　② $\cos x$의 값은 1에서 0까지 감소한다.

　③ $\tan x$의 값은 0에서 무한히 증가한다.

(2) $\sin x$, $\cos x$, $\tan x$의 대소 관계

　① $0°\leq x<45°$ ➡ $\sin x<\cos x$

　② $x=45°$ ➡ $\sin x=\cos x<\tan x$

　③ $45°<x<90°$ ➡ $\cos x<\sin x<\tan x$

0113 대표문제

다음 중 옳은 것은?

① $\sin 15°>\cos 15°$ ② $\sin 50°>\cos 50°$

③ $\cos 90°>\tan 45°$ ④ $\cos 80°>\sin 80°$

⑤ $\cos 45°<\tan 30°$

0114 표현 바꾼 대표문제

다음 삼각비의 값 중 가장 큰 것은?

① $\sin 20°$ ② $\sin 45°$ ③ $\tan 55°$
④ $\cos 75°$ ⑤ $\sin 80°$

0115

다음 삼각비의 값을 작은 것부터 차례로 나열한 것은?

| ㄱ. $\sin 28°$ | ㄴ. $\tan 45°$ |
| ㄷ. $\cos 28°$ | ㄹ. $\tan 60°$ |

① ㄱ ─ ㄴ ─ ㄷ ─ ㄹ   ② ㄱ ─ ㄷ ─ ㄴ ─ ㄹ
③ ㄴ ─ ㄷ ─ ㄹ ─ ㄱ   ④ ㄷ ─ ㄱ ─ ㄴ ─ ㄹ
⑤ ㄷ ─ ㄴ ─ ㄱ ─ ㄹ

新 유형

0116

다음은 $\angle A$가 예각일 때, $\angle A$의 삼각비의 값에 대하여 네 명의 학생이 나눈 대화이다. 바르게 말한 학생을 모두 고르시오.

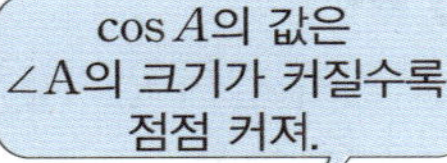

유형 **15** 삼각비의 값의 대소 관계를 이용한 식의 계산 발전

❶ 근호 안의 삼각비의 값의 대소를 비교한다.
❷ 제곱근의 성질을 이용하여 주어진 식을 간단히 정리한다.

$$\Rightarrow \sqrt{A^2} = \begin{cases} A & (A \geq 0) \\ -A & (A < 0) \end{cases}$$

0117 대표문제

$0° < A < 90°$일 때,
$\sqrt{(\cos A - 1)^2} + \sqrt{(1 + \cos A)^2}$을 간단히 하시오.

0118 조건 바꾼 대표문제

$0° < A < 45°$일 때, 다음 식을 간단히 하면?

$$\sqrt{(\tan A + 1)^2} + \sqrt{(1 - \tan A)^2}$$

① -2 ② $-2\tan A$ ③ 0
④ $2\tan A$ ⑤ 2

0119

$0° < A < 45°$일 때,
$\sqrt{(\cos A - \sin A)^2} - \sqrt{(\sin A - \cos A)^2}$을 간단히 하시오.

0120

$0° < A < 90°$이고 $\tan A = \dfrac{1}{3}$일 때,
$\sqrt{(\cos A - 1)^2} - \sqrt{(1 + \cos A)^2}$의 값을 구하시오.

정답 및 해설 010쪽

유형 16 · 삼각비의 표를 이용하여 각의 크기, 변의 길이 구하기

(1) 각의 크기 구하기

삼각비의 표에서 주어진 삼각비의 값을 찾아 왼쪽의 각의 크기를 읽는다.

(2) 변의 길이 구하기

직각삼각형에서 직각이 아닌 한 각의 크기와 한 변의 길이가 주어지면 삼각비의 표를 이용하여 나머지 두 변의 길이를 구할 수 있다.

0121. 대표문제

아래 삼각비의 표를 보고, 다음 물음에 답하시오.

각도	사인(sin)	코사인(cos)	탄젠트(tan)
27°	0.4540	0.8910	0.5095
28°	0.4695	0.8829	0.5317
29°	0.4848	0.8746	0.5543

(1) $\sin 28° + \cos 29°$의 값을 구하시오.

(2) $\tan x = 0.5095$를 만족시키는 x의 크기를 구하시오.

0122. 조건바꾼 대표문제

$\sin x = 0.7880$, $\tan y = 1.1918$일 때, 다음 삼각비의 표를 이용하여 $x + y$의 값을 구하면?

각도	사인(sin)	코사인(cos)	탄젠트(tan)
50°	0.7660	0.6428	1.1918
51°	0.7771	0.6293	1.2349
52°	0.7880	0.6157	1.2799
53°	0.7986	0.6018	1.3270
54°	0.8090	0.5878	1.3764

① 100° ② 101° ③ 102°

④ 103° ⑤ 104°

0123

오른쪽 그림과 같은 직각삼각형 ABC에서 다음 삼각비의 표를 이용하여 $\overline{AC} + \overline{BC}$의 값을 구하시오.

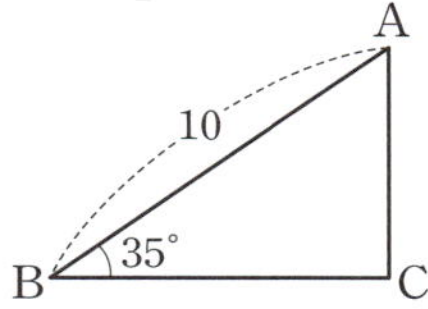

각도	사인(sin)	코사인(cos)	탄젠트(tan)
34°	0.5592	0.8290	0.6745
35°	0.5736	0.8192	0.7002
36°	0.5878	0.8090	0.7265

0124

오른쪽 그림과 같은 직각삼각형 ABC에서 다음 삼각비의 표를 이용하여 $\overline{AC}$의 길이를 구하시오.

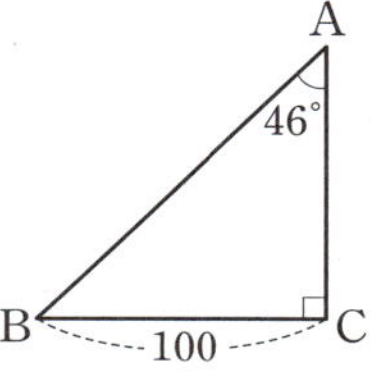

각도	사인(sin)	코사인(cos)	탄젠트(tan)
44°	0.6947	0.7193	0.9657
45°	0.7071	0.7071	1.0000
46°	0.7193	0.6947	1.0355

0125

오른쪽 그림과 같이 반지름의 길이가 1인 부채꼴 ABC에서 $\overline{BD} = 0.7547$일 때, 다음 삼각비의 표를 이용하여 $\overline{AD}$의 길이를 구하시오.

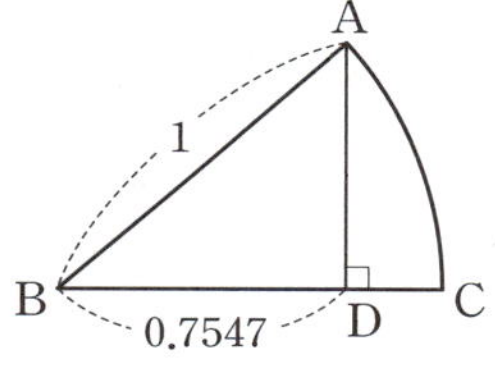

각도	사인(sin)	코사인(cos)	탄젠트(tan)
40°	0.6428	0.7660	0.8391
41°	0.6561	0.7547	0.8693
42°	0.6691	0.7431	0.9004

: REAL **실전 업**

0126

· 유형 01

오른쪽 그림과 같이 $\angle C = 90°$인 직각삼각형 ABC에서 $\overline{AB} = 13$, $\overline{BC} = 5$일 때, $\sin A + \cos A$의 값을 구하시오.

0127

· 유형 02

오른쪽 그림과 같은 직각삼각형 ABC에서 $\tan B = \dfrac{3}{2}$, $\overline{BC} = 6$일 때, $\overline{AB}$의 길이를 구하시오.

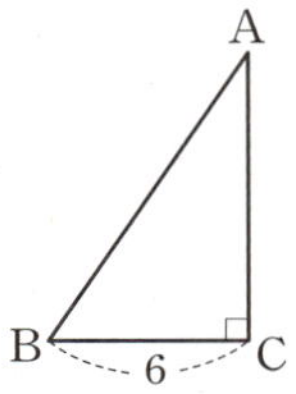

0128

· 유형 03

다음 진희와 선생님의 대화를 읽고 $\sin A = \dfrac{4}{5}$일 때, $\cos A \div \tan A$의 값을 구하시오.

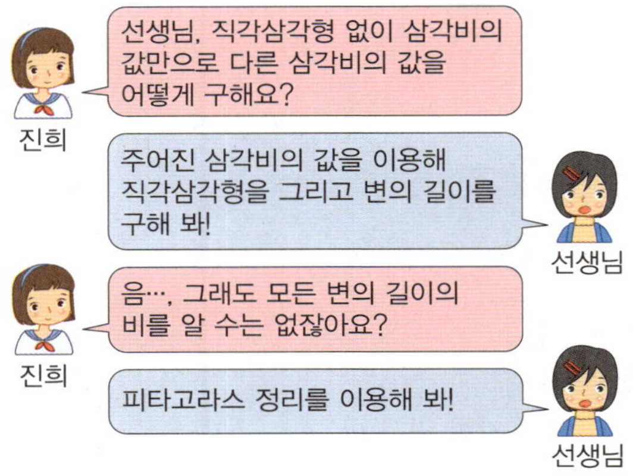

0129

· 유형 03

오른쪽 그림과 같이 $\angle B = 90°$인 직각삼각형 ABC에서 $\overline{AD} = \overline{BD}$이고 $\cos x = \dfrac{3}{4}$일 때, $\tan(x+y)$의 값은?

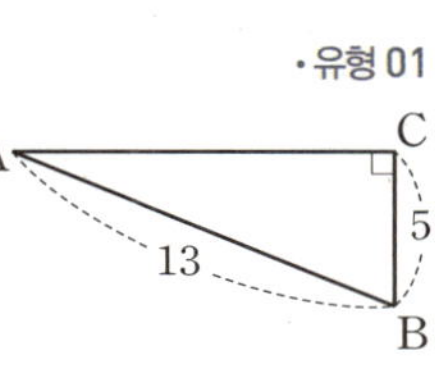

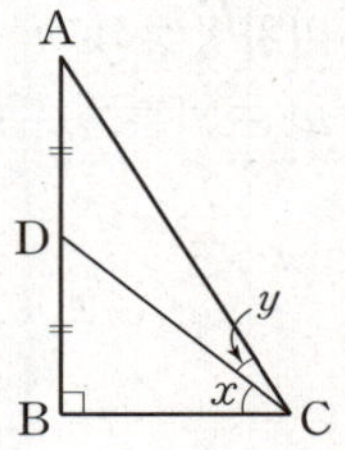

① $\dfrac{2\sqrt{7}}{3}$ ② $\dfrac{5}{3}$

③ $\dfrac{\sqrt{7}}{3}$ ④ $\dfrac{2}{3}$

⑤ $\dfrac{3\sqrt{7}}{14}$

0130

· 유형 04

오른쪽 그림과 같이 $\angle C = 90°$인 직각삼각형 ABC의 점 C에서 변 AB에 내린 수선의 발을 D, 점 D에서 변 BC에 내린 수선의 발을 E라 하자. $\overline{CE} = 1$, $\overline{DE} = 2$일 때, $\cos B$의 값은?

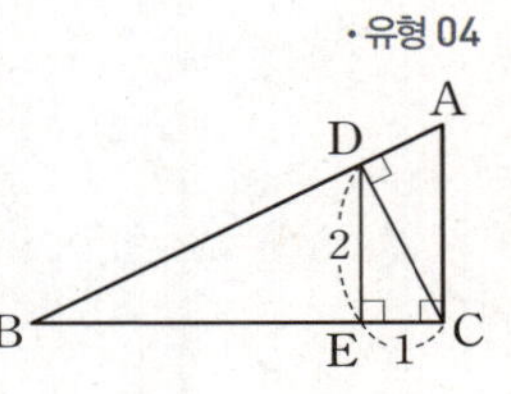

① $\dfrac{1}{5}$ ② $\dfrac{2}{5}$ ③ $\dfrac{\sqrt{5}}{5}$

④ $\dfrac{4}{5}$ ⑤ $\dfrac{2\sqrt{5}}{5}$

0131

· 유형 05

오른쪽 그림과 같이 $\angle B = 90°$인 직각삼각형 ABC에서 $\overline{BC}$의 연장선 위의 한 점 D에서 $\overline{AC}$의 연장선에 내린 수선의 발을 E라 하자. $\overline{AB} = 4$, $\overline{BC} = 2$일 때, $\cos D$의 값은?

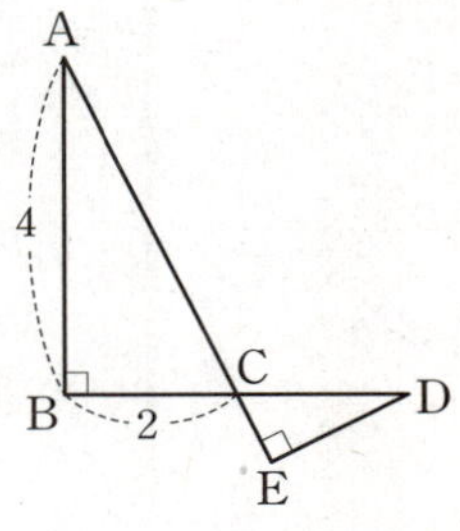

① $\dfrac{\sqrt{5}}{5}$ ② $\dfrac{1}{2}$ ③ $\dfrac{\sqrt{3}}{3}$

④ $\dfrac{2\sqrt{5}}{5}$ ⑤ $\dfrac{2\sqrt{3}}{3}$

0132
·유형 06

일차방정식 $x-2y+6=0$의 그래프가 x축과 이루는 예각의 크기를 a라 할 때, $\cos^2 a-\sin^2 a$의 값을 구하시오.

0133
·유형 07

오른쪽 그림과 한 모서리의 길이가 1인 정육면체에서 $\angle ACE=x$라 할 때, $\cos x \times \tan x$의 값을 구하시오.

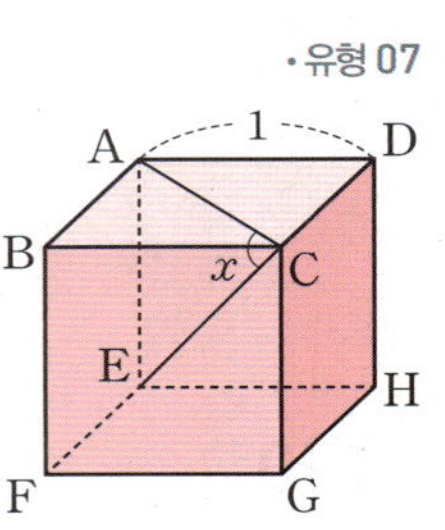

0134
·유형 08

다음 중 계산 결과가 나머지 넷과 <u>다른</u> 하나는?

① $\cos 60° + \sin 30°$

② $\cos 30° \div \sin 60°$

③ $\tan 30° \times \tan 60°$

④ $\sin 45° \times \cos 45°$

⑤ $(\tan 45° - \cos 60°) \div \sin 30°$

0135
·유형 08

이차방정식 $2x^2+a=0$의 한 해가 $x=\sin 60°$일 때, 상수 a의 값은?

① -3 ② -1 ③ $-\dfrac{\sqrt{3}}{2}$

④ $-\dfrac{1}{2}$ ⑤ $-\dfrac{3}{2}$

0136
·유형 09

$\cos(2x+10°)=\sin 60°$를 만족시키는 x의 크기는?

(단, $0°<x<40°$)

① $5°$ ② $10°$ ③ $15°$

④ $25°$ ⑤ $30°$

0137
·유형 10

오른쪽 그림에서 $\angle ABC = \angle ACD = 90°$, $\angle CAB = \angle DAC = 30°$이고 $\overline{AD}=12$일 때, $\triangle ABC$의 넓이를 구하시오.

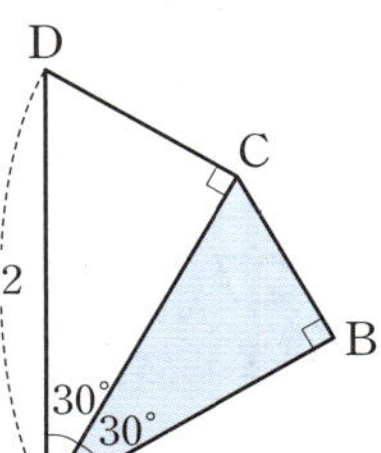

0138
·유형 10

오른쪽 그림과 같은 직각삼각형 ABC에서 $\overline{AB}=12$, $\angle A=30°$이고, $\angle ABD = \angle DBC$이다. $\overline{AD}=x$, $\overline{CD}=y$라 할 때, $x-y$의 값을 구하시오.

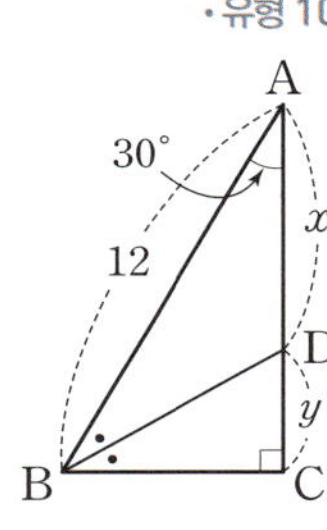

0139
·유형 11

오른쪽 그림과 같이 직선 $y=ax+b$가 x축의 양의 방향과 이루는 각의 크기가 $60°$이고 y절편이 $2\sqrt{3}$일 때, 상수 a, b에 대하여 $b-a$의 값을 구하시오.

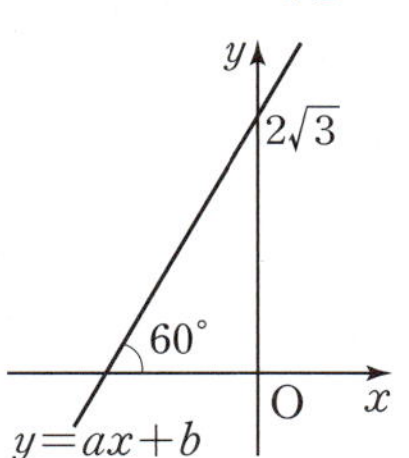

0140

• 유형 12

오른쪽 그림과 같이 반지름의 길이가
1인 사분원에 대하여 다음 중 옳지
<u>않은</u> 것은?

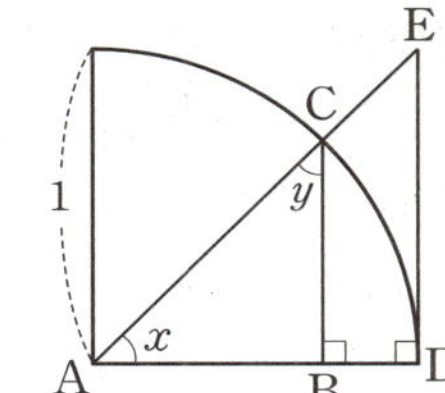

① $\cos x = \overline{\text{AB}}$

② $\sin x = \overline{\text{BC}}$

③ $\sin y = \overline{\text{AB}}$

④ $\angle x = 45°$이면 $\overline{\text{AB}} = \sqrt{2}$이다.

⑤ $\angle y = 60°$이면 $\overline{\text{BC}} = \dfrac{1}{2}$이다.

0141

• 유형 08, 13

다음 중 옳은 것을 모두 고르면? (정답 2개)

① $\tan 0° - \sin 90° = 0$

② $4 \sin 60° + 3 \tan 30° = 6\sqrt{3}$

③ $\cos 45° + \sin 30° = \dfrac{\sqrt{2}+1}{2}$

④ $\cos 30° \times \sin 0° - \tan 45° = 0$

⑤ $\cos 0° \times \tan 30° + \cos 90° = \dfrac{\sqrt{3}}{3}$

0142

• 유형 14

다음 중 옳지 <u>않은</u> 것은? (단, $0° \leq A \leq 90°$)

① A의 크기가 커지면 $\sin A$의 값은 커진다.

② A의 크기가 커지면 $\cos A$의 값은 작아진다.

③ A의 크기가 커지면 $\tan A$의 값은 무한히 커진다.

④ $0° < A < 45°$이면 $\cos A < \sin A$이다.

⑤ $45° < A < 90°$이면 $\tan A > 1$이다.

0143 창의력⁺

• 유형 14

이차방정식 $2x^2 - 3x + 1 = 0$의 두 근이 $\sin A$ 또는 $\sin B$
일 때, $\angle \text{B} - \angle \text{A}$의 값을 구하시오.

$$(단, 0° \leq \angle \text{A} < \angle \text{B} \leq 90°)$$

0144

• 유형 14, 15

$30° < A < 45°$일 때, 다음 식의 값은?

$$\sqrt{(\sin A + \cos 60°)^2} + \sqrt{(\sin A - \cos 45°)^2}$$

① $-\dfrac{1}{4}$ ② $\dfrac{1-\sqrt{2}}{2}$ ③ $\dfrac{1+\sqrt{2}}{2}$

④ $\sqrt{2}$ ⑤ $\dfrac{3}{4}$

0145

• 유형 16

오른쪽 그림과 같은 원뿔에서 모선
과 밑면이 이루는 각을 $\angle x$라 할
때, 다음 삼각비의 표를 이용하여
$\angle x$의 크기를 구하시오.

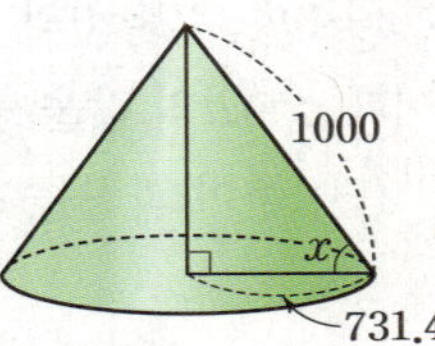

각도	사인($\sin$)	코사인($\cos$)	탄젠트($\tan$)
$43°$	0.6820	0.7314	0.9325
$44°$	0.6947	0.7193	0.9657
$45°$	0.7071	0.7071	1.0000
$46°$	0.7193	0.6947	1.0355
$47°$	0.7314	0.6820	1.0724

서술형 문제

0146
· 유형 01

오른쪽 그림과 같은 직각삼각형 ABC에서 $\angle ADB=x$일 때, $\sin x$의 값을 구하시오.
(단, 풀이 과정을 자세히 쓰시오.)

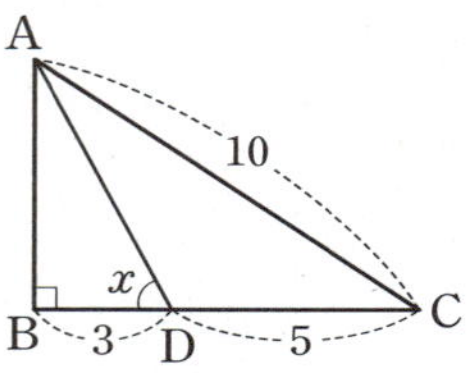

필요 개념 및 공식
- □ 삼각비의 값
- □ 피타고라스 정리

풀이

답

0147
· 유형 04, 06

오른쪽 그림은 일차방정식 $4x+3y-12=0$의 그래프이다. 이때 $\cos a$의 값을 구하시오.
(단, 풀이 과정을 자세히 쓰시오.)

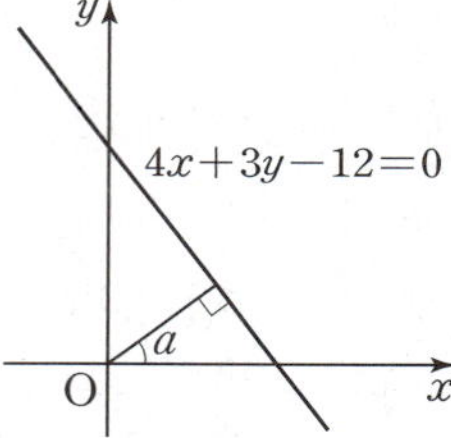

필요 개념 및 공식
- □ 삼각비의 값
- □ 직각삼각형의 닮음

풀이

답

0148
· 유형 10

오른쪽 그림과 같은 직각삼각형 ABD에서 $\overline{BC}=20$이고, $\tan 15°=a+b\sqrt{3}$이다. 이때 유리수 a, b에 대하여 $a+b$의 값을 구하시오.
(단, 풀이 과정을 자세히 쓰시오.)

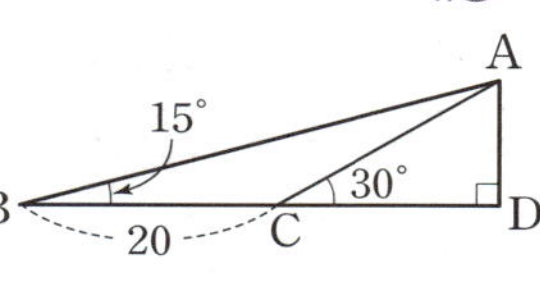

필요 개념 및 공식
- □ 30°, 45°, 60°의 삼각비의 값을 이용하여 변의 길이 구하기
- □ 이등변삼각형의 성질
- □ 분모의 유리화

풀이

답

0149
· 유형 12, 16

오른쪽 그림과 같이 반지름의 길이가 1인 사분원에서 $\overline{CD}-\overline{AB}$의 값을 다음 삼각비의 표를 이용하여 구하시오.
(단, 풀이 과정을 자세히 쓰시오.)

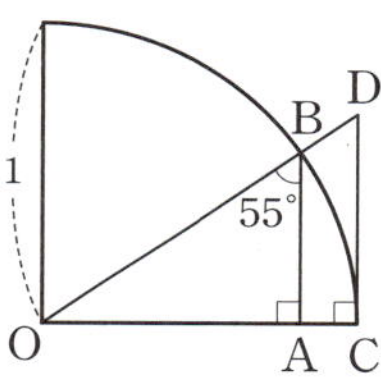

각도	사인(sin)	코사인(cos)	탄젠트(tan)
35°	0.574	0.819	0.700
⋮	⋮	⋮	⋮
55°	0.819	0.574	1.428

필요 개념 및 공식
- □ 사분원을 이용하여 삼각비의 값 구하기
- □ 삼각비의 표를 이용하여 각의 크기, 변의 길이 구하기

풀이

답

02 삼각비의 활용

: CONCEPT 개념 체크
02. 삼각비의 활용

1 직각삼각형의 변의 길이

$\angle B = 90°$인 직각삼각형 ABC에서

(1) $\angle A$의 크기와 빗변의 길이 b를 알 때

➡ $a = b\sin A,\ c = b\cos A$ ← $\sin A = \dfrac{a}{b},\ \cos A = \dfrac{c}{b}$

(2) $\angle A$의 크기와 밑변의 길이 c를 알 때

➡ $a = c\tan A,\ b = \dfrac{c}{\cos A}$ ← $\tan A = \dfrac{a}{c},\ \cos A = \dfrac{c}{b}$

(3) $\angle A$의 크기와 높이 a를 알 때

➡ $b = \dfrac{a}{\sin A},\ c = \dfrac{a}{\tan A}$ ← $\sin A = \dfrac{a}{b},\ \tan A = \dfrac{a}{c}$

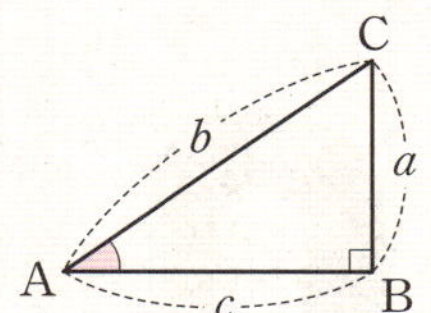

> • 직각삼각형에서 한 변의 길이와 한 예각의 크기를 알면 삼각비를 이용하여 나머지 두 변의 길이를 구할 수 있다.

예 오른쪽 그림의 직각삼각형 ABC에서 $\overline{BC} = 12\,\text{cm}$, $\angle A = 60°$일 때

$$\overline{AC} = \dfrac{12}{\sin 60°} = 12 \div \dfrac{\sqrt{3}}{2} = 8\sqrt{3}\,(\text{cm})$$

$$\overline{AB} = \dfrac{12}{\tan 60°} = \dfrac{12}{\sqrt{3}} = 4\sqrt{3}\,(\text{cm})$$

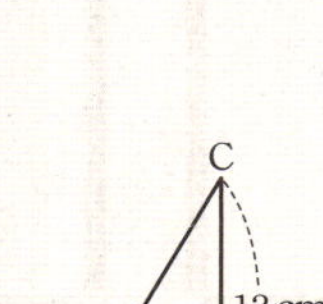

2 일반 삼각형의 변의 길이

(1) 삼각형 ABC에서 두 변의 길이 a, c와 그 끼인각 $\angle B$의 크기를 알 때, 꼭짓점 A에서 $\overline{BC}$에 내린 수선의 발을 H라 하면

➡ $\overline{AC} = \sqrt{\overline{AH}^2 + \overline{CH}^2}$

$\qquad = \sqrt{(c\sin B)^2 + (a - c\cos B)^2}$

$\qquad\qquad$ └→ $\overline{CH} = \overline{BC} - \overline{BH} = a - c\cos B$

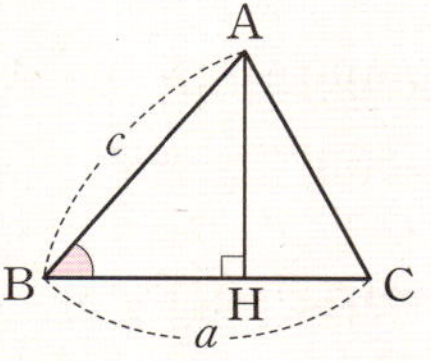

> • 일반 삼각형의 변의 길이는 30°, 45°, 60°의 삼각비를 이용할 수 있도록 수선을 그어 직각삼각형을 만든 후 구한다.

(2) 삼각형 ABC에서 한 변의 길이 a와 그 양 끝 각 $\angle B$, $\angle C$의 크기를 알 때, 꼭짓점 B, C에서 대변에 내린 수선의 발을 각각 H, H′이라 하면

└→ $\overline{BH} = \overline{BC}\sin C = a\sin C$

① $\overline{AB} = \dfrac{\overline{BH}}{\sin A} = \dfrac{a\sin C}{\sin A}$

$\qquad\qquad\qquad$ └→ $\overline{CH'} = \overline{BC}\sin B = a\sin B$

② $\overline{AC} = \dfrac{\overline{CH'}}{\sin A} = \dfrac{a\sin B}{\sin A}$

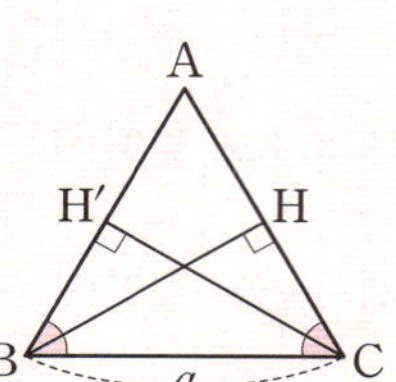

1 직각삼각형의 변의 길이

[0150~0152] 다음 그림의 직각삼각형 ABC에서 x, y의 값을 각각 ∠B의 삼각비를 이용하여 나타내시오.

0150
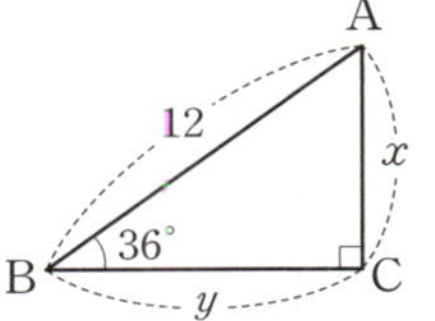

0151
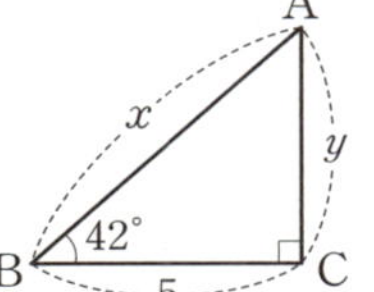

0152
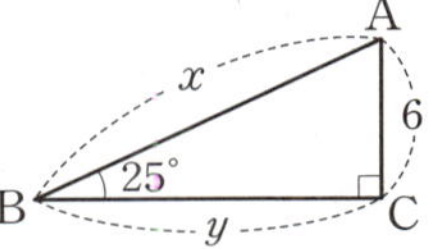

[0153~0154] 다음 그림의 직각삼각형 ABC에서 x, y의 값을 각각 반올림하여 소수점 아래 첫째 자리까지 구하시오.

0153
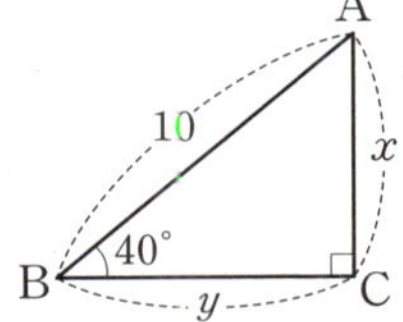

(단, $\sin 40° = 0.6428$, $\cos 40° = 0.7660$)

0154
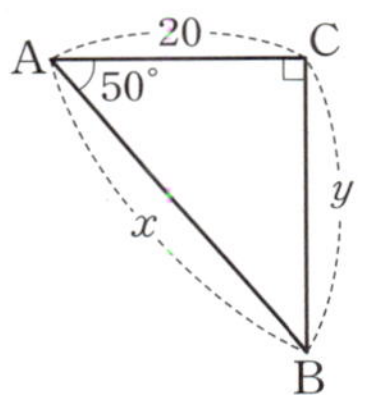

(단, $\cos 50° = 0.6428$, $\tan 50° = 1.1918$)

2 일반 삼각형의 변의 길이

0155 다음은 오른쪽 그림의 △ABC에서 변 AC의 길이를 구하는 과정이다. □ 안에 알맞은 수를 쓰시오.

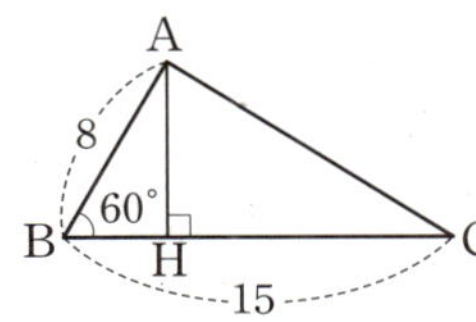

△ABH에서
$\overline{AH} = 8\sin\boxed{}° = \boxed{}$
$\overline{BH} = 8\cos\boxed{}° = \boxed{}$
∴ $\overline{CH} = \overline{BC} - \overline{BH} = \boxed{}$
따라서 △AHC에서
$\overline{AC} = \sqrt{(4\sqrt{3})^2 + \boxed{}^2} = \boxed{}$

[0156~0159] 오른쪽 그림과 같이 삼각형 ABC에서 $\overline{AC}$의 길이를 구하기 위해 꼭짓점 A에서 $\overline{BC}$에 수선을 긋고, 수선의 발을 H라 할 때, 다음을 구하시오.

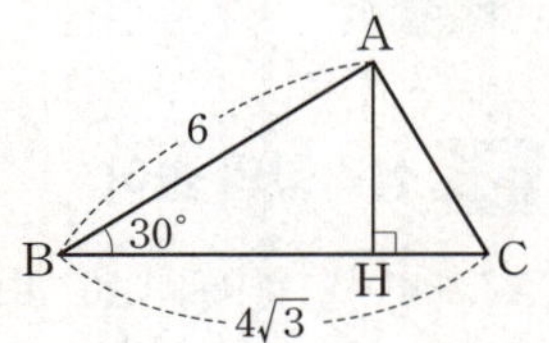

0156 $\overline{AH}$의 길이

0157 $\overline{BH}$의 길이

0158 $\overline{CH}$의 길이

0159 $\overline{AC}$의 길이

0160 다음은 오른쪽 그림의 △ABC에서 변 AC의 길이를 구하는 과정이다. □ 안에 알맞은 수를 쓰시오.

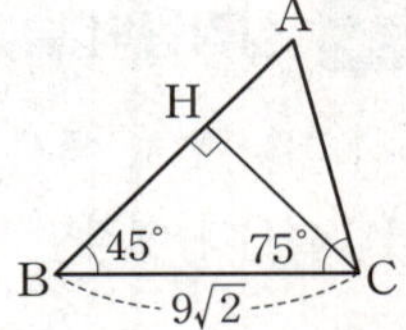

△BCH에서
$\overline{CH} = 9\sqrt{2}\sin\boxed{}° = \boxed{}$
따라서 △AHC에서
$\overline{AC} = \dfrac{\boxed{}}{\sin\boxed{}°} = \boxed{}$

[0161~0163] 오른쪽 그림과 같이 삼각형 ABC에서 $\overline{BC}$의 길이를 구하기 위해 꼭짓점 B에서 $\overline{AC}$에 수선을 긋고, 수선의 발을 H라 할 때, 다음을 구하시오.

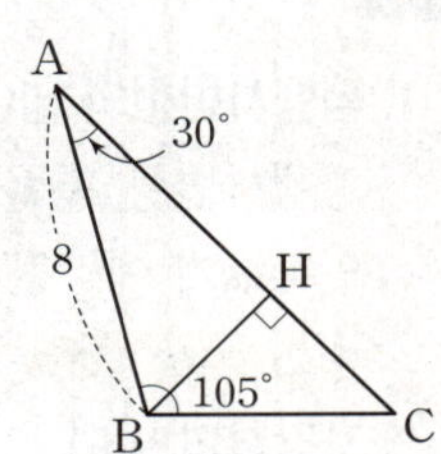

0161 $\overline{BH}$의 길이

0162 ∠C의 크기

0163 $\overline{BC}$의 길이

3 삼각형의 높이

삼각형 ABC에서 한 변의 길이 a와 그 양 끝 각 $\angle B$, $\angle C$의 크기를 알 때, 높이 h는

(1) 주어진 각이 모두 예각인 경우

(2) 주어진 각 중 한 각이 둔각인 경우

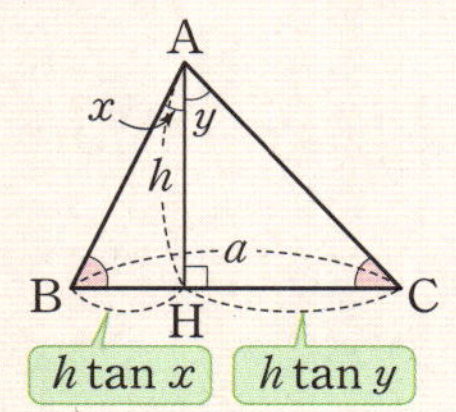

➡ $h = \dfrac{a}{\tan x + \tan y}$

➡ $h = \dfrac{a}{\tan x - \tan y}$

참고 (1) $\overline{BC} = \overline{BH} + \overline{CH}$이므로 $a = h\tan x + h\tan y$ $\quad \therefore h = \dfrac{a}{\tan x + \tan y}$

(2) $\overline{BC} = \overline{BH} - \overline{CH}$이므로 $a = h\tan x - h\tan y$ $\quad \therefore h = \dfrac{a}{\tan x - \tan y}$

• 삼각형의 높이를 구할 때는 두 개의 직각삼각형에서 주어진 변의 길이를 tan 값을 이용하여 나타낸다.

4 삼각형의 넓이

삼각형 ABC에서 두 변의 길이 a, c와 그 끼인각 $\angle B$의 크기를 알 때, 넓이 S는

(1) $\angle B$가 예각인 경우

(2) $\angle B$가 둔각인 경우

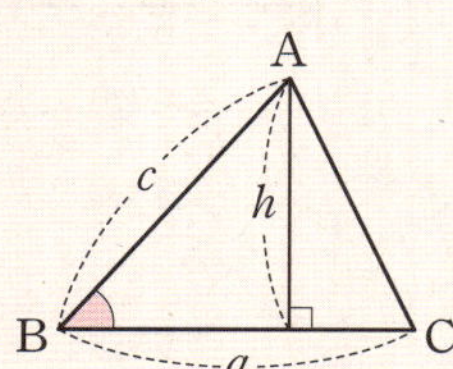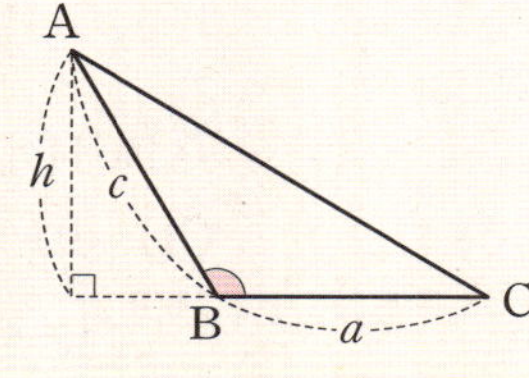

➡ $S = \dfrac{1}{2}ac\sin B$

➡ $S = \dfrac{1}{2}ac\sin(180° - B)$

참고 삼각형 ABC의 높이를 h라 하면

(1) $h = c\sin B$이므로 $\triangle ABC = \dfrac{1}{2}ah = \dfrac{1}{2}ac\sin B$

(2) $h = c\sin(180° - B)$이므로 $\triangle ABC = \dfrac{1}{2}ah = \dfrac{1}{2}ac\sin(180° - B)$

• $\angle B = 90°$이면
$\sin B = \sin 90° = 1$이므로
$S = \dfrac{1}{2}ac\sin 90° = \dfrac{1}{2}ac$

5 사각형의 넓이

(1) **평행사변형의 넓이**

평행사변형 ABCD의 이웃하는 두 변의 길이가 a, b이고 그 끼인각 x가 예각일 때, 넓이 S는

➡ $S = ab\sin x$

(2) **사각형의 넓이**

사각형 ABCD의 두 대각선의 길이가 a, b이고 두 대각선이 이루는 각 x가 예각일 때, 넓이 S는

➡ $S = \dfrac{1}{2}ab\sin x$

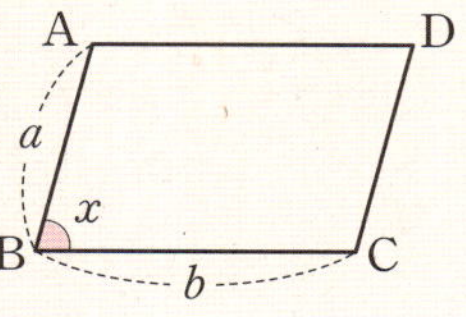

• x가 둔각이면
$S = ab\sin(180° - x)$

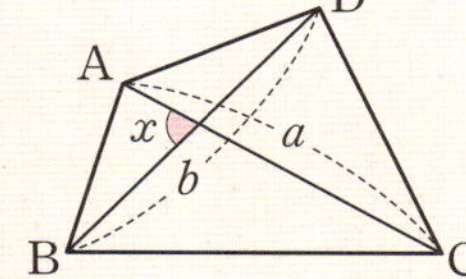

• x가 둔각이면
$S = \dfrac{1}{2}ab\sin(180° - x)$

3 삼각형의 높이

[0164~0166] 오른쪽 그림의 △ABC에서 $\overline{BC}=10$이고 ∠B=60°, ∠C=45°일 때, 다음 물음에 답하시오.

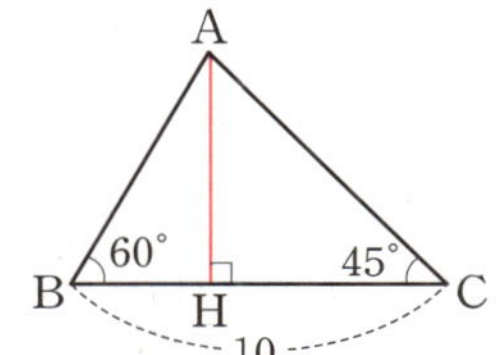

0164 ∠BAH와 ∠CAH의 크기를 각각 구하시오.

0165 $\overline{BH}$와 $\overline{CH}$의 길이를 각각 $\overline{AH}$와 tan 값을 이용하여 나타내시오.

0166 $\overline{BC}=\overline{BH}+\overline{CH}$임을 이용하여 $\overline{AH}$의 길이를 구하시오.

[0167~0169] 오른쪽 그림의 △ABC에서 $\overline{BC}=10$이고 ∠B=30°, ∠C=120°일 때, 다음 물음에 답하시오.

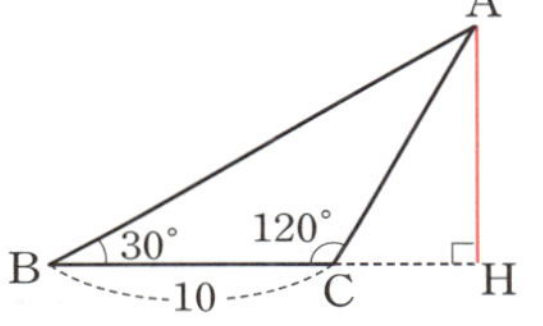

0167 ∠BAH와 ∠CAH의 크기를 각각 구하시오.

0168 $\overline{BH}$와 $\overline{CH}$의 길이를 각각 $\overline{AH}$와 tan 값을 이용하여 나타내시오.

0169 $\overline{BC}=\overline{BH}-\overline{CH}$임을 이용하여 $\overline{AH}$의 길이를 구하시오.

4 삼각형의 넓이

[0170~0173] 다음 그림의 △ABC의 넓이를 구하시오.

0170
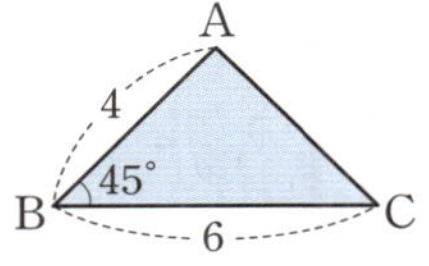

0171
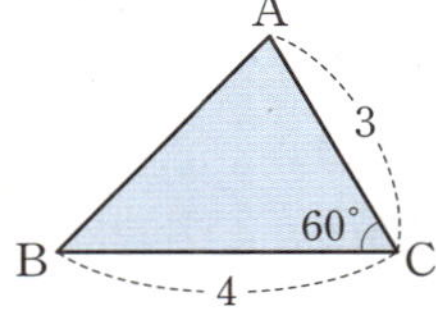

0172 **0173**
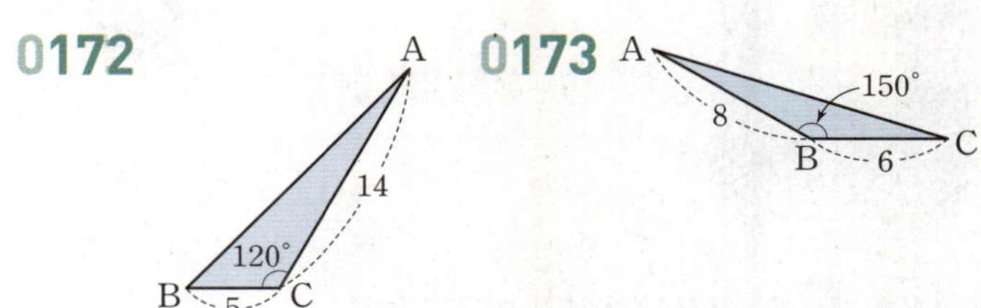

5 사각형의 넓이

[0174~0177] 다음 그림과 같은 평행사변형 ABCD의 넓이를 구하시오.

0174

0175

0176

0177
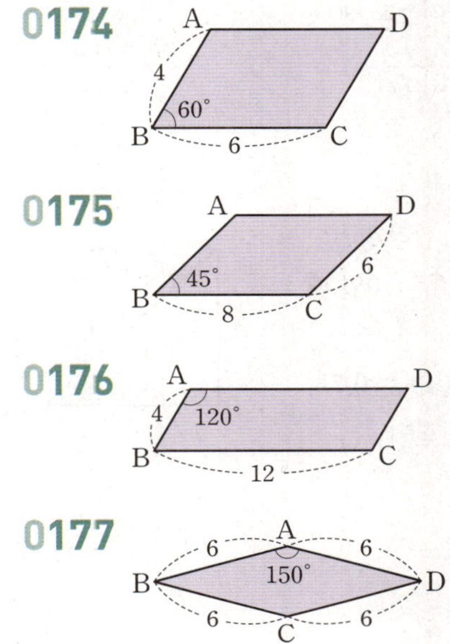

[0178~0181] 다음 그림과 같은 사각형 ABCD의 넓이를 구하시오.

0178

0179

0180

0181
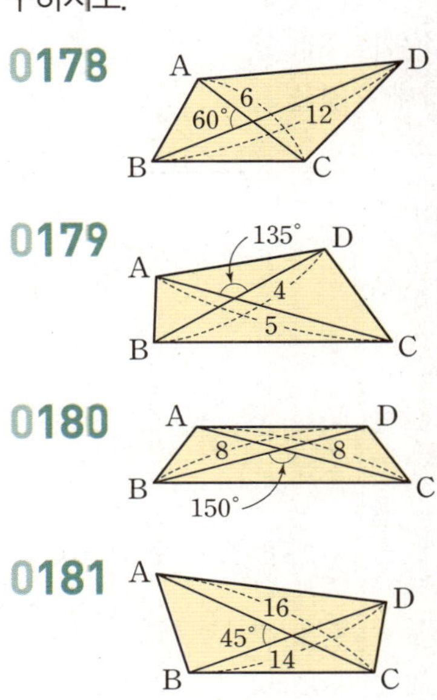

: PATTERN **유형 마스터**

유형 01 직각삼각형의 변의 길이 (1)

∠B=90°인 직각삼각형 ABC에서
(1) ∠A의 크기와 빗변의 길이 b를 알 때
 ➡ $a=b\sin A,\ c=b\cos A$
(2) ∠A의 크기와 밑변의 길이 c를 알 때
 ➡ $a=c\tan A,\ b=\dfrac{c}{\cos A}$
(3) ∠A의 크기와 높이 a를 알 때
 ➡ $b=\dfrac{a}{\sin A},\ c=\dfrac{a}{\tan A}$

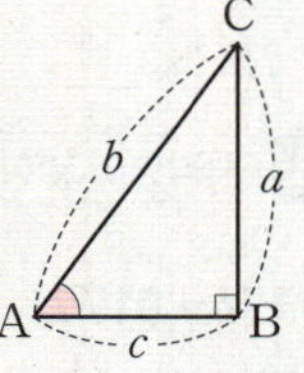

0182 대표문제

오른쪽 그림과 같은 직각삼각형
ABC에서 ∠C=43°, $\overline{AC}=10$일 때,
$y-x$의 값을 구하시오.
(단, $\sin 43°=0.68$, $\cos 43°=0.73$,
$\tan 43°=0.93$으로 계산한다.)

0183 조건 바꾼 대표문제

오른쪽 그림과 같은 직각삼각형
ABC에서 ∠A=42°, $\overline{AB}=8$일 때,
다음 중 $\overline{AC}$의 길이를 나타내는 것을
모두 고르면? (정답 2개)

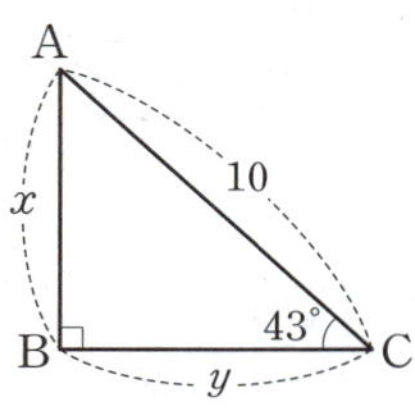

① $8\sin 42°$ 　② $8\tan 48°$
③ $\dfrac{8}{\cos 42°}$ 　④ $\dfrac{8}{\sin 48°}$
⑤ $\dfrac{8}{\tan 42°}$

0184 ◖◗

오른쪽 그림과 같은 직각삼각형 ABC
에서 다음 중 옳지 <u>않은</u> 것은?

① $b=c\sin B$ 　② $b=a\tan B$
③ $a=c\sin A$ 　④ $b=\dfrac{c}{\cos A}$
⑤ $b=\dfrac{a}{\tan A}$

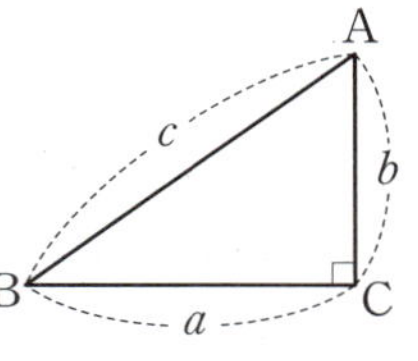

0185 ◖◗

오른쪽 그림에서 $\overline{AB}=4$,
∠ABC=∠BCD=90°
∠BAC=60°, ∠BDC=45°일 때,
$\overline{BD}$의 길이를 구하시오.

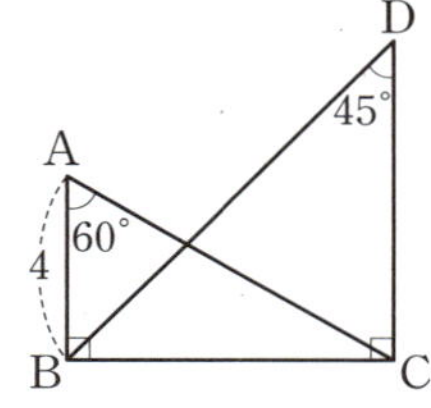

0186 ◖◗

오른쪽 그림과 같이 폭이 각
각 5 cm, 4 cm인 두 종이
테이프가 겹쳐져 있다. 이때
겹쳐진 부분의 넓이를 구하
시오.

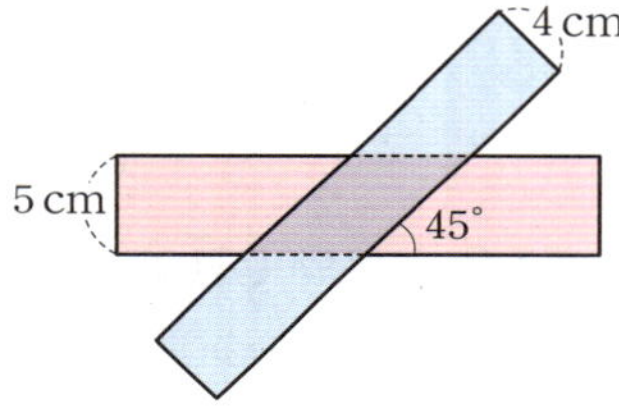

0187 ◖◗

오른쪽 그림은 정팔각형에서 한 점
O에서 만나는 대각선 4개를 그은 것이
다. $\overline{OA}=10$이고 점 O에서 $\overline{AB}$에
내린 수선의 발을 H′이라 할 때, 정
팔각형의 한 변의 길이는?
(단, $\sin 22.5°=0.38$, $\cos 22.5°=0.92$,
$\tan 22.5°=0.41$로 계산한다.)

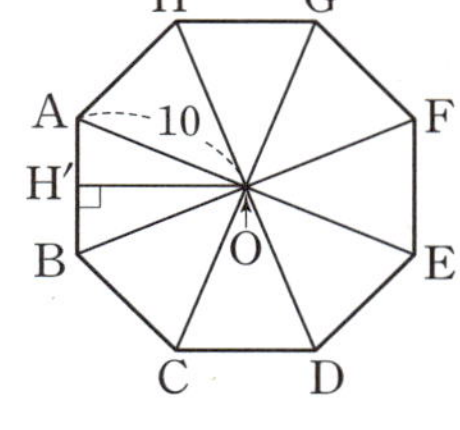

① 6.4 　② 7.6 　③ 7.9
④ 8.2 　⑤ 9.2

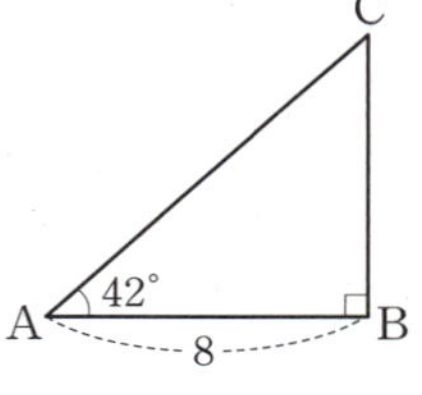

유형 02 직각삼각형의 변의 길이 (2) – 입체도형이 주어지는 경우

입체도형에서 삼각비를 이용하여 모서리의 길이, 높이 등을 구할 수 있고, 구한 길이를 이용하여 도형의 넓이 또는 부피를 구할 수 있다.

0188 대표문제

오른쪽 그림과 같은 직육면체에서 $\angle DFH=60°$이고 $\overline{FG}=4\,cm$, $\overline{GH}=3\,cm$일 때, 이 직육면체의 부피는?

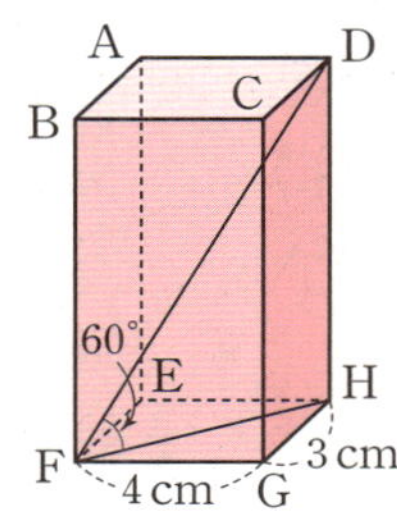

① $48\sqrt{2}\,cm^3$　② $60\sqrt{2}\,cm^3$
③ $24\sqrt{3}\,cm^3$　④ $30\sqrt{3}\,cm^3$
⑤ $60\sqrt{3}\,cm^3$

0189 도형 바꾼 대표문제

오른쪽 그림과 같은 직육면체에서 $\overline{FG}=\overline{GH}=3\,cm$, $\angle CEG=30°$일 때, 이 직육면체의 부피를 구하시오.

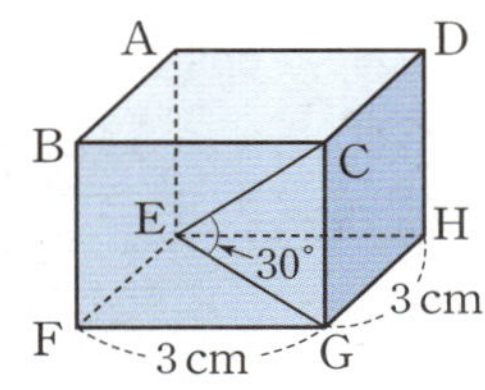

新 유형

0190

이집트의 피라미드 중에서 최대 규모라고 알려진 것은 쿠푸왕 때의 피라미드이다. 오른쪽 그림과 같이 정사각뿔 모양의 피라미드의 옆면과 밑면이 이루는 경사각의 크기는 52°이고 밑면인 정사각형의 한 변의 길이가 240 m일 때, 이 피라미드의 높이 OH를 구하시오.
(단, $\sin 52°=0.79$, $\cos 52°=0.62$, $\tan 52°=1.28$로 계산한다.)

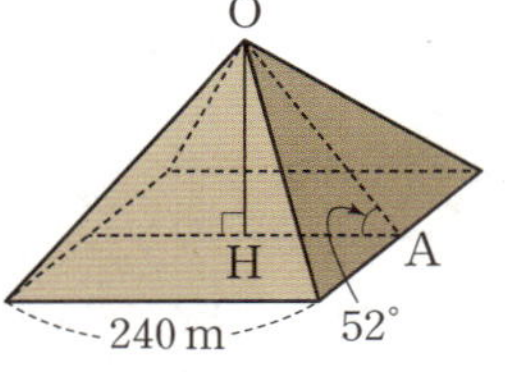

0191 서술형

오른쪽 그림과 같이 $\angle BAC=90°$, $\angle ACB=45°$이고 $\overline{BC}=6\sqrt{2}$, $\overline{BE}=8$인 삼각기둥의 겉넓이를 구하시오.
(단, 풀이 과정을 자세히 쓰시오.)

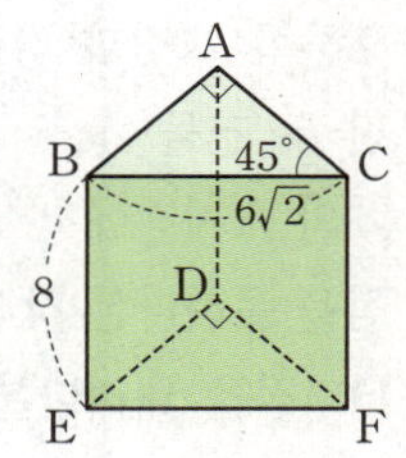

중요

유형 03 실생활에서 직각삼각형의 변의 길이의 활용

실생활에서 직각삼각형의 변의 길이는 다음의 순서로 구한다.
❶ 실생활 문제의 그림에서 직각삼각형을 찾는다.
❷ 삼각비를 이용하여 변의 길이를 구한다.

0192 대표문제

오른쪽 그림과 같이 나무로부터 6 m 떨어진 지점에서 민이가 나무의 꼭대기를 올려다본 각의 크기는 38°이었다. 민이의 눈높이가 1.5 m일 때, 나무의 높이를 구하시오.

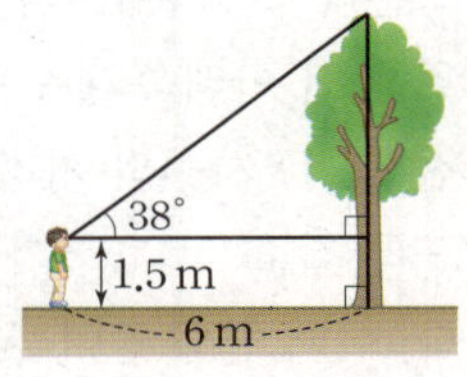

(단, $\tan 38°=0.78$로 계산한다.)

0193 조건 바꾼 대표문제

지면에 수직으로 서 있던 전봇대가 오른쪽 그림과 같이 부러졌다. 부러진 전봇대와 지면이 이루는 각의 크기가 30°일 때, 부러지기 전의 전봇대의 높이를 구하시오.

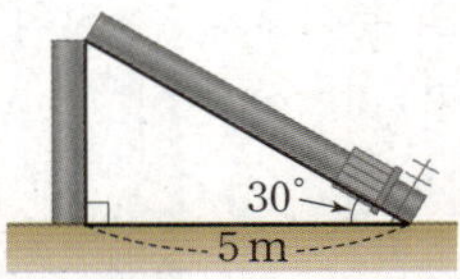

0194

오른쪽 그림과 같이 60 m 떨어진 두 건물 ㈎, ㈏가 있다. 건물 ㈎의 A지점에서 건물 ㈏의 C지점을 올려다본 각의 크기는 30°, D지점을 내려다본 각의 크기는 45°일 때, 건물 ㈏의 높이는?

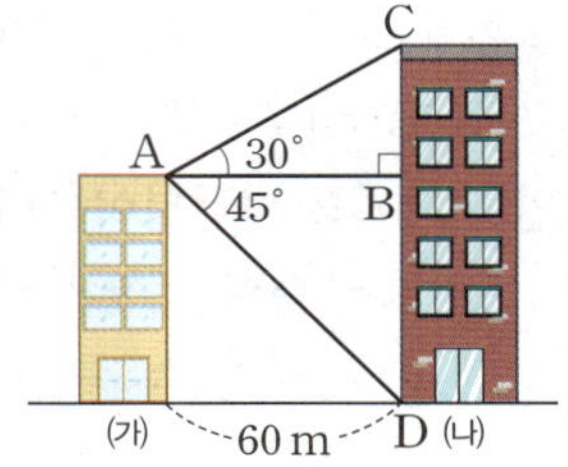

① $\dfrac{20(\sqrt{3}+3)}{3}$ m 　　② $20(\sqrt{3}+3)$ m

③ 40 m 　　④ 80 m

⑤ $50(\sqrt{2}+1)$ m

0195

오른쪽 그림은 산의 높이를 구하기 위해 산 아래쪽의 수평면 위에 두 지점 C, D 사이의 거리가 120 m가 되도록 잡고 각의 크기를 측량한 것이다. 이때 산의 높이 $\overline{AB}$를 구하시오.

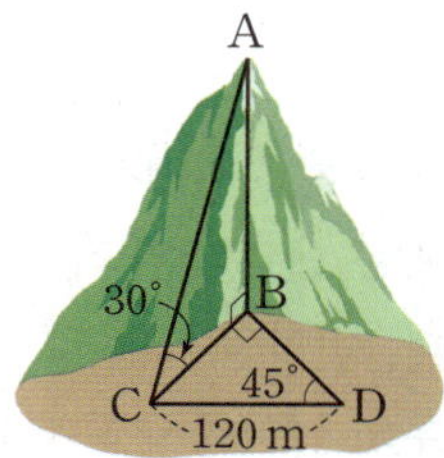

0196

다음 그림과 같이 태양이 화산 폭발로 인해 생긴 지구 표면의 분화구의 한 지점 A를 35°로 비출 때 생기는 그림자의 끝 지점이 C이고, $\overline{AB}=300$ m이다. 이때 분화구의 깊이 $\overline{BC}$를 구하시오. (단, $\sin 35°=0.57$, $\cos 35°=0.82$, $\tan 35°=0.70$으로 계산한다.)

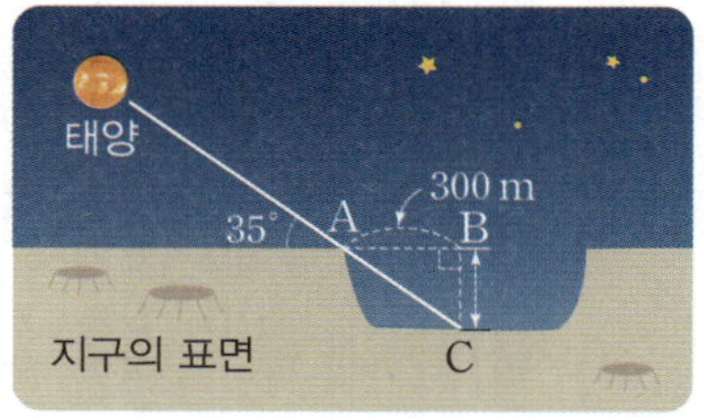

0197

오른쪽 그림과 같이 길이가 10 cm인 실에 매단 구슬이 $\overline{OP}$를 기준으로 좌우로 36°의 각을 이루며 움직이고 있다. 구슬이 가장 높이 올라갔을 때의 두 지점을 각각 A, B라 할 때, B지점에 있는 구슬은 P지점에 있는 구슬보다 몇 cm만큼 높이 떠 있는지 구하시오. (단, $\cos 36°=0.81$로 계산하고, 구슬의 크기는 생각하지 않는다.)

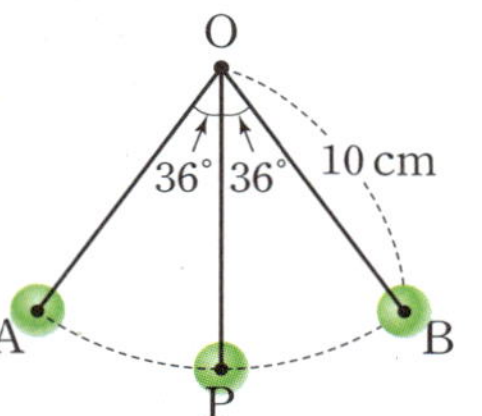

$\triangle ABH$에서 $\overline{AH}=c\sin B$,
$\overline{BH}=c\cos B$이므로
$\overline{CH}=a-c\cos B$
$\Rightarrow \overline{AC}=\sqrt{\overline{AH}^2+\overline{CH}^2}$
$\quad\quad\ \ =\sqrt{(c\sin B)^2+(a-c\cos B)^2}$

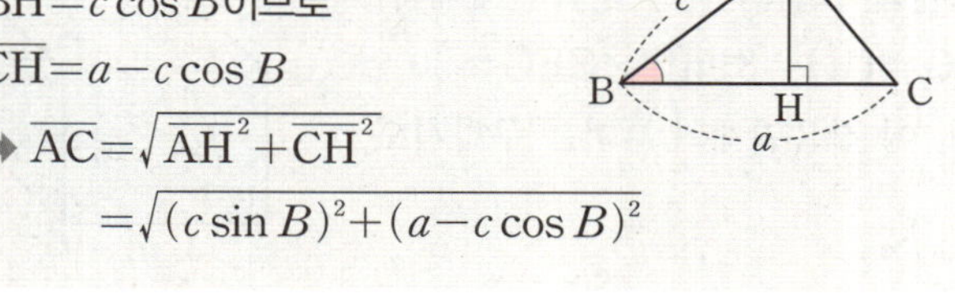

0198 대표문제

오른쪽 그림과 같은 $\triangle ABC$에서 $\overline{AB}=2\sqrt{2}$, $\overline{BC}=5$이고 $\angle B=45°$일 때, $\overline{AC}$의 길이를 구하시오.

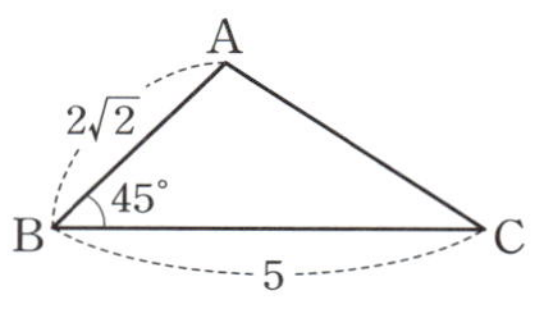

0199 표현 바꾼 대표문제

연못의 폭 $\overline{AC}$의 길이를 구하기 위하여 오른쪽 그림과 같이 측량하였다. 이때 $\overline{AC}$의 길이를 구하시오.

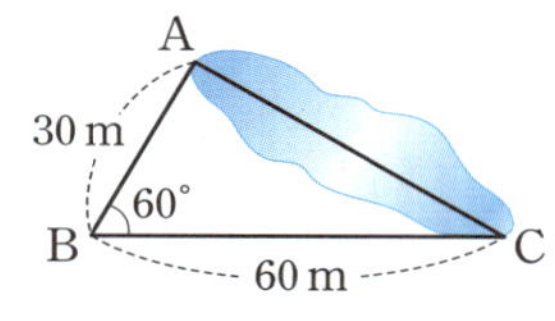

0200

오른쪽 그림과 같이 평행사변형 ABCD에서 $\overline{AB}=2\,\text{cm}$, $\overline{BC}=3\,\text{cm}$이고 $\angle B=60°$일 때, 대각선 AC의 길이를 구하시오.

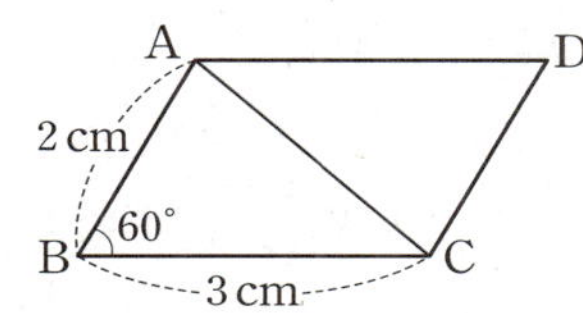

0201 서술형

오른쪽 그림의 $\triangle ABC$에서 $\overline{AC}=6\,\text{cm}$, $\overline{BC}=2\sqrt{2}\,\text{cm}$이고 $\angle C=135°$일 때, $\overline{AB}$의 길이를 구하시오.
(단, 풀이 과정을 자세히 쓰시오.)

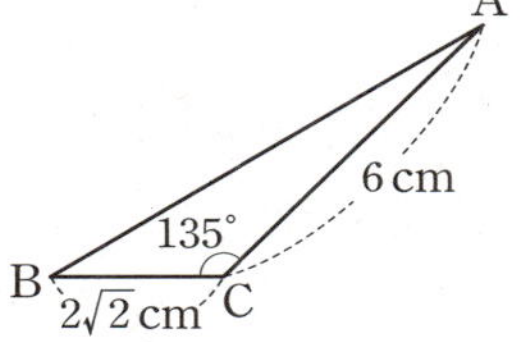

0202

오른쪽 그림과 같이 삼각형 ABC에서 $\overline{AC}=10$, $\overline{BC}=12$이고 $\sin C=\dfrac{3}{5}$, $\cos C=\dfrac{4}{5}$일 때, $\overline{AB}$의 길이를 구하시오.

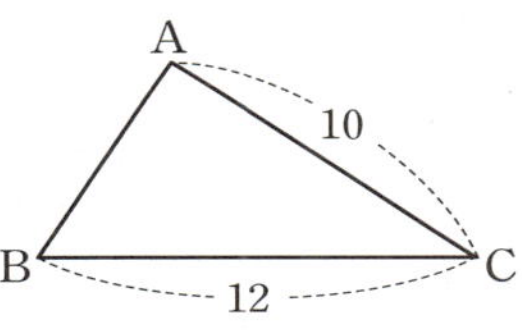

유형 05 일반 삼각형에서 변의 길이 (2)

$\triangle ABH$에서
$\overline{AH}=c\sin B$

$\Rightarrow \overline{AC}=\dfrac{\overline{AH}}{\sin C}=\dfrac{c\sin B}{\sin C}$

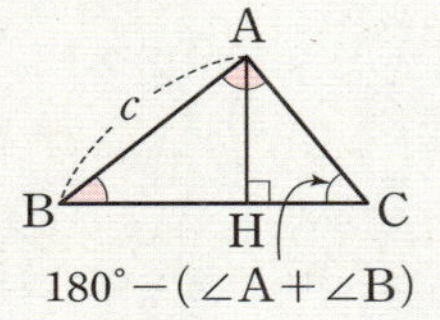

0203 대표문제

오른쪽 그림의 $\triangle ABC$에서 $\overline{AB}=12$이고 $\angle A=75°$, $\angle B=60°$일 때, $\overline{AC}$의 길이를 구하시오.

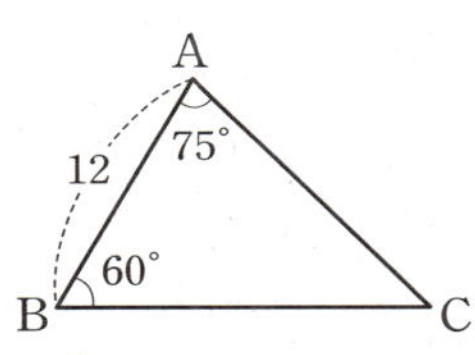

0204 표현 바꾼 대표문제

오른쪽 그림과 같이 강을 사이에 두고 양쪽에 위치한 두 지점 B, C 사이의 거리를 측정하기 위하여 B지점과 같은 쪽에 $\overline{AB}=50\,\text{m}$인 A지점을 잡았다. $\angle A=105°$, $\angle B=45°$일 때, 두 지점 B, C 사이의 거리를 구하시오.

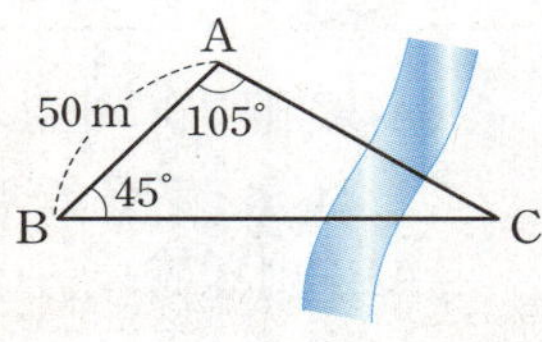

0205

오른쪽 그림의 $\triangle ABC$에서 $\overline{BC}=5$이고 $\angle B=105°$, $\angle C=45°$일 때, $\overline{AB}$의 길이는?

① $5\sqrt{2}$ ② 8
③ $5\sqrt{3}$ ④ 10
⑤ $8\sqrt{2}$

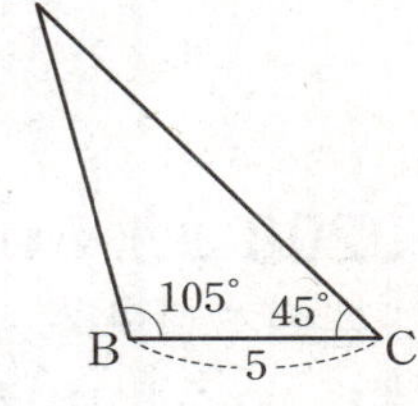

0206

오른쪽 그림의 $\triangle ABC$에서 $\angle B=60°$, $\angle C=45°$이고 $\overline{AB}=2\,\text{cm}$일 때, $\overline{BC}$의 길이는?

① $2(\sqrt{2}-1)\,\text{cm}$
② $2(\sqrt{3}-1)\,\text{cm}$
③ $(1+\sqrt{3})\,\text{cm}$
④ $(2+\sqrt{2})\,\text{cm}$
⑤ $(3+\sqrt{3})\,\text{cm}$

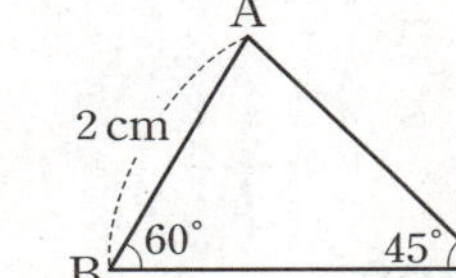

유형 06 삼각형의 높이 (1)

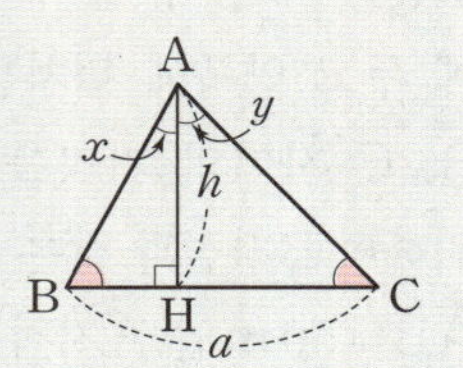

△ABC에서 $\overline{BC}$의 길이와
∠B, ∠C의 크기를 알 때
△ABH에서 $\overline{BH}=h\tan x$
△AHC에서 $\overline{CH}=h\tan y$
➡ $a=h\tan x+h\tan y$이므로

$$h=\dfrac{a}{\tan x+\tan y}$$

0207 대표문제

오른쪽 그림의 △ABC에서
$\overline{AH}\perp\overline{BC}$이고 $\overline{BC}=6$,
∠B$=45°$, ∠C$=60°$일 때, $\overline{AH}$의
길이를 구하시오.

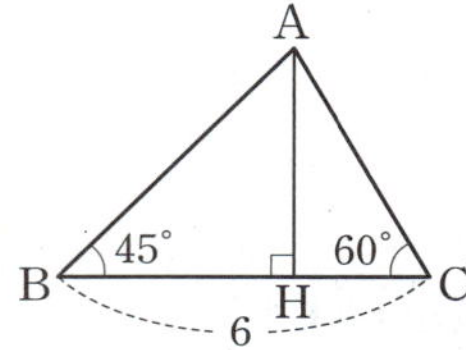

0208 표현 바꾼 대표문제

오른쪽 그림의 △ABC에서
$\overline{AH}\perp\overline{BC}$일 때, 다음 중 $\overline{AH}$의
길이를 구하는 식은?

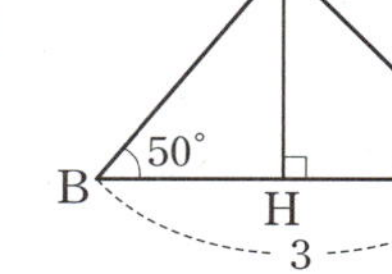

① $\dfrac{3}{\tan 45°+\tan 50°}$

② $\dfrac{3}{\tan 50°-\tan 45°}$

③ $\dfrac{3}{\tan 40°+\tan 45°}$

④ $\dfrac{3}{\tan 45°-\tan 40°}$

⑤ $3(\tan 50°+\tan 45°)$

0209

다음 그림과 같이 100 m 떨어져 있는 지면 위의 두 지점
A, B에서 열기구의 아랫부분 C를 올려다본 각의 크기가
각각 $45°$, $30°$일 때, 지면으로부터 열기구의 아랫부분 C까
지의 높이를 구하시오.

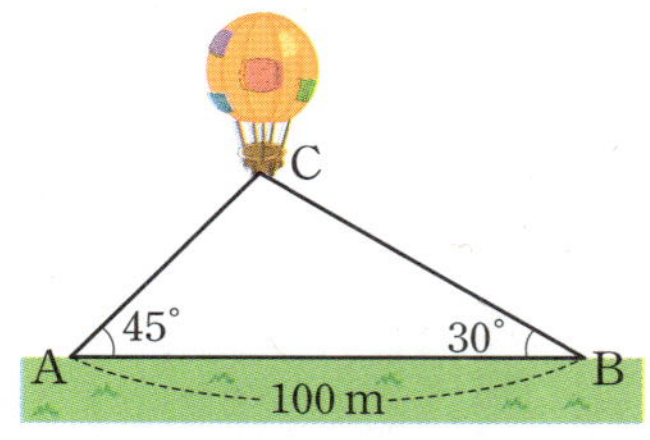

0210

오른쪽 그림의 △ABC에서
∠B$=45°$, ∠C$=60°$이고
$\overline{BC}=8$일 때, △ABC의 넓이를
구하시오.

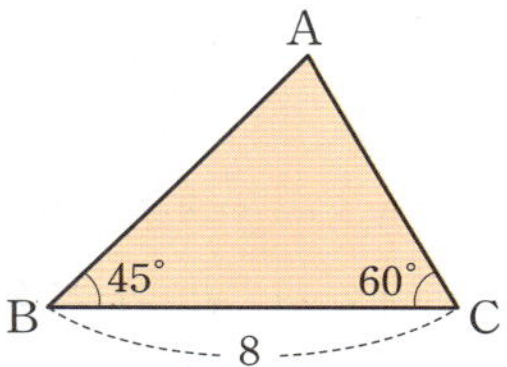

유형 07 삼각형의 높이 (2)

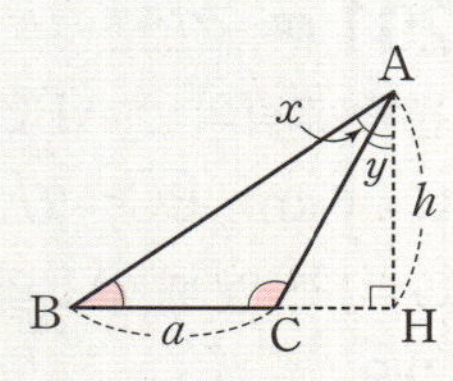

△ABC에서 $\overline{BC}$의 길이와
∠B, ∠ACB의 크기를 알 때
△ABH에서 $\overline{BH}=h\tan x$
△ACH에서 $\overline{CH}=h\tan y$
➡ $a=h\tan x-h\tan y$이므로

$$h=\dfrac{a}{\tan x-\tan y}$$

0211 대표문제

오른쪽 그림의 △ABC에서
∠B$=45°$, ∠ACB$=120°$이고
$\overline{BC}=6$일 때, $\overline{AH}$의 길이를 구하시
오.

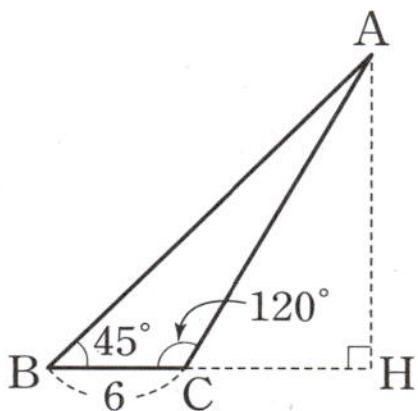

0212 조건 바꾼 대표문제

오른쪽 그림과 같이 $\overline{BC}=6$이고
∠B$=30°$, ∠ACB$=120°$인
△ABC의 넓이를 구하시오.

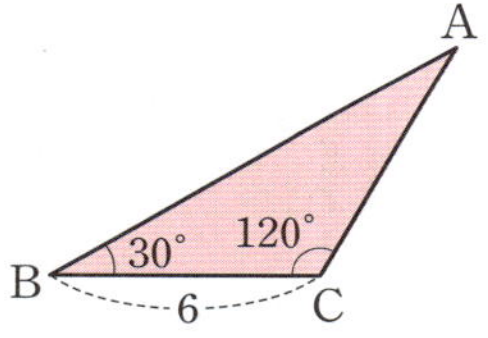

0213

오른쪽 그림과 같이 200 m 떨어
진 두 지점 B, C에서 건물의 윗
부분 A를 올려다본 각의 크기가
각각 $30°$, $60°$일 때, 건물의 높
이 AD를 구하시오.

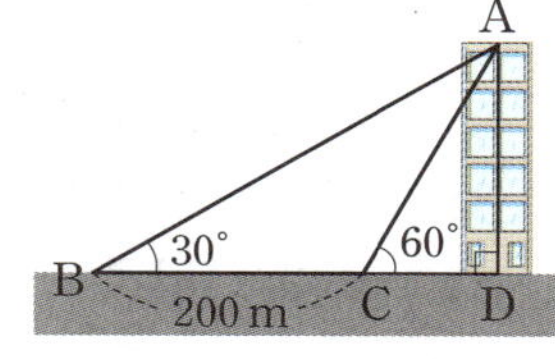

0214

헬리콥터가 조난당한 배를 구조하기 위해 시속 180 km의 속력으로 수면으로부터 일정한 높이를 유지하면서 날아가고 있다. 다음 그림과 같이 헬리콥터가 처음 배를 관측하여 배를 내려다본 각의 크기는 30°이었다. 그리고 1분 후 다시 배를 관측하였고, 이때 배를 내려다본 각의 크기가 60°이었다. 헬리콥터가 배의 상공 P지점에 도착하기 위해서는 두 번째로 배를 관측한 지점으로부터 몇 분 더 이동해야 하는지 구하시오. (단, 조난당한 배의 위치는 변함이 없다.)

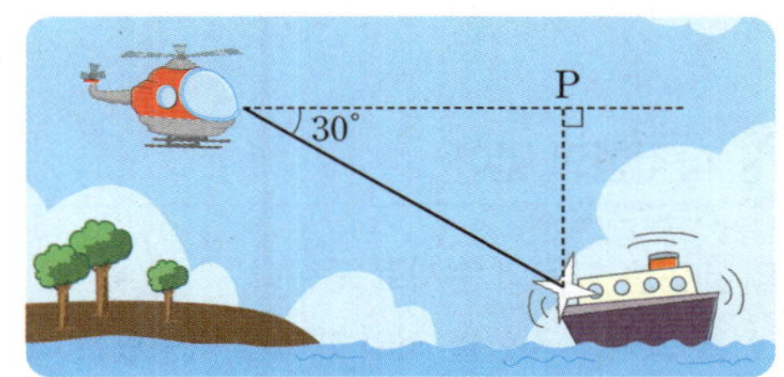

유형 08 삼각형의 넓이 (1)

$\triangle$ABC에서 두 변의 길이가 a, c이고, 그 끼인각 $\angle$B가 예각일 때
$\triangle$ABH에서 $\overline{\text{AH}}=c\sin B$

$\Rightarrow \triangle\text{ABC}=\dfrac{1}{2}ac\sin B$

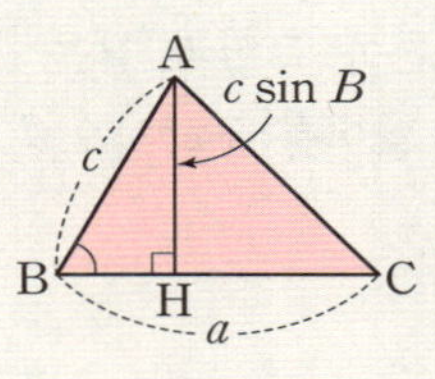

0215 대표문제

오른쪽 그림과 같이 $\angle$B=60°이고 $\overline{\text{AB}}=5$ cm, $\overline{\text{BC}}=12$ cm인 $\triangle$ABC의 넓이를 구하시오.

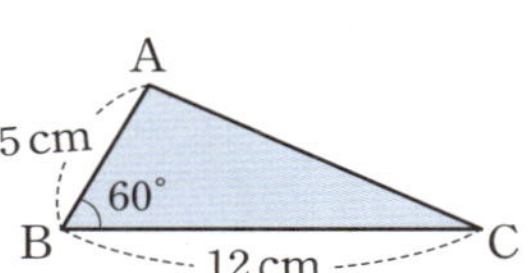

0216 도형 바꾼 대표문제

오른쪽 그림과 같이 $\overline{\text{AB}}=\overline{\text{AC}}=6$이고 $\angle$B=75°인 이등변삼각형 ABC의 넓이를 구하시오.

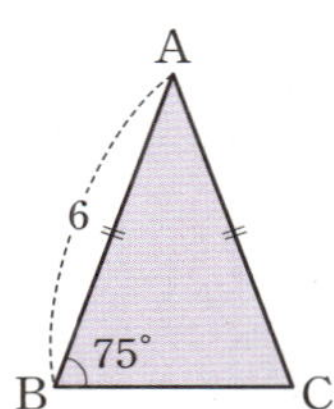

0217

오른쪽 그림과 같은 $\triangle$ABC에서 $\overline{\text{AB}}=5$ cm, $\overline{\text{BC}}=8$ cm이고 $\angle$B는 예각이다. $\triangle$ABC의 넓이가 $10\sqrt{2}$ cm²일 때, $\angle$B의 크기를 구하시오.

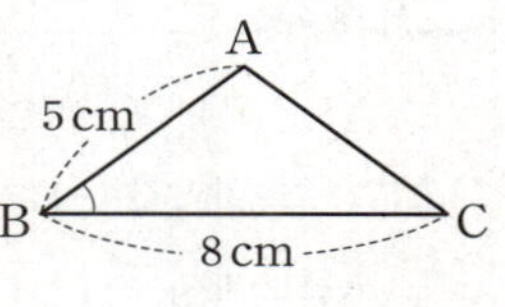

0218

오른쪽 그림과 같이 $\overline{\text{AB}}=3$ cm, $\overline{\text{BC}}=4$ cm인 $\triangle$ABC에서 $\cos B=\dfrac{1}{2}$일 때, $\triangle$ABC의 넓이는? (단, 0°<$\angle$B<90°)

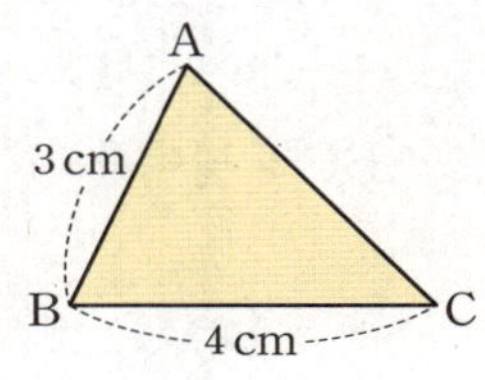

① $3\sqrt{2}$ cm² ② $3\sqrt{3}$ cm² ③ $4\sqrt{2}$ cm²
④ $4\sqrt{3}$ cm² ⑤ $6\sqrt{3}$ cm²

0219 서술형

오른쪽 그림에서 $\overline{\text{AC}}\,/\!/\,\overline{\text{DE}}$이고, $\overline{\text{AB}}=12$ cm, $\overline{\text{BC}}=9$ cm, $\overline{\text{CE}}=7$ cm이다. $\angle$B=60°일 때, $\square$ABCD의 넓이를 구하시오. (단, 풀이 과정을 자세히 쓰시오.)

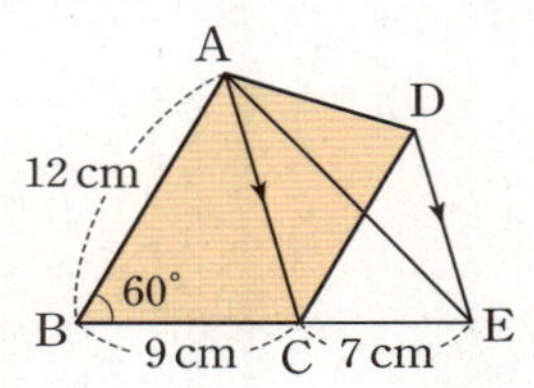

新 유형

0220

길이가 a, b, c인 세 선분 중 각각 2개의 선분을 골라 다음 그림과 같이 작도한 세 삼각형 A, B, C의 넓이가 모두 같을 때, $a:b:c=p:q:1$이다. 이때 p^2+q^2의 값을 구하시오.

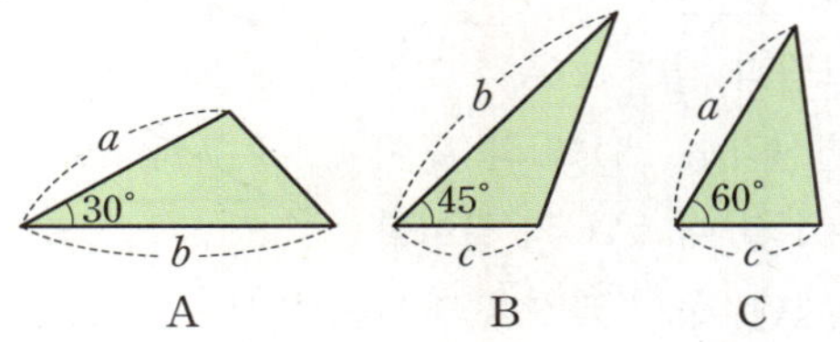

유형 09 삼각형의 넓이 (2)

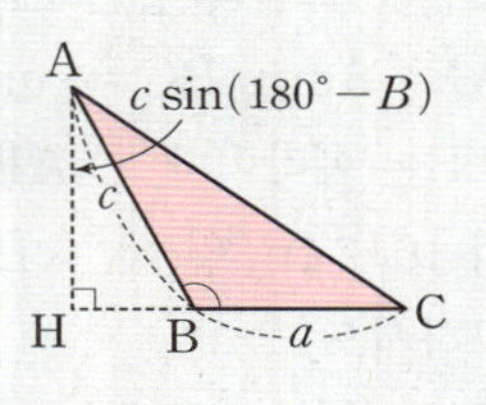

△ABC에서 두 변의 길이가 a, c 이고, 그 끼인각 ∠B가 둔각일 때 △AHB에서
$\overline{AH} = c\sin(180° - B)$
$\Rightarrow \triangle ABC = \dfrac{1}{2}ac\sin(180° - B)$

0221 대표문제

오른쪽 그림과 같이 $\overline{AB} = 4\,cm$, $\overline{AC} = 6\,cm$이고 ∠B=32°, ∠C=13°인 △ABC의 넓이를 구하시오.

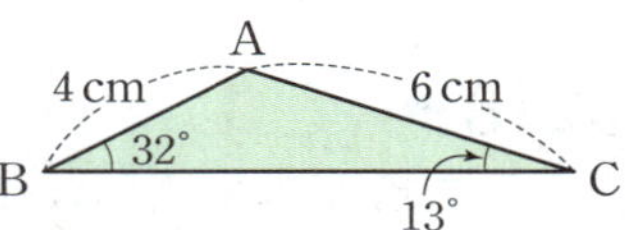

0222 조건 바꾼 대표문제

오른쪽 그림의 △AEC에서 ∠C=150°, $\overline{BC} = 8\,cm$이고 넓이가 $10\sqrt{3}\,cm^2$일 때, $\overline{AC}$ 의 길이를 구하시오.

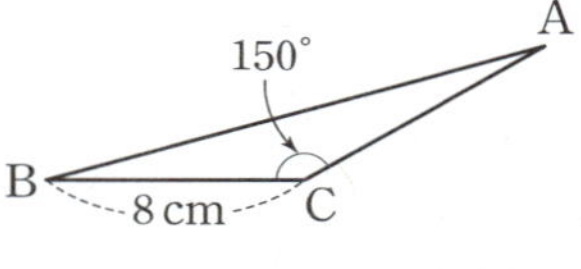

0223

오른쪽 그림과 같이 ∠C가 둔각 인 △ABC에서 $\overline{BC} = 6$, $\overline{AC} = 12$이고 넓이가 $18\sqrt{2}$일 때, ∠C의 크기를 구하시오.

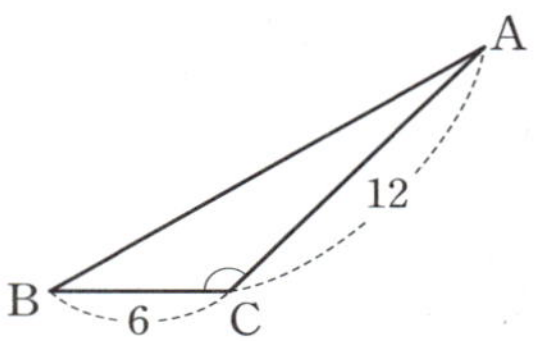

0224 서술형

오른쪽 그림과 같이 ∠A=120° 인 이등변삼각형 ABC의 넓이 가 $4\sqrt{3}\,cm^2$일 때, $\overline{AB}$의 길이를 구하시오. (단, 풀이 과정을 자세히 쓰시오.)

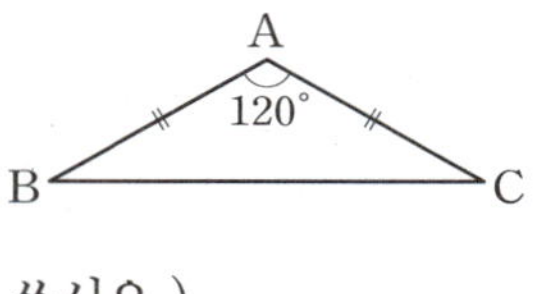

0225

오른쪽 그림과 같이 반지름의 길이 가 12인 반원 O에서 ∠CAB=30° 일 때, 색칠한 부분의 넓이를 구하 시오.

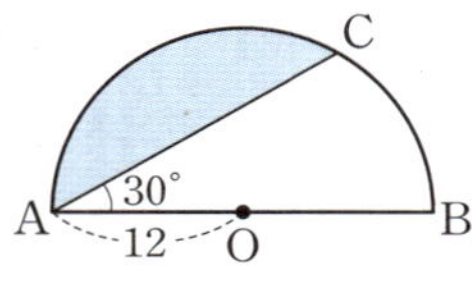

유형 10 다각형의 넓이

다각형의 넓이는 다음의 순서로 구한다.
❶ 보조선을 그어 다각형을 여러 개의 삼각형으로 나눈다.
❷ 각 삼각형의 넓이를 구하여 더한다.
예 오른쪽 그림과 같이 $\overline{AC}$를 그으면
$\square ABCD = \triangle ABC + \triangle ACD$

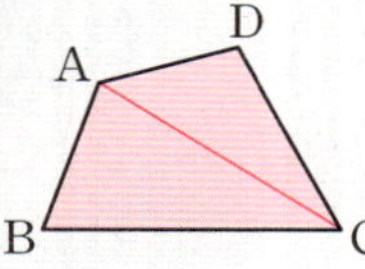

0226 대표문제

오른쪽 그림과 같은 $\square ABCD$ 의 넓이를 구하시오.

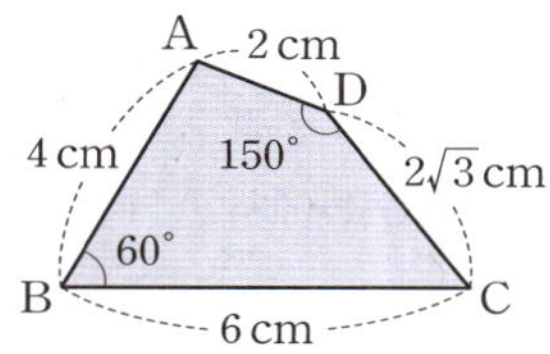

0227 숫자 바꾼 대표문제

오른쪽 그림과 같은 $\square ABCD$의 넓이는?

① $3\,cm^2$ ② $4\,cm^2$
③ $5\,cm^2$ ④ $6\,cm^2$
⑤ $7\,cm^2$

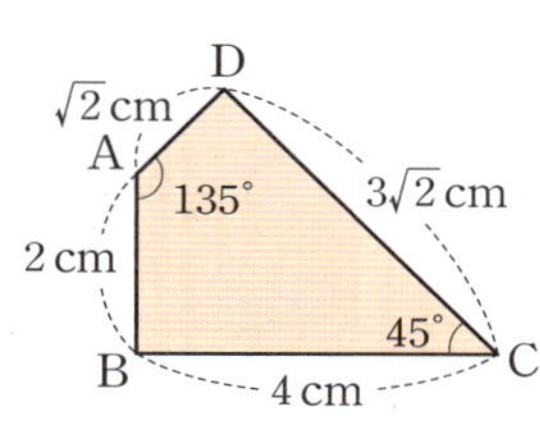

0228

오른쪽 그림과 같은 사각형 ABCD의 넓이를 구하시오.

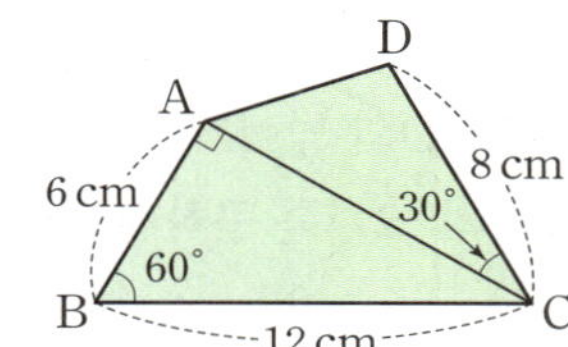

0229

오른쪽 그림과 같이 반지름의 길이가 6 cm인 원 O에 내접하는 정팔각형의 넓이를 구하시오.

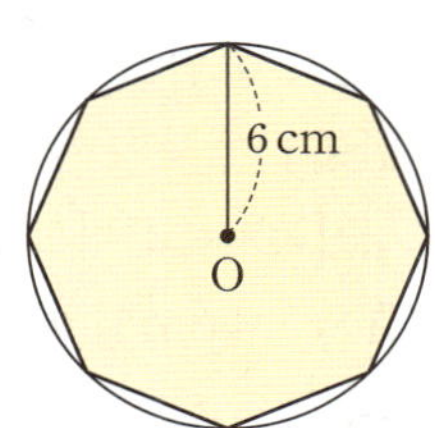

유형 11 평행사변형의 넓이

평행사변형 ABCD에서

(1) ∠B가 예각일 때

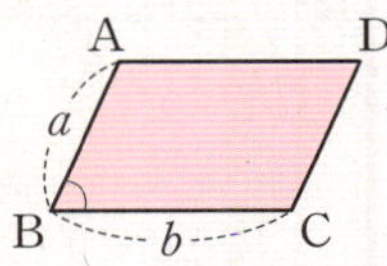

$\square ABCD = ab \sin B$

(2) ∠B가 둔각일 때

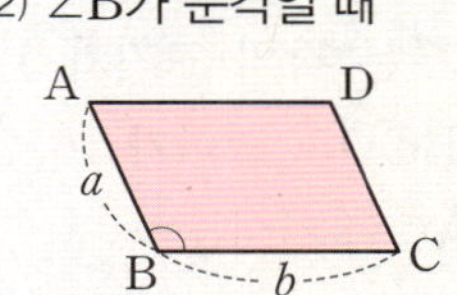

$\square ABCD = ab \sin(180° - B)$

0230 대표문제

오른쪽 그림과 같은 평행사변형 ABCD에서 $\overline{AB} = 4$ cm, $\overline{BC} = 6$ cm이고 ∠C = 120°일 때, $\square ABCD$의 넓이는?

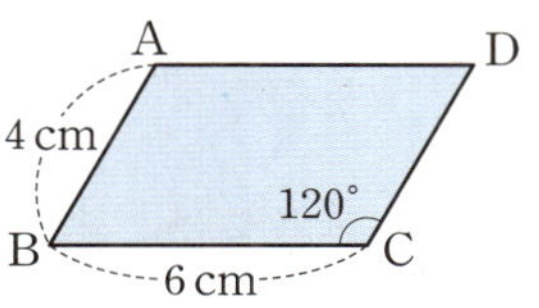

① $6\sqrt{3}$ cm²   ② 12 cm²   ③ $12\sqrt{3}$ cm²

④ 24 cm²   ⑤ $24\sqrt{3}$ cm²

0231 초건바꾼 대표문제

오른쪽 그림의 평행사변형 ABCD의 넓이가 $30\sqrt{3}$ cm²일 때, $\overline{BC}$의 길이를 구하시오.

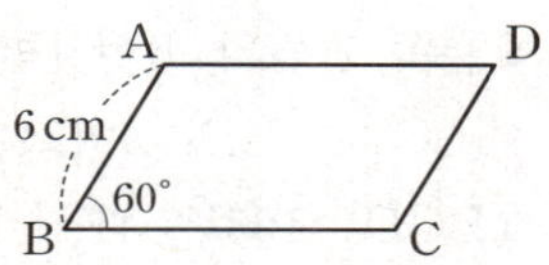

0232

오른쪽 그림의 마름모 ABCD의 넓이가 $8\sqrt{2}$ cm²일 때, 마름모의 한 변의 길이를 구하시오.

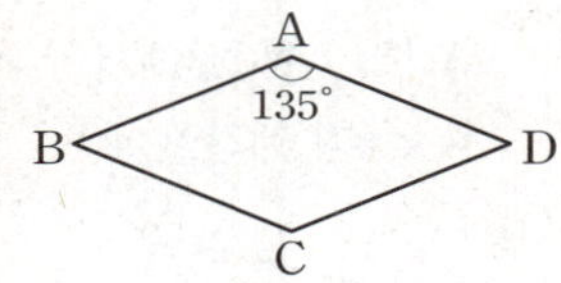

0233

오른쪽 그림과 같은 평행사변형 ABCD에서 두 대각선 AC와 BD의 교점을 P라 할 때, 색칠한 부분의 넓이는?

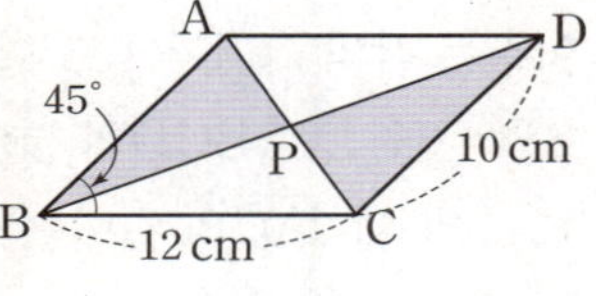

① $30\sqrt{2}$ cm²   ② $30\sqrt{3}$ cm²   ③ 60 cm²

④ $60\sqrt{2}$ cm²   ⑤ $60\sqrt{3}$ cm²

0234

오른쪽 그림의 평행사변형 ABCD에서 ∠C = 120°이고 넓이가 $24\sqrt{3}$ cm²이다. $\overline{AB} : \overline{BC} = 3 : 4$일 때, $\square ABCD$의 둘레의 길이를 구하시오.

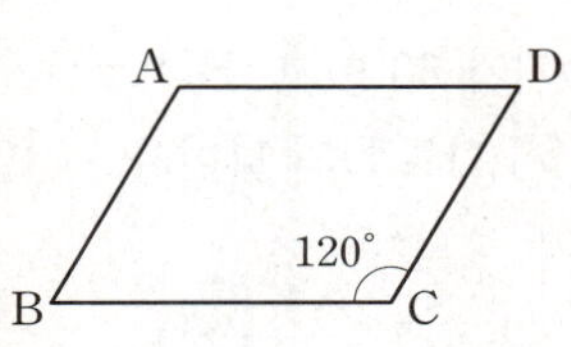

0235 서술형

오른쪽 그림의 평행사변형 ABCD에서 $\overline{BC}=a$, $\overline{BD}=b$이고 $\angle ABD=30°$, $\angle BCD=105°$일 때, $\square ABCD$의 넓이를 a, b를 이용하여 나타내시오.
(단, 풀이 과정을 자세히 쓰시오.)

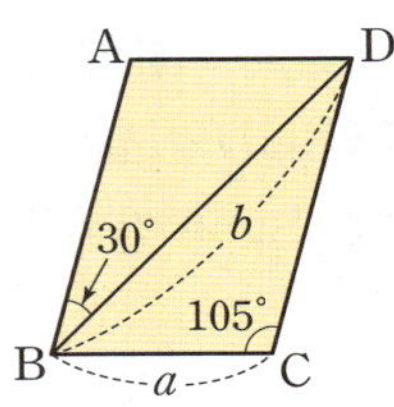

유형 12 사각형의 넓이

사각형 ABCD에서

(1) $\angle x$가 예각일 때

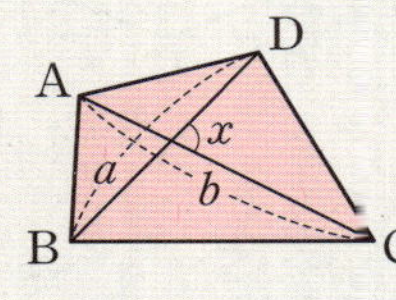

$\square ABCD$
$=\dfrac{1}{2}ab\sin x$

(2) $\angle x$가 둔각일 때

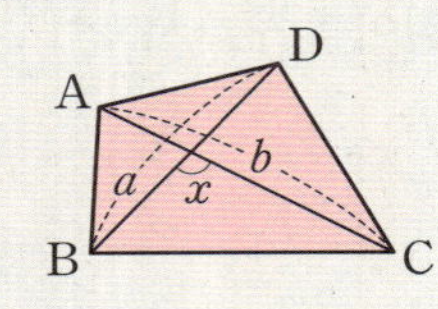

$\square ABCD$
$=\dfrac{1}{2}ab\sin(180°-x)$

0236 대표문제

오른쪽 그림과 같이 두 대각선이 이루는 각의 크기가 135°이고 $\overline{BD}=8$인 $\square ABCD$의 넓이가 $12\sqrt{2}$일 때, $\overline{AC}$의 길이는?

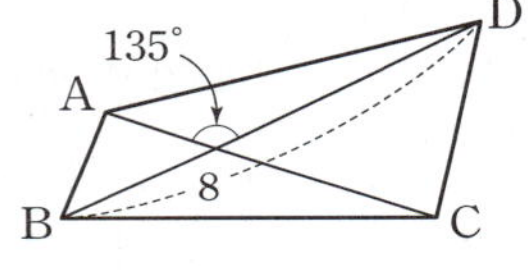

① 6
② $\dfrac{13}{2}$
③ 7
④ $\dfrac{15}{2}$
⑤ 8

0237 조건 바꾼 대표문제

오른쪽 그림의 $\square ABCD$에서 두 대각선이 이루는 예각의 크기가 60°이고 $\overline{BD}=2\overline{AC}$이다. $\square ABCD$의 넓이가 $3\sqrt{3}$일 때, $\overline{BD}$의 길이를 구하시오.

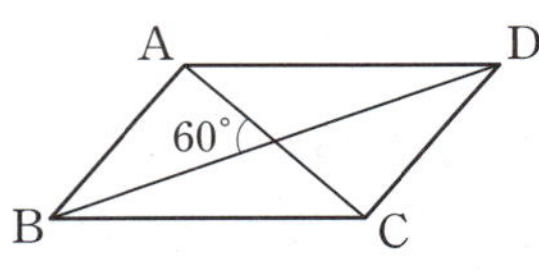

0238

오른쪽 그림과 같은 사각형 ABCD의 넓이가 96 cm²일 때, $\angle x$의 크기를 구하시오.
(단, $\angle x$는 예각이다.)

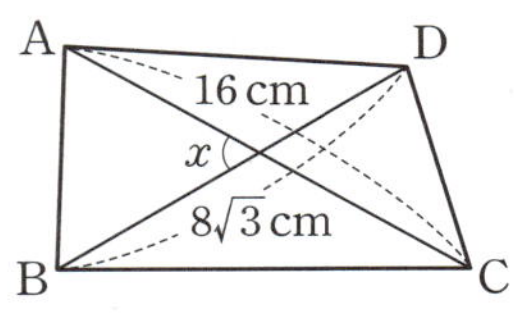

0239

오른쪽 그림의 평행사변형 ABCD에서 $\angle ACB=36°$, $\angle DBC=24°$이고 $\overline{AC}=10$ cm, $\overline{BD}=14$ cm일 때, $\square ABCD$의 넓이를 구하시오.

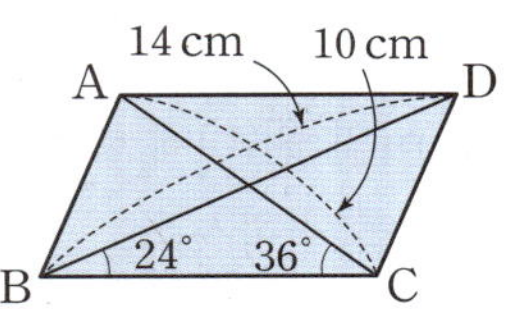

0240

오른쪽 그림과 같이 $\overline{AD} /\!/ \overline{BC}$인 등변사다리꼴 ABCD에서 두 대각선이 이루는 각의 크기가 120°이고 $\square ABCD$의 넓이가 $16\sqrt{3}$ cm²일 때, $\overline{AC}$의 길이는?

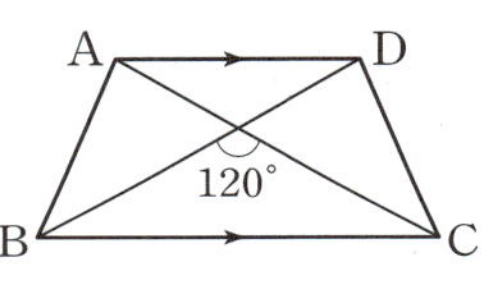

① 4 cm
② 6 cm
③ $4\sqrt{3}$ cm
④ 8 cm
⑤ $6\sqrt{3}$ cm

0241

오른쪽 그림과 같이 두 대각선의 길이가 각각 7 cm, 8 cm인 사각형의 넓이의 최댓값은?

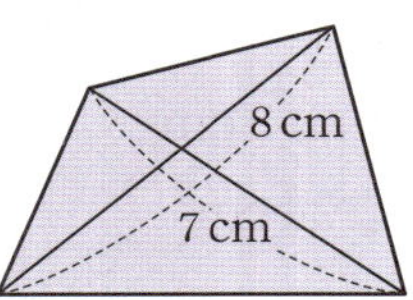

① $14\sqrt{2}$ cm²
② $14\sqrt{3}$ cm²
③ 28 cm²
④ $28\sqrt{3}$ cm²
⑤ 56 cm²

: REAL **실전 업**

0242
·유형 01

다음 5명의 학생 중 오른쪽 그림의 직각
삼각형 ABC에서 $\overline{AC}$의 길이를 잘못
나타낸 학생을 말하시오.

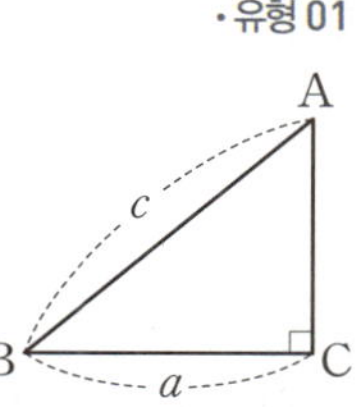

0243
·유형 01

다음 삼각비의 표를 이용하여 오
른쪽 그림의 직각삼각형 ABC에
서 $x+y$의 값을 구하시오.

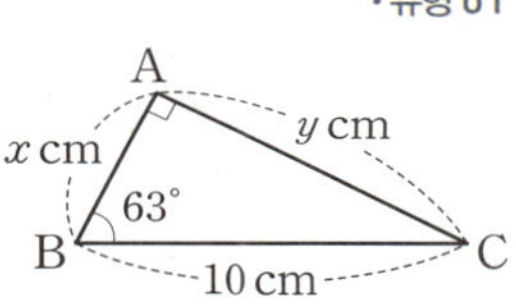

각도	사인(sin)	코사인(cos)	탄젠트(tan)
63°	0.8910	0.4540	1.9626

0244
·유형 02

오른쪽 그림과 같이 모선의 길이가
12 cm인 원뿔이 있다. 모선과 밑면이
이루는 각의 크기가 60°일 때, 이 원뿔
의 부피는?

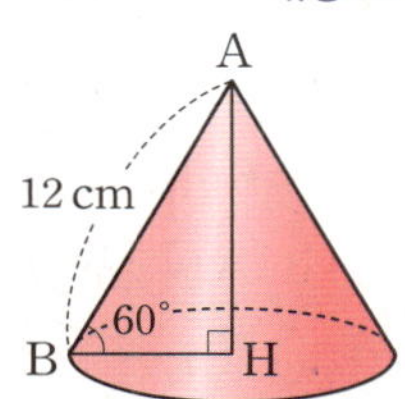

① 36π cm³   ② $36\sqrt{2}\pi$ cm³

③ $36\sqrt{3}\pi$ cm³   ④ $72\sqrt{2}\pi$ cm³

⑤ $72\sqrt{3}\pi$ cm³

0245
·유형 03

다음 그림에서 경사로는 수평면에 대하여 4°만큼 기울어져
있다. 이 경사로를 따라 10 m만큼 이동한 지점은 처음 위
치보다 몇 m 높은가?

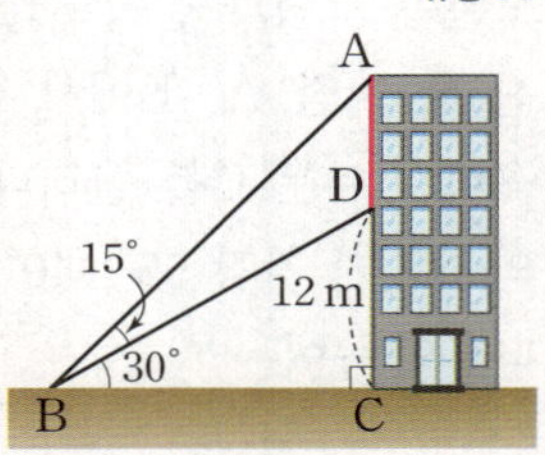

① $10 \sin 4°$ m   ② $10 \cos 4°$ m   ③ $10 \tan 4°$ m

④ $\dfrac{10}{\sin 4°}$ m   ⑤ $\dfrac{10}{\cos 4°}$ m

0246
·유형 03

오른쪽 그림은 건물에 설치할
광고판의 세로의 길이를 구하기
위해 B지점에서 관측한 결과를
나타낸 것이다. 이때 광고판의
세로인 $\overline{AD}$의 길이는?

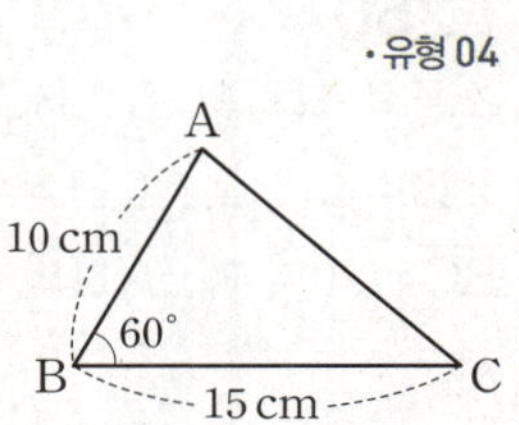

① $8(\sqrt{2}-1)$ m

② $8(\sqrt{3}-1)$ m

③ $12(2-\sqrt{3})$ m

④ $12(\sqrt{2}-1)$ m

⑤ $12(\sqrt{3}-1)$ m

0247
·유형 04

오른쪽 그림의 △ABC에서
$\overline{AB}=10$ cm, $\overline{BC}=15$ cm이고
∠B=60°일 때, $\overline{AC}$의 길이는?

① 10 cm   ② $5\sqrt{2}$ cm

③ $3\sqrt{7}$ cm   ④ $5\sqrt{7}$ cm

⑤ $6\sqrt{7}$ cm

0248

· 유형 05

오른쪽 그림과 같이 강을 사이에 두고 두 지점 A, C와 한 지점 B가 있다. $\angle A = 59°$, $\angle C = 49°$이고 $\overline{AC} = 20\,km$일 때, 두 지점 A, B 사이의 거리를 소수점 아래 첫째 자리에서 반올림하여 구하시오.

(단, $\sin 49° = 0.75$, $\sin 72° = 0.95$로 계산한다.)

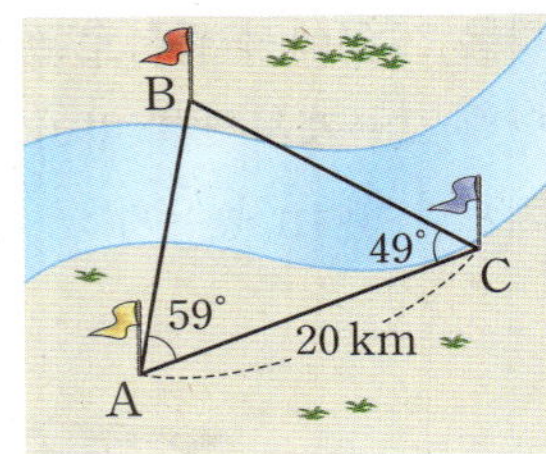

0249

· 유형 06

오른쪽 그림과 같이 5 m 떨어진 두 지점 A, B에서 나무의 꼭대기 부분 C를 올려다본 각의 크기가 각각 55°, 40°일 때, 나무의 높이는?

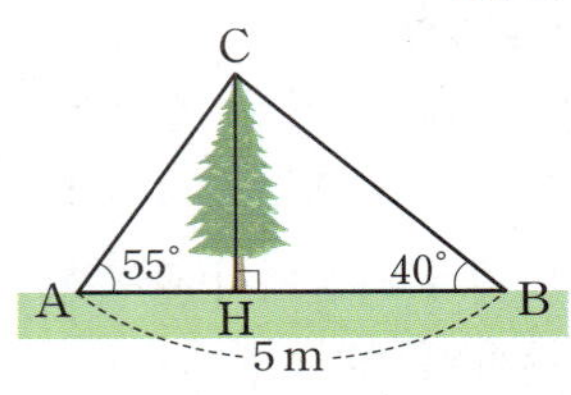

① $\dfrac{5}{\sin 55° + \sin 40°}$ m 　② $\dfrac{5}{\cos 40° - \cos 55°}$ m

③ $\dfrac{5}{\tan 35° + \tan 50°}$ m 　④ $\dfrac{5}{\tan 55° - \tan 40°}$ m

⑤ $(5\tan 35° + 5\tan 50°)$ m

0250

· 유형 07

오른쪽 그림의 △ABC에서 $\angle B = 45°$, $\angle ACH = 60°$이고 $\overline{BC} = 20$일 때, $\overline{AH}$의 길이를 구하시오.

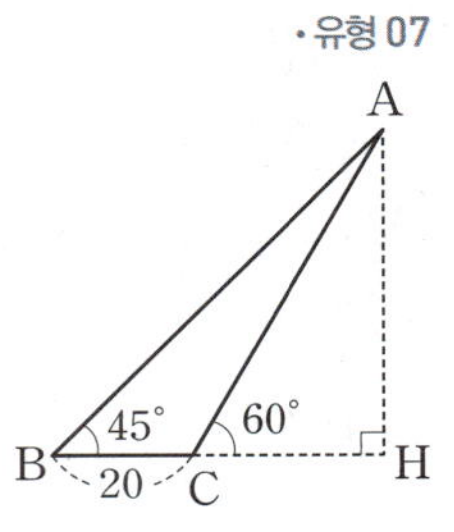

0251 창의력

· 유형 07

경사계(클리노미터)는 어떤 물체를 바라보았을 때의 각의 크기를 측정하는 도구로 다음과 같이 각의 크기를 측정한다.

> 각도를 재려는 목표 지점을 빨대의 구멍을 통해 바라본다. 이때 실이 가리키는 각의 크기를 읽으면 올려다본 각의 크기를 측정할 수 있다.

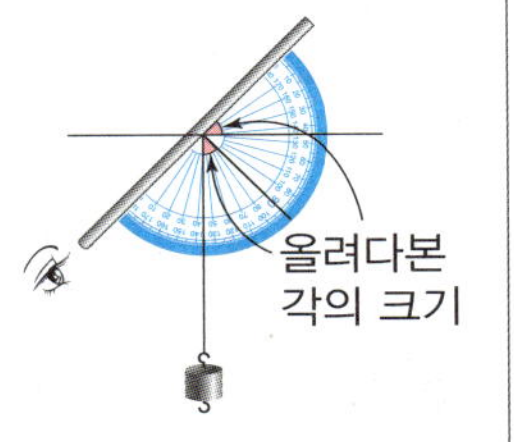

오른쪽 그림과 같이 50 m 떨어진 두 지점 P, Q에서 건물의 꼭대기 부분 A를 올려다본 각의 크기를 클리노미터를 사용하여 측정한 각

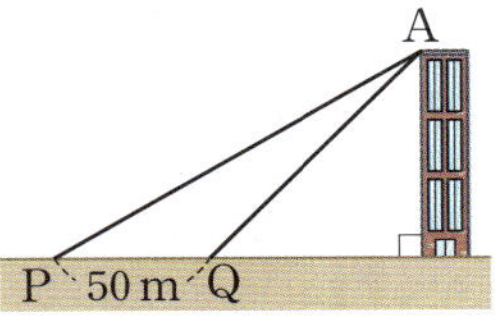

의 크기가 각각 다음 그림과 같을 때, 이 건물의 높이를 구하시오.

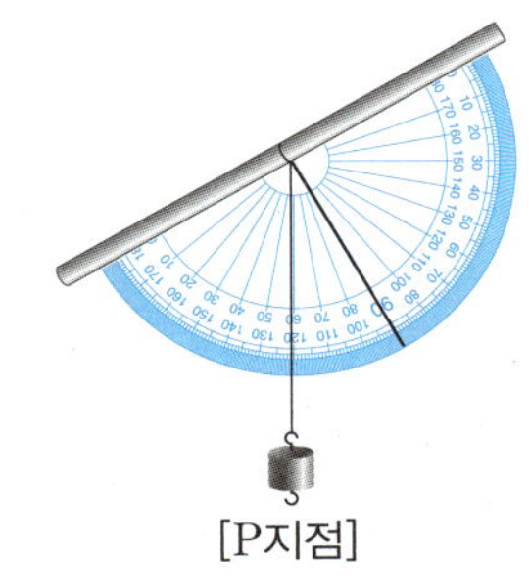

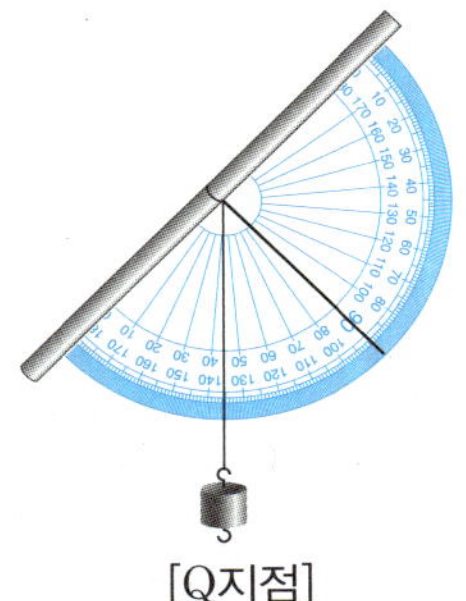

0252

· 유형 08

오른쪽 그림에서 점 G는 △ABC의 무게중심이고 $\overline{AB} = 7\,cm$, $\overline{BC} = 6\,cm$, $\angle B = 45°$일 때, △GCA의 넓이를 구하시오.

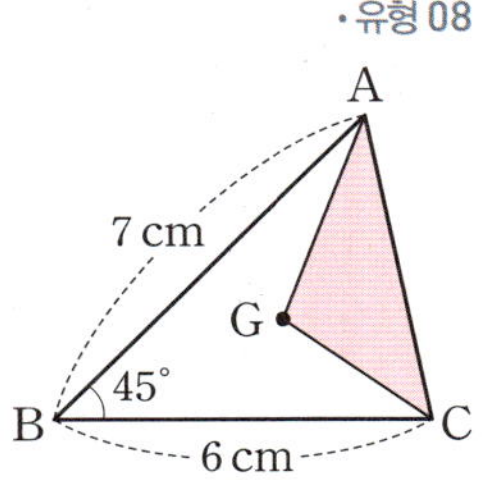

0253

•유형 08

오른쪽 그림과 같이 한 변의 길이가 6 cm인 정삼각형 ABC에 정삼각형 DEF가 내접할 때, $\triangle$DEF의 넓이는?

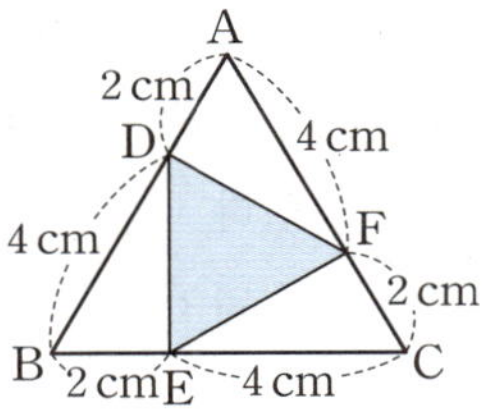

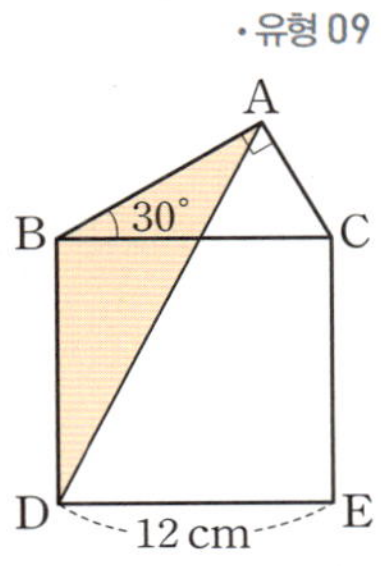

① $\dfrac{3}{2}$ cm^2

② $\dfrac{3\sqrt{3}}{2}$ cm^2

③ 3 cm^2

④ $2\sqrt{3}$ cm^2

⑤ $3\sqrt{3}$ cm^2

0254

•유형 09

오른쪽 그림에서 $\triangle$ABC는 $\angle$A$=90°$인 직각삼각형이고 $\square$BDEC는 한 변의 길이가 12 cm인 정사각형일 때, $\triangle$ABD의 넓이를 구하시오.

0255

•유형 10

반지름의 길이가 4 cm인 원에 내접하는 정십이각형의 넓이를 구하시오.

0256

•유형 10

오른쪽 그림과 같이 한 변의 길이가 2 cm인 정사각형 ABCD에서 두 점 M, N은 각각 $\overline{BC}$, $\overline{CD}$의 중점이다. $\angle$MAN$=x$라 할 때, $\sin x$의 값을 구하시오.

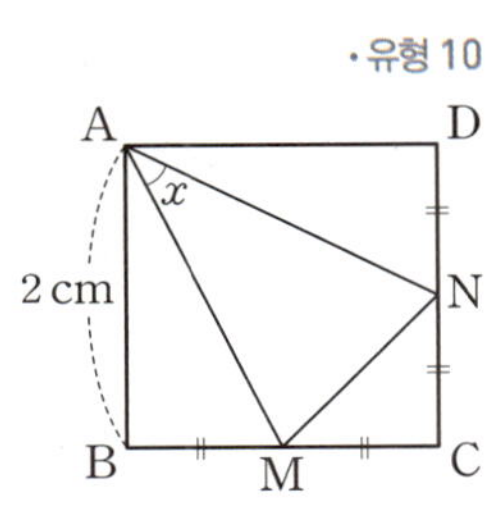

0257

•유형 11

오른쪽 그림의 평행사변형 ABCD에서 점 M은 $\overline{BC}$의 중점이고 $\overline{AB}=8$ cm, $\overline{AD}=10$ cm, $\angle$ADC$=45°$일 때, $\triangle$AMC의 넓이는?

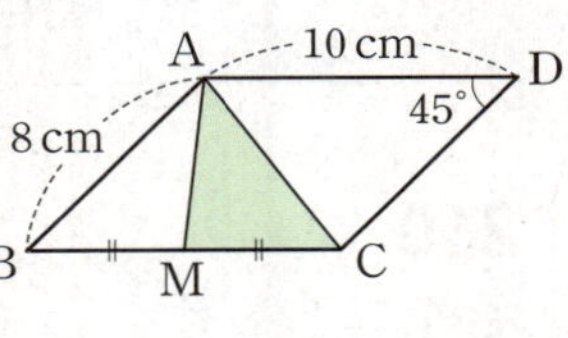

① $5\sqrt{3}$ cm^2

② $10\sqrt{2}$ cm^2

③ $10\sqrt{3}$ cm^2

④ $15\sqrt{2}$ cm^2

⑤ $15\sqrt{3}$ cm^2

0258

•유형 12

오른쪽 그림과 같은 평행사변형 ABCD에서 두 대각선 AC와 BD의 교점을 O라 하자. $\angle$AOD$=120°$이고 $\overline{BO}=11$, $\overline{CO}=5$일 때, $\square$ABCD의 넓이를 구하시오.

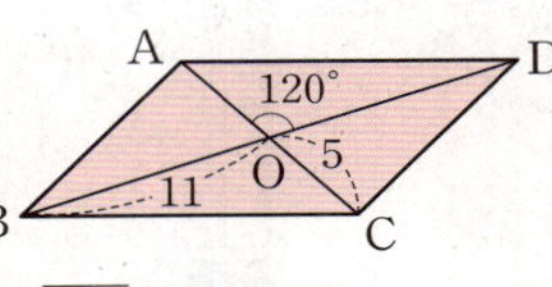

0259

•유형 12

오른쪽 그림의 $\square$ABCD에서 $\angle$ACB$=35°$, $\angle$DBC$=25°$이고 $\overline{AC}=9$, $\overline{BD}=12$일 때, $\square$ABCD의 넓이를 구하시오.

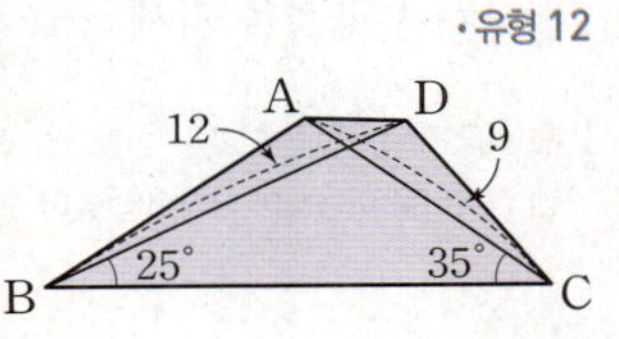

서술형 문제

0260

· 유형 01

오른쪽 그림과 같이 한 변의 길이가 6인 정사각형 ABCD를 점 B를 중심으로 시계 반대 반향으로 30°만큼 회전시켜 정사각형 A'BC'D'을 만들었다. 이때 두 정사각형이 겹쳐지는 부분의 넓이를 구하시오. (단, 풀이 과정을 자세히 쓰시오.)

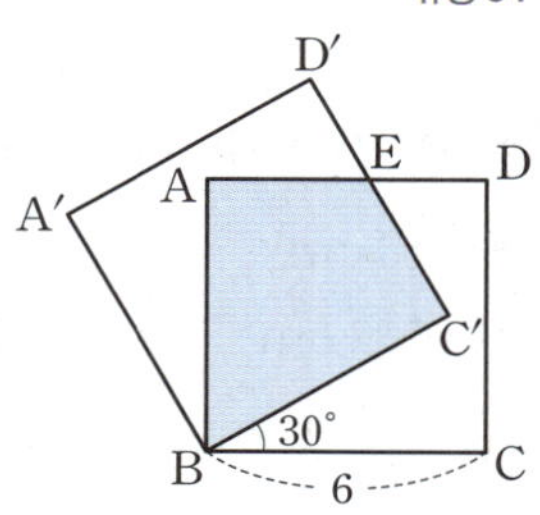

☑ 필요 개념 및 공식
☐ 삼각비를 이용하여 직각삼각형에서 변의 길이 구하기
☐ 직각삼각형의 합동 조건

풀이

답

0261

· 유형 06

오른쪽 그림과 같은 두 직각삼각형 ABC와 DBC에서 △EBC의 넓이를 구하시오.
(단, 풀이 과정을 자세히 쓰시오.)

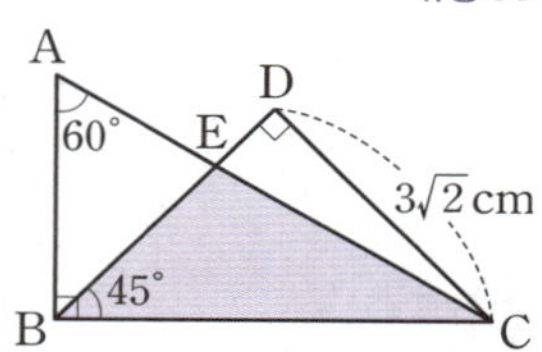

☑ 필요 개념 및 공식
☐ 삼각비를 이용하여 삼각형의 높이 구하기

풀이

답

0262

· 유형 08

다음 그림과 같은 삼각형 ABC에서 $\overline{AB}$의 길이를 10 % 늘이고, $\overline{BC}$의 길이를 10 % 줄여서 새로운 삼각형 A'BC'을 만들었다. 삼각형 ABC의 넓이를 S라 할 때, 삼각형 A'BC'의 넓이를 S를 이용하여 나타내시오.

(단, 풀이 과정을 자세히 쓰시오.)

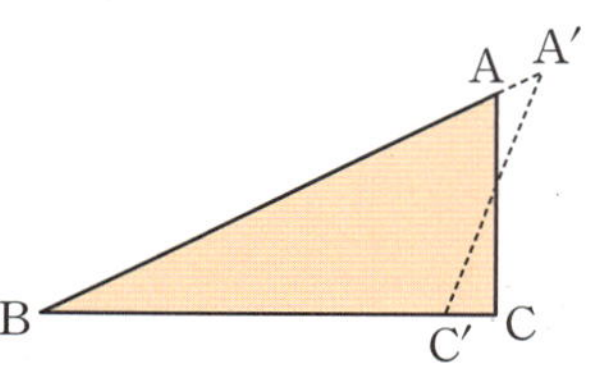

☑ 필요 개념 및 공식
☐ 삼각비를 이용하여 삼각형의 넓이 구하기

풀이

답

0263

· 유형 11

연수는 가죽 공예 동아리에서 오른쪽 그림과 같이 여덟 개의 합동인 마름모로 이루어진 문양을 넣은 가방을 만들었다. 마름모의 한 변의 길이가 6 cm일 때, 문양 전체의 넓이를 구하시오.

(단, 풀이 과정을 자세히 쓰시오.)

☑ 필요 개념 및 공식
☐ 삼각비를 이용하여 평행사변형의 넓이 구하기

풀이

답

03

원과 직선

: CONCEPT 개념 체크

03. 원과 직선

1 원의 중심과 현의 수직이등분선

(1) 원의 중심에서 현에 내린 수선은 그 현을 이등분한다.
➡ $\overline{AB} \perp \overline{OM}$이면 $\overline{AM} = \overline{BM}$

(2) 원에서 현의 수직이등분선은 그 원의 중심을 지난다.

> 참고 (1) 오른쪽 그림의 △OAM과 △OBM에서
> $\overline{OA} = \overline{OB}$(반지름), ∠OMA = ∠OMB = 90°, $\overline{OM}$은 공통이므로
> △OAM ≡ △OBM (RHS 합동)
> ∴ $\overline{AM} = \overline{BM}$
>
> (2) 오른쪽 그림에서 현 AB의 수직이등분선을 l이라 하면 두 점 A, B로부터
> 같은 거리에 있는 점들은 모두 직선 l 위에 있다.
> 따라서 원의 중심도 직선 l 위에 있다.
> 즉, 원에서 현의 수직이등분선은 그 원의 중심을 지난다.

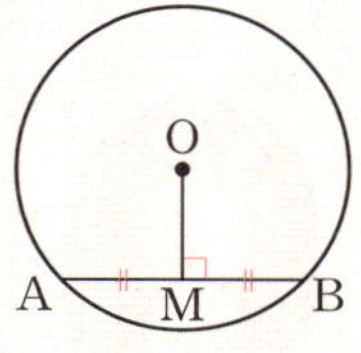
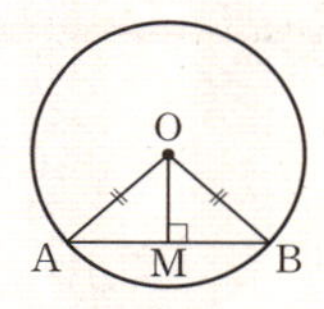
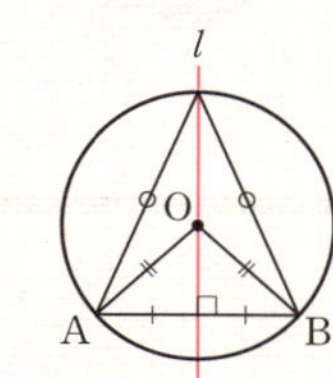

• 원 위의 두 점을 이은 선분을 현이라 한다.

• 직각삼각형의 합동 조건
  (1) RHA 합동: 빗변의 길이와 한 예각의 크기가 각각 같은 두 직각삼각형은 합동이다.
  (2) RHS 합동: 빗변의 길이와 다른 한 변의 길이가 각각 같은 두 직각삼각형은 합동이다.

2 원의 중심과 현의 길이

(1) 한 원에서 중심으로부터 같은 거리에 있는 두 현의 길이는 서로 같다.
➡ $\overline{OM} = \overline{ON}$이면 $\overline{AB} = \overline{CD}$

(2) 한 원에서 길이가 같은 두 현은 원의 중심으로부터 같은 거리에 있다.
➡ $\overline{AB} = \overline{CD}$이면 $\overline{OM} = \overline{ON}$

> 참고 (1) 오른쪽 그림의 △OAM과 △OCN에서
> ∠OMA = ∠ONC = 90°, $\overline{OA} = \overline{OC}$(반지름), $\overline{OM} = \overline{ON}$이므로
> △OAM ≡ △OCN (RHS 합동)
> ∴ $\overline{AM} = \overline{CN}$
> 그런데 $\overline{AB} = 2\overline{AM}$, $\overline{CD} = 2\overline{CN}$이므로
> $\overline{AB} = \overline{CD}$
>
> (2) 오른쪽 그림에서 $\overline{AB} \perp \overline{OM}$, $\overline{CD} \perp \overline{ON}$이므로
> $\overline{AM} = \overline{BM}$, $\overline{CN} = \overline{DN}$
> 그런데 $\overline{AB} = \overline{CD}$이므로 $\overline{AM} = \overline{CN}$
> △OAM과 △OCN에서
> $\overline{AM} = \overline{CN}$, $\overline{OA} = \overline{OC}$(반지름), ∠OMA = ∠ONC = 90°이므로
> △OAM ≡ △OCN (RHS 합동)
> ∴ $\overline{OM} = \overline{ON}$

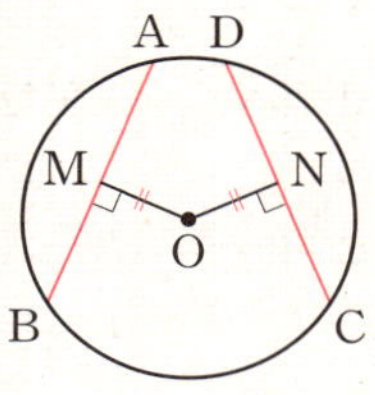
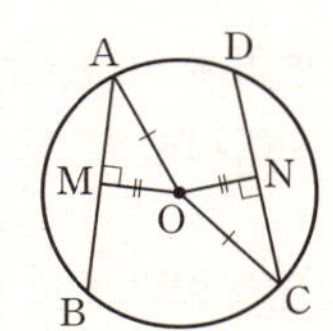
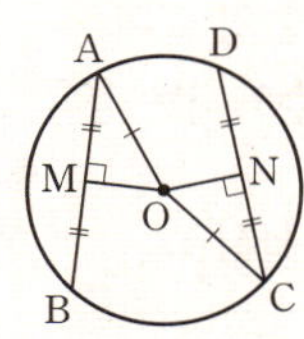

• 원의 중심에서 두 변까지의 거리가 같은 삼각형

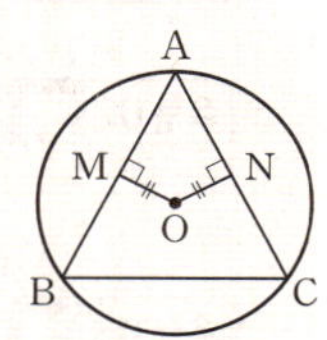

원에 내접하는 △ABC에서
$\overline{OM} = \overline{ON}$이면 $\overline{AB} = \overline{AC}$이므로
△ABC는 이등변삼각형이다.

1 원의 중심과 현의 수직이등분선

0264 다음은 원의 중심에서 현에 내린 수선은 그 현을 이등분함을 설명한 것이다. ㈎~㈑에 알맞은 것을 쓰시오.

원 O의 중심에서 현 AB에 내린 수선의
발을 M이라 하면
$\triangle$OAM과 $\triangle$OBM에서
$\overline{\text{OA}} = \boxed{\text{㈎}}$,
$\angle$OMA $= \angle$OMB $= 90°$,
$\boxed{\text{㈏}}$ 은 공통
이므로 $\triangle$OAM $\equiv \triangle$OBM ($\boxed{\text{㈐}}$ 합동)
$\therefore \overline{\text{AM}} = \boxed{\text{㈑}}$

[0265~0266] 다음 그림의 원 O에서 $\overline{\text{AB}} \perp \overline{\text{OM}}$일 때, x의 값을 구하시오.

0265

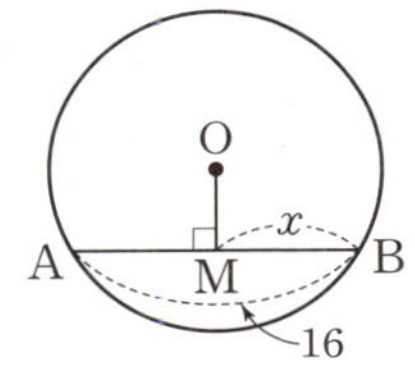

0266

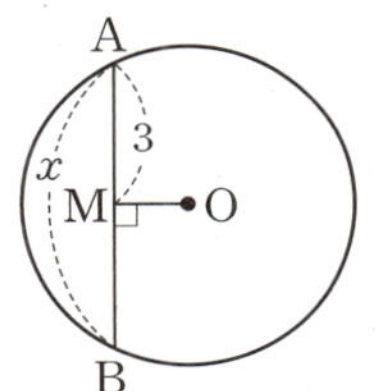

[0267~0270] 다음 그림에서 x의 값을 구하시오.

0267

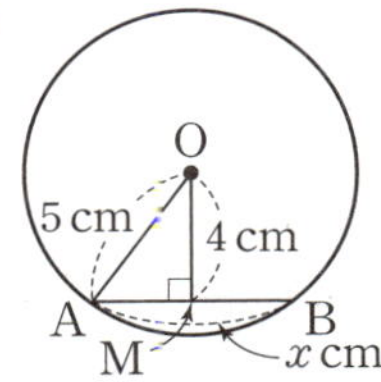

0268

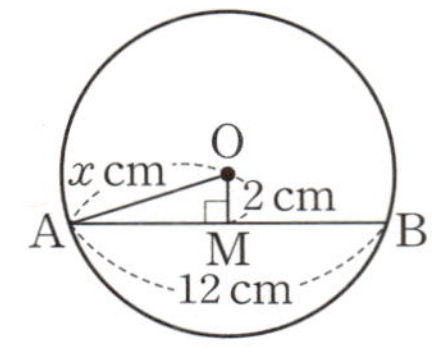

0269

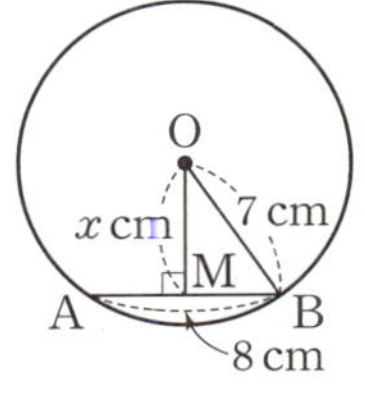

0270

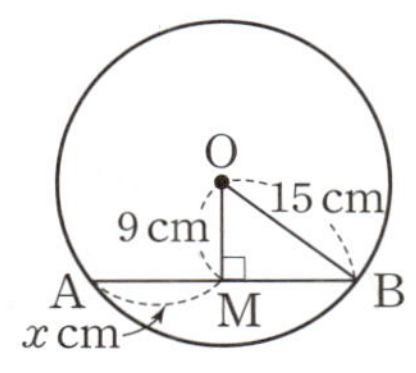

2 원의 중심과 현의 길이

[0271~0272] 다음 그림에서 x의 값을 구하시오.

0271

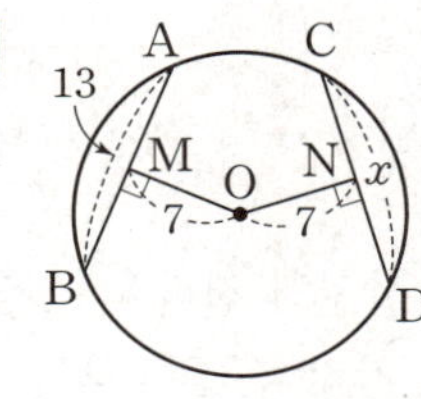

0272

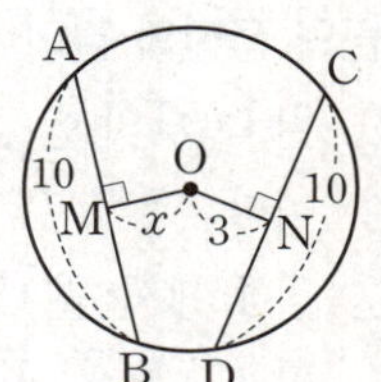

[0273~0276] 다음 그림에서 x의 값을 구하시오.

0273

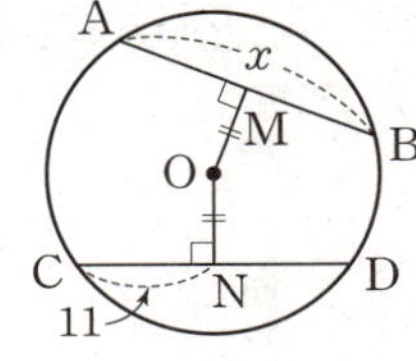

0274

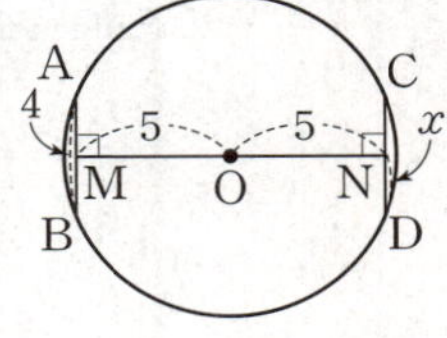

0275

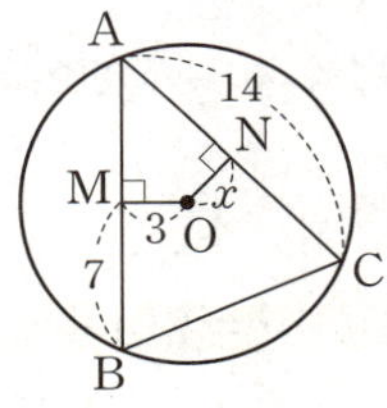

0276

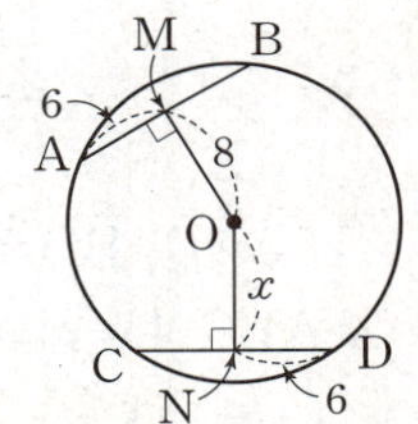

0277 오른쪽 그림의 원 O에서 $\overline{\text{OM}} = \overline{\text{ON}}$일 때, $\angle x$의 크기를 구하시오.

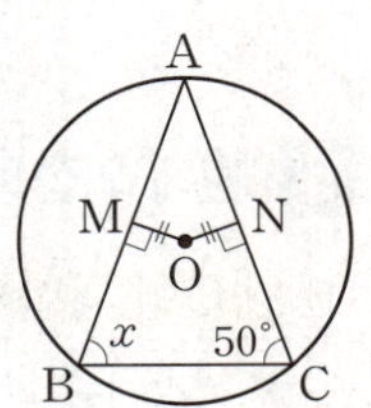

3 원의 접선

(1) 원의 접선의 길이

① 원 O 밖의 한 점 P에서 원 O에 그을 수 있는 접선은 2개이다.

② 점 P에서 원 O에 그은 두 접선의 접점을 각각 A, B라 할 때, $\overline{PA}$, $\overline{PB}$의 길이를 각각 점 P에서 원 O에 그은 접선의 길이라 한다.

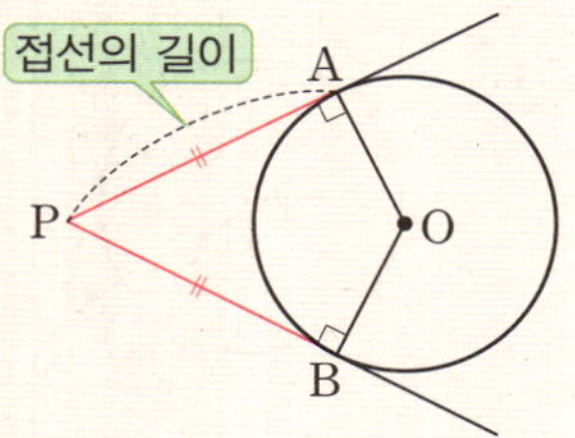

(2) 원의 접선의 성질

① 원의 접선은 그 접점을 지나는 반지름에 수직이다.

➡ $\overline{PA}$, $\overline{PB}$가 원 O의 접선일 때, $\angle PAO = \angle PBO = 90°$

② 원 밖의 한 점 P에서 원 O에 그은 두 접선의 길이는 같다.

➡ $\overline{PA} = \overline{PB}$

참고 △PAO와 △PBO에서
$\angle PAO = \angle PBO = 90°$ $\overline{OA} = \overline{OB}$(반지름), $\overline{OP}$는 공통이므로
△PAO ≡ △PBO(RHS 합동) ∴ $\overline{PA} = \overline{PB}$

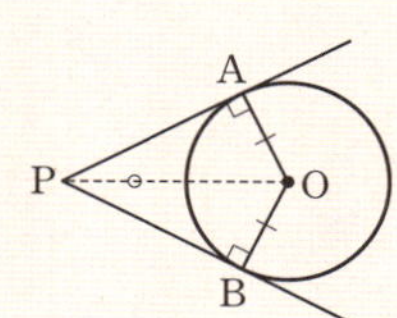

- 원의 접선은 그 접점을 지나는 원의 반지름과 서로 수직이다.
➡ $\overline{OA} \perp l$

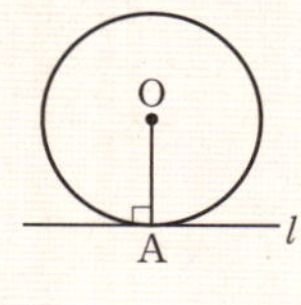

4 삼각형의 내접원

반지름의 길이가 r인 원 O가 △ABC의 내접원이고, 세 점 D, E, F가 그 접점일 때

(1) $\overline{AD} = \overline{AF}$, $\overline{BD} = \overline{BE}$, $\overline{CE} = \overline{CF}$

(2) (△ABC의 둘레의 길이) $= a+b+c = 2(x+y+z)$

(3) $\triangle ABC = \dfrac{1}{2}r(a+b+c)$

참고 (2) $\overline{AF} = \overline{AD} = x$, $\overline{BD} = \overline{BE} = y$, $\overline{CE} = \overline{CF} = z$이므로
$a+b+c = (y+z)+(z+x)+(x+y) = 2(x+y+z)$

(3) $\triangle ABC = \triangle OAB + \triangle OBC + \triangle OCA$
$= \dfrac{1}{2}cr + \dfrac{1}{2}ar + \dfrac{1}{2}br = \dfrac{1}{2}r(a+b+c)$

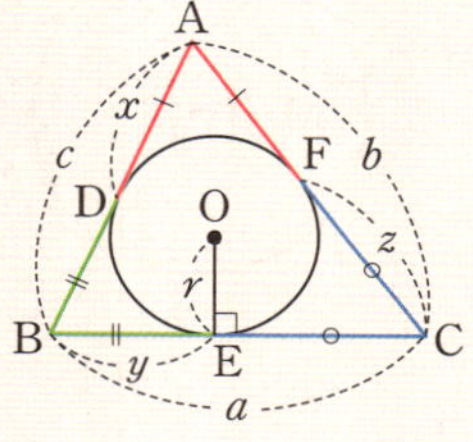

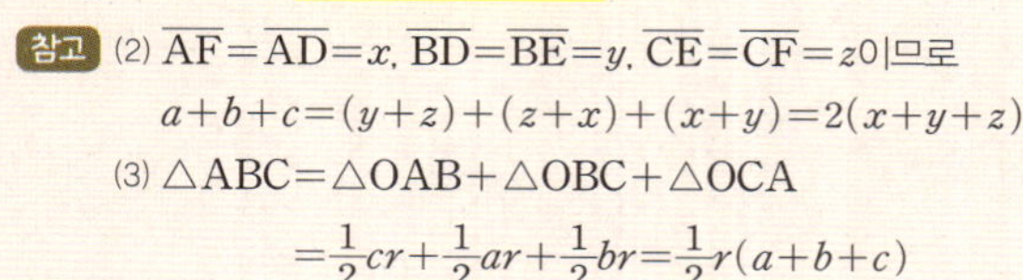

- **직각삼각형의 내접원**
반지름의 길이가 r인 원 O가 직각삼각형 ABC의 내접원이고, 두 점 D, E가 그 접점일 때

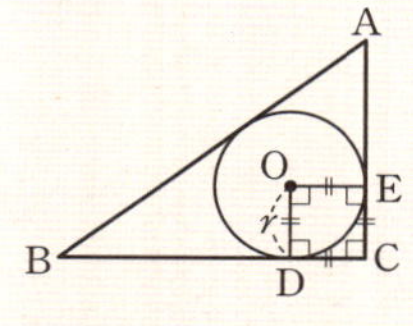

➡ □ODCE는 한 변의 길이가 r인 정사각형이다.

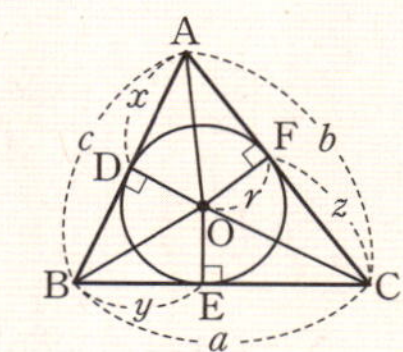

5 원에 외접하는 사각형의 성질

(1) 원 O에 외접하는 사각형 ABCD에서 대변의 길이의 합은 같다.

➡ $\overline{AB} + \overline{CD} = \overline{AD} + \overline{BC}$

(2) 대변의 길이의 합이 같은 사각형은 원에 외접한다.

참고 $\overline{AP} = \overline{AS}$, $\overline{BP} = \overline{BQ}$, $\overline{CQ} = \overline{CR}$, $\overline{DR} = \overline{DS}$이므로
$\overline{AB} + \overline{CD} = (\overline{AP} + \overline{BP}) + (\overline{CR} + \overline{DR})$
$= (\overline{AS} + \overline{BQ}) + (\overline{CQ} + \overline{DS})$
$= (\overline{AS} + \overline{DS}) + (\overline{BQ} + \overline{CQ}) = \overline{AD} + \overline{BC}$

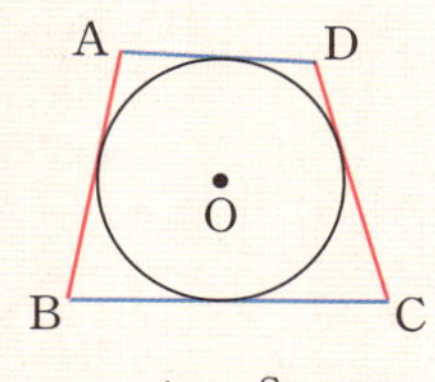

- 원에 외접하는 사각형의 성질에서 '대변의 길이의 합'을 '이웃하는 변의 길이의 합'으로 혼동하지 않도록 한다.

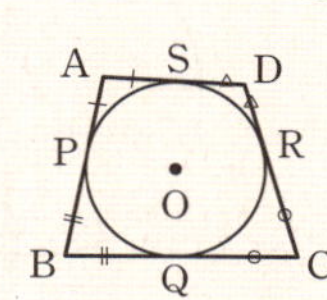

3 원의 접선

[0278~0279] 다음 그림에서 $\overrightarrow{PA}$, $\overrightarrow{PB}$는 원 O의 접선이고 두 점 A, B는 그 접점일 때, x의 값을 구하시오.

0278

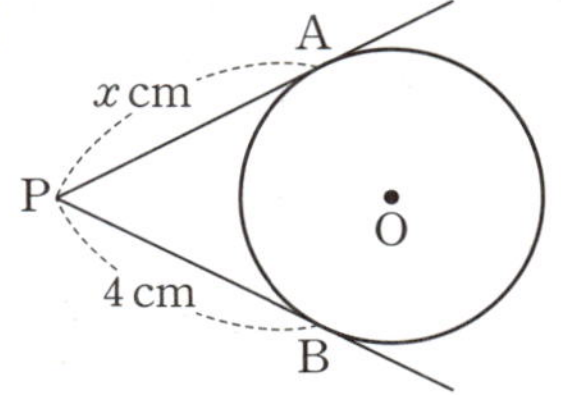

0279

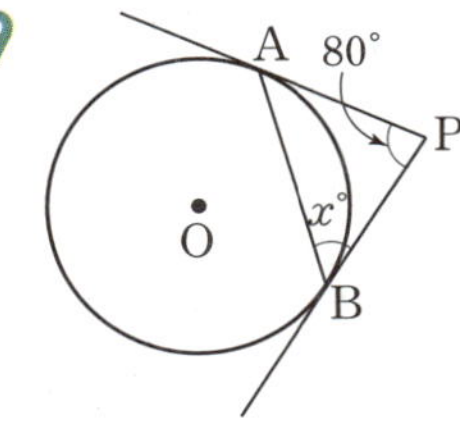

[0280~0281] 다음 그림에서 $\overrightarrow{PA}$, $\overrightarrow{PB}$는 원 O의 접선이고 두 점 A, B는 그 접점일 때, $\angle x$의 크기를 구하시오.

0280

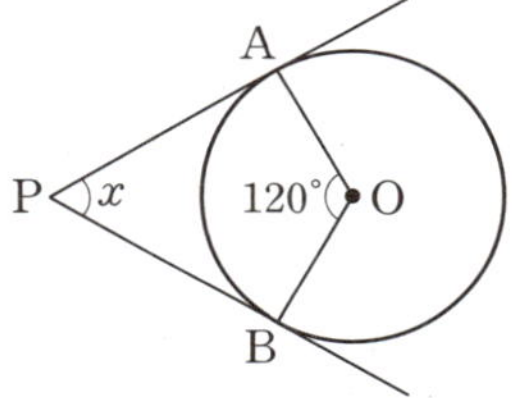

0281

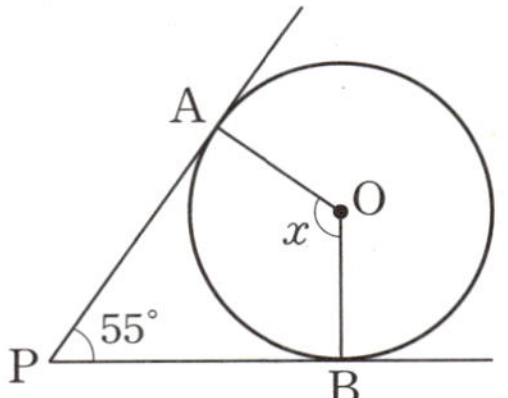

[0282~0283] 오른쪽 그림에서 $\overline{PA}$, $\overline{PB}$는 원 O의 접선이고 두 점 A, B는 그 접점일 때, 다음을 구하시오.

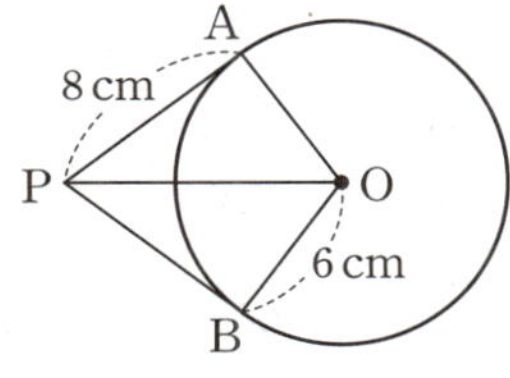

0282 $\overline{PB}$의 길이

0283 $\overline{PO}$의 길이

4 삼각형의 내접원

[0284~0285] 다음 그림에서 원 O는 △ABC의 내접원이고 세 점 D, E, F는 그 접점일 때, x, y, z의 값을 각각 구하시오.

0284

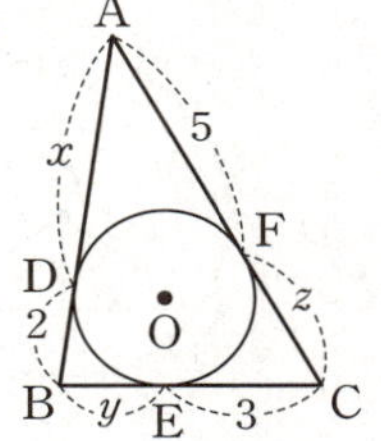

0285

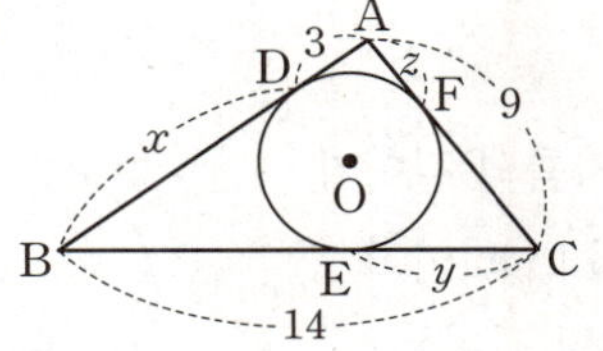

0286 오른쪽 그림에서 원 O는 △ABC의 내접원이고 세 점 D, E, F는 그 접점일 때, 다음은 $\overline{AF}$ 의 길이를 구하는 과정이다.
㈎~㈋에 알맞은 것을 쓰시오.

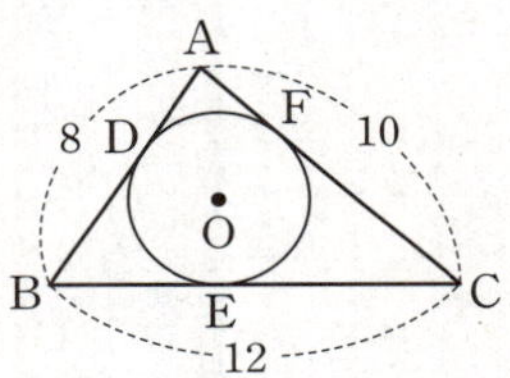

$\overline{AF}=x$라 하면 $\overline{AD}=x$이므로
$\overline{BD}=$ ㈎ , $\overline{CF}=$ ㈏
$\overline{BE}=\overline{BD}$, $\overline{CE}=\overline{CF}$이므로
$\overline{BC}=($ ㈎ $)+($ ㈏ $)=12$
∴ $x=$ ㈐   ∴ $\overline{AF}=$ ㈑

5 원에 외접하는 사각형의 성질

[0287~0288] 다음 그림에서 □ABCD가 원 O에 외접할 때, x의 값을 구하시오.

0287

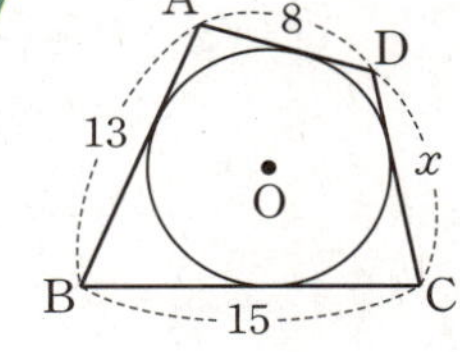

0288

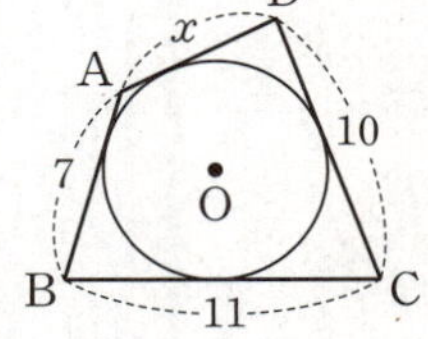

: PATTERN 유형 마스터

유형 01 원의 중심과 현의 수직이등분선(1)

원의 중심에서 현에 내린 수선은
현을 이등분하므로
(1) $\overline{AM}=\overline{BM}$
(2) 직각삼각형 OAM에서
$\overline{AM}^2+\overline{OM}^2=\overline{OA}^2$

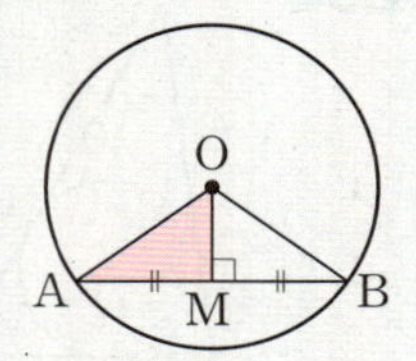

0289 대표문제

오른쪽 그림과 같이 반지름의 길이가
10 cm인 원 O에서 $\overline{AB}\perp\overline{OC}$이고
$\overline{CM}=2$ cm일 때, $\overline{AB}$의 길이는?

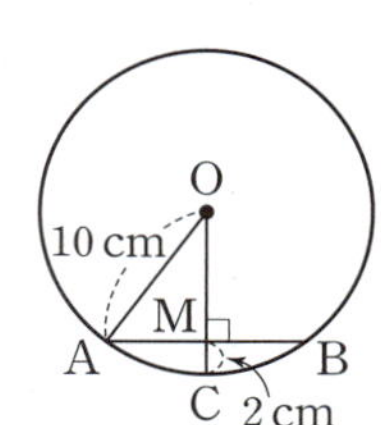

① 6 cm   ② 8 cm
③ 10 cm   ④ 12 cm
⑤ 14 cm

0290 조건 바꾼 대표문제

오른쪽 그림과 같이 원 O에서
$\overline{AB}\perp\overline{OC}$이고 $\overline{AB}=6$ cm,
$\overline{CM}=\sqrt{3}$ cm일 때, 원 O의 반지름의
길이를 구하시오.

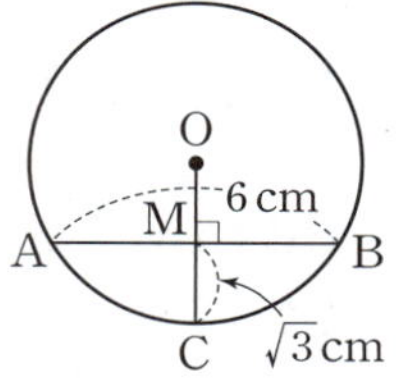

0291 ◖◗

오른쪽 그림과 같이 원 O에서
$\overline{AB}\perp\overline{OC}$이고 $\overline{OM}=\overline{CM}=2$일 때,
$\overline{AB}$의 길이를 구하시오.

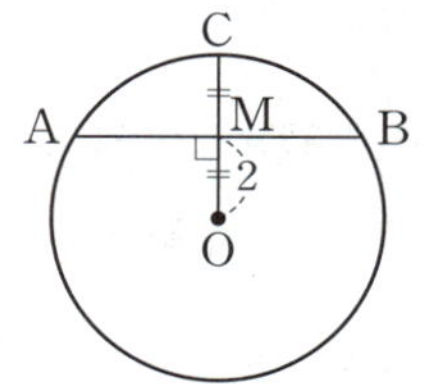

0292 ◖◗

오른쪽 그림과 같이 반지름의 길이가
13 cm인 원 O에서 $\overline{CM}$은 $\overline{AB}$의 수
직이등분선이고 $\overline{CM}=8$ cm일 때,
△OBA의 넓이를 구하시오.

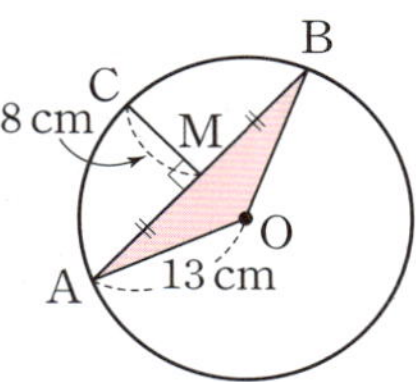

0293 ◖◗

오른쪽 그림의 원 O에서
$\overline{AB}\perp\overline{OM}$, $\overline{CD}\perp\overline{ON}$이고
$\overline{OM}=5$ cm, $\overline{ON}=12$ cm,
$\overline{CD}=10$ cm일 때, $\overline{AB}$의 길이를
구하시오.

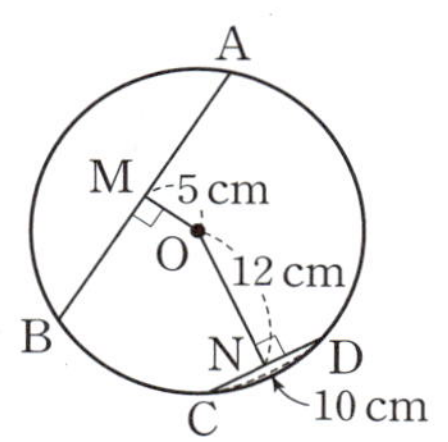

0294 ◖◗

오른쪽 그림과 같이 중심이 같은 두
원에서 $\overline{AC}=3$ cm일 때, $\overline{BD}$의 길
이를 구하시오.

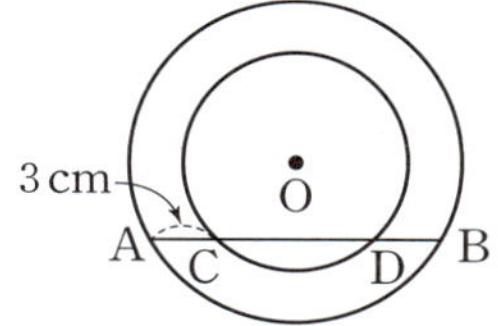

0295 ◖◗

오른쪽 그림의 원 O에서
∠AOB=120°이고 $\overline{AB}=6$ cm일 때,
원 O의 넓이는?

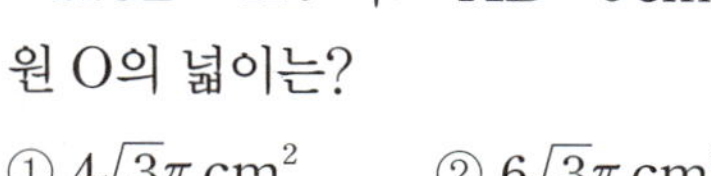
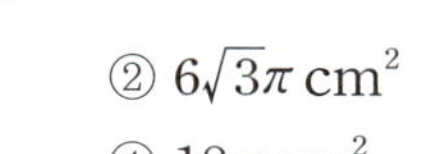

① $4\sqrt{3}\pi$ cm^2 ② $6\sqrt{3}\pi$ cm^2
③ 12π cm^2 ④ 18π cm^2
⑤ 36π cm^2

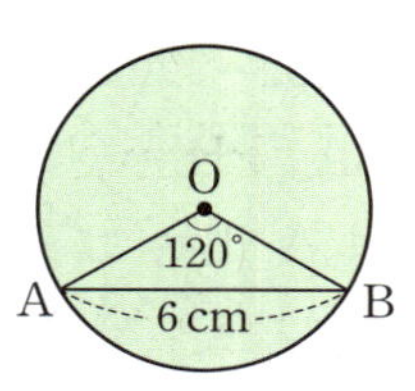

유형 02 원의 중심과 현의 수직이등분선 (2) – 원의 일부분이 주어지는 경우

원의 일부분이 주어질 때, 원의 반지름의 길이는 원의 중심을 찾아 반지름의 길이를 r로 놓고 피타고라스 정리를 이용하여 구한다.

$$\Rightarrow r^2 = b^2 + (r-a)^2$$

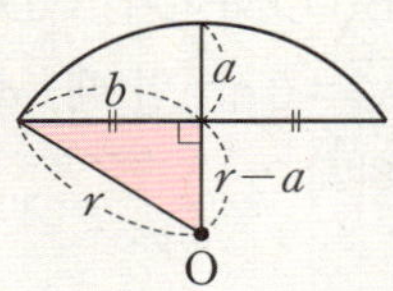

0296 대표문제

오른쪽 그림에서 $\overset{\frown}{AB}$는 원의 일부분이다. $\overline{AB} \perp \overline{CD}$이고 $\overline{AD} = \overline{BD} = 4\,cm$, $\overline{CD} = 2\,cm$일 때, 이 원의 반지름의 길이를 구하시오.

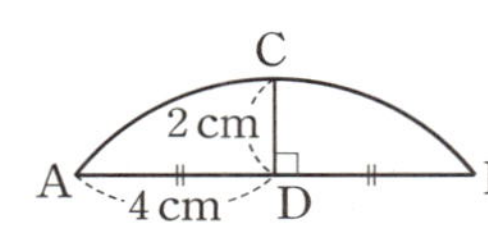

0297 초건 바꾼 대표문제

오른쪽 그림에서 $\overset{\frown}{AB}$는 반지름의 길이가 $17\,cm$인 원의 일부분이다. $\overline{AB} \perp \overline{CD}$이고 $\overline{AB} = 16\,cm$일 때, $\overline{CD}$의 길이를 구하시오.

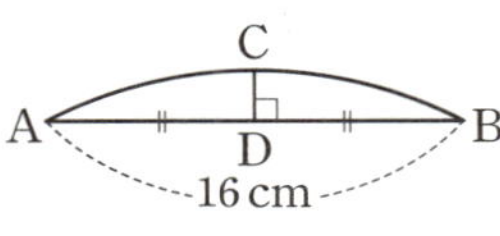

新 유형
0298

오른쪽 그림은 어느 고분에서 출토된 원 모양의 접시의 깨진 조각들이다. 원래 접시의 둘레의 길이를 구하시오.

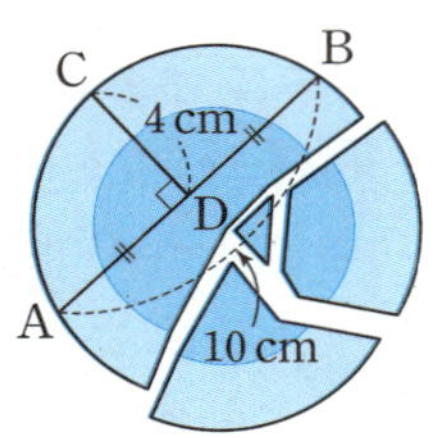

0299 서술형

오른쪽 그림에서 $\overset{\frown}{AB}$는 반지름의 길이가 $6\,cm$인 원의 일부분이다. $\overline{AC} = \overline{BC}$, $\overline{AB} \perp \overline{CD}$이고 $\overline{CD} = 2\,cm$일 때, $\triangle ADB$의 넓이를 구하시오.

(단, 풀이 과정을 자세히 쓰시오.)

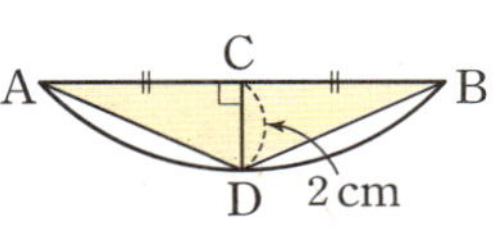

유형 03 원의 중심과 현의 수직이등분선 (3) – 접힌 원이 주어지는 경우

접힌 원이 주어질 때, 원의 중심에서 현에 수선을 긋고 피타고라스 정리를 이용한다.

(1) $\overline{OM} = \overline{CM} = \dfrac{1}{2}\overline{OA}$

(2) 직각삼각형 OAM에서
$$\overline{OA}^2 = \overline{AM}^2 + \overline{OM}^2$$

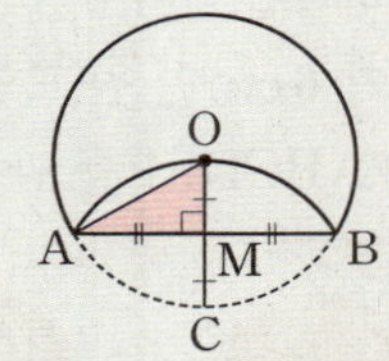

0300 대표문제

오른쪽 그림과 같이 반지름의 길이가 $8\,cm$인 원 O의 원주 위의 한 점이 원의 중심 O에 겹치도록 접었을 때, $\overline{AB}$의 길이는?

① $2\sqrt{3}\,cm$ ② $4\sqrt{3}\,cm$ ③ $6\sqrt{3}\,cm$
④ $8\sqrt{3}\,cm$ ⑤ $10\sqrt{3}\,cm$

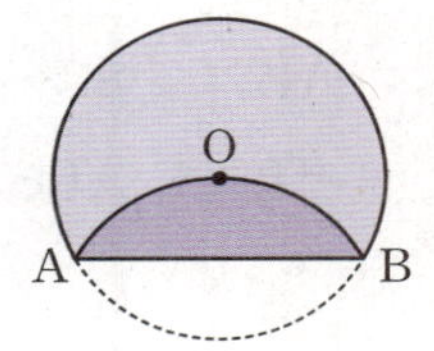

0301 초건 바꾼 대표문제

오른쪽 그림과 같이 원 모양의 색종이를 원주 위의 한 점이 원의 중심 O에 겹치도록 접었을 때, 접힌 현의 길이가 $15\,cm$이었다. 이때 처음 원 모양의 색종이의 반지름의 길이를 구하시오.

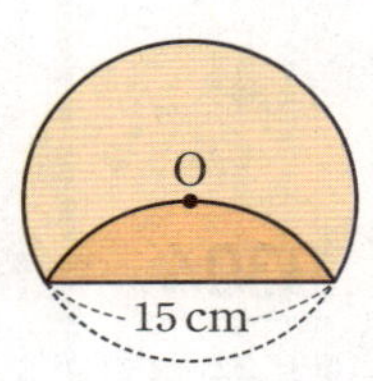

0302

오른쪽 그림과 같이 원 O에서 원주 위의 한 점이 원의 중심 O에 겹치도록 접었을 때, $\angle AOB$의 크기를 구하시오.

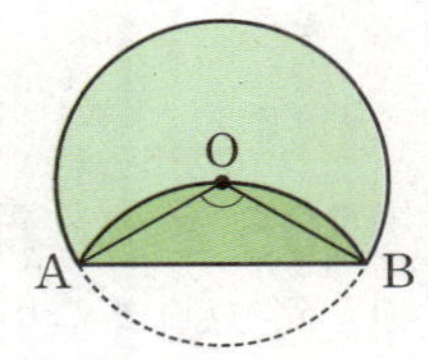

0303 新유형

원에 내접하는 정다각형은 그 원에서 같은 길이의 현으로 둘러싸인 다각형이라 할 수 있다. 다음 그림은 반지름의 길이가 6 cm인 원 모양의 종이를 접어 원에 내접하는 정육각형 ABCDEF를 만든 것이다. 물음에 답하시오.

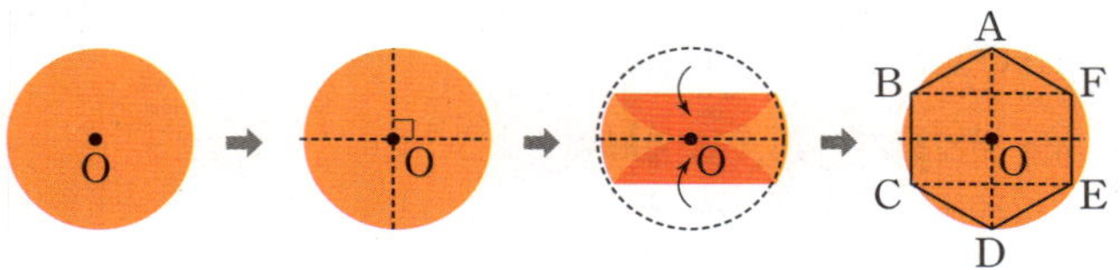

(1) $\overline{AD}$와 $\overline{BF}$의 교점을 M이라 할 때, $\overline{BM}$의 길이를 구하시오.

(2) $\overline{AB}$의 길이를 구하시오.

(3) 정육각형 ABCDEF의 둘레의 길이를 구하시오.

유형 04 원의 중심과 현의 길이(1)

오른쪽 그림의 원 O에서
(1) $\overline{OM}=\overline{ON}$이면 $\overline{AB}=\overline{CD}$
(2) $\overline{AB}=\overline{CD}$이면 $\overline{OM}=\overline{ON}$

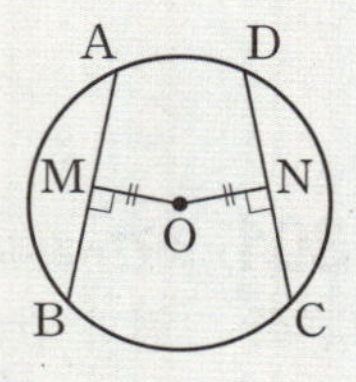

0304 대표문제

오른쪽 그림과 같이 반지름의 길이가 7 cm인 원의 중심 O에서 $\overline{AB}$, $\overline{CD}$에 내린 수선의 발을 각각 M, N이라 하자. $\overline{OM}=\overline{ON}=3$ cm일 때, $\overline{CD}$의 길이를 구하시오.

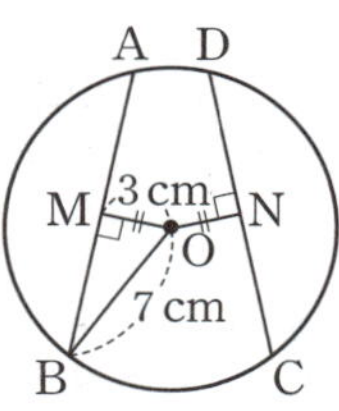

0305 조건바꾼 대표문제

오른쪽 그림과 같이 반지름의 길이가 25 cm인 원 O에서 $\overline{AB}=\overline{CD}=14$ cm일 때, $\overline{OM}+\overline{ON}$의 값을 구하시오.

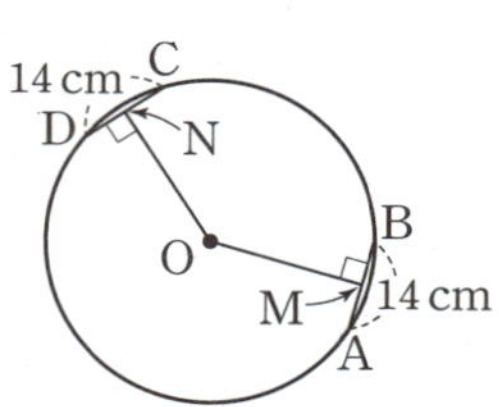

0306

오른쪽 그림의 원 O에서 $\overline{AB}=\overline{CD}$, $\overline{AB}\perp\overline{OM}$이다. $\overline{OD}=5$ cm, $\overline{OM}=3$ cm일 때, $\triangle OCD$의 넓이를 구하시오.

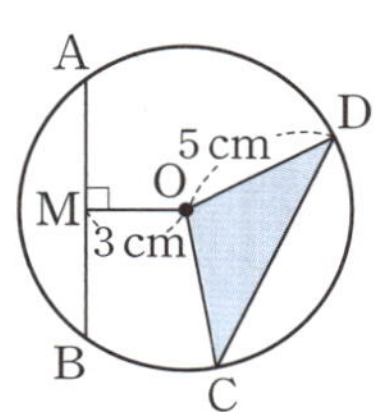

0307

오른쪽 그림과 같은 원 O에서 $\overline{AB}\perp\overline{OM}$, $\overline{CD}\perp\overline{ON}$이고 $\overline{OM}=\overline{ON}$이다. $\angle ODN=30°$, $\overline{AB}=6$ cm일 때, 원 O의 둘레의 길이를 구하시오.

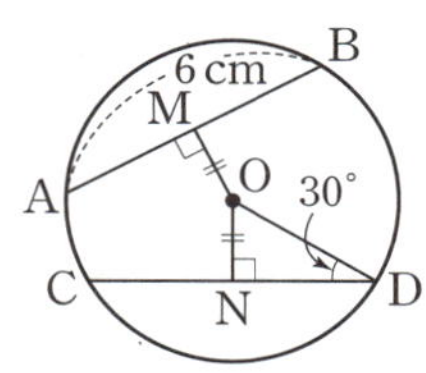

유형 05 원의 중심과 현의 길이(2) – 삼각형이 주어지는 경우

오른쪽 그림의 원 O에서 $\overline{OM}=\overline{ON}$이면
➡ $\overline{AB}=\overline{AC}$이므로 $\triangle ABC$는 이등변삼각형이다.
➡ $\angle ABC=\angle ACB$

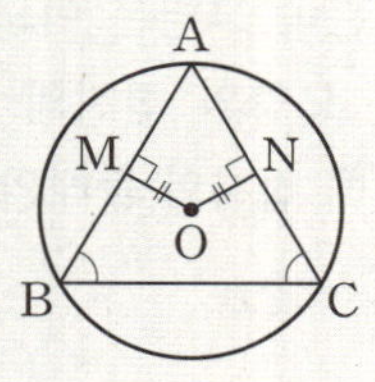

0308 대표문제

오른쪽 그림과 같은 원 O에서 $\overline{AB}\perp\overline{OM}$, $\overline{AC}\perp\overline{ON}$이고 $\overline{OM}=\overline{ON}$이다. $\angle BAC=40°$일 때, $\angle x$의 크기는?

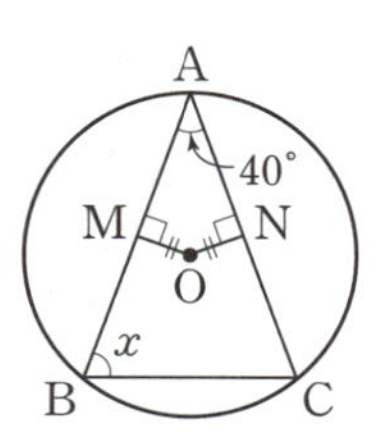

① 70° ② 75°
③ 80° ④ 85°
⑤ 88°

0309 초건바꾼 **대표문제**

오른쪽 그림과 같은 원 O에서
$\overline{AB}\perp\overline{OM}$, $\overline{AC}\perp\overline{ON}$이고
∠ABC=62°일 때, ∠x의 크기를 구
하시오.

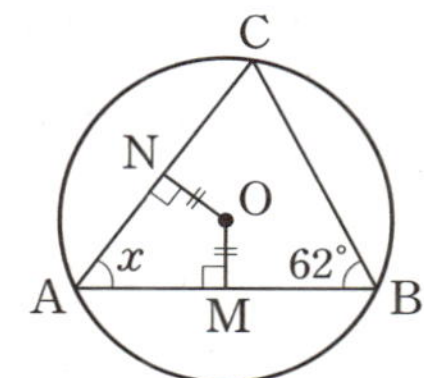

0310

오른쪽 그림과 같은 원 O에서
$\overline{AB}\perp\overline{OM}$, $\overline{AC}\perp\overline{ON}$이고
$\overline{OM}=\overline{ON}$이다. ∠MON=120°이고
$\overline{BC}=5\,cm$일 때, △ABC의 둘레의
길이는?

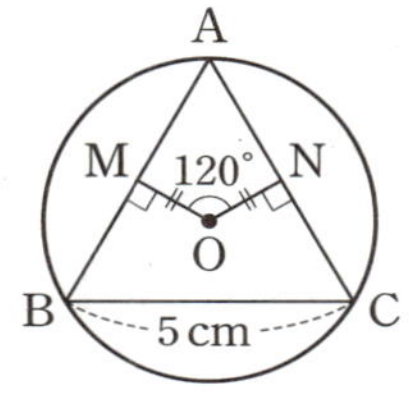

① 15 cm ② 18 cm ③ 21 cm
④ 24 cm ⑤ 27 cm

0311

오른쪽 그림과 같은 원 O에서
$\overline{AB}\perp\overline{OD}$, $\overline{BC}\perp\overline{OE}$, $\overline{CA}\perp\overline{OF}$이다.
$\overline{OD}=\overline{OE}=\overline{OF}$이고, $\overline{AB}=4\sqrt{3}\,cm$일
때, 원 O의 넓이를 구하시오.

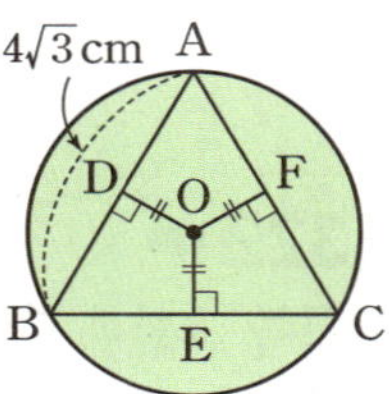

0312 서술형

오른쪽 그림과 같이 △ABC의 내접원
의 중심과 외접원의 중심이 일치한다.
외접원의 반지름의 길이가 8일 때, 내접
원의 반지름의 길이를 구하시오. (단,
세 점 D, E, F는 접점이고, 풀이 과정
을 자세히 쓰시오.)

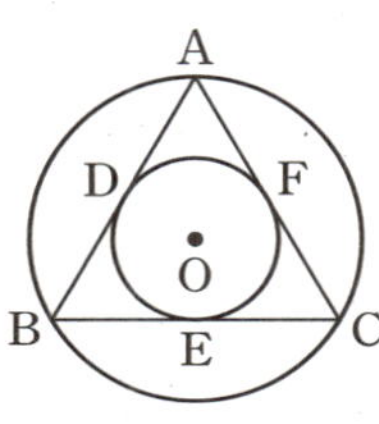

원 밖의 한 점 P에서 원 O에 그은
접선의 접점을 A라 할 때
(1) $\overline{PA}\perp\overline{OA}$
(2) 직각삼각형 OPA에서
$\overline{PO}^2=\overline{PA}^2+\overline{OA}^2$

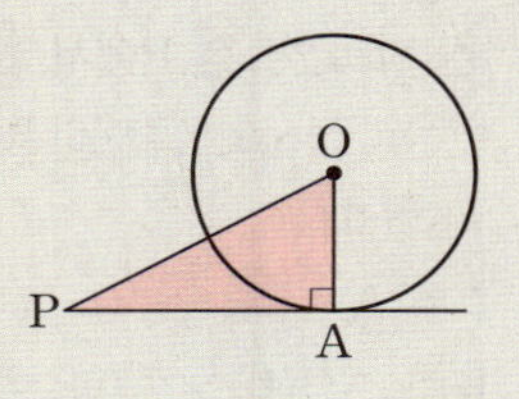

0313 **대표문제**

오른쪽 그림과 같이 반지름의 길이
가 6 cm인 원 O에서 $\overline{PA}$는 원 O의
접선이고, 점 A는 그 접점이다.
$\overline{PA}=8\,cm$일 때, $\overline{OP}$의 길이를 구
하시오.

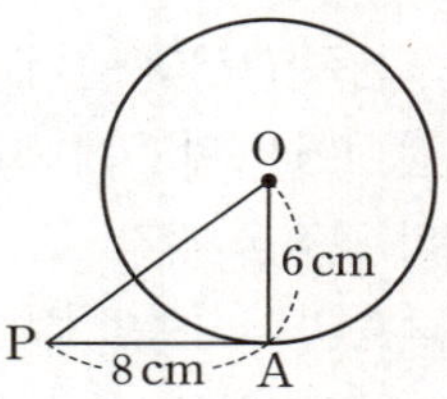

0314 표현바꾼 **대표문제**

오른쪽 그림의 원 O에서 $\overline{PA}$는 원 O
의 접선이고, 점 A는 그 접점이다.
$\overline{PB}=2\,cm$, $\overline{OB}=6\,cm$일 때, $\overline{PA}$의
길이를 구하시오.

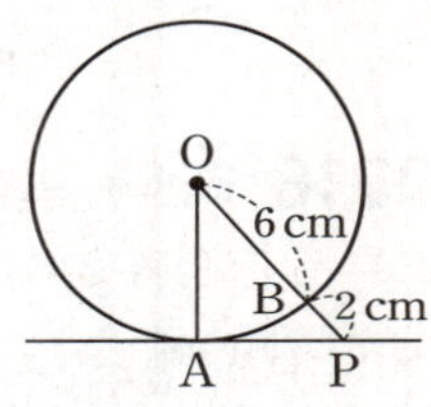

0315

오른쪽 그림과 같은 원 O에서
$\overline{PA}$는 원 O의 접선이고, 점 A는
그 접점이다. $\overline{PA}=4\sqrt{3}\,cm$,
$\overline{PB}=2\,cm$일 때, △AOP의 넓
이를 구하시오.

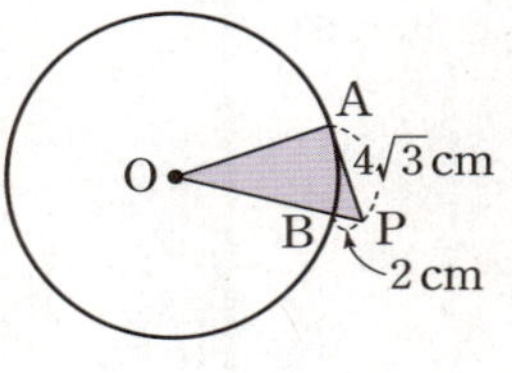

0316

오른쪽 그림과 같이 반지름의 길
이가 6 cm인 원 O에서 $\overline{PA}$는 원
O의 접선이고, 점 A는 그 접점이
다. ∠OPA=30°일 때, 색칠한 부
분의 넓이를 구하시오.

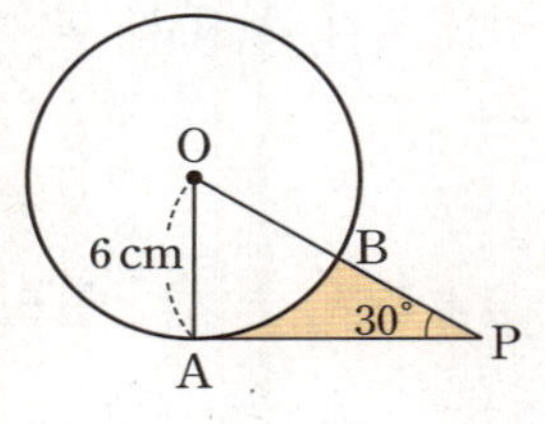

유형 07 원의 접선의 성질(2)

원 밖의 한 점 P에서 원 O에 그은 두 접선의 접점을 각각 A, B라 할 때
(1) $\overline{PA}=\overline{PB}$
(2) $\angle APB+\angle AOB=180°$

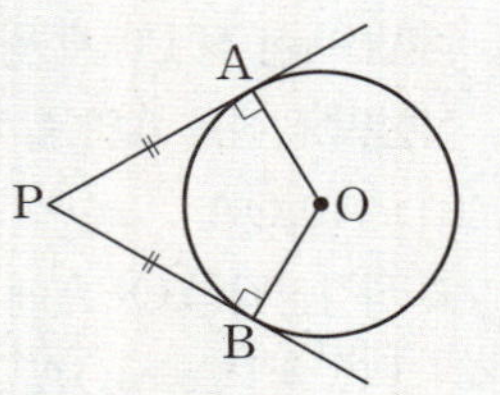

0317 대표문제

오른쪽 그림과 같이 원 밖의 한 점 P에서 원 O에 그은 두 접선의 접점을 각각 A, B라 하자. $\angle APB=46°$일 때, $\angle PAB$의 크기를 구하시오.

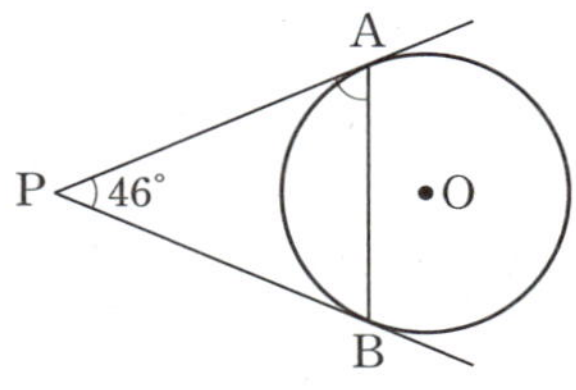

0318 조건 바꾼 대표문제

오른쪽 그림과 같이 원 밖의 한 점 P에서 원 O에 그은 두 접선의 접점을 각각 A, B라 하자. $\overline{OA}=4\,cm$, $\angle APB=45°$일 때, $\widehat{AB}$의 길이는?

① $3\pi\,cm$ ② $4\pi\,cm$
③ $6\pi\,cm$ ④ $8\pi\,cm$
⑤ $9\pi\,cm$

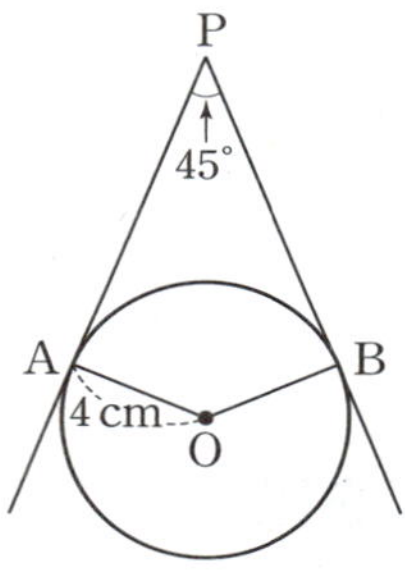

0319

오른쪽 그림과 같이 원 밖의 한 점 P에서 원 O에 그은 두 접선의 접점을 각각 A, B라 할 때, x의 값은?

① 2   ② 3
③ 4   ④ 5
⑤ 6

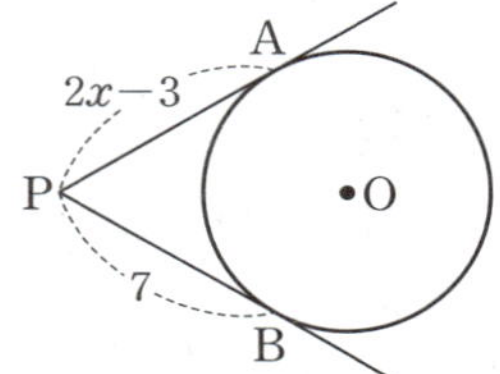

0320

오른쪽 그림과 같이 원 밖의 한 점 P에서 원 O에 그은 두 접선의 접점을 각각 A, B라 하자. $\angle APB=90°$, $\overline{PA}=7\,cm$일 때, $\square APBO$의 둘레의 길이를 구하시오.

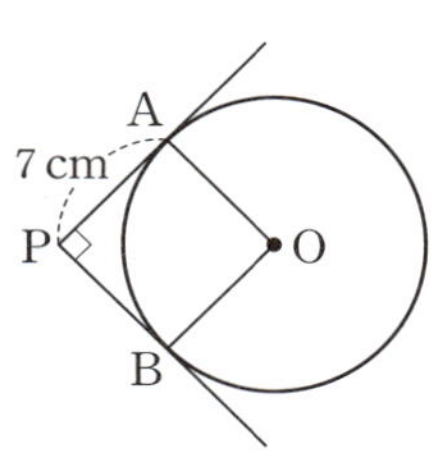

0321

오른쪽 그림과 같이 원 밖의 한 점 P에서 두 원 O, O$'$에 각각 그은 세 접선의 접점을 각각 A, B, C라 하자. 이때 $\overline{PB}$의 길이를 구하시오.

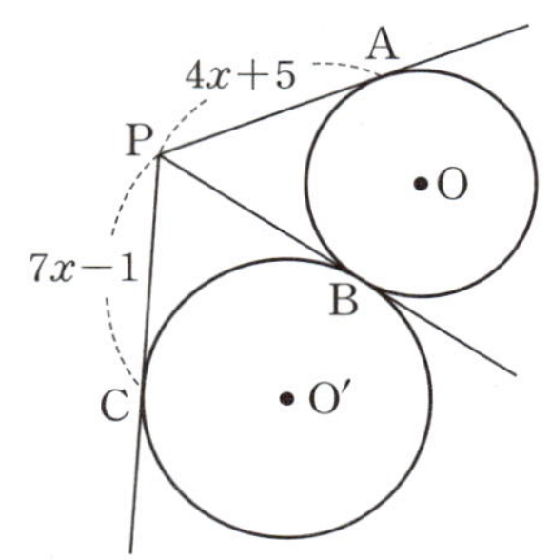

0322

오른쪽 그림과 같이 $\overrightarrow{PA}$, $\overrightarrow{PB}$는 원 O의 접선이고, 두 점 A, B는 그 접점이다. $\angle APB=60°$, $\overline{AB}=4\,cm$일 때, $\triangle APB$의 넓이는?

① $2\sqrt{3}\,cm^2$ ② $4\sqrt{3}\,cm^2$
③ $6\sqrt{3}\,cm^2$ ④ $8\sqrt{3}\,cm^2$
⑤ $12\sqrt{3}\,cm^2$

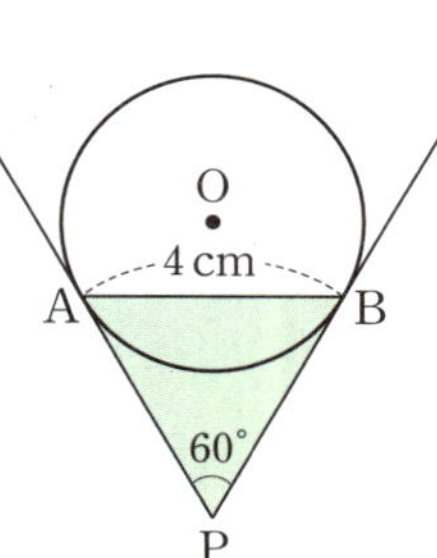

유형 08 원의 접선의 성질(3) 〔발전〕

원 밖의 한 점 P에서 원 O에 그은 두 접선의 접점을 각각 A, B라 할 때

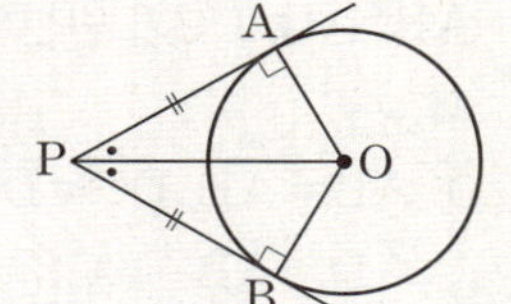

(1) $\triangle PAO \equiv \triangle PBO$
(2) $\angle APO = \angle BPO$
   $= \dfrac{1}{2}\angle APB$
(3) $\overline{PO}^2 = \overline{PA}^2 + \overline{AO}^2$
   $= \overline{PB}^2 + \overline{BO}^2$

0323 대표문제

오른쪽 그림과 같이 원 밖의 한 점 P에서 원 O에 그은 두 접선의 접점을 각각 A, B라 하자. $\angle OAB=30°$, $\overline{AB}=9\,cm$일 때, 색칠한 부분의 넓이를 구하시오.

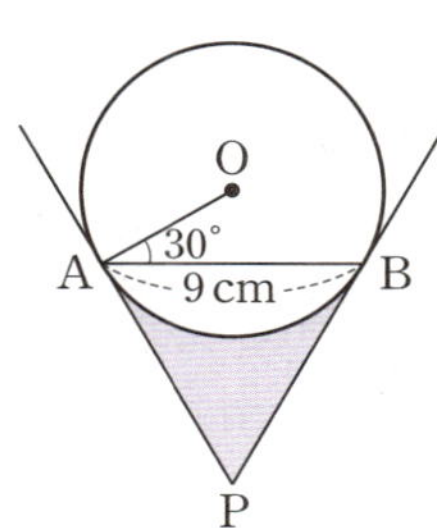

0324 조건바꾼 대표문제

오른쪽 그림과 같이 원 밖의 한 점 P에서 원 O에 그은 두 접선의 접점을 각각 A, B라 하자. $\overline{PA}=3\,cm$, $\angle APB=60°$일 때, $\triangle AOB$의 넓이는?

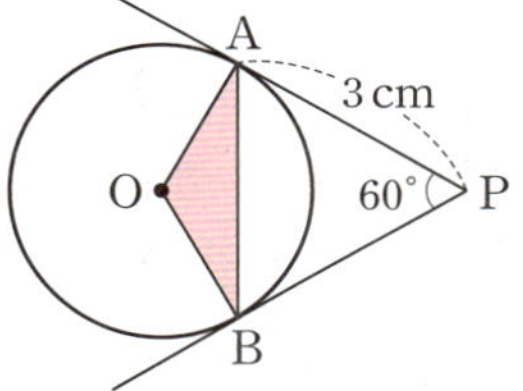

① $\dfrac{3\sqrt{3}}{4}\,cm^2$ ② $\dfrac{3\sqrt{3}}{2}\,cm^2$ ③ $3\sqrt{3}\,cm^2$
④ $4\sqrt{3}\,cm^2$ ⑤ $9\,cm^2$

0325

오른쪽 그림과 같이 원 밖의 한 점 P에서 원 O에 그은 두 접선의 접점을 각각 A, B라 하자. $\overline{PC}=4\,cm$, $\overline{AO}=6\,cm$일 때, $\overline{PA}+\overline{PB}$의 값을 구하시오.

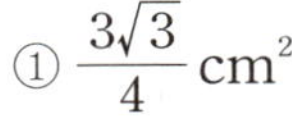
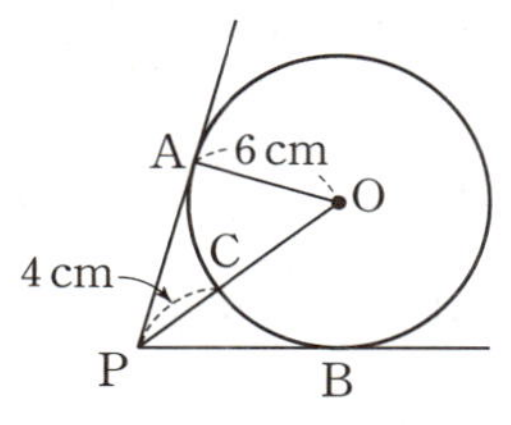

0326

오른쪽 그림에서 $\overrightarrow{PA}$, $\overrightarrow{PB}$는 원 O의 접선이고, 두 점 A, B는 그 접점이다. $\overline{PA}=10$, $\overline{AO}=5$일 때, $\overline{AB}$의 길이는?

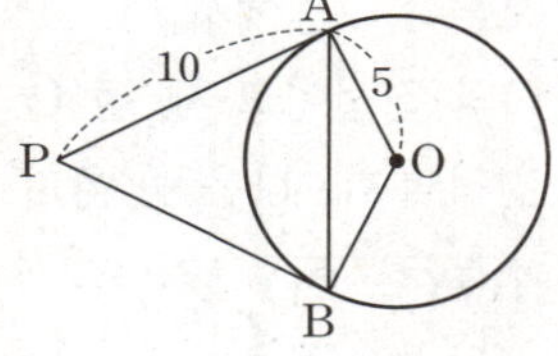

① $3\sqrt{5}$ ② $4\sqrt{5}$
③ $5\sqrt{5}$ ④ $6\sqrt{5}$
⑤ $7\sqrt{5}$

유형 09 원의 접선의 성질의 응용 〔중요〕

서 직선 AD, AE, BC가 원 O의 접선이고 세 점 D, E, F가 그 접점일 때

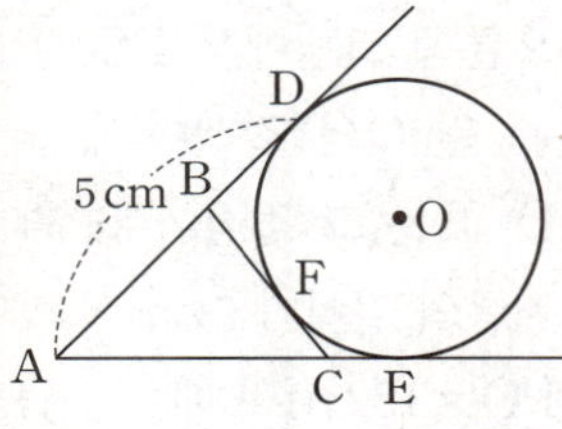

(1) $\overline{BD}=\overline{BF}$, $\overline{CE}=\overline{CF}$
(2) ($\triangle ABC$의 둘레의 길이)
   $= \overline{AB}+\overline{BC}+\overline{CA}$
   $= \overline{AB}+(\overline{BF}+\overline{CF})+\overline{CA}$
   $= (\overline{AB}+\overline{BD})+(\overline{CE}+\overline{CA})$
   $= \overline{AD}+\overline{AE}=2\overline{AD}$

0327 대표문제

오른쪽 그림에서 $\overrightarrow{AD}$, $\overrightarrow{AE}$, $\overleftrightarrow{BC}$는 원 O의 접선이고, 세 점 D, E, F는 그 접점이다. $\overline{AD}=5\,cm$일 때, $\triangle ACB$의 둘레의 길이는?

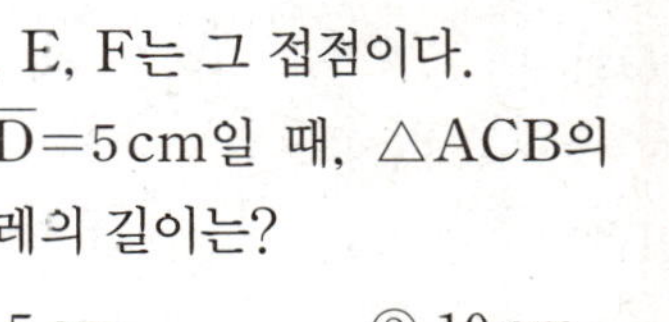

① $5\,cm$ ② $10\,cm$ ③ $15\,cm$
④ $20\,cm$ ⑤ $25\,cm$

0328 조건바꾼 대표문제

오른쪽 그림에서 $\overrightarrow{AD}$, $\overrightarrow{AE}$, $\overleftrightarrow{BC}$는 원 O의 접선이고, 세 점 D, E, F는 그 접점이다. $\overline{AB}=7\,cm$, $\overline{AC}=8\,cm$, $\overline{CE}=1\,cm$일 때, $\overline{BF}$의 길이를 구하시오.

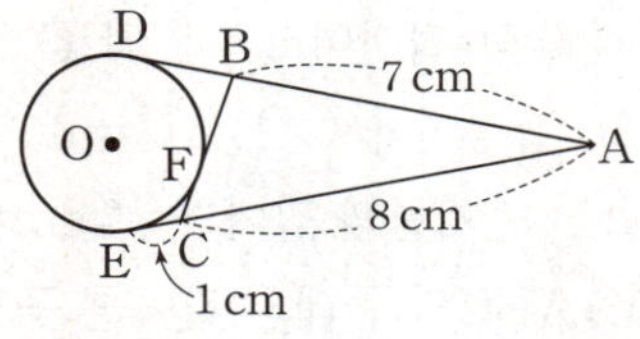

0329 ●
오른쪽 그림에서 $\overrightarrow{PC}$, $\overrightarrow{PD}$, $\overline{AB}$는 원 O의 접선이고 세 점 C, D, E는 그 접점일 때, 다음 중 옳지 <u>않은</u> 것은?

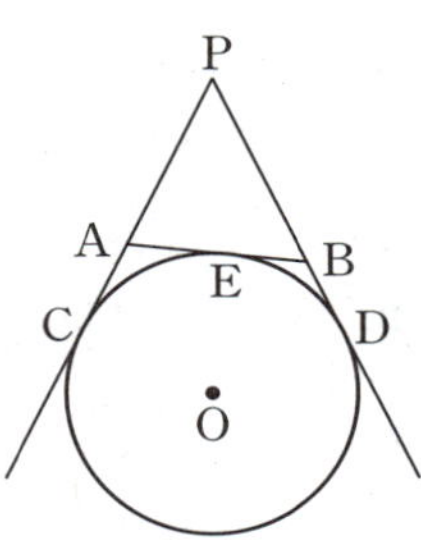

① $\overline{PC}=\overline{PD}$
② $\overline{AC}=\overline{AE}$
③ $\overline{AB}=\overline{AC}+\overline{BD}$
④ $\angle AOE=\angle BOE$
⑤ $\angle DBO=\angle EBO$

0330 ●
오른쪽 그림에서 직선 모양의 세 산책로 $\overline{PA}$, $\overline{PB}$, $\overline{DE}$는 원 모양의 호수에 각각 A, B, C 세 지점에서 접한다. $\triangle DPE$의 둘레의 길이가 $8\,km$일 때, P지점과 B지점 사이의 거리를 구하시오.

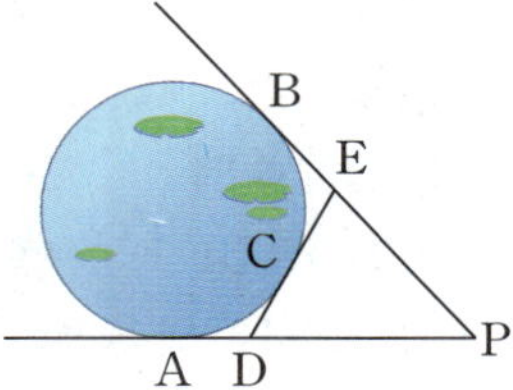

0331 ●
오른쪽 그림에서 $\overrightarrow{PC}$, $\overrightarrow{PD}$, $\overline{AB}$는 원 O의 접선이고, 세 점 C, D, E는 그 접점이다. 원 O의 반지름의 길이가 $5\,cm$이고 $\overline{PO}=13\,cm$일 때, $\triangle APB$의 둘레의 길이를 구하시오.

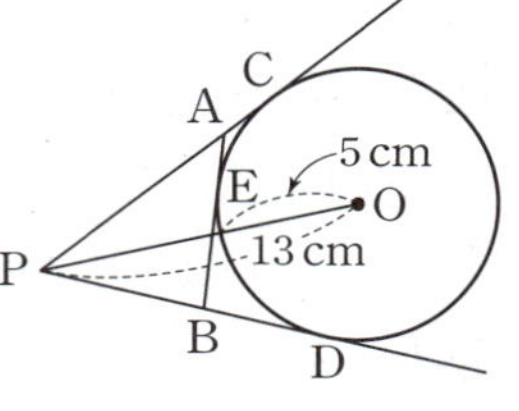

0332 ●
오른쪽 그림에서 $\overrightarrow{AD}$, $\overrightarrow{AE}$, $\overline{BC}$는 원 O의 접선이고, 세 점 D, E, F는 그 접점이다. $\angle BAC=60°$이고 원 O의 반지름의 길이가 $\sqrt{3}\,cm$일 때, $\triangle ABC$의 둘레의 길이를 구하시오.

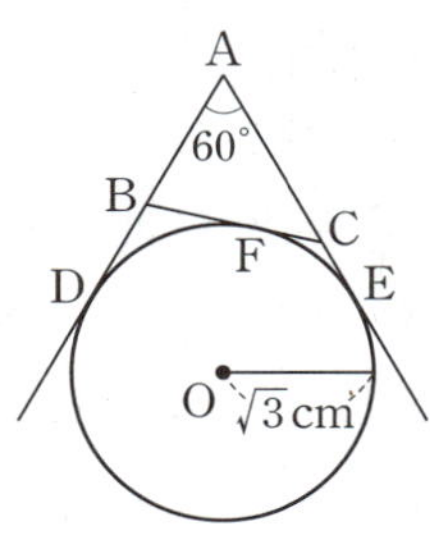

$\overline{AB}$, $\overline{AD}$, $\overline{DC}$가 반원 O의 접선일 때
(1) $\overline{AB}=\overline{AE}$, $\overline{DC}=\overline{DE}$이므로
$$\overline{AD}=\overline{AB}+\overline{DC}$$
(2) 점 A에서 $\overline{CD}$에 내린 수선의 발을 H라 하면
$$\overline{BC}=\overline{AH}=\sqrt{\overline{AD}^2-\overline{DH}^2}$$

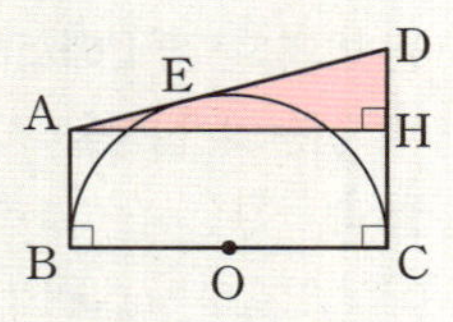

0333 대표문제
오른쪽 그림에서 $\overline{BC}$는 반원 O의 지름이고, $\overline{AB}$, $\overline{AD}$, $\overline{CD}$는 각각 점 B, E, C에서 반원 O에 접한다. $\overline{BC}=2\sqrt{6}\,cm$, $\overline{AB}=3\,cm$일 때, $\overline{CD}$의 길이는?

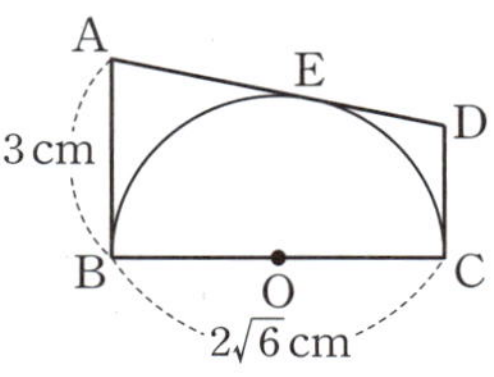

① $1\,cm$ ② $1.5\,cm$ ③ $2\,cm$
④ $2.5\,cm$ ⑤ $3\,cm$

0334 초건 바꾼 대표문제
오른쪽 그림에서 $\overline{AB}$는 반원 O의 지름이고, $\overline{AC}$, $\overline{CD}$, $\overline{BD}$는 각각 점 A, E, B에서 반원 O에 접한다. $\overline{AC}=6\,cm$, $\overline{BD}=9\,cm$일 때, 반원 O의 넓이는?

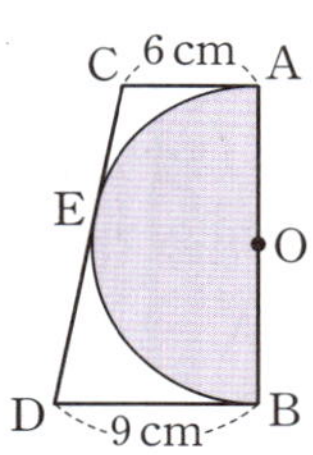

① $27\pi\,cm^2$ ② $36\pi\,cm^2$
③ $45\pi\,cm^2$ ④ $54\pi\,cm^2$
⑤ $63\pi\,cm^2$

0335 ●
오른쪽 그림에서 $\overline{AD}$, $\overline{BC}$, $\overline{CD}$는 반지름의 길이가 $6\,cm$인 반원 O에 접하고, $\overline{AB}$는 반원 O의 지름이다. $\overline{CD}=13\,cm$일 때, $\square ABCD$의 넓이를 구하시오.

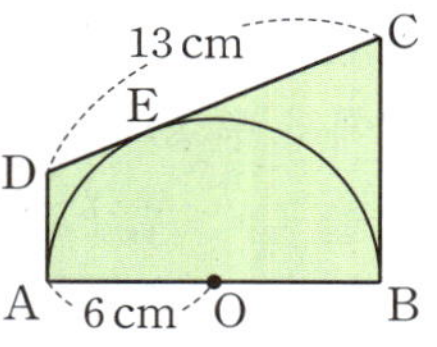

新 유형

0336

오른쪽 그림에서 $\overline{AD}$, $\overline{BC}$, $\overline{CD}$는 반원 O
에 접하고, $\overline{AB}$는 반원 O의 지름이다.
$\overline{AD}=3$, $\overline{BC}=5$일 때, $\overline{OC}^2+\overline{OD}^2$의 값
을 구하시오.

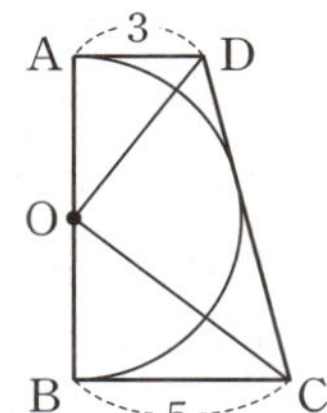

유형 11 동심원과 접선의 성질의 응용

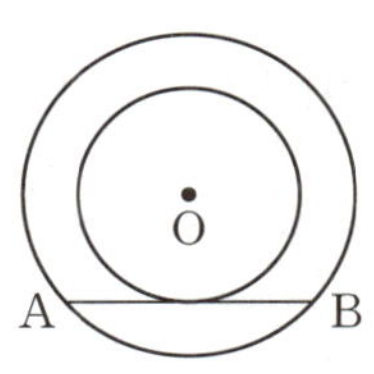

중심이 O로 일치하고 반지름의 길이가
다른 두 원에서 큰 원의 현 AB가 작은
원의 접선이고, 점 H가 접점일 때
(1) $\overline{OH}\perp\overline{AB}$
(2) $\overline{AH}=\overline{BH}$
(3) 직각삼각형 OAH에서
$\overline{OA}^2=\overline{OH}^2+\overline{AH}^2$

0337 대표문제

오른쪽 그림과 같이 반지름의 길이가 각
각 4 cm, 6 cm이고 중심이 같은 두 원
이 있다. 큰 원의 현 AB가 작은 원에 접
할 때, $\overline{AB}$의 길이를 구하시오.

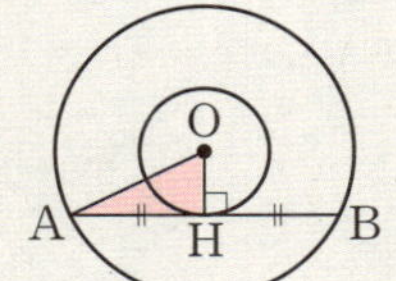

0338 초건 바꾼 대표문제

오른쪽 그림과 같이 중심이 같은 두 원
에서 큰 원의 현 AB가 작은 원에 접한
다. $\overline{AB}=16$ cm이고 작은 원의 반지름
의 길이가 6 cm일 때, 큰 원의 반지름의
길이를 구하시오.

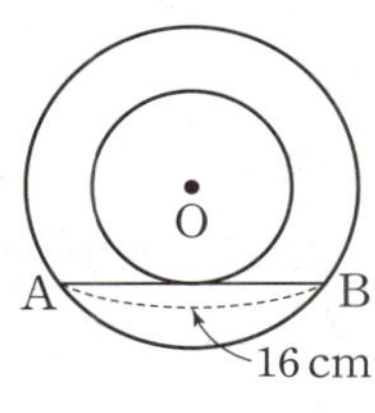

0339

오른쪽 그림과 같이 반지름의 길이가
각각 4 cm, 5 cm이고 중심이 같은 두
원이 있다. 큰 원의 두 현 AB와 AC가
각각 점 P, Q에서 작은 원에 접할 때,
$\overline{AB}+\overline{AC}$의 값은?

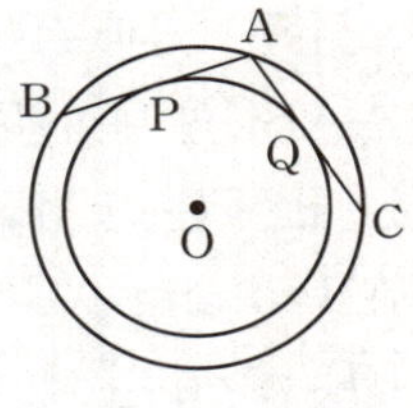

① 3 cm ② 4 cm ③ 6 cm
④ 10 cm ⑤ 12 cm

0340

오른쪽 그림과 같이 중심이 같은 두 원에
서 큰 원의 현 AB의 길이가 8 cm이고
$\overline{AB}$가 작은 원에 접할 때, 색칠한 부분의
넓이는?

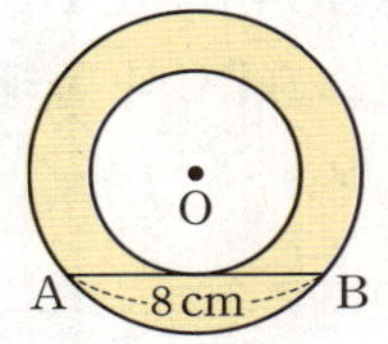

① 16π cm² ② 20π cm² ③ 32π cm²
④ 40π cm² ⑤ 64π cm²

유형 12 삼각형의 내접원

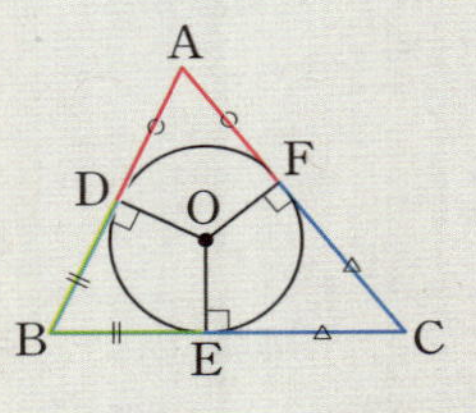

원 O가 △ABC의 내접원이고,
세 점 D, E, F가 그 접점일 때
(1) $\overline{AD}=\overline{AF}$, $\overline{BD}=\overline{BE}$,
$\overline{CE}=\overline{CF}$
(2) $\overline{AB}+\overline{BC}+\overline{CA}$
$=2(\overline{AD}+\overline{BE}+\overline{CF})$

0341 대표문제

오른쪽 그림과 같이 원 O는
△ABC의 내접원이고, 세 점 D,
E, F는 그 접점이다. $\overline{AB}=14$ cm,
$\overline{BC}=15$ cm, $\overline{CA}=13$ cm일 때,
$\overline{AD}$의 길이를 구하시오.

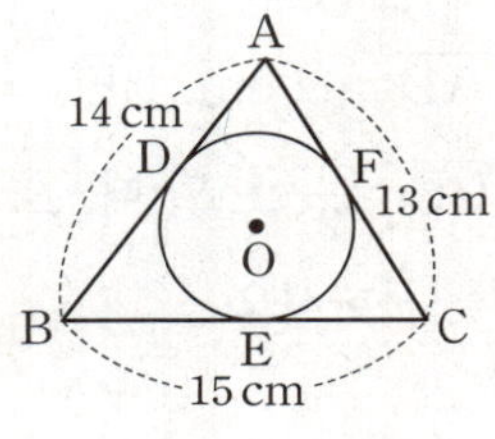

0342 초건바꾼 대표문제

오른쪽 그림과 같이 원 O는
△ABC의 내접원이고, 세 점
D, E, F는 그 접점이다.
$\overline{AB}=8\,cm$, $\overline{AC}=12\,cm$,
$\overline{BE}=5\,cm$일 때, $\overline{CE}$의 길이를 구하시오.

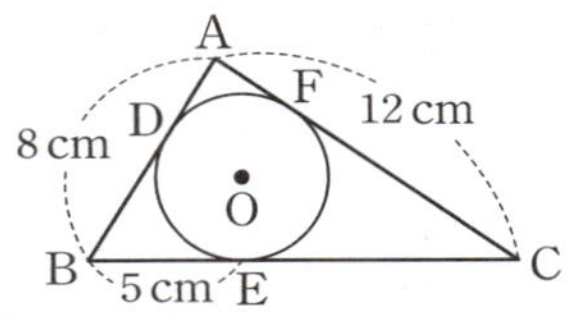

0343

오른쪽 그림과 같이 원 O는
△ABC의 내접원이고, 세 점 D,
E, F는 그 접점이다. $\overline{AD}=5\,cm$,
$\overline{BE}=6\,cm$, $\overline{CF}=6\,cm$일 때,
△ABC의 둘레의 길이를 구하시
오.

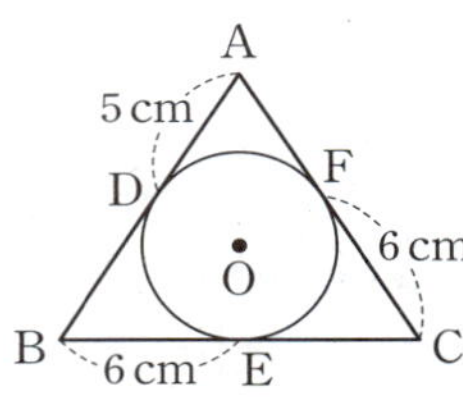

0344

오른쪽 그림과 같이 원 O는
△ABC의 내접원이고, 세 점 D,
E, F는 그 접점이다. △ABC의
둘레의 길이가 34 cm이고
$\overline{BC}=13\,cm$일 때, $\overline{AF}$의 길이를
구하시오.

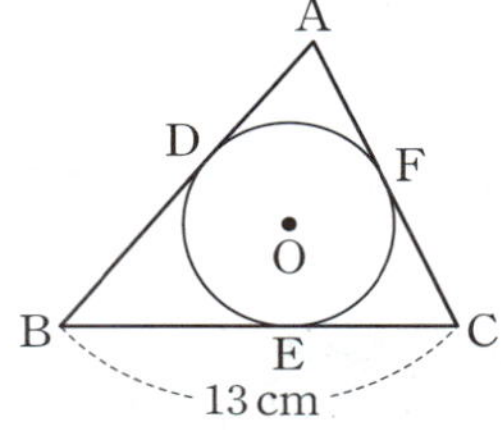

0345 서술형

오른쪽 그림과 같이 반지름의 길이가
2 cm인 원 O가 △ABC에 내접하고,
세 점 D, E, F는 그 접점이다.
$\overline{AD}=11\,cm$, $\overline{BE}=4\,cm$,
$\overline{CF}=\dfrac{3}{2}\,cm$일 때, △ABC의 넓이
를 구하시오.

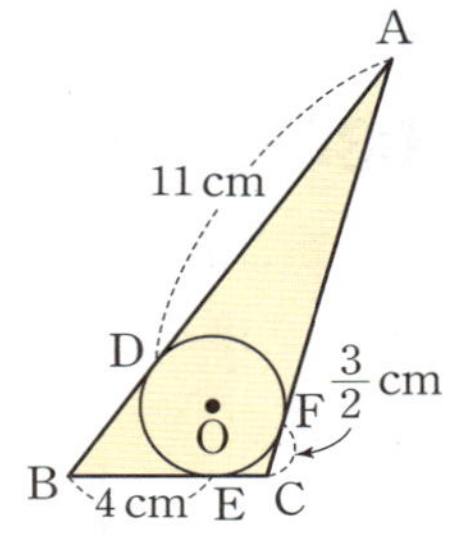

(단, 풀이 과정을 자세히 쓰시오.)

유형 13 직각삼각형의 내접원

반지름의 길이가 r인 원 O가
∠C＝90°인 직각삼각형 ABC의
내접원이고 두 점 D, E가 그 접점
일 때

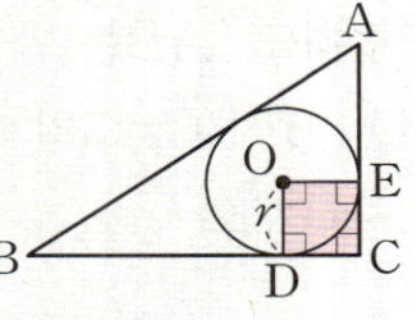

➡ □ODCE는 한 변의 길이가 r인 정사각형이다.

0346 대표문제

오른쪽 그림과 같이 ∠C＝90°인
직각삼각형 ABC와 원 O가 접한
다. $\overline{BC}=4\,cm$, $\overline{CA}=3\,cm$일
때, 원 O의 둘레의 길이를 구하
시오.

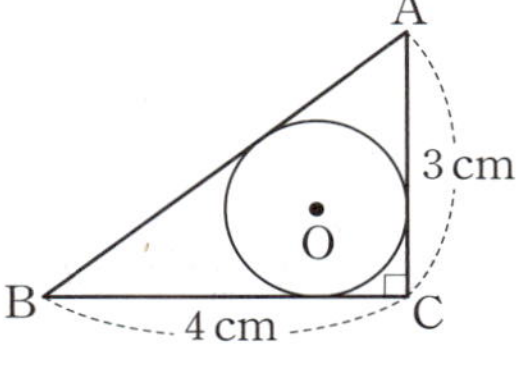

0347 초건바꾼 대표문제

오른쪽 그림과 같이 원 O는 ∠C＝90°인
직각삼각형 ABC의 내접원이고, 세 점
D, E, F는 그 접점이다. $\overline{AD}=12\,cm$,
$\overline{BD}=5\,cm$일 때, □OECF의 넓이는?

① $3\,cm^2$　　　　② $6\,cm^2$

③ $9\,cm^2$　　　　④ $12\,cm^2$

⑤ $15\,cm^2$

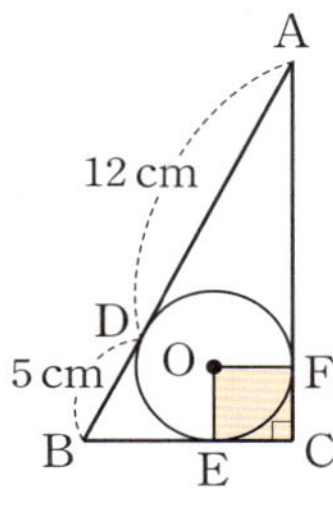

0348

오른쪽 그림과 같이 원 O는
∠A＝90°인 직각삼각형
ABC의 내접원이고, 세 점 D,
E, F는 그 접점이다.
$\overline{AF}=3\,cm$, $\overline{CF}=6\,cm$일 때, △ABC의 넓이를 구하시오.

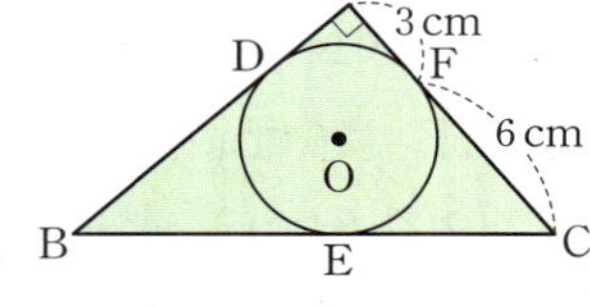

유형 14 · 원에 외접하는 사각형의 성질

원 O에 외접하는 사각형 ABCD에서 대변의 길이의 합은 같다.
➡ $\overline{AB}+\overline{CD}=\overline{AD}+\overline{BC}$

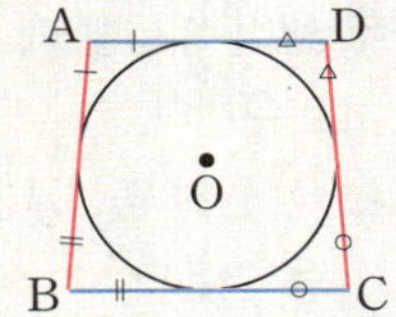

0349 대표문제

오른쪽 그림과 같이 원 O가 사각형 ABCD에 내접하고, 점 P는 접점이다. $\overline{AP}=2$, $\overline{AD}=3$, $\overline{BC}=9$, $\overline{CD}=5$일 때, $\overline{BP}$의 길이를 구하시오.

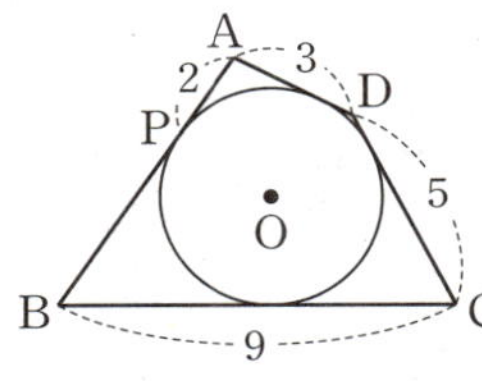

0350 초건바꾼 대표문제

원 O에 외접하는 사각형의 네 변의 길이가 오른쪽 그림과 같을 때, x의 값을 구하시오.

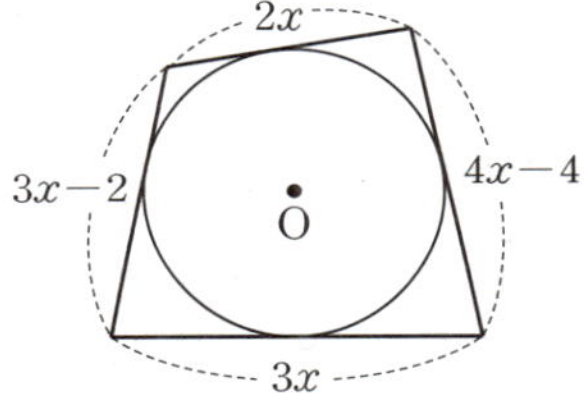

0351

오른쪽 그림과 같이 원 O가 네 점 P, Q, R, S에서 □ABCD에 내접하고 있다. □ABCD의 둘레의 길이가 36이고 $\overline{AS}=4$, $\overline{CQ}=6$, $\overline{DR}=2$일 때, $\overline{BP}$의 길이를 구하시오.

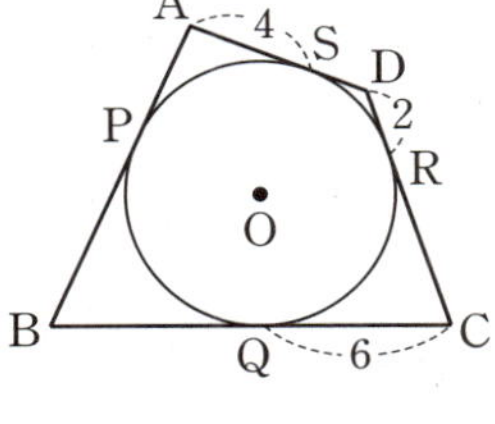

0352

오른쪽 그림과 같이 □ABCD는 반지름의 길이가 4cm인 원 O에 외접한다. $\angle C=\angle D=90°$이고 $\overline{AB}=10$ cm, $\overline{BC}=12$ cm일 때, $\overline{AD}$의 길이를 구하시오.

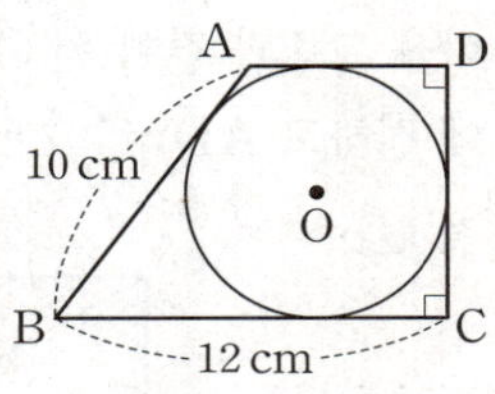

0353

오른쪽 그림과 같이 $\overline{AD}\,/\!/\,\overline{BC}$인 등변사다리꼴 ABCD가 원 O에 외접하고 $\overline{AD}=7$ cm, $\overline{BC}=13$ cm일 때, 원 O의 넓이를 구하시오.

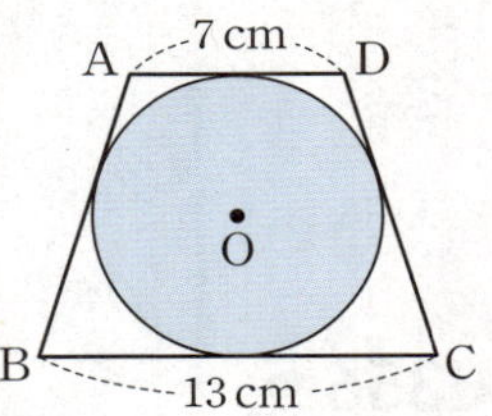

유형 15 · 원에 외접하는 사각형의 성질의 응용

원 O가 직사각형 ABCD의 세 변 및 $\overline{DE}$와 접하고, 점 P, Q, R는 접점일 때
(1) $\overline{DE}=\overline{DQ}+\overline{EQ}$
(2) $\overline{AB}+\overline{DE}=\overline{AD}+\overline{BE}$
(3) $\overline{DE}^2=\overline{CE}^2+\overline{CD}^2$

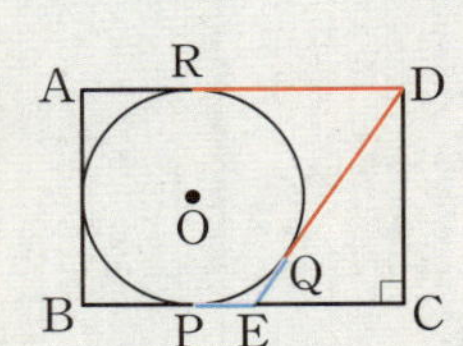

0354 대표문제

오른쪽 그림과 같이 직사각형 ABCD의 세 변에 원 O가 접하고, $\overline{DE}$가 원 O의 접선이다. $\overline{CD}=12$ cm, $\overline{DE}=13$ cm일 때, $\overline{BE}$의 길이를 구하시오.

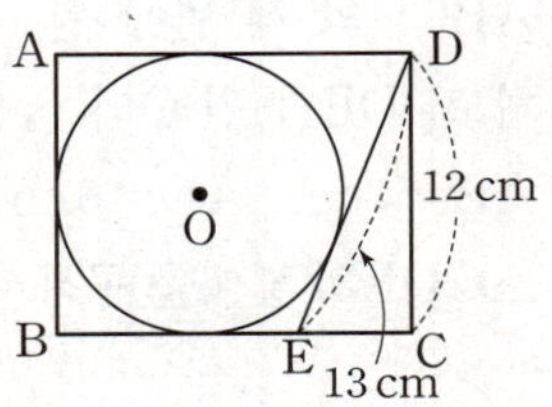

0355 초건 바꾼 **대표문제**

다음 그림과 같이 원 O가 직사각형 ABCD의 세 변 및 $\overline{AE}$ 에 접하고 $\overline{AD}=30\,cm$, $\overline{CD}=10\,cm$일 때, $\overline{EF}$의 길이는?

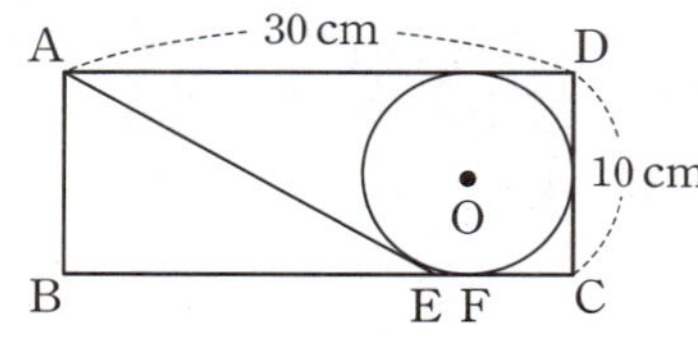

① 1 cm
② $\dfrac{3}{2}$ cm
③ 2 cm

④ $\dfrac{5}{2}$ cm
⑤ 2 cm

0356 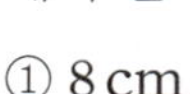

오른쪽 그림과 같이 원 O가 직사각형 ABCD의 세 변 및 $\overline{BE}$ 에 접하고 $\overline{BC}=12\,cm$, $\overline{CD}=8\,cm$일 때, △ABE의 둘레의 길이는?

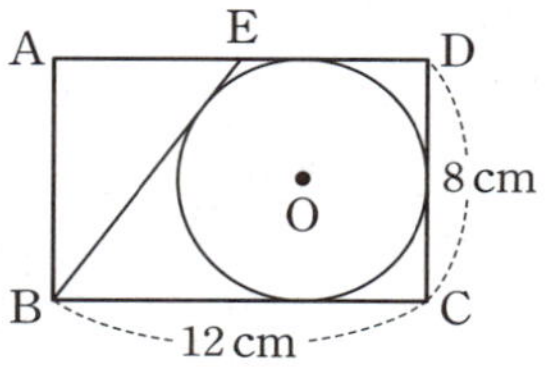

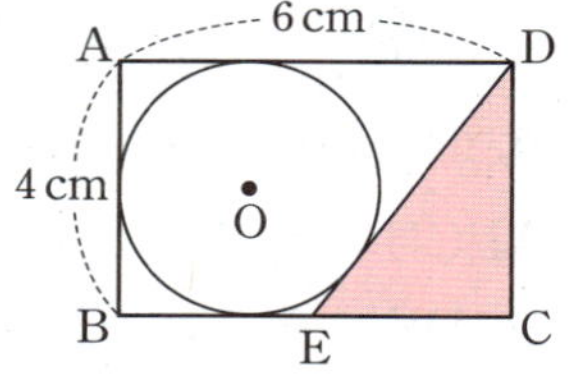

① 8 cm
② 16 cm
③ 24 cm

④ 32 cm
⑤ 40 cm

0357 서술형

오른쪽 그림과 같이 직사각형 ABCD의 세 변에 원 O가 접하고, $\overline{DE}$가 원 O의 접선이다. $\overline{AB}=4\,cm$, $\overline{AD}=6\,cm$일 때, △CDE의 넓이를 구하시오.

(단, 풀이 과정을 자세히 쓰시오.)

유형 16 접하는 원에서의 응용 발전 

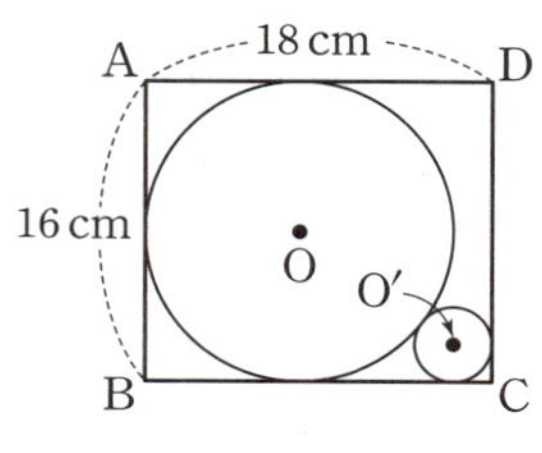

두 원이 외접할 때, 원의 반지름의 길이는 다음과 같은 순서로 구한다.
❶ 두 원의 중심을 이은 선분을 빗변으로 하는 직각삼각형을 만든다.
❷ 직각삼각형의 세 변의 길이를 두 원의 반지름의 길이에 대한 식으로 나타낸다.
❸ 피타고라스 정리를 이용한다.

0358 **대표문제**

오른쪽 그림과 같이 직사각형 ABCD의 변에 접하는 두 원 O, O′이 서로 외접한다. $\overline{AB}=16\,cm$, $\overline{AD}=18\,cm$일 때, 원 O′의 반지름의 길이를 구하시오.

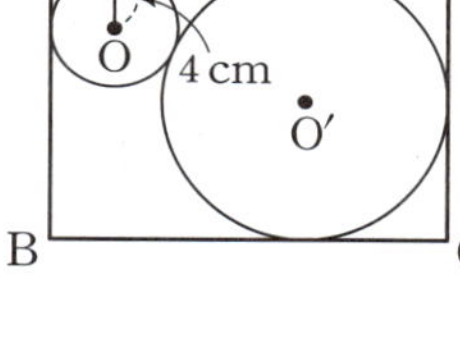

0359 표현 바꾼 **대표문제**

오른쪽 그림과 같이 직사각형 ABCD의 변에 접하는 두 원 O, O′이 서로 외접한다. 원 O의 반지름의 길이가 4 cm이고 $\overline{AD}=25\,cm$일 때, 원 O′의 둘레의 길이는?

① 6π cm
② 9π cm
③ 12π cm

④ 15π cm
⑤ 18π cm

0360

반지름의 길이가 10인 반원 O의 내부에 두 원 A, B가 오른쪽 그림과 같이 서로 외접하면서 접한다. 원 A는 반원 O의 반지름을 지름으로 할 때, 원 B의 반지름의 길이를 구하시오.

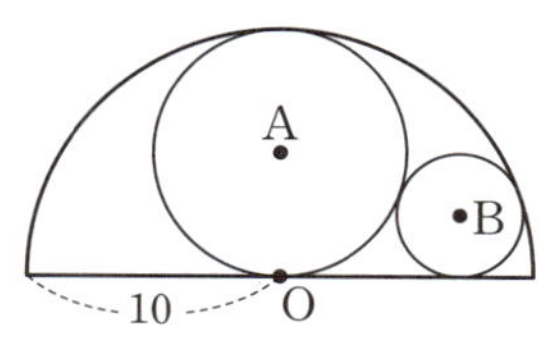

R : REAL **실전 업**

0361

오른쪽 그림에서 $\overline{CD}$는 원 O의 지름이고, $\overline{AB} \perp \overline{CD}$이다. $\overline{CD}=20\,cm$, $\overline{CM}=4\,cm$일 때, $\overline{AB}$의 길이는?

① 8 cm ② 12 cm
③ 16 cm ④ 18 cm
⑤ 20 cm

· 유형 01

0362

오른쪽 그림과 같이 반지름의 길이가 8 cm인 원 O에 길이가 12 cm인 두 현 AB와 CD를 그렸다. 원의 중심 O에서 현 CD까지의 거리를 구하시오.

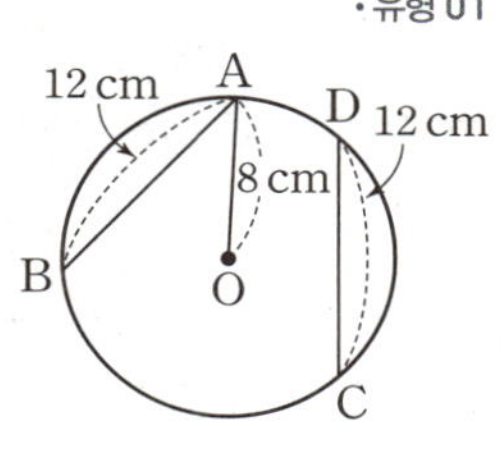

· 유형 01

0363

컴퍼스로 공책에 원을 그리다가 일부분이 공책 바깥쪽에 그려졌다. 공책 바깥쪽에 오른쪽 그림과 같이 현의 길이가 12 cm이고 현의 수직이등분선 CD의 길이가 3 cm로 그려졌을 때, 이 원의 반지름의 길이를 구하시오.

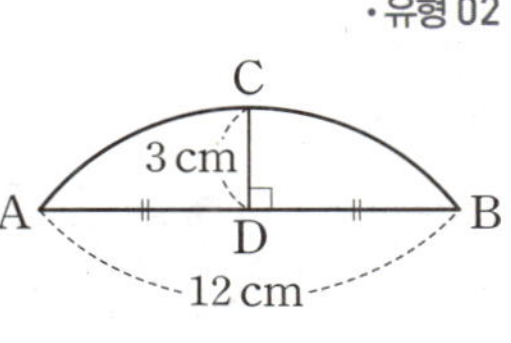

· 유형 02

0364

오른쪽 그림과 같이 원 모양의 색종이를 원주 위의 한 점이 원의 중심 O에 겹치도록 접었더니 접힌 현의 길이가 9 cm이었다. 이때 처음 원 모양의 색종이의 넓이를 구하시오.

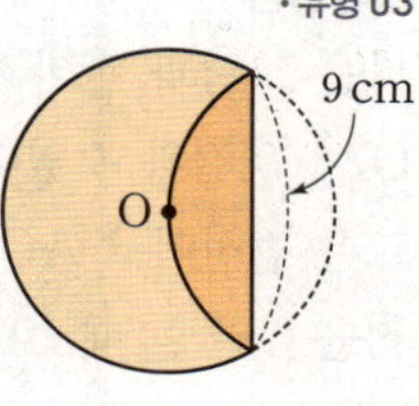

· 유형 03

0365

오른쪽 그림과 같이 원 O에서 $\overline{AB} \perp \overline{OM}$, $\overline{CD} \perp \overline{ON}$이고 $\overline{AM}=\overline{DN}$일 때, 다음 중 옳지 <u>않은</u> 것은?

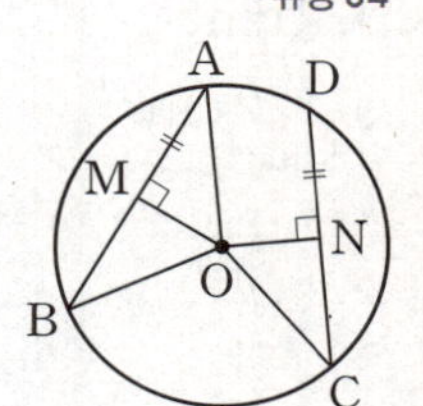

① $\overline{AB}=\overline{CD}$
② $\overline{OM}=\overline{ON}$
③ $\overset{\frown}{AB}=\overset{\frown}{CD}$
④ $\triangle OMB \equiv \triangle ONC$
⑤ $\angle OAM = \angle CON$

· 유형 04

0366 창의력 $^{+}$

다음 그림과 같이 반지름의 길이가 7 cm인 원에 길이가 12 cm인 현을 여러 개 그렸을 때, 현이 지나간 부분의 넓이를 구하시오.

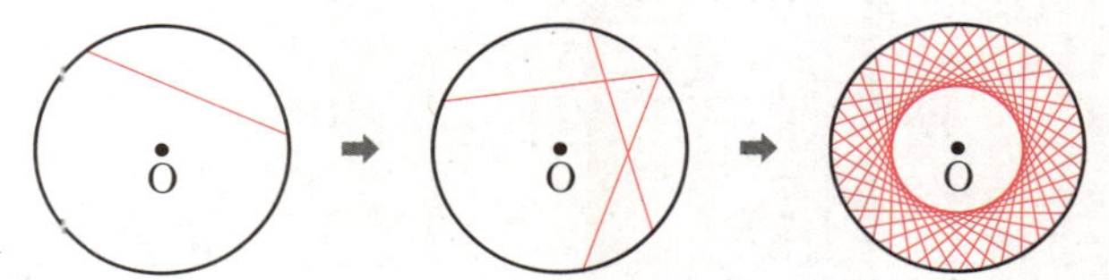

· 유형 04

0367

오른쪽 그림과 같이 원 O에서 $\overline{AB} \perp \overline{OM}$, $\overline{AC} \perp \overline{ON}$이고 $\overline{OM}=\overline{ON}$이다. $\angle BAC : \angle ABC = 1 : 4$일 때, $\angle C$의 크기를 구하시오.

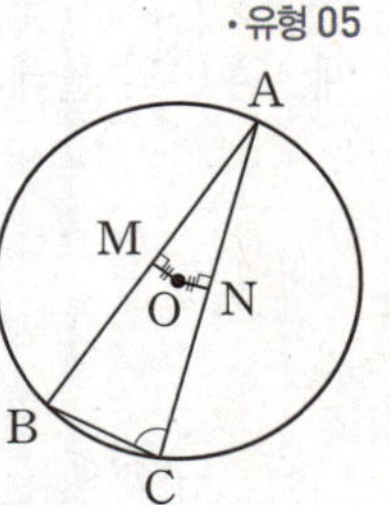

· 유형 05

0368
·유형 06

다음 그림과 같이 반지름의 길이가 6 cm로 같은 두 원 O, O'이 외접하고 있다. $\overrightarrow{AC}$는 원 O 위의 점 A에서 원 O'에 그은 접선이고 $\overrightarrow{AC}$와 원 O의 교점을 B, $\overrightarrow{AC}$와 원 O'의 접점을 C라 할 때, $\overline{AB}$의 길이는?

(단, 세 점 A, O, O'은 한 직선 위에 있다.)

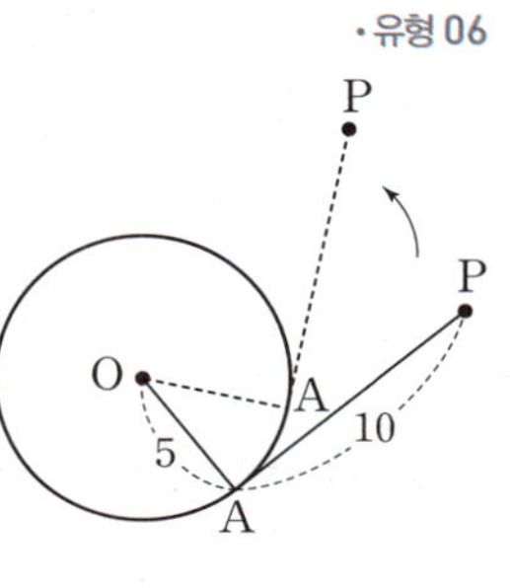

① 2 cm   ② $4\sqrt{2}$ cm   ③ 6 cm
④ $8\sqrt{2}$ cm   ⑤ $16\sqrt{2}$ cm

0369 창의력⁺
·유형 06

오른쪽 그림과 같이 원 밖의 한 점 P에서 반지름의 길이가 5인 원 O에 그은 한 접선의 접점 A까지의 거리가 10이 되도록 점 P가 움직이고 있다. 이때 점 P가 움직이며 그리는 도형의 둘레의 길이를 구하시오.

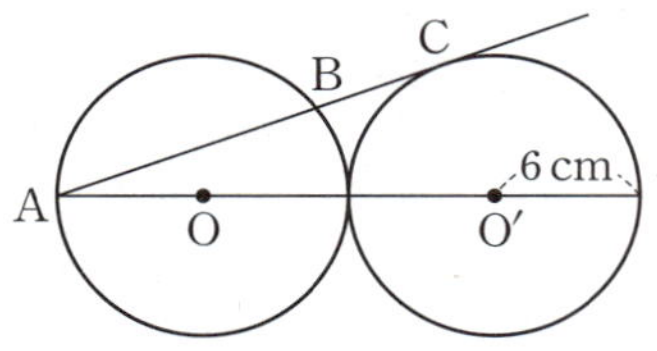

0370
·유형 07

오른쪽 그림과 같이 원 밖의 한 점 P에서 원 O에 그은 두 접선의 접점을 각각 A, B라 하자. $\angle P = 90°$이고 $\overline{PA} = 5$일 때, 원 O의 둘레의 길이를 구하시오.

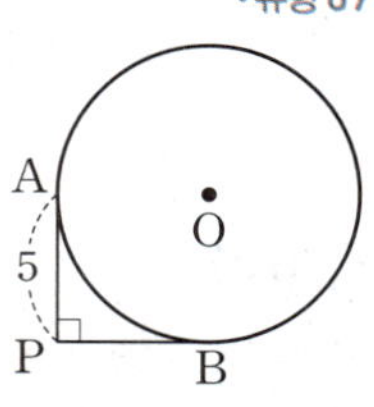

0371
·유형 08

오른쪽 그림과 같이 지구의 상공 7200 km에서 지구의 둘레를 도는 인공위성이 있다. 지구는 구 모양이고 반지름의 길이가 6400 km라 할 때, 이 인공위성이 관찰할 수 있는 지표면까지의 최대 거리는?

(단, 인공위성의 크기는 생각하지 않는다.)

① 8000 km   ② 9000 km   ③ 10000 km
④ 11000 km   ⑤ 12000 km

0372
·유형 08

오른쪽 그림과 같이 원 밖의 한 점 P에서 원 O에 그은 두 접선의 접점을 각각 A, B라 하자. $\overline{PC} = \overline{CO} = 2$ cm일 때, □APBO의 넓이를 구하시오.

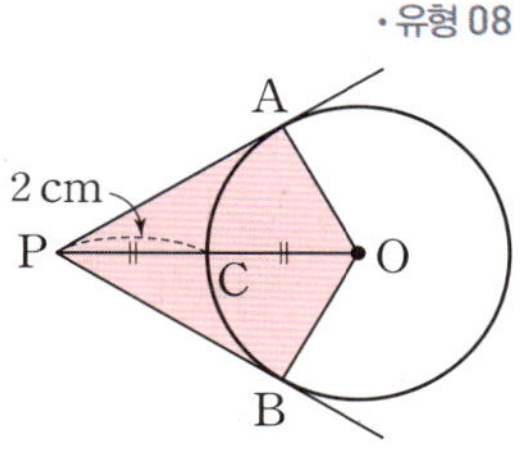

0373
·유형 08

오른쪽 그림과 같이 원 밖의 한 점 P에서 원 O에 그은 두 접선의 접점을 각각 A, B라 하자. $\overline{PA} = 4$ cm, $\overline{OA} = 3$ cm일 때, $\overline{AB}$의 길이를 구하시오.

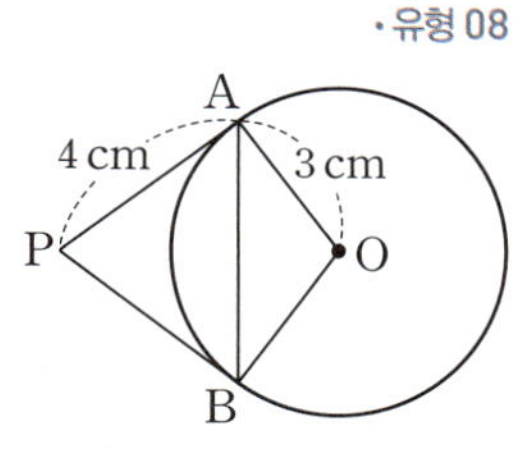

0374
·유형 09

다음 그림에서 $\overrightarrow{PA}$, $\overrightarrow{PB}$, $\overline{AB}$는 원 O의 접선이고, 세 점 C, D, E는 그 접점이다. $\overline{PA}=10\,cm$, $\overline{PB}=8\,cm$, $\angle ABP=90°$일 때, $\overline{BD}$의 길이를 구하시오.

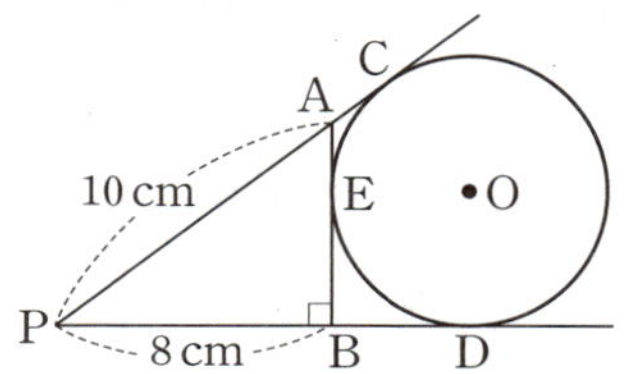

0375
·유형 11

오른쪽 그림과 같이 중심이 같은 두 원에서 큰 원의 두 현 AB와 BC는 각각 점 P, Q에서 작은 원과 접한다. $\overline{AP}=4\,cm$, $\overline{BD}=2\,cm$일 때, 작은 원의 반지름의 길이를 구하시오. (단, 점 D는 $\overline{OB}$와 작은 원의 교점이다.)

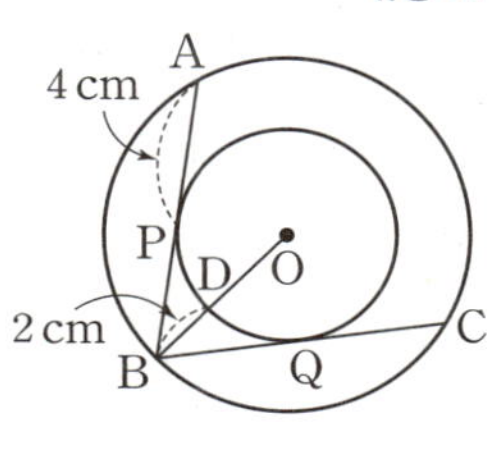

0376
·유형 11

오른쪽 그림과 같이 중심이 같은 두 원에서 큰 원의 현 AB는 작은 원의 접선이다. 색칠한 부분의 넓이가 $16\pi\,cm^2$일 때, $\overline{AB}$의 길이는?

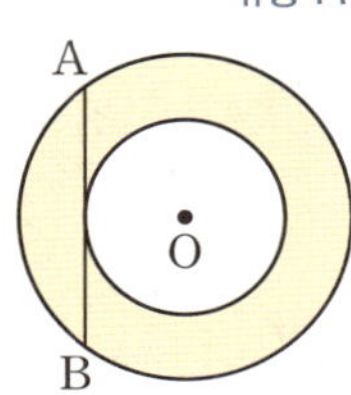

① 4 cm   ② 5 cm
③ 6 cm   ④ 7 cm
⑤ 8 cm

0377
·유형 09, 12

오른쪽 그림과 같이 원 O는 △ABC의 내접원이고, $\overline{DE}$는 원 O에 접한다. $\overline{AB}=10\,cm$, $\overline{BC}=6\,cm$, $\overline{CA}=8\,cm$일 때, △ADE의 둘레의 길이를 구하시오.

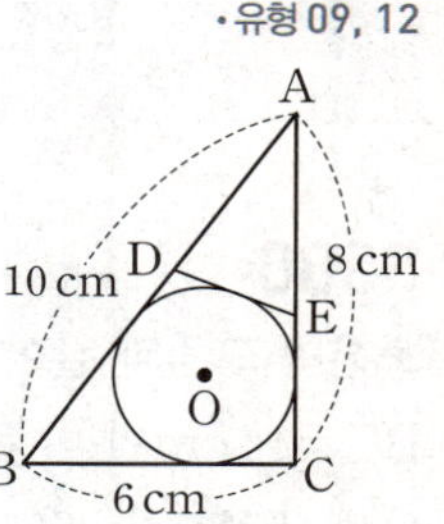

0378
·유형 13

다음 그림과 같이 $\angle C=90°$인 직각삼각형 ACD에서 $\overline{AC}$, $\overline{AD}$, $\overline{BE}$는 원 O_1과 원 O_2의 공통인 접선이고, $\angle EBG=90°$이다. 원 O_1의 반지름의 길이가 $1\,cm$이고 $\overline{AF}=3\,cm$, $\overline{DH}=4\,cm$일 때, $\square O_2GCH$의 넓이를 구하시오. (단, 세 점 F, G, H는 접점이다.)

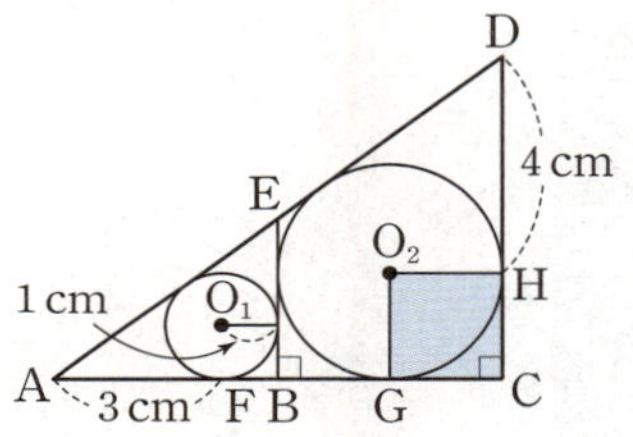

0379
·유형 15

오른쪽 그림과 같이 원 O가 직사각형 ABCD의 세 변에 접하고, $\overline{CE}$는 접선이다. $\overline{BC}=6$, $\overline{DE}=4$일 때, 원 O의 반지름의 길이는?

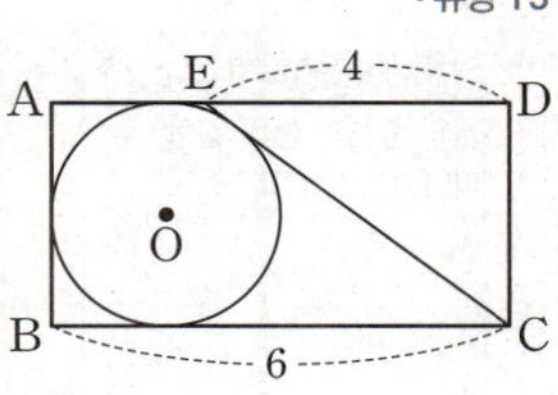

① 1   ② $\dfrac{3}{2}$ ③ 2
④ $\dfrac{5}{2}$ ⑤ 3

서술형 문제

0380
· 유형 01

오른쪽 그림과 같이 $\overline{AB}=\overline{AC}$이고 $\overline{BC}=16\,cm$인 이등변삼각형 ABC가 원 O에 내접한다. 원 O의 반지름의 길이가 $10\,cm$일 때, $\overline{AB}$의 길이를 구하시오.

(단, 풀이 과정을 자세히 쓰시오.)

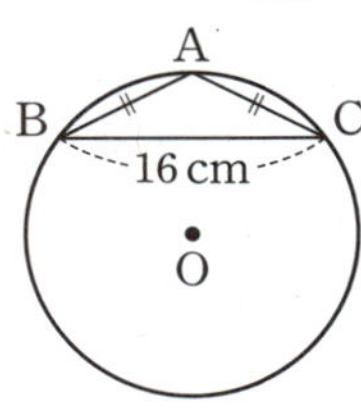

☑ 필요 개념 및 공식
☐ 원의 중심과 현의 수직이등분선　　☐ 피타고라스 정리

풀이

답

0381
· 유형 05

오른쪽 그림과 같은 원 O에서 $\overline{AB}\perp\overline{OM}$, $\overline{AC}\perp\overline{ON}$이고 $\overline{AB}=\overline{AC}=2\sqrt{5}$, $\overline{BC}=4$이다. 이때 $\overline{OM}+\overline{ON}$의 값을 구하시오.

(단, 풀이 과정을 자세히 쓰시오.)

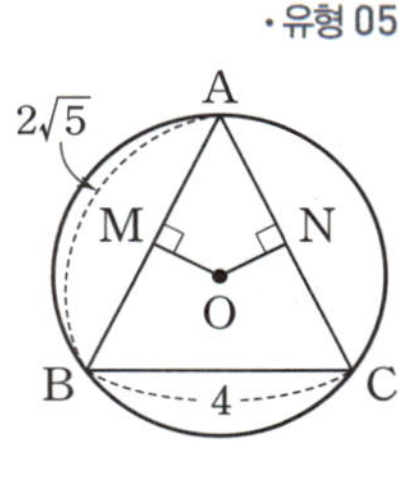

☑ 필요 개념 및 공식
☐ 원의 중심과 현의 길이　　☐ 삼각형의 닮음 조건
☐ 피타고라스 정리

풀이

답

0382
· 유형 14

오른쪽 그림과 같이 □ABCD가 원 O에 외접하고, 네 점 P, Q, R, S는 그 접점일 때, △OAB와 △OCD의 넓이의 합이 △ODA와 △OBC의 넓이의 합과 같음을 설명하시오. (단, 풀이 과정을 자세히 쓰시오.)

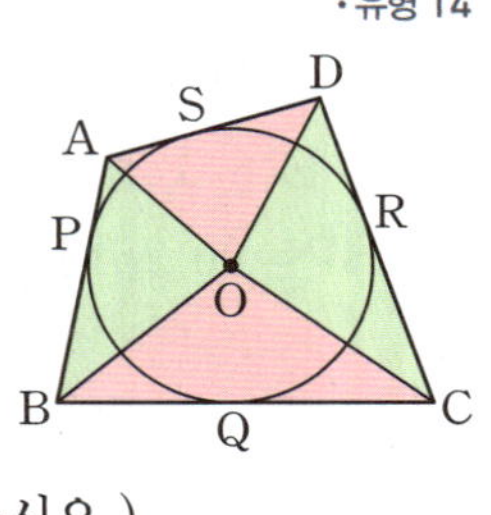

☑ 필요 개념 및 공식
☐ 원에 외접하는 사각형의 성질　　☐ 삼각형의 넓이

풀이

답

0383
· 유형 10, 16

오른쪽 그림과 같이 $\angle A=\angle B=90°$인 사다리꼴 ABCD의 변에 반원 O와 원 O$'$이 접하고 있다. 반원 O와 원 O$'$은 서로 외접하고, 세 점 O, O$'$, C는 한 직선 위에 있다. 반원 O의 반지름의 길이가 2이고 $\overline{AD}=1$일 때, 원 O$'$의 반지름의 길이를 구하시오.

(단, 풀이 과정을 자세히 쓰시오.)

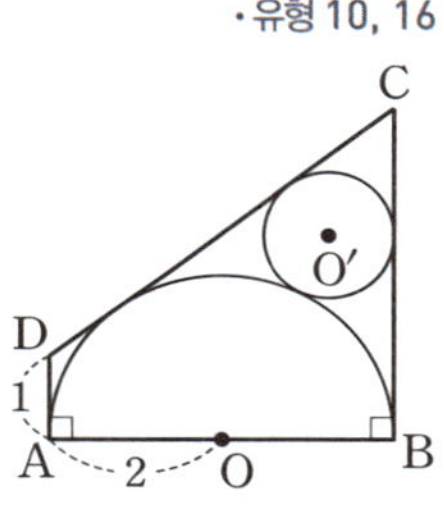

☑ 필요 개념 및 공식
☐ 반원에서의 접선　　☐ 접하는 원에서의 응용
☐ 삼각형의 합동 조건, 닮음 조건　　☐ 분모의 유리화

풀이

답

원주각

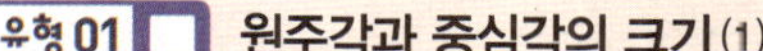

04. 원주각

1 원주각과 중심각의 크기

(1) **원주각**: 원 O에서 $\overarc{AB}$ 위에 있지 않은 점을 P라 할 때, $\angle APB$를 $\overarc{AB}$에 대한 원주각이라 하고, $\overarc{AB}$를 $\angle APB$에 대한 호라 한다.

(2) **원주각과 중심각의 크기**: 원에서 한 호에 대한 원주각의 크기는 그 호에 대한 중심각의 크기의 $\frac{1}{2}$이다.

➡ $\angle APB = \dfrac{1}{2} \angle AOB$

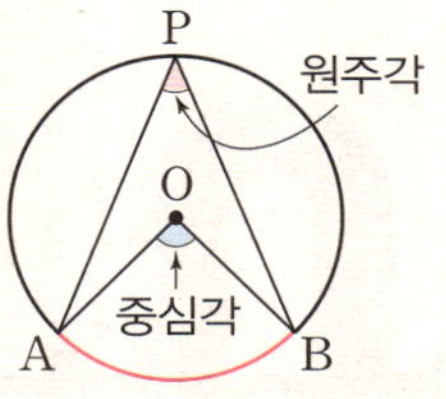

• 호 AB에 대한 중심각은 하나이지만 원주각은 무수히 많다.

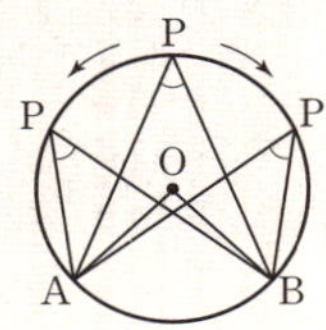

2 원주각의 성질

(1) 한 원에서 한 호에 대한 원주각의 크기는 모두 같다.

➡ $\angle APB = \angle AQB = \angle ARB$

(2) 반원에 대한 원주각의 크기는 90°이다.

➡ $\overline{AB}$가 원 O의 지름이면 $\angle APB = 90°$

참고 반원에 대한 중심각의 크기는 180°이므로

$$\angle APB = \frac{1}{2} \times 180° = 90°$$

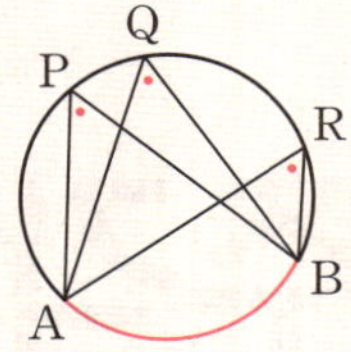

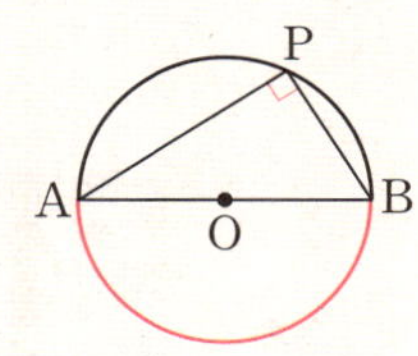

• 한 원에서 모든 호에 대한 원주각의 크기의 합은 180°이다.

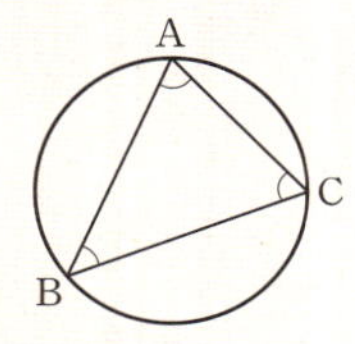

즉, 위의 그림에서
$\angle ABC + \angle BCA + \angle CAB$
$= 180°$

3 원주각의 크기와 호의 길이

한 원 또는 합동인 두 원에서

(1) 길이가 같은 호에 대한 원주각의 크기는 같다.

➡ $\overarc{AB} = \overarc{CD}$이면 $\angle APB = \angle CQD$

(2) 크기가 같은 원주각에 대한 호의 길이는 같다.

➡ $\angle APB = \angle CQD$이면 $\overarc{AB} = \overarc{CD}$

(3) 호의 길이는 그 호에 대한 원주각의 크기에 정비례한다.

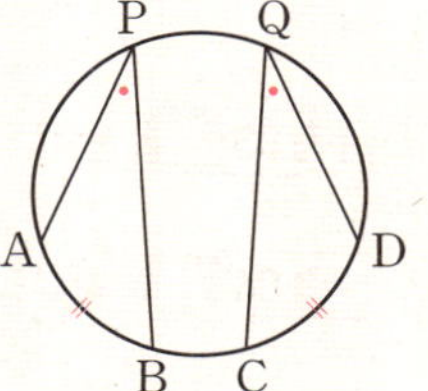

• 호의 길이는 그 호에 대한 중심각의 크기에 정비례하므로 호의 길이는 그 호에 대한 원주각의 크기에 정비례한다.

4 네 점이 한 원 위에 있을 조건

두 점 C, D가 직선 AB에 대하여 같은 쪽에 있을 때

$$\angle ACB = \angle ADB$$

이면 네 점 A, B, C, D는 한 원 위에 있다.

참고 네 점 A, B, C, D가 한 원 위에 있으면
$\angle ACB = \angle ADB$

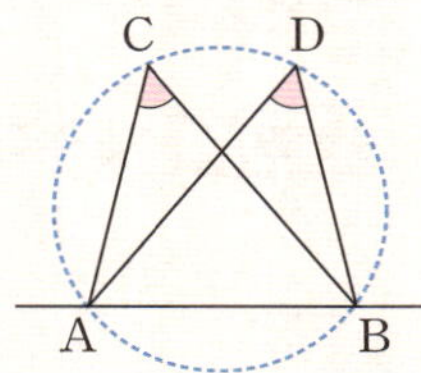

• 두 점 C, D가 직선 AB에 대하여 다른 쪽에 있으면 네 점 A, B, C, D는 한 원 위에 있다고 할 수 없다.

1 원주각과 중심각의 크기

[0384~0387] 다음 그림에서 ∠x의 크기를 구하시오.

0384
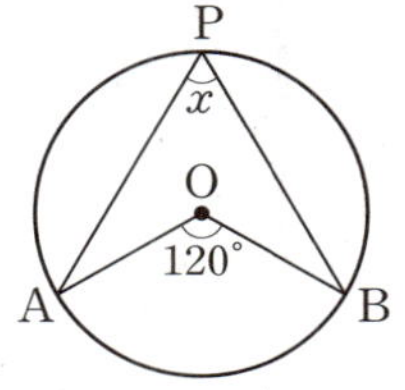

0385
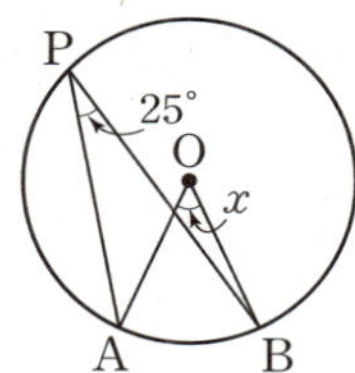

0386
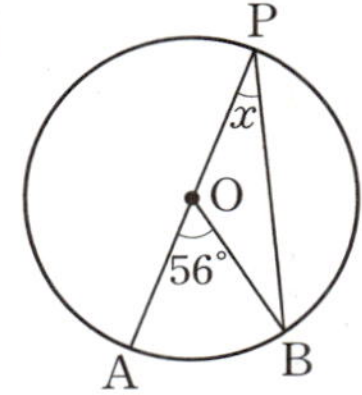

0387
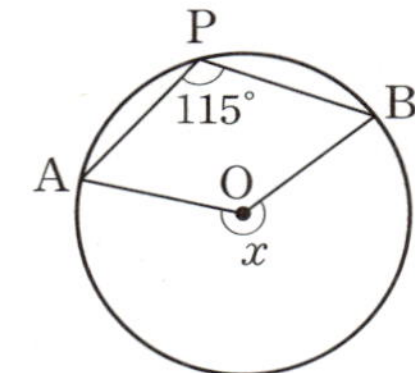

0388 다음은 원의 중심 O가 ∠APB의 내부에 있을 때, ∠APB＝$\frac{1}{2}$∠AOB임을 설명하는 과정이다. ㈎~㈤에 알맞은 것을 구하시오.

$\overline{PO}$를 지나는 원의 지름 PQ를 긋자.
∠OAP＝∠x, ∠OBP＝∠y
라 하면
△OPA에서 ∠OAP＝ ㈎ ＝∠x,
△OBP에서 ∠OBP＝ ㈏ ＝∠y
이므로 ∠APB＝ ㈐
이때 ∠AOQ＝ ㈑ , ∠BOQ＝ ㈒ 이므로
∠AOB＝ ㈑ ＋ ㈒ ＝2∠APB
∴ ∠APB＝$\frac{1}{2}$∠AOB

2 원주각의 성질

[0389~0392] 다음 그림에서 ∠x의 크기를 구하시오.

0389
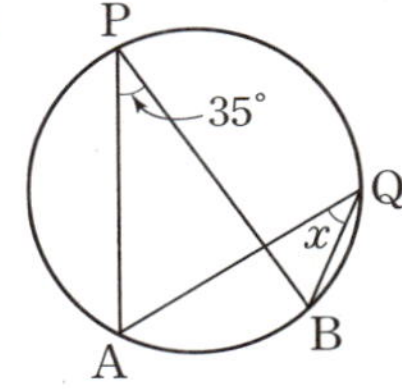

0390
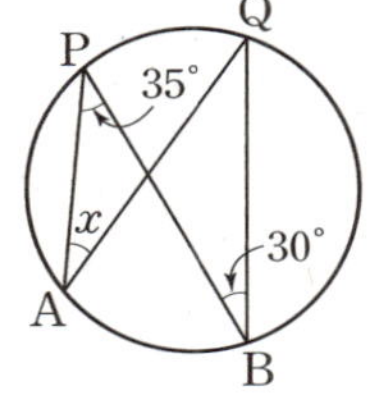

0391
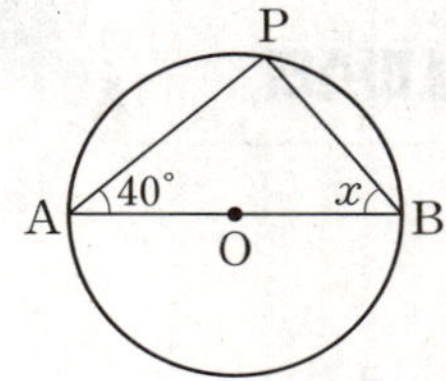

0392
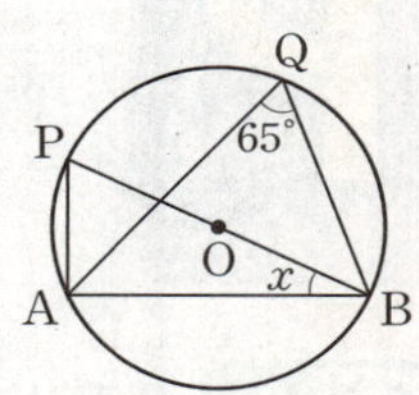

3 원주각의 크기와 호의 길이

[0393~0396] 다음 그림에서 x의 값을 구하시오.

0393
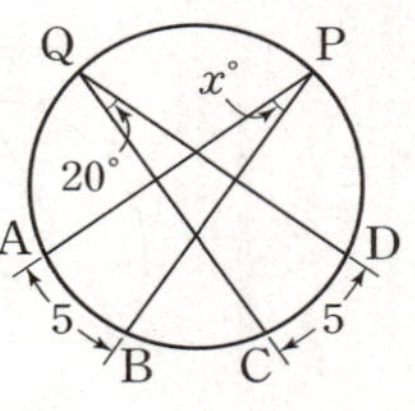

0394
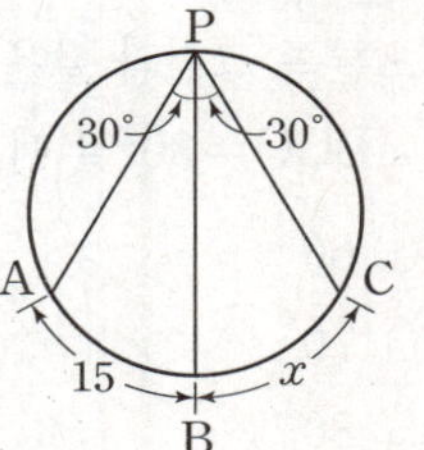

0395
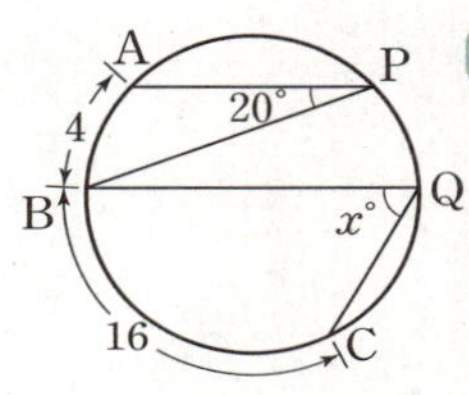

0396
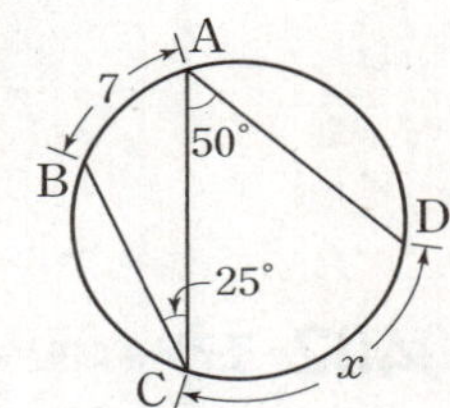

4 네 점이 한 원 위에 있을 조건

[0397~0400] 다음 그림에서 네 점 A, B, C, D가 한 원 위에 있을 때, ∠x의 크기를 구하시오.

0397
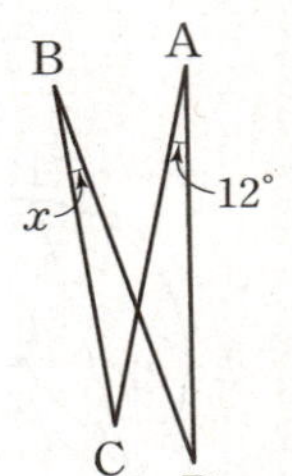

0398
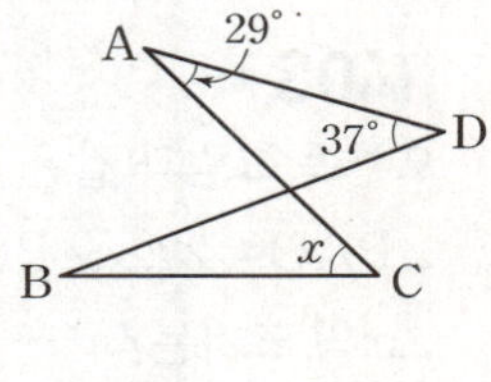

0399
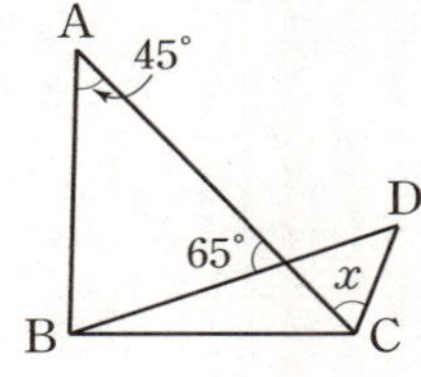

0400
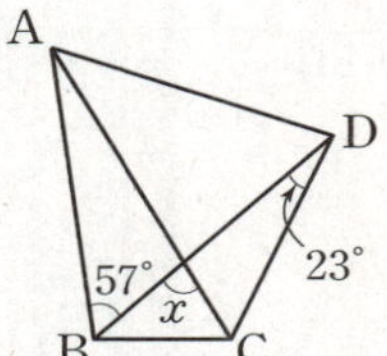

PATTERN 유형 마스터

유형 01 원주각과 중심각의 크기 (1)

$$(\text{원주각의 크기})=\frac{1}{2}\times(\text{중심각의 크기})$$
$$\Rightarrow \angle\text{APB}=\frac{1}{2}\angle\text{AOB}$$

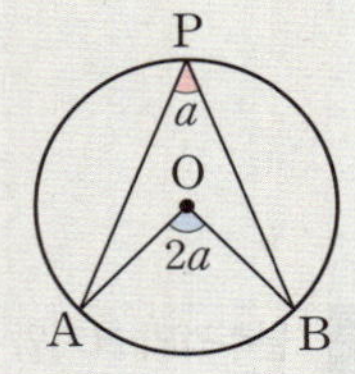

0401 대표문제

오른쪽 그림과 같은 원 O에서
$\angle\text{BCO}=30°$일 때, $\angle x$의 크기는?

① 60° ② 65°
③ 70° ④ 75°
⑤ 80°

0402 조건바꾼 대표문제

오른쪽 그림과 같은 원 O에서
$\angle\text{BCD}=110°$일 때, $\angle x$와 $\angle y$의 크기를 각각 구하시오.

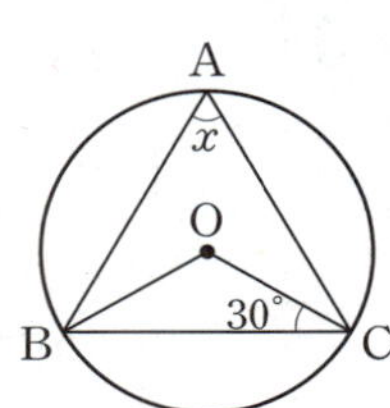

0403

오른쪽 그림과 같은 원 O에서
$\angle\text{PAO}=22°$, $\angle\text{PBO}=33°$일 때,
$\angle x$의 크기는?

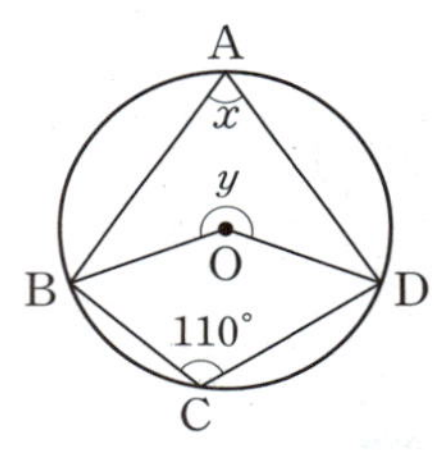

① 55° ② 90°
③ 100° ④ 105°
⑤ 110°

0404

오른쪽 그림의 원 O에서
$\angle\text{AEB}=30°$, $\angle\text{BDC}=20°$일 때,
$\angle x$의 크기는?

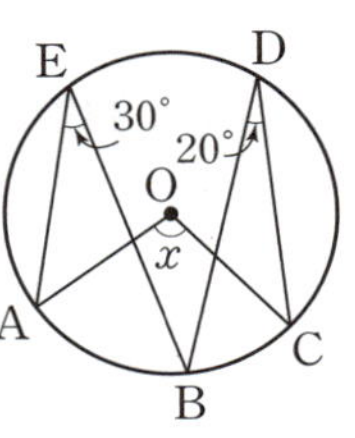

① 95° ② 100°
③ 105° ④ 110°
⑤ 115°

0405

다음 그림과 같이 원 모양의 대관람차에 10개의 칸이 일정한 간격으로 매달려 있을 때, $\angle x+\angle y$의 값을 구하시오.

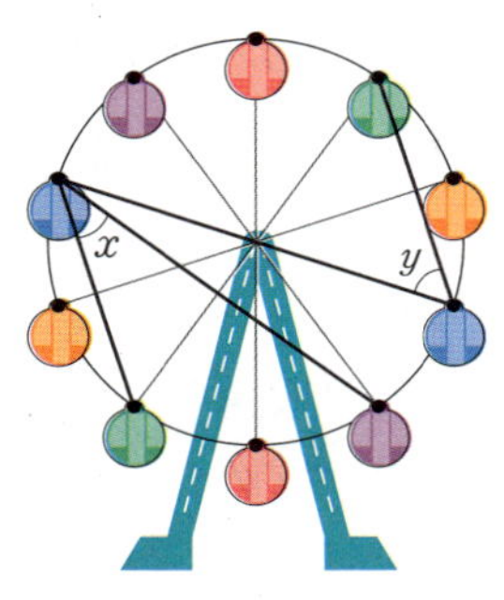

0406

오른쪽 그림의 원 O에서
$\angle\text{OCB}=75°$, $\angle\text{AOC}=140°$일 때,
$\angle x$의 크기는?

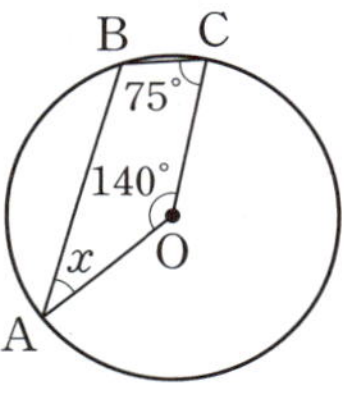

① 35° ② 40°
③ 45° ④ 50°
⑤ 55°

0407 ✏️ 서술형

오른쪽 그림과 같이 반지름의 길이가
6 cm인 원 O에서 ∠BAC=60°일 때,
△OBC의 넓이를 구하시오.

　　　(단, 풀이 과정을 자세히 쓰시오.)

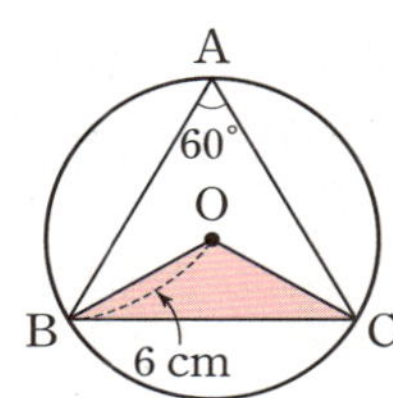

0408

다음 그림과 같이 원 밖의 한 점 P에서 그은 두 선분과 원
O의 교점을 각각 A, B, C, D라 하자. ∠AOC=40°,
∠BOD=150°일 때, ∠APC의 크기를 구하시오.

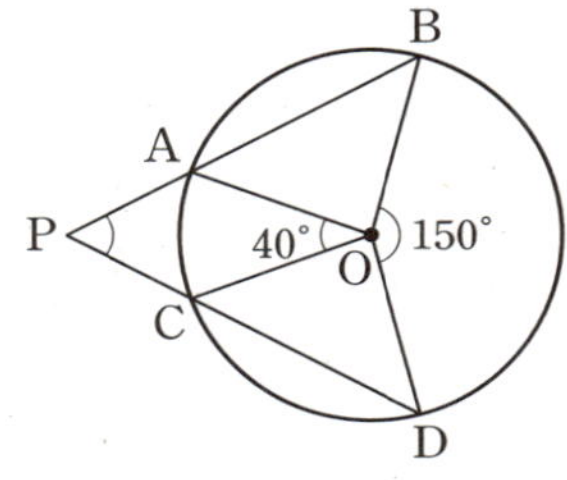

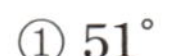 新 유형

0409

오른쪽 그림과 같이 원 모양의 시계
가 2시 30분을 나타내고 있을 때,
∠APB의 크기는?

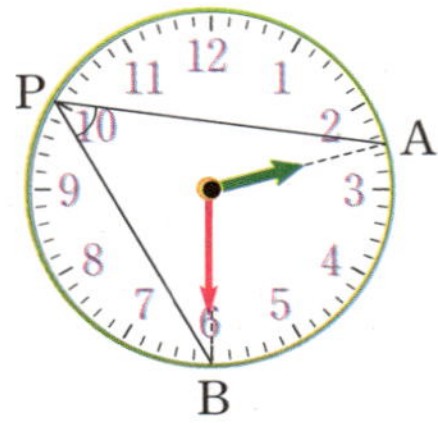

① 51°　　　② 51.5°

③ 52°　　　④ 52.5°

⑤ 53°

유형 02　원주각과 중심각의 크기 (2)
－ 두 접선이 주어지는 경우

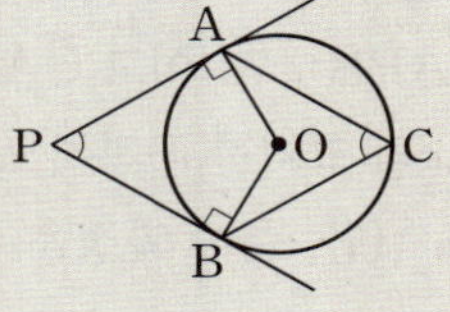

$\overline{PA}$, $\overline{PB}$가 원 O의 접선일 때

(1) ∠PAO=∠PBO=90°

　➡ ∠P+∠AOB=180°

(2) ∠AOB=2∠C

　➡ $\angle C = \dfrac{1}{2}\angle AOB = \dfrac{1}{2}\times(180° - \angle P)$

0410　대표문제

다음 그림에서 $\overrightarrow{PA}$, $\overrightarrow{PB}$는 원 O의 접선이고, 두 점 A, B는
그 접점이다. ∠APB=50°일 때, ∠x의 크기는?

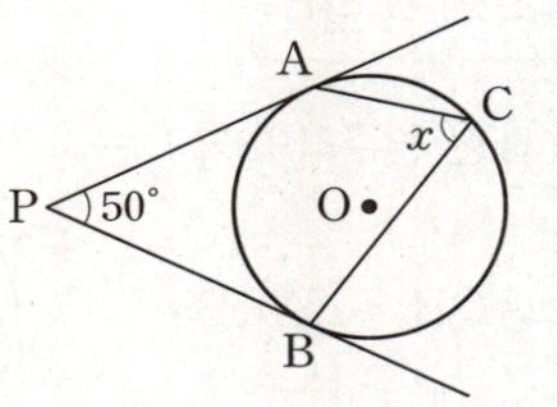

① 40°　　　② 50°　　　③ 65°

④ 90°　　　⑤ 130°

0411　초건 바꾼 대표문제

오른쪽 그림에서 $\overrightarrow{PA}$, $\overrightarrow{PB}$는 원 O의
접선이고, 두 점 A, B는 그 접점이다.
∠APB=68°일 때, ∠x의 크기를 구
하시오.

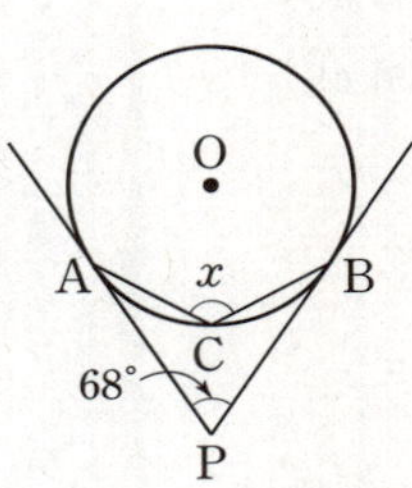

0412

오른쪽 그림에서 $\overrightarrow{PA}$, $\overrightarrow{PB}$는 원
O의 접선이고, 두 점 A, B는 그
접점이다. ∠ACB=56°일 때,
∠x의 크기를 구하시오.

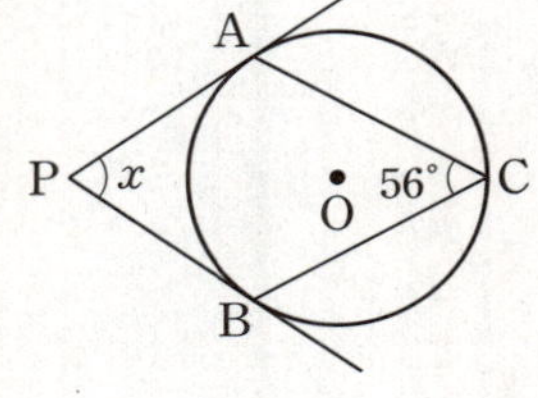

0413 ✏️ 서술형

오른쪽 그림에서 $\overrightarrow{PA}$, $\overrightarrow{PB}$는 원 O의
접선이고, 두 점 A, B는 그 접점이다.
$\angle APB=72°$이고 $\overparen{CA}=\overparen{CB}$일 때,
$\angle x$의 크기를 구하시오.

(단, 풀이 과정을 자세히 쓰시오.)

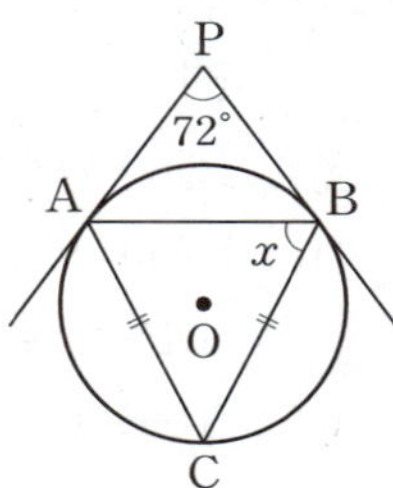

유형 03 원주각의 성질 (1)

원에서 한 호에 대한 원주각의 크기는
같다.

➡️ $\angle APB=\angle AQB=\angle ARB$

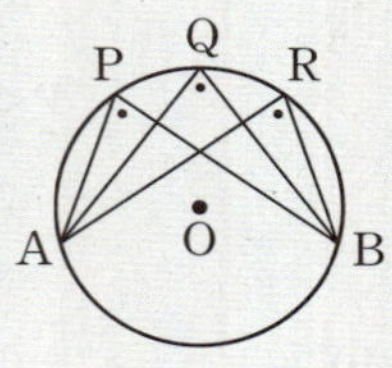

0414 대표문제

오른쪽 그림과 같은 원 O에서
$\angle AOC=100°$, $\angle BQC=15°$일 때,
$\angle x$의 크기는?

① $35°$ ② $38°$
③ $40°$ ④ $42°$
⑤ $45°$

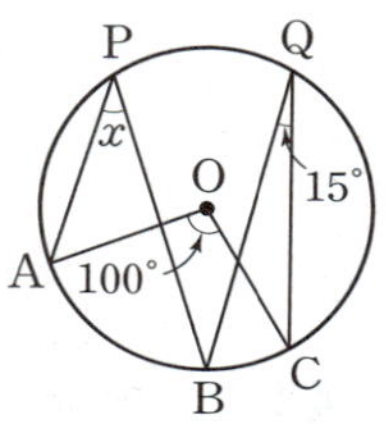

0415 조건 바꾼 대표문제

오른쪽 그림과 같은 원 O에서
$\angle AOC=130°$일 때,
$\angle APB+\angle BQC$의 값은?

① $60°$ ② $65°$
③ $70°$ ④ $75°$
⑤ $80°$

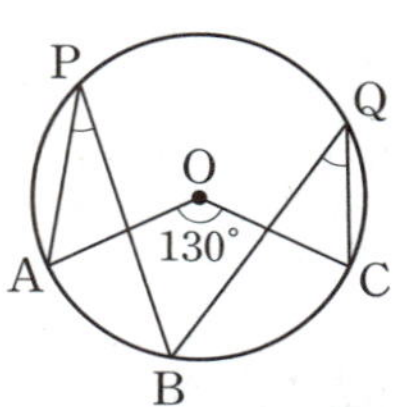

0416

오른쪽 그림에서 $\angle APB=70°$,
$\angle CBD=30°$일 때, $\angle y-\angle x$의 값을
구하시오.

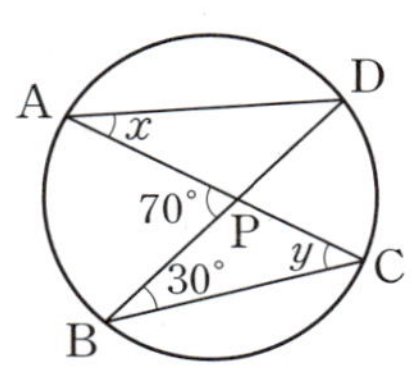

0417

오른쪽 그림과 같이 원 O에서
$\angle APB=45°$, $\angle AQC=80°$일 때,
$\angle BOC$의 크기는?

① $40°$ ② $50°$
③ $60°$ ④ $70°$
⑤ $80°$

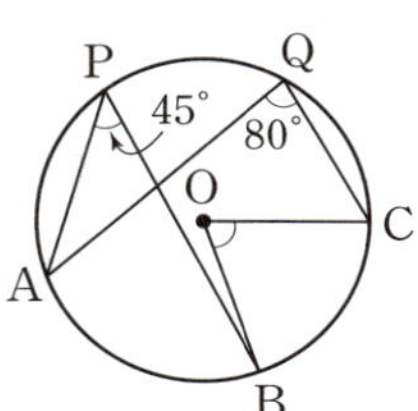

0418

다음 그림에서 $\angle P=30°$, $\angle ADP=25°$일 때, 물음에 답
하시오.

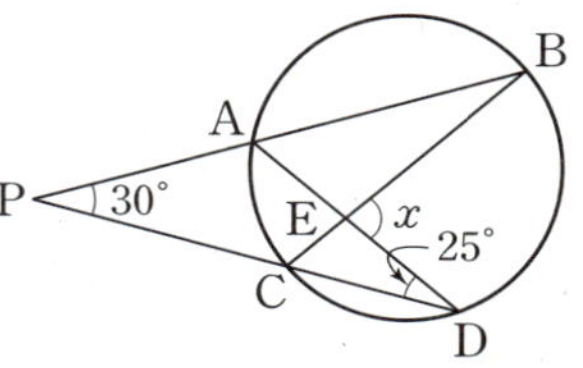

(1) $\angle BCD$의 크기를 구하시오.

(2) $\angle x$의 크기를 구하시오.

04. 원주각

유형 04 원주각의 성질 (2) – 반원

반원에 대한 원주각의 크기는 90°이다.

➡ $\overline{AB}$가 원 O의 지름이면
$\angle APB = \angle AQB = 90°$

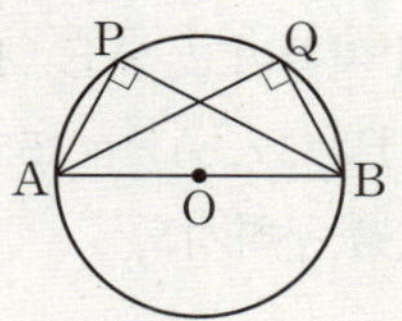

0419 대표문제

오른쪽 그림에서 $\overline{AB}$는 원 O의 지름이고 $\angle ADC = 62°$일 때, $\angle x$의 크기를 구하시오.

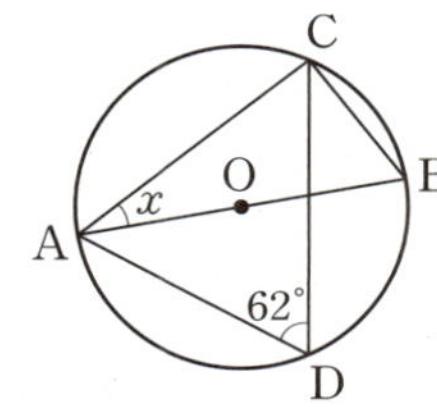

0420 숫자 바꾼 대표문제

오른쪽 그림에서 $\overline{BD}$는 원 O의 지름이고 $\angle BAC = 55°$일 때, $\angle DBC$의 크기를 구하시오.

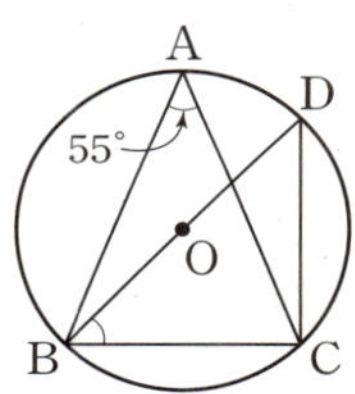

0421 ●

오른쪽 그림에서 $\overline{AB}$가 원 O의 지름이고 $\angle ACO = 65°$일 때, $\angle x$의 크기는?

① 15° ② 20°
③ 25° ④ 30°
⑤ 35°

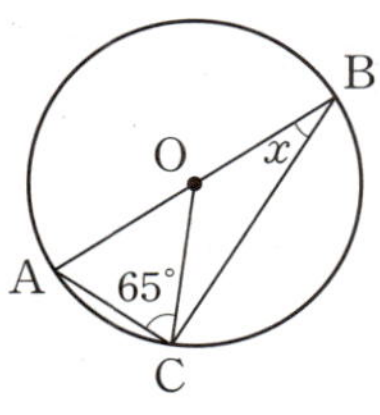

0422 ●

오른쪽 그림에서 $\overline{AB}$는 원 O의 지름이고 $\angle ACD = 35°$일 때, $\angle x$의 크기는?

① 35° ② 45°
③ 55° ④ 65°
⑤ 75°

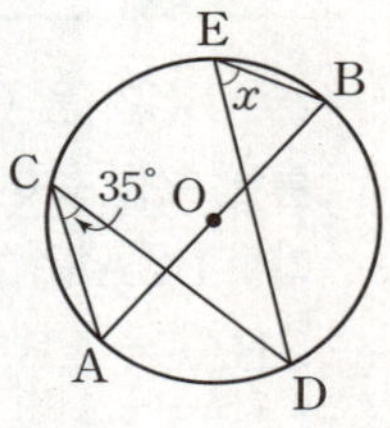

0423 ●

오른쪽 그림과 같이 반원 밖의 한 점 P에서 그은 두 선분과 반원 O의 교점을 A, B, C, D라 하자. $\overline{AB}$는 반원 O의 지름이고 $\angle APB = 40°$일 때, $\angle x$의 크기는?

① 80° ② 85°
③ 95° ④ 100°
⑤ 105°

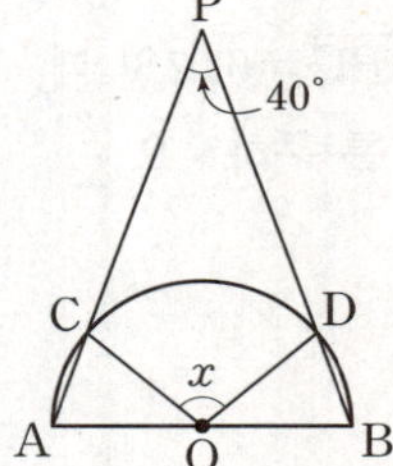

新 유형
0424 ●

오른쪽 그림과 같이 원 O 위에 6개의 점 A, B, C, D, E, F가 같은 간격으로 놓여 있을 때, 이 중에서 세 점으로 만들 수 있는 직각삼각형의 개수를 구하시오.

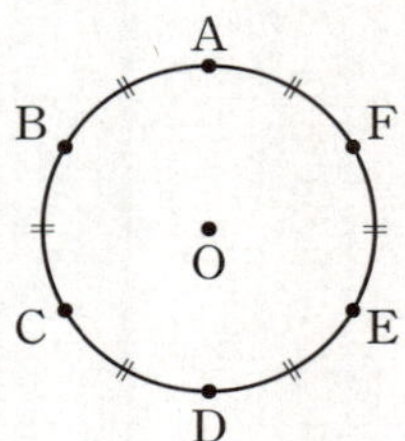

유형 05 원주각과 삼각비의 값

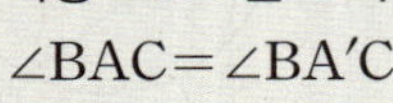

$\triangle ABC$가 원 O에 내접할 때, 원의 지름 $\overline{BA'}$을 그어 원에 내접하는 직각삼각형 BCA'을 그리면
$\angle BAC = \angle BA'C$

➡ $\sin A = \sin A' = \dfrac{\overline{BC}}{\overline{BA'}}$

$\cos A = \cos A' = \dfrac{\overline{CA'}}{\overline{BA'}}$

$\tan A = \tan A' = \dfrac{\overline{BC}}{\overline{CA'}}$

0425 대표문제

오른쪽 그림과 같이 원 O에 내접하는 $\triangle ABC$에서 $\tan A = 2\sqrt{2}$, $\overline{BC} = 6\sqrt{2}$일 때, 원 O의 지름의 길이를 구하시오.

0426 초건바꾼 대표문제

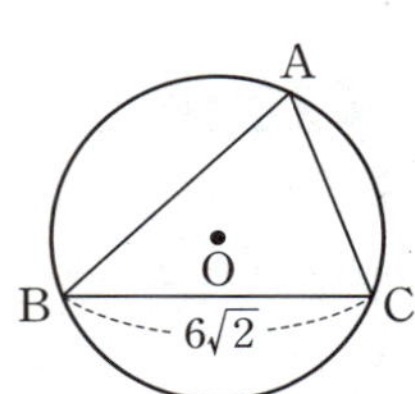

오른쪽 그림과 같이 $\triangle ABC$가 원 O에 내접하고 $\overline{BC} = 10$이다. $\sin A = \dfrac{5}{13}$일 때, 원 O의 둘레의 길이는?

① 13π 　② 20π
③ 26π 　④ 33π
⑤ 52π

0427

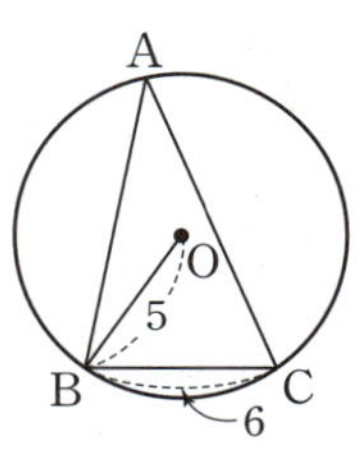

오른쪽 그림과 같이 반지름의 길이가 5인 원 O에 $\triangle ABC$가 내접하고 $\overline{BC} = 6$일 때, $\cos A$의 값을 구하시오.

0428 서술형

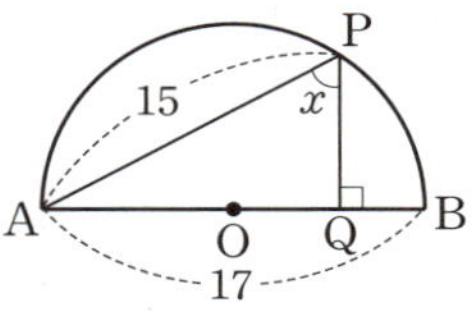

오른쪽 그림과 같이 $\overline{AB}$는 반원 O의 지름이고, $\overline{AB} \perp \overline{PQ}$이다. $\overline{AB} = 17$, $\overline{AP} = 15$일 때, $\tan x$의 값을 구하시오.

(단, 풀이 과정을 자세히 쓰시오.)

0429

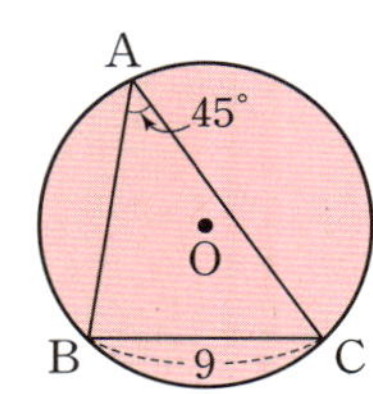

오른쪽 그림과 같이 원 O에 내접하는 $\triangle ABC$에서 $\angle BAC = 45°$이고 $\overline{BC} = 9$일 때, 원 O의 넓이를 구하시오.

0430

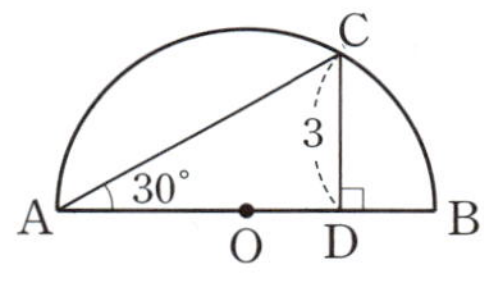

오른쪽 그림과 같이 반원 O 위의 점 C에서 지름 AB에 내린 수선의 발을 D라 하자. $\angle CAD = 30°$이고 $\overline{CD} = 3$일 때, 반원 O의 지름의 길이는?

① $2\sqrt{3}$ 　② $3\sqrt{3}$ 　③ $4\sqrt{3}$
④ $\dfrac{15}{2}$ 　⑤ 12

유형 06 원주각의 크기와 호의 길이 (1)

한 원 또는 합동인 두 원에서
(1) $\overarc{AB}=\overarc{CD}$이면
  $\angle APB=\angle CQD$
(2) $\angle APB=\angle CQD$이면
  $\overarc{AB}=\overarc{CD}$

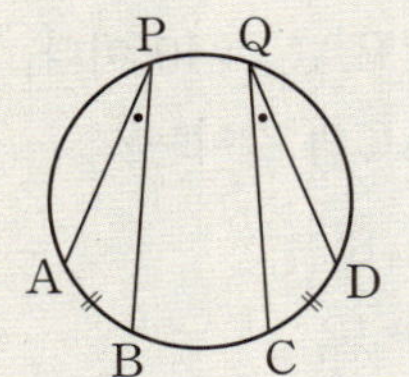

0431 대표문제

오른쪽 그림에서 $\overarc{AB}=\overarc{BC}$이고
$\angle AQB=41°$일 때, $\angle x$의 크기를
구하시오.

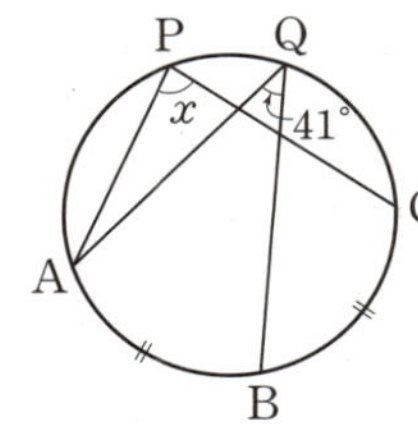

0432 조건 바꾼 대표문제

오른쪽 그림에서 $\overarc{AB}=\overarc{CD}$이고
$\angle ACB=37°$일 때, $\angle x$의 크기는?

① $37°$ 　　　② $53°$
③ $74°$ 　　　④ $88°$
⑤ $111°$

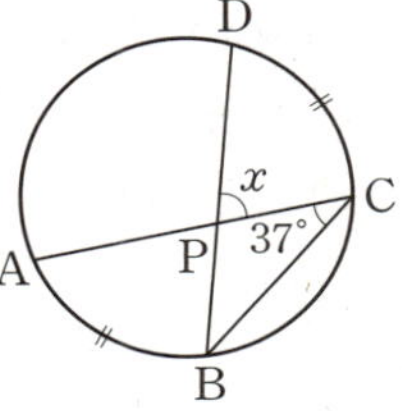

0433

오른쪽 그림과 같은 원 O에서
$\overarc{CD}=3$이고 $\angle AOB=80°$,
$\angle CED=40°$일 때, $\overarc{AB}$의 길이를 구
하시오.

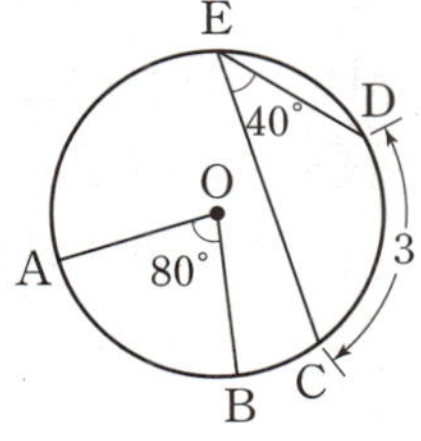

0434

오른쪽 그림과 같은 원 O에서
$\angle BED=60°$, $\angle COD=70°$일 때,
$\angle x$의 크기를 구하시오.

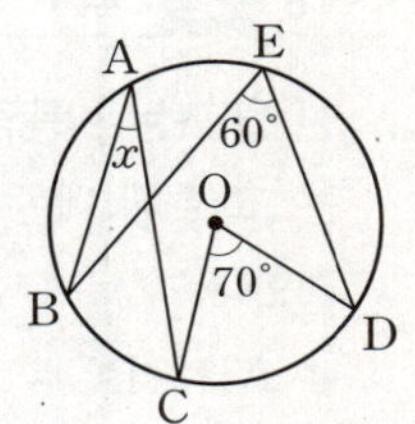

0435

오른쪽 그림에서 $\overarc{AB}=7\,cm$이고
$\angle APB=20°$, $\angle PED=100°$,
$\angle PFC=120°$일 때, $\overarc{CD}$의 길이를
구하시오.

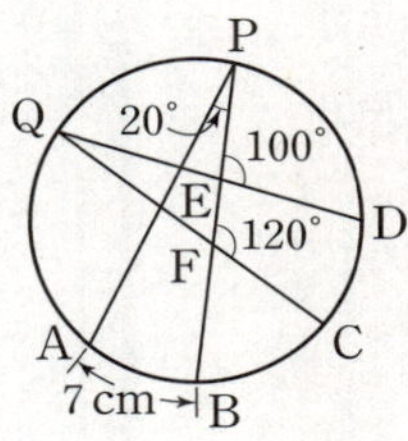

新 유형

0436

오른쪽 그림의 원 O에서 다음 |조건|
을 모두 만족시키는 $\angle x$의 크기는?

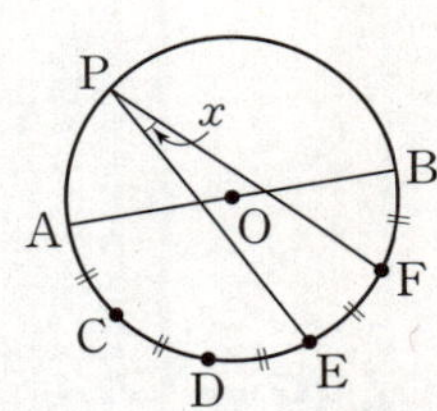

┤ 조건 ├
(가) $\overline{AB}$는 원 O의 지름이다.
(나) $\overarc{AC}=\overarc{CD}=\overarc{DE}=\overarc{EF}=\overarc{BF}$

① $18°$ 　　　② $20°$ 　　　③ $22°$
④ $24°$ 　　　⑤ $26°$

유형 07 원주각의 크기와 호의 길이 (2)

한 원 또는 합동인 두 원에서 호의 길이는 그 호에 대한 원주각의 크기에 정비례한다.

➡ $\overparen{AB} : \overparen{BC} = \angle x : \angle y$

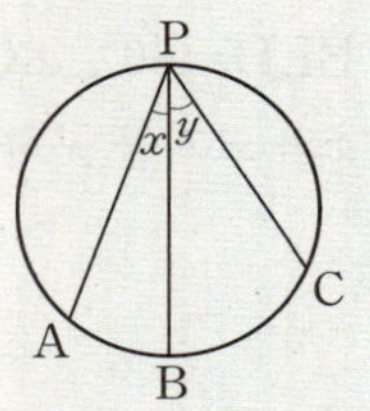

0437 대표문제

오른쪽 그림과 같이 현 AC와 현 BD의 교점을 P라 하자. $\overparen{BC}=10$이고 $\angle BAC=42°$, $\angle APD=63°$일 때, $\overparen{AD}$의 길이는?

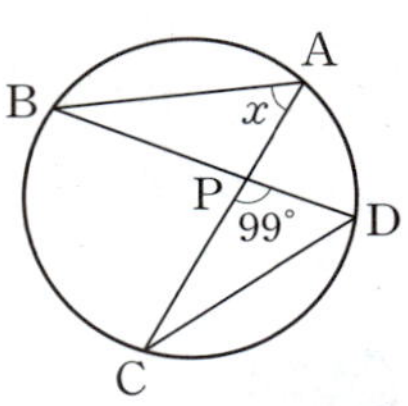

① 2   ② 3
③ 4   ④ 5
⑤ 6

0438 조건바꾼 대표문제

오른쪽 그림에서 $\overparen{BC}=2\overparen{AD}$이고 $\angle CPD=99°$일 때, $\angle x$의 크기를 구하시오.

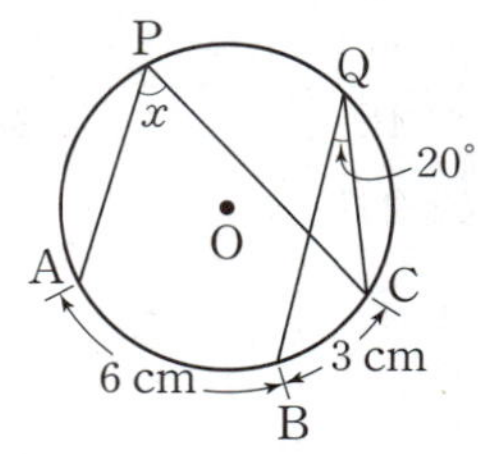

0439

오른쪽 그림과 같은 원 O에서 $\overparen{AB}=6\,\text{cm}$, $\overparen{BC}=3\,\text{cm}$이고 $\angle BQC=20°$일 때, $\angle x$의 크기를 구하시오.

0440

오른쪽 그림에서 $\overline{AB}$는 원 O의 지름이고 $\angle BAC=40°$이다. $\overparen{BC}=8$일 때, $\overparen{AC}$의 길이는?

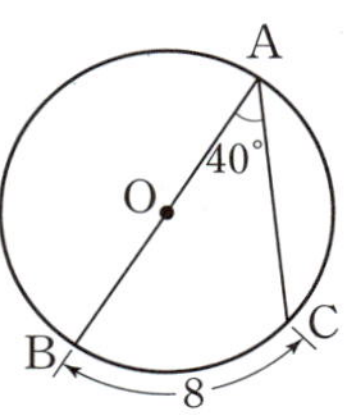

① 8   ② 10
③ 12   ④ 14
⑤ 16

0441

오른쪽 그림과 같이 현 AB와 현 AC는 원의 중심 O로부터 같은 거리에 있다. $\angle ABC=50°$이고 $\overparen{AC}=15\,\text{cm}$일 때, $\overparen{BC}$의 길이는?

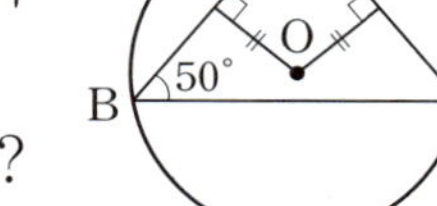

① 24 cm   ② 39 cm
③ 45 cm   ④ 54 cm
⑤ 60 cm

0442 서술형

오른쪽 그림에서 점 P는 $\overline{AC}$와 $\overline{BD}$의 교점이고, $\angle APB=75°$이다. $\overparen{AB}+\overparen{CD}=10$일 때, 원의 둘레의 길이를 구하시오.

    (단, 풀이 과정을 자세히 쓰시오.)

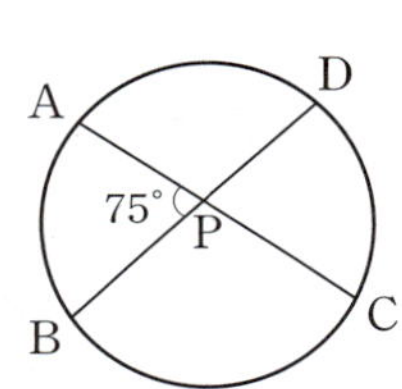

유형 08 원주각의 크기와 호의 길이 (3) 발전

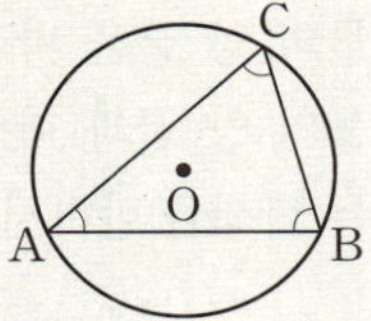

오른쪽 그림의 원 O에서

(1) 호 AB의 길이가 원주의 $\dfrac{1}{k}$이면

$\Rightarrow \angle ACB = \dfrac{1}{k} \times 180°$

(2) $\overset{\frown}{AB} : \overset{\frown}{BC} : \overset{\frown}{CA} = l : m : n$이면

$\Rightarrow \angle ACB : \angle BAC : \angle CBA = l : m : n$

$\Rightarrow \angle ACB = \dfrac{l}{l+m+n} \times 180°$

$\angle BAC = \dfrac{m}{l+m+n} \times 180°$

$\angle CBA = \dfrac{n}{l+m+n} \times 180°$

0443 대표문제

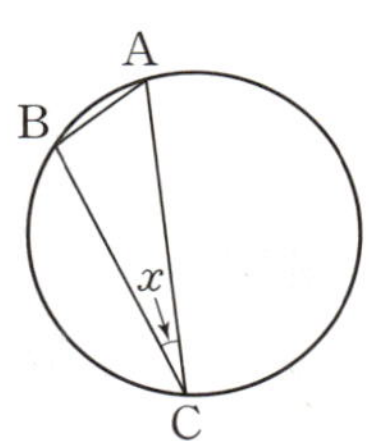

오른쪽 그림과 같이 △ABC가 원에 내접하고 $\overset{\frown}{AB} : \overset{\frown}{BC} : \overset{\frown}{CA} = 1 : 3 : 5$일 때, $\angle x$의 크기는?

① 20° ② 25°

③ 30° ④ 35°

⑤ 40°

0444 도형 바꾼 대표문제

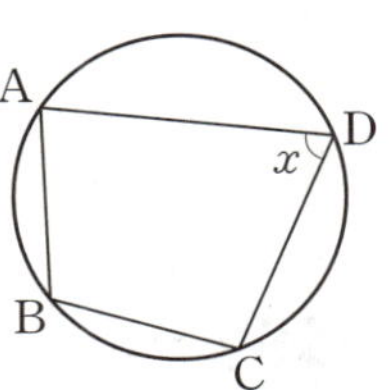

오른쪽 그림과 같이 □ABCD가 원에 내접하고
$\overset{\frown}{AB} : \overset{\frown}{BC} : \overset{\frown}{CD} : \overset{\frown}{DA} = 3 : 3 : 4 : 5$
일 때, $\angle x$의 크기를 구하시오.

0445 서술형

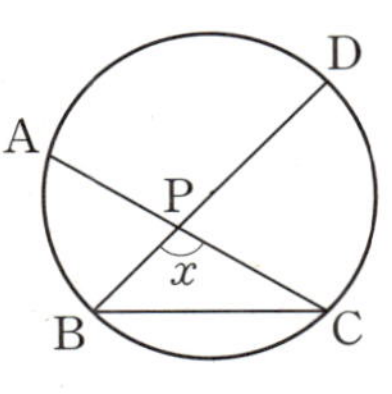

오른쪽 그림에서 점 P는 $\overline{AC}$와 $\overline{BD}$의 교점이다. $\overset{\frown}{AB}$의 길이는 원주의 $\dfrac{1}{6}$이고 $\overset{\frown}{CD}$의 길이는 원주의 $\dfrac{1}{4}$일 때, $\angle x$의 크기를 구하시오.

(단, 풀이 과정을 자세히 쓰시오.)

0446

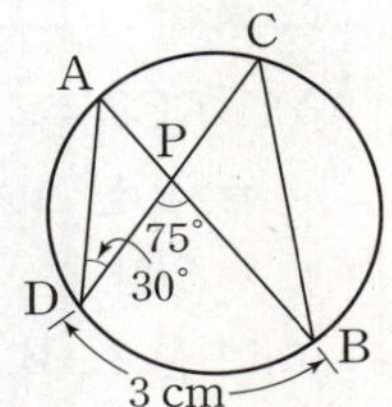

오른쪽 그림에서 점 P는 두 현 AB와 CD의 교점이다. $\overset{\frown}{BD} = 3\,\text{cm}$, $\angle ADC = 30°$, $\angle BPD = 75°$일 때, 원의 둘레의 길이를 구하시오.

0447

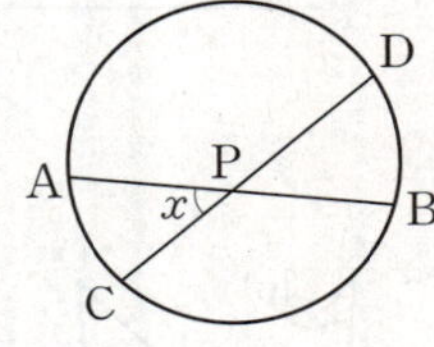

오른쪽 그림에서 점 P는 $\overline{AB}$와 $\overline{CD}$의 교점이고, $\overset{\frown}{AC}$의 길이는 원주의 $\dfrac{1}{9}$이다. $\overset{\frown}{AC} : \overset{\frown}{BD} = 4 : 5$일 때, $\angle x$의 크기는?

① 40° ② 45° ③ 50°

④ 55° ⑤ 60°

0448

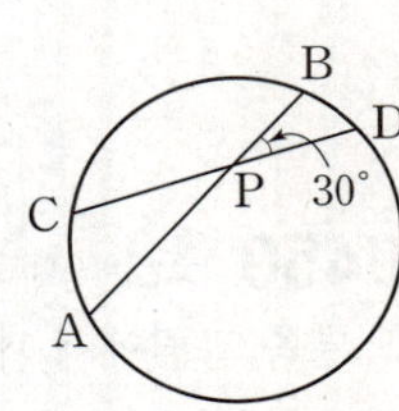

오른쪽 그림과 같이 반지름의 길이가 12 cm인 원의 두 현 AB와 CD가 점 P에서 만난다. $\angle BPD = 30°$일 때, $\overset{\frown}{AC} + \overset{\frown}{BD}$의 값은?

① 3π cm ② 4π cm

③ 5π cm ④ 6π cm

⑤ 8π cm

유형 09 네 점이 한 원 위에 있을 조건

(1) ∠ACB=∠ADB이면
➡ 네 점 A, B, C, D는 한 원 위에 있다.
(2) 네 점 A, B, C, D가 한 원 위에 있으면
➡ ∠ACB=∠ADB

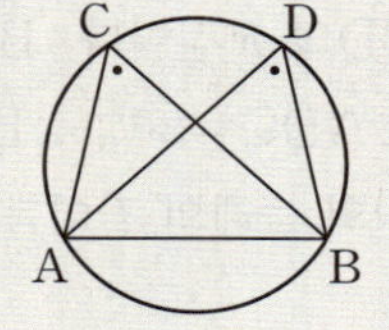

0449 대표문제

다음 중 네 점 A, B, C, D가 한 원 위에 있는 것을 모두 고르면? (정답 2개)

① 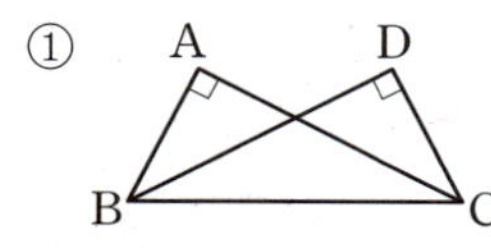

② 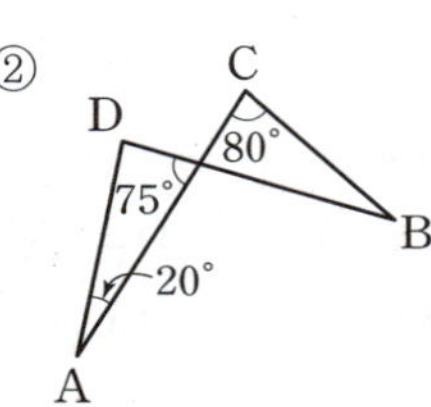

③ 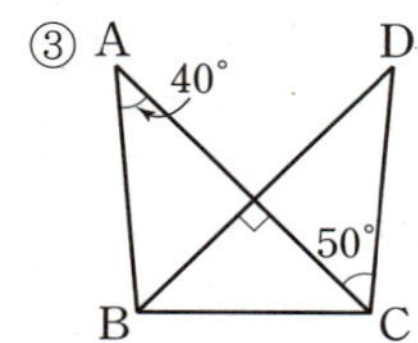

④ 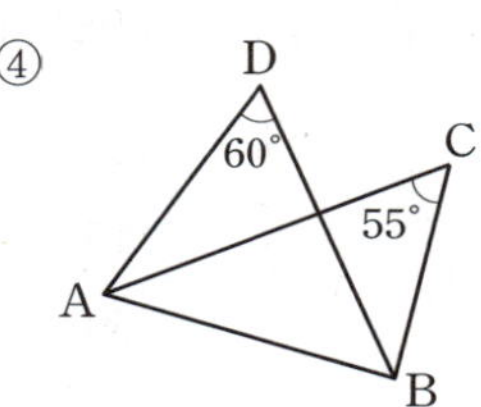

⑤ 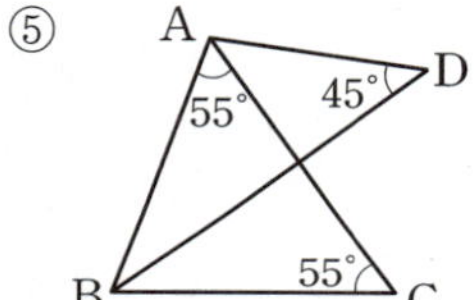

0450 조건 바꾼 대표문제

오른쪽 그림에서 네 점 A, B, C, D가 한 원 위에 있을 때, ∠x의 크기를 구하시오.

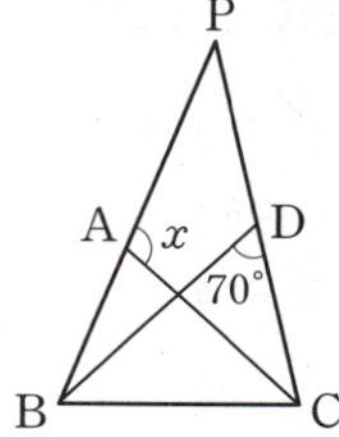

新 유형

0451

학교 운동장에 서 있는 5명의 학생 A, B, C, D, E가 학교 건물의 양 끝을 바라본 각의 크기가 다음 그림과 같을 때, 건물의 양 끝과 학생 C가 서 있는 지점을 지나는 원 위에 있는 학생을 말하시오.

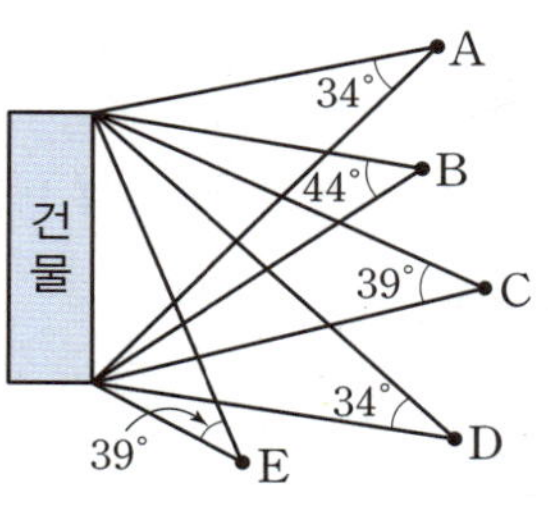

0452

오른쪽 그림에서 네 점 A, B, C, D가 한 원 위에 있을 때, ∠x의 크기는?

① 30° ② 40°
③ 45° ④ 50°
⑤ 60°

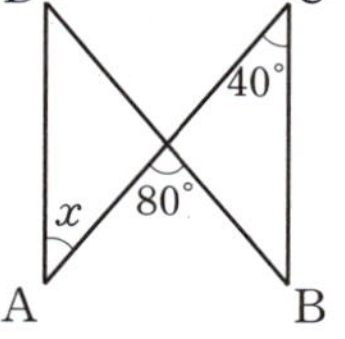

0453

오른쪽 그림에서 네 점 A, E, C, D가 한 원 위에 있고, $\overline{AB}=18$, $\overline{AE}=14$, $\overline{BD}=12$이다. 이때 $\overline{BC}$의 길이를 구하시오.

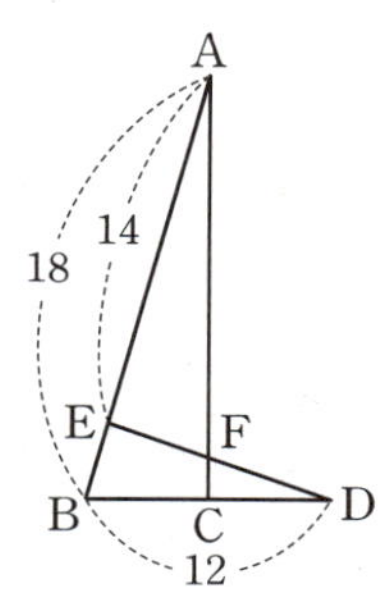

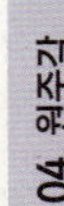

R :REAL **실전 업**

0454

· 유형 01

오른쪽 그림과 같은 원 O에서
∠AOB=40°, ∠OBC=50°일 때,
∠APB의 크기는?

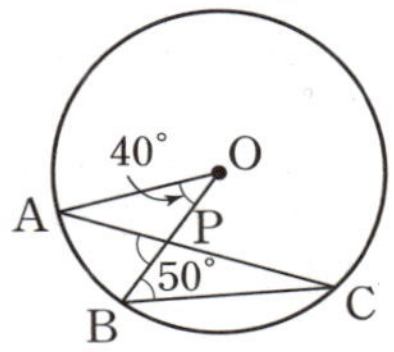

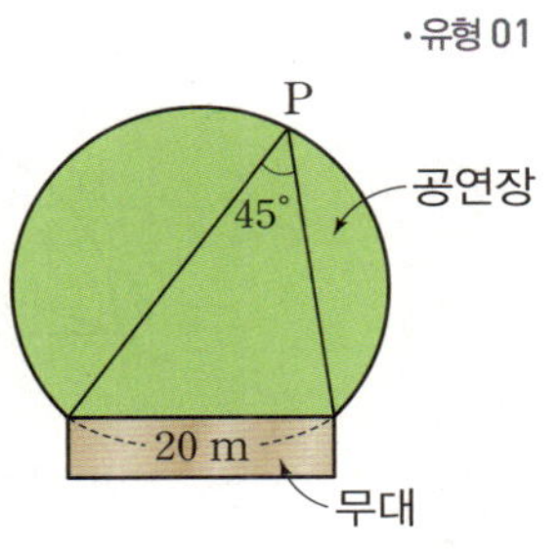

① 50° ② 60°

③ 70° ④ 80°

⑤ 90°

0455

창의력⁺

· 유형 01

오른쪽 그림과 같이 무대의 길이
가 20 m인 원 모양의 K−Pop
공연장이 있다. P지점에서 무
대의 양 끝을 바라본 각의 크기
가 45°일 때, 이 공연장의 지름
의 길이는?

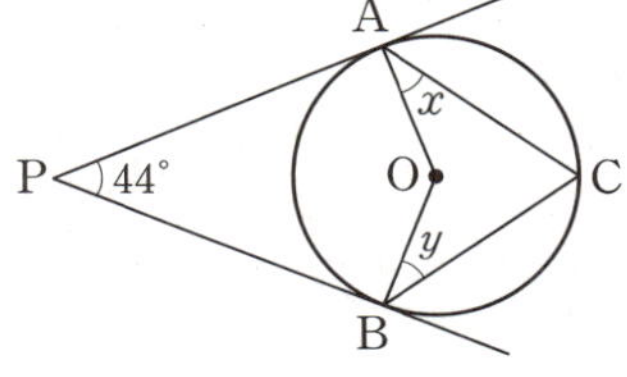

① $10\sqrt{6}$ m ② 25 m ③ $15\sqrt{3}$ m

④ 27 m ⑤ $20\sqrt{2}$ m

0456

· 유형 02

다음 그림에서 $\overrightarrow{PA}$, $\overrightarrow{PB}$는 원 O의 접선이고, 두 점 A, B
는 그 접점이다. ∠APB=44°일 때, ∠x+∠y의 값은?

① 44° ② 68° ③ 88°

④ 104° ⑤ 136°

0457

· 유형 03

오른쪽 그림에서 ∠AQB=19°,
∠BRC=24°일 때, ∠x의 크기는?

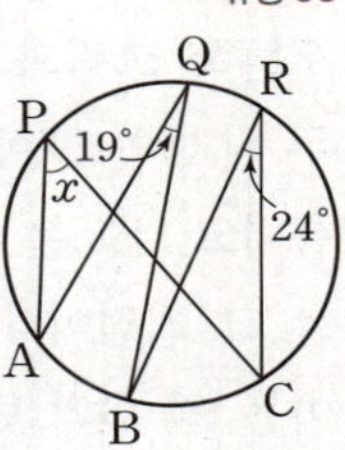

① 43° ② 55°

③ 64° ④ 77°

⑤ 86°

0458

· 유형 03

오른쪽 그림에서
∠a+∠b+∠c+∠d+∠e의 값은?

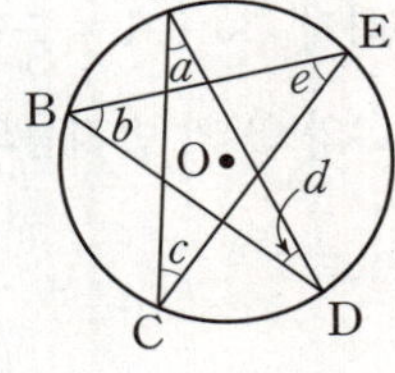

① 72° ② 108°

③ 150° ④ 180°

⑤ 360°

0459

· 유형 04

오른쪽 그림에서 $\overline{AC}$와 $\overline{BD}$는 원 O의
지름이고 ∠ADB=43°일 때, ∠x의 크
기는?

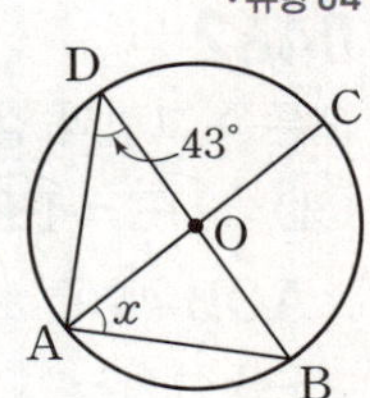

① 43° ② 44°

③ 45° ④ 46°

⑤ 47°

0460

· 유형 04

오른쪽 그림과 같이 서로 내접하는 두 원 O와 O′에서 $\overline{AB}$는 원 O의 지름이고, $\overline{BC}$는 원 O′의 접선, 점 T는 그 접점이다. 원 O′의 지름의 길이는 원 O의 반지름의 길이와 같고 $\overline{AB}=8\,\text{cm}$일 때, $\overline{BC}$의 길이를 구하시오.

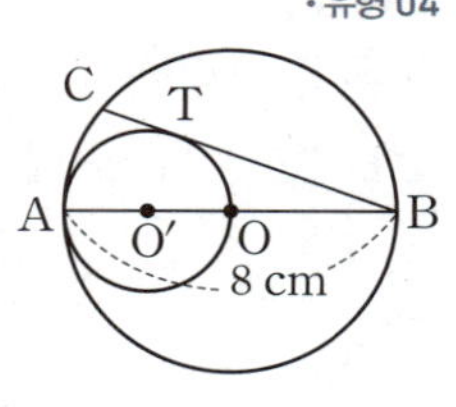

0461

· 유형 05

다음 그림과 같이 원 O와 원 O′의 두 교점을 각각 B, C라 하자. $\sin A=\dfrac{2}{3}$이고 $\angle BDC=60°$, $\overline{BC}=6$일 때, 두 원 O와 O′의 반지름의 길이의 합을 구하시오.

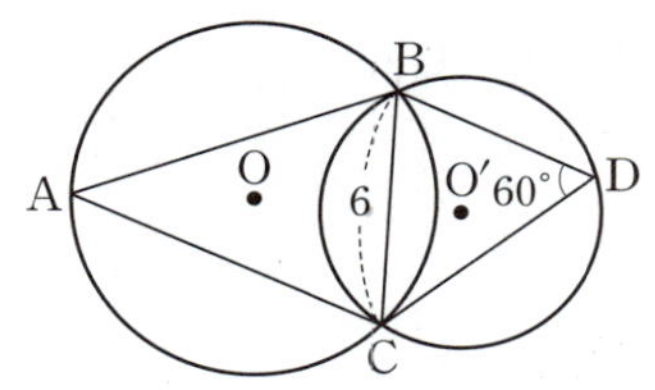

0462

· 유형 06

오른쪽 그림과 같은 원 O에서 $\overarc{CD}=\overarc{DE}=\overarc{EF}=\overarc{FA}$이고 $\angle AOB=70°$, $\angle BDC=15°$일 때, $\angle x$의 크기는?

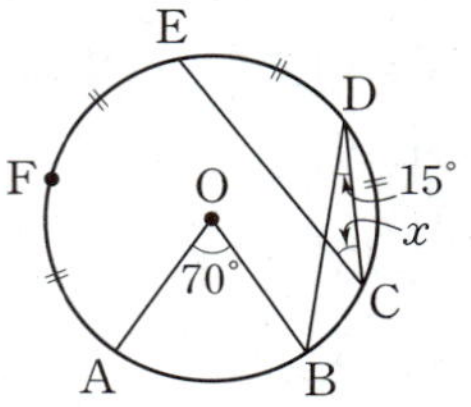

① 15°   ② 32.5°
③ 35°   ④ 40.5°
⑤ 50°

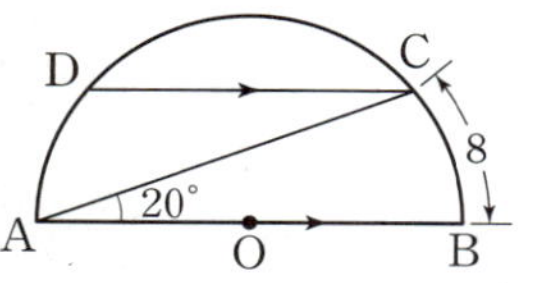

0463

· 유형 06

오른쪽 그림과 같은 원 O에서 $\overarc{BC}=\overarc{CD}$이고 $\overline{AB}=9$, $\overline{AP}=6$, $\overline{AD}=8$일 때, $\overline{PC}$의 길이를 구하시오.
(단, 점 P는 $\overline{AC}$와 $\overline{BD}$의 교점이다.)

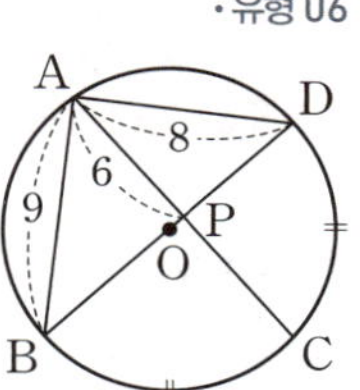

0464

· 유형 07

다음 그림과 같이 $\overline{AB}$를 지름으로 하는 반원 O에서 $\overline{AB}\,/\!/\,\overline{CD}$이다. $\angle BAC=20°$이고 $\overarc{BC}=8$일 때, $\overarc{CD}$의 길이는?

① 8   ② 12   ③ 16
④ 20   ⑤ 24

0465

· 유형 07

다음 그림에서 $\overarc{AB}=2\overarc{CD}$이고 $\overline{AD}=2$, $\overline{AC}=3$, $\overline{BC}=4$일 때, $\overline{CP}$의 길이를 구하시오.

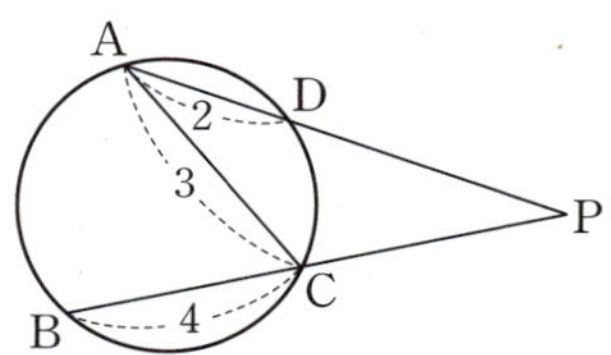

0466

· 유형 08

두 현 AC와 BD의 교점을 P라 하자.
∠BPC=45°일 때, 원의 둘레의 길이는
$\overset{\frown}{AD}+\overset{\frown}{BC}$의 값의 몇 배인가?

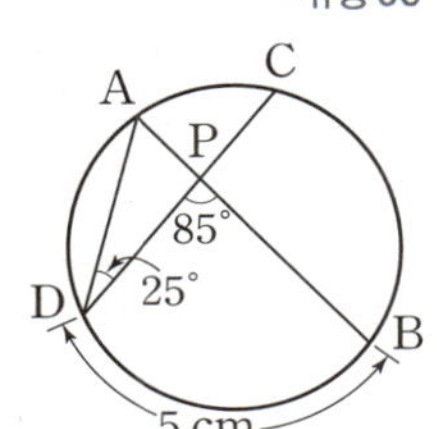

① $\dfrac{1}{4}$배 　　② $\dfrac{1}{2}$배

③ 2배 　　④ 4배

⑤ 5배

0467

· 유형 08

오른쪽 그림에서 점 P는 두 현 AB와
CD의 교점이고 $\overset{\frown}{BD}=5\,cm$,
∠ADC=25°, ∠DPB=85°일 때, 원
의 둘레의 길이를 구하시오.

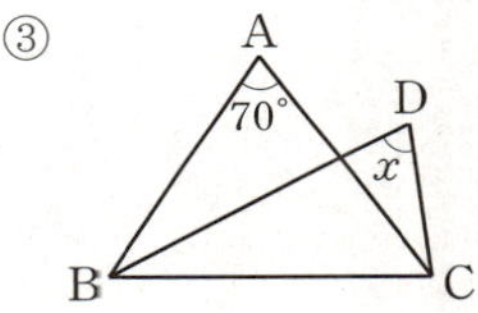

0468

· 유형 06, 07, 08

오른쪽 그림과 같이 △ABC와 △DBC
가 원에 내접하고
$\overset{\frown}{AB} : \overset{\frown}{BC} : \overset{\frown}{CDA}=7 : 3 : 10$,
∠APD=57°일 때, 다음 중 옳지 <u>않은</u>
것을 모두 고르면? (정답 2개)

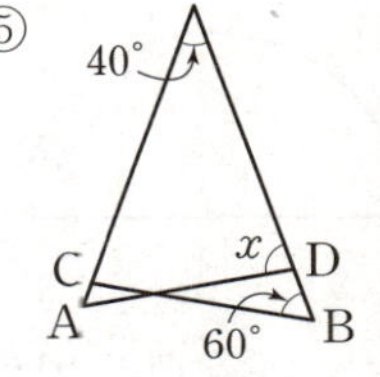

① ∠BAC=36°

② ∠ACD=30°

③ △ABC는 직각삼각형이다.

④ $\overset{\frown}{BC}=9$이면 $\overset{\frown}{DA}=10$이다.

⑤ $\overset{\frown}{CD}=20$이면 $\overset{\frown}{ABC}=40$이다.

0469

· 유형 08

오른쪽 그림에서 $\overset{\frown}{BC}$의 길이는 원주의
$\dfrac{1}{4}$이고 ∠DAC=60°, ∠ACD=15°일
때, $\overset{\frown}{AB}$의 길이는 원의 둘레의 길이의 몇
배인지 구하시오.

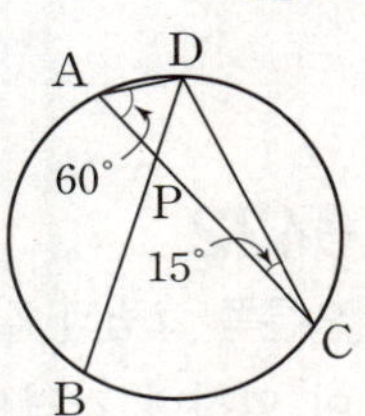

0470

· 유형 09

네 점 A, B, C, D가 한 원 위에 있을 때, 다음 중 ∠x의
크기가 가장 큰 것은?

① 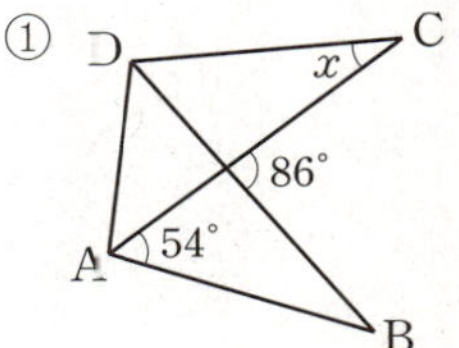

② 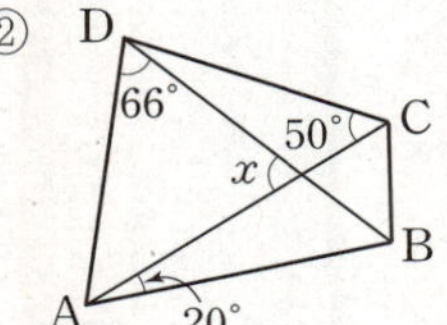

③ 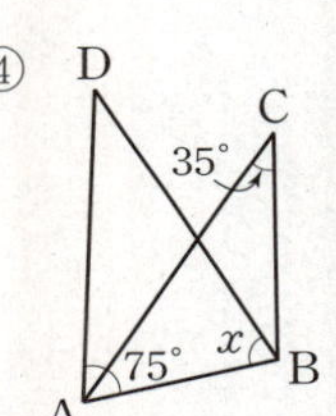

④ 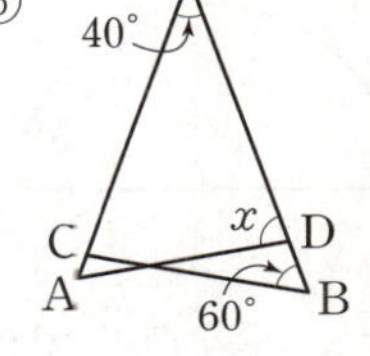

⑤

0471

· 유형 09

오른쪽 그림에서 네 점 A, B, C,
D가 한 원 위에 있을 때,
∠x−∠y의 값을 구하시오.

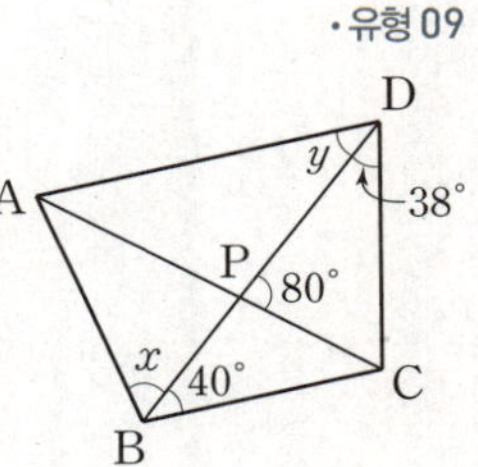

서술형 문제

0472
• 유형 01

오른쪽 그림과 같이 원 O 위에 9개의 점이 일정한 간격으로 놓여 있을 때, $\angle x$의 크기를 구하시오.

(단, 풀이 과정을 자세히 쓰시오.)

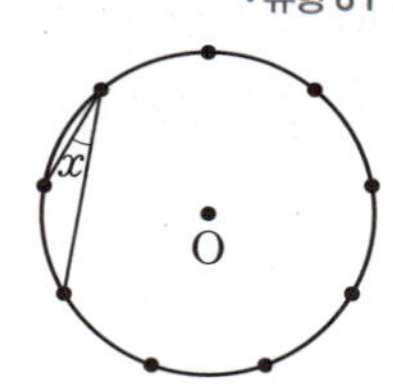

☑ 필요 개념 및 공식
☐ 원주각과 중심각의 크기

풀이

답

0473
• 유형 04

고대 그리스의 수학자 탈레스는 반원에 대한 원주각이 직각임을 이등변삼각형의 성질을 이용하여 알아냈다고 한다. 오른쪽 그림을 이용하여 탈레스의 방법을 설명하시오. (단, $\overline{AB}$는 반원 O의 지름이고, 풀이 과정을 자세히 쓰시오.)

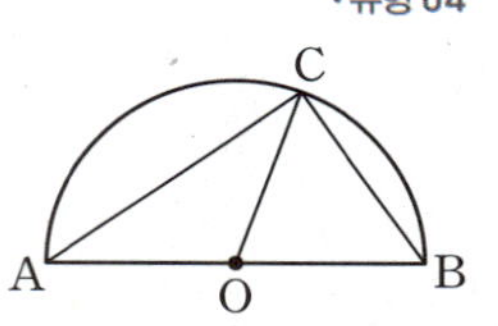

☑ 필요 개념 및 공식
☐ 반원에 대한 원주각   ☐ 이등변삼각형의 성질
☐ 삼각형의 세 내각의 크기의 합

풀이

답

0474
• 유형 07

오른쪽 그림과 같이 원 밖의 한 점 P에서 그은 두 선분과 원의 교점을 A, B, C, D라 하자. $\angle CPD=20°$이고 $\overparen{AB} : \overparen{CD}=2 : 1$일 때, $\angle x$의 크기를 구하시오.

(단, 풀이 과정을 자세히 쓰시오.)

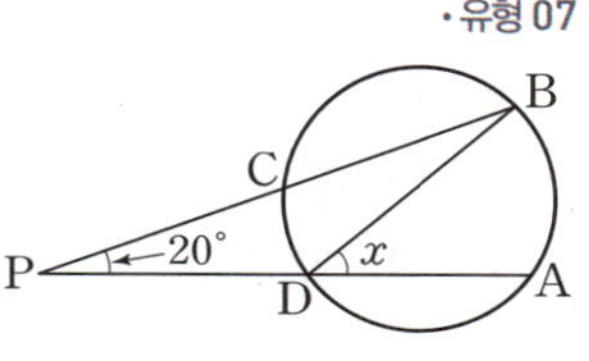

☑ 필요 개념 및 공식
☐ 원주각의 크기와 호의 길이   ☐ 삼각형의 내각과 외각의 성질

풀이

답

0475
• 유형 09

정면에서 동상이나 벽에 걸린 그림을 바라볼 때, 물체의 윗부분과 아랫부분을 바라보는 각의 크기가 가장 커지는 위치가 물체를 가장 잘 볼 수 있는 곳이다. 위의 그림과 같이 카메라로 탑을 찍으려고 한다. 탑의 윗부분과 아랫부분을 각각 점 A, B라 하고 카메라를 세 점 P, Q, R에 각각 놓고 사진을 찍었을 때, 탑의 모습이 가장 잘 찍히는 카메라의 위치를 찾고, 그 이유를 설명하시오. (단, 점 Q는 $\overleftrightarrow{PR}$와 원의 접점이고, 풀이 과정을 자세히 쓰시오.)

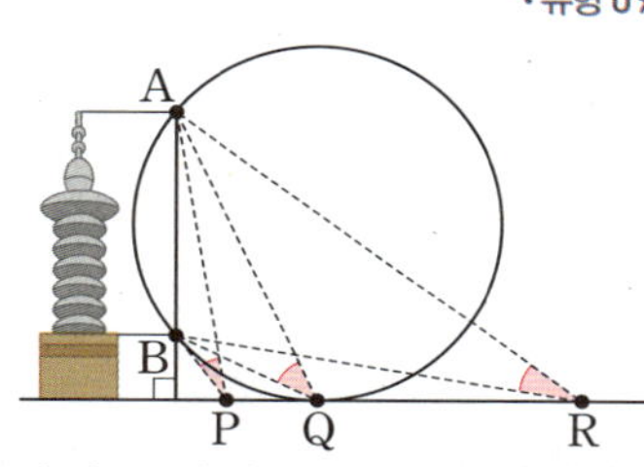

☑ 필요 개념 및 공식
☐ 네 점이 한 원 위에 있을 조건

풀이

답

원주각의 활용

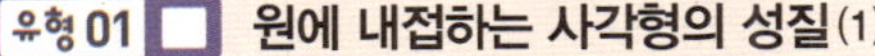

05. 원주각의 활용

1 원에 내접하는 사각형의 성질

원에 내접하는 사각형에서 한 쌍의 대각의 크기의 합은 180°이다.

➡ $\angle A + \angle C = \angle B + \angle D = 180°$

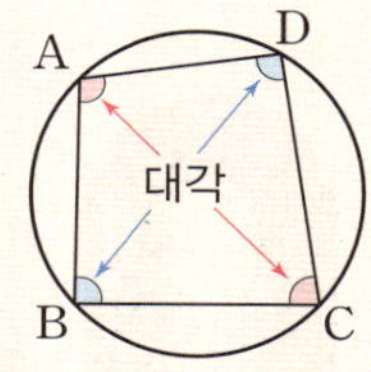

- 원에 내접하는 사각형에서 한 외각의 크기는 그와 이웃하는 내각의 대각의 크기와 같다.

  즉, $\angle DCE = \angle A$

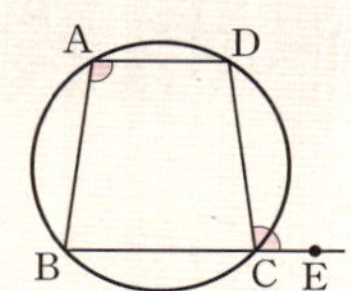

2 사각형이 원에 내접하기 위한 조건

한 쌍의 대각의 크기의 합이 180°인 사각형은 원에 내접한다.

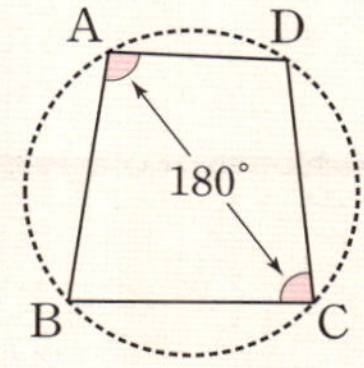

- 항상 원에 내접하는 사각형

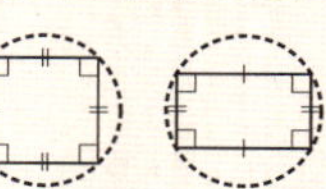 

정사각형   직사각형   등변사다리꼴

➡ 모두 대각의 크기의 합이 180° 이므로 정사각형, 직사각형, 등변사다리꼴은 항상 원에 내접하는 사각형이다.

3 접선과 현이 이루는 각

(1) 접선과 현이 이루는 각

원의 접선과 그 접점을 지나는 현이 이루는 각의 크기는 그 각의 내부에 있는 호에 대한 원주각의 크기와 같다.

➡ $\angle BAT = \angle BPA$

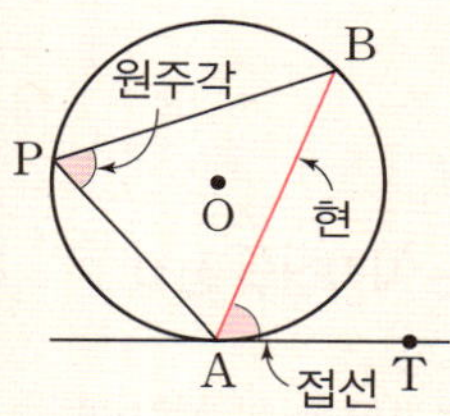

- 접선이 되기 위한 조건

  원 O에서 $\angle BAT = \angle BPA$이면 직선 AT는 원 O의 접선이다.

[참고] ① $\angle BAT = 90°$일 때   ② $\angle BAT < 90°$일 때   ③ $\angle BAT > 90°$일 때

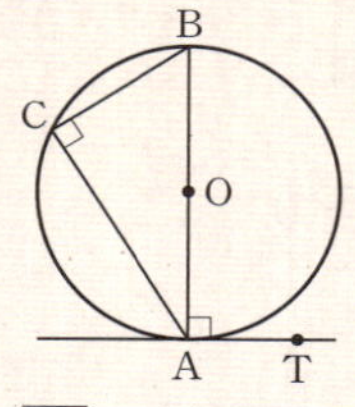 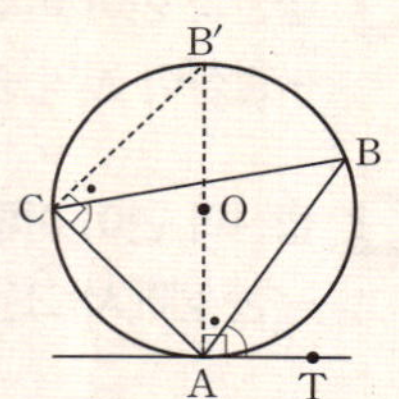 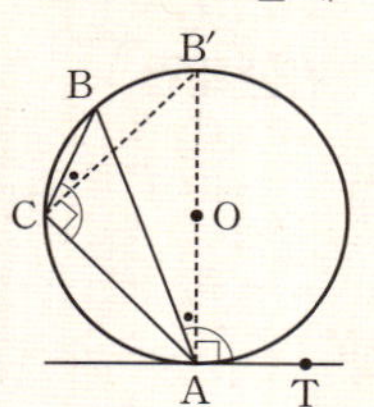

$\overline{AB}$는 지름이므로

$\angle BCA = 90°$

$\therefore \angle BAT = \angle BCA$

$\angle BAT = 90° - \angle B'AB$

$\qquad = 90° - \angle B'CB$

$\qquad = \angle BCA$

$\angle BAT = 90° + \angle BAB'$

$\qquad = 90° + \angle BCB'$

$\qquad = \angle BCA$

(2) 두 원에서 접선과 현이 이루는 각

$\overleftrightarrow{PQ}$가 두 원의 공통인 접선이고 점 T가 그 접점일 때, 다음의 각 경우에 대하여 $\overline{AB} /\!/ \overline{CD}$가 성립한다.

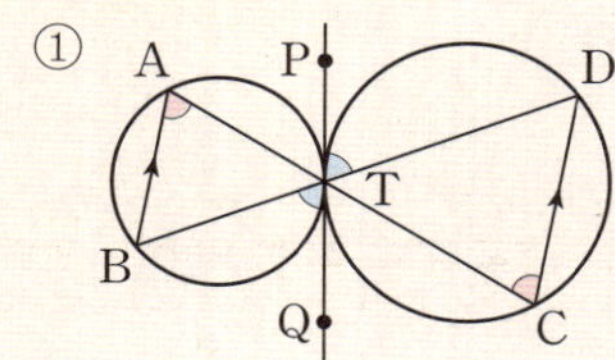 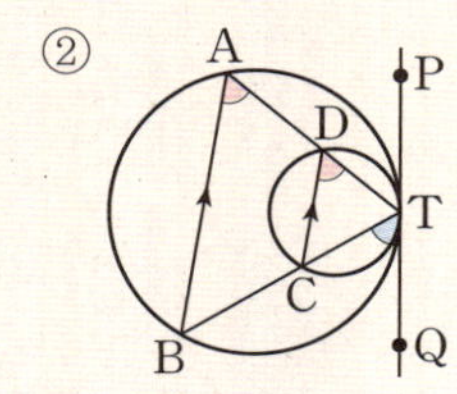

- ①에서 엇각의 크기가 같으므로 $\overline{AB} /\!/ \overline{CD}$

  ②에서 동위각의 크기가 같으므로 $\overline{AB} /\!/ \overline{CD}$

1 원에 내접하는 사각형의 성질

0476 다음은 원에 내접하는 사각형의 성질을 확인하는 과정이다. (개)~(라)에 알맞은 것을 구하시오.

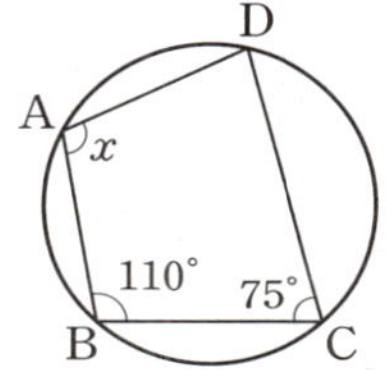

오른쪽 그림에서
∠BAD= (개) × ∠a,
∠BCD= (나) × ∠b
이고, ∠a+∠b=360°이므로
∠BAD+∠BCD= (다)
또 ∠BCD+∠DCE=180°이므로
∠BAD= (라)

[0477~0478] 다음 그림에서 □ABCD가 원에 내접할 때, ∠x의 크기를 구하시오.

0477
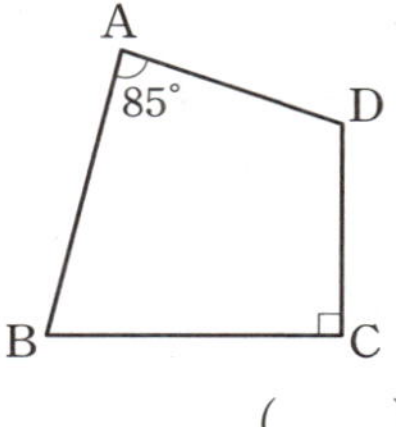

0478
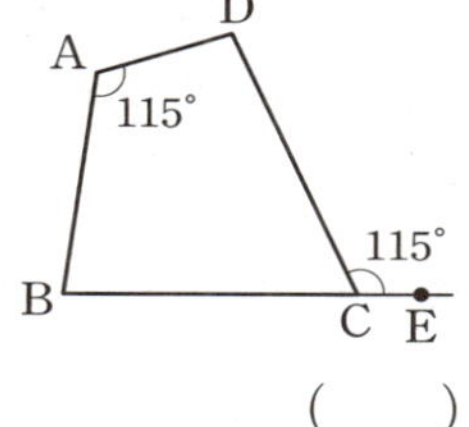

2 사각형이 원에 내접하기 위한 조건

[0479~0482] 다음 그림에서 □ABCD가 원에 내접하면 ○표를, 내접하지 않으면 ×표를 ( ) 안에 쓰시오.

0479
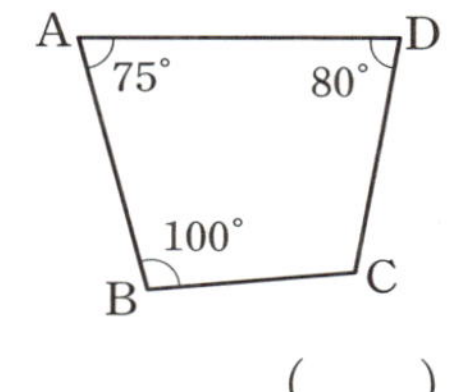
( )

0480
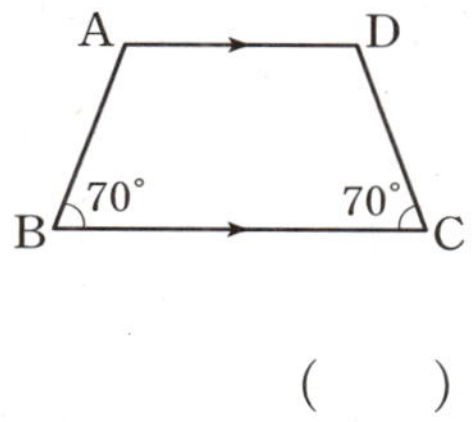
( )

0481
( )

0482
( )

[0483~0484] 다음 그림에서 □ABCD가 원에 내접하도록 하는 ∠x의 크기를 구하시오.

0483
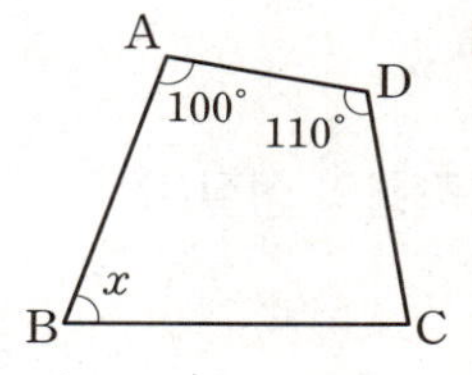

0484
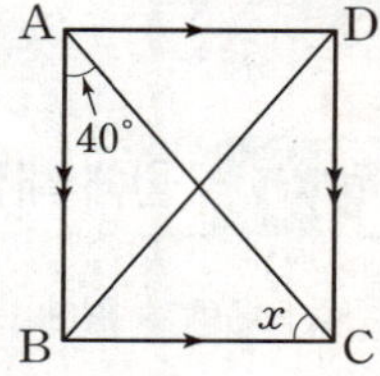

3 접선과 현이 이루는 각

[0485~0488] 다음 그림에서 $\overleftrightarrow{TT'}$이 원 O의 접선이고 점 B가 그 접점일 때, ∠x의 크기를 구하시오.

0485
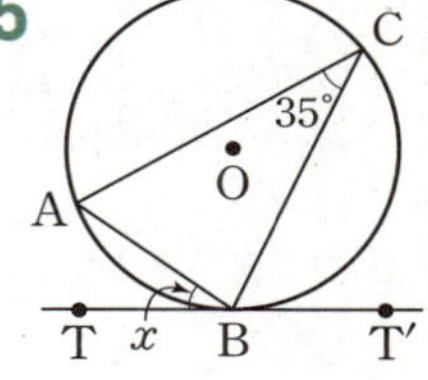

0486
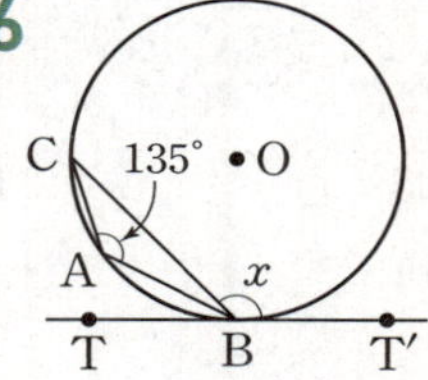

0487
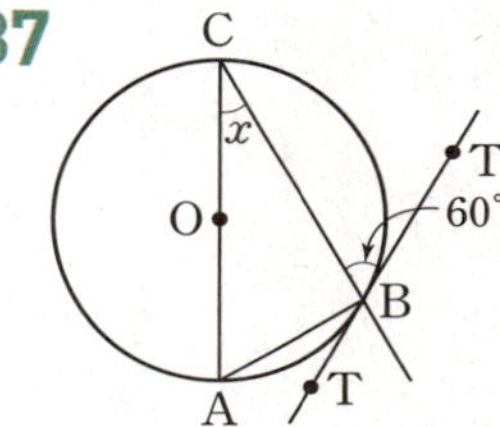

0488
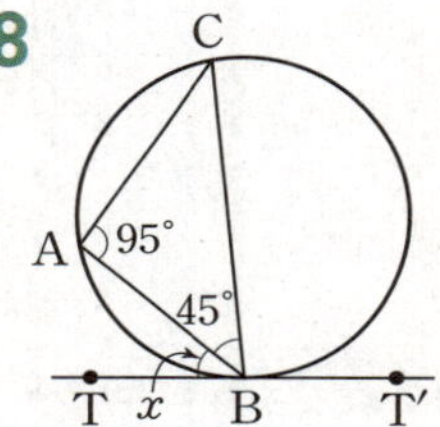

[0489~0490] 다음 그림에서 $\overleftrightarrow{PQ}$가 두 원의 공통인 접선이고 점 T가 그 접점일 때, ∠x, ∠y의 크기를 각각 구하시오.

0489
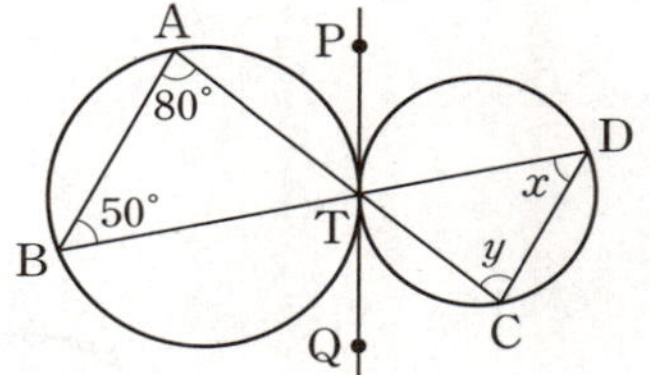

0490
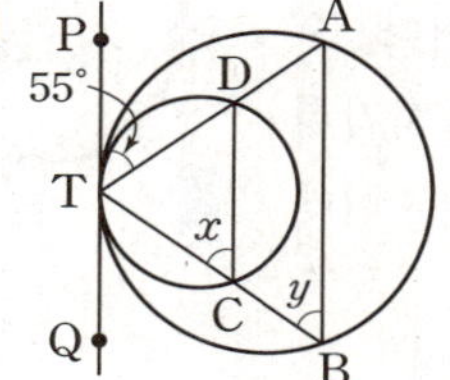

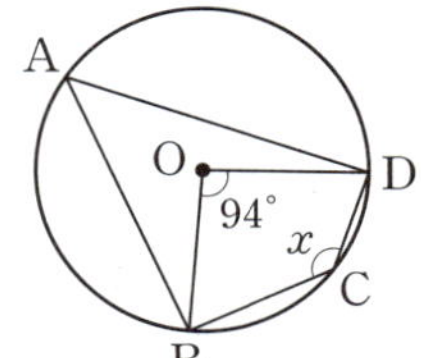

: PATTERN **유형 마스터**

유형 01 원에 내접하는 사각형의 성질(1)

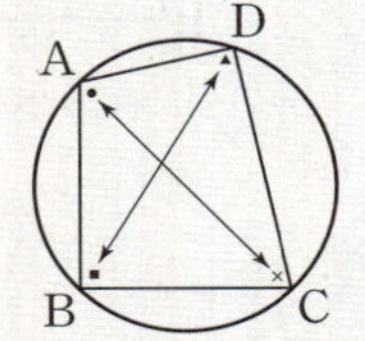

□ABCD가 원에 내접할 때
➡ $\angle A+\angle C=\angle B+\angle D=180°$

0491 대표문제

오른쪽 그림과 같이 □ABCD가 원에 내접하고 $\angle BDC=40°$, $\angle DBC=35°$일 때, $\angle x$의 크기는?

① 75° ② 85°
③ 95° ④ 105°
⑤ 115°

0492 초건바꾼 대표문제

오른쪽 그림과 같이 □ABCD가 원 O에 내접하고, $\overline{AB}$는 원 O의 지름이다. $\angle ABD=30°$일 때, $\angle x$의 크기를 구하시오.

0493 

드림캐처는 아메리카 원주민들이 악몽을 물리치고 좋은 꿈만 꾸게 해준다는 의미로 만들었던 토속 장신구이다. 오른쪽 그림은 원 모양의 틀 안에 사각형 모양이 내접하는 드림캐처이다. 이때 x의 값을 구하시오.

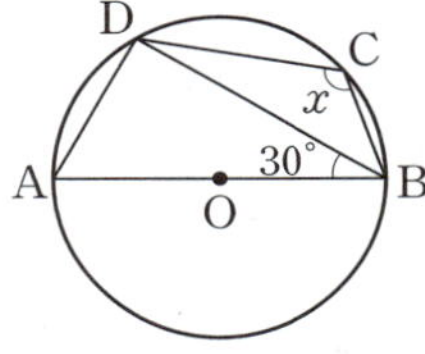

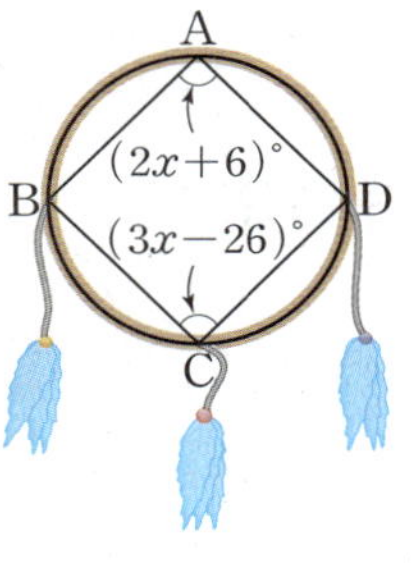

0494 

오른쪽 그림과 같이 □ABCD가 원 O에 내접하고 $\angle BOD=94°$일 때, $\angle x$의 크기는?

① 86° ② 94°
③ 126° ④ 133°
⑤ 145°

0495

다음 그림과 같이 □ABCD가 원에 내접하고, 두 반직선 BA와 CD의 교점을 P라 하자. $\angle ABC=75°$, $\angle BAD=100°$일 때, $\angle x$의 크기를 구하시오.

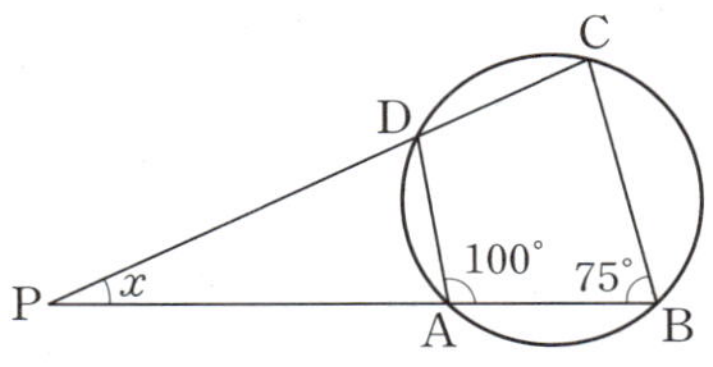

0496

오른쪽 그림과 같이 $\overline{AB}=\overline{AC}$인 △ABC가 원에 내접하고 $\angle BAC=40°$일 때, $\angle x$의 크기는?

① 70° ② 90°
③ 110° ④ 120°
⑤ 130°

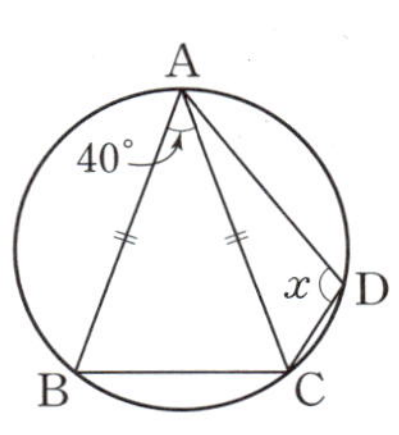

유형 02 원에 내접하는 사각형의 성질(2)

□ABCD가 원에 내접할 때
➡ ∠DCE=∠A

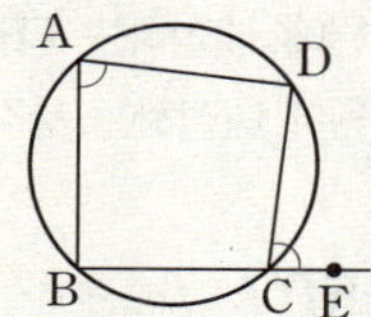

0497 대표문제

오른쪽 그림과 같이 □ABCD가 원 O
에 내접하고 ∠AOC=140°일 때,
∠ADE의 크기를 구하시오.

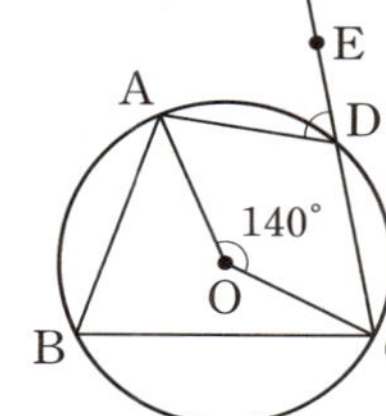

0498 조건 바꾼 대표문제

오른쪽 그림에서 □ABCD가 원에
내접하고 ∠BDC=65°,
∠CAD=35°일 때, ∠DCE의 크
기를 구하시오.

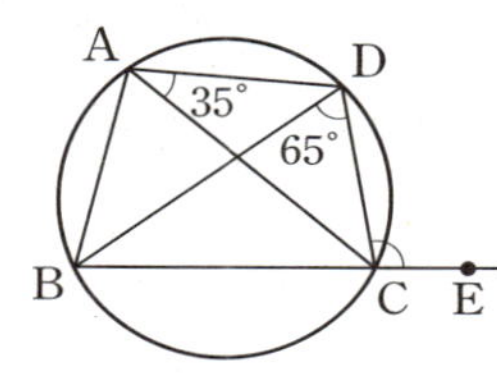

0499

오른쪽 그림과 같이 □ABCD가
원 O에 내접하고 $\overline{AD}$는 원 O의 지
름이다. ∠ADB=25°,
∠ABE=40°일 때, ∠y−∠x의
값을 구하시오.

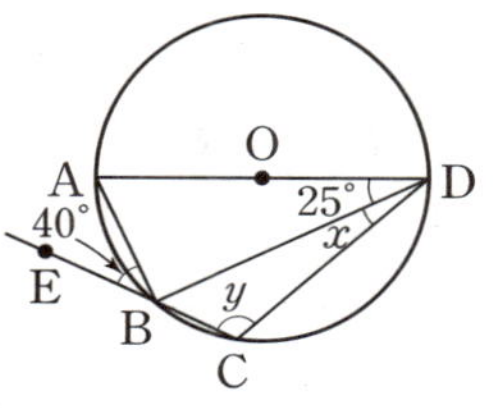

0500 서술형

오른쪽 그림과 같이 □ABCD가
원 O에 내접하고, $\overline{CB} /\!/ \overline{DA}$이다.
∠CDE=102°, ∠OAD=41°일
때, ∠BAC의 크기를 구하시오.
(단, 풀이 과정을 자세히 쓰시오.)

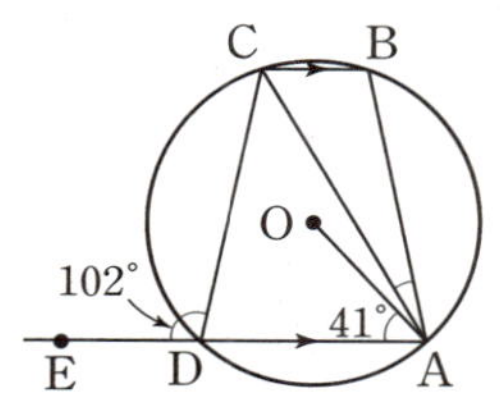

유형 03 사각형이 원에 내접하기 위한 조건

(1) 한 쌍의 대각의 크기의 합이 180°,
즉 ∠x+∠y=180°이면
➡ □ABCD는 원에 내접한다.

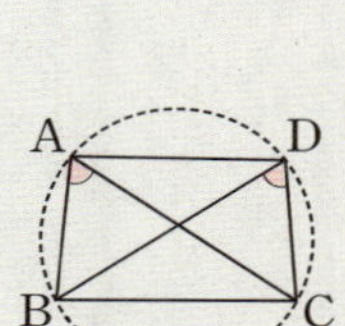

(2) (한 외각의 크기)
=(이웃하는 내각의 대각의 크기),
즉 ∠x=∠z이면
➡ □ABCD는 원에 내접한다.

(3) 두 점 A, D가 직선 BC에 대하여
같은 쪽에 있을 때,
∠BAC=∠BDC이면
➡ □ABCD는 원에 내접한다.

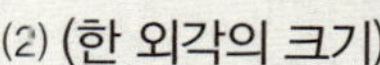

0501 대표문제

다음 중 □ABCD가 원에 내접하지 <u>않는</u> 것은?

① 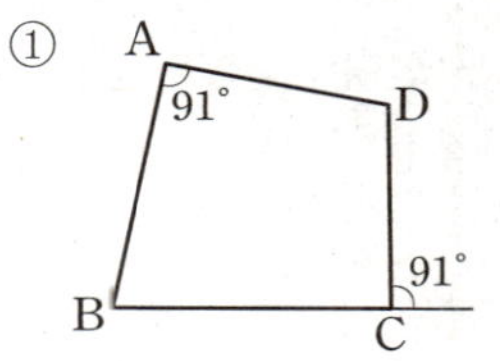

② 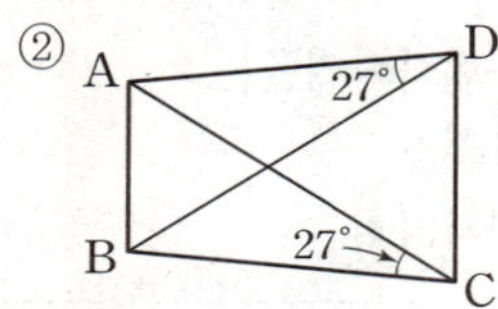

③ 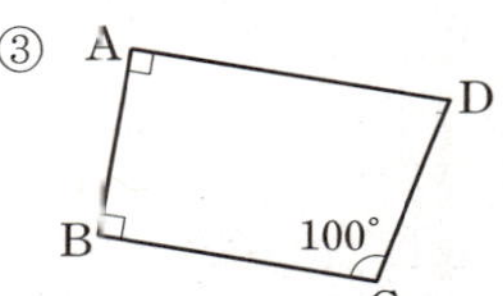

④ 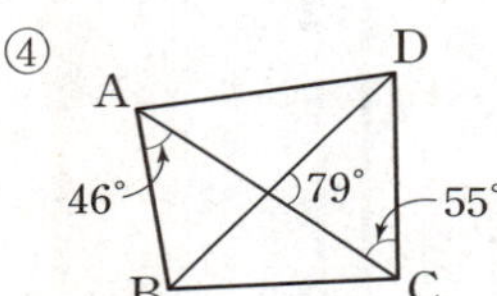

⑤ 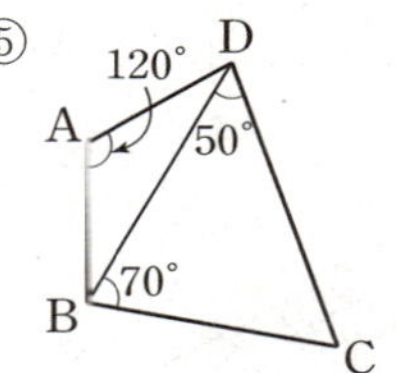

0502 표현 바꾼 대표문제

다음 중 오른쪽 그림에서
□ABCD가 원에 내접할 조건이
아닌 것은?

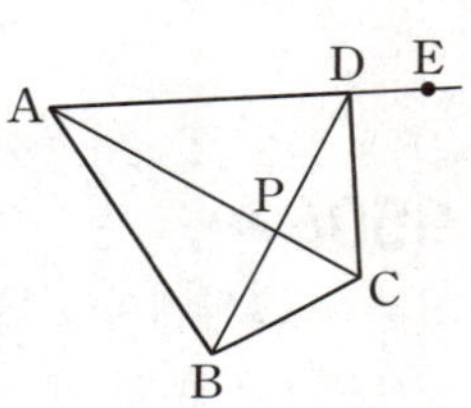

① ∠ABD=∠ACD
② ∠DAC=∠DBC
③ ∠ABC=∠CDE
④ ∠BAD+∠BCD=180°
⑤ ∠ACB+∠ACD=180°

0503

오른쪽 그림에서 $\angle ACB=35°$, $\angle BAC=45°$일 때, □ABCD가 원에 내접하도록 하는 $\angle D$의 크기는?

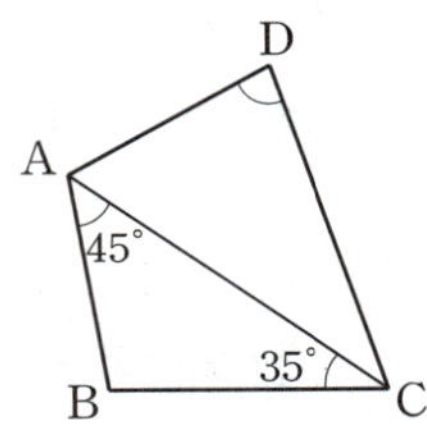

① 70° ② 75°
③ 80° ④ 85°
⑤ 90°

0504

다음 |보기| 중 항상 원에 내접하는 사각형인 것을 모두 고르시오.

┌ 보기 ┐
ㄱ. 등변사다리꼴   ㄴ. 평행사변형
ㄷ. 마름모   ㄹ. 직사각형
ㅁ. 정사각형

0505 ✏ 서술형

오른쪽 그림과 같이 △ABC에서 $\overline{AB}\perp\overline{CD}$, $\overline{AC}\perp\overline{BE}$일 때, □ADFE와 □DBCE가 각각 원에 내접함을 설명하시오.
(단, 풀이 과정을 자세히 쓰시오.)

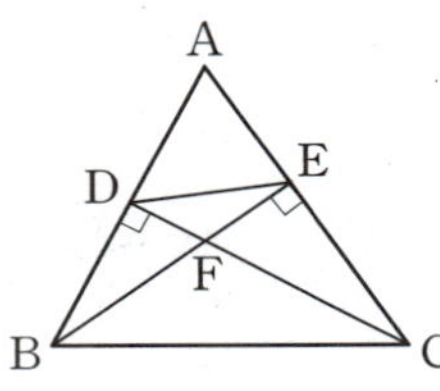

0506

오른쪽 그림에서 $\angle BAD=63°$, $\angle CFD=20°$일 때, □ABCD가 원에 내접하도록 하는 $\angle x$의 크기를 구하시오.

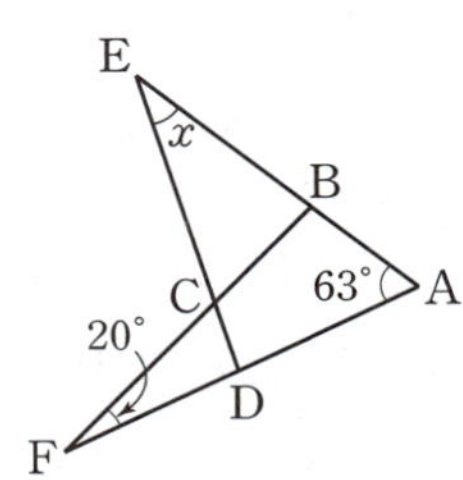

유형 04 원에 내접하는 다각형

원에 내접하는 다각형이 주어지면 보조선을 적당히 그어 원에 내접하는 사각형을 만든다.

0507 대표문제

오른쪽 그림과 같이 오각형 ABCDE가 원에 내접하고 $\angle ABC=130°$, $\angle AED=110°$일 때, $\angle x$의 크기를 구하시오.

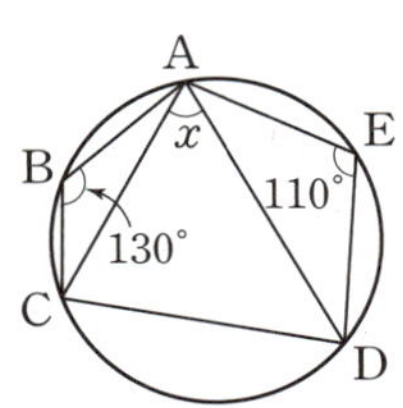

0508 조건바꾼 대표문제

오른쪽 그림과 같이 오각형 ABCDE가 원에 내접하고 $\overarc{AB}=\overarc{AE}$이다. $\angle ACB=35°$, $\angle BAC=30°$일 때, $\angle CDE$의 크기를 구하시오.

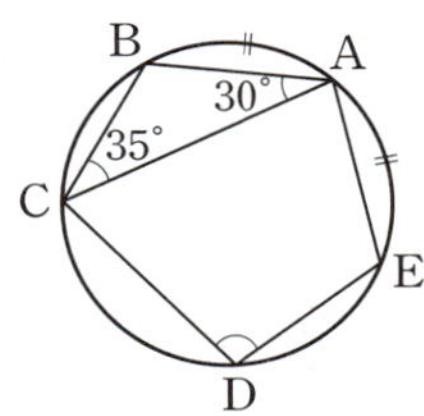

0509

오른쪽 그림과 같이 오각형 ABCDE가 원에 내접하고 $\angle AED=120°$, $\angle BCD=90°$일 때, $\angle x$의 크기를 구하시오.

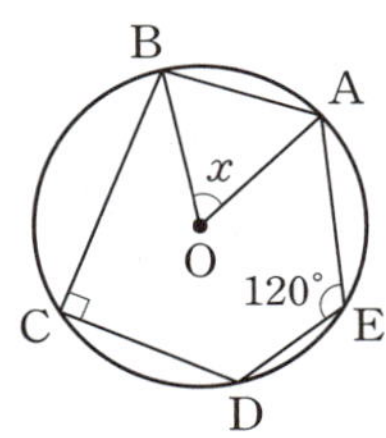

0510

오른쪽 그림에서 $\angle A+\angle C+\angle E$의 값을 구하시오.

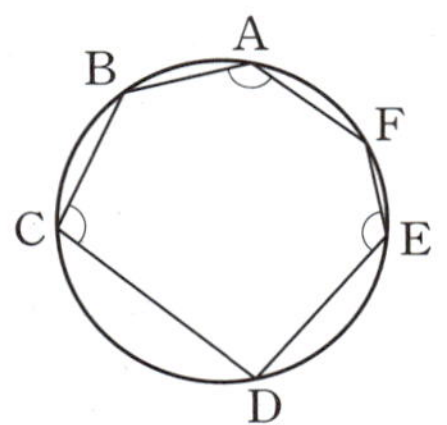

유형 05 원에 내접하는 사각형과 삼각형의 외각의 성질

□ABCD가 원에 내접할 때
(1) $\angle CDQ = \angle x$
(2) △PBC에서
  $\angle DCQ = \angle x + \angle a$
(3) △DCQ에서
  $\angle x + \angle b + (\angle x + \angle a) = 180°$
  $\therefore 2\angle x + \angle a + \angle b = 180°$

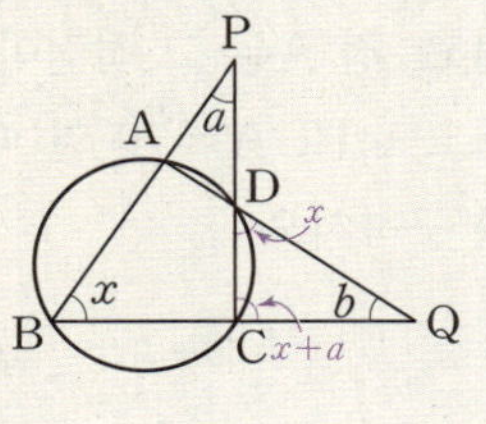

0511 대표문제

오른쪽 그림과 같이 □ABCD가 원에 내접하고 $\angle AED = 26°$, $\angle CFD = 62°$일 때, $\angle x$의 크기를 구하시오.

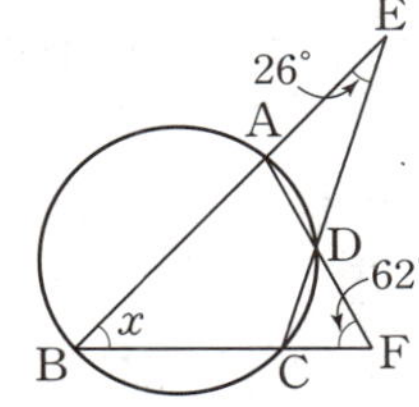

0512 숫자 바꾼 대표문제

오른쪽 그림과 같이 □ABCD가 원에 내접하고 $\angle ABC = 50°$, $\angle APD = 22°$일 때, $\angle x$의 크기를 구하시오.

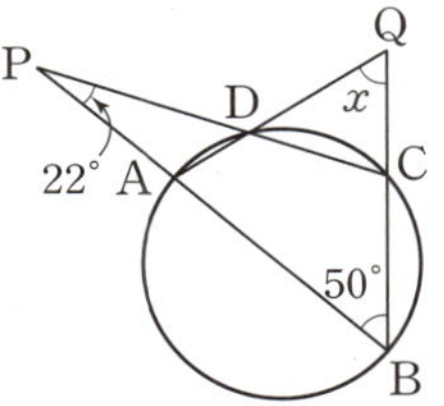

0513

오른쪽 그림과 같이 □ABCD가 원 O에 내접하고 $\angle BPC = 41°$, $\angle CQD = 39°$일 때, $\angle x$의 크기를 구하시오.

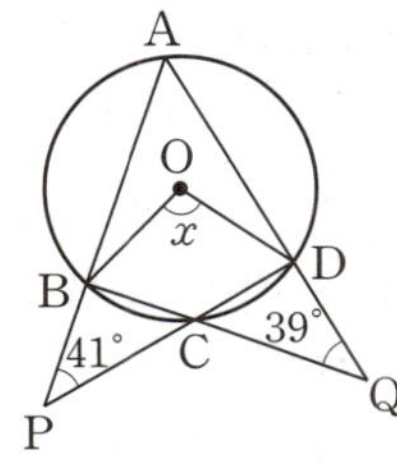

0514

오른쪽 그림과 같이 □ABCD가 원 O에 내접하고 $\overline{AB}$와 $\overline{DC}$, $\overline{AD}$와 $\overline{BC}$를 연장하여 만나는 점을 각각 E, F라 하자. $\overarc{AD} : \overarc{DC} : \overarc{CB} = 2 : 1 : 1$이고 $\angle BEC = 20°$일 때, $\angle DAB$의 크기를 구하시오.

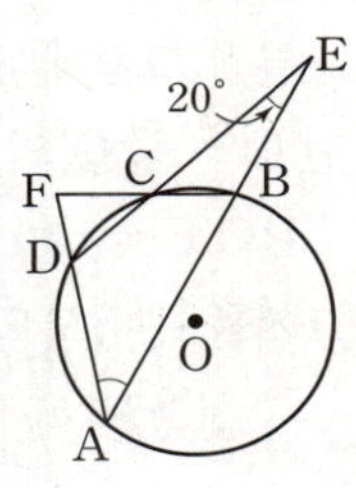

유형 06 두 원에 내접하는 사각형의 성질 발전

□ABQP와 □PQCD가 각각 원에 내접할 때
(1) $\angle A = \angle PQC = \angle CDE$
  $\angle B = \angle QPD = \angle DCF$
(2) $\overline{AB} /\!/ \overline{DC}$
(3) $\angle A + \angle PDC = 180°$
  $\angle B + \angle QCD = 180°$

0515 대표문제

오른쪽 그림에서 두 점 P, Q는 두 원의 교점이고 $\angle BAP = 107°$일 때, $\angle x$의 크기는?

① $73°$ 　② $74°$
③ $75°$ 　④ $76°$
⑤ $77°$

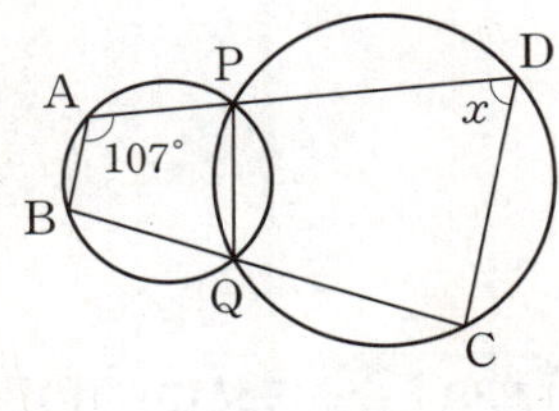

0516 표현 바꾼 대표문제

오른쪽 그림에서 두 점 P, Q는 두 원의 교점이고 $\angle BAP = 80°$일 때, $\angle x - \angle y$의 값은?

① $5°$ 　② $10°$
③ $15°$ 　④ $20°$
⑤ $25°$

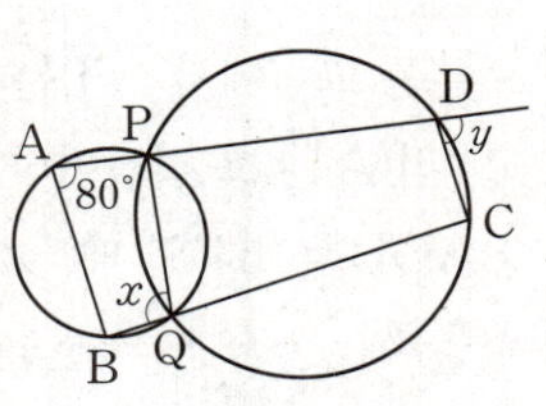

0517 ●

오른쪽 그림에서 두 점 P, Q는
원 O와 원 O′의 교점이고
∠PO′C=150°일 때, ∠x의
크기를 구하시오.

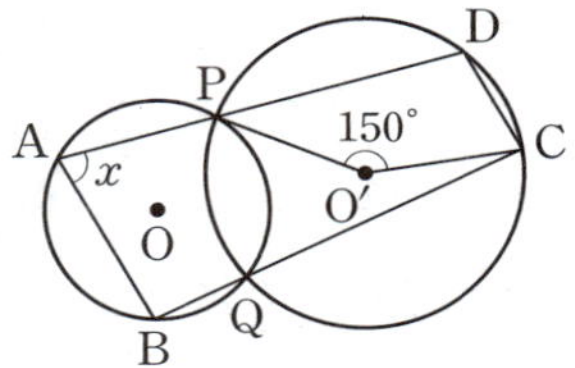

新 유형
0518 ●

다음 그림에서 세 점 P, Q, R는 원의 교점이고
∠PBQ=103°일 때, ∠x−∠y의 값을 구하시오.

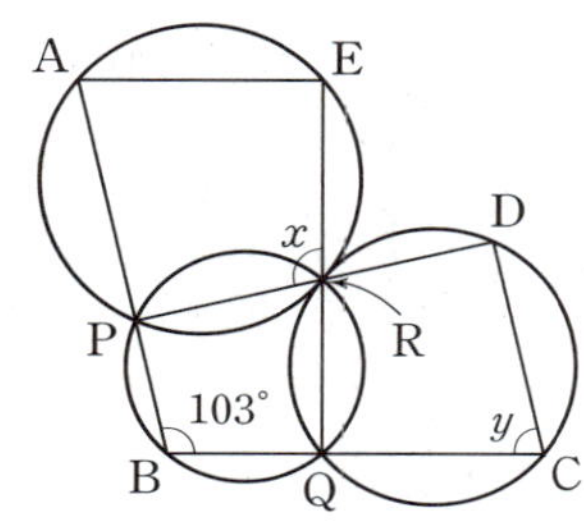

유형 07 접선과 현이 이루는 각

직선 TT′이 점 P에서 원에 접할 때
➡ ∠APT=∠ABP
　∠BPT′=∠BAP

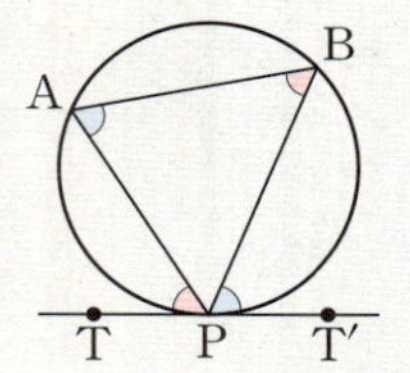

0519 대표문제

오른쪽 그림에서 $\overrightarrow{\text{AT}}$는 원 O의 접선이
고, 점 A는 그 접점이다.
∠AOB=134°일 때, ∠x의 크기는?

① 67°　　　② 68°
③ 70°　　　④ 72°
⑤ 77°

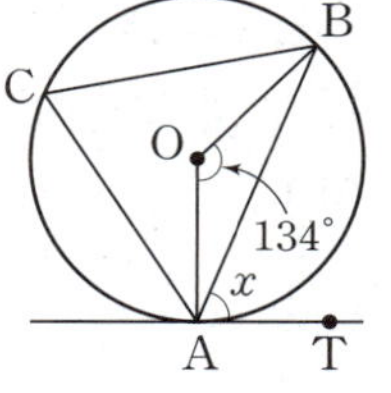

0520 조건바꾼 대표문제

오른쪽 그림에서 $\overrightarrow{\text{TA}}$는 원 O의 접선
이고, 점 A는 그 접점이다. $\overline{\text{BA}}=\overline{\text{BC}}$
이고 ∠BCA=70°일 때, ∠x의 크기
를 구하시오.

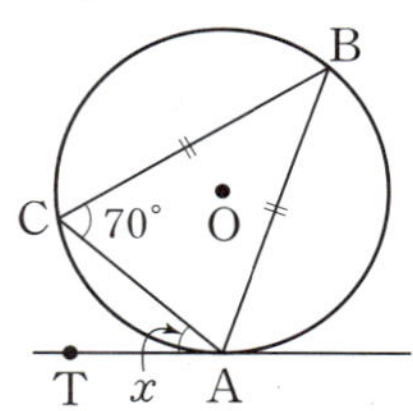

0521 ●

다음은 ∠BAT가 둔각일 때, ∠BAT=∠BCA임을 설명
하는 과정이다. 빈칸에 들어갈 것으로 옳지 <u>않은</u> 것은?

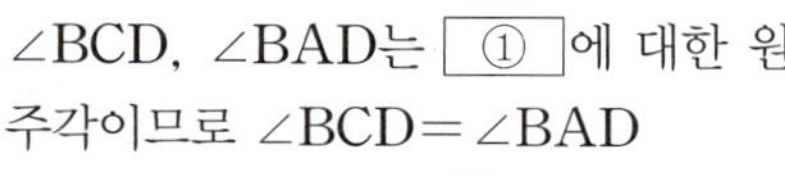

$\overline{\text{AD}}$가 원 O의 지름이 되도록 원 위의
점 D를 잡자.
∠BCD, ∠BAD는 　①　에 대한 원
주각이므로 ∠BCD=∠BAD
∠DAT=∠DCA= 　②　 이므로
　③　=∠BAD+∠DAT
　　　= 　④　+∠DCA= 　⑤　

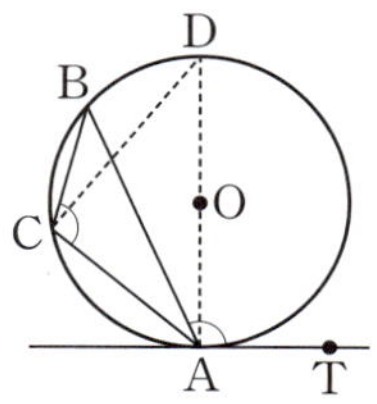

① $\overset{\frown}{\text{BD}}$　　　　② 90°　　　　③ ∠BAT
④ 90°　　　　⑤ ∠BCA

0522 ● 서술형

오른쪽 그림에서 $\overrightarrow{\text{PA}}$는 점 A에서
원 O와 접하고, 점 C는 $\overline{\text{PB}}$와 원의
교점이다. ∠CBA=33°,
∠BAT=74°일 때, ∠x와 ∠y의 크
기를 각각 구하시오.

（단, 풀이 과정을 자세히 쓰시오.)

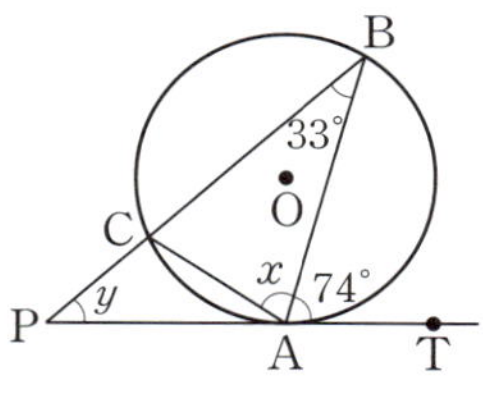

0523 ●

오른쪽 그림에서 $\overrightarrow{\text{PA}}$는 점 A에서
원 O와 접하고, 점 B는 $\overline{\text{PC}}$와 원
의 교점이다. $\overline{\text{BA}}=\overline{\text{BP}}$이고
∠BPA=38°일 때, ∠BAC의 크
기를 구하시오.

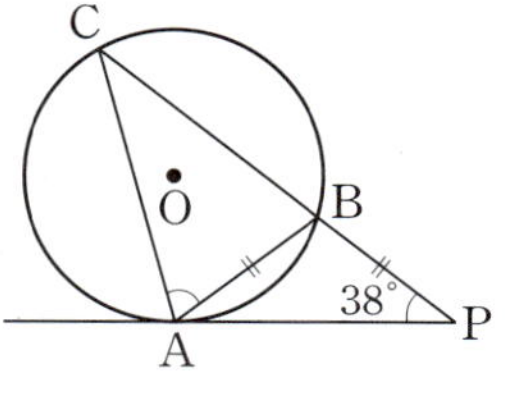

新 유형

0524

오른쪽 그림에서 $\overleftrightarrow{TB}$는 원 O의 접선
이고 점 B는 그 접점이다. 원 O가
$\triangle ABC$의 외접원이고, $\overline{AB}=6\,cm$,
$\tan x=\dfrac{3}{2}$일 때, 원 O의 넓이를 구하
시오.

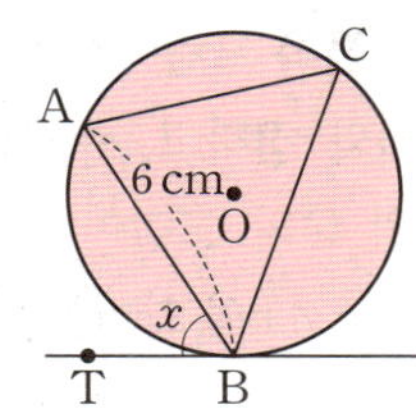

중요

유형 08 접선과 현이 이루는 각의 응용 (1)
— 원에 내접하는 사각형

직선 TB가 원의 접선일 때, 이 원에
내접하는 □ABCD에서

(1) 대각의 크기의 합은 $180°$이므로

$\angle DAB + \angle DCB = 180°$

$\angle ADC + \angle ABC = 180°$

(2) 접선과 현이 이루는 각의 성질에 의하여

$\angle ABT = \angle ACB$

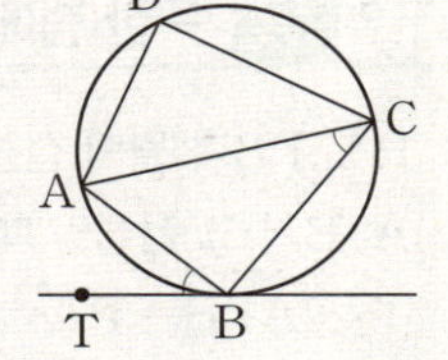

0525 **대표문제**

오른쪽 그림에서 $\overleftrightarrow{TA}$가 점 A에서
원과 접하고 $\angle ADB=45°$,
$\angle BCD=75°$일 때, $\angle x$의 크기는?

① $24°$ ② $26°$

③ $28°$ ④ $30°$

⑤ $32°$

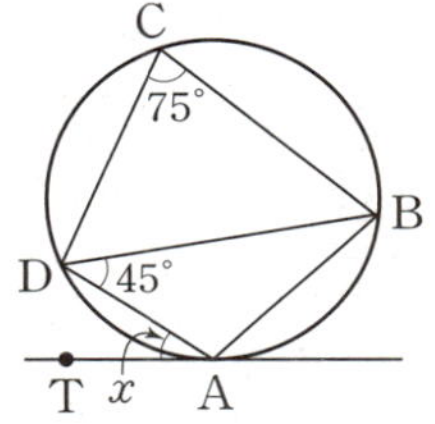

0526 **숫자 바꾼 대표문제**

오른쪽 그림에서 $\overleftrightarrow{AT}$가 점 A에서 원
과 접하고 $\angle ADC=70°$,
$\angle BAT=54°$일 때, $\angle x$의 크기는?

① $15°$ ② $16°$

③ $17°$ ④ $18°$

⑤ $19°$

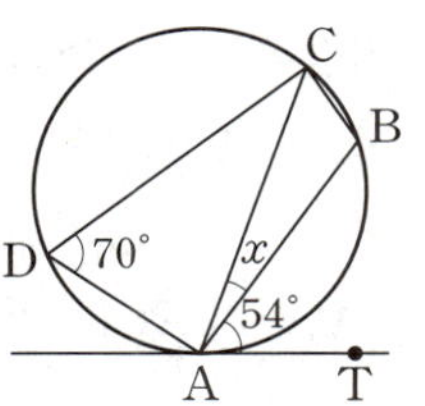

0527

오른쪽 그림에서 $\overline{PA}$가 점 A
에서 원과 접하고, 점 D는 $\overline{PC}$
와 원의 교점이다.
$\angle ABC=117°$, $\angle APD=30°$
일 때, $\angle x$의 크기를 구하시오.

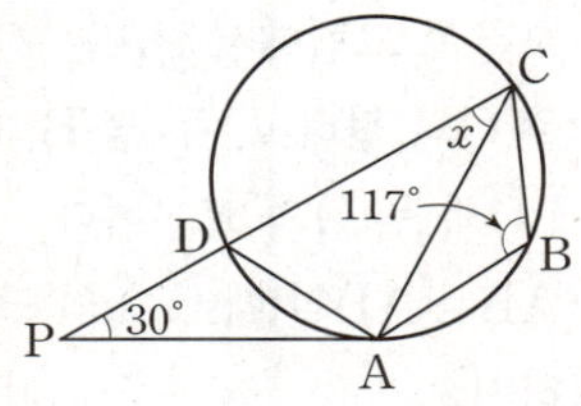

0528

오른쪽 그림에서 $\overleftrightarrow{TA}$가 점 A에서 원
과 접하고 $\angle BAC=40°$,
$\angle DAT=70°$이다. $\overparen{AB}=\overparen{CD}$일 때,
$\angle x$의 크기는?

① $33°$ ② $34°$

③ $35°$ ④ $36°$

⑤ $37°$

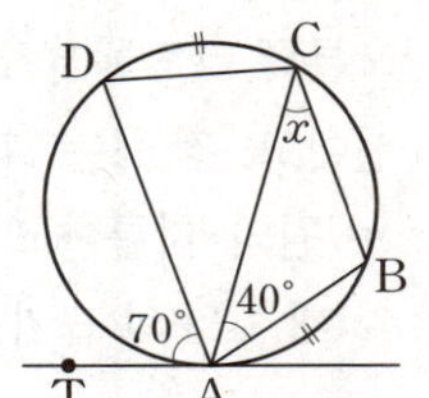

중요

유형 09 접선과 현이 이루는 각의 응용 (2)
— 할선이 원의 중심을 지날 때

$\overleftrightarrow{PT}$가 원의 접선이고 할선이 원의
중심을 지날 때

(1) $\angle ATB = 90°$

(2) $\angle ATP = \angle PBT$

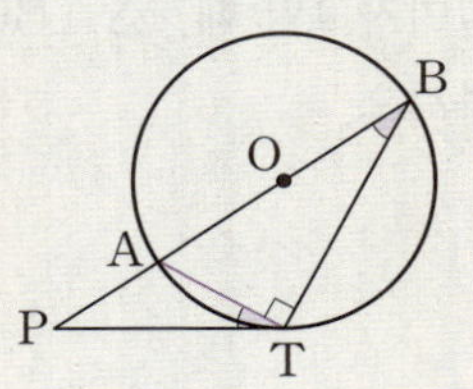

0529 **대표문제**

오른쪽 그림에서 $\overrightarrow{PA}$는 점 A에서
원 O와 접하고, 두 점 B, C는 $\overrightarrow{PO}$와
원 C의 교점이다. $\angle ABC=26°$일
때, $\angle x$의 크기는?

① $38°$ ② $39°$

③ $40°$ ④ $41°$

⑤ $42°$

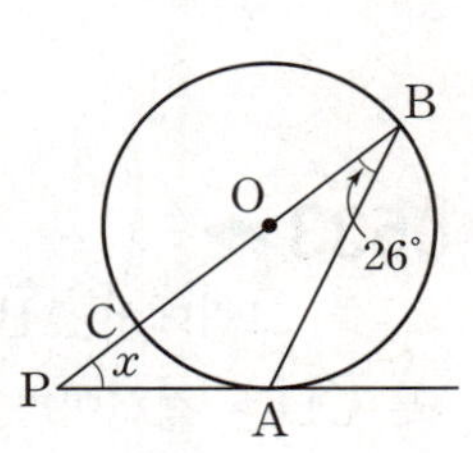

0530 초건바꾼 대표문제

오른쪽 그림에서 $\overrightarrow{PA}$는 점 A에서 원 O와 접하고, 두 점 B, C는 $\overline{PO}$와 원 O의 교점이다. $\overline{AB}=\overline{AP}$일 때, $\angle x$의 크기를 구하시오.

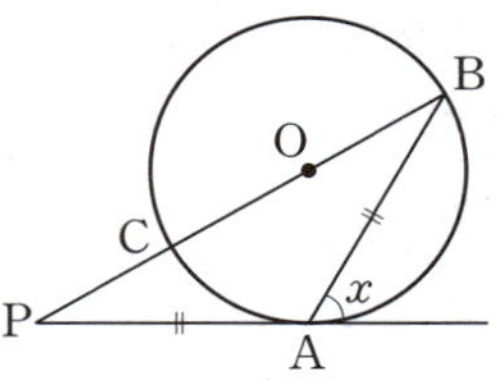

0531 ◖▬

오른쪽 그림에서 $\overrightarrow{TB}$는 원 O의 접선이고, 점 B는 그 접점이다. $\overline{AD}$는 원의 지름이고 $\angle BCD=125°$일 때, $\angle x$의 크기를 구하시오.

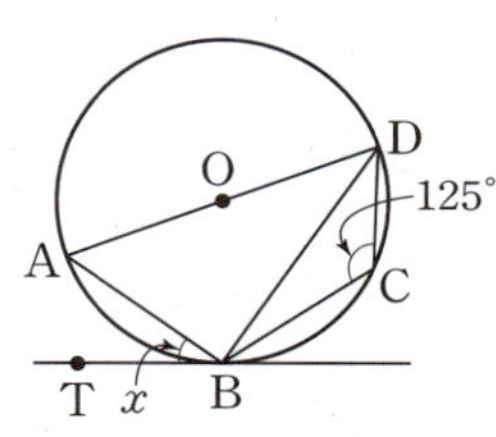

0532 ◖▬▬ ✏서술형

오른쪽 그림에서 $\overrightarrow{AP}$는 점 A에서 원 O와 접하고, $\overline{BC}$는 원 O의 지름이다. $\angle BAP=45°$이고 원 O의 반지름의 길이가 4일 때, $\triangle ABC$의 넓이를 구하시오.

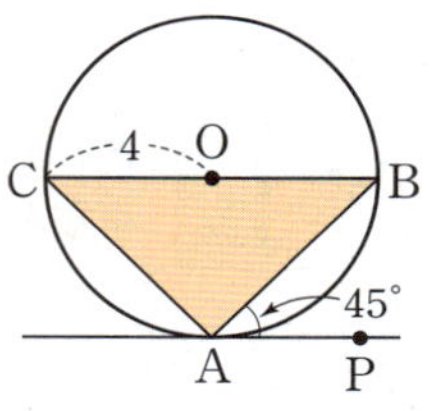

(단, 풀이 과정을 자세히 쓰시오.)

0533 ◖▬

오른쪽 그림에서 $\overline{AB}$는 원 O의 지름이고, $\overleftrightarrow{CD}$는 접선이다. $\angle BDC=90°$이고 $\overline{AB}=6$, $\overline{BD}=4$일 때, $\overline{BC}$의 길이를 구하시오. (단, 점 C는 접점이다.)

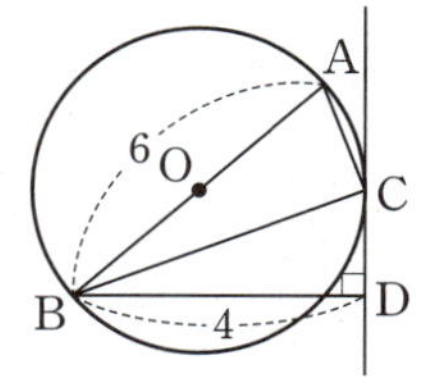

0534 ◖▬

오른쪽 그림에서 $\overrightarrow{PA}$는 점 A에서 원 O와 접하고, 두 점 B, D는 $\overline{PO}$와 원 O의 교점이다. $\angle APB=50°$일 때, $\angle x$의 크기는?

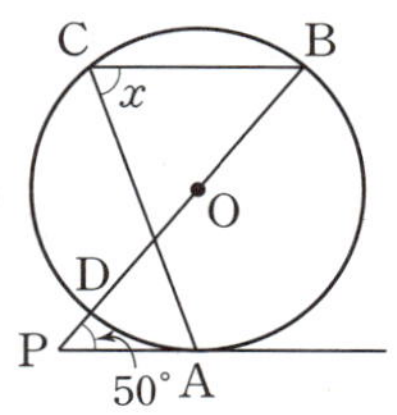

① 66° ② 68°

③ 70° ④ 72°

⑤ 74°

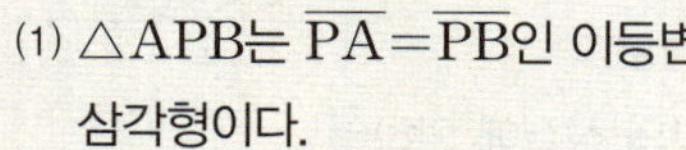

접선과 현이 이루는 각의 응용 (3) – 한 점에서 그은 두 접선

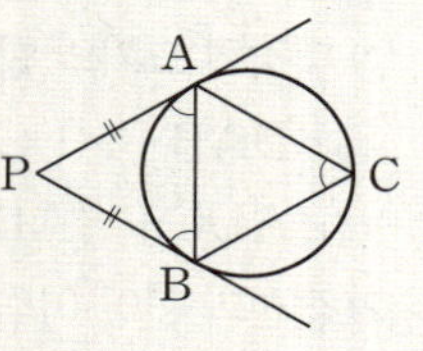

$\overline{PA}$, $\overline{PB}$가 원의 접선이고, 두 점 A, B가 그 접점일 때

(1) $\triangle APB$는 $\overline{PA}=\overline{PB}$인 이등변 삼각형이다.

(2) $\angle PAB=\angle PBA=\angle ACB$

0535 , 대표문제

오른쪽 그림과 같이 원 밖의 한 점 P에서 원에 그은 두 접선의 접점을 A, C라 하자. $\angle APC=80°$, $\angle BAD=65°$일 때, $\angle x$의 크기를 구하시오.

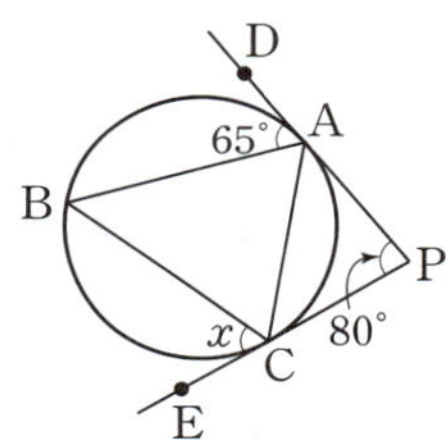

0536 초건바꾼 대표문제

오른쪽 그림과 같이 $\triangle ABC$는 원에 외접하고, $\triangle DEF$는 원에 내접한다. $\angle DBE=70°$, $\angle DEF=60°$일 때, $\angle x+\angle y$의 값은?

(단, 세 점 D, E, F는 접점이다.)

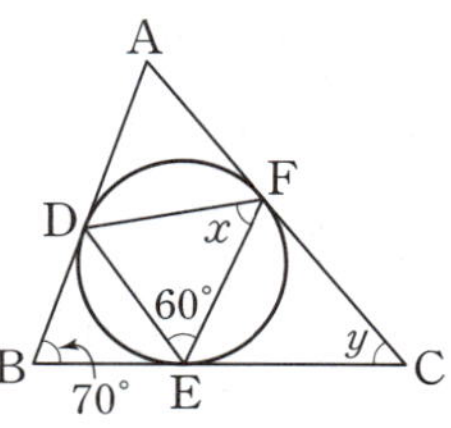

① 95° ② 100° ③ 105°

④ 110° ⑤ 115°

0537

오른쪽 그림과 같이 $\overrightarrow{PA}$, $\overrightarrow{PB}$는
접선이고, 두 점 A, B는 그 접
점이다. $\angle APB = 40°$이고
$\overset{\frown}{AC} : \overset{\frown}{BC} = 3 : 2$일 때,
$\angle BAC$의 크기를 구하시오.

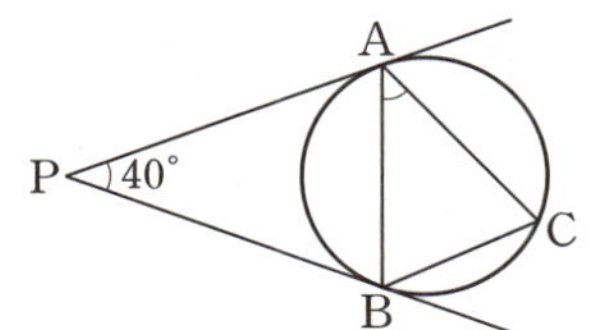

0538

오른쪽 그림과 같이 원 밖의 한 점 P에
서 원에 그은 두 접선의 접점을 A, D라
하자. $\angle APD = 50°$이고
$\overset{\frown}{AB} : \overset{\frown}{BC} : \overset{\frown}{CD} = 2 : 2 : 1$일 때,
$\angle ADC$의 크기를 구하시오.

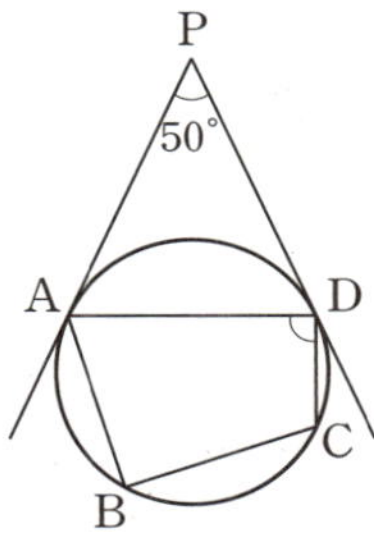

유형 11 · 두 원에서 접선과 현이 이루는 각 · 발전

$\overrightarrow{PQ}$가 두 원의 공통인 접선이고, 점 T가 그 접점일 때

(1) $\angle A = \angle BTQ = \angle DTP$
$\qquad = \angle C$

➡ 엇각의 크기가 같으므로
$\overline{AB} /\!/ \overline{CD}$

(2) $\angle A = \angle BTQ = \angle CDT$

➡ 동위각의 크기가 같으므로
$\overline{AB} /\!/ \overline{CD}$

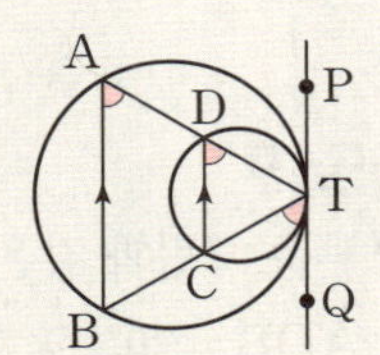

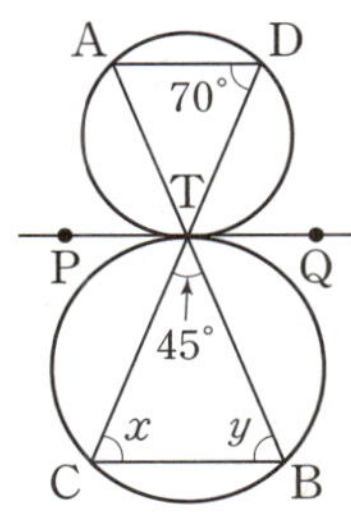

0539 · 대표문제

오른쪽 그림에서 $\overrightarrow{PQ}$는 두 원의 공통인
접선이고, 점 T는 그 접점이다.
$\angle ADT = 70°$, $\angle BTC = 45°$일 때,
$\angle x - \angle y$의 값을 구하시오.

0540 · 초건 바꾼 대표문제

오른쪽 그림과 같이 두 원이 점 T에서
접하고, $\overrightarrow{ET}$는 두 원의 공통인 접선이
다. $\angle ABT = 63°$일 때, $\angle x + \angle y$의
값을 구하시오.

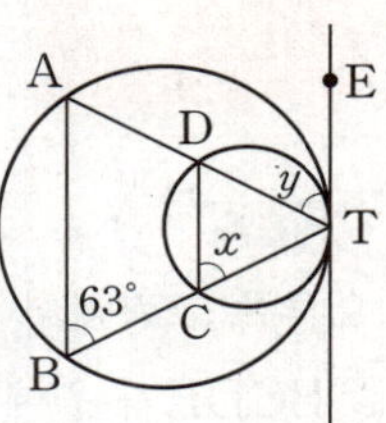

0541

오른쪽 그림과 같이 원 O와 원
O′이 점 P에서 접하고 $\overrightarrow{EF}$가
두 원의 공통인 접선일 때, 다음
중 크기가 나머지 넷과 다른 하
나는?

① $\angle CAP$ ② $\angle CPF$ ③ $\angle EPD$

④ $\angle PDB$ ⑤ $\angle DBP$

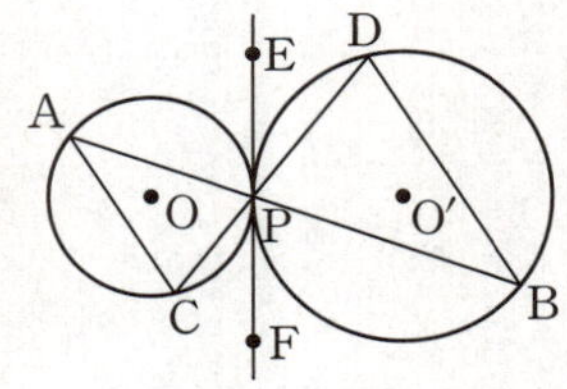

0542

오른쪽 그림과 같이 원 O와 원
O′이 점 P에서 접하고, $\overrightarrow{EF}$는 공
통인 접선이다. $\angle CAP = 35°$,
$\angle BDP = 60°$일 때, $\angle APC$의
크기를 구하시오.

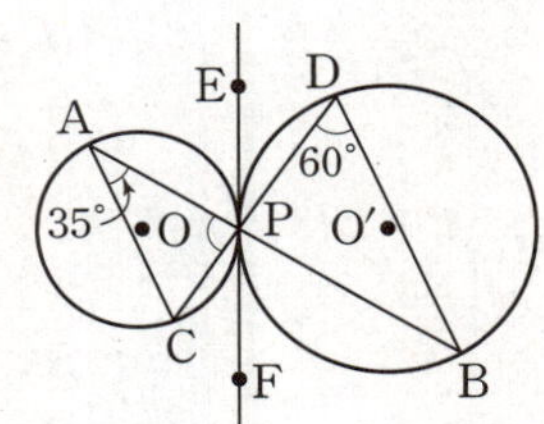

0543

오른쪽 그림과 같이 두 원이 점 T에서
접하고, $\overrightarrow{ET}$는 두 원의 공통인 접선이
다. $\angle BAT = 55°$일 때, 다음 중 옳지
않은 것을 모두 고르면? (정답 2개)

① $\angle ETD = \angle DCT$

② $\triangle TAB \backsim \triangle TDC$

③ $\overline{DT} : \overline{DC} = \overline{BT} : \overline{AB}$

④ $\angle DTC + \angle DTE = 110°$

⑤ $\square ABCD$는 사다리꼴이다.

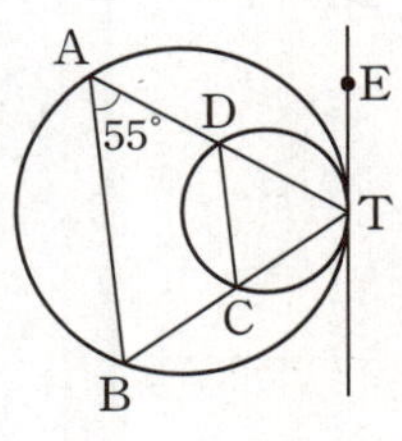

0544

·유형 01

오른쪽 그림에서 □ABCD와
□BCDE가 원에 내접할 때, ∠x의
크기는?

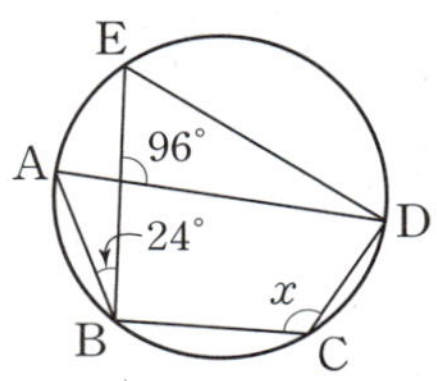

① 105°　　② 110°
③ 115°　　④ 120°
⑤ 125°

0545

·유형 01

오른쪽 그림과 같이 □ABCD가 원에
내접하고, ∠BAD＝120°이다.
$\overline{BC}$＝6, $\overline{CD}$＝5일 때, △BCD의 넓
이를 구하시오.

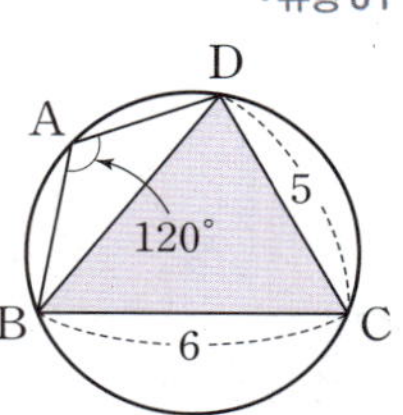

0546

·유형 02

오른쪽 그림에서 ∠DAP＋∠DCQ의
값을 구하시오.

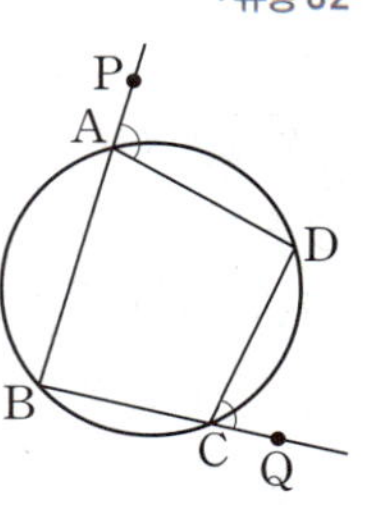

0547

·유형 03

다음 |보기| 중 □ABCD가 원에 내접하는 것을 모두 고르
시오.

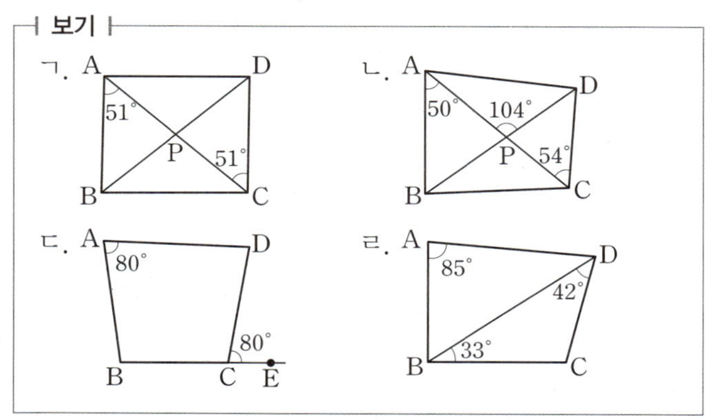

0548 창의력➕

·유형 04

오른쪽 그림과 같이 8명의 학생
이 한 원 위에 서 있다. 이때 인
지, 정선, 정미, 중호가 각각 양
옆의 친구들과 이루는 각의 크
기의 합을 구하시오.

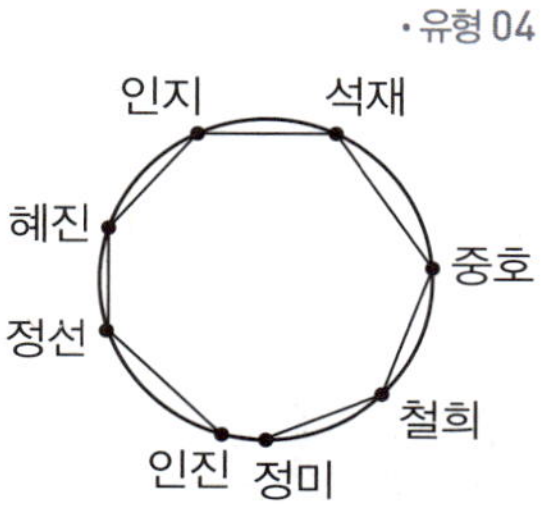

0549

·유형 04

오른쪽 그림과 같은 원 O에서
∠AOB＝30°, ∠AFE＝120°,
∠CDE＝115°일 때, ∠BEC의 크기
를 구하시오.

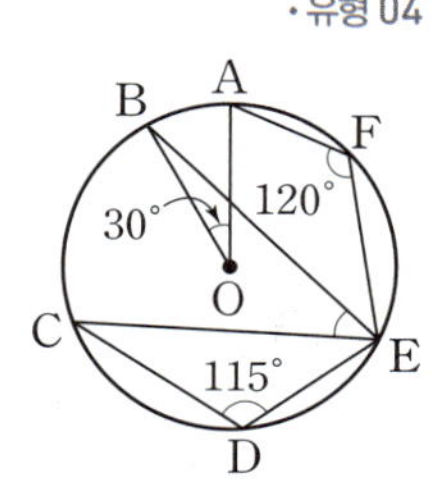

0550
·유형 05

오른쪽 그림과 같이 □ABCD가 원에 내접하고 ∠BCD=127°, ∠APD=37°일 때, ∠x의 크기를 구하시오.

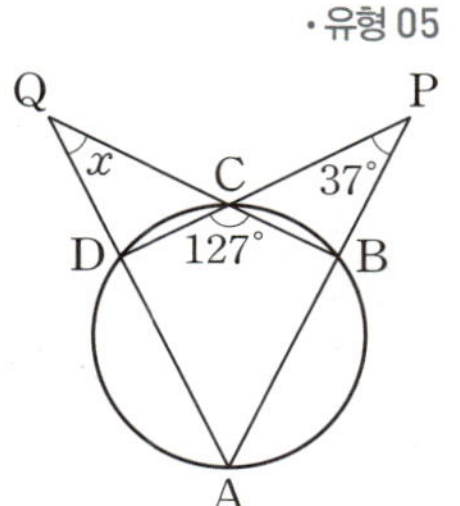

0551
·유형 06

오른쪽 그림에서 두 점 P, Q는 두 원의 교점이고 ∠PAD=∠BCQ=82°일 때, 다음 중 옳지 <u>않은</u> 것을 모두 고르면? (정답 2개)

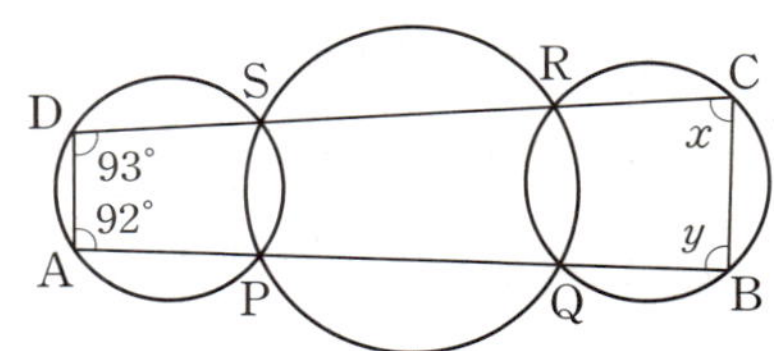

① ∠ABC=82°

② ∠APQ=82°

③ $\overline{AD}$=2이면 $\overline{BC}$=2이다.

④ □ABCD는 평행사변형이다.

⑤ 네 점 A, B, C, D는 한 원 위에 있다.

0552
·유형 06

다음 그림에서 네 점 P, Q, R, S는 원의 교점이고 ∠ADS=93°, ∠DAP=92°일 때, ∠x와 ∠y의 크기를 각각 구하시오.

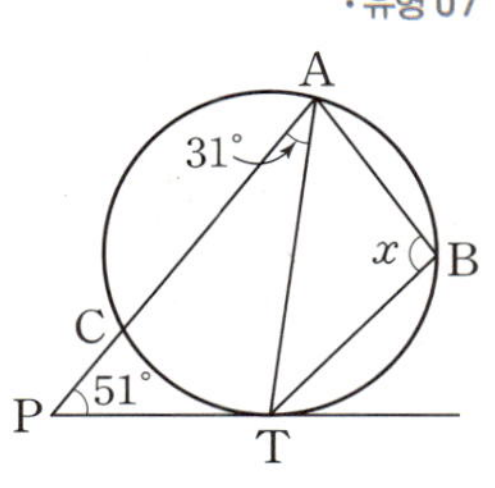

0553
·유형 07

오른쪽 그림에서 $\overrightarrow{PT}$는 원의 접선이고, 점 T는 그 접점이다. ∠APT=51°, ∠PAT=31°일 때, ∠x의 크기를 구하시오.

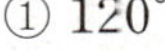

0554
·유형 07

오른쪽 그림에서 $\overleftrightarrow{AT}$는 점 A에서 원과 접하고 $\overarc{AB}:\overarc{BC}:\overarc{CA}=9:5:4$일 때, ∠BAT의 크기를 구하시오.

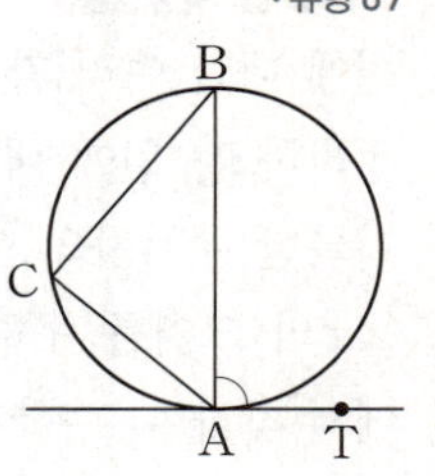

0555
·유형 09

오른쪽 그림에서 $\overline{BC}$는 원 O의 지름이고, $\overrightarrow{PT}$는 접선이다. ∠PTB=64°일 때, ∠x+∠y의 값은?

① 26°　　② 32°

③ 42°　　④ 46°

⑤ 52°

0556
·유형 09

오른쪽 그림과 같이 $\overline{AB}$를 지름으로 하는 반원 O에 $\overline{OB}$를 지름으로 하는 반원 O′이 접한다. $\overline{AC}$가 점 D에서 반원 O′과 접하고 ∠BAC=32°일 때, ∠x와 ∠y의 크기를 각각 구하시오.

0557
·유형 10

오른쪽 그림과 같이 □ABCD가 원에 내접하고, □EFGH가 원에 외접한다. ∠AFB=100°일 때, ∠x+∠y+∠z의 값은?

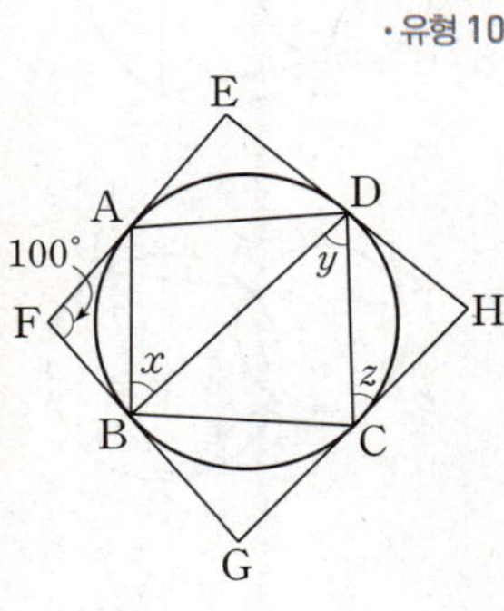

① 120°　　② 140°

③ 160°　　④ 180°

⑤ 200°

0558 창의력➕
·유형 07, 08, 10

원에 대한 여러 가지 성질을 11개의 정리와 37개의 명제로
정리하고, 원에 내접 또는 외접하는 사각형에 대한 성질을
기록한 수학자의 이름이 ❶❷❸❹이다. 다음 그림에서
∠x의 크기를 구하고, 그 크기에 해당하는 글자를 암호판
에서 찾아 이 수학자의 이름을 말하시오.

(단, 두 점 A, B는 접점이고, $\overrightarrow{TA}$, $\overrightarrow{TB}$는 접선이다.)

❶ 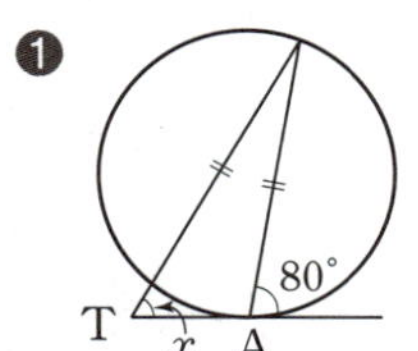

❷ 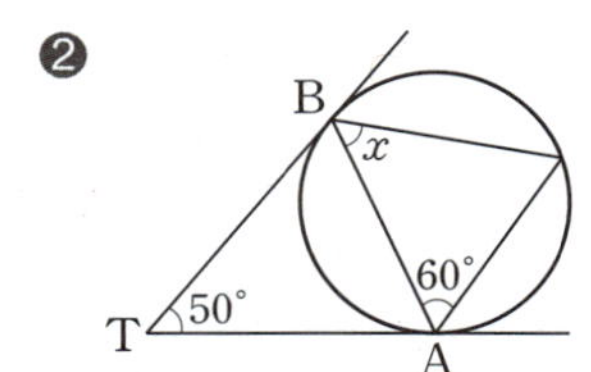

❸ 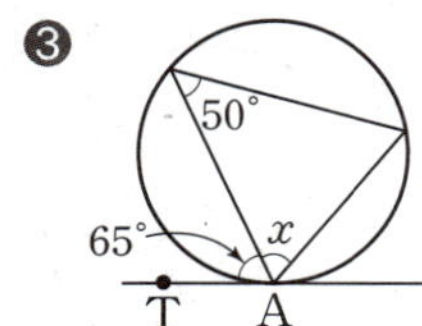

❹ 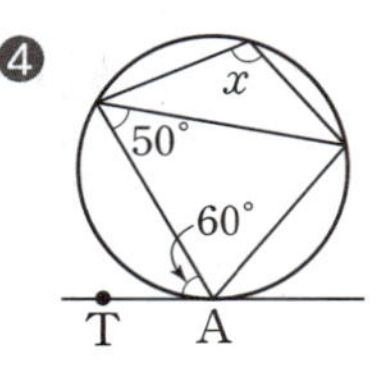

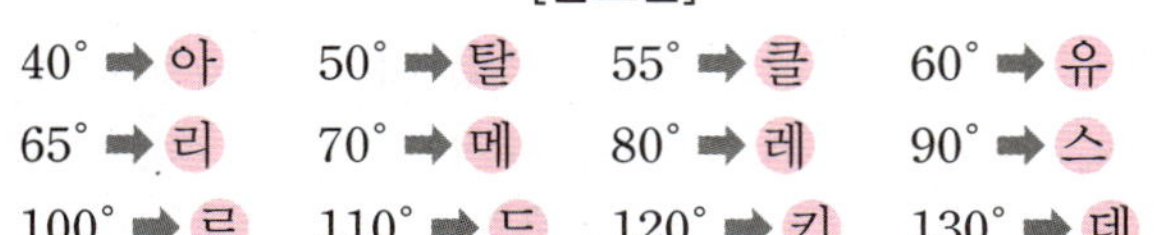

[암호판]

40° ➡ 아	50° ➡ 탈	55° ➡ 클	60° ➡ 유
65° ➡ 리	70° ➡ 메	80° ➡ 레	90° ➡ 스
100° ➡ 르	110° ➡ 드	120° ➡ 키	130° ➡ 데

0559
·유형 06, 11

다음 중 $\overline{AB}$와 $\overline{CD}$가 서로 평행하지 <u>않은</u> 것을 모두 고르면?

(단, 네 점 P, Q, R, S는 교점이고, 점 T는 접점이다.)

(정답 2개)

① 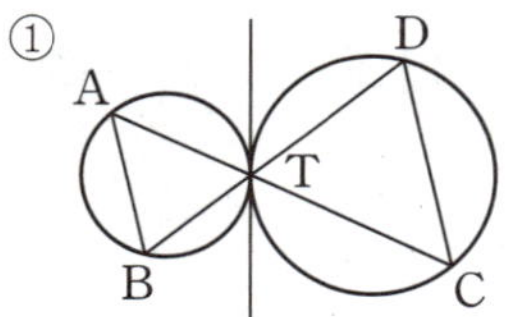

② 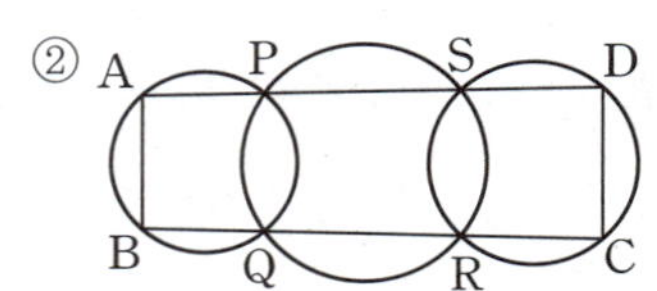

③ 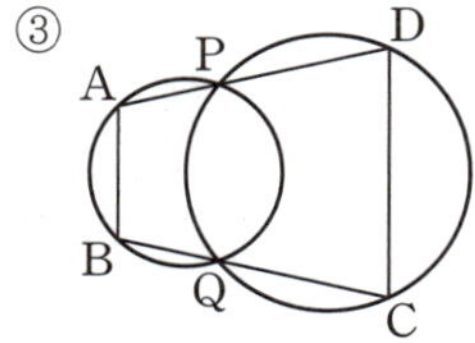

④ 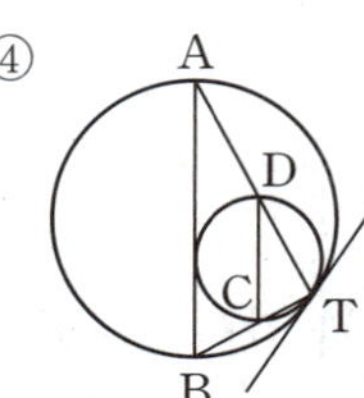

⑤ 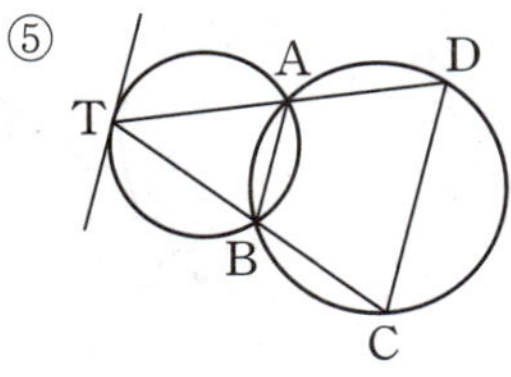

0560
·유형 03

오른쪽 그림과 같이 □ABCD의
네 내각의 이등분선의 교점을 각
각 P, Q, R, S라 할 때,
□PQRS가 원에 내접함을 설명
하시오. (단, 풀이 과정을 자세히 쓰시오.)

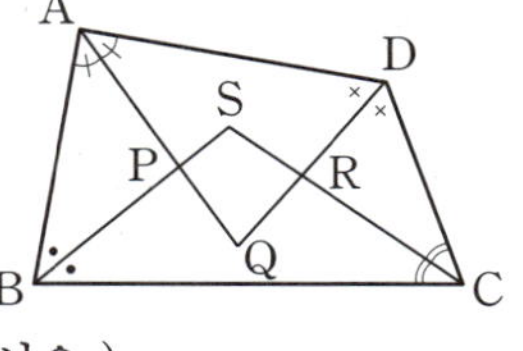

✔ **필요 개념 및 공식**

☐ 사각형이 원에 내접하기 위한 조건

풀이

답

0561
·유형 09

오른쪽 그림과 같이 $\overrightarrow{PA}$가 점 A에서
원 O와 접하고, 두 점 B, C는 $\overrightarrow{PO}$와
원 O의 교점이다. $\overrightarrow{PA} /\!/ \overline{CD}$이고
∠BAP=25°일 때, ∠x의 크기를 구
하시오.

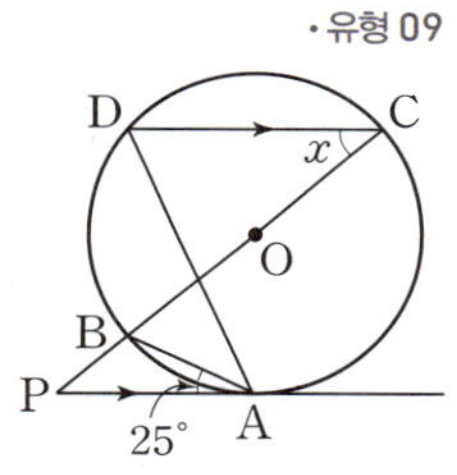

(단, 풀이 과정을 자세히 쓰시오.)

✔ **필요 개념 및 공식**

☐ 접선과 현이 이루는 각　　☐ 평행선의 성질

풀이

답

06

대푯값과 산포도

06. 대푯값과 산포도

1 대푯값

(1) **대푯값**: 자료 전체의 중심 경향이나 특징을 대표적으로 나타내는 값

(2) **대푯값의 종류**

① 평균: 전체 변량의 총합을 변량의 개수로 나눈 값 ← $(평균)=\dfrac{(전체\ 변량의\ 총합)}{(변량의\ 개수)}$

② 중앙값: 자료의 변량을 작은 값부터 크기순으로 나열할 때, 한가운데 있는 값

- 변량의 개수가 홀수이면 한가운데 있는 값이 중앙값이다.
- 변량의 개수가 짝수이면 한가운데 있는 두 값의 평균이 중앙값이다.

  예 • 자료가 2, 3, 4, 5, 6인 경우에 중앙값은 4이다.
  - 자료가 2, 4, 6, 7, 8, 10인 경우에 중앙값은 $\dfrac{6+7}{2}=6.5$이다.

③ 최빈값: 자료의 변량 중에서 가장 많이 나타난 값

- 변량의 도수가 모두 같을 때, 최빈값은 없다.
- 변량의 도수가 모두 같지 않을 때, 도수가 가장 큰 값이 한 개 이상 있으면 그 값이 모두 최빈값이다.

  예 • 자료가 2, 4, 5, 7, 9인 경우에 최빈값은 없다.
  - 자료가 2, 4, 4, 5, 6, 6, 7인 경우에 최빈값은 4, 6이다.

- 일반적으로 대푯값으로 가장 많이 사용되는 것은 평균이지만 자료에 극단적인 값이 있는 경우에는 중앙값이 자료의 중심 경향을 더 잘 나타낸다. 한편 변량의 개수가 많고 자료에 변량이 중복되어 나타나는 경우에는 최빈값이 자료의 중심 경향을 더 잘 나타낸다.

- **변량의 개수가 n개인 자료의 중앙값**
  (1) n이 홀수이면
  → $\dfrac{n+1}{2}$번째 변량
  (2) n이 짝수이면
  → $\dfrac{n}{2}$번째와 $\left(\dfrac{n}{2}+1\right)$번째 변량의 평균

2 산포도

(1) **산포도**: 변량들이 흩어져 있는 정도를 하나의 수로 나타낸 값

변량들이 대푯값을 중심으로

① 모여 있을수록 산포도는 작아진다.

② 멀리 흩어져 있을수록 산포도는 커진다.

(2) **편차**: 각 변량에서 평균을 뺀 값

→ (편차)=(변량)−(평균)

① 편차의 합은 항상 0이다.

② 평균보다 큰 변량의 편차는 양수이고, 평균보다 작은 변량의 편차는 음수이다.

③ 편차의 절댓값이 클수록 그 변량은 평균에서 멀리 떨어져 있고, 편차의 절댓값이 작을수록 그 변량은 평균 가까이에 있다.

(3) **분산과 표준편차**

① 분산: 편차의 제곱의 총합을 변량의 개수로 나눈 값, 즉 편차의 제곱의 평균

→ $(분산)=\dfrac{\{(편차)^2의\ 총합\}}{(변량의\ 개수)}$

② 표준편차: 분산의 음이 아닌 제곱근

→ $(표준편차)=\sqrt{(분산)}$

참고 분산과 표준편차가 작을수록 변량들이 평균 가까이에 모여 있으므로 자료의 분포 상태가 고르다고 할 수 있다.

- 산포도가 작다.
  → 변량이 평균 가까이에 밀집되어 있다.
  → 변량 간의 격차가 작다.
  → 자료의 분포 상태가 고르다.

- 분산에는 단위를 붙이지 않으며, 표준편차의 단위는 변량의 단위와 같다.

- **표준편차를 구하는 순서**
  평균 → 편차 → (편차)^{2}의 총합 → 분산 → 표준편차

1 대푯값

[0562~0565] 다음 자료의 평균을 구하시오.

0562 4, 8, 3, 3, 7

0563 9, 6, 5, 11, 8, 3

0564 77, 86, 80, 85, 95, 93

0565 17, 19, 20, 21, 23, 25, 23, 20

[0566~0569] 다음 자료의 중앙값을 구하시오.

0566 120, 70, 80, 90, 70

0567 5, 3, 9, 7, 8, 4

0568 8, 6, 9, 6, 12, 3, 5, 11

0569 82, 96, 67, 94, 86, 68, 75

[0570~0573] 다음 자료의 최빈값을 구하시오.

0570 4, 3, 9, 3, 6, 1

0571 12, 20, 18, 15, 17

0572 3, 2, 2, 1, 6, 5, 2

0573 8, 9, 9, 3, 8, 3, 9, 10, 8, 10

[0574~0576] 다음은 학생 7명의 턱걸이 횟수를 조사하여 나타낸 자료이다. 물음에 답하시오.

(단위: 회)

7, 15, 11, 6, 8, 7, 9

0574 평균을 구하시오.

0575 중앙값을 구하시오.

0576 최빈값을 구하시오.

2 산포도

0577 다음은 5개의 수 3, 4, 5, 6, 7로 이루어진 자료의 분산과 표준편차를 각각 구하는 과정이다. ☐ 안에 알맞은 수를 쓰시오.

자료의 평균이 5이므로 각 자료의 값의 편차와 (편차)^{2}의 합을 각각 구하면 다음 표와 같다.

자료	3	4	5	6	7	합계
편차	-2	-1	0	1	2	0
(편차)^2	4	1	0	1	4	10

따라서

(분산) = {(편차)^{2}의 평균}

$= \dfrac{\{(편차)^2의\ 총합\}}{5} = \dfrac{\boxed{}}{5}$

$= \boxed{}$

(표준편차) $= \sqrt{(분산)} = \boxed{}$

[0578~0583] 다음 자료의 분산과 표준편차를 각각 구하시오.

0578 2, 4, 6, 8, 10

0579 3, 7, 8, 8, 9

0580 6, 7, 4, 13, 10

0581 7, 10, 11, 15, 8, 9

0582 4, 7, 2, 5, 7, 4, 9, 2

0583 80, 86, 98, 78, 92, 88, 76, 74

[0584~0585] 오른쪽 표는 두 반의 영어 성적의 평균과 표준편차를 나타낸 것이다. 이 표에 대한 설명으로 옳은 것은 ○표를, 옳지 않은 것은 ×표를 ( ) 안에 쓰시오.

반	1	2
평균(점)	72	72
표준편차(점)	$\sqrt{15}$	$\sqrt{30}$

0584 1반의 성적이 2반의 성적보다 우수하다. ( )

0585 1반의 성적이 2반의 성적보다 고르다. ( )

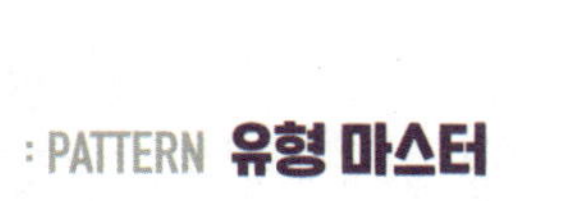

: PATTERN 유형 마스터

유형 01 평균

변량의 총합을 변량의 개수로 나눈 값을 평균이라 한다.

➡ (평균)$=\dfrac{(\text{변량의 총합})}{(\text{변량의 개수})}$

0586 대표문제

3개의 변량 a, b, c의 평균이 5일 때, 5개의 변량 4, a, b, c, 11의 평균은?

① 5   ② 5.5   ③ 6

④ 6.5   ⑤ 7

0587 숫자 바꾼 대표문제

다섯 개의 변량 a, b, c, d, e의 평균이 7일 때, $a-2$, $b+4$, $c+5$, $d-3$, $e+6$의 평균은?

① 7   ② 8   ③ 9

④ 10   ⑤ 11

0588

오른쪽은 민이네 반 학생 10명의 통학 시간을 조사하여 나타낸 줄기와 잎 그림이다. 통학 시간의 평균을 구하시오.

(0|5는 5분)

줄기	잎			
0	5	6		
1	0	3	4	6
2	1	2	3	9

0589

다음 표는 윤수네 반 학생 20명의 영어 듣기 평가 점수를 조사하여 나타낸 것이다. 영어 듣기 평가 점수의 평균은?

점수(점)	12	14	16	18	20
학생 수(명)	1	3	4	9	3

① 15점   ② 15.5점   ③ 16점

④ 16.5점   ⑤ 17점

0590

다음 자료는 학생 8명이 가지고 있는 필기구의 개수를 조사하여 나타낸 것이다. 필기구의 개수의 평균이 7개일 때, x의 값을 구하시오.

(단위: 개)

2,	6,	10,	5,	x,	9,	1,	14

新 유형

0591

길이의 평균이 24 cm인 4개의 끈이 있다. 각 끈의 길이를 한 변의 길이로 하는 정삼각형 4개를 만들 때, 이 정삼각형 4개의 둘레의 길이의 평균을 구하시오.

0592

학생 12명의 수학 점수의 평균을 구하는데 79점인 어떤 학생의 점수를 잘못 보아 평균이 1점 더 높게 나왔다. 이때 79점을 몇 점으로 잘못 보았는지 구하시오.

유형 02 중앙값

(1) 중앙값: 변량을 작은 값부터 크기순으로 나열할 때,
한가운데 있는 값
(2) 중앙값 구하기
n개의 변량을 작은 값부터 크기순으로 나열할 때
① n이 홀수이면 $\dfrac{n+1}{2}$번째 변량
② n이 짝수이면 $\dfrac{n}{2}$번째와 $\left(\dfrac{n}{2}+1\right)$번째 변량의 평균

0593 대표문제

다음 자료는 지안이네 반 학생 10명의 1분 동안의 팔굽혀펴기 기록을 조사하여 나타낸 것이다. 팔굽혀펴기 기록의 중앙값을 구하시오.

(단위: 회)

29, 19, 24, 18, 13, 16, 21, 23, 16, 21

0594 표현 바꾼 대표문제

다음은 서진이네 반 학생이 하루 동안 사용한 이모티콘의 개수를 조사하여 나타낸 줄기와 잎 그림이다. 사용한 이모티콘의 개수의 중앙값은?

(0|7은 7개)

줄기	잎
0	7 9
1	0 1 2 2 3 5 6
2	0 1 1 3 3 3 4 5 5 5 8
3	1 2 2 4

① 22개　　　② 23개　　　③ 24개
④ 25개　　　⑤ 26개

0595

다음 자료 중 중앙값이 가장 큰 것은?

① 2, 2, 3, 7, 7　　　② 2, 2, 5, 6, 6, 7
③ 2, 3, 3, 5, 6, 7　　　④ 2, 3, 4, 5, 6, 7, 8
⑤ 3, 3, 5, 5, 7, 7, 9

0596

다음 자료는 두 양궁 선수 A, B가 각각 과녁판에 10번씩 활을 쏘아 얻은 점수를 조사하여 나타낸 것이다. 선수 A의 점수의 중앙값을 a점, 선수 B의 점수의 중앙값을 b점이라 할 때, $a+b$의 값은?

(단위: 점)

선수 A: 4, 8, 10, 6, 5, 10, 8, 5, 10, 7
선수 B: 10, 6, 8, 3, 3, 9, 7, 2, 6, 10

① 13　　　② 14　　　③ 15
④ 16　　　⑤ 17

0597

다음 자료 중 평균보다 중앙값을 대푯값으로 하기에 가장 적절한 것은?

① 3, 4, 5, 6, 7　　　② 7, 7, 7, 7, 7
③ 10, 20, 30, 40, 50　　　④ 12, 15, 18, 21, 24
⑤ 7, 8, 9, 10, 350

0598

학생 6명으로 이루어진 모둠이 있다. 이 모둠의 6명의 학생의 미술 점수를 작은 값부터 크기순으로 나열할 때, 3번째 점수는 86점, 중앙값은 88점이라 한다. 이 모둠에 미술 점수가 92점인 학생 한 명이 들어왔을 때, 학생 7명의 미술 점수의 중앙값을 구하시오.

유형 03 최빈값

(1) 최빈값: 변량 중에서 가장 많이 나타난 값
(2) 최빈값 구하기
  ① 변량 중에서 도수가 가장 큰 값이 한 개 이상이면
    그 값이 모두 최빈값이다.
  ② 변량의 도수가 모두 같으면 최빈값은 없다.

0599 대표문제

다음 자료는 사격 선수 20명의 사격 점수를 조사하여 나타낸 것이다. 사격 점수의 최빈값은?

(단위: 점)

4,	8,	7,	9,	5,	6,	7,	8,	5,	7
10,	10,	6,	8,	7,	5,	4,	9,	7,	8

① 4점   ② 5점   ③ 6점
④ 7점   ⑤ 8점

0600 표현 바꾼 대표문제

다음 자료는 어느 자전거 동호회 회원 12명의 나이를 조사하여 나타낸 것이다. 회원들의 나이의 중앙값을 a세, 최빈값을 b세라 할 때, $b-a$의 값은?

(단위: 세)

39,	33,	29,	35,	36,	32
31,	35,	32,	30,	35,	37

① -1 ② 0 ③ 1
④ 2 ⑤ 3

0601

오른쪽 표는 어느 반 학생들이 좋아하는 운동 경기를 조사하여 나타낸 것이다. 이 자료의 최빈값을 구하시오.

운동 경기	학생 수(명)
축구	5
농구	2
야구	3
배드민턴	7
피구	5
합계	22

0602

다음 중 옳지 <u>않은</u> 것을 모두 고르면? (정답 2개)

① 자료 전체의 중심 경향을 나타내는 값을 대푯값이라 한다.
② 대푯값에는 평균, 중앙값, 최빈값 등이 있다.
③ 최빈값은 항상 1개만 존재한다.
④ 중앙값은 항상 주어진 자료 중에 존재한다.
⑤ 자료를 작은 값부터 크기순으로 나열할 때, 한가운데 있는 값을 중앙값이라 한다.

0603

아래 표는 진희와 윤희가 5회의 단원 평가에서 얻은 점수를 조사하여 나타낸 것이다. 다음 중 옳지 <u>않은</u> 것을 모두 고르면? (정답 2개)

(단위: 점)

	1회	2회	3회	4회	5회
진희	7	7	10	9	8
윤희	7	6	8	8	9

① 진희의 점수의 최빈값이 윤희의 점수의 최빈값보다 작다.
② 윤희의 점수의 최빈값과 중앙값은 같다.
③ 진희의 점수의 평균이 윤희의 점수의 평균보다 크다.
④ 진희의 점수의 최빈값은 평균보다 크다.
⑤ 진희의 점수의 중앙값이 윤희의 점수의 중앙값보다 작다.

중요 유형 04 대푯값이 주어질 때, 변량 구하기

미지수를 포함한 자료와 그 대푯값이 주어질 때, 다음과 같이 미지수의 값을 구한다.

(1) 평균이 주어질 때

⇒ (평균)$=\dfrac{(변량의 총합)}{(변량의 개수)}$ 임을 이용한다.

(2) 중앙값이 주어질 때

⇒ 변량을 작은 값부터 크기순으로 나열한 후 변량의 개수가 홀수일 때와 짝수일 때로 나누어 문제의 조건에 맞게 식을 세운다.

(3) 최빈값이 주어질 때

⇒ 미지수인 변량이 최빈값이 되는 경우를 모두 확인한다.

0604 대표문제

민이는 4회에 걸친 음악 실기 시험에서 각각 18점, 9점, 11점, x점을 받았다. 실기 점수의 중앙값이 13점일 때, x의 값을 구하시오.

0605 조건 바꾼 대표문제

다음 자료의 평균이 5일 때, 최빈값은?

4, 5, 3, 7, x, 6, 3

① 3　　　　② 5　　　　③ 6

④ 3, 5　　　⑤ 3, 7

0606

3개의 수 15, 20, 22의 평균이 3개의 수 20, 22, x의 평균보다 5만큼 작을 때, x의 값은?

① 25　　　　② 28　　　　③ 30

④ 31　　　　⑤ 33

0607

다음 표는 어느 반 학생 20명의 일주일 동안의 인터넷 강의 시청 시간을 조사하여 나타낸 것이다. 이 자료의 평균이 3.5시간일 때, ab의 값을 구하시오.

시청 시간(시간)	1	2	3	4	5	합계
학생 수(명)	a	3	4	5	b	20

0608

다음 자료의 중앙값과 최빈값이 서로 같을 때, x의 값을 구하시오. (단, 자료의 최빈값은 1개이다.)

x, 5, 6, 7, 6, 2, 4, 7, 9, 3, 8, 5

0609 서술형

다음 |조건|을 모두 만족시키는 자연수 a의 개수를 구하시오. (단, 풀이 과정을 자세히 쓰시오.)

┌ 조건 ├

㉮ 5개의 수 9, 14, 22, 25, a의 중앙값은 22이다.

㉯ 6개의 수 24, 25, 35, 37, 38, a의 중앙값은 30이다.

新 유형

0610

다음 자료의 중앙값은 7이고 최빈값은 9로 유일할 때, $a+b+c$의 값을 구하시오.

4, 5, 5, 8, 9, a, b, c

유형 05 편차

각 변량에서 평균을 뺀 값을 편차라 한다.
➡ (편차)=(변량)−(평균)
(1) 편차의 합은 항상 0이다.
(2) 변량이 평균보다 크면 편차는 양수이고, 변량이 평균보다 작으면 편차는 음수이다.
(3) 편차의 절댓값이 클수록 변량은 평균에서 멀리 떨어져 있다.

0611 대표문제

다음 표는 어느 식당이 일주일 동안 받은 요일별 손님의 수의 편차를 나타낸 것이다. 이때 x의 값을 구하시오.

요일	월	화	수	목	금	토	일
편차(명)	-8	3	x	-14	2	20	13

0612 표현바꾼 대표문제

다음 자료는 진주네 반 학생 6명이 일주일 동안 가족과 대화한 시간의 편차를 나타낸 것이다. 이때 $x+y$의 값은?

(단위: 시간)

$$4, \quad x, \quad 1, \quad y, \quad -5, \quad -2$$

① -1 ② 0 ③ 1
④ 2 ⑤ 3

0613 ◖▬

다음 자료는 어느 야구팀이 최근 6경기에서 얻은 점수를 조사하여 나타낸 것이다. 이 자료의 편차가 될 수 <u>없는</u> 것은?

(단위: 점)

$$6, \quad 5, \quad 7, \quad 9, \quad 2, \quad 7$$

① -1점 ② 0점 ③ 1점
④ 2점 ⑤ 3점

유형 06 편차를 이용하여 변량 구하기

❶ 편차의 합이 0임을 이용하여 자료의 편차를 구한다.
❷ (변량)=(편차)+(평균)임을 이용하여 변량을 구한다.

0614 대표문제

다음 표는 학생 5명의 1분간 맥박 수의 편차를 나타낸 것이다. 맥박 수의 평균이 85회일 때, 학생 B의 1분간 맥박 수를 구하시오.

학생	A	B	C	D	E
편차(회)	-3	x	3	6	-2

0615 표현바꾼 대표문제

다음 자료는 어느 반 학생 6명의 몸무게의 편차를 나타낸 것이다. 물음에 답하시오.

(단위: kg)

$$-4, \quad -1, \quad 8, \quad x, \quad 10, \quad -4$$

(1) x의 값을 구하시오.

(2) 학생 6명의 몸무게의 평균이 $62\,$kg일 때, 몸무게의 편차가 $x\,$kg인 학생의 몸무게를 구하시오.

0616 ◖▬

혜원이네 반 학생들이 일주일 동안 암기한 영어 단어의 개수의 평균이 40개이다. 혜원이가 암기한 영어 단어의 개수의 편차가 -5개일 때, 혜원이가 암기한 영어 단어의 개수를 구하시오.

0617 ◖▬

다음 표는 학생 5명의 수학 점수의 편차를 조사하여 나타낸 것이다. 5명의 수학 점수의 평균이 87점일 때, 학생 C의 수학 점수를 구하시오.

학생	A	B	C	D	E
편차(점)	$x+7$	-1	$x-4$	x	$x+2$

유형 07 분산과 표준편차

(1) 분산: 편차의 제곱의 평균

➡ $(분산) = \dfrac{\{(편차)^2의\ 총합\}}{(변량의\ 개수)}$

(2) 표준편차: 분산의 음이 아닌 제곱근

➡ $(표준편차) = \sqrt{(분산)}$

예 편차가 $-4,\ -1,\ 2,\ 3$인 자료의

$(분산) = \dfrac{(-4)^2 + (-1)^2 + 2^2 + 3^2}{4} = \dfrac{30}{4} = 7.5$

$(표준편차) = \sqrt{7.5}$

참고 분산과 표준편차를 구하는 순서

❶ 자료의 평균 구하기

❷ $(편차) = (변량) - (평균)$

❸ $(편차)^2$의 총합 구하기

❹ $(분산) = \dfrac{\{(편차)^2의\ 총합\}}{(변량의\ 개수)}$

❺ $(표준편차) = \sqrt{(분산)}$

0618 대표문제

다음 자료는 어느 모둠의 학생 10명의 지난밤 수면 시간을 조사하여 나타낸 것이다. 학생 10명의 수면 시간의 표준편차를 구하시오.

(단위: 시간)

10, 6, 4, 5, 4, 9, 10, 7, 8, 7

0619 표현 바꾼 대표문제

아래 자료는 5회에 걸쳐 실시한 상희의 줄넘기 2단 뛰기 횟수를 조사하여 나타낸 것이다. 다음 중 옳지 <u>않은</u> 것은?

(단위: 회)

5, 9, 8, 10, 8

① 평균은 8회이다.

② 편차의 총합은 0이다.

③ 편차의 제곱의 총합은 14이다.

④ 분산은 2.8이다.

⑤ 표준편차는 3회이다.

0620

다음 표는 학생 5명의 중간고사 수학 점수를 조사하여 나타낸 것이다. 이때 A, B, C의 값을 각각 구하시오.

	진희	윤지	동주	석민	민건
점수(점)	85	90	82	90	78
평균(점)			A		
편차(점)		B			
$(편차)^2$					
분산			C		

0621

다음 자료는 어느 해 전국 티볼 대회에 출전한 A중학교의 5번의 예선 경기에서 얻은 점수의 편차를 나타낸 것이다. 예선 경기에서 얻은 점수의 분산과 표준편차를 각각 구하시오.

(단위: 점)

3, -4, 5, -1, -3

0622

다음 중 옳은 것을 모두 고르면? (정답 2개)

① 편차의 합은 항상 0보다 크다.

② 편차의 합이 작을수록 분산이 작아진다.

③ 분산은 편차를 제곱한 값의 평균이다.

④ 분산이 다른 두 자료는 평균도 다르다.

⑤ 각 변량이 평균에서 멀리 떨어져 있을수록 산포도가 크다.

0623

아래 표는 학생 6명의 키의 편차를 나타낸 것이다. 다음 |보기| 중 옳은 것을 모두 고른 것은?

학생	A	B	C	D	E	F
편차(cm)	1	3	-2		-3	4

┤ 보기 ├

ㄱ. A와 C의 키의 차는 $2\,\mathrm{cm}$이다.
ㄴ. D와 E의 키는 서로 같다.
ㄷ. 학생 6명의 키의 표준편차는 $2\sqrt{2}\,\mathrm{cm}$이다.
ㄹ. 키가 가장 큰 학생은 F이다.

① ㄱ, ㄴ　　　　② ㄱ, ㄷ　　　　③ ㄴ, ㄹ
④ ㄱ, ㄷ, ㄹ　　　⑤ ㄴ, ㄷ, ㄹ

0624

다음 4개의 변량의 표준편차가 $\sqrt{\dfrac{a}{2}}$일 때, 자연수 a의 값은?

$$x+4, \quad x+1, \quad x, \quad x-1$$

① 1　　　　　② 3　　　　　③ 5
④ 7　　　　　⑤ 9

0625 서술형

7개의 변량 -4, 3, 5, a, 3, -2, b의 평균이 1이고 중앙값이 2일 때, 분산을 구하시오.

(단, $a<b$이고, 풀이 과정을 자세히 쓰시오.)

0626

다음 표는 영주를 포함한 어느 반 학생 5명 각각의 학교 급식 만족도에서 영주의 학교 급식 만족도를 뺀 값을 나타낸 것이다. 이 학생 5명의 학교 급식 만족도의 표준편차를 구하시오.

(단위: 점)

학생	민수	지안	영주	우빈	민아
{(만족도)−(영주의 만족도)}	-5	-1	0	-7	3

新 유형

0627

다음은 A, B 두 자료의 분포를 조사하여 나타낸 막대그래프이다. A, B 두 자료의 표준편차가 같을 때, $\dfrac{b}{a}$의 값을 구하시오. (단, a, b는 자연수)

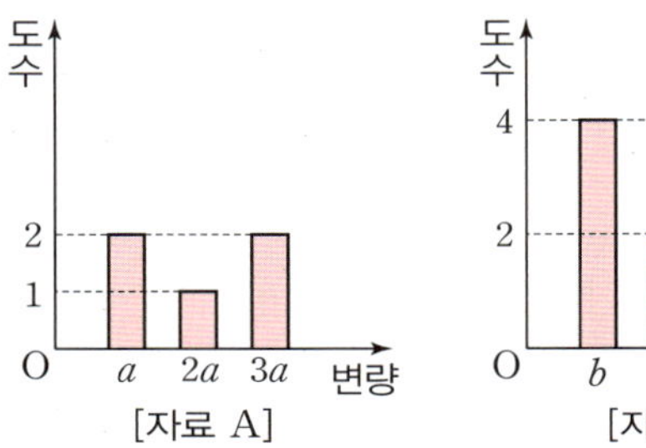

0628

4개의 변량 a, b, c, d의 합이 16이고, 각 변량의 제곱의 합이 72이다. 이때 a, b, c, d의 표준편차는?

① $\sqrt{2}$　　　　② $\sqrt{3}$　　　　③ 2
④ $\sqrt{5}$　　　　⑤ $\sqrt{6}$

유형 08 평균과 분산을 이용하여 식의 값 구하기 (중요)

4개의 변량 x, y, z, w의 평균이 m이고 분산이 s^2이면

(1) $\dfrac{x+y+z+w}{4}=m$

   ➡ $x+y+z+w=4m$

(2) $\dfrac{(x-m)^2+(y-m)^2+(z-m)^2+(w-m)^2}{4}=s^2$

   ➡ $(x-m)^2+(y-m)^2+(z-m)^2+(w-m)^2=4s^2$

0629 대표문제

5개의 변량 2, 4, x, 7, y의 평균이 4이고 분산이 2.8일 때, x^2+y^2의 값을 구하시오.

0630 표현 바꾼 대표문제

다음 표는 10월의 어느 날 우리나라 5개 도시의 기온을 조사하여 나타낸 것이다. 5개 도시의 기온의 평균이 16 ℃이고 표준편차가 $2\sqrt{10}$ ℃일 때, a^2+b^2의 값은?

도시	서울	대전	전주	부산	제주
기온(℃)	a	12	16	b	28

① 290   ② 292   ③ 294

④ 296   ⑤ 298

0631

5개의 변량의 편차는 -4, a, 3, b, 0이고 표준편차가 $\sqrt{6}$일 때, ab의 값은?

① -2 ② -1 ③ 1

④ 2   ⑤ 4

유형 09 변화된 변량의 평균과 표준편차 (발전)

n개의 변량 x_1, x_2, $\cdots$, x_n의 평균이 m, 표준편차가 s일 때, 변화된 변량 ax_1+b, ax_2+b, $\cdots$, ax_n+b (a, b는 상수)에 대하여

   (평균)$=am+b$, (분산)$=a^2s^2$, (표준편차)$=|a|s$

참고 변량에 일정한 수를 더하거나 빼어도 분산과 표준편차에는 영향을 주지 않는다.

0632 대표문제

3개의 변량 x, y, z의 평균이 8이고 분산이 3일 때, $x+5$, $y+5$, $x+5$의 분산을 구하시오.

0633 조건 바꾼 대표문제

3개의 변량 a, b, c의 평균이 5이고 표준편차가 2일 때, $3a+1$, $3b+1$, $3c+1$의 표준편차를 구하시오.

0634 서술형

3개의 수 a, b, c의 평균이 10이고 표준편차가 6일 때, $3a$, $3b$, $3c$의 평균은 m, 표준편차는 n이다. 이때 $m-n$의 값을 구하시오. (단, 풀이 과정을 자세히 쓰시오.)

0635

4개의 변량 a, b, c, d의 평균이 10이고 분산이 5일 때, $2a-1$, $2b-1$, $2c-1$, $2d-1$의 평균과 분산을 각각 구하시오.

유형 10 두 집단 전체의 분산과 표준편차 〔발전〕

평균이 같은 두 집단 A, B의 도수와 표준편차가 오른쪽 표와 같을 때

집단	A	B
도수	a	b
표준편차	x	y

(1) (두 집단 전체의 분산)

$$= \frac{\{(편차)^2의\ 총합\}}{(도수의\ 총합)} = \frac{ax^2+by^2}{a+b}$$

(2) (두 집단 전체의 표준편차)$= \sqrt{\dfrac{ax^2+by^2}{a+b}}$

0636 대표문제

오른쪽 표는 남학생 18명과 여학생 22명의 영어 성적의 평균과 표준편차를 조사하여 나타낸 것이다. 이때 전체 학생 40명의 영어 성적의 표준편차를 구하시오.

학생	남	여
평균(점)	68	68
표준편차(점)	$\sqrt{5}$	5

0637 표현 바꾼 대표문제

프로 야구 왼손 타자 10명과 오른손 타자 20명의 홈런 개수를 비교하였더니, 왼손 타자와 오른손 타자의 홈런 개수의 평균이 같고 왼손 타자와 오른손 타자의 홈런 개수의 표준편차는 각각 $\sqrt{6}$개, 3개이었다. 이때 전체 타자 30명의 홈런 개수의 표준편차를 구하시오.

0638 〔●〕

오른쪽 표는 3학년 1반, 2반 학생들의 하루 동안의 스마트폰 사용 시간의 평균과 표준편차를 조사하여 나타낸 것이다. 다음 중 옳지 <u>않은</u> 것은?

반	1	2
학생 수(명)	24	26
평균(분)	120	120
표준편차(분)	$5\sqrt{5}$	10

① 두 반을 합한 50명의 사용 시간의 평균은 120분이다.

② 1반의 사용 시간의 $(편차)^2$의 총합은 3000이다.

③ 2반의 사용 시간의 $(편차)^2$의 총합은 2600이다.

④ 두 반을 합한 50명의 사용 시간의 분산은 112이다.

⑤ 두 반을 합한 50명의 사용 시간의 표준편차는 $16\sqrt{7}$분이다.

유형 11 〔중요〕 자료의 분석 

(1) 분산 또는 표준편차가 작을수록 변량들은 평균 가까이에 있으므로 자료의 분포 상태가 고르다고 할 수 있다.

(2) 분산 또는 표준편차가 클수록 변량들은 평균에서 멀리 떨어져 있으므로 자료의 분포 상태가 고르지 않다고 할 수 있다.

0639 대표문제

오른쪽 표는 30개씩 포장된 두 상자 A, B에 들어 있는 달걀의 무게의 평균과 표준편차를 조사하여 나타낸 것이다. 다음 중 옳은 것은?

상자	평균(g)	표준편차(g)
A	58	3.7
B	58	5.4

① A상자가 B상자보다 무게의 분포가 고르다.

② B상자가 A상자보다 무게의 분포가 고르다.

③ 두 상자 A, B의 무게의 분포를 비교할 수 없다.

④ 두 상자 A, B의 무게의 분포는 같다.

⑤ 가장 무거운 달걀은 A상자에 들어 있다.

0640 조건 바꾼 대표문제

다음 표는 어느 중학교 3학년 5개 반이 지난 한 달 동안 대중교통을 이용한 시간의 평균과 표준편차를 조사하여 나타낸 것이다. 대중교통을 이용한 시간의 분포가 가장 고른 반을 말하시오.

반	1	2	3	4	5
평균(분)	60	59	61	63	62
표준편차(분)	4	7	6	5	8

0641 〔新 유형〕 〔●〕

오른쪽은 학생 수가 같은 A, B 두 중학교 3학년 학생들의 수면 시간을 조사하여 나타낸 그래프이다. 다음 물음에 답하시오.

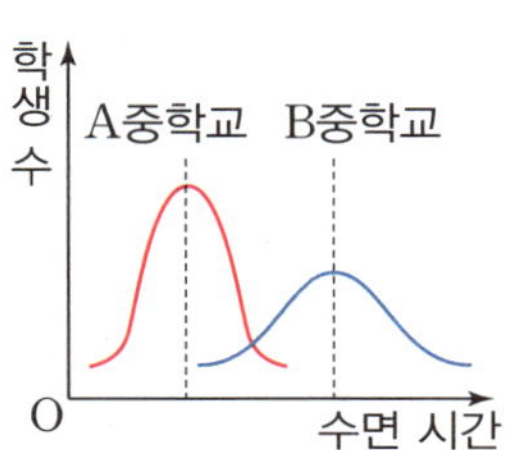

(1) 수면 시간의 평균이 더 긴 중학교를 말하시오.

(2) 어느 중학교의 수면 시간이 더 고른지 말하시오.

: REAL **실전업**

0642
·유형 01~03, 07

다음 중 옳은 것을 모두 고르면? (정답 2개)

① 평균은 자료의 일부분만을 이용하여 계산한다.
② 평균은 극단적인 값에 영향을 받는다.
③ 산포도로 자료의 분포 상태를 알 수 있다.
④ 대푯값에는 평균, 분산, 표준편차 등이 있다.
⑤ 평균은 자료의 변량을 작은 값부터 크기순으로 나열할 때, 한가운데 있는 값이다.

0643
·유형 02

다음은 9월 한 달 동안 제주시의 하루 평균 기온을 조사하여 나타낸 줄기와 잎 그림이다. 제주시의 하루 평균 기온의 중앙값을 구하시오.

(19 | 8은 19.8 ℃)

줄기	잎
19	8 9
20	1 5
21	0 1 5 6 6 9
22	2 3 5
23	0 1 4 5
24	0 2 2 2 4
25	0 2 3 7 7 8
26	3 4

0644 창의력+
·유형 01~03

다음 자료는 어느 중학교 앞 문구점에서 3일 동안 판매한 체육복의 치수를 조사하여 나타낸 것이다. 이 문구점에서 가장 많이 준비해야 할 체육복의 치수를 대푯값을 이용하여 정하려고 할 때, 이 자료의 대푯값으로 가장 적절한 것을 말하시오.

(단위: 호)

100,	85,	90,	90,	95,
95,	90,	90,	100,	90

0645
·유형 01~03

8개의 변량 1, 2, 4, 6, 6, 6, 7, 9에 한 개의 변량을 추가할 때, 다음 |보기| 중 옳은 것을 모두 고른 것은?

| 보기 |

ㄱ. 이 자료의 평균은 변하지 않는다.
ㄴ. 이 자료의 중앙값은 변하지 않는다.
ㄷ. 이 자료의 최빈값은 변하지 않는다.

① ㄱ 　　② ㄴ 　　③ ㄱ, ㄴ
④ ㄱ, ㄷ 　　⑤ ㄴ, ㄷ

0646
·유형 04

다음 자료는 10명의 학생의 제기차기 횟수를 조사하여 나타낸 것이다. 제기차기 횟수의 평균이 7회일 때, 중앙값과 최빈값의 합을 구하시오.

(단위: 회)

4,	6,	8,	9,	a,	10,	9,	4,	8,	6

0647
·유형 04

4개의 변량 28, 10, a, 14의 중앙값이 15일 때, 평균을 구하시오.

0648
·유형 04

8개의 자연수 1, 2, 3, 4, 5, 6, a, b의 평균, 중앙값, 최빈값이 모두 같을 때, ab의 값을 구하시오.

0649

·유형 05

아래 표는 5명의 농구 선수의 경기당 득점의 편차를 나타낸 것이다. 다음 |보기| 중 옳은 것을 모두 고른 것은?

선수	A	B	C	D	E
편차(점)	6	-4	3	0	-5

보기
ㄱ. B와 E의 득점의 차는 1점이다.
ㄴ. D의 득점은 5명의 득점의 평균과 같다.
ㄷ. 득점을 가장 많이 한 선수는 E이다.

① ㄱ ② ㄴ ③ ㄱ, ㄴ
④ ㄴ, ㄷ ⑤ ㄱ, ㄴ, ㄷ

0650

·유형 06

다음 표는 학생 5명의 발 사이즈의 편차를 조사하여 나타낸 것인데 일부분이 훼손되어 보이지 않는다. C의 발 사이즈가 262 mm일 때, E의 발 사이즈는?

학생	A	B	C	D	E
편차(mm)	-2	0	4	2	

① 250 mm ② 252 mm ③ 254 mm
④ 256 mm ⑤ 258 mm

0651

·유형 01~03, 07

아래 자료는 제훈이네 모둠 학생 8명의 일주일 동안의 도서관 이용 횟수를 조사하여 나타낸 것이다. 다음 중 옳지 <u>않은</u> 것은?

(단위: 회)

1,	5,	4,	4,	2,	1,	4,	3

① 중앙값은 3.5회이다. ② 최빈값은 4회이다.
③ 편차의 합은 0이다. ④ 분산은 1.875이다.
⑤ 표준편차는 $\sqrt{2}$회이다.

0652

·유형 07

오른쪽 그림은 어느 사격 선수가 1점부터 5점까지 점수가 정해진 표적에 10발의 총을 쏜 결과를 나타낸 것이다. 이때 10발을 쏘아 얻은 점수의 분산은?

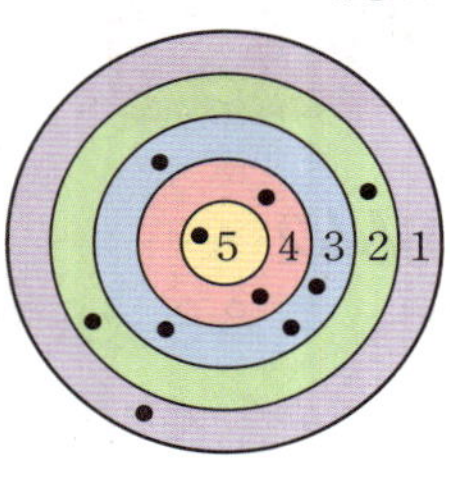

① 1 ② 1.2
③ 2 ④ 2.3
⑤ 3

0653 창의력+

·유형 07

진수를 포함한 축구 부원 5명이 있다. 진수를 제외한 축구 부원 4명의 몸무게의 편차가 다음과 같을 때, 축구 부원 5명의 몸무게의 표준편차를 구하시오.

0654

·유형 08

5개의 수 a, b, c, d, e의 평균이 3이고, 표준편차가 $\sqrt{2}$이다. 이때 a^2, b^2, c^2, d^2, e^2의 평균은?

① 8 ② 9 ③ 10
④ 11 ⑤ 12

0655
•유형 09

4개의 변량 5, a, b, 13의 평균이 10이고 표준편차가 6일 때, 8, $a+3$, $b+3$, 16의 표준편차는?

① 6　　　　　② 7　　　　　③ 8
④ 9　　　　　⑤ 10

0656
•유형 10

다음 그림은 영수와 지호가 각각 자신이 가지고 있는 사과 3개, 7개의 무게에 대한 평균과 표준편차를 말한 것이다. 이때 영수와 지호가 가지고 있는 전체 사과 10개의 무게의 분산을 구하시오.

0657
•유형 11

다음 자료 중 표준편차가 가장 큰 것은?

① 0, 4, 0, 4, 0, 4　　　　② 0, 4, 0, 4, 2, 2
③ 1, 3, 1, 3, 1, 3　　　　④ 1, 3, 1, 3, 2, 2
⑤ 2, 2, 2, 2, 2, 2

0658
•유형 11

아래 표는 민이네 중학교 3학년의 두 반 학생들의 과학 형성 평가 성적의 평균과 표준편차를 나타낸 것이다. 다음 중 옳은 것을 모두 고르면? (정답 2개)

반	1	2
평균(점)	70	70
표준편차(점)	4.2	7.5

① 1반의 성적이 2반의 성적보다 더 우수하다.
② 2반의 성적의 분산이 1반의 성적의 분산보다 크다.
③ 1반의 성적이 2반의 성적보다 더 고르다.
④ 두 반의 성적의 총합은 서로 같다.
⑤ 성적이 가장 높은 학생은 1반에 있다.

0659
•유형 11

아래는 세 학생 A, B, C가 보름 동안 하루에 받은 메일의 개수를 조사하여 각각 나타낸 막대그래프이다. 다음 **보기** 중 옳은 것을 모두 고르시오.

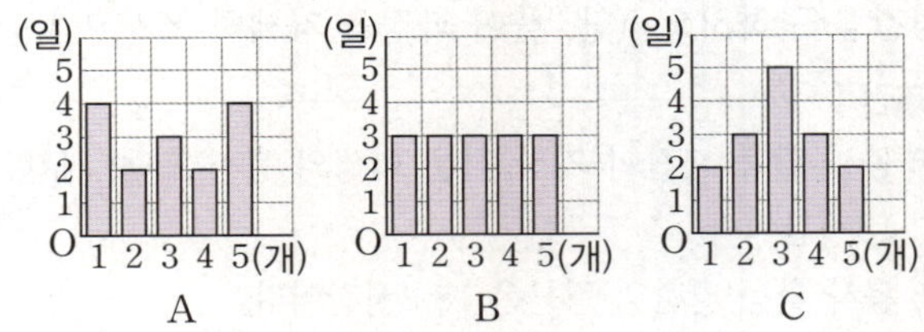

┤ 보기 ├

ㄱ. 세 학생 A, B, C가 받은 메일의 개수의 평균은 모두 같다.
ㄴ. 평균을 대푯값으로 사용할 때, 받은 메일의 개수의 산포도가 가장 작은 학생은 B이다.
ㄷ. 받은 메일의 개수의 변화가 가장 큰 학생은 A이다.

서술형 문제

0660
· 유형 01

신영이의 5회에 걸친 국어 성적의 평균은 91점이었다. 6회의 시험에서 성적이 향상되어 1회부터 6회까지의 평균이 1회부터 5회까지의 평균보다 1점이 더 높았다고 할 때, 6회의 국어 성적을 구하시오. (단, 풀이 과정을 자세히 쓰시오.)

☑ 필요 개념 및 공식
☐ 평균의 뜻과 성질

풀이

답

0661
· 유형 04

윤지네 반 학생 5명의 지난 한 학기 동안의 봉사 활동 시간에 대한 자료가 다음 |**조건**|을 모두 만족시킬 때, 이 자료의 중앙값을 구하시오. (단, 풀이 과정을 자세히 쓰시오.)

┌ **조건** ┐
㈎ 봉사 활동 시간이 가장 적은 학생의 봉사 활동 시간은 16시간이다.
㈏ 봉사 활동 시간의 평균은 18.2시간이다.
㈐ 한 학생의 봉사 활동 시간은 17시간이다.
㈑ 자료의 최빈값은 19시간이고, 봉사 활동 시간이 19시간인 학생은 2명이다.

☑ 필요 개념 및 공식
☐ 평균, 중앙값, 최빈값의 뜻과 성질   ☐ 대푯값이 주어질 때, 변량 구하기

풀이

답

0662
· 유형 07

오른쪽 그림은 어느 지역의 등고선을 나타낸 지도의 일부이다. 등고선의 간격이 100 m일 때, 등고선 위의 5개의 지점 A, B, C, D, E의 높이의 표준편차를 구하시오.

(단, 풀이 과정을 자세히 쓰시오.)

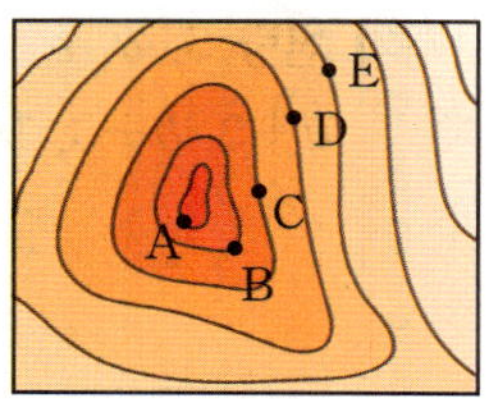

☑ 필요 개념 및 공식
☐ 분산과 표준편차의 뜻과 성질

풀이

답

0663
· 유형 08

5개의 변량 6, 9, a, b, c의 평균이 7이고 표준편차 $\sqrt{2}$일 때, $a^2+b^2+c^2$의 값을 구하시오.

(단, 풀이 과정을 자세히 쓰시오.)

☑ 필요 개념 및 공식
☐ 평균과 분산을 이용하여 식의 값 구하기

풀이

답

07

산점도와 상관관계

: CONCEPT 개념 체크

07. 산점도와 상관관계

1 산점도

두 변량 x, y의 순서쌍 (x, y)를 좌표평면 위에 점으로 나타낸 그림을 산점도라 한다.

예 다음 표는 여섯 명의 학생의 키와 몸무게를 조사하여 나타낸 것이다. 두 변량에 대한 산점도를 그려 보자.

학생	키(cm)	몸무게(kg)
A	170	75
B	160	55
C	155	60
D	160	65
E	165	65
F	175	70

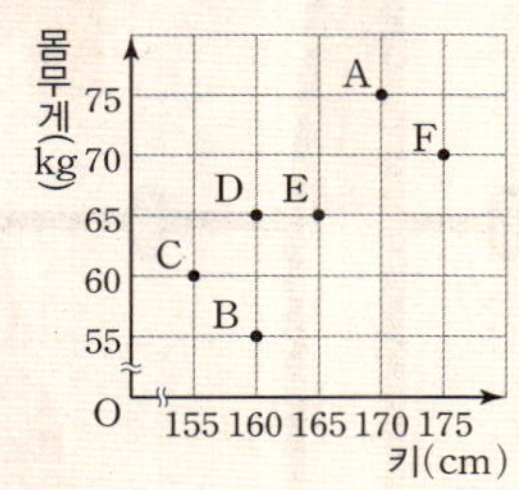

- 산점도를 이용하면 두 변량 사이에 어떤 관계가 있는지 좀더 쉽게 알 수 있다.
- 산점도를 그리는 순서
  ❶ 한 변량을 x로 놓는다.
  ❷ 다른 변량을 y로 놓는다.
  ❸ x, y의 순서쌍 (x, y)를 만든다.
  ❹ 순서쌍 (x, y)를 좌표평면 위에 점으로 나타낸다.

참고 '~보다 높은', '~와 같은', '~보다 낮은'과 같이 두 자료를 비교하려면 대각선을 그어 생각한다.

(1) x가 y보다 크다.

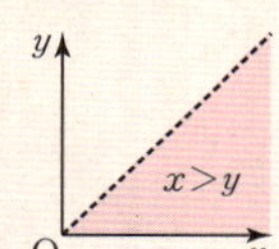

(2) x와 y가 같다.

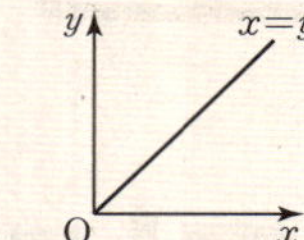

(3) y가 x보다 크다.

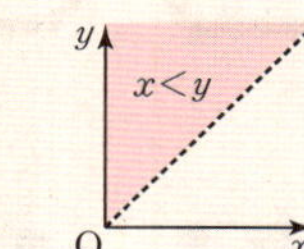

2 상관관계

(1) 상관관계

두 변량 x, y에 대하여 x의 값이 변함에 따라 y의 값이 변하는 경향이 있을 때, 두 변량 x, y 사이의 관계를 상관관계라 한다.

(2) 상관관계의 종류: 두 변량 x, y에 대하여 상관관계의 종류는 다음과 같다.

① 양의 상관관계: x의 값이 증가함에 따라 y의 값도 대체로 증가하는 경향이 있는 관계
  예 키와 몸무게, 여름철 기온과 아이스크림 판매량

② 음의 상관관계: x의 값이 증가함에 따라 y의 값이 대체로 감소하는 경향이 있는 관계
  예 산의 높이와 기온, 겨울철 기온과 난방비

③ 상관관계가 없다.: x의 값이 증가함에 따라 y의 값이 증가하는지 감소하는지 분명하지 않은 경우 x, y 사이에는 상관관계가 없다고 한다.
  예 수학 성적과 키, 시력과 몸무게

(3) 산점도와 상관관계

① 양의 상관관계　　② 음의 상관관계　　③ 상관관계가 없다.

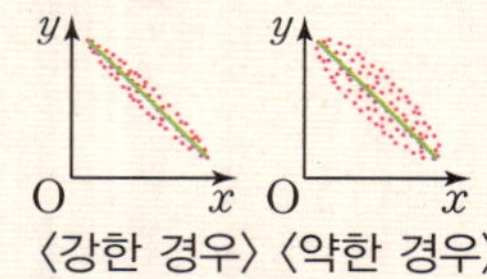

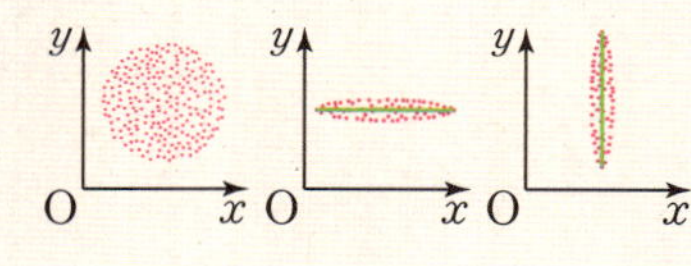

- 산점도에서 점들이 한 직선에 가까이 있다고 보기 어렵거나 한 직선에 가까이 있어도 그 직선이 x축이나 y축에 평행한 경우에는 두 변량 x, y 사이에 상관관계가 없다.

참고 양 또는 음의 상관관계에 있는 산점도에서 점들이 한 직선에 가까이 모여 있을수록 강한 상관관계이고, 한 직선에서 멀리 흩어져 있을수록 약한 상관관계이다.

1 산점도

[0664~0665] 다음 표는 어느 반 학생 10명의 수학 성적과 과학 성적을 조사하여 나타낸 것이다. 물음에 답하시오.

(단위: 점)

번호	수학	과학	번호	수학	과학
1	70	60	6	30	40
2	60	40	7	50	55
3	80	90	8	60	60
4	20	20	9	90	75
5	70	80	10	95	90

0664 수학 성적을 x점, 과학 성적을 y점이라 할 때, 두 변량 x, y의 순서쌍 (x, y)를 오른쪽 좌표평면 위에 나타내시오.

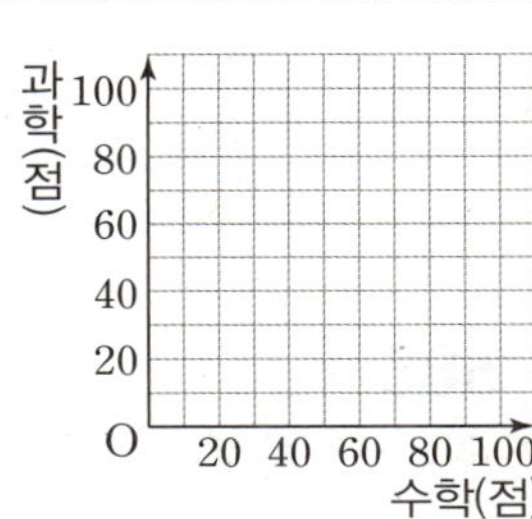

0665 수학 성적이 높을수록 과학 성적이 높다고 할 수 있는지 말하시오.

[0666~0669] 다음 표는 어느 농구 경기에서 A부터 J까지의 양팀 선수 10명이 성공시킨 2점슛과 3점슛의 개수를 조사하여 나타낸 것이다. 물음에 답하시오.

선수	A	B	C	D	E	F	G	H	I	J
2점슛(개)	1	2	0	3	4	4	3	6	6	5
3점슛(개)	0	1	1	3	2	4	5	4	3	5

0666 오른쪽 좌표평면 위에 성공시킨 2점슛과 3점슛에 대한 산점도를 나타내시오.

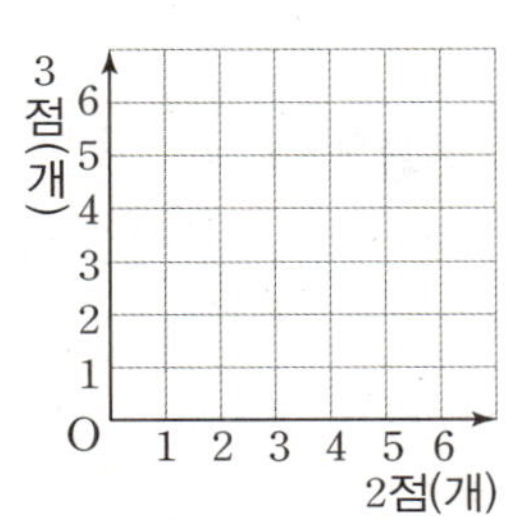

0667 성공시킨 2점슛의 개수가 3개 이하인 선수는 몇 명인지 구하시오.

0668 성공시킨 2점슛과 3점슛의 개수가 같은 선수는 몇 명인지 구하시오.

0669 2점슛을 3점슛보다 더 많이 성공시킨 선수는 몇 명인지 구하시오.

2 상관관계

[0670~0673] 다음 |보기|의 산점도를 보고, 물음에 답하시오.

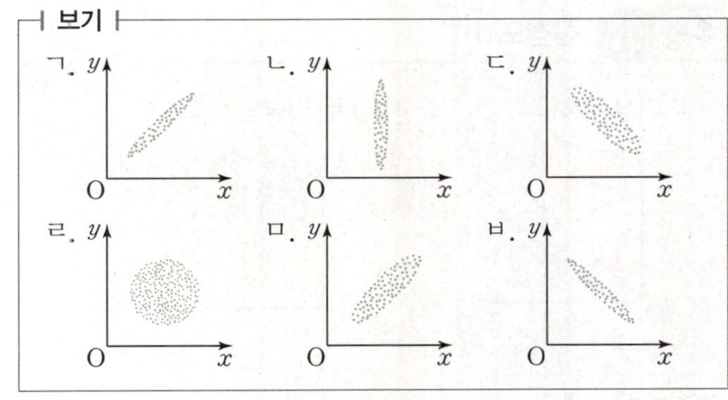

0670 상관관계가 있는 것을 모두 고르시오.

0671 가장 강한 양의 상관관계가 있는 것을 고르시오.

0672 상관관계가 없는 것을 모두 고르시오.

0673 x의 값이 증가함에 따라 y의 값이 대체로 감소하는 경향이 가장 뚜렷한 것을 고르시오.

[0674~0681] 다음 중 양의 상관관계가 있는 것은 '양'을, 음의 상관관계가 있는 것은 '음'을, 상관관계가 없는 것은 '무'를 ( ) 안에 쓰시오.

0674 인구수와 학교 수 ( )

0675 운동량과 비만도 ( )

0676 물건의 가격과 판매량 ( )

0677 가방의 무게와 성적 ( )

0678 휴대폰 사용 시간과 사용 요금 ( )

0679 계산대에 대기하고 있는 사람 수와 대기 시간 ( )

0680 폐수의 양과 환경 오염도 ( )

0681 지능 지수와 머리카락의 길이 ( )

: PATTERN **유형 마스터**

유형 01 산점도 (1)

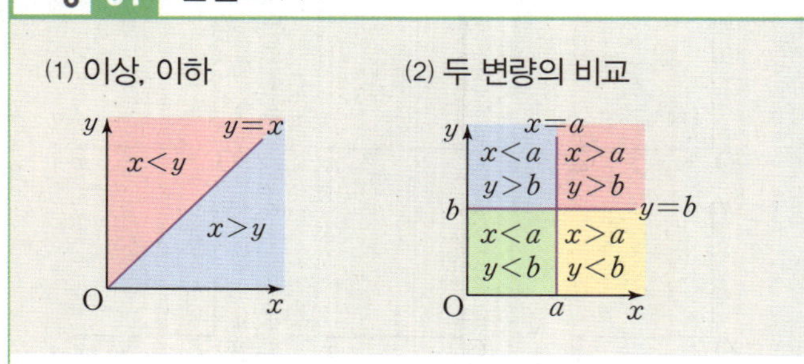
(1) 이상, 이하 (2) 두 변량의 비교

0682 대표문제

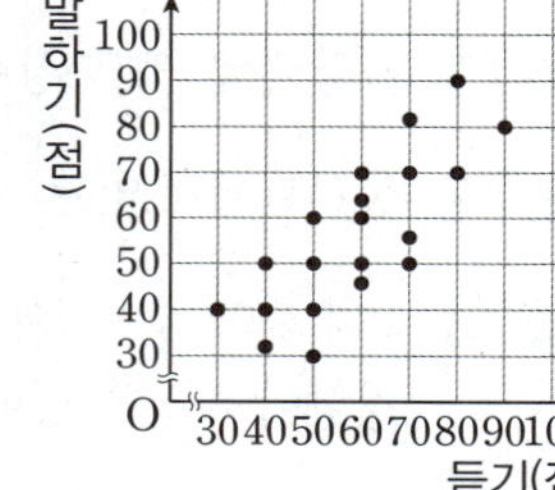
오른쪽 그림은 어느 반 학생 20명의 영어 듣기 점수와 영어 말하기 점수에 대한 산점도이다. 영어 듣기 점수와 영어 말하기 점수가 모두 70점 이상인 학생은 몇 명인가?

① 5명 ② 6명
③ 7명 ④ 8명
⑤ 9명

0683 표현바꾼 대표문제

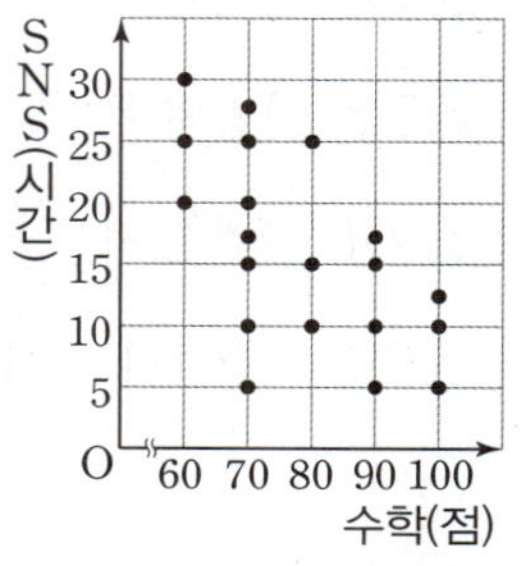
오른쪽 그림은 어느 반 학생 20명의 수학 점수와 일주일 동안의 SNS 이용 시간에 대한 산점도이다. SNS 이용 시간이 15시간 이상이면서 수학 점수가 80점 이상인 학생은 몇 명인지 구하시오.

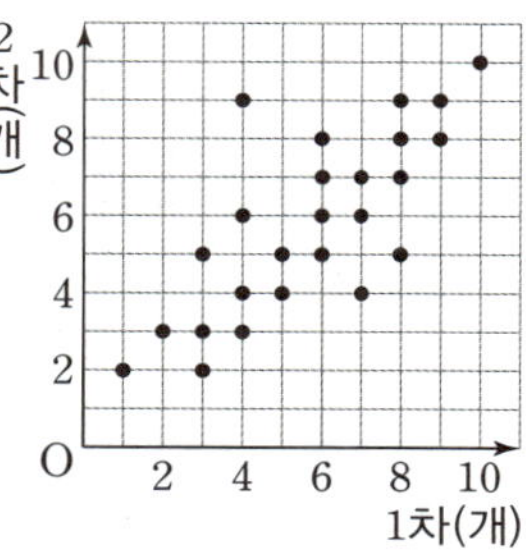
[0684~0686] 오른쪽 그림은 농구부 선수 25명이 10번씩 1차, 2차에 걸쳐 자유투를 던졌을 때, 성공시킨 개수에 대한 산점도이다. 다음 물음에 답하시오.

0684

자유투를 1차, 2차에서 모두 7개 이상 성공시킨 선수는 몇 명인지 구하시오.

0685

자유투를 1차보다 2차에서 더 많이 성공시킨 선수는 몇 명인지 구하시오.

0686

자유투를 1차, 2차에서 모두 같은 개수만큼 성공시킨 선수는 전체의 몇 %인지 구하시오.

0687

다음 그림은 중학생 30명의 학기 초 진단 평가 점수와 학기 말 총괄 평가 점수에 대한 산점도이다. 총괄 평가 점수가 진단 평가 점수보다 떨어진 학생은 전체의 몇 %인지 구하시오.

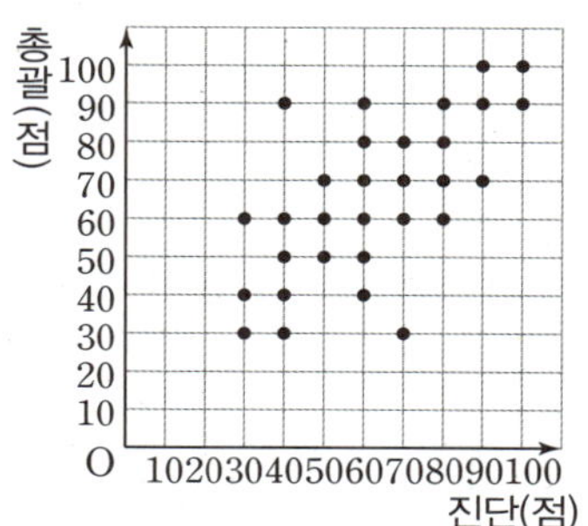

0688

오른쪽 그림은 양궁 선수 10명의 1차, 2차에 걸쳐 얻은 점수에 대한 산점도이다. 다음 |보기| 중 옳지 <u>않은</u> 것을 모두 고르시오.

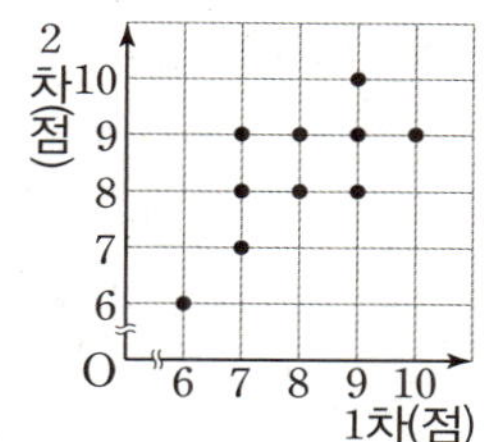

┤ 보기 ├
ㄱ. 1차와 2차에서 같은 점수를 얻은 양궁 선수는 4명이다.
ㄴ. 1차보다 2차에서 높은 점수를 얻은 양궁 선수는 6명이다.
ㄷ. 1차와 2차에서 얻은 점수 중 적어도 하나는 9점 이상인 양궁 선수는 3명이다.

유형 02 · 산점도 (2)

두 변량의 합이 $2a$인 경우는 두 변량의 평균이 a인 경우와 같다.

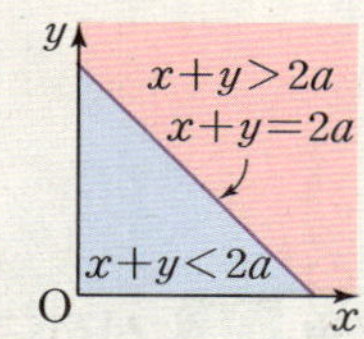

0689 · 대표문제

오른쪽 그림은 어느 반 학생 20명의 음악 실기 점수와 음악 이론 점수에 대한 산점도이다. 실기 점수와 이론 점수의 합이 50점 이하인 학생은 전체의 몇 %인지 구하시오.

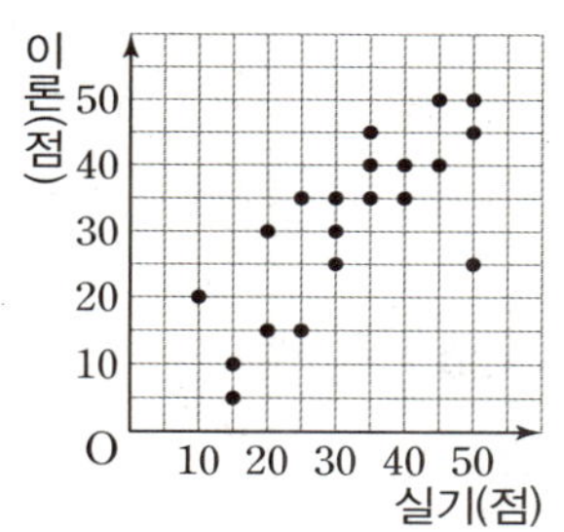

0690 · 조건 바꾼 대표문제

오른쪽 그림은 어느 회사의 입사 지원자 20명의 태도 점수와 지식 점수에 대한 산점도이다. 태도 점수와 지식 점수의 평균이 80점 이상인 지원자는 몇 명인지 구하시오.

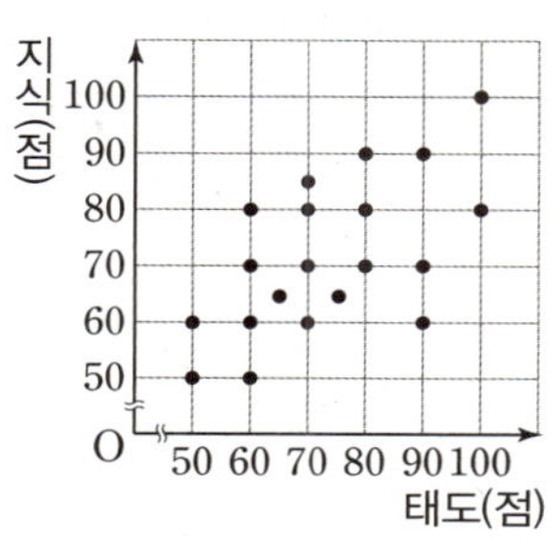

[0691~0693] 오른쪽 그림은 현수네 반 학생 20명의 중간고사 수학 성적과 기말고사 수학 성적에 대한 산점도이다. 다음 물음에 답하시오.

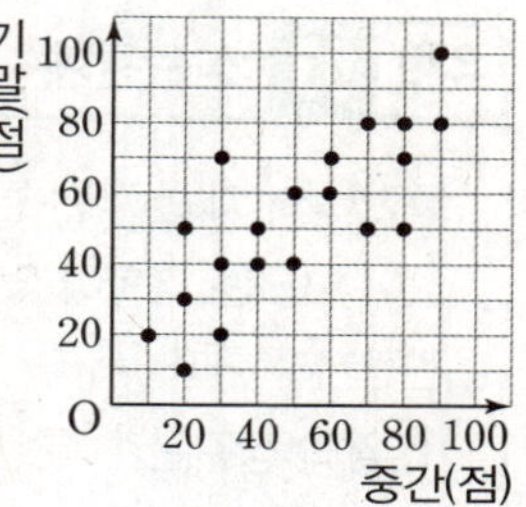

0691 · 서술형

중간고사와 기말고사의 수학 성적의 합이 140점 이상인 학생은 몇 명인지 구하시오.

(단, 풀이 과정을 자세히 쓰시오.)

0692

중간고사와 기말고사의 수학 성적의 평균이 70점 이상인 학생의 기말고사 점수의 평균은 몇 점인지 구하시오.

新 유형

0693

중간고사와 기말고사의 수학 성적의 차가 20점 이상인 학생은 전체의 몇 %인가?

① 15 %　　② 20 %　　③ 25 %
④ 30 %　　⑤ 35 %

유형 03 상관관계

두 변량에 대하여 한 변량의 값이 변함에 따라 다른 변량의 값이 변하는 경향이 있을 때, 이 두 변량 사이의 관계를 상관관계라 한다.

(1) 양의 상관관계: 한 변량의 값이 증가함에 따라 다른 변량의 값도 대체로 증가하는 경향이 있는 관계

(2) 음의 상관관계: 한 변량의 값이 증가함에 따라 다른 변량의 값이 대체로 감소하는 경향이 있는 관계

(3) 상관관계가 없다.: 한 변량의 값이 증가함에 따라 다른 변량의 값이 증가하는지 감소하는지 분명하지 않은 관계

0694 대표문제

다음 중 두 변량 사이에 대체로 양의 상관관계가 있는 것을 모두 고르면? (정답 2개)

① 눈의 크기와 수학 성적
② 건물의 층수와 계단의 수
③ 도시의 자동차 수와 교통량
④ 지구의 기온과 빙하의 크기
⑤ 하루 중 낮의 길이와 밤의 길이

0695 조건바꾼 대표문제

다음 중 지면에서의 높이와 산소량 사이의 상관관계와 같은 상관관계를 가지는 것은?

① 습도와 불쾌지수
② 시력과 체력
③ 걸음의 너비와 키
④ 석유 생산량과 석유 가격
⑤ 운동량과 칼로리 소모량

0696

다음 중 |보기|의 두 변량 사이의 상관관계에 대한 설명으로 옳은 것은?

| 보기 |

ㄱ. 통학 거리와 통학 시간
ㄴ. 겨울철 기온과 난방비
ㄷ. 인구수와 음식물 쓰레기 발생량
ㄹ. 강우량과 자동차 생산량
ㅁ. 학교 교칙 위반 횟수와 벌점
ㅂ. 영어 성적과 턱걸이 횟수

① ㄱ, ㄴ은 유사한 상관관계가 있다.
② 양의 상관관계가 있는 것은 ㄱ, ㄷ뿐이다.
③ ㄴ, ㄹ은 음의 상관관계가 있다.
④ ㄷ, ㅂ은 상관관계가 없다.
⑤ ㄱ, ㄷ, ㅁ은 유사한 상관관계가 있다.

유형 04 산점도와 상관관계

주어진 산점도의 점들이 모인 대략적인 모양을 따라 기준이 되는 직선을 그어 생각한다.

참고 산점도에서 대각선으로부터 멀리 떨어져 있는 점일수록 두 변량의 차가 크다.

0697 대표문제

오른쪽 그림은 어느 중학교 학생들의 몸무게와 키에 대한 산점도이다. 다음 중 옳은 것은?

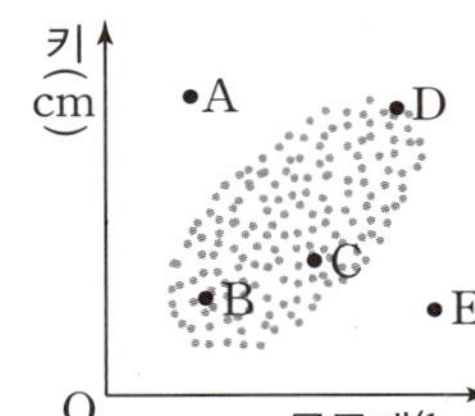

① 키가 가장 큰 학생은 E이다.
② A는 몸무게에 비해 키가 큰 편이다.
③ B는 키에 비해 몸무게가 적게 나가는 편이다.
④ C는 E보다 키가 작다.
⑤ 몸무게가 가장 많이 나가는 학생은 D이다.

0698 표현 바로 대표문제

오른쪽 그림은 전국 리듬 체조 대회에 참가한 선수들의 1차, 2차 점수에 대한 산점도이다. 다음 |보기| 중 옳은 것을 모두 고르시오.

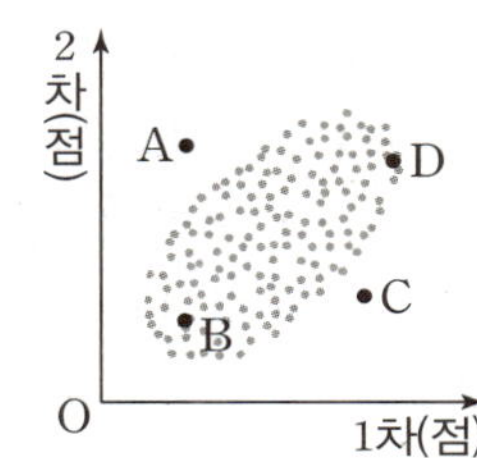

| 보기 |

ㄱ. A는 1차보다 2차 점수가 더 높다.
ㄴ. B는 1차와 2차 점수의 차가 가장 큰 편이다.
ㄷ. C는 2차에서 1차보다 점수가 떨어졌다.
ㄹ. D는 A보다 1차 점수가 낮다.

0699

다음 중 두 변량에 대한 산점도를 그렸을 때, 오른쪽 그림과 같은 모양이 되는 것은?

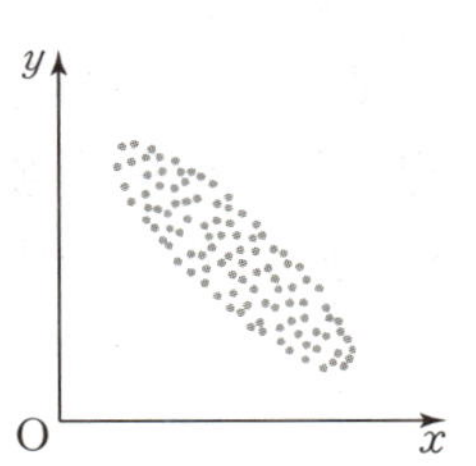

① 일조 시간과 운동량
② 머리 둘레와 모자 치수
③ 독서량과 국어 성적
④ 몸무게와 시력
⑤ 물건의 가격과 소비량

0700

한 해 동안 생산된 당근의 생산량을 x kg, 당근의 가격을 y원이라 할 때, 다음 중 x, y 사이의 상관관계를 나타내는 산점도로 알맞은 것은?

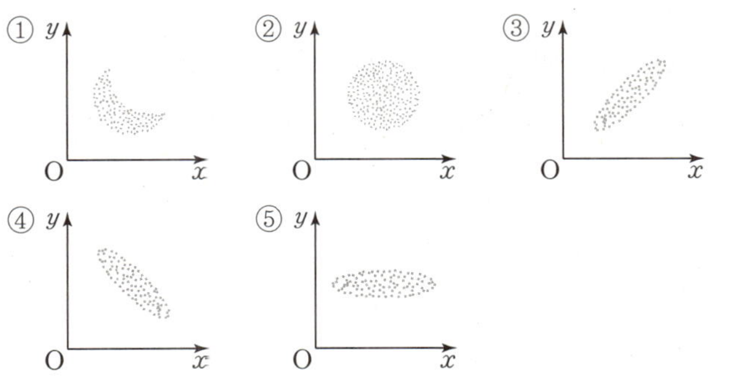

0701

오른쪽 그림은 어느 중학교 학생들의 왼쪽 눈과 오른쪽 눈의 시력에 대한 산점도이다. A, B, C, D, E 5명의 학생 중 왼쪽 눈의 시력과 오른쪽 눈의 시력의 차가 가장 큰 학생을 말하시오.

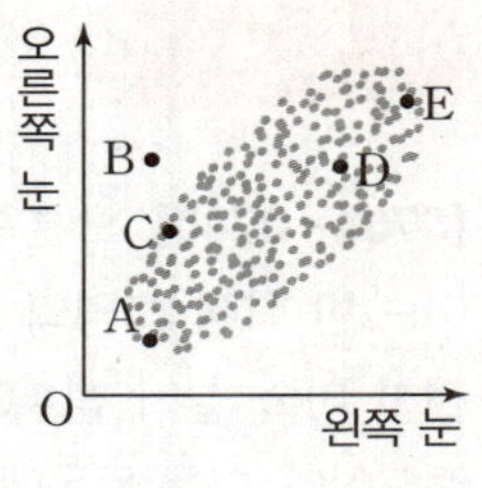

新 유형

0702

오른쪽 그림은 수아네 반 학생 21명의 지난 주말의 컴퓨터 사용 시간과 봉사 활동 시간에 대한 산점도인데 일부에 얼룩이 생겨 보이지 않는다. 얼룩진 부분의 자료가 다음 표와 같을 때, 컴퓨터 사용 시간과 봉사 활동 시간 사이의 상관관계를 말하시오.

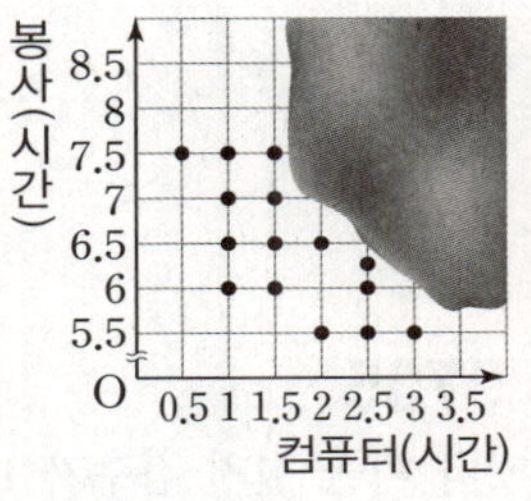

(단위: 시간)

컴퓨터 사용 시간	2	3	2.5	3.5	3.5	3
봉사 활동 시간	8	7.5	7.5	7	7.5	8

0703

오른쪽 그림은 어느 중학교 학생들의 용돈과 저축액에 대한 산점도이다. 다음 중 옳은 것을 모두 고르면?

(정답 2개)

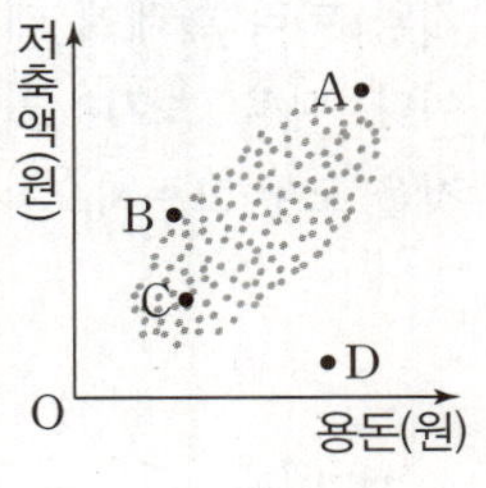

① 저축액이 가장 적은 학생은 D이다.
② 용돈에 비해 저축액이 많은 학생은 D이다.
③ 용돈이 많은 학생은 대체로 저축액이 적다.
④ 용돈과 저축액 사이에는 음의 상관관계가 있다.
⑤ 용돈에 비해 저축액이 비교적 알맞은 학생은 A와 C이다.

[0704~0705] 오른쪽 그림은 어느 반 학생 25명의 1차, 2차에 걸친 미술 실기 점수에 대한 산점도이다. 다음 물음에 답하시오.

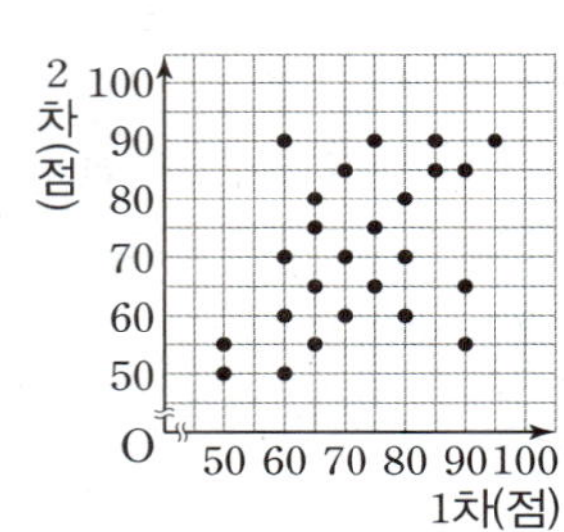

0704
•유형 01

2차 미술 실기 점수가 1차보다 향상된 학생은 몇 명인지 구하시오.

0705
•유형 01

2차 미술 실기 점수가 1차보다 가장 많이 하락한 학생은 몇 점 하락하였는가?

① 30점　　　　② 35점　　　　③ 40점
④ 45점　　　　⑤ 50점

0706
•유형 01

오른쪽 그림은 신생아 20명의 키와 머리 둘레에 대한 산점도이다. 다음 |보기| 중 옳지 <u>않은</u> 것을 모두 고르시오.

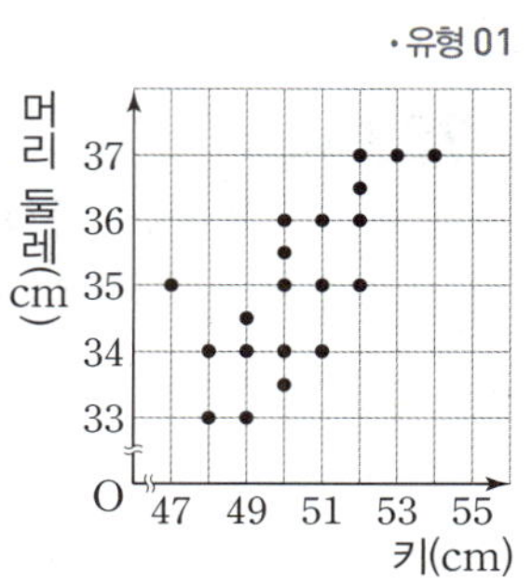

┤ 보기 ├
ㄱ. 키가 큰 신생아는 머리 둘레가 대체로 작은 편이다.
ㄴ. 키가 51 cm인 신생아들의 머리 둘레의 평균은 36 cm이다.
ㄷ. 키가 50 cm 이하인 신생아들은 전체의 55 %이다.

0707
•유형 01

오른쪽 그림은 민이네 반 학생 24명의 일주일 동안의 독서 시간과 운동 시간에 대한 산점도이다. 일주일 동안 8시간 이상 운동을 한 학생들의 평균 독서 시간은?

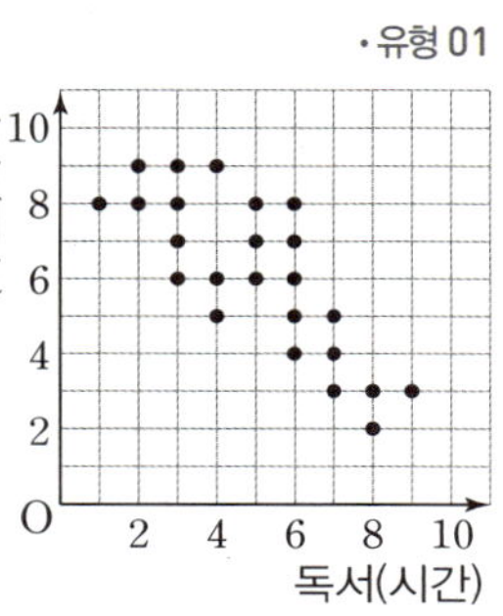

① 2.5시간　　　　② 2.75시간
③ 3시간　　　　④ 3.25시간
⑤ 3.5시간

[0708~0709] 오른쪽 그림은 연희네 반 학생 23명의 사회 지필 평가 점수와 수행 평가 점수에 대한 산점도이다. 다음 물음에 답하시오.

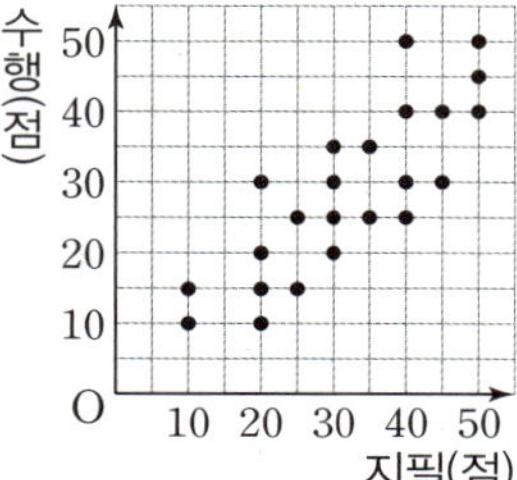

0708
•유형 02

지필 평가 점수와 수행 평가 점수를 합하여 90점 이상이면 A등급을 받는다고 한다. 이때 A등급을 받는 학생 수는?

① 2명　　　　② 3명　　　　③ 4명
④ 5명　　　　⑤ 6명

0709
•유형 02

지필 평가 점수와 수행 평가 점수의 차가 10점 이상인 학생은 몇 명인지 구하시오.

0710
· 유형 02

오른쪽 그림은 어느 중학교 학생 15명의 수학 성적과 과학 성적에 대한 산점도이다. 이 산점도에 5명의 학생 A, B, C, D, E에 대한 다음 자료를 추가하였을 때, 수학 성적과 과학 성적의 평균이 80점 이상인 학생은 전체의 몇 %인지 구하시오.

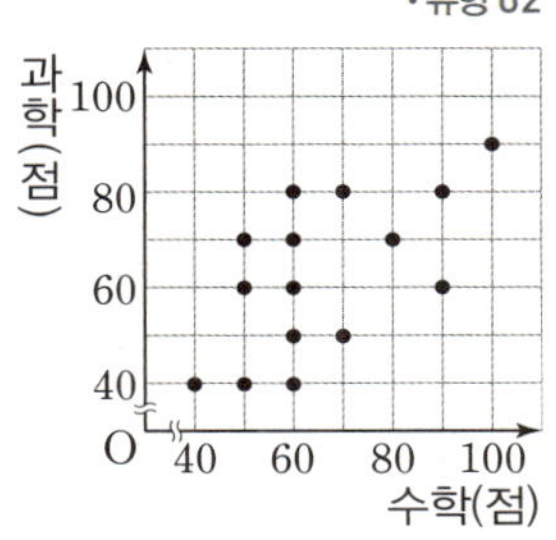

학생	A	B	C	D	E
수학(점)	70	80	80	70	90
과학(점)	70	60	80	90	90

0711
· 유형 02

오른쪽 그림은 어느 반 학생 20명의 정보 보호 표어 만들기 점수와 포스터 그리기의 점수에 대한 산점도이다. 표어 만들기 점수와 포스터 그리기 점수의 평균이 학생 A의 표어 만들기 점수와 포스터 그리기 점수의 평균보다 낮은 학생은 몇 명인가?

① 4명　　　　② 5명　　　　③ 6명
④ 7명　　　　⑤ 8명

0712 창의력+
· 유형 03

다음은 여름철 냉방병에 대한 어느 신문 기사이다. 이 기사에서 여름철 냉방병의 발생률과 양의 상관관계가 있지 않은 것은?

제000호　　　　〇〇일보

여름철 냉방병이 생기는 이유는 에어컨과 같은 냉방 기기를 많이 사용하기 때문이다. 여름철 실내와 실외의 온도 차가 많이 나는 환경에 자주 노출되면 몸이 잘 적응하지 못하고, 두통, 오한 등 냉방병을 일으키게 된다.
또 실내 온도를 유지하기 위해 환기를 충분히 안 하면 호흡기가 건조해져 냉방병을 유발하게 된다. 또 다른 원인으로는 에어컨 냉각수에서 번식하는 레지오넬라균을 꼽을 수 있다. 레지오넬라균이 냉방 기기의 찬 공기를 통해 실내에 퍼지게 되면 냉방병뿐 아니라 독감이나 폐렴의 원인이 되기도 한다.

① 냉방 기기 사용량　　　② 실내와 실외의 온도 차
③ 환기량　　　　　　　④ 호흡기의 건조 정도
⑤ 레지오넬라균의 번식량

0713
· 유형 03, 04

다음 중 두 변량에 대한 산점도를 그렸을 때, 오른쪽 그림과 같은 모양이 되는 것은?

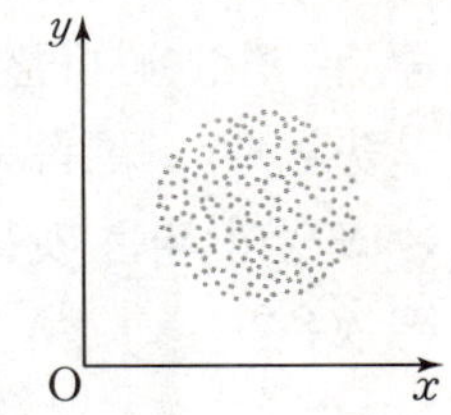

① 겨울철 기온과 감기 환자의 수
② 피서객의 수와 아이스크림 판매량
③ 발의 크기와 신발의 크기
④ 용돈 액수와 성적
⑤ 손바닥 길이와 발바닥 길이

0714

·유형 03, 04

아래 표는 어느 거리의 한 지점에서 1분 동안 그 지점을 통과하는 차량 수와 평균 통과 속력을 10회에 걸쳐 조사하여 나타낸 자료이다. 다음 |보기|의 ㈎, ㈏에 알맞은 것을 차례로 나열한 것은?

회차	1	2	3	4	5	6	7	8	9	10
차량 수(대)	54	44	32	30	35	50	42	30	48	52
평균 통과 속력 (km/h)	25	36	52	54	50	28	44	52	35	28

┤ 보기 ├

위의 표에서 두 회차를 선택하여 차량 수와 평균 통과 속력을 비교하면 대체로 차량 수가 증가할 때, 평균 통과 속력은 ㈎ 하는 편이므로 차량 수와 평균 통과 속력 사이에는 ㈏ 고 말할 수 있다.

① 증가, 양의 상관관계가 있다
② 증가, 음의 상관관계가 있다
③ 감소, 양의 상관관계가 있다
④ 감소, 음의 상관관계가 있다
⑤ 감소, 상관관계가 없다

0715

·유형 04

오른쪽 그림은 어느 반 학생들의 운동량과 심박수에 대한 산점도를 통계 프로그램을 이용하여 나타낸 것이다. 다음 |보기| 중 두 변량에 대한 산점도를 그렸을 때, 오른쪽 그림과 같은 모양이 되는 것을 모두 고른 것은?

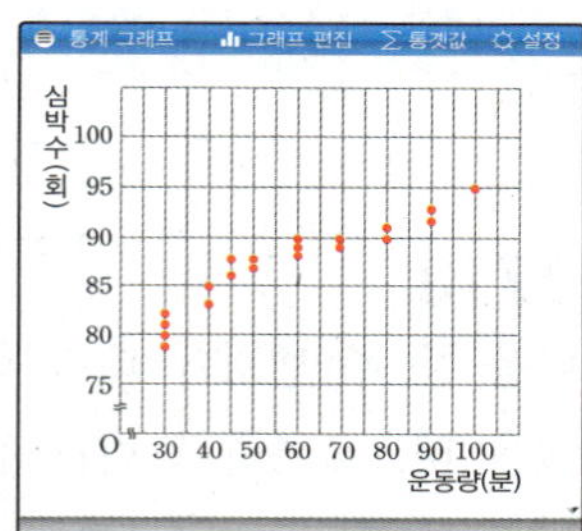

┤ 보기 ├

ㄱ. 수면 시간과 나이
ㄴ. 책의 쪽수와 책의 무게
ㄷ. 담배 피우는 횟수와 암 발생률
ㄹ. 수학 성적과 허리 둘레

① ㄱ   ② ㄱ, ㄴ   ③ ㄱ, ㄹ
④ ㄴ, ㄷ   ⑤ ㄴ, ㄷ, ㄹ

0716

·유형 01~04

다음 중 산점도와 상관관계에 대한 설명으로 옳은 것을 모두 고르면? (정답 2개)

① 산점도는 산포도를 그래프로 나타낸 것이다.
② 모든 자료는 양의 상관관계 또는 음의 상관관계로 나타난다.
③ 산점도에서 점들이 오른쪽 아래로 향하는 경향이 있으면 양의 상관관계가 있다.
④ 양의 상관관계를 나타내는 산점도는 점들의 기울기가 양수인 한 직선 가까이에 모여 있다.
⑤ 산점도에서 점들이 한 직선에서 멀리 흩어져 있을수록 상관관계는 약하다.

[0717~0719] 오른쪽 그림은 어느 중학교 1학년 학생들의 1차, 2차에 걸친 국어 성적에 대한 산점도이다. 다음 물음에 답하시오.

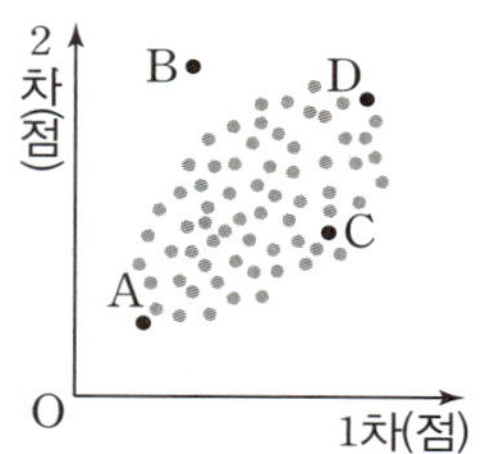

0717

·유형 04

학생 A, B, C, D 중 1차에 비해 2차에서 성적이 하락한 학생을 말하시오.

0718

·유형 04

학생 A, B, C, D 중 성적의 변화가 가장 큰 학생을 말하시오.

0719

·유형 04

1차 국어 성적과 2차 국어 성적 사이의 상관관계를 말하시오.

서술형 문제

0720
·유형 01

오른쪽 그림은 학생 16명의 영어 수행 평가 중 말하기 성적과 듣기 성적에 대한 산점도이다. 다음 물음에 답하시오.

(단, 풀이 과정을 자세히 쓰시오.)

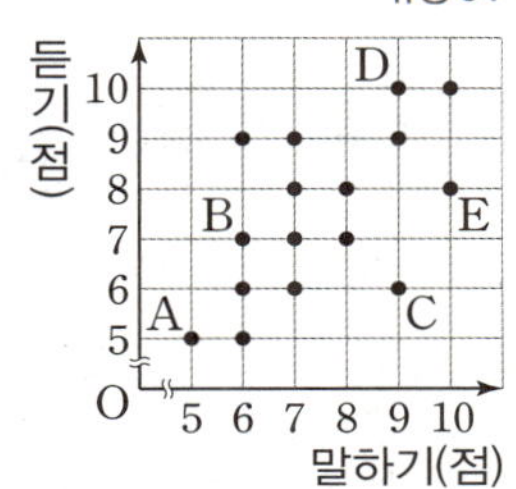

(1) 말하기 성적과 듣기 성적이 같은 학생은 몇 명인지 구하시오.

(2) 듣기 성적이 8점인 학생들의 말하기 성적의 평균을 구하시오.

(3) 5명의 학생 A, B, C, D, E 중 말하기 성적과 듣기 성적의 차가 가장 큰 학생을 말하시오.

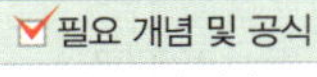

☑ 필요 개념 및 공식
□ 산점도의 이해

풀이

답

0721
·유형 02

오른쪽 그림은 어느 반 학생 15명의 중간고사 사회 성적과 기말고사 사회 성적에 대한 산점도이다. 중간고사와 기말고사의 사회 성적의 평균이 70점 초과인 학생은 전체의 몇 %인지 구하시오.

(단, 풀이 과정을 자세히 쓰시오.)

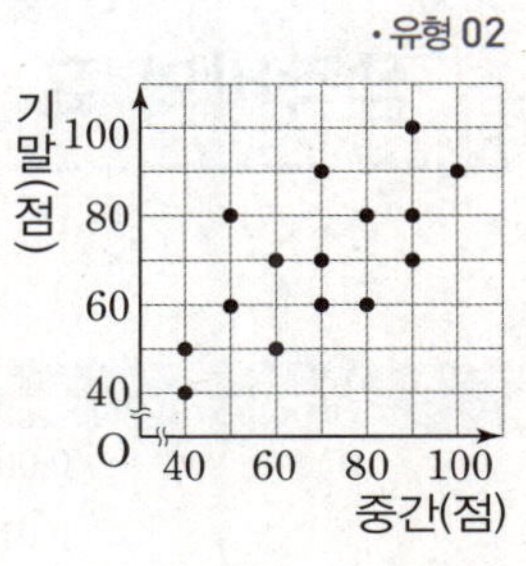

☑ 필요 개념 및 공식
□ 산점도의 이해

풀이

답

0722
·유형 03, 04

오른쪽 그림은 두 변량 x, y에 대한 산점도이다. 다음 물음에 답하시오.

(단, 풀이 과정을 자세히 쓰시오.)

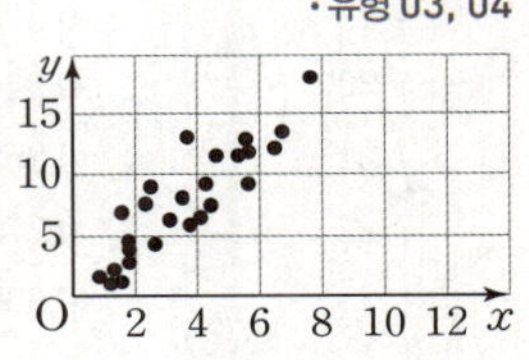

(1) 두 변량 x, y 사이의 상관관계를 말하시오.

(2) 위의 산점도에 다음 자료를 추가하였을 때, 두 변량 x, y 사이의 상관관계를 말하시오.

x	10	8	8	7	12	9	11	10
y	5.5	10	7.5	4.5	3.5	4.5	5	2.5

☑ 필요 개념 및 공식	
□ 상관관계	□ 산점도와 상관관계

풀이

답

각도	사인(sin)	코사인(cos)	탄젠트(tan)	각도	사인(sin)	코사인(cos)	탄젠트(tan)
0°	0.0000	1.0000	0.0000	45°	0.7071	0.7071	1.0000
1°	0.0175	0.9998	0.0175	46°	0.7193	0.6947	1.0355
2°	0.0349	0.9994	0.0349	47°	0.7314	0.6820	1.0724
3°	0.0523	0.9986	0.0524	48°	0.7431	0.6691	1.1106
4°	0.0698	0.9976	0.0699	49°	0.7547	0.6561	1.1504
5°	0.0872	0.9962	0.0875	50°	0.7660	0.6428	1.1918
6°	0.1045	0.9945	0.1051	51°	0.7771	0.6293	1.2349
7°	0.1219	0.9925	0.1228	52°	0.7880	0.6157	1.2799
8°	0.1392	0.9903	0.1405	53°	0.7986	0.6018	1.3270
9°	0.1564	0.9877	0.1584	54°	0.8090	0.5878	1.3764
10°	0.1736	0.9848	0.1763	55°	0.8192	0.5736	1.4281
11°	0.1908	0.9816	0.1944	56°	0.8290	0.5592	1.4826
12°	0.2079	0.9781	0.2126	57°	0.8387	0.5446	1.5399
13°	0.2250	0.9744	0.2309	58°	0.8480	0.5299	1.6003
14°	0.2419	0.9703	0.2493	59°	0.8572	0.5150	1.6643
15°	0.2588	0.9659	0.2679	60°	0.8660	0.5000	1.7321
16°	0.2756	0.9613	0.2867	61°	0.8746	0.4848	1.8040
17°	0.2924	0.9563	0.3057	62°	0.8829	0.4695	1.8807
18°	0.3090	0.9511	0.3249	63°	0.8910	0.4540	1.9626
19°	0.3256	0.9455	0.3443	64°	0.8988	0.4384	2.0503
20°	0.3420	0.9397	0.3640	65°	0.9063	0.4226	2.1445
21°	0.3584	0.9336	0.3839	66°	0.9135	0.4067	2.2460
22°	0.3746	0.9272	0.4040	67°	0.9205	0.3907	2.3559
23°	0.3907	0.9205	0.4245	68°	0.9272	0.3746	2.4751
24°	0.4067	0.9135	0.4452	69°	0.9336	0.3584	2.6051
25°	0.4226	0.9063	0.4663	70°	0.9397	0.3420	2.7475
26°	0.4384	0.8988	0.4877	71°	0.9455	0.3256	2.9042
27°	0.4540	0.8910	0.5095	72°	0.9511	0.3090	3.0777
28°	0.4695	0.8829	0.5317	73°	0.9563	0.2924	3.2709
29°	0.4848	0.8746	0.5543	74°	0.9613	0.2756	3.4874
30°	0.5000	0.8660	0.5774	75°	0.9659	0.2588	3.7321
31°	0.5150	0.8572	0.6009	76°	0.9703	0.2419	4.0108
32°	0.5299	0.8480	0.6249	77°	0.9744	0.2250	4.3315
33°	0.5446	0.8387	0.6494	78°	0.9781	0.2079	4.7046
34°	0.5592	0.8290	0.6745	79°	0.9816	0.1908	5.1446
35°	0.5736	0.8192	0.7002	80°	0.9848	0.1736	5.6713
36°	0.5878	0.8090	0.7265	81°	0.9877	0.1564	6.3138
37°	0.6018	0.7986	0.7536	82°	0.9903	0.1392	7.1154
38°	0.6157	0.7880	0.7813	83°	0.9925	0.1219	8.1443
39°	0.6293	0.7771	0.8098	84°	0.9945	0.1045	9.5144
40°	0.6428	0.7660	0.8391	85°	0.9962	0.0872	11.4301
41°	0.6561	0.7547	0.8693	86°	0.9976	0.0698	14.3007
42°	0.6691	0.7431	0.9004	87°	0.9986	0.0523	19.0811
43°	0.6820	0.7314	0.9325	88°	0.9994	0.0349	28.6363
44°	0.6947	0.7193	0.9657	89°	0.9998	0.0175	57.2900
45°	0.7071	0.7071	1.0000	90°	1.0000	0.0000	—

쉽게!
빠르게!
실력UP
메가스터디
문제 기본서
CPR

쉽게!
빠르게!
실력UP
메가스터디
문제 기본서
CPR

메가스터디 문제 기본서 CPR

중학수학 3·2

저자 | 강해기, 김채영

+ 개념 체크 -
CONCEPT

× 유형 마스터 ÷
PATTERN

√ 실전 업 ≤
REAL

정답 및 해설

SPEED CHECK

: 빠른 정답

중학수학 3·2

01. 삼각비

0001 $\frac{3}{5}$　　**0002** $\frac{4}{5}$　　**0003** $\frac{3}{4}$　　**0004** $\frac{4}{5}$

0005 $\frac{3}{5}$　　**0006** $\frac{4}{3}$　　**0007** $\sqrt{5}$

0008 $\frac{\sqrt{5}}{3},\frac{2}{3},\frac{\sqrt{5}}{2}$　　**0009** 4　　**0010** $4\sqrt{3}$

0011 $10\sqrt{5}$　　**0012** 1　　**0013** $\frac{\sqrt{3}}{2}-\frac{\sqrt{2}}{2}$

0014 1　　**0015** $\frac{3}{2}$　　**0016** 1　　**0017** 1

0018 $\sqrt{3}+1$　　**0019** 0　　**0020** 45°　　**0021** 30°

0022 60°　　**0023** $x=2\sqrt{3},\ y=2$

0024 $x=3\sqrt{2},\ y=3\sqrt{2}$　　**0025** $x=6\sqrt{3},\ y=6$

0026 $x=12,\ y=8\sqrt{3}$　　**0027** $\overline{AB}$　　**0028** $\overline{OB}$

0029 $\overline{CD}$　　**0030** 0.77　　**0031** 0.64　　**0032** 1.19

0033 0.64　　**0034** 0.77　　**0035** $\cos0°,\ \tan45°,\ \sin90°$

0036 0　　**0037** 1　　**0038** 1　　**0039** $\frac{1}{2}$

0040 0　　**0041** $<$　　**0042** $>$　　**0043** $<$

0044 0.7547　　**0045** 0.6293　　**0046** 1.2799　　**0047** 0.8090

0048 0.6018　　**0049** 1.1918　　**0050** 51°　　**0051** 52°

0052 49°

0053 ③　　**0054** ④　　**0055** ④　　**0056** $\frac{5\sqrt{13}}{13}$

0057 ③　　**0058** $3\sqrt{5}$　　**0059** 2　　**0060** $8\sqrt{3}$

0061 6　　**0062** ③　　**0063** $\frac{3\sqrt{7}}{7}$　　**0064** $\frac{4}{5}$

0065 $\frac{\sqrt{21}}{5}$　　**0066** $\frac{\sqrt{101}}{101}$　　**0067** $\frac{4}{5}$　　**0068** $\frac{6}{5}$

0069 ㄴ, ㄹ　　**0070** $\frac{1}{5}$　　**0071** $\frac{3}{5}$　　**0072** $\frac{12}{13}$

0073 ②　　**0074** $\frac{\sqrt{11}}{30}$　　**0075** $\frac{2+\sqrt{5}}{3}$　　**0076** $\frac{2\sqrt{5}}{5}$

0077 $\frac{4}{3}$　　**0078** ③　　**0079** ②　　**0080** $\frac{\sqrt{2}}{2}$

0081 $\frac{2\sqrt{2}}{3}$　　**0082** $\frac{3}{2}$　　**0083** ④　　**0084** -1

0085 $\frac{\sqrt{3}}{3}$　　**0086** ③　　**0087** $\sqrt{3}$　　**0088** 20°

0089 ④　　**0090** ⑤　　**0091** ②　　**0092** 60°

0093 $3\sqrt{6}$　　**0094** 1　　**0095** $8\sqrt{3}\,\text{cm}^2$　　**0096** $3\sqrt{2}$

0097 ④　　**0098** (1) $\overline{OD}=2\sqrt{2},\ \overline{OE}=2\sqrt{6}$　(2) $2\sqrt{6}-2\sqrt{2}$

0099 $y=\frac{\sqrt{3}}{3}x+\sqrt{3}$　　**0100** $y=x+5$　　**0101** $\frac{3}{2}$

0102 $y=\sqrt{3}x+2\sqrt{3}$　　**0103** $\frac{1}{2}$　　**0104** ①, ③

0105 ⑤　　**0106** 0.3　　**0107** ⑤　　**0108** ②, ⑤

0109 ②　　**0110** $\frac{\sqrt{3}}{2}$　　**0111** ①, ④　　**0112** ③, ⑤

0113 ②　　**0114** ③　　**0115** ②　　**0116** 진영

0117 2　　**0118** ⑤　　**0119** 0　　**0120** $-\frac{3\sqrt{10}}{5}$

0121 (1) 1.3441　(2) 27°　　**0122** ③　　**0123** 13.928

0124 96.57　　**0125** 0.6561

0586 ③　　0587 ③　　0588 15.9분　　0589 ⑤
0590 9　　0591 72 cm　　0592 91점　　0593 20회
0594 ①　　0595 ②　　0596 ②　　0597 ⑤
0598 90점　　0599 ④　　0600 ③　　0601 배드민턴
0602 ③, ④　　0603 ④, ⑤　　0604 15　　0605 ⑤
0606 ③　　0607 12　　0608 6　　0609 4개
0610 24　　0611 -16　　0612 ④　　0613 ④
0614 81회　　0615 (1) -9　(2) 53 kg　　0616 35개
0617 82점　　0618 $\sqrt{4.6}$시간　0619 ⑤
0620 $A=85,\ B=5,\ C=21.6$　　0621 분산: 12, 표준편차: $2\sqrt{3}$점
0622 ③, ⑤　　0623 ⑤　　0624 ④　　0625 $\dfrac{60}{7}$
0626 $\sqrt{12.8}$점　　0627 1　　0628 ①　　0629 25
0630 ④　　0631 ①　　0632 3　　0633 6
0634 12　　0635 평균: 19, 분산: 20　　0636 4점
0637 $2\sqrt{2}$개　　0638 ⑤　　0639 ①　　0640 1반
0641 (1) B중학교　(2) A중학교

0642 ②, ③　　0643 23.25 ℃　　0644 90호　　0645 ⑤
0646 13회　　0647 17　　0648 28　　0649 ③
0650 ③　　0651 ④　　0652 ②　　0653 $\sqrt{10}$ kg
0654 ④　　0655 ①　　0656 1240　　0657 ①
0658 ②, ③　　0659 ㄱ, ㄷ　　0660 97점　　0661 19시간
0662 $100\sqrt{2}$ m　　0663 138

07. 산점도와 상관관계

0664 풀이 참조　　0665 할 수 있다.
0666 풀이 참조　0667 5명　　0668 3명　　0669 5명
0670 ㄱ, ㄷ, ㅁ, ㅂ　　0671 ㄱ　　0672 ㄴ, ㄹ
0673 ㅂ　　0674 양　　0675 음　　0676 음
0677 무　　0678 양　　0679 양　　0680 양
0681 무

0682 ①　　0683 4명　　0684 7명　　0685 8명
0686 32 %　　0687 30 %　　0688 ㄴ, ㄷ　　0689 30 %
0690 6명　　0691 5명　　0692 82점　　0693 ②
0694 ②, ③　　0695 ④　　0696 ⑤　　0697 ②
0698 ㄱ, ㄷ　　0699 ⑤　　0700 ④　　0701 B
0702 상관관계가 없다.　　0703 ①, ⑤

0704 8명　　0705 ②　　0706 ㄱ, ㄴ　　0707 ④
0708 ③　　0709 10명　　0710 25 %　　0711 ②
0712 ③　　0713 ④　　0714 ④　　0715 ④
0716 ④, ⑤　　0717 C　　0718 B
0719 양의 상관관계　　0720 (1) 6명　(2) $\dfrac{25}{3}$점　(3) C
0721 40 %　　0722 (1) 양의 상관관계　(2) 상관관계가 없다.

0361 ③ **0362** $2\sqrt{7}$ cm **0363** $\dfrac{15}{2}$ cm **0364** 27π cm^2

0365 ⑤ **0366** 36π cm^2 **0367** $80°$ **0368** ④

0369 $10\sqrt{5}\pi$ **0370** 10π **0371** ⑤ **0372** $4\sqrt{3}$ cm^2

0373 $\dfrac{24}{5}$ cm **0374** 4 cm **0375** 3 cm **0376** ⑤

0377 12 cm **0378** 4 cm^2 **0379** ② **0380** $4\sqrt{5}$ cm

0381 $\sqrt{5}$ **0382** 풀이 참조 **0383** $3-\sqrt{5}$

04. 원주각

0384 $60°$ **0385** $50°$ **0386** $28°$ **0387** $230°$

0388 (가) ∠OPA (나) ∠OPB (다) ∠x＋∠y (라) $2∠x$ (마) $2∠y$

0389 $35°$ **0390** $30°$ **0391** $50°$ **0392** $25°$

0393 20 **0394** 15 **0395** 80 **0396** 14

0397 $12°$ **0398** $37°$ **0399** $70°$ **0400** $80°$

0401 ① **0402** $∠x=70°$, $∠y=220°$ **0403** ⑤

0404 ② **0405** $90°$ **0406** ① **0407** $9\sqrt{3}$ cm^2

0408 $55°$ **0409** ④ **0410** ③ **0411** $124°$

0412 $68°$ **0413** $63°$ **0414** ① **0415** ②

0416 $10°$ **0417** ④ **0418** (1) $55°$ (2) $80°$

0419 $28°$ **0420** $35°$ **0421** ③ **0422** ③

0423 ④ **0424** 12개 **0425** 9 **0426** ③

0427 $\dfrac{4}{5}$ **0428** $\dfrac{15}{8}$ **0429** $\dfrac{81}{2}\pi$ **0430** ③

0431 $82°$ **0432** ③ **0433** 3 **0434** $25°$

0435 7 cm **0436** ① **0437** ④ **0438** $54°$

0439 $60°$ **0440** ② **0441** ① **0442** 24

0443 ① **0444** $72°$ **0445** $105°$ **0446** 12 cm

0447 ② **0448** ② **0449** ①, ③ **0450** $110°$

0451 E **0452** ② **0453** 6

0454 ③ **0455** ⑤ **0456** ② **0457** ①

0458 ④ **0459** ⑤ **0460** $\dfrac{16\sqrt{2}}{3}$ cm

0461 $\dfrac{9}{2}+2\sqrt{3}$ **0462** ② **0463** 6

0464 ④ **0465** 3 **0466** ④ **0467** 15 cm

0468 ①, ⑤ **0469** $\dfrac{1}{3}$ 배 **0470** ⑤ **0471** $102°$

0472 $20°$ **0473** 풀이 참조 **0474** $40°$

0475 점 Q, 이유는 풀이 참조

05. 원주각의 활용

0476 (가) $\dfrac{1}{2}$ (나) $\dfrac{1}{2}$ (다) $180°$ (라) ∠DCE **0477** $105°$

0478 $115°$ **0479** × **0480** ○ **0481** ○

0482 ○ **0483** $70°$ **0484** $50°$ **0485** $35°$

0486 $135°$ **0487** $30°$ **0488** $40°$

0489 $∠x=50°$, $∠y=80°$ **0490** $∠x=55°$, $∠y=55°$

0491 ① **0492** $120°$ **0493** 40 **0494** ④

0495 $25°$ **0496** ③ **0497** $70°$ **0498** $100°$

0499 $100°$ **0500** $25°$ **0501** ③ **0502** ⑤

0503 ③ **0504** ㄱ, ㄹ, ㅁ **0505** 풀이 참조 **0506** $34°$

0507 $60°$ **0508** $100°$ **0509** $60°$ **0510** $360°$

0511 $46°$ **0512** $58°$ **0513** $100°$ **0514** $40°$

0515 ① **0516** ④ **0517** $75°$ **0518** $26°$

0519 ① **0520** $40°$ **0521** ④

0522 $∠x=73°$, $∠y=41°$ **0523** $66°$ **0524** 13π cm^2

0525 ④ **0526** ② **0527** $33°$ **0528** ③

0529 ① **0530** $60°$ **0531** $35°$ **0532** 16

0533 $2\sqrt{6}$ **0534** ③ **0535** $65°$ **0536** ③

0537 $44°$ **0538** $92°$ **0539** 5 **0540** $126°$

0541 ④ **0542** $85°$ **0543** ③, ④

0544 ④ **0545** $\dfrac{15\sqrt{3}}{2}$ **0546** $180°$ **0547** ㄴ, ㄷ

0548 $540°$ **0549** $40°$ **0550** $37°$ **0551** ①, ⑤

0552 $∠x=88°$, $∠y=87°$ **0553** $98°$ **0554** $90°$

0555 ⑤ **0556** $∠x=29°$, $∠y=61°$ **0557** ②

0558 유클리드 **0559** ②, ⑤ **0560** 풀이 참조 **0561** $40°$

Ⅶ. 통계

06. 대푯값과 산포도

0562 5 **0563** 7 **0564** 86 **0565** 21

0566 80 **0567** 6 **0568** 7 **0569** 82

0570 3 **0571** 없다. **0572** 2 **0573** 8, 9

0574 9회 **0575** 8회 **0576** 7회 **0577** 10, 2, $\sqrt{2}$

0578 분산: 8, 표준편차: $2\sqrt{2}$ **0579** 분산: 4.4, 표준편차: $\sqrt{4.4}$

0580 분산: 10, 표준편차: $\sqrt{10}$ **0581** 분산: $\dfrac{20}{3}$, 표준편차: $\dfrac{2\sqrt{15}}{3}$

0582 분산: 5.5, 표준편차: $\sqrt{5.5}$ **0583** 분산: 62, 표준편차: $\sqrt{62}$

0584 × **0585** ○

0126 $\dfrac{17}{13}$　0127 $3\sqrt{13}$　0128 $\dfrac{9}{20}$　0129 ①

0130 ⑤　0131 ④　0132 $\dfrac{3}{5}$　0133 $\dfrac{\sqrt{3}}{3}$

0134 ④　0135 ⑤　0136 ②　0137 $\dfrac{27\sqrt{3}}{2}$

0138 $2\sqrt{3}$　0139 $\sqrt{3}$　0140 ④　0141 ③, ⑤

0142 ④　0143 $60°$　0144 ③　0145 $43°$

0146 $\dfrac{2\sqrt{5}}{5}$　0147 $\dfrac{4}{5}$　0148 1　0149 0.126

0242 수미　0243 13.45　0244 ⑤　0245 ①

0246 ⑤　0247 ④　0248 16 km　0249 ③

0250 $10(3+\sqrt{3})$　0251 $25(\sqrt{3}+1)$ m

0252 $\dfrac{7\sqrt{2}}{2}$ cm^2　0253 ⑤　0254 54 cm^2

0255 48 cm^2　0256 $\dfrac{3}{5}$　0257 ②　0258 $55\sqrt{3}$

0259 $27\sqrt{3}$　0260 $12\sqrt{3}$　0261 $9(\sqrt{3}-1)$ cm^2

0262 0.99S　0263 $144\sqrt{2}$ cm^2

02. 삼각비의 활용

0150 $x=12\sin 36°$, $y=12\cos 36°$

0151 $x=\dfrac{5}{\cos 42°}$, $y=5\tan 42°$　0152 $x=\dfrac{6}{\sin 25°}$, $y=\dfrac{6}{\tan 25°}$

0153 $x=6.4$, $y=7.7$　0154 $x=31.1$, $y=23.8$

0155 풀이 참조　0156 3　0157 $3\sqrt{3}$　0158 $\sqrt{3}$

0159 $2\sqrt{3}$　0160 풀이 참조　0161 4　0162 $45°$

0163 $4\sqrt{2}$　0164 $\angle\mathrm{BAH}=30°$, $\angle\mathrm{CAH}=45°$

0165 $\overline{\mathrm{BH}}=\overline{\mathrm{AH}}\tan 30°$, $\overline{\mathrm{CH}}=\overline{\mathrm{AH}}\tan 45°$　0166 $5(3-\sqrt{3})$

0167 $\angle\mathrm{BAH}=60°$, $\angle\mathrm{CAH}=30°$

0168 $\overline{\mathrm{BH}}=\overline{\mathrm{AH}}\tan 60°$, $\overline{\mathrm{CH}}=\overline{\mathrm{AH}}\tan 30°$　0169 $5\sqrt{3}$

0170 $6\sqrt{2}$　0171 $3\sqrt{3}$　0172 $\dfrac{35\sqrt{3}}{2}$　0173 12

0174 $12\sqrt{3}$　0175 $24\sqrt{2}$　0176 $24\sqrt{3}$　0177 18

0178 $18\sqrt{3}$　0179 $5\sqrt{2}$　0180 16　0181 $56\sqrt{2}$

0182 0.5　0183 ③, ④　0184 ④　0185 $4\sqrt{6}$

0186 $20\sqrt{2}$ cm^2　0187 ②　0188 ⑤

0189 $9\sqrt{6}$ cm^3　0190 153.6 m　0191 $132+48\sqrt{2}$

0192 6.18 m　0193 $5\sqrt{3}$ m　0194 ②　0195 $20\sqrt{6}$ m

0196 210 m　0197 1.9 cm　0198 $\sqrt{13}$　0199 $30\sqrt{3}$ m

0200 $\sqrt{7}$ cm　0201 $2\sqrt{17}$ cm　0202 $2\sqrt{13}$　0203 $6\sqrt{6}$

0204 $25(\sqrt{2}+\sqrt{6})$ m　0205 ①　0206 ③

0207 $3(3-\sqrt{3})$　0208 ③

0209 $50(\sqrt{3}-1)$ m　0210 $16(3-\sqrt{3})$

0211 $3(3+\sqrt{3})$　0212 $9\sqrt{3}$　0213 $100\sqrt{3}$ m

0214 0.5분　0215 $15\sqrt{3}$ cm^2　0216 9

0217 $45°$　0218 ②　0219 $48\sqrt{3}$ cm^2

0220 5　0221 $6\sqrt{2}$ cm^2　0222 $5\sqrt{3}$ cm　0223 $135°$

0224 4 cm　0225 $48\pi-36\sqrt{3}$　0226 $7\sqrt{3}$ cm^2

0227 ⑤　0228 $30\sqrt{3}$ cm^2　0229 $72\sqrt{2}$ cm^2

0230 ③　0231 10 cm　0232 4 cm　0233 ①

0234 28 cm　0235 $\dfrac{\sqrt{2}}{2}ab$　0236 ①　0237 8

0238 $60°$　0239 $35\sqrt{3}$ cm^2　0240 ④　0241 ③

VI. 원의 성질

03. 원과 직선

0264 ㈎ $\overline{\mathrm{OB}}$　㈏ $\overline{\mathrm{OM}}$　㈐ RHS　㈑ $\overline{\mathrm{BM}}$　0265 8

0266 6　0267 6　0268 $2\sqrt{10}$　0269 $\sqrt{33}$

0270 12　0271 13　0272 3　0273 22

0274 2　0275 3　0276 8　0277 $50°$

0278 4　0279 50　0280 $60°$　0281 $125°$

0282 8 cm　0283 10 cm　0284 $x=5$, $y=2$, $z=3$

0285 $x=8$, $y=6$, $z=3$

0286 ㈎ $8-x$　㈏ $10-x$　㈐ 3　㈑ 3　0287 10

0288 6

0289 ④　0290 $2\sqrt{3}$ cm　0291 $4\sqrt{3}$　0292 60 cm^2

0293 24 cm　0294 3 cm　0295 ③　0296 5 cm

0297 2 cm　0298 $\dfrac{41}{4}\pi$ cm　0299 $4\sqrt{5}$ cm^2

0300 ④　0301 $5\sqrt{3}$ cm　0302 $120°$

0303 (1) $3\sqrt{3}$ cm　(2) 6 cm　(3) 36 cm　0304 $4\sqrt{10}$ cm

0305 48 cm　0306 12 cm^2　0307 $4\sqrt{3}\pi$ cm　0308 ①

0309 $56°$　0310 ①　0311 16π cm^2　0312 4

0313 10 cm　0314 $2\sqrt{7}$ cm　0315 $22\sqrt{3}$ cm^2

0316 $(18\sqrt{3}-6\pi)$ cm^2　0317 $67°$　0318 ①

0319 ④　0320 28 cm　0321 13　0322 ②

0323 $(27\sqrt{3}-9\pi)$ cm^2　0324 ①　0325 16 cm

0326 ②　0327 ②　0328 2 cm　0329 ④

0330 4 km　0331 24 cm　0332 6 cm　0333 ③

0334 ①　0335 78 cm^2　0336 64　0337 $4\sqrt{5}$ cm

0338 10 cm　0339 ⑤　0340 ①　0341 6 cm

0342 9 cm　0343 34 cm　0344 4 cm　0345 33 cm^2

0346 2π cm　0347 ③　0348 54 cm^2　0349 5

0350 3　0351 6　0352 6 cm　0353 $\dfrac{91}{4}\pi$ cm^2

0354 10 cm　0355 ①　0356 ③　0357 6 cm^2

0358 2 cm　0359 ⑤　0360 $\dfrac{5}{2}$

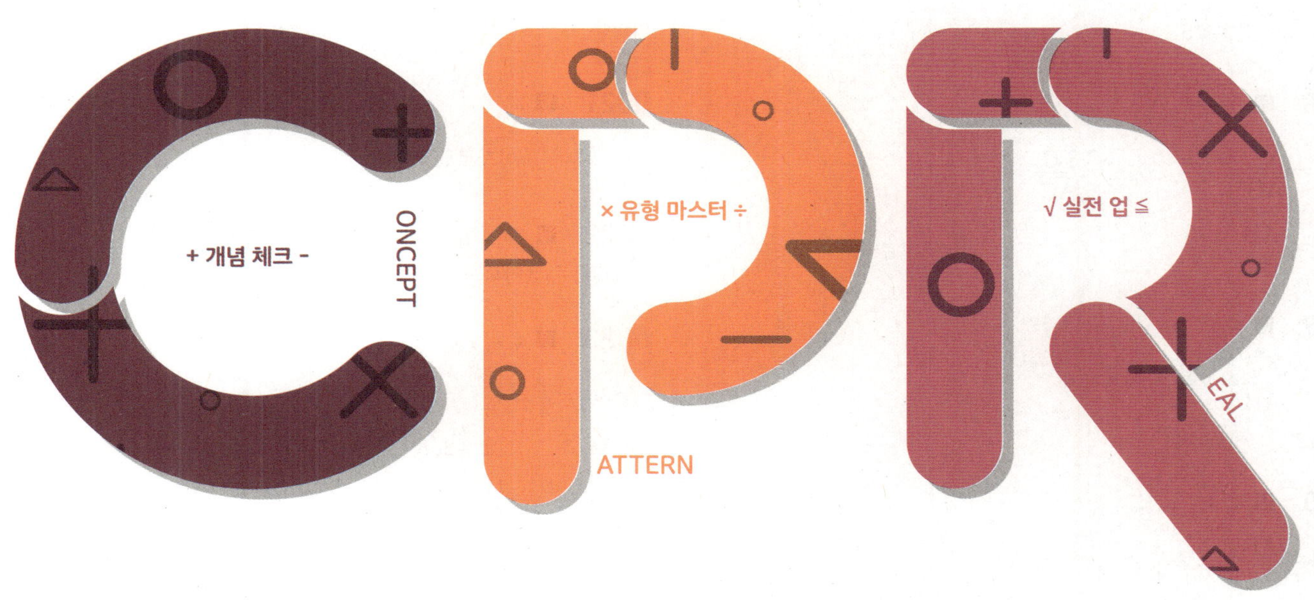

중학수학

3 · 2

정답 및 해설

V. 삼각비

: CONCEPT 개념 체크 본문 007, 009쪽

0001 답 $\dfrac{3}{5}$

0002 답 $\dfrac{4}{5}$

0003 답 $\dfrac{3}{4}$

0004 답 $\dfrac{4}{5}$

0005 답 $\dfrac{3}{5}$

0006 답 $\dfrac{4}{3}$

0007 답 $\sqrt{5}$

$\overline{AB}=\sqrt{3^2-2^2}=\sqrt{5}$

0008 답 $\dfrac{\sqrt{5}}{3},\ \dfrac{2}{3},\ \dfrac{\sqrt{5}}{2}$

$\sin C=\dfrac{\overline{AB}}{\overline{AC}}=\dfrac{\sqrt{5}}{3},\ \cos C=\dfrac{\overline{BC}}{\overline{AC}}=\dfrac{2}{3},$

$\tan C=\dfrac{\overline{AB}}{\overline{BC}}=\dfrac{\sqrt{5}}{2}$

0009 답 4

$\sin B=\dfrac{\overline{AC}}{\overline{AB}}$이므로 $\dfrac{x}{6}=\dfrac{2}{3}$에서

$3x=12$ $\therefore x=4$

0010 답 $4\sqrt{3}$

$\cos A=\dfrac{\overline{AB}}{\overline{AC}}$이므로 $\dfrac{x}{8}=\dfrac{\sqrt{3}}{2}$에서

$2x=8\sqrt{3}$ $\therefore x=4\sqrt{3}$

0011 답 $10\sqrt{5}$

$\tan A=\dfrac{\overline{BC}}{\overline{AC}}$이므로 $\dfrac{10}{x}=\dfrac{\sqrt{5}}{5}$에서

$\sqrt{5}x=50$ $\therefore x=10\sqrt{5}$

0012 답 1

(주어진 식)$=\dfrac{1}{2}+\dfrac{1}{2}=1$

0013 답 $\dfrac{\sqrt{3}}{2}-\dfrac{\sqrt{2}}{2}$

0014 답 1

(주어진 식)$=\sqrt{3}\times\dfrac{\sqrt{3}}{3}=1$

0015 답 $\dfrac{3}{2}$

(주어진 식)$=\dfrac{\sqrt{3}}{2}\times\sqrt{3}=\dfrac{3}{2}$

0016 답 1

(주어진 식)$=\dfrac{\sqrt{2}}{2}\div\dfrac{\sqrt{2}}{2}=1$

0017 답 1

(주어진 식)$=\left(\dfrac{1}{2}\right)^2+\left(\dfrac{\sqrt{3}}{2}\right)^2=\dfrac{1}{4}+\dfrac{3}{4}=1$

0018 답 $\sqrt{3}+1$

(주어진 식)$=\dfrac{\sqrt{3}}{2}+\dfrac{\sqrt{3}}{2}+1=\sqrt{3}+1$

0019 답 0

(주어진 식)$=\dfrac{1}{2}-1+\dfrac{1}{2}=0$

0020 답 $45°$

$\sin45°=\dfrac{\sqrt{2}}{2}$이므로 $x=45°$

0021 답 $30°$

$\cos30°=\dfrac{\sqrt{3}}{2}$이므로 $x=30°$

0022 답 $60°$

$\tan60°=\sqrt{3}$이므로 $x=60°$

0023 답 $x=2\sqrt{3},\ y=2$

$\cos30°=\dfrac{x}{4}=\dfrac{\sqrt{3}}{2}$

$2x=4\sqrt{3}$ $\therefore x=2\sqrt{3}$

$\sin30°=\dfrac{y}{4}=\dfrac{1}{2}$

$2y=4$ $\therefore y=2$

0024 답 $x=3\sqrt{2},\ y=3\sqrt{2}$

$\sin45°=\dfrac{x}{6}=\dfrac{\sqrt{2}}{2}$

$2x=6\sqrt{2}$ $\therefore x=3\sqrt{2}$

$\cos45°=\dfrac{y}{6}=\dfrac{\sqrt{2}}{2}$

$2y=6\sqrt{2}$ $\therefore y=3\sqrt{2}$

0025 답 $x=6\sqrt{3},\ y=6$

$\sin60°=\dfrac{x}{12}=\dfrac{\sqrt{3}}{2}$

$2x=12\sqrt{3}$ $\therefore x=6\sqrt{3}$

$$\cos 60° = \frac{y}{12} = \frac{1}{2}$$

$$2y = 12 \qquad \therefore y = 6$$

0026 답 $x = 12,\ y = 8\sqrt{3}$

$$\tan 30° = \frac{4\sqrt{3}}{x} = \frac{\sqrt{3}}{3}$$

$$\sqrt{3}x = 12\sqrt{3} \qquad \therefore x = 12$$

$$\sin 30° = \frac{4\sqrt{3}}{y} = \frac{1}{2} \qquad \therefore y = 8\sqrt{3}$$

0027 답 $\overline{AB}$

$$\sin x = \frac{\overline{AB}}{\overline{OA}} = \frac{\overline{AB}}{1} = \overline{AB}$$

0028 답 $\overline{OB}$

$$\cos x = \frac{\overline{OB}}{\overline{OA}} = \frac{\overline{OB}}{1} = \overline{OB}$$

0029 답 $\overline{CD}$

$$\tan x = \frac{\overline{CD}}{\overline{OD}} = \frac{\overline{CD}}{1} = \overline{CD}$$

0030 답 0.77

$$\sin 50° = \frac{\overline{AB}}{\overline{OA}} = 0.77$$

0031 답 0.64

$$\cos 50° = \frac{\overline{OB}}{\overline{OA}} = 0.64$$

0032 답 1.19

$$\tan 50° = \frac{\overline{CD}}{\overline{OD}} = 1.19$$

0033 답 0.64

$$\sin 40° = \frac{\overline{OB}}{\overline{OA}} = 0.64$$

0034 답 0.77

$$\cos 40° = \frac{\overline{AB}}{\overline{OA}} = 0.77$$

0035 답 $\cos 0°,\ \tan 45°,\ \sin 90°$

$\sin 0° = 0,\ \cos 90° = 0$ 이고

$\tan 90°$의 값은 정할 수 없다.

0036 답 0

$$\sin 0° + \tan 0° = 0 + 0 = 0$$

0037 답 1

$$\sin 0° + \cos 0° = 0 + 1 = 1$$

0038 답 1

$$\sin 90° + \cos 90° + \tan 0° = 1 + 0 + 0 = 1$$

0039 답 $\frac{1}{2}$

$$\sin 90° \times \sin 30° = 1 \times \frac{1}{2} = \frac{1}{2}$$

0040 답 0

$$\cos 90° + \sin 0° \times \sin 90° = 0 + 0 \times 1 = 0$$

0041 답 $<$

0042 답 $>$

0043 답 $<$

0044 답 0.7547

0045 답 0.6293

0046 답 1.2799

0047 답 0.8090

0048 답 0.6018

0049 답 1.1918

0050 답 $51°$

$\sin 51° = 0.7771$이므로 $x = 51°$

0051 답 $52°$

$\cos 52° = 0.6157$이므로 $x = 52°$

0052 답 $49°$

$\tan 49° = 1.1504$이므로 $x = 49°$

0053 답 ③

$$\overline{AC} = \sqrt{6^2 - 4^2} = \sqrt{20} = 2\sqrt{5}$$

③ $\tan A = \dfrac{\overline{BC}}{\overline{AC}} = \dfrac{4}{2\sqrt{5}} = \dfrac{2\sqrt{5}}{5}$

선생님 톡 톡

피타고라스 정리를 이용해 $\overline{AC}$의 길이를 구한 후 삼각비의 값을 구하면 돼.

0054 답 ④

$$\sin B = \frac{\sqrt{3}}{2}$$

① $\cos B = \dfrac{1}{2}$ ② $\tan B = \sqrt{3}$

③ $\sin C = \dfrac{1}{2}$ ④ $\cos C = \dfrac{\sqrt{3}}{2}$

⑤ $\tan C = \dfrac{1}{\sqrt{3}} = \dfrac{\sqrt{3}}{3}$

따라서 $\sin B$와 값이 같은 것은 ④이다.

0055 답 ④

① $\dfrac{\overline{ED}}{\overline{AE}}=\dfrac{\overline{GF}}{\overline{AG}}=\sin A$

② $\dfrac{\overline{AB}}{\overline{CA}}=\dfrac{\overline{AD}}{\overline{EA}}=\cos A$

④ $\cos A=\dfrac{\overline{AB}}{\overline{CA}}=\dfrac{\overline{AD}}{\overline{EA}}=\dfrac{\overline{AF}}{\overline{GA}}$

따라서 옳지 않은 것은 ④이다.

0056 답 $\dfrac{5\sqrt{13}}{13}$

$\overline{AC}=\sqrt{2^2+3^2}=\sqrt{13}$이므로 $\qquad\qquad\cdots$ (i)

$\sin A=\dfrac{3}{\sqrt{13}}=\dfrac{3\sqrt{13}}{13}$, $\cos A=\dfrac{2}{\sqrt{13}}=\dfrac{2\sqrt{13}}{13}$ $\quad\cdots$ (ii)

$\therefore \sin A+\cos A=\dfrac{3\sqrt{13}}{13}+\dfrac{2\sqrt{13}}{13}=\dfrac{5\sqrt{13}}{13}$ $\quad\cdots$ (iii)

채점 기준	배점
(i) $\overline{AC}$의 길이를 구한 경우	20 %
(ii) $\sin A$, $\cos A$의 값을 각각 구한 경우	60 %
(iii) $\sin A+\cos A$의 값을 구한 경우	20 %

0057 답 ③

新 유형

접근하기	이등변삼각형의 성질과 삼각형의 내각과 외각의 성질을 이용하여 크기가 $2x$인 각을 찾는다.

$\triangle OAP$에서

$\overline{OA}=\overline{OP}$이므로 $\angle OAP=\angle OPA=\angle x$

$\therefore \angle POM=\angle OAP+\angle OPA=\angle x+\angle x=2\angle x$

따라서 직각삼각형 POM에서

$\sin 2x=\dfrac{\overline{PM}}{\overline{PO}}=\dfrac{\overline{PM}}{1}=\overline{PM}$

0058 답 $3\sqrt{5}$

$\sin A=\dfrac{\overline{BC}}{9}=\dfrac{2}{3}$이므로 $3\overline{BC}=18$ $\quad\therefore \overline{BC}=6$

$\therefore \overline{AB}=\sqrt{9^2-6^2}=3\sqrt{5}$

0059 답 2

$\tan B=\dfrac{\overline{AC}}{1}=\sqrt{3}$이므로 $\overline{AC}=\sqrt{3}$

$\therefore \overline{AB}=\sqrt{(\sqrt{3})^2+1^2}=2$

0060 답 $8\sqrt{3}$

$\cos B=\dfrac{4}{\overline{BC}}=\dfrac{1}{2}$이므로 $\overline{BC}=8$

$\therefore \overline{AC}=\sqrt{8^2-4^2}=4\sqrt{3}$

$\therefore \triangle ABC=\dfrac{1}{2}\times\overline{AB}\times\overline{AC}=\dfrac{1}{2}\times 4\times 4\sqrt{3}=8\sqrt{3}$

선생님 톡 톡

삼각형의 넓이를 구하기 위해 삼각비를 이용하여 $\overline{AC}$의 길이를 먼저 구해야 해.

0061 답 6

$\overline{BC}=x$, $\overline{AC}=y$라 하면

$\tan B=\dfrac{y}{x}=\dfrac{\sqrt{5}}{2}$이므로 $2y=\sqrt{5}x$ $\quad\therefore y=\dfrac{\sqrt{5}}{2}x$

$9^2=x^2+y^2$에서 $9^2=x^2+\left(\dfrac{\sqrt{5}}{2}x\right)^2$이므로

$9^2=x^2+\dfrac{5}{4}x^2$, $\dfrac{9}{4}x^2=81$, $x^2=36$ $\quad\therefore x=6$ ($\because x>0$)

$\therefore \overline{BC}=6$

0062 답 ③

$\tan A=\sqrt{2}$이므로 오른쪽 그림에서

$\overline{AC}=\sqrt{k^2+(\sqrt{2}k)^2}=\sqrt{3}k$

$\therefore \sin A=\dfrac{\sqrt{2}k}{\sqrt{3}k}=\dfrac{\sqrt{6}}{3}$

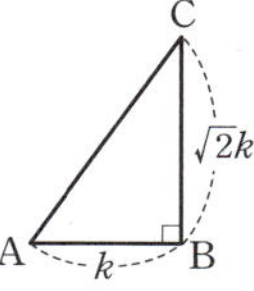

0063 답 $\dfrac{3\sqrt{7}}{7}$

$\cos B=\dfrac{3}{4}$이므로 오른쪽 그림에서

$\overline{AC}=\sqrt{(4k)^2-(3k)^2}=\sqrt{7}k$

$\therefore \tan A=\dfrac{3k}{\sqrt{7}k}=\dfrac{3\sqrt{7}}{7}$

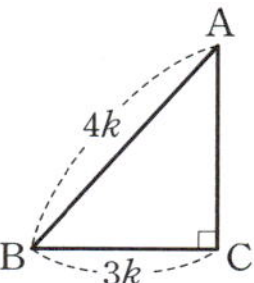

0064 답 $\dfrac{4}{5}$

$\sin A=\dfrac{4}{5}$이므로 오른쪽 그림에서

$\overline{AB}=\sqrt{(5k)^2-(4k)^2}=3k$

$\therefore \cos A=\dfrac{3k}{5k}=\dfrac{3}{5}$, $\tan A=\dfrac{4k}{3k}=\dfrac{4}{3}$

$\therefore \cos A\times\tan A=\dfrac{3}{5}\times\dfrac{4}{3}=\dfrac{4}{5}$

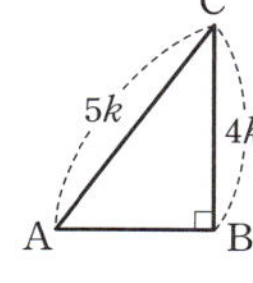

0065 답 $\dfrac{\sqrt{21}}{5}$

$5\sin A-2=0$에서 $\sin A=\dfrac{2}{5}$이므로

오른쪽 그림에서

$\overline{AB}=\sqrt{(5k)^2-(2k)^2}=\sqrt{21}k$ $\qquad\cdots$ (i)

$\therefore \cos A=\dfrac{\sqrt{21}k}{5k}=\dfrac{\sqrt{21}}{5}$ $\qquad\qquad\cdots$ (ii)

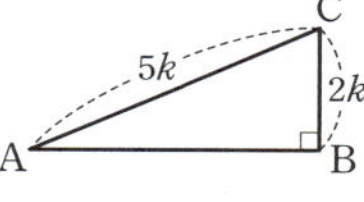

채점 기준	배점
(i) $\overline{AB}$의 길이를 구한 경우	40 %
(ii) $\cos A$의 값을 구한 경우	60 %

0066 답 $\dfrac{\sqrt{101}}{101}$

新 유형

접근하기	표지판의 10 %의 의미를 파악하여 직각삼각형을 그려 본다.

$\tan A=\dfrac{1}{10}$이므로 오른쪽 그림에서

$\overline{AC}=\sqrt{(10k)^2+k^2}=\sqrt{101}k$

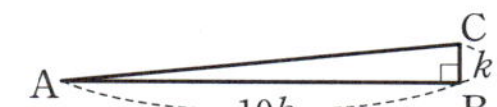

$\therefore \sin A=\dfrac{k}{\sqrt{101}k}=\dfrac{\sqrt{101}}{101}$

0067 답 $\dfrac{4}{5}$

$\triangle ABC$에서

$\overline{BC}=\sqrt{8^2+6^2}=10$

$\triangle HBA \backsim \triangle ABC$ (AA 닮음)이므로

$\angle C = \angle BAH = x$

$\therefore \sin x = \sin C = \dfrac{\overline{AB}}{\overline{BC}} = \dfrac{8}{10} = \dfrac{4}{5}$

0068 답 $\dfrac{6}{5}$

$\triangle ABC$에서

$\overline{BC}=\sqrt{3^2+4^2}=5$

$\triangle ABC \backsim \triangle DBA$ (AA 닮음)이므로

$\angle C = \angle BAD = x$

$\therefore \sin x = \sin C = \dfrac{\overline{AB}}{\overline{BC}} = \dfrac{3}{5}$

$\triangle ABC \backsim \triangle DAC$ (AA 닮음)이므로

$\angle B = \angle CAD = y$

$\therefore \cos y = \cos B = \dfrac{\overline{AB}}{\overline{BC}} = \dfrac{3}{5}$

$\therefore \sin x + \cos y = \dfrac{3}{5} + \dfrac{3}{5} = \dfrac{6}{5}$

0069 답 ㄴ, ㄹ

$\triangle ABC \backsim \triangle HAC$ (AA 닮음)이므로

$\angle HAC = \angle ABC = x$

$\triangle ABC$에서 $\sin x = \dfrac{\overline{AC}}{\overline{BC}}$

$\triangle ABH$에서 $\sin x = \dfrac{\overline{AH}}{\overline{AB}}$

$\triangle AHC$에서 $\sin x = \dfrac{\overline{CH}}{\overline{AC}}$

따라서 $\sin x$와 값이 같은 것은 ㄴ, ㄹ이다.

0070 답 $\dfrac{1}{5}$

$\triangle ABH \backsim \triangle DBA$ (AA 닮음)이므로

$\angle ADB = \angle HAB = x$ $\qquad \cdots$ (i)

$\triangle ABD$에서

$\overline{BD}=\sqrt{12^2+16^2}=20$이므로

$\sin x = \dfrac{\overline{AB}}{\overline{BD}} = \dfrac{12}{20} = \dfrac{3}{5}$,

$\cos x = \dfrac{\overline{AD}}{\overline{BD}} = \dfrac{16}{20} = \dfrac{4}{5}$ $\qquad \cdots$ (ii)

$\therefore \cos x - \sin x = \dfrac{4}{5} - \dfrac{3}{5} = \dfrac{1}{5}$ $\qquad \cdots$ (iii)

채점 기준	배점
(i) $\angle ADB = \angle HAB$임을 설명한 경우	40 %
(ii) $\sin x$, $\cos x$의 값을 각각 구한 경우	40 %
(iii) $\cos x - \sin x$의 값을 구한 경우	20 %

0071 답 $\dfrac{3}{5}$

$\triangle BED$에서 $\overline{DE}=\sqrt{5^2-4^2}=3$

$\triangle ABC \backsim \triangle EBD$ (AA 닮음)이므로

$\angle A = \angle BED$

$\therefore \cos A = \cos(\angle BED) = \dfrac{\overline{DE}}{\overline{BE}} = \dfrac{3}{5}$

0072 답 $\dfrac{12}{13}$

$\triangle ABC$에서 $\overline{BC}=\sqrt{12^2+5^2}=13$

$\triangle ABC \backsim \triangle EBD$ (AA 닮음)이므로

$\angle ACB = \angle EDB = x$

$\therefore \sin x = \sin(\angle ACB) = \dfrac{\overline{BA}}{\overline{BC}} = \dfrac{12}{13}$

0073 답 ②

$\triangle ABC \backsim \triangle ADE \backsim \triangle AEF \backsim \triangle EDF$ (AA 닮음)이므로

$\angle A = \angle DAE = \angle EAF = \angle DEF$

즉, $\cos A = \cos(\angle DAE) = \cos(\angle EAF) = \cos(\angle DEF)$이므로

$\dfrac{\overline{AB}}{\overline{AC}} = \dfrac{\overline{AD}}{\overline{AE}} = \dfrac{\overline{AE}}{\overline{AF}} = \dfrac{\overline{DE}}{\overline{EF}}$

따라서 $\cos A$의 값으로 옳지 않은 것은 ②이다.

0074 답 $\dfrac{\sqrt{11}}{30}$

$\triangle ABC \backsim \triangle DEC$ (AA 닮음)이므로

$\angle CDE = \angle CAB = x$

$\triangle EDC$에서 $\overline{CE}=\sqrt{6^2-5^2}=\sqrt{11}$이므로

$\tan x = \dfrac{\overline{CE}}{\overline{DE}} = \dfrac{\sqrt{11}}{5}$, $\sin x = \dfrac{\overline{CE}}{\overline{DC}} = \dfrac{\sqrt{11}}{6}$

$\therefore \tan x - \sin x = \dfrac{\sqrt{11}}{5} - \dfrac{\sqrt{11}}{6} = \dfrac{\sqrt{11}}{30}$

0075 답 $\dfrac{2+\sqrt{5}}{3}$

$\triangle ABC \backsim \triangle AED$ (AA 닮음)이므로

$\angle ABC = \angle AED$

$\triangle ADE$에서 $\overline{AE}=\sqrt{6^2-4^2}=2\sqrt{5}$이므로

$\sin B = \sin(\angle AED)$

$\quad = \dfrac{\overline{AD}}{\overline{DE}} = \dfrac{4}{6} = \dfrac{2}{3}$

$\sin C = \sin(\angle ADE)$

$\quad = \dfrac{\overline{AE}}{\overline{DE}} = \dfrac{2\sqrt{5}}{6} = \dfrac{\sqrt{5}}{3}$

$\therefore \sin B + \sin C = \dfrac{2}{3} + \dfrac{\sqrt{5}}{3} = \dfrac{2+\sqrt{5}}{3}$

해설 속 칠판 **직각삼각형의 닮음과 삼각비**

직각삼각형 ABC에서
$\angle ABC = \angle AED$일 때
$\triangle ABC \backsim \triangle AED$ (AA 닮음)
➡ $\angle ACB = \angle ADE$

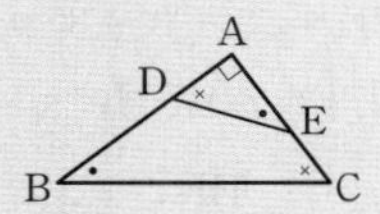

0076 답 $\dfrac{2\sqrt{5}}{5}$

오른쪽 그림과 같이 일차방정식 $2x+y-4=0$
의 그래프와 x축, y축의 교점을 각각 A, B라
하자.

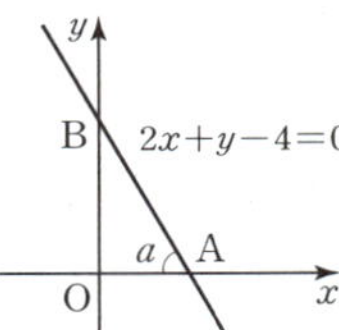

$2x+y-4=0$에
$y=0$을 대입하면 $2x-4=0$에서 $x=2$

$\therefore \mathrm{A}(2, 0)$

$x=0$을 대입하면 $y-4=0$에서 $y=4$

$\therefore \mathrm{B}(0, 4)$

$\triangle \mathrm{AOB}$에서 $\overline{\mathrm{AO}}=2$, $\overline{\mathrm{BO}}=4$이므로

$\overline{\mathrm{AB}}=\sqrt{2^2+4^2}=2\sqrt{5}$

$\therefore \cos a=\dfrac{\overline{\mathrm{AO}}}{\overline{\mathrm{AB}}}=\dfrac{2}{2\sqrt{5}}=\dfrac{\sqrt{5}}{5}$, $\tan a=\dfrac{\overline{\mathrm{BO}}}{\overline{\mathrm{AO}}}=\dfrac{4}{2}=2$

$\therefore \cos a \times \tan a=\dfrac{\sqrt{5}}{5}\times 2=\dfrac{2\sqrt{5}}{5}$

0077 답 $\dfrac{4}{3}$

$3x-4y+12=0$에

$y=0$을 대입하면 $3x+12=0$에서 $x=-4$

$\therefore \mathrm{A}(-4, 0)$

$x=0$을 대입하면 $-4y+12=0$에서 $y=3$

$\therefore \mathrm{B}(0, 3)$

$\triangle \mathrm{AOB}$에서 $\overline{\mathrm{AO}}=4$, $\overline{\mathrm{BO}}=3$이므로

$\overline{\mathrm{AB}}=\sqrt{4^2+3^2}=5$

$\therefore \sin a=\dfrac{\overline{\mathrm{BO}}}{\overline{\mathrm{AB}}}=\dfrac{3}{5}$, $\cos a=\dfrac{\overline{\mathrm{AO}}}{\overline{\mathrm{AB}}}=\dfrac{4}{5}$

$\therefore \dfrac{\cos a}{\sin a}=\dfrac{4}{5}\div\dfrac{3}{5}=\dfrac{4}{5}\times\dfrac{5}{3}=\dfrac{4}{3}$

0078 답 ③

오른쪽 그림과 같이 일차함수 $y=\dfrac{2}{3}x+2$의
그래프와 x축, y축의 교점을 각각 A, B라 하자.

$y=\dfrac{2}{3}x+2$에

$y=0$을 대입하면 $0=\dfrac{2}{3}x+2$에서 $x=-3$

$\therefore \mathrm{A}(-3, 0)$

$x=0$을 대입하면 $y=2$ $\therefore \mathrm{B}(0, 2)$

$\triangle \mathrm{AOB}$에서 $\overline{\mathrm{AO}}=3$, $\overline{\mathrm{BO}}=2$이므로

$\overline{\mathrm{AB}}=\sqrt{3^2+2^2}=\sqrt{13}$

$\therefore \cos a=\dfrac{\overline{\mathrm{AO}}}{\overline{\mathrm{AB}}}=\dfrac{3}{\sqrt{13}}=\dfrac{3\sqrt{13}}{13}$, $\sin a=\dfrac{\overline{\mathrm{BO}}}{\overline{\mathrm{AB}}}=\dfrac{2}{\sqrt{13}}=\dfrac{2\sqrt{13}}{13}$

$\therefore \cos a-\sin a=\dfrac{3\sqrt{13}}{13}-\dfrac{2\sqrt{13}}{13}=\dfrac{\sqrt{13}}{13}$

0079 답 ②

$\overline{\mathrm{BH}}=\sqrt{3^2+3^2+3^2}=3\sqrt{3}(\mathrm{cm})$

따라서 $\triangle \mathrm{BFH}$에서

$\sin x=\dfrac{\overline{\mathrm{BF}}}{\overline{\mathrm{BH}}}=\dfrac{3}{3\sqrt{3}}=\dfrac{\sqrt{3}}{3}$

0080 답 $\dfrac{\sqrt{2}}{2}$

$\overline{\mathrm{FH}}=\sqrt{3^2+4^2}=5(\mathrm{cm})$이므로

$\overline{\mathrm{DF}}=\sqrt{3^2+4^2+5^2}=5\sqrt{2}(\mathrm{cm})$

따라서 $\triangle \mathrm{DFH}$에서

$\cos x=\dfrac{\overline{\mathrm{FH}}}{\overline{\mathrm{DF}}}=\dfrac{5}{5\sqrt{2}}=\dfrac{\sqrt{2}}{2}$

0081 답 $\dfrac{2\sqrt{2}}{3}$

직각삼각형 ABM에서 $\overline{\mathrm{AM}}=\sqrt{4^2-2^2}=2\sqrt{3}(\mathrm{cm})$

마찬가지 방법으로 $\overline{\mathrm{DM}}=2\sqrt{3}\,\mathrm{cm}$

오른쪽 그림과 같이 꼭짓점 A에서 밑면에
내린 수선의 발을 H라 하면 점 H는
$\triangle \mathrm{BCD}$의 무게중심이므로

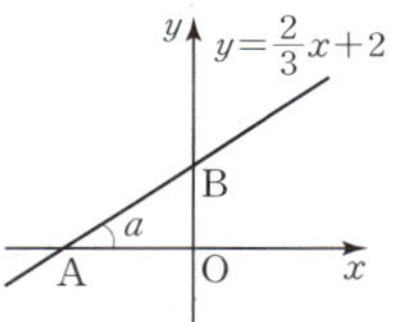

$\overline{\mathrm{HM}}=\dfrac{1}{3}\overline{\mathrm{DM}}=\dfrac{1}{3}\times 2\sqrt{3}=\dfrac{2\sqrt{3}}{3}(\mathrm{cm})$

따라서 직각삼각형 AMH에서

$\overline{\mathrm{AH}}=\sqrt{(2\sqrt{3})^2-\left(\dfrac{2\sqrt{3}}{3}\right)^2}=\dfrac{4\sqrt{6}}{3}(\mathrm{cm})$이므로

$\sin x=\dfrac{\overline{\mathrm{AH}}}{\overline{\mathrm{AM}}}=\dfrac{4\sqrt{6}}{3}\times\dfrac{1}{2\sqrt{3}}=\dfrac{2\sqrt{2}}{3}$

선생님 톡톡

정사면체의 한 꼭짓점에서 밑면에 내린 수선의 발은 밑면의 세 중선의 교점
과 일치하므로 밑면의 무게중심이야.

0082 답 $\dfrac{3}{2}$

(주어진 식)$=2\times\dfrac{\sqrt{2}}{2}\times\dfrac{\sqrt{2}}{2}+\dfrac{\sqrt{3}}{2}\times\dfrac{\sqrt{3}}{3}$

$\qquad\qquad =1+\dfrac{1}{2}=\dfrac{3}{2}$

0083 답 ④

① $\cos 60°+\sin 60°=\dfrac{1}{2}+\dfrac{\sqrt{3}}{2}=\dfrac{1+\sqrt{3}}{2}$

② $\tan 30°+\sin 60°=\dfrac{\sqrt{3}}{3}+\dfrac{\sqrt{3}}{2}=\dfrac{5\sqrt{3}}{6}$

③ $\cos 45°\div\sin 45°=\dfrac{\sqrt{2}}{2}\div\dfrac{\sqrt{2}}{2}=1$

④ $\cos 30°\times\sin 30°=\dfrac{\sqrt{3}}{2}\times\dfrac{1}{2}=\dfrac{\sqrt{3}}{4}$

⑤ $\cos 45°+\tan 60°=\dfrac{\sqrt{2}}{2}+\sqrt{3}=\dfrac{\sqrt{2}+2\sqrt{3}}{2}$

따라서 옳은 것은 ④이다.

0084 답 -1

(주어진 식)$=2\times\dfrac{\sqrt{3}}{2}-\sqrt{2}\times\dfrac{\sqrt{2}}{2}-\sqrt{3}$

$\qquad\qquad =\sqrt{3}-1-\sqrt{3}=-1$

0085 답 $\dfrac{\sqrt{3}}{3}$

삼각형의 세 내각의 크기의 합이 $180°$이므로

$$\angle A = 180° \times \dfrac{1}{1+2+3} = 30°$$

$$\therefore \cos A - \sin A \times \tan A = \cos 30° - \sin 30° \times \tan 30°$$

$$= \dfrac{\sqrt{3}}{2} - \dfrac{1}{2} \times \dfrac{\sqrt{3}}{3}$$

$$= \dfrac{\sqrt{3}}{3}$$

0086 답 ③

$\sin 30° = \dfrac{\overline{BC}}{\overline{AB}} = \dfrac{\overline{BC}}{6} = \dfrac{1}{2}$이므로

$2\overline{BC} = 6$ $\quad \therefore \overline{BC} = 3\,(\text{cm})$

0087 답 $\sqrt{3}$

접근하기 직각삼각형의 빗변의 중점은 외심임을 이용하여 $\angle C$의 크기를 구해 본다.

점 M은 직각삼각형 ABC의 빗변 BC의 중점이므로 외심이다.

$\therefore \overline{AM} = \overline{BM} = \overline{CM}$

$\triangle MCA$는 이등변삼각형이므로

$\angle MAC = \angle MCA = \dfrac{1}{2} \times (180° - 60°) = 60°$

$\therefore \tan C = \tan 60° = \sqrt{3}$

0088 답 $20°$

$\sin 30° = \dfrac{1}{2}$이므로 $\sin(2x - 10°) = \dfrac{1}{2}$에서

$2x - 10° = 30°$

$2x = 40°$ $\quad \therefore x = 20°$

0089 답 ④

$\cos 60° = \dfrac{1}{2}$이므로 $\cos(3x + 15°) = \dfrac{1}{2}$에서

$3x + 15° = 60°$

$3x = 45°$ $\quad \therefore x = 15°$

0090 답 ⑤

$\tan 45° = 1$이므로 $\tan(x + 15°) = 1$에서

$x + 15° = 45°$ $\quad \therefore x = 30°$

$\therefore \sin 2x + \cos x = \sin 60° + \cos 30°$

$$= \dfrac{\sqrt{3}}{2} + \dfrac{\sqrt{3}}{2} = \sqrt{3}$$

0091 답 ②

$4x^2 - 4x + 1 = 0$에서

$(2x - 1)^2 = 0$ $\quad \therefore x = \dfrac{1}{2}$(중근)

따라서 $\sin a = \dfrac{1}{2}$이므로 $a = 30°$

0092 답 $60°$

$\overline{AB} /\!/ \overline{DC}$이므로 $\angle AED = \angle CDF$ (엇각)

즉, $\angle AED = 90°$이므로 $\triangle AED$는 직각삼각형이다.

$\cos A = \dfrac{3}{6} = \dfrac{1}{2}$이고, $\angle A$는 예각이므로 $\angle A = 60°$

따라서 평행사변형의 대각의 크기는 같으므로

$\angle x = \angle A = 60°$

 평행사변형의 성질

평행사변형에서
(1) 두 쌍의 대변의 길이는 각각 같다.
(2) 두 쌍의 대각의 크기는 각각 같다.
(3) 두 대각선은 서로 다른 것을 이등분한다.

0093 답 $3\sqrt{6}$

$\triangle ABC$에서 $\sin 60° = \dfrac{\overline{AC}}{12} = \dfrac{\sqrt{3}}{2}$이므로

$2\overline{AC} = 12\sqrt{3}$ $\quad \therefore \overline{AC} = 6\sqrt{3}$

$\triangle ACD$에서 $\cos 45° = \dfrac{\overline{AD}}{6\sqrt{3}} = \dfrac{\sqrt{2}}{2}$이므로

$2\overline{AD} = 6\sqrt{6}$ $\quad \therefore \overline{AD} = 3\sqrt{6}$

0094 답 1

$\triangle BCD$에서 $\tan 45° = \dfrac{\overline{BC}}{\sqrt{3}} = 1$이므로 $\overline{BC} = \sqrt{3}$

따라서 $\triangle ABC$에서 $\tan 60° = \dfrac{\sqrt{3}}{\overline{AB}} = \sqrt{3}$이므로

$\sqrt{3}\,\overline{AB} = \sqrt{3}$ $\quad \therefore \overline{AB} = 1$

0095 답 $8\sqrt{3}\,\text{cm}^2$

$\cos 30° = \dfrac{\overline{AB}}{8} = \dfrac{\sqrt{3}}{2}$이므로

$2\overline{AB} = 8\sqrt{3}$ $\quad \therefore \overline{AB} = 4\sqrt{3}\,(\text{cm})$

$\sin 30° = \dfrac{\overline{BC}}{8} = \dfrac{1}{2}$이므로

$2\overline{BC} = 8$ $\quad \therefore \overline{BC} = 4\,(\text{cm})$

$\therefore \triangle ABC = \dfrac{1}{2} \times 4\sqrt{3} \times 4 = 8\sqrt{3}\,(\text{cm}^2)$

0096 답 $3\sqrt{2}$

$\triangle ABD$에서 $\sin 30° = \dfrac{1}{2}$이므로 $\dfrac{\overline{AD}}{6} = \dfrac{1}{2}$

$2\overline{AD} = 6$ $\quad \therefore \overline{AD} = 3$

$\triangle ADC$에서 $\sin 45° = \dfrac{\sqrt{2}}{2}$이므로 $\dfrac{3}{\overline{AC}} = \dfrac{\sqrt{2}}{2}$

$\sqrt{2}\,\overline{AC} = 6$ $\quad \therefore \overline{AC} = \dfrac{6}{\sqrt{2}} = 3\sqrt{2}$

0097 답 ④

$\triangle ABC$에서 $\tan 30° = \dfrac{4}{\overline{BC}} = \dfrac{1}{\sqrt{3}}$이므로 $\overline{BC} = 4\sqrt{3}$

$\triangle ADC$에서 $\tan 45° = \dfrac{4}{\overline{DC}} = 1$이므로 $\overline{DC} = 4$

$\therefore \overline{ED} = \overline{BC} - \overline{DC} = 4\sqrt{3} - 4 = 4(\sqrt{3} - 1)$

0098 답 (1) $\overline{OD}=2\sqrt{2}$, $\overline{OE}=2\sqrt{6}$ (2) $2\sqrt{6}-2\sqrt{2}$

(1) $\triangle COD$에서 $\sin 45°=\dfrac{\overline{CD}}{4}=\dfrac{\sqrt{2}}{2}$이므로

$2\overline{CD}=4\sqrt{2}$ $\therefore \overline{CD}=2\sqrt{2}$

또 $\tan 45°=\dfrac{\overline{CD}}{\overline{OD}}=1$이므로

$\overline{OD}=\overline{CD}=2\sqrt{2}$

$\triangle FOE$에서 $\overline{EF}=\overline{CD}=2\sqrt{2}$이므로

$\tan 30°=\dfrac{2\sqrt{2}}{\overline{OE}}=\dfrac{1}{\sqrt{3}}$ $\therefore \overline{OE}=2\sqrt{6}$

(2) $\overline{DE}=\overline{OE}-\overline{OD}=2\sqrt{6}-2\sqrt{2}$

0099 답 $y=\dfrac{\sqrt{3}}{3}x+\sqrt{3}$

구하는 직선의 방정식을 $y=ax+b$라 하면

$a=\tan 30°=\dfrac{\sqrt{3}}{3}$

이때 직선 $y=\dfrac{\sqrt{3}}{3}x+b$가 점 $(-3,\,0)$을 지나므로

$0=\dfrac{\sqrt{3}}{3}\times(-3)+b$ $\therefore b=\sqrt{3}$

$\therefore y=\dfrac{\sqrt{3}}{3}x+\sqrt{3}$

다른 풀이

구하는 직선의 방정식을 $y=ax+b$라 하면

$a=\tan 30°=\dfrac{\sqrt{3}}{3}$

이때 $\tan 30°=\dfrac{b}{3}=\dfrac{\sqrt{3}}{3}$ $\therefore b=\sqrt{3}$

$\therefore y=\dfrac{\sqrt{3}}{3}x+\sqrt{3}$

0100 답 $y=x+5$

구하는 직선의 방정식을 $y=ax+b$라 하면

$a=\tan 45°=1$

이때 y절편이 5이므로 $b=5$

$\therefore y=x+5$

0101 답 $\dfrac{3}{2}$

$3x-2y+4=0$에서 $y=\dfrac{3}{2}x+2$이므로

$\tan a=\dfrac{3}{2}$

0102 답 $y=\sqrt{3}x+2\sqrt{3}$

구하는 직선의 방정식을 $y=ax+b$라 하면

$a=\tan 60°=\sqrt{3}$

이때 직선 $y=\sqrt{3}x+b$가 점 $(-1,\,\sqrt{3})$을 지나므로

$\sqrt{3}=-\sqrt{3}+b$ $\therefore b=2\sqrt{3}$

$\therefore y=\sqrt{3}x+2\sqrt{3}$

0103 답 $\dfrac{1}{2}$

$\sqrt{3}x-3y+1=0$에서 $3y=\sqrt{3}x+1$

$\therefore y=\dfrac{\sqrt{3}}{3}x+\dfrac{1}{3}$

이때 $\tan a=\dfrac{\sqrt{3}}{3}$이므로 $a=30°$ ……(i)

$\therefore \sin a=\sin 30°=\dfrac{1}{2}$ ……(ii)

채점 기준	배점
(i) a의 크기를 구한 경우	50 %
(ii) $\sin a$의 값을 구한 경우	50 %

0104 답 ①, ③

① $\cos x=\dfrac{\overline{AB}}{\overline{AC}}=\overline{AB}$ ② $\cos y=\dfrac{\overline{BC}}{\overline{AC}}=\overline{BC}$

③ $\sin x=\dfrac{\overline{BC}}{\overline{AC}}=\overline{BC}$ ④ $\sin z=\sin y=\dfrac{\overline{AB}}{\overline{AC}}=\overline{AB}$

⑤ $\tan z=\dfrac{\overline{AD}}{\overline{DE}}=\dfrac{1}{\overline{DE}}$

따라서 옳지 않은 것은 ①, ③이다.

0105 답 ⑤

$\tan x=\dfrac{\overline{DE}}{\overline{AD}}=\dfrac{\overline{DE}}{1}=\overline{DE}$

0106 답 0.3

$\sin 57°=\dfrac{\overline{AB}}{\overline{OA}}=\dfrac{\overline{AB}}{1}=0.84$

$\cos 57°=\dfrac{\overline{OB}}{\overline{OA}}=\dfrac{\overline{OB}}{1}=0.54$

$\therefore \sin 57°-\cos 57°=0.84-0.54=0.3$

0107 답 ⑤

$\sin 50°=\dfrac{\overline{PD}}{\overline{OP}}=\dfrac{\overline{PD}}{1}=\overline{PD}$

$\tan 50°=\dfrac{\overline{QE}}{\overline{OE}}=\dfrac{\overline{QE}}{1}=\overline{QE}$

$\therefore \overline{AC}=\overline{OA}-\overline{OC}=\overline{QE}-\overline{PD}$
    $=\tan 50°-\sin 50°$

0108 답 ②, ⑤

점 B의 x좌표는 $\overline{OA}$의 길이와 같고, y좌표는 $\overline{AB}$의 길이와 같다.

$\cos 48°=\dfrac{\overline{AO}}{\overline{OB}}=\dfrac{\overline{OA}}{1}=\overline{OA}$, $\sin 48°=\dfrac{\overline{AB}}{\overline{OB}}=\dfrac{\overline{AB}}{1}=\overline{AB}$이므로

B$(\cos 48°,\ \sin 48°)$

또 $\angle OBA=42°$에서

$\sin 42°=\dfrac{\overline{OA}}{\overline{OB}}=\dfrac{\overline{OA}}{1}=\overline{OA}$, $\cos 42°=\dfrac{\overline{AB}}{\overline{OB}}=\dfrac{\overline{AB}}{1}=\overline{AB}$이므로

B$(\sin 42°,\ \cos 42°)$

따라서 점 B의 좌표를 나타내는 것은 ②, ⑤이다.

0109 답 ②

① $\sin 0°+\cos 90°=0+0=0$

② $\cos 0°+\tan 0°=1+0=1$

③ $\cos 0°+\cos 90°=1+0=1$

④ $2\cos 0°+\sin 90°=2\times1+1=3$

⑤ $2\sin 90°+\tan 45°=2\times1+1=3$

따라서 옳지 않은 것은 ②이다.

0110 답 $\dfrac{\sqrt3}{2}$

(주어진 식)$=1\times0+1\times\sqrt3-\dfrac{\sqrt3}{2}=\dfrac{\sqrt3}{2}$

0111 답 ①, ④

② $\sin 0°=0$

③ $\cos 90°=0$

⑤ $\tan 0°=0$

따라서 삼각비의 값이 1인 것은 ①, ④이다.

0112 답 ③, ⑤

① $\sin 30°+\sin 60°=\dfrac12+\dfrac{\sqrt3}{2}$, $\sin 90°=1$이므로

$\sin 30°+\sin 60°\neq\sin 90°$

② $\cos 45°=\dfrac{\sqrt2}{2}$, $\tan 45°=1$이므로

$\cos 45°\neq\tan 45°$

③ $\sin 60°=\cos 30°=\dfrac{\sqrt3}{2}$

④ $\sin 0°+\cos 90°=0+0=0$

⑤ $\sin 90°\times\cos 0°\times\tan 45°=1\times1\times1=1$

따라서 옳은 것은 ③, ⑤이다.

0113 답 ②

① $0°<x<45°$일 때, $\sin x<\cos x$이므로

$\sin 15°<\cos 15°$

② $45°<x<90°$일 때, $\cos x<\sin x$이므로

$\sin 50°>\cos 50°$

③ $\cos 90°=0$, $\tan 45°=1$이므로

$\cos 90°<\tan 45°$

④ $45°<x<90°$일 때, $\cos x<\sin x$이므로

$\cos 80°<\sin 80°$

⑤ $\cos 45°=\dfrac{\sqrt2}{2}$, $\tan 30°=\dfrac{\sqrt3}{3}$이므로

$\cos 45°>\tan 30°$

따라서 옳은 것은 ②이다.

0114 답 ③

① $\sin 20°<\sin 45°=\dfrac{\sqrt2}{2}$

② $\sin 45°=\dfrac{\sqrt2}{2}$

③ $\tan 55°>\tan 45°=1$

④ $\cos 75°<\cos 45°=\dfrac{\sqrt2}{2}$

⑤ $\sin 80°<\sin 90°=1$

따라서 가장 큰 값은 ③이다.

0115 답 ②

$0°<x<45°$일 때, $\sin x<\cos x<1$이므로

$\sin 28°<\cos 28°<\tan 45°<\tan 60°$

따라서 작은 것부터 차례로 나열하면 ㄱ－ㄷ－ㄴ－ㄹ이다.

0116 답 진영

新 유형

접근하기	$0°<\angle A<90°$인 $\angle A$의 삼각비의 값이 $\angle A$의 크기에 따라 어떻게 변하는지 확인한다.

$\angle A$가 예각이므로

동주: $\cos A$의 값은 $\angle A$의 크기가 커질수록 점점 작아진다.

태희: $\tan A$의 값은 0부터 무한히 커진다.

석민: $0°<\angle A<90°$이므로 가장 작은 값은 0이 될 수 없다.

따라서 바르게 말한 학생은 진영이다.

0117 답 2

$0°<A<90°$일 때, $0<\cos A<1$이므로

$\cos A-1<0$, $1+\cos A>0$

$\therefore$ (주어진 식)$=-(\cos A-1)+(1+\cos A)$

$\qquad\qquad\quad\ =-\cos A+1+1+\cos A=2$

0118 답 ⑤

$0°<A<45°$일 때, $0<\tan A<1$이므로

$\tan A+1>0$, $1-\tan A>0$

$\therefore$ (주어진 식)$=(\tan A+1)+(1-\tan A)=2$

0119 답 0

$0°<A<45°$일 때, $\cos A>\sin A$이므로

$\cos A-\sin A>0$, $\sin A-\cos A<0$

$\therefore$ (주어진 식)$=(\cos A-\sin A)-\{-(\sin A-\cos A)\}$

$\qquad\qquad\quad\ =\cos A-\sin A+\sin A-\cos A=0$

0120 답 $-\dfrac{3\sqrt{10}}{5}$

$\tan A=\dfrac13$이므로 오른쪽 그림에서

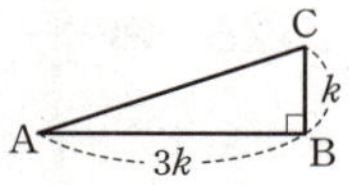

$\overline{AC}=\sqrt{(3k)^2+k^2}=\sqrt{10}k$

$\therefore \cos A=\dfrac{3k}{\sqrt{10}k}=\dfrac{3\sqrt{10}}{10}$

$0°<A<90°$일 때, $0<\cos A<1$이므로

$\cos A-1<0$, $1+\cos A>0$

$\therefore$ (주어진 식)$=-(\cos A-1)-(1+\cos A)$

$\qquad\qquad\quad\ =-\cos A+1-1-\cos A$

$\qquad\qquad\quad\ =-2\cos A$

$\qquad\qquad\quad\ =-2\times\dfrac{3\sqrt{10}}{10}=-\dfrac{3\sqrt{10}}{5}$

0121 답 (1) 1.3441 (2) 27°

(1) $\sin 28° + \cos 29° = 0.4695 + 0.8746$
$\qquad\qquad\qquad = 1.3441$

(2) $\tan 27° = 0.5095$이므로

$\quad x = 27°$

0122 답 ③

$\sin 52° = 0.7880$, $\tan 50° = 1.1918$이므로

$x = 52°$, $y = 50°$

$\therefore x + y = 52° + 50° = 102°$

0123 답 13.928

$\sin 35° = \dfrac{\overline{AC}}{10} = 0.5736$

$\therefore \overline{AC} = 10 \times 0.5736 = 5.736$

$\cos 35° = \dfrac{\overline{BC}}{10} = 0.8192$

$\therefore \overline{BC} = 10 \times 0.8192 = 8.192$

$\therefore \overline{AC} + \overline{BC} = 5.736 + 8.192 = 13.928$

0124 답 96.57

$\angle B = 180° - (46° + 90°) = 44°$이므로

$\tan 44° = \dfrac{\overline{AC}}{100} = 0.9657$

$\therefore \overline{AC} = 100 \times 0.9657 = 96.57$

0125 답 0.6561

$\cos B = \dfrac{0.7547}{1} = 0.7547$이므로 $\angle B = 41°$

따라서 △ABD에서

$\sin 41° = \dfrac{\overline{AD}}{1} = 0.6561$이므로

$\overline{AD} = 0.6561$

본문 021~024쪽

0126 답 $\dfrac{17}{13}$

$\overline{AC} = \sqrt{13^2 - 5^2} = 12$이므로

$\sin A = \dfrac{5}{13}$, $\cos A = \dfrac{12}{13}$

$\therefore \sin A + \cos A = \dfrac{5}{13} + \dfrac{12}{13} = \dfrac{17}{13}$

0127 답 $3\sqrt{13}$

$\tan B = \dfrac{\overline{AC}}{6} = \dfrac{3}{2}$이므로

$2\overline{AC} = 18$ $\therefore \overline{AC} = 9$

$\therefore \overline{AB} = \sqrt{6^2 + 9^2} = 3\sqrt{13}$

0128 답 $\dfrac{9}{20}$

$\sin A = \dfrac{4}{5}$이므로 오른쪽 그림에서

$\overline{AC} = \sqrt{(5k)^2 - (4k)^2} = 3k$

$\therefore \cos A = \dfrac{3k}{5k} = \dfrac{3}{5}$, $\tan A = \dfrac{4k}{3k} = \dfrac{4}{3}$

$\therefore \cos A \div \tan A = \dfrac{3}{5} \div \dfrac{4}{3} = \dfrac{3}{5} \times \dfrac{3}{4} = \dfrac{9}{20}$

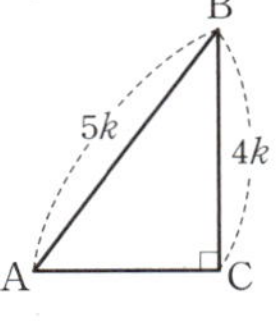

0129 답 ①

$\cos x = \dfrac{3}{4}$이므로 오른쪽 그림과 같이

△CDB에서 $\overline{BC} = 3k$, $\overline{DC} = 4k\,(k>0)$라 하면

$\overline{BD} = \sqrt{(4k)^2 - (3k)^2} = \sqrt{7}k$

$\therefore \overline{AB} = 2\overline{BD} = 2\sqrt{7}k$

따라서 △ABC에서

$\tan(x+y) = \dfrac{\overline{AB}}{\overline{BC}} = \dfrac{2\sqrt{7}k}{3k} = \dfrac{2\sqrt{7}}{3}$

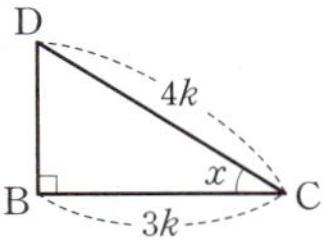

0130 답 ⑤

△ABC∽△ACD∽△CDE (AA 닮음)이므로

$\angle B = \angle ACD = \angle CDE$

△CDE에서 $\overline{CD} = \sqrt{1^2 + 2^2} = \sqrt{5}$

$\therefore \cos B = \cos(\angle CDE) = \dfrac{\overline{DE}}{\overline{DC}} = \dfrac{2}{\sqrt{5}} = \dfrac{2\sqrt{5}}{5}$

0131 답 ④

△ABC∽△DEC (AA 닮음)이므로

$\angle A = \angle D$

△ABC에서 $\overline{AC} = \sqrt{2^2 + 4^2} = 2\sqrt{5}$

$\therefore \cos D = \cos A = \dfrac{\overline{AB}}{\overline{AC}} = \dfrac{4}{2\sqrt{5}} = \dfrac{2\sqrt{5}}{5}$

0132 답 $\dfrac{3}{5}$

오른쪽 그림과 같이 일차방정식

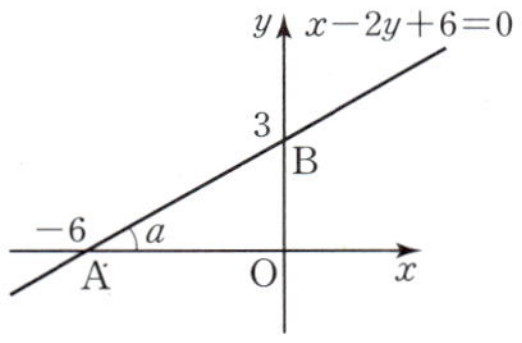

$x - 2y + 6 = 0$의 그래프가 x축, y축과

만나는 점을 각각 A, B라 하면

$A(-6, 0)$, $B(0, 3)$

△AOB에서 $\overline{AB} = \sqrt{3^2 + 6^2} = 3\sqrt{5}$

$\therefore \cos a = \dfrac{\overline{AO}}{\overline{AB}} = \dfrac{6}{3\sqrt{5}} = \dfrac{2\sqrt{5}}{5}$,

$\qquad \sin a = \dfrac{\overline{BO}}{\overline{AB}} = \dfrac{3}{3\sqrt{5}} = \dfrac{\sqrt{5}}{5}$

$\therefore \cos^2 a - \sin^2 a = \left(\dfrac{2\sqrt{5}}{5}\right)^2 - \left(\dfrac{\sqrt{5}}{5}\right)^2 = \dfrac{3}{5}$

0133 답 $\dfrac{\sqrt{3}}{3}$

$\overline{AC} = \sqrt{1^2 + 1^2} = \sqrt{2}$

$\overline{CE} = \sqrt{1^2 + 1^2 + 1^2} = \sqrt{3}$

즉, △AEC는 오른쪽 그림과 같이
∠A=90°인 직각삼각형이므로

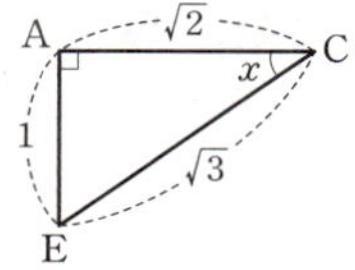

$\cos x=\dfrac{\sqrt{2}}{\sqrt{3}}=\dfrac{\sqrt{6}}{3}$, $\tan x=\dfrac{1}{\sqrt{2}}=\dfrac{\sqrt{2}}{2}$

$\therefore \cos x \times \tan x=\dfrac{\sqrt{6}}{3}\times\dfrac{\sqrt{2}}{2}=\dfrac{\sqrt{3}}{3}$

0134　답 ④

① $\cos 60°+\sin 30°=\dfrac{1}{2}+\dfrac{1}{2}=1$

② $\cos 30°\div\sin 60°=\dfrac{\sqrt{3}}{2}\div\dfrac{\sqrt{3}}{2}=1$

③ $\tan 30°\times\tan 60°=\dfrac{\sqrt{3}}{3}\times\sqrt{3}=1$

④ $\sin 45°\times\cos 45°=\dfrac{\sqrt{2}}{2}\times\dfrac{\sqrt{2}}{2}=\dfrac{1}{2}$

⑤ $(\tan 45°-\cos 60°)\div\sin 30°=\left(1-\dfrac{1}{2}\right)\div\dfrac{1}{2}=1$

따라서 계산 결과가 나머지 넷과 다른 하나는 ④이다.

0135　답 ⑤

$x=\sin 60°$에서 $x=\dfrac{\sqrt{3}}{2}$

이차방정식 $2x^2+a=0$의 한 해가 $x=\dfrac{\sqrt{3}}{2}$이므로

$2\times\left(\dfrac{\sqrt{3}}{2}\right)^2+a=0$

$\dfrac{3}{2}+a=0$　　$\therefore a=-\dfrac{3}{2}$

0136　답 ②

$\sin 60°=\dfrac{\sqrt{3}}{2}$이고 $\cos 30°=\dfrac{\sqrt{3}}{2}$이므로

$2x+10°=30°$

$2x=20°$　　$\therefore x=10°$

0137　답 $\dfrac{27\sqrt{3}}{2}$

△ACD에서 $\cos 30°=\dfrac{\overline{AC}}{12}=\dfrac{\sqrt{3}}{2}$이므로

$2\overline{AC}=12\sqrt{3}$　　$\therefore \overline{AC}=6\sqrt{3}$

△ABC에서 $\sin 30°=\dfrac{\overline{BC}}{6\sqrt{3}}=\dfrac{1}{2}$이므로

$2\overline{BC}=6\sqrt{3}$　　$\therefore \overline{BC}=3\sqrt{3}$

$\cos 30°=\dfrac{\overline{AB}}{6\sqrt{3}}=\dfrac{\sqrt{3}}{2}$이므로

$2\overline{AB}=18$　　$\therefore \overline{AB}=9$

$\therefore \triangle ABC=\dfrac{1}{2}\times\overline{AB}\times\overline{BC}$

$\qquad\qquad=\dfrac{1}{2}\times 9\times 3\sqrt{3}=\dfrac{27\sqrt{3}}{2}$

0138　답 $2\sqrt{3}$

$\angle ABC=180°-(30°+90°)=60°$

$\therefore \angle ABD=\angle DBC=\dfrac{1}{2}\angle ABC=\dfrac{1}{2}\times 60°=30°$

△ABC에서 $\sin 30°=\dfrac{\overline{BC}}{12}=\dfrac{1}{2}$이므로

$2\overline{BC}=12$　　$\therefore \overline{BC}=6$

△BCD에서 $\tan 30°=\dfrac{y}{6}=\dfrac{\sqrt{3}}{3}$이므로

$3y=6\sqrt{3}$　　$\therefore y=2\sqrt{3}$

△ABC에서 $\tan 60°=\dfrac{x+2\sqrt{3}}{6}=\sqrt{3}$이므로

$x+2\sqrt{3}=6\sqrt{3}$　　$\therefore x=4\sqrt{3}$

$\therefore x-y=4\sqrt{3}-2\sqrt{3}=2\sqrt{3}$

0139　답 $\sqrt{3}$

$y=ax+b$에서

y절편이 $2\sqrt{3}$이므로 $b=2\sqrt{3}$

$a=(직선의 기울기)=\tan 60°=\sqrt{3}$

$\therefore b-a=2\sqrt{3}-\sqrt{3}=\sqrt{3}$

0140　답 ④

④ $\angle x=45°$이면 $\cos 45°=\dfrac{\overline{AB}}{\overline{AC}}=\dfrac{\overline{AB}}{1}=\overline{AB}$이므로 $\overline{AB}=\dfrac{\sqrt{2}}{2}$

⑤ $\angle y=60°$이면 $\cos 60°=\dfrac{\overline{BC}}{\overline{AC}}=\dfrac{\overline{BC}}{1}=\overline{BC}$이므로 $\overline{BC}=\dfrac{1}{2}$

따라서 옳지 않은 것은 ④이다.

0141　답 ③, ⑤

① $\tan 0°-\sin 90°=0-1=-1$

② $4\sin 60°+3\tan 30°=4\times\dfrac{\sqrt{3}}{2}+3\times\dfrac{\sqrt{3}}{3}=3\sqrt{3}$

③ $\cos 45°+\sin 30°=\dfrac{\sqrt{2}}{2}+\dfrac{1}{2}=\dfrac{\sqrt{2}+1}{2}$

④ $\cos 30°\times\sin 0°-\tan 45°=\dfrac{\sqrt{3}}{2}\times 0-1=-1$

⑤ $\cos 0°\times\tan 30°+\cos 90°=1\times\dfrac{\sqrt{3}}{3}+0=\dfrac{\sqrt{3}}{3}$

따라서 옳은 것은 ③, ⑤이다.

0142　답 ④

④ $0°<A<45°$이면 $\sin A<\cos A$이다.

0143　답 $60°$

$2x^2-3x+1=0$에서 $(2x-1)(x-1)=0$

$\therefore x=\dfrac{1}{2}$ 또는 $x=1$

이때 $\angle A$, $\angle B$는 모두 $0°$ 이상 $90°$ 이하이고,

$\angle A<\angle B$에서 $\sin A<\sin B$이므로

$\sin A=\dfrac{1}{2}$, $\sin B=1$

따라서 $\angle A=30°$, $\angle B=90°$이므로

$\angle B-\angle A=90°-30°=60°$

0144 답 ③

$\cos 60° = \dfrac{1}{2}$, $\cos 45° = \dfrac{\sqrt{2}}{2}$ 이고

$30° < A < 45°$일 때, $\dfrac{1}{2} < \sin A < \dfrac{\sqrt{2}}{2}$ 이므로

$\sin A + \cos 60° = \sin A + \dfrac{1}{2} > 0$,

$\sin A - \cos 45° = \sin A - \dfrac{\sqrt{2}}{2} < 0$

$\therefore$ (주어진 식) $= (\sin A + \cos 60°) + \{-(\sin A - \cos 45°)\}$

$\qquad = \left(\sin A + \dfrac{1}{2}\right) - \left(\sin A - \dfrac{\sqrt{2}}{2}\right)$

$\qquad = \sin A + \dfrac{1}{2} - \sin A + \dfrac{\sqrt{2}}{2} = \dfrac{1+\sqrt{2}}{2}$

0145 답 43°

$\cos x = \dfrac{731.4}{1000} = 0.7314$

삼각비의 표에서 $\cos 43° = 0.7314$이므로 $\angle x = 43°$

0146 답 $\dfrac{2\sqrt{5}}{5}$

$\triangle ABC$에서 $\overline{AB} = \sqrt{10^2 - 8^2} = 6$ $\qquad$ ⋯ (i)

$\triangle ABD$에서 $\overline{AD} = \sqrt{3^2 + 6^2} = 3\sqrt{5}$ $\qquad$ ⋯ (ii)

$\therefore \sin x = \dfrac{\overline{AB}}{\overline{AD}} = \dfrac{6}{3\sqrt{5}} = \dfrac{2\sqrt{5}}{5}$ $\qquad$ ⋯ (iii)

채점 기준	배점
(i) $\overline{AB}$의 길이를 구한 경우	30 %
(ii) $\overline{AD}$의 길이를 구한 경우	30 %
(iii) $\sin x$의 값을 구한 경우	40 %

0147 답 $\dfrac{4}{5}$

오른쪽 그림과 같이 일차방정식
$4x + 3y - 12 = 0$의 그래프가 x축, y축과 만나
는 점을 각각 A, B라 하자.

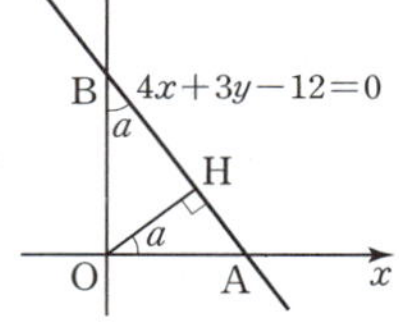

$4x + 3y - 12 = 0$에

$y = 0$을 대입하면 $4x - 12 = 0$ $\quad \therefore x = 3$

$\therefore$ A(3, 0)

$x = 0$을 대입하면 $3y - 12 = 0$ $\quad \therefore y = 4$

$\therefore$ B(0, 4)

$\triangle ABO$에서 $\overline{AB} = \sqrt{3^2 + 4^2} = 5$ $\qquad$ ⋯ (i)

점 O에서 $\overline{AB}$에 내린 수선의 발을 H라 하면

$\triangle OAH \backsim \triangle BAO$ (AA 닮음)이므로

$\angle AOH = \angle ABO = \angle a$ $\qquad$ ⋯ (ii)

$\therefore \cos a = \cos(\angle ABO) = \dfrac{\overline{BO}}{\overline{AB}} = \dfrac{4}{5}$ $\qquad$ ⋯ (iii)

채점 기준	배점
(i) $\overline{AB}$의 길이를 구한 경우	30 %
(ii) $\angle a = \angle ABO$임을 설명한 경우	40 %
(iii) $\cos a$의 값을 구한 경우	30 %

0148 답 1

$\triangle ABC$에서 $15° + \angle BAC = 30°$

$\therefore \angle BAC = 15°$

$\angle B = \angle BAC$이므로 $\triangle ABC$는 이등변삼각형이다.

즉, $\overline{BC} = \overline{CA} = 20$이므로 $\qquad$ ⋯ (i)

$\triangle ACD$에서

$\cos 30° = \dfrac{\overline{CD}}{20} = \dfrac{\sqrt{3}}{2}$

$2\overline{CD} = 20\sqrt{3}$ $\quad \therefore \overline{CD} = 10\sqrt{3}$ $\qquad$ ⋯ (ii)

$\sin 30° = \dfrac{\overline{AD}}{20} = \dfrac{1}{2}$

$2\overline{AD} = 20$ $\quad \therefore \overline{AD} = 10$ $\qquad$ ⋯ (iii)

$\therefore \tan 15° = \dfrac{\overline{AD}}{\overline{BD}} = \dfrac{10}{20 + 10\sqrt{3}} = \dfrac{1}{2+\sqrt{3}} = 2-\sqrt{3}$

따라서 $a = 2$, $b = -1$이므로

$a + b = 2 + (-1) = 1$ $\qquad$ ⋯ (iv)

채점 기준	배점
(i) $\overline{CA}$의 길이를 구한 경우	20 %
(ii) $\overline{CD}$의 길이를 구한 경우	20 %
(iii) $\overline{AD}$의 길이를 구한 경우	20 %
(iv) $a+b$의 값을 구한 경우	40 %

0149 답 0.126

$\angle AOB = 180° - (90° + 55°) = 35°$이므로

$\sin 35° = \dfrac{\overline{AB}}{\overline{OB}} = \dfrac{\overline{AB}}{1} = \overline{AB}$에서

$\overline{AB} = 0.574$ $\qquad$ ⋯ (i)

$\tan 35° = \dfrac{\overline{CD}}{\overline{OC}} = \dfrac{\overline{CD}}{1} = \overline{CD}$에서

$\overline{CD} = 0.700$ $\qquad$ ⋯ (ii)

$\therefore \overline{CD} - \overline{AB} = 0.700 - 0.574 = 0.126$ $\qquad$ ⋯ (iii)

채점 기준	배점
(i) $\overline{AB}$의 길이를 구한 경우	35 %
(ii) $\overline{CD}$의 길이를 구한 경우	35 %
(iii) $\overline{CD} - \overline{AB}$의 값을 구한 경우	30 %

C : CONCEPT
개념 체크

본문 027, 029쪽

0150 답 $x=12\sin 36°$, $y=12\cos 36°$

0151 답 $x=\dfrac{5}{\cos 42°}$, $y=5\tan 42°$

0152 답 $x=\dfrac{6}{\sin 25°}$, $y=\dfrac{6}{\tan 25°}$

0153 답 $x=6.4$, $y=7.7$
$x=10\sin 40°=10\times 0.6428=6.428$
따라서 x의 값을 반올림하여 소수점 아래 첫째 자리까지 구하면
6.4이다.
$y=10\cos 40°=10\times 0.7660=7.66$
따라서 y의 값을 반올림하여 소수점 아래 첫째 자리까지 구하면
7.7이다.

0154 답 $x=31.1$, $y=23.8$
$x=\dfrac{20}{\cos 50°}=\dfrac{20}{0.6428}=31.11\cdots$
따라서 x의 값을 반올림하여 소수점 아래 첫째 자리까지 구하면
31.1이다.
$y=20\tan 50°=20\times 1.1918=23.836$
따라서 y의 값을 반올림하여 소수점 아래 첫째 자리까지 구하면
23.8이다.

0155 답 풀이 참조
$\triangle ABH$에서
$\overline{AH}=\overline{AB}\sin 60°$
$\qquad=8\sin\boxed{60}°=8\times\dfrac{\sqrt{3}}{2}=\boxed{4\sqrt{3}}$
$\overline{BH}=\overline{AB}\cos 60°$
$\qquad=8\cos\boxed{60}°=8\times\dfrac{1}{2}=\boxed{4}$
$\therefore \overline{CH}=\overline{BC}-\overline{BH}=15-4=\boxed{11}$
따라서 $\triangle AHC$에서
$\overline{AC}=\sqrt{\overline{AH}^2+\overline{CH}^2}=\sqrt{(4\sqrt{3})^2+\boxed{11}^2}=\boxed{13}$

0156 답 3
$\overline{AH}=6\sin 30°=6\times\dfrac{1}{2}=3$

0157 답 $3\sqrt{3}$
$\overline{BH}=6\cos 30°=6\times\dfrac{\sqrt{3}}{2}=3\sqrt{3}$

0158 답 $\sqrt{3}$
$\overline{CH}=\overline{BC}-\overline{BH}=4\sqrt{3}-3\sqrt{3}=\sqrt{3}$

0159 답 $2\sqrt{3}$
$\triangle AHC$에서
$\overline{AC}=\sqrt{\overline{AH}^2+\overline{CH}^2}=\sqrt{3^2+(\sqrt{3})^2}=\sqrt{12}=2\sqrt{3}$

0160 답 풀이 참조
$\triangle BCH$에서
$\overline{CH}=\overline{BC}\sin 45°=9\sqrt{2}\sin\boxed{45}°$
$\qquad=9\sqrt{2}\times\dfrac{\sqrt{2}}{2}=\boxed{9}$
따라서 $\triangle AHC$에서 $\angle A=180°-(45°+75°)=60°$이므로
$\overline{AC}=\dfrac{\overline{CH}}{\sin 60°}=\dfrac{\boxed{9}}{\sin\boxed{60}°}$
$\qquad=9\div\dfrac{\sqrt{3}}{2}=9\times\dfrac{2}{\sqrt{3}}=\boxed{6\sqrt{3}}$

0161 답 4
$\overline{BH}=8\sin 30°=8\times\dfrac{1}{2}=4$

0162 답 $45°$
$\angle C=180°-(30°+105°)=45°$

0163 답 $4\sqrt{2}$
$\overline{BC}=\dfrac{4}{\sin 45°}=4\div\dfrac{\sqrt{2}}{2}=4\sqrt{2}$

0164 답 $\angle BAH=30°$, $\angle CAH=45°$
$\angle BAH=180°-(60°+90°)=30°$
$\angle CAH=180°-(45°+90°)=45°$

0165 답 $\overline{BH}=\overline{AH}\tan 30°$, $\overline{CH}=\overline{AH}\tan 45°$

0166 답 $5(3-\sqrt{3})$
$\overline{BC}=\overline{BH}+\overline{CH}=\overline{AH}\tan 30°+\overline{AH}\tan 45°=10$에서
$\overline{AH}(\tan 30°+\tan 45°)=10$이므로
$\overline{AH}\left(\dfrac{\sqrt{3}}{3}+1\right)=10$, $\overline{AH}\times\dfrac{\sqrt{3}+3}{3}=10$
$\therefore \overline{AH}=10\times\dfrac{3}{\sqrt{3}+3}=5(3-\sqrt{3})$

0167 답 $\angle BAH=60°$, $\angle CAH=30°$
$\angle BAH=180°-(30°+90°)=60°$
$\angle ACH=180°-120°=60°$이므로
$\angle CAH=180°-(60°+90°)=30°$

0168 답 $\overline{BH}=\overline{AH}\tan 60°$, $\overline{CH}=\overline{AH}\tan 30°$

0169 답 $5\sqrt{3}$
$\overline{BC}=\overline{BH}-\overline{CH}=\overline{AH}\tan 60°-\overline{AH}\tan 30°=10$에서
$\overline{AH}(\tan 60°-\tan 30°)=10$이므로
$\overline{AH}\left(\sqrt{3}-\dfrac{\sqrt{3}}{3}\right)=10$, $\overline{AH}\times\dfrac{2\sqrt{3}}{3}=10$
$\therefore \overline{AH}=10\times\dfrac{3}{2\sqrt{3}}=5\sqrt{3}$

0170 답 $6\sqrt{2}$

$$\triangle ABC = \frac{1}{2} \times 6 \times 4 \times \sin 45^\circ$$
$$= \frac{1}{2} \times 6 \times 4 \times \frac{\sqrt{2}}{2} = 6\sqrt{2}$$

0171 답 $3\sqrt{3}$

$$\triangle ABC = \frac{1}{2} \times 4 \times 3 \times \sin 60^\circ$$
$$= \frac{1}{2} \times 4 \times 3 \times \frac{\sqrt{3}}{2} = 3\sqrt{3}$$

0172 답 $\dfrac{35\sqrt{3}}{2}$

$$\triangle ABC = \frac{1}{2} \times 5 \times 14 \times \sin(180^\circ - 120^\circ)$$
$$= \frac{1}{2} \times 5 \times 14 \times \frac{\sqrt{3}}{2} = \frac{35\sqrt{3}}{2}$$

0173 답 12

$$\triangle ABC = \frac{1}{2} \times 8 \times 6 \times \sin(180^\circ - 150^\circ)$$
$$= \frac{1}{2} \times 8 \times 6 \times \frac{1}{2} = 12$$

0174 답 $12\sqrt{3}$

$$\square ABCD = 4 \times 6 \times \sin 60^\circ$$
$$= 4 \times 6 \times \frac{\sqrt{3}}{2} = 12\sqrt{3}$$

0175 답 $24\sqrt{2}$

$\overline{AB} = \overline{DC} = 6$이므로
$$\square ABCD = 6 \times 8 \times \sin 45^\circ$$
$$= 6 \times 8 \times \frac{\sqrt{2}}{2} = 24\sqrt{2}$$

0176 답 $24\sqrt{3}$

$\angle B = 180^\circ - 120^\circ = 60^\circ$이므로
$$\square ABCD = 4 \times 12 \times \sin 60^\circ$$
$$= 4 \times 12 \times \frac{\sqrt{3}}{2} = 24\sqrt{3}$$

다른 풀이

$\overline{AD} = \overline{BC} = 12$이므로
$$\square ABCD = 4 \times 12 \times \sin(180^\circ - 120^\circ)$$
$$= 4 \times 12 \times \frac{\sqrt{3}}{2} = 24\sqrt{3}$$

0177 답 18

$$\square ABCD = 6 \times 6 \times \sin(180^\circ - 150^\circ)$$
$$= 6 \times 6 \times \frac{1}{2} = 18$$

0178 답 $18\sqrt{3}$

$$\square ABCD = \frac{1}{2} \times 6 \times 12 \times \sin 60^\circ$$
$$= \frac{1}{2} \times 6 \times 12 \times \frac{\sqrt{3}}{2} = 18\sqrt{3}$$

0179 답 $5\sqrt{2}$

$$\square ABCD = \frac{1}{2} \times 5 \times 4 \times \sin(180^\circ - 135^\circ)$$
$$= \frac{1}{2} \times 5 \times 4 \times \frac{\sqrt{2}}{2} = 5\sqrt{2}$$

0180 답 16

$$\square ABCD = \frac{1}{2} \times 8 \times 8 \times \sin(180^\circ - 150^\circ)$$
$$= \frac{1}{2} \times 8 \times 8 \times \frac{1}{2} = 16$$

0181 답 $56\sqrt{2}$

$$\square ABCD = \frac{1}{2} \times 16 \times 14 \times \sin 45^\circ$$
$$= \frac{1}{2} \times 16 \times 14 \times \frac{\sqrt{2}}{2} = 56\sqrt{2}$$

P : PATTERN 유형 마스터
본문 030~038쪽

0182 답 0.5

$y = 10\cos 43^\circ = 10 \times 0.73 = 7.3$
$x = 10\sin 43^\circ = 10 \times 0.68 = 6.8$
$\therefore y - x = 7.3 - 6.8 = 0.5$

0183 답 ③, ④

$$\cos 42^\circ = \frac{8}{\overline{AC}}\text{이므로 } \overline{AC} = \frac{8}{\cos 42^\circ}$$
$$\sin 48^\circ = \frac{8}{\overline{AC}}\text{이므로 } \overline{AC} = \frac{8}{\sin 48^\circ}$$
따라서 $\overline{AC}$의 길이를 나타내는 것은 ③, ④이다.

0184 답 ④

④ $b = c\cos A$

0185 답 $4\sqrt{6}$

$\triangle ABC$에서 $\overline{BC} = 4\tan 60^\circ = 4 \times \sqrt{3} = 4\sqrt{3}$
따라서 $\triangle DBC$에서
$$\overline{BD} = \frac{4\sqrt{3}}{\sin 45^\circ} = 4\sqrt{3} \div \frac{\sqrt{2}}{2} = 4\sqrt{3} \times \frac{2}{\sqrt{2}} = 4\sqrt{6}$$

0186 답 $20\sqrt{2}\ \text{cm}^2$

오른쪽 그림과 같이 겹쳐진 부분을
$\square ABCD$라 하면
$\overline{AB} /\!/ \overline{DC}$, $\overline{AD} /\!/ \overline{BC}$이므로
$\square ABCD$는 평행사변형이다.

점 B에서 $\overline{CD}$의 연장선에 내린 수선
의 발을 H라 하면

$\triangle BHC$에서 $\overline{BC} = \dfrac{4}{\sin 45^\circ} = 4 \times \dfrac{2}{\sqrt{2}} = 4\sqrt{2}\,(\text{cm})$
$\therefore \square ABCD = 4\sqrt{2} \times 5 = 20\sqrt{2}\,(\text{cm}^2)$

0187 답 ②

$\triangle OAB$는 $\overline{OA}=\overline{OB}$인 이등변삼각형이고,

$\overline{OH'}\perp\overline{AB}$이므로

$\angle AOH'=\angle BOH'$, $\overline{AH'}=\overline{BH'}$

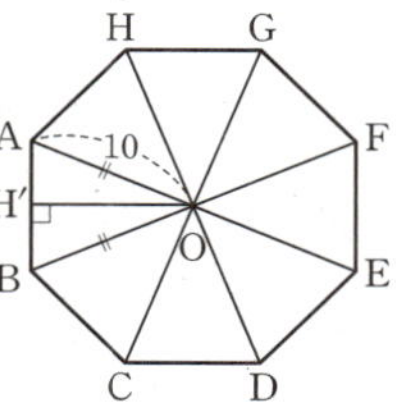

$\therefore \angle AOH'=\dfrac{1}{2}\angle AOB=\dfrac{1}{2}\times\left(360°\times\dfrac{1}{8}\right)$

$\qquad\qquad =22.5°$

$\therefore \overline{AB}=2\overline{AH'}=2\times10\sin22.5°$

$\qquad\quad =2\times10\times0.38=7.6$

0188 답 ⑤

$\triangle FGH$에서 $\overline{FH}=\sqrt{3^2+4^2}=5\,(\mathrm{cm})$

$\therefore \overline{DH}=\overline{FH}\tan60°=5\times\sqrt{3}=5\sqrt{3}\,(\mathrm{cm})$

$\therefore$ (직육면체의 부피)$=4\times3\times5\sqrt{3}=60\sqrt{3}\,(\mathrm{cm}^3)$

0189 답 $9\sqrt{6}\ \mathrm{cm}^3$

$\triangle EFG$에서 $\overline{EG}=\sqrt{3^2+3^2}=3\sqrt{2}\,(\mathrm{cm})$

$\therefore \overline{CG}=\overline{EG}\tan30°=3\sqrt{2}\times\dfrac{\sqrt{3}}{3}=\sqrt{6}\,(\mathrm{cm})$

$\therefore$ (직육면체의 부피)$=3\times3\times\sqrt{6}=9\sqrt{6}\,(\mathrm{cm}^3)$

0190 답 153.6 m

新 유형

| 접근하기 | 피라미드의 모양이 정사각뿔임을 이용하여 $\overline{AH}$의 길이를 구한 후, 삼각비를 이용하여 $\overline{OH}$의 길이를 구해 본다. |

오른쪽 그림에서

$\overline{AH}=\dfrac{1}{2}\times240=120\,(\mathrm{m})$

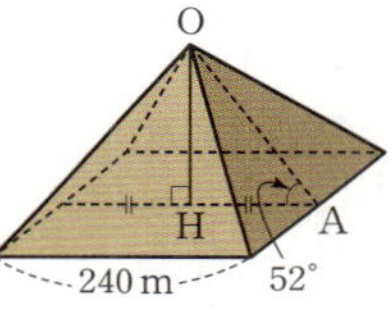

$\therefore \overline{OH}=\overline{AH}\tan52°$

$\qquad\quad =120\times1.28=153.6\,(\mathrm{m})$

0191 답 $132+48\sqrt{2}$

$\overline{AB}=6\sqrt{2}\sin45°=6\sqrt{2}\times\dfrac{\sqrt{2}}{2}=6 \qquad\qquad\cdots\text{(i)}$

$\overline{AC}=6\sqrt{2}\cos45°=6\sqrt{2}\times\dfrac{\sqrt{2}}{2}=6 \qquad\qquad\cdots\text{(ii)}$

따라서 삼각기둥의 겉넓이는

$\left(\dfrac{1}{2}\times6\times6\right)\times2+(6+6+6\sqrt{2})\times8$

$=36+96+48\sqrt{2}$

$=132+48\sqrt{2} \qquad\qquad\qquad\qquad\qquad\cdots\text{(iii)}$

채점 기준	배점
(i) $\overline{AB}$의 길이를 구한 경우	40 %
(ii) $\overline{AC}$의 길이를 구한 경우	40 %
(iii) 삼각기둥의 겉넓이를 구한 경우	20 %

0192 답 6.18 m

오른쪽 그림에서 $\overline{AB}=6\,\mathrm{m}$이므로

$\overline{BC}=6\tan38°=6\times0.78=4.68\,(\mathrm{m})$

따라서 나무의 높이는

$\overline{CH}=\overline{BC}+\overline{BH}$

$\qquad\ =4.68+1.5=6.18\,(\mathrm{m})$

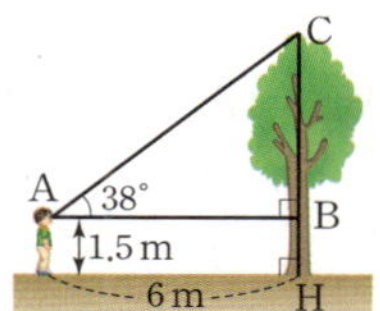

0193 답 $5\sqrt{3}$ m

오른쪽 그림에서

$\overline{AB}=5\tan30°=5\times\dfrac{\sqrt{3}}{3}=\dfrac{5\sqrt{3}}{3}\,(\mathrm{m})$

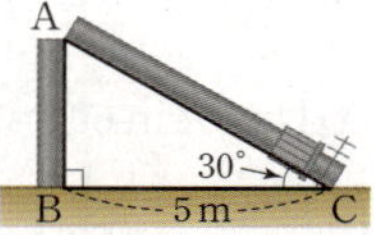

$\overline{AC}=\dfrac{5}{\cos30°}=5\div\dfrac{\sqrt{3}}{2}=\dfrac{10\sqrt{3}}{3}\,(\mathrm{m})$

따라서 부러지기 전의 전봇대의 높이는

$\overline{AB}-\overline{AC}=\dfrac{5\sqrt{3}}{3}+\dfrac{10\sqrt{3}}{3}=5\sqrt{3}\,(\mathrm{m})$

0194 답 ②

$\overline{AB}=60\,\mathrm{m}$이므로

$\triangle ABC$에서 $\overline{BC}=60\tan30°=60\times\dfrac{\sqrt{3}}{3}=20\sqrt{3}\,(\mathrm{m})$

$\triangle ADB$에서 $\overline{BD}=60\tan45°=60\times1=60\,(\mathrm{m})$

따라서 건물 (내)의 높이는

$\overline{CD}=\overline{BC}+\overline{BD}=20\sqrt{3}+60=20(\sqrt{3}+3)\,(\mathrm{m})$

0195 답 $20\sqrt{6}$ m

$\triangle CDB$에서 $\overline{BC}=120\sin45°=120\times\dfrac{\sqrt{2}}{2}=60\sqrt{2}\,(\mathrm{m})$

따라서 $\triangle ACB$에서

$\overline{AB}=60\sqrt{2}\tan30°=60\sqrt{2}\times\dfrac{\sqrt{3}}{3}=20\sqrt{6}\,(\mathrm{m})$

0196 답 210 m

新 유형

| 접근하기 | 분화구의 깊이 BC를 삼각비를 이용하여 구하기 위해 필요한 각의 크기를 찾고, 주어진 $\overline{AB}$의 길이를 이용한다. |

직각삼각형 ACB에서 $\angle BAC=35°$ (맞꼭지각)이므로

$\overline{BC}=\overline{AB}\tan35°=300\times0.70=210\,(\mathrm{m})$

따라서 분화구의 깊이 BC는 210 m이다.

0197 답 1.9 cm

오른쪽 그림과 같이 점 B에서 $\overline{OP}$에 내린

수선의 발을 H라 하면

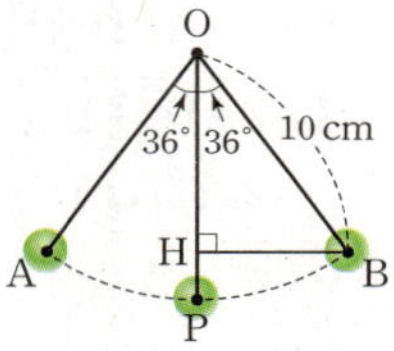

$\triangle OHB$에서

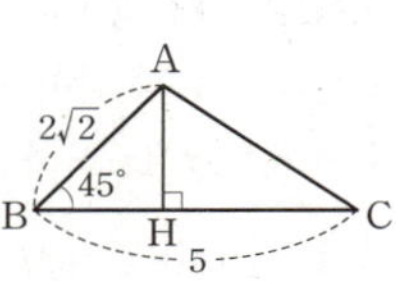

$\overline{OH}=10\cos36°=10\times0.81=8.1\,(\mathrm{cm})$

$\therefore \overline{HP}=\overline{OP}-\overline{OH}=10-8.1=1.9\,(\mathrm{cm})$

따라서 B지점에 있는 구슬은 P지점에 있는 구슬보다 1.9 cm만큼

높이 떠 있다.

0198 답 $\sqrt{13}$

오른쪽 그림과 같이 꼭짓점 A에서 $\overline{BC}$에

내린 수선의 발을 H라 하면

$\overline{AH}=2\sqrt{2}\sin45°=2\sqrt{2}\times\dfrac{\sqrt{2}}{2}=2$

$\overline{BH}=2\sqrt{2}\cos45°=2\sqrt{2}\times\dfrac{\sqrt{2}}{2}=2$

$\therefore \overline{CH}=\overline{BC}-\overline{BH}=5-2=3$

따라서 $\triangle AHC$에서

$\overline{AC}=\sqrt{\overline{AH}^2+\overline{CH}^2}=\sqrt{2^2+3^2}=\sqrt{13}$

0199 답 $30\sqrt{3}$ m

오른쪽 그림과 같이 꼭짓점 A에서 $\overline{BC}$에 내린 수선의 발을 H라 하면

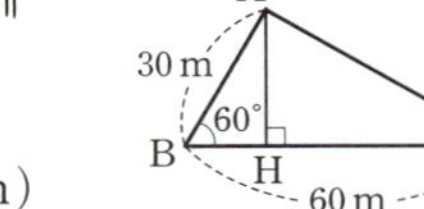

$\overline{AH}=30\sin 60°=30\times\dfrac{\sqrt{3}}{2}=15\sqrt{3}\,(\text{m})$

$\overline{BH}=30\cos 60°=30\times\dfrac{1}{2}=15\,(\text{m})$

$\therefore \overline{CH}=\overline{BC}-\overline{BH}=60-15=45\,(\text{m})$

따라서 $\triangle$AHC에서

$\overline{AC}=\sqrt{\overline{AH}^2+\overline{CH}^2}=\sqrt{(15\sqrt{3})^2+45^2}=30\sqrt{3}\,(\text{m})$

0200 답 $\sqrt{7}$ cm

오른쪽 그림과 같이 꼭짓점 A에서 $\overline{BC}$에 내린 수선의 발을 H라 하면 직각삼각형 ABH에서

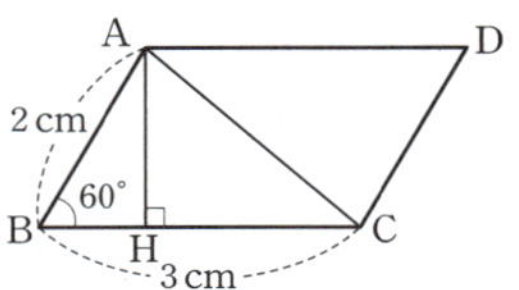

$\overline{AH}=2\sin 60°=2\times\dfrac{\sqrt{3}}{2}=\sqrt{3}\,(\text{cm})$

$\overline{BH}=2\cos 60°=2\times\dfrac{1}{2}=1\,(\text{cm})$

$\therefore \overline{CH}=\overline{BC}-\overline{BH}=3-1=2\,(\text{cm})$

따라서 $\triangle$AHC에서

$\overline{AC}=\sqrt{\overline{AH}^2+\overline{CH}^2}=\sqrt{(\sqrt{3})^2+2^2}=\sqrt{7}\,(\text{cm})$

0201 답 $2\sqrt{17}$ cm

오른쪽 그림과 같이 꼭짓점 A에서 $\overline{BC}$의 연장선에 내린 수선의 발을 H라 하면 $\triangle$ACH에서

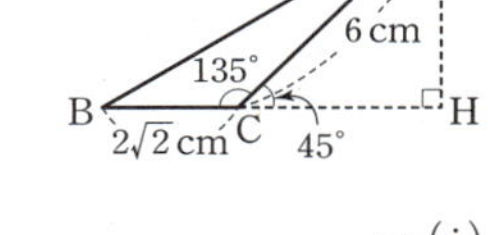

$\angle ACH=180°-135°=45°$이므로

$\overline{AH}=6\sin 45°=6\times\dfrac{\sqrt{2}}{2}=3\sqrt{2}\,(\text{cm})$ ⋯ (i)

$\overline{CH}=6\cos 45°=6\times\dfrac{\sqrt{2}}{2}=3\sqrt{2}\,(\text{cm})$

$\therefore \overline{BH}=\overline{BC}+\overline{CH}=2\sqrt{2}+3\sqrt{2}=5\sqrt{2}\,(\text{cm})$ ⋯ (ii)

따라서 $\triangle$ABH에서

$\overline{AB}=\sqrt{\overline{AH}^2+\overline{BH}^2}=\sqrt{(3\sqrt{2})^2+(5\sqrt{2})^2}$
$\qquad=2\sqrt{17}\,(\text{cm})$ ⋯ (iii)

채점 기준	배점
(i) $\overline{AH}$의 길이를 구한 경우	30 %
(ii) $\overline{BH}$의 길이를 구한 경우	40 %
(iii) $\overline{AB}$의 길이를 구한 경우	30 %

0202 답 $2\sqrt{13}$

오른쪽 그림과 같이 꼭짓점 A에서 $\overline{BC}$에 내린 수선의 발을 H라 하면

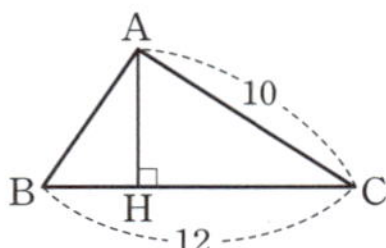

$\overline{AH}=10\sin C=10\times\dfrac{3}{5}=6$

$\overline{CH}=10\cos C=10\times\dfrac{4}{5}=8$

$\therefore \overline{BH}=\overline{BC}-\overline{CH}=12-8=4$

따라서 $\triangle$ABH에서

$\overline{AB}=\sqrt{\overline{AH}^2+\overline{BH}^2}=\sqrt{6^2+4^2}=2\sqrt{13}$

0203 답 $6\sqrt{6}$

오른쪽 그림과 같이 꼭짓점 A에서 $\overline{BC}$에 내린 수선의 발을 H라 하면

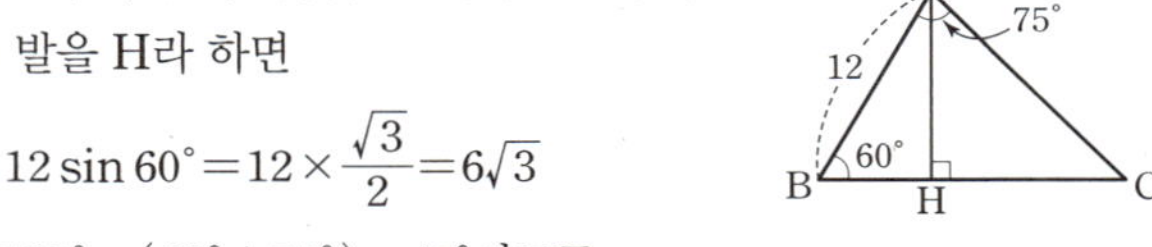

$\overline{AH}=12\sin 60°=12\times\dfrac{\sqrt{3}}{2}=6\sqrt{3}$

$\angle C=180°-(60°+75°)=45°$이므로

$\triangle$AHC에서

$\overline{AC}=\dfrac{\overline{AH}}{\sin 45°}=6\sqrt{3}\div\dfrac{\sqrt{2}}{2}=6\sqrt{3}\times\dfrac{2}{\sqrt{2}}=6\sqrt{6}$

0204 답 $25(\sqrt{2}+\sqrt{6})$ m

오른쪽 그림과 같이 꼭짓점 A에서 $\overline{BC}$에 내린 수선의 발을 H라 하면

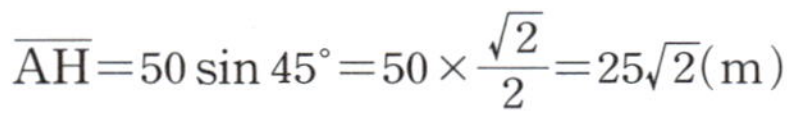

$\overline{AH}=50\sin 45°=50\times\dfrac{\sqrt{2}}{2}=25\sqrt{2}\,(\text{m})$

$\overline{BH}=50\cos 45°=50\times\dfrac{\sqrt{2}}{2}=25\sqrt{2}\,(\text{m})$

$\angle CAH=\angle CAB-\angle HAB=105°-45°=60°$이므로

$\overline{CH}=\overline{AH}\tan 60°=25\sqrt{2}\times\sqrt{3}=25\sqrt{6}\,(\text{m})$

$\therefore \overline{BC}=\overline{BH}+\overline{CH}=25\sqrt{2}+25\sqrt{6}=25(\sqrt{2}+\sqrt{6})\,(\text{m})$

0205 답 ①

오른쪽 그림과 같이 꼭짓점 B에서 $\overline{AC}$에 내린 수선의 발을 H라 하면

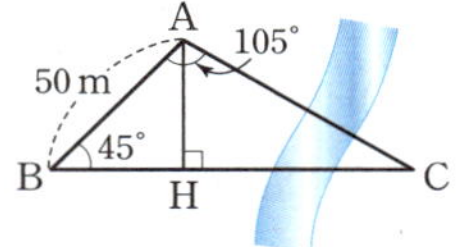

$\overline{BH}=5\sin 45°=5\times\dfrac{\sqrt{2}}{2}=\dfrac{5\sqrt{2}}{2}$

$\angle A=180°-(105°+45°)=30°$이므로

$\triangle$ABH에서

$\overline{AB}=\dfrac{\overline{BH}}{\sin 30°}=\dfrac{5\sqrt{2}}{2}\div\dfrac{1}{2}=\dfrac{5\sqrt{2}}{2}\times 2=5\sqrt{2}$

0206 답 ③

오른쪽 그림과 같이 꼭짓점 A에서 $\overline{BC}$에 내린 수선의 발을 H라 하면 $\triangle$ABH에서

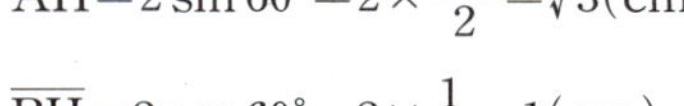

$\overline{AH}=2\sin 60°=2\times\dfrac{\sqrt{3}}{2}=\sqrt{3}\,(\text{cm})$

$\overline{BH}=2\cos 60°=2\times\dfrac{1}{2}=1\,(\text{cm})$

$\triangle$AHC에서 $\overline{CH}=\dfrac{\overline{AH}}{\tan 45°}=\dfrac{\sqrt{3}}{1}=\sqrt{3}\,(\text{cm})$

$\therefore \overline{BC}=\overline{BH}+\overline{CH}=1+\sqrt{3}\,(\text{cm})$

0207 답 $3(3-\sqrt{3})$

$\overline{AH}=h$라 하면 $\angle BAH=45°$, $\angle CAH=30°$이므로

$\triangle$ABH에서 $\overline{BH}=h\tan 45°=h\times 1=h$

$\triangle$AHC에서 $\overline{CH}=h\tan 30°=h\times\dfrac{\sqrt{3}}{3}=\dfrac{\sqrt{3}}{3}h$

$\overline{BC}=\overline{BH}+\overline{CH}=h+\dfrac{\sqrt{3}}{3}h=6$이므로

$\dfrac{3+\sqrt{3}}{3}h=6$ $\quad\therefore h=6\times\dfrac{3}{3+\sqrt{3}}=3(3-\sqrt{3})$

$\therefore \overline{AH}=3(3-\sqrt{3})$

0208 답 ③

$\overline{AH}=h$라 하면 $\angle BAH=40°$, $\angle CAH=45°$이므로

$\triangle ABH$에서 $\overline{BH}=h\tan 40°$

$\triangle AHC$에서 $\overline{CH}=h\tan 45°$

$\overline{BC}=\overline{BH}+\overline{CH}=h(\tan 40°+\tan 45°)=3$이므로

$h=\dfrac{3}{\tan 40°+\tan 45°}$ $\therefore \overline{AH}=\dfrac{3}{\tan 40°+\tan 45°}$

0209 답 $50(\sqrt{3}-1)\,\text{m}$

오른쪽 그림과 같이 꼭짓점 C에서 $\overline{AB}$
에 내린 수선의 발을 H라 하자.

$\overline{CH}=h\,\text{m}$라 하면

$\angle ACH=45°$, $\angle BCH=60°$이므로

$\triangle CAH$에서 $\overline{AH}=h\tan 45°=h\times 1=h\,(\text{m})$

$\triangle CHB$에서 $\overline{BH}=h\tan 60°=h\times\sqrt{3}=\sqrt{3}h\,(\text{m})$

$\overline{AB}=\overline{AH}+\overline{BH}=h+\sqrt{3}h=100$이므로

$(1+\sqrt{3})h=100$ $\therefore h=\dfrac{100}{1+\sqrt{3}}=50(\sqrt{3}-1)$

따라서 구하는 높이는 $50(\sqrt{3}-1)\,\text{m}$이다.

0210 답 $16(3-\sqrt{3})$

오른쪽 그림과 같이 꼭짓점 A에서 $\overline{BC}$에 내린
수선의 발을 H라 하자.

$\overline{AH}=h$라 하면

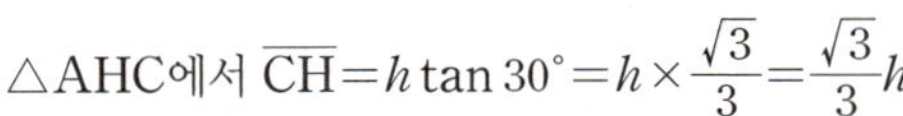

$\angle BAH=45°$, $\angle CAH=30°$이므로

$\triangle ABH$에서 $\overline{BH}=h\tan 45°=h\times 1=h$

$\triangle AHC$에서 $\overline{CH}=h\tan 30°=h\times\dfrac{\sqrt{3}}{3}=\dfrac{\sqrt{3}}{3}h$

$\overline{BC}=\overline{BH}+\overline{CH}=h+\dfrac{\sqrt{3}}{3}h=8$이므로

$\dfrac{3+\sqrt{3}}{3}h=8$ $\therefore h=8\times\dfrac{3}{3+\sqrt{3}}=4(3-\sqrt{3})$

$\therefore \triangle ABC=\dfrac{1}{2}\times 8\times 4(3-\sqrt{3})=16(3-\sqrt{3})$

0211 답 $3(3+\sqrt{3})$

$\angle BAH=45°$이고 $\angle ACH=60°$에서 $\angle CAH=30°$이므로

$\overline{AH}=h$라 하면

$\triangle ABH$에서 $\overline{BH}=h\tan 45°=h\times 1=h$

$\triangle ACH$에서 $\overline{CH}=h\tan 30°=h\times\dfrac{\sqrt{3}}{3}=\dfrac{\sqrt{3}}{3}h$

$\overline{BC}=\overline{BH}-\overline{CH}=h-\dfrac{\sqrt{3}}{3}h=6$이므로

$\dfrac{3-\sqrt{3}}{3}h=6$ $\therefore h=6\times\dfrac{3}{3-\sqrt{3}}=3(3+\sqrt{3})$

$\therefore \overline{AH}=3(3+\sqrt{3})$

0212 답 $9\sqrt{3}$

오른쪽 그림과 같이 꼭짓점 A에서 $\overline{BC}$의
연장선에 내린 수선의 발을 H라 하자.

$\angle BAH=60°$이고 $\angle ACH=60°$에서
$\angle CAH=30°$이므로 $\overline{AH}=h$라 하자.

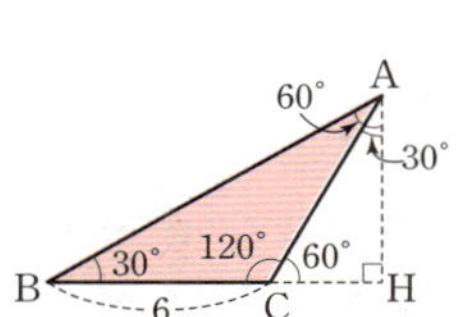

$\triangle ABH$에서 $\overline{BH}=h\tan 60°=h\times\sqrt{3}=\sqrt{3}h$

$\triangle ACH$에서 $\overline{CH}=h\tan 30°=h\times\dfrac{\sqrt{3}}{3}=\dfrac{\sqrt{3}}{3}h$

$\overline{BC}=\overline{BH}-\overline{CH}=\sqrt{3}h-\dfrac{\sqrt{3}}{3}h=6$이므로

$\dfrac{2\sqrt{3}}{3}h=6$ $\therefore h=6\times\dfrac{3}{2\sqrt{3}}=3\sqrt{3}$

$\therefore \triangle ABC=\dfrac{1}{2}\times 6\times 3\sqrt{3}=9\sqrt{3}$

$\angle BAC=30°$이므로 $\triangle ABC$는 $\overline{BC}=\overline{AC}=6$인 이등변삼각형이다.

$\triangle ACH$에서 $\overline{AH}=6\sin 60°=6\times\dfrac{\sqrt{3}}{2}=3\sqrt{3}$이므로

$\triangle ABC=\dfrac{1}{2}\times 6\times 3\sqrt{3}=9\sqrt{3}$

0213 답 $100\sqrt{3}\,\text{m}$

$\overline{AD}=h\,\text{m}$라 하면 $\angle BAD=60°$, $\angle CAD=30°$이므로

$\triangle ABD$에서 $\overline{BD}=h\tan 60°=h\times\sqrt{3}=\sqrt{3}h\,(\text{m})$

$\triangle ACD$에서 $\overline{CD}=h\tan 30°=h\times\dfrac{\sqrt{3}}{3}=\dfrac{\sqrt{3}}{3}h\,(\text{m})$

$\overline{BC}=\overline{BD}-\overline{CD}=\sqrt{3}h-\dfrac{\sqrt{3}}{3}h=200$이므로

$\dfrac{2\sqrt{3}}{3}h=200$ $\therefore h=200\times\dfrac{3}{2\sqrt{3}}=100\sqrt{3}$

따라서 건물의 높이 $\overline{AD}$는 $100\sqrt{3}\,\text{m}$이다.

$\angle BAC=30°$이므로 $\triangle ABC$는 $\overline{BC}=\overline{AC}=200\,\text{m}$인
이등변삼각형이다.

$\triangle ACD$에서 $\overline{AD}=200\sin 60°=200\times\dfrac{\sqrt{3}}{2}=100\sqrt{3}\,(\text{m})$

따라서 건물의 높이 $\overline{AD}$는 $100\sqrt{3}\,\text{m}$이다.

0214 답 0.5분

오른쪽 그림과 같이 배의 위치를 A, 처음
관측했을 때의 헬리콥터의 위치를 B, 1분
후의 헬리콥터의 위치를 C라 하자.

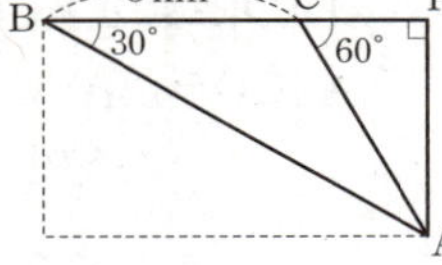

$\overline{BC}=180\times\dfrac{1}{60}=3\,(\text{km})$

$\triangle BAP$에서

$\overline{AP}=(3+\overline{CP})\tan 30°=\dfrac{\sqrt{3}(3+\overline{CP})}{3}$ $\cdots\ \text{㉠}$

$\triangle CAP$에서

$\overline{AP}=\overline{CP}\tan 60°=\sqrt{3}\,\overline{CP}$ $\cdots\ \text{㉡}$

㉠, ㉡에서 $\dfrac{\sqrt{3}(3+\overline{CP})}{3}=\sqrt{3}\,\overline{CP}$

$3+\overline{CP}=3\overline{CP}$, $2\overline{CP}=3$ $\therefore \overline{CP}=\dfrac{3}{2}\,(\text{km})$

따라서 헬리콥터가 두 번째로 관측한 지점에서 배의 상공 P지점에
도착할 때까지 걸리는 시간은

$\dfrac{3}{2}\div 180=\dfrac{1}{120}\,(\text{시간})$, 즉 $\dfrac{1}{120}\times 60=0.5\,(\text{분})$

헬리콥터가 1분 동안 이동한 거리는 $\overline{BC}=180\times\dfrac{1}{60}=3(km)$

$\triangle ACB$는 $\angle BAC=30°$이므로

$\overline{BC}=\overline{AC}=3\,km$인 이등변삼각형이다.

$\triangle CAP$에서 $\overline{CP}=3\cos 60°=3\times\dfrac{1}{2}=\dfrac{3}{2}(km)$

따라서 구하는 시간은 $\dfrac{1}{120}$시간, 즉 0.5분이다.

0215 답 $15\sqrt{3}\,cm^2$

$\triangle ABC=\dfrac{1}{2}\times 12\times 5\times\sin 60°$

$\qquad\quad=\dfrac{1}{2}\times 12\times 5\times\dfrac{\sqrt{3}}{2}=15\sqrt{3}(cm^2)$

0216 답 9

$\angle A=180°-(75°+75°)=30°$이므로

$\triangle ABC=\dfrac{1}{2}\times\overline{AB}\times\overline{AC}\times\sin A=\dfrac{1}{2}\times 6\times 6\times\sin 30°$

$\qquad\quad=\dfrac{1}{2}\times 6\times 6\times\dfrac{1}{2}=9$

0217 답 45°

$\dfrac{1}{2}\times 8\times 5\times\sin B=10\sqrt{2}$이므로

$20\sin B=10\sqrt{2}\qquad\therefore \sin B=\dfrac{\sqrt{2}}{2}$

따라서 $\angle B$는 예각이므로 $\angle B=45°$

0218 답 ②

$\cos B=\dfrac{1}{2}$이고 $0°<\angle B<90°$이므로 $\angle B=60°$

$\therefore \triangle ABC=\dfrac{1}{2}\times 4\times 3\times\sin 60°$

$\qquad\qquad\quad=\dfrac{1}{2}\times 4\times 3\times\dfrac{\sqrt{3}}{2}=3\sqrt{3}(cm^2)$

0219 답 $48\sqrt{3}\,cm^2$

$\overline{AC}/\!/\overline{DE}$이므로 $\triangle ACD=\triangle ACE$ $\qquad\cdots$ (i)

$\therefore \square ABCD=\triangle ABC+\triangle ACD=\triangle ABC+\triangle ACE$

$\qquad\qquad\quad=\triangle ABE$ $\qquad\qquad\qquad\qquad\cdots$ (ii)

$\qquad\qquad\quad=\dfrac{1}{2}\times(9+7)\times 12\times\sin 60°$

$\qquad\qquad\quad=\dfrac{1}{2}\times 16\times 12\times\dfrac{\sqrt{3}}{2}=48\sqrt{3}(cm^2)$ $\quad\cdots$ (iii)

채점 기준	배점
(i) $\triangle ACD=\triangle ACE$임을 설명한 경우	30 %
(ii) $\square ABCD=\triangle ABE$임을 설명한 경우	30 %
(iii) $\square ABCD$의 넓이를 구한 경우	40 %

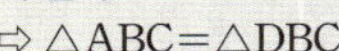 해설 속 칠판 **평행선과 삼각형의 넓이**

$l/\!/m$일 때, $\triangle ABC$와 $\triangle DBC$는 밑변 BC가
공통이고 높이는 h로 같으므로 두 삼각형의 넓이
가 같다.

$\Rightarrow \triangle ABC=\triangle DBC$

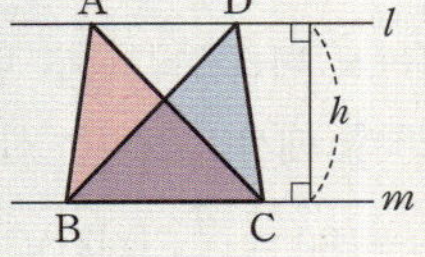

0220 답 5

접근하기 — 세 삼각형 A, B, C의 넓이를 각각 a, b, c를 이용하여 나타낸 후 넓이가 같음을 이용하여 a, b, c를 각각 한 문자만의 식으로 정리해 본다.

세 삼각형 A, B, C의 넓이를 각각 A, B, C라 하면

$A=\dfrac{1}{2}ab\sin 30°=\dfrac{1}{2}ab\times\dfrac{1}{2}=\dfrac{ab}{4}$

$B=\dfrac{1}{2}bc\sin 45°=\dfrac{1}{2}bc\times\dfrac{\sqrt{2}}{2}=\dfrac{\sqrt{2}bc}{4}$

$C=\dfrac{1}{2}ac\sin 60°=\dfrac{1}{2}ac\times\dfrac{\sqrt{3}}{2}=\dfrac{\sqrt{3}ac}{4}$

$A=B=C$이므로 $\dfrac{ab}{4}=\dfrac{\sqrt{2}bc}{4}=\dfrac{\sqrt{3}ac}{4}$에서 $ab=\sqrt{2}bc=\sqrt{3}ac$

즉, $ab=\sqrt{2}bc$에서 $a=\sqrt{2}c$이고, $ab=\sqrt{3}ac$에서 $b=\sqrt{3}c$이다.

따라서 $a:b:c=\sqrt{2}c:\sqrt{3}c:c=\sqrt{2}:\sqrt{3}:1$이므로

$p=\sqrt{2}$, $q=\sqrt{3}$

$\therefore p^2+q^2=(\sqrt{2})^2+(\sqrt{3})^2=2+3=5$

0221 답 $6\sqrt{2}\,cm^2$

$\angle A=180°-(32°+13°)=135°$이므로

$\triangle ABC=\dfrac{1}{2}\times 4\times 6\times\sin(180°-135°)$

$\qquad\quad=\dfrac{1}{2}\times 4\times 6\times\dfrac{\sqrt{2}}{2}=6\sqrt{2}(cm^2)$

0222 답 $5\sqrt{3}\,cm$

$\triangle ABC=\dfrac{1}{2}\times\overline{BC}\times\overline{AC}\times\sin(180°-150°)$

$\qquad\quad=\dfrac{1}{2}\times 8\times\overline{AC}\times\dfrac{1}{2}=2\overline{AC}=10\sqrt{3}$

$\therefore \overline{AC}=5\sqrt{3}(cm)$

0223 답 135°

$\triangle ABC=\dfrac{1}{2}\times 6\times 12\times\sin(180°-\angle C)=18\sqrt{2}$이므로

$36\sin(180°-\angle C)=18\sqrt{2}$

$\sin(180°-\angle C)=\dfrac{\sqrt{2}}{2}$

$\angle C$가 둔각이면 $180°-\angle C$는 예각이므로

$180°-\angle C=45°\qquad\therefore \angle C=135°$

0224 답 4 cm

$\triangle ABC$는 $\overline{AB}=\overline{AC}$인 이등변삼각형이므로

$\overline{AB}=x\,cm$라 하면

$\dfrac{1}{2}\times x\times x\times\sin(180°-120°)=4\sqrt{3}$ $\qquad\cdots$ (i)

$\dfrac{\sqrt{3}}{4}x^2=4\sqrt{3}$, $x^2=16$

이때 $x>0$이므로 $x=4$

$\therefore \overline{AB}=4\,cm$ $\qquad\qquad\qquad\qquad\qquad\cdots$ (ii)

채점 기준	배점
(i) $\overline{AB}$의 길이를 구하는 식을 세운 경우	50 %
(ii) $\overline{AB}$의 길이를 구한 경우	50 %

0225 답 $48\pi-36\sqrt{3}$

오른쪽 그림과 같이 $\overline{OC}$를 그으면 $\triangle AOC$는

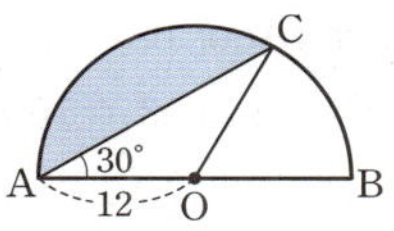

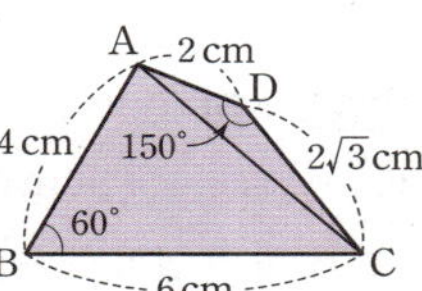

$\overline{AO}=\overline{CO}=12$인 이등변삼각형이므로

$\angle OCA=\angle CAO=30^\circ$

$\therefore \angle AOC=180^\circ-(30^\circ+30^\circ)=120^\circ$

$\therefore$ (색칠한 부분의 넓이)

$=$(부채꼴 AOC의 넓이)$-\triangle AOC$

$=\pi\times 12^2\times\dfrac{120}{360}-\dfrac{1}{2}\times 12\times 12\times\sin(180^\circ-120^\circ)$

$=48\pi-36\sqrt{3}$

0226 답 $7\sqrt{3}\,\text{cm}^2$

오른쪽 그림과 같이 $\overline{AC}$를 그으면

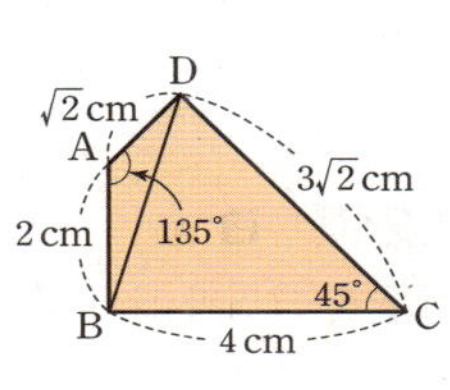

$\square ABCD$

$=\triangle ABC+\triangle ACD$

$=\dfrac{1}{2}\times 6\times 4\times\sin 60^\circ$

$\qquad+\dfrac{1}{2}\times 2\times 2\sqrt{3}\times\sin(180^\circ-150^\circ)$

$=6\sqrt{3}+\sqrt{3}=7\sqrt{3}\,(\text{cm}^2)$

0227 답 ⑤

오른쪽 그림과 같이 $\overline{BD}$를 그으면

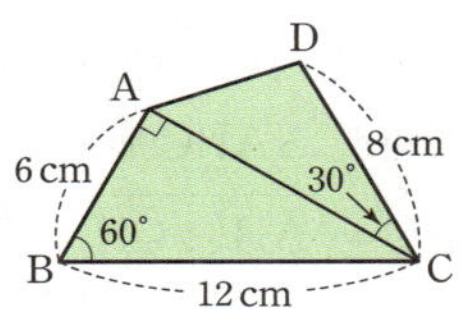

$\square ABCD=\triangle ABD+\triangle BCD$

$=\dfrac{1}{2}\times\sqrt{2}\times 2\times\sin(180^\circ-135^\circ)$

$\qquad+\dfrac{1}{2}\times 4\times 3\sqrt{2}\times\sin 45^\circ$

$=1+6=7\,(\text{cm}^2)$

0228 답 $30\sqrt{3}\,\text{cm}^2$

$\triangle ABC$에서

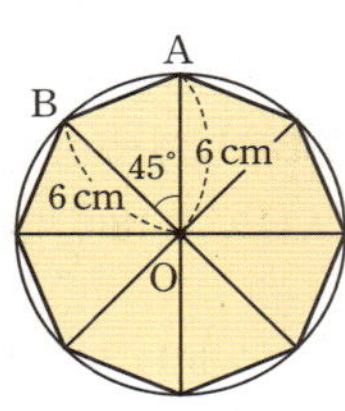

$\overline{AC}=6\tan 60^\circ=6\times\sqrt{3}=6\sqrt{3}\,(\text{cm})$

$\therefore \square ABCD=\triangle ABC+\triangle ACD$

$=\dfrac{1}{2}\times 6\times 6\sqrt{3}$

$\qquad+\dfrac{1}{2}\times 6\sqrt{3}\times 8\times\sin 30^\circ$

$=18\sqrt{3}+12\sqrt{3}=30\sqrt{3}\,(\text{cm}^2)$

0229 답 $72\sqrt{2}\,\text{cm}^2$

정팔각형은 오른쪽 그림과 같이 합동인 8개의

삼각형으로 나뉘므로

(정팔각형의 넓이)$=8\triangle OAB$

$=8\times\left(\dfrac{1}{2}\times 6\times 6\times\sin 45^\circ\right)$

$=8\times 9\sqrt{2}=72\sqrt{2}\,(\text{cm}^2)$

0230 답 ③

평행사변형에서 이웃하는 두 내각의 크기의 합은 180°이므로

$\angle B=180^\circ-120^\circ=60^\circ$

$\therefore \square ABCD=4\times 6\times\sin 60^\circ$

$=12\sqrt{3}\,(\text{cm}^2)$

0231 답 $10\,\text{cm}$

$\square ABCD=6\times\overline{BC}\times\sin 60^\circ=30\sqrt{3}$이므로

$3\sqrt{3}\,\overline{BC}=30\sqrt{3}$ $\quad\therefore \overline{BC}=10\,(\text{cm})$

0232 답 $4\,\text{cm}$

마름모의 한 변의 길이를 $x\,\text{cm}$라 하면

$\square ABCD=x\times x\times\sin(180^\circ-135^\circ)=8\sqrt{2}$

$\dfrac{\sqrt{2}}{2}x^2=8\sqrt{2},\ x^2=16$

이때 $x>0$이므로 $x=4$

따라서 마름모의 한 변의 길이는 $4\,\text{cm}$이다.

0233 답 ①

평행사변형의 넓이는 두 대각선에 의해 사등분되므로

색칠한 부분의 넓이는

$\triangle ABP+\triangle CDP=\dfrac{1}{4}\square ABCD+\dfrac{1}{4}\square ABCD$

$=\dfrac{1}{2}\square ABCD$

$=\dfrac{1}{2}\times(10\times 12\times\sin 45^\circ)$

$=30\sqrt{2}\,(\text{cm}^2)$

> **해설 속 칠판** **평행사변형에서의 넓이**
>
> 평행사변형의 넓이는 두 대각선에 의해 사등분되므로
>
> 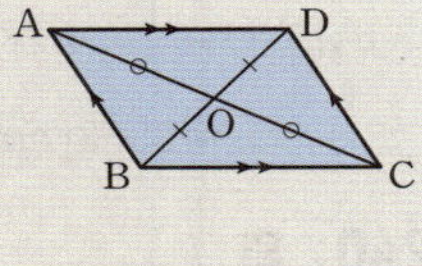
>
> $\triangle ABC=\dfrac{1}{2}\square ABCD$
>
> $\triangle ABO=\dfrac{1}{4}\square ABCD$

0234 답 $28\,\text{cm}$

$\overline{AB}=3a\,\text{cm},\ \overline{BC}=4a\,\text{cm}\ (a>0)$라 하면

$\angle B=180^\circ-120^\circ=60^\circ$이므로

$\square ABCD=3a\times 4a\times\sin 60^\circ=24\sqrt{3}$

$6\sqrt{3}a^2=24\sqrt{3},\ a^2=4$

이때 $a>0$이므로 $a=2$

따라서 $\overline{AB}=6\,\text{cm},\ \overline{BC}=8\,\text{cm}$이므로

$\square ABCD$의 둘레의 길이는

$(6+8)\times 2=28\,(\text{cm})$

0235 답 $\dfrac{\sqrt{2}}{2}ab$

평행사변형에서 이웃하는 두 내각의 크기의 합은 180°이므로

$\angle DBC=180^\circ-(30^\circ+105^\circ)=45^\circ$ $\qquad\cdots$ (i)

$\therefore \triangle DBC=\dfrac{1}{2}\times a\times b\times\sin 45^\circ=\dfrac{\sqrt{2}}{4}ab$ $\qquad\cdots$ (ii)

평행사변형의 넓이는 한 대각선에 의해 이등분되므로

$\square ABCD=2\triangle DBC=2\times\dfrac{\sqrt{2}}{4}ab=\dfrac{\sqrt{2}}{2}ab$ $\qquad\cdots$ (iii)

채점 기준	배점
(i) $\angle DBC$의 크기를 구한 경우	20 %
(ii) $\triangle DBC$의 넓이를 a, b를 이용하여 나타낸 경우	40 %
(iii) $\square ABCD$의 넓이를 a, b를 이용하여 나타낸 경우	40 %

0236 답 ①

$\square ABCD = \dfrac{1}{2} \times 8 \times \overline{AC} \times \sin(180°-135°) = 12\sqrt{2}$ 이므로

$2\sqrt{2}\,\overline{AC} = 12\sqrt{2}$ $\therefore \overline{AC} = 6$

0237 답 8

$\overline{BD} = x$ 라 하면 $\overline{BD} = 2\overline{AC}$ 이므로 $\overline{AC} = \dfrac{x}{2}$

$\square ABCD = \dfrac{1}{2} \times x \times \dfrac{x}{2} \times \sin 60° = 8\sqrt{3}$ 이므로

$\dfrac{\sqrt{3}}{8}x^2 = 8\sqrt{3}$, $x^2 = 64$

이때 $x > 0$ 이므로 $x = 8$ $\therefore \overline{BD} = 8$

0238 답 60°

$\square ABCD = \dfrac{1}{2} \times 16 \times 8\sqrt{3} \times \sin x = 96$ 이므로

$\sin x = \dfrac{\sqrt{3}}{2}$

이때 $\angle x$는 예각이므로 $\angle x = 60°$

0239 답 $35\sqrt{3}\ \text{cm}^2$

오른쪽 그림과 같이 $\overline{AC}$와 $\overline{BD}$의 교점을
O라 하면
$\triangle OBC$에서 $\angle AOB = 24° + 36° = 60°$

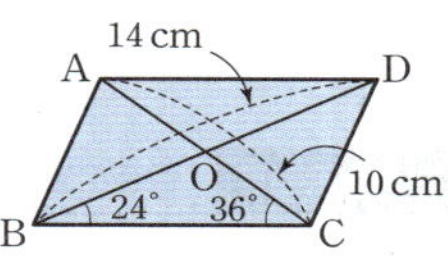

$\therefore \square ABCD = \dfrac{1}{2} \times 10 \times 14 \times \sin 60°$

$\qquad\qquad = 35\sqrt{3}\ (\text{cm}^2)$

0240 답 ④

등변사다리꼴의 두 대각선의 길이는 같으므로

$\overline{AC} = \overline{BD} = x\ \text{cm}$ 라 하면

$\square ABCD = \dfrac{1}{2} \times x \times x \times \sin(180°-120°) = 16\sqrt{3}$

$\dfrac{\sqrt{3}}{4}x^2 = 16\sqrt{3}$, $x^2 = 64$

이때 $x > 0$ 이므로 $x = 8$ $\therefore \overline{AC} = 8\ \text{cm}$

0241 답 ③

두 대각선의 교각의 크기를 $x\,(0° < x \leq 90°)$라 하면

$(\text{사각형의 넓이}) = \dfrac{1}{2} \times 8 \times 7 \times \sin x = 28 \sin x$

$\sin x$의 값은 $x = 90°$일 때, 최댓값 1을 가지므로

사각형의 넓이의 최댓값은 $28 \times 1 = 28\ (\text{cm}^2)$

: REAL
실전 업 본문 039~042쪽

0242 답 수미

수미: $c \sin A = \overline{BC}$

0243 답 13.45

$x = 10 \cos 63° = 10 \times 0.4540 = 4.54$

$y = 10 \sin 63° = 10 \times 0.8910 = 8.91$

$\therefore x + y = 4.54 + 8.91 = 13.45$

0244 답 ⑤

$\overline{BH} = 12 \cos 60° = 12 \times \dfrac{1}{2} = 6\ (\text{cm})$

$\overline{AH} = 12 \sin 60° = 12 \times \dfrac{\sqrt{3}}{2} = 6\sqrt{3}\ (\text{cm})$

따라서 원뿔의 부피는

$\dfrac{1}{3} \times (\pi \times 6^2) \times 6\sqrt{3} = 72\sqrt{3}\pi\ (\text{cm}^3)$

0245 답 ①

$\overline{BC} = \overline{AB} \sin A = 10 \sin 4°\ (\text{m})$

따라서 처음 위치보다 $10 \sin 4°\ \text{m}$만큼 높다.

0246 답 ⑤

$\triangle BCD$에서 $\overline{BC} = \dfrac{12}{\tan 30°} = 12 \div \dfrac{\sqrt{3}}{3} = 12\sqrt{3}\ (\text{m})$

$\triangle ABC$에서 $\overline{AC} = 12\sqrt{3} \tan 45° = 12\sqrt{3} \times 1 = 12\sqrt{3}\ (\text{m})$

$\therefore \overline{AD} = \overline{AC} - \overline{DC} = 12\sqrt{3} - 12$

$\qquad\quad = 12(\sqrt{3} - 1)\ (\text{m})$

0247 답 ④

오른쪽 그림과 같이 점 A에서 $\overline{BC}$에 내린
수선의 발을 H라 하면

$\overline{AH} = 10 \sin 60° = 10 \times \dfrac{\sqrt{3}}{2} = 5\sqrt{3}\ (\text{cm})$

$\overline{BH} = 10 \cos 60° = 10 \times \dfrac{1}{2} = 5\ (\text{cm})$

$\therefore \overline{CH} = \overline{BC} - \overline{BH} = 15 - 5 = 10\ (\text{cm})$

따라서 $\triangle AHC$에서

$\overline{AC} = \sqrt{\overline{AH}^2 + \overline{CH}^2} = \sqrt{(5\sqrt{3})^2 + 10^2} = \sqrt{175} = 5\sqrt{7}\ (\text{cm})$

0248 답 16 km

오른쪽 그림과 같이 꼭짓점 A에서 $\overline{BC}$에
내린 수선의 발을 H라 하면
$\triangle ACH$에서

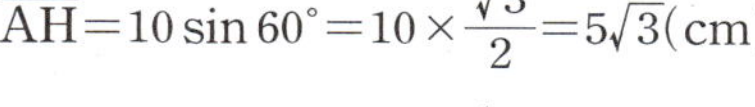

$\overline{AH} = 20 \sin 49° = 20 \times 0.75$

$\qquad = 15\ (\text{km})$

$\triangle BAH$에서

$\angle ABC = 180° - (59° + 49°) = 72°$이므로

$\overline{AB} = \dfrac{15}{\sin 72°} = \dfrac{15}{0.95} = 15.7\cdots\ (\text{km})$

따라서 두 지점 A, B 사이의 거리를 소수점 아래 첫째 자리에서
반올림하여 구하면 16 km이다.

0249 답 ③

나무의 높이를 $\overline{CH} = h\ \text{m}$라 하면

$\angle ACH = 35°$, $\angle BCH = 50°$이므로

$\overline{AH} = h \tan 35°\ (\text{m})$, $\overline{BH} = h \tan 50°\ (\text{m})$

$\overline{AB}=\overline{AH}+\overline{BH}=h\tan 35°+h\tan 50°=5$이므로

$(\tan 35°+\tan 50°)h=5$ $\quad \therefore h=\dfrac{5}{\tan 35°+\tan 50°}$

따라서 나무의 높이는 $\dfrac{5}{\tan 35°+\tan 50°}$ m이다.

0250 답 $10(3+\sqrt{3})$

$\overline{AH}=h$라 하면 $\triangle ABH$에서 $\angle BAH=45°$이므로

$\overline{BH}=h\tan 45°=h$

$\triangle ACH$에서 $\angle CAH=30°$이므로 $\overline{CH}=h\tan 30°=\dfrac{\sqrt{3}}{3}h$

$\overline{BC}=\overline{BH}-\overline{CH}=h-\dfrac{\sqrt{3}}{3}h=20$이므로

$\dfrac{3-\sqrt{3}}{3}h=20$ $\quad \therefore h=20\times\dfrac{3}{3-\sqrt{3}}=10(3+\sqrt{3})$

$\therefore \overline{AH}=10(3+\sqrt{3})$

0251 답 $25(\sqrt{3}+1)$ m

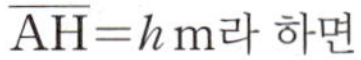

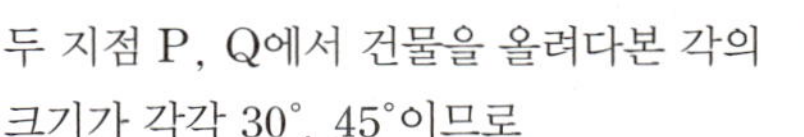

❶ 경사계(클리노미터)로 각의 크기를 측정하는 방법을 이용하여 두 지점 P, Q에서 올려다본 각의 크기를 각각 구한다.

❷ tan의 값을 이용하여 지면에서 건물과 두 지점 P, Q 사이의 거리를 각각 구한다.

❸ 두 지점 P, Q 사이의 거리를 이용하여 건물의 높이를 구한다.

오른쪽 그림과 같이 꼭짓점 A에서 $\overline{PQ}$의 연장선에 내린 수선의 발을 H라 하자.

$\overline{AH}=h$ m라 하면

두 지점 P, Q에서 건물을 올려다본 각의 크기가 각각 30°, 45°이므로

$\angle PAH=60°$, $\angle QAH=45°$

$\triangle APH$에서 $\overline{PH}=h\tan 60°=\sqrt{3}h$ (m)

$\triangle AQH$에서 $\overline{QH}=h\tan 45°=h$ (m)

$\overline{PQ}=\overline{PH}-\overline{QH}=\sqrt{3}h-h=50$이므로

$(\sqrt{3}-1)h=50$ $\quad \therefore h=\dfrac{50}{\sqrt{3}-1}=25(\sqrt{3}+1)$

따라서 건물의 높이는 $25(\sqrt{3}+1)$ m이다.

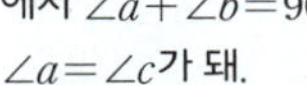

경사계에서 실이 가리키는 각의 크기를 읽는 이유는 다음과 같아.

측정하는 대상과 지면이 이루는 각의 크기를 $\angle a$, 경사계로 측정한 각의 크기를 $\angle b$라 하면 오른쪽 그림에서 $\angle a+\angle b=90°$, $\angle b+\angle c=90°$이므로 $\angle a=\angle c$가 돼.

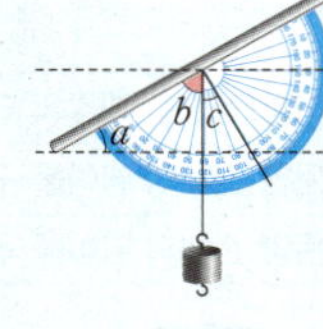

따라서 높이를 구하고자 하는 대상을 올려다본 각의 크기는 경사계로 측정한 각인 $\angle b$에 대하여 $90°-\angle b$가 되는 거야.

0252 답 $\dfrac{7\sqrt{2}}{2}$ cm²

점 G는 $\triangle ABC$의 무게중심이므로

$\triangle GCA=\dfrac{1}{3}\triangle ABC$

$\qquad =\dfrac{1}{3}\times\left(\dfrac{1}{2}\times 7\times 6\times\sin 45°\right)$

$\qquad =\dfrac{1}{3}\times\dfrac{21\sqrt{2}}{2}=\dfrac{7\sqrt{2}}{2}$ (cm²)

0253 답 ⑤

$\triangle ADF\equiv\triangle BED\equiv\triangle CFE$ (SAS 합동)이므로

그 넓이는 모두 같다.

$\therefore \triangle DEF=\triangle ABC-3\triangle ADF$

$\qquad =\dfrac{1}{2}\times 6\times 6\times\sin 60°-3\times\left(\dfrac{1}{2}\times 4\times 2\times\sin 60°\right)$

$\qquad =9\sqrt{3}-3\times 2\sqrt{3}$

$\qquad =3\sqrt{3}$ (cm²)

0254 답 54 cm²

$\triangle ABC$에서 $\overline{BC}=\overline{DE}=12$ cm이므로

$\overline{AB}=12\cos 30°=12\times\dfrac{\sqrt{3}}{2}=6\sqrt{3}$ (cm)

$\angle ABD=30°+90°=120°$이므로

$\triangle ABD=\dfrac{1}{2}\times 12\times 6\sqrt{3}\times\sin(180°-120°)$

$\qquad =\dfrac{1}{2}\times 12\times 6\sqrt{3}\times\dfrac{\sqrt{3}}{2}$

$\qquad =54$ (cm²)

0255 답 48 cm²

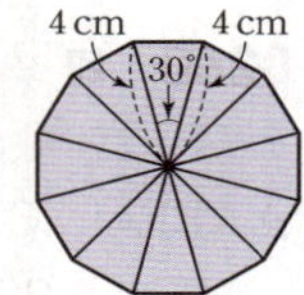

정십이각형은 오른쪽 그림과 같이 12개의 합동인 이등변삼각형으로 나뉘고 이등변삼각형의 꼭지각의 크기는 $\dfrac{360°}{12}=30°$이므로

(정십이각형의 넓이)$=\left(\dfrac{1}{2}\times 4\times 4\times\sin 30°\right)\times 12$

$\qquad\qquad =4\times 12=48$ (cm²)

0256 답 $\dfrac{3}{5}$

$\triangle ABM$, $\triangle AND$에서 $\overline{BM}=\overline{DN}=1$ cm이므로

$\overline{AM}=\overline{AN}=\sqrt{2^2+1^2}=\sqrt{5}$ (cm)

$\therefore \square ABCD=\triangle ABM+\triangle AMN+\triangle NMC+\triangle AND$

$\qquad =\dfrac{1}{2}\times 2\times 1+\dfrac{1}{2}\times\sqrt{5}\times\sqrt{5}\times\sin x$

$\qquad\quad +\dfrac{1}{2}\times 1\times 1+\dfrac{1}{2}\times 2\times 1$

$\qquad =1+\dfrac{5}{2}\sin x+\dfrac{1}{2}+1$

$\qquad =\dfrac{5}{2}+\dfrac{5}{2}\sin x$ (cm²)

따라서 $\dfrac{5}{2}+\dfrac{5}{2}\sin x=2\times 2$이므로

$\dfrac{5}{2}\sin x=\dfrac{3}{2}$ $\quad \therefore \sin x=\dfrac{3}{5}$

0257 답 ②

$\square ABCD=8\times 10\times\sin 45°=40\sqrt{2}$ (cm²)

평행사변형의 넓이는 한 대각선에 의해 이등분되므로

$\triangle ABC=\dfrac{1}{2}\square ABCD=\dfrac{1}{2}\times 40\sqrt{2}=20\sqrt{2}$ (cm²)

$\overline{BM}=\overline{CM}$이므로

$\triangle AMC=\dfrac{1}{2}\triangle ABC=\dfrac{1}{2}\times 20\sqrt{2}=10\sqrt{2}$ (cm²)

0258 답 $55\sqrt{3}$

평행사변형의 두 대각선은 서로 다른 것을 이등분하므로
$\overline{AC}=2\overline{CO}=2\times5=10$
$\overline{BD}=2\overline{BO}=2\times11=22$

$\therefore \square ABCD=\dfrac{1}{2}\times10\times22\times\sin(180°-120°)$
$\qquad\qquad=\dfrac{1}{2}\times10\times22\times\dfrac{\sqrt{3}}{2}=55\sqrt{3}$

다른 풀이

$\angle BOC=120°$ (맞꼭지각)이므로

$\square ABCD=4\triangle OBC=4\times\left\{\dfrac{1}{2}\times11\times5\times\sin(180°-120°)\right\}$
$\qquad\qquad=4\times\dfrac{55\sqrt{3}}{4}=55\sqrt{3}$

0259 답 $27\sqrt{3}$

오른쪽 그림과 같이 $\overline{AC}$와 $\overline{BD}$의 교점
을 O라 하면
$\triangle OBC$에서 $\angle AOB=25°+35°=60°$

$\therefore \square ABCD=\dfrac{1}{2}\times12\times9\times\sin60°=27\sqrt{3}$

0260 답 $12\sqrt{3}$

오른쪽 그림과 같이 $\overline{BE}$를 그으면
$\triangle ABE\equiv\triangle C'BE$ (RHS 합동)이므로
$\angle ABE=\angle C'BE$
$\qquad\qquad=\dfrac{1}{2}\times(90°-30°)=30°$ $\cdots$ (i)

$\triangle ABE$에서
$\overline{AE}=6\tan30°=6\times\dfrac{\sqrt{3}}{3}=2\sqrt{3}$ $\cdots$ (ii)

$\therefore \triangle ABE=\dfrac{1}{2}\times6\times2\sqrt{3}=6\sqrt{3}$ $\cdots$ (iii)

따라서 두 정사각형이 겹쳐지는 부분의 넓이는
$\square ABC'E=2\triangle ABE=2\times6\sqrt{3}=12\sqrt{3}$ $\cdots$ (iv)

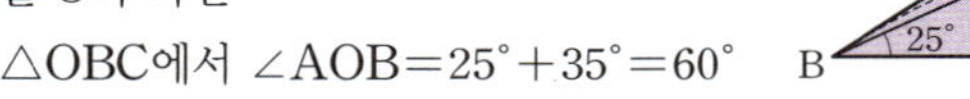

채점 기준	배점
(i) $\angle ABE$의 크기를 구한 경우	20 %
(ii) $\overline{AE}$의 길이를 구한 경우	30 %
(iii) $\triangle ABE$의 넓이를 구한 경우	20 %
(iv) 두 정사각형이 겹쳐지는 부분의 넓이를 구한 경우	30 %

0261 답 $9(\sqrt{3}-1)\,\mathrm{cm}^2$

$\triangle BCD$에서
$\overline{BC}=\dfrac{3\sqrt{2}}{\sin45°}=3\sqrt{2}\div\dfrac{\sqrt{2}}{2}=3\sqrt{2}\times\dfrac{2}{\sqrt{2}}=6\,(\mathrm{cm})$ $\cdots$ (i)

오른쪽 그림과 같이 점 E에서 $\overline{BC}$에
내린 수선의 발을 H라 하고
$\overline{EH}=h\,\mathrm{cm}$라 하면
$\triangle EBH$에서
$\overline{BH}=h\tan45°=h\,(\mathrm{cm})$
$\triangle EHC$에서
$\overline{CH}=h\tan60°=\sqrt{3}h\,(\mathrm{cm})$

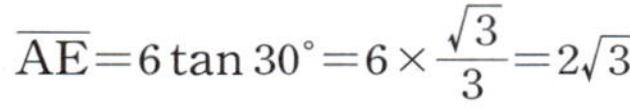

$\overline{BC}=\overline{BH}+\overline{CH}=h+\sqrt{3}h=6$이므로
$(1+\sqrt{3})h=6$

$\therefore h=\dfrac{6}{1+\sqrt{3}}=3(\sqrt{3}-1)$ $\cdots$ (ii)

$\therefore \triangle EBC=\dfrac{1}{2}\times6\times3(\sqrt{3}-1)$
$\qquad\qquad=9(\sqrt{3}-1)\,(\mathrm{cm}^2)$ $\cdots$ (iii)

채점 기준	배점
(i) $\overline{BC}$의 길이를 구한 경우	20 %
(ii) $\triangle EBC$의 높이를 구한 경우	60 %
(iii) $\triangle EBC$의 넓이를 구한 경우	20 %

0262 답 $0.99S$

$\triangle ABC=\dfrac{1}{2}\times\overline{AB}\times\overline{BC}\times\sin B=S$ $\cdots$ ㉠ $\cdots$ (i)

이때 $\overline{AB}$의 길이를 10 % 늘이고, $\overline{BC}$의 길이를 10 % 줄였으므로
$\overline{A'B}=1.1\overline{AB}$, $\overline{BC'}=0.9\overline{BC}$ $\cdots$ (ii)

$\therefore \triangle A'BC'=\dfrac{1}{2}\times\overline{A'B}\times\overline{BC'}\times\sin B$

$\qquad\qquad=\dfrac{1}{2}\times1.1\overline{AB}\times0.9\overline{BC}\times\sin B$

$\qquad\qquad=1.1\times0.9\times\dfrac{1}{2}\times\overline{AB}\times\overline{BC}\times\sin B$

$\qquad\qquad=0.99S\,(\because ㉠)$ $\cdots$ (iii)

채점 기준	배점
(i) $\triangle ABC$의 넓이를 삼각비를 이용하여 나타낸 경우	30 %
(ii) $\overline{A'B}$, $\overline{BC'}$의 길이를 각각 $\overline{AB}$, $\overline{BC}$의 길이를 이용하여 나타낸 경우	20 %
(iii) $\triangle A'BC'$의 넓이를 S를 이용하여 나타낸 경우	50 %

0263 답 $144\sqrt{2}\,\mathrm{cm}^2$

마름모의 한 예각의 크기는
$360°\div8=45°$ $\cdots$ (i)
$\therefore$ (문양 전체의 넓이) $=$ (마름모의 넓이) $\times8$
$\qquad\qquad\qquad=(6\times6\times\sin45°)\times8$ $\cdots$ (ii)
$\qquad\qquad\qquad=18\sqrt{2}\times8$
$\qquad\qquad\qquad=144\sqrt{2}\,(\mathrm{cm}^2)$ $\cdots$ (iii)

채점 기준	배점
(i) 마름모의 한 예각의 크기를 구한 경우	20 %
(ii) 문양 전체의 넓이를 구하는 식을 세운 경우	40 %
(iii) 문양 전체의 넓이를 구한 경우	40 %

선생님 톡 톡

합동인 마름모 8개가 한 점에 모여 $360°$를 이루는 것을 이용하여
마름모의 한 내각의 크기를 구해야 해.

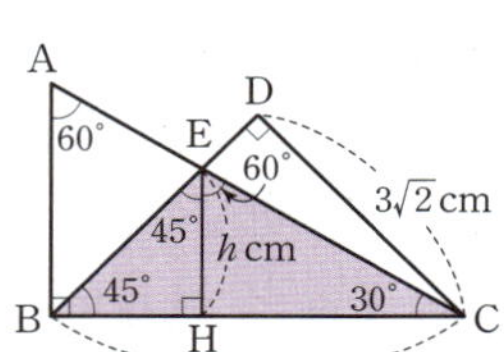

VI. 원의 성질

03. 원과 직선

: CONCEPT
개념 체크 _________________ 본문 045, 047쪽

0264 답 (가) $\overline{OB}$ (나) $\overline{OM}$ (다) RHS (라) $\overline{BM}$

0265 답 8
$\overline{AM}=\overline{BM}$이므로
$x=\dfrac{1}{2}\overline{AB}=\dfrac{1}{2}\times16=8$

0266 답 6
$\overline{AM}=\overline{BM}$이므로
$x=2\overline{AM}=2\times3=6$

0267 답 6
$\triangle OAM$에서 $\overline{AM}=\sqrt{5^2-4^2}=\sqrt{9}=3(\mathrm{cm})$
$\therefore x=2\times3=6$

0268 답 $2\sqrt{10}$
$\overline{AM}=\dfrac{1}{2}\overline{AB}=\dfrac{1}{2}\times12=6(\mathrm{cm})$
$\triangle OAM$에서 $\overline{OA}=\sqrt{6^2+2^2}=\sqrt{40}=2\sqrt{10}(\mathrm{cm})$
$\therefore x=2\sqrt{10}$

0269 답 $\sqrt{33}$
$\overline{BM}=\dfrac{1}{2}\overline{AB}=\dfrac{1}{2}\times8=4(\mathrm{cm})$
$\triangle OMB$에서 $\overline{OM}=\sqrt{7^2-4^2}=\sqrt{33}(\mathrm{cm})$
$\therefore x=\sqrt{33}$

0270 답 12
$\triangle OMB$에서
$\overline{MB}=\sqrt{15^2-9^2}=\sqrt{144}=12(\mathrm{cm})$
$\overline{AM}=\overline{BM}$이므로 $x=12$

0271 답 13
원의 중심으로부터 같은 거리에 있는 현의 길이는 같으므로
$\overline{CD}=\overline{AB}=13$ $\therefore x=13$

0272 답 3
길이가 같은 두 현은 원의 중심으로부터 같은 거리에 있으므로
$\overline{OM}=\overline{ON}=3$ $\therefore x=3$

0273 답 22
$\overline{CN}=\overline{DN}$이므로
$\overline{CD}=2\overline{CN}=2\times11=22$
$\overline{OM}=\overline{ON}$이므로
$\overline{AB}=\overline{CD}=22$ $\therefore x=22$

0274 답 2
$\overline{OM}=\overline{ON}=5$이므로
$\overline{CD}=\overline{AB}=4$
$\overline{CD}=2\overline{DN}=2x$이므로
$2x=4$ $\therefore x=2$

0275 답 3
$\overline{AM}=\overline{BM}$이므로
$\overline{AB}=2\overline{BM}=2\times7=14$
$\overline{AB}=\overline{AC}$이므로
$\overline{ON}=\overline{OM}=3$ $\therefore x=3$

0276 답 8
$\overline{AB}=\overline{CD}=2\times6=12$이므로
$\overline{ON}=\overline{OM}=8$ $\therefore x=8$

0277 답 $50°$
$\overline{OM}=\overline{ON}$이므로 $\overline{AB}=\overline{AC}$
즉 $\triangle ABC$는 이등변삼각형이므로
$\angle x=\angle ACB=50°$

0278 답 4
$\overline{PA}=\overline{PB}=4\,\mathrm{cm}$이므로 $x=4$

0279 답 50
$\overline{PA}=\overline{PB}$이므로 $\triangle PAB$는 이등변삼각형이다.
$\therefore \angle PBA=\angle PAB=\dfrac{1}{2}\times(180°-80°)=50°$
$\therefore x=50$

0280 답 $60°$
$\angle PAO=\angle PBO=90°$이므로 $\square APBO$에서
$\angle x=360°-(90°+120°+90°)=60°$

0281 답 $125°$
$\angle PAO=\angle PBO=90°$이므로 $\square APBO$에서
$\angle x=360°-(90°+55°+90°)=125°$

0282 답 $8\,\mathrm{cm}$
$\overline{PB}=\overline{PA}=8\,\mathrm{cm}$

0283 답 $10\,\mathrm{cm}$
$\angle PBO=90°$이므로 $\triangle PBO$에서
$\overline{PO}=\sqrt{8^2+6^2}=\sqrt{100}=10(\mathrm{cm})$

0284 답 $x=5,\ y=2,\ z=3$
$\overline{AD}=\overline{AF}$이므로 $x=5$
$\overline{BE}=\overline{BD}$이므로 $y=2$
$\overline{CF}=\overline{CE}$이므로 $z=3$

0285 답 $x=8,\ y=6,\ z=3$
$\overline{AF}=\overline{AD}$이므로 $z=3$
$\overline{CE}=\overline{CF}=\overline{AC}-\overline{AF}=9-3=6$이므로 $y=6$
$\overline{BD}=\overline{BE}=\overline{BC}-\overline{CE}=14-6=8$이므로 $x=8$

0286 답 (개) $8-x$ (나) $10-x$ (대) 3 (래) 3

0287 답 10

$\overline{AB}+\overline{CD}=\overline{AD}+\overline{BC}$이므로

$13+x=8+15$ $\therefore x=10$

0288 답 6

$\overline{AB}+\overline{CD}=\overline{AD}+\overline{BC}$이므로

$7+10=x+11$ $\therefore x=6$

: PATTERN
유형 마스터

본문 048~058쪽

0289 답 ④

$\overline{OM}=10-2=8(\text{cm})$이므로 $\triangle OAM$에서

$\overline{AM}=\sqrt{10^2-8^2}=\sqrt{36}=6(\text{cm})$

$\therefore \overline{AB}=2\overline{AM}=2\times6=12(\text{cm})$

0290 답 $2\sqrt{3}$ cm

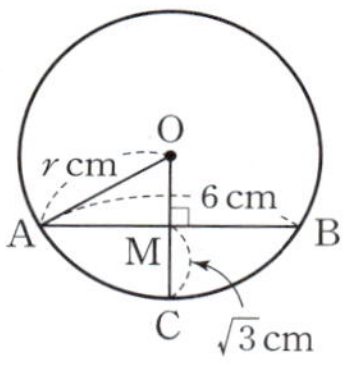

오른쪽 그림과 같이 $\overline{OA}$를 긋고,

원 O의 반지름의 길이를 r cm라 하면

$\overline{AM}=\dfrac{1}{2}\overline{AB}=\dfrac{1}{2}\times6=3(\text{cm})$,

$\overline{OM}=r-\sqrt{3}(\text{cm})$이므로

$\triangle OAM$에서

$3^2+(r-\sqrt{3})^2=r^2$, $2\sqrt{3}r=12$

$\therefore r=2\sqrt{3}$

따라서 원 O의 반지름의 길이는 $2\sqrt{3}$ cm이다.

0291 답 $4\sqrt{3}$

오른쪽 그림과 같이 $\overline{OA}$를 그으면

$\overline{OA}=\overline{OC}=2+2=4$, $\overline{OM}=2$이므로

$\triangle OMA$에서

$\overline{AM}=\sqrt{4^2-2^2}=\sqrt{12}=2\sqrt{3}$

$\therefore \overline{AB}=2\overline{AM}=2\times2\sqrt{3}=4\sqrt{3}$

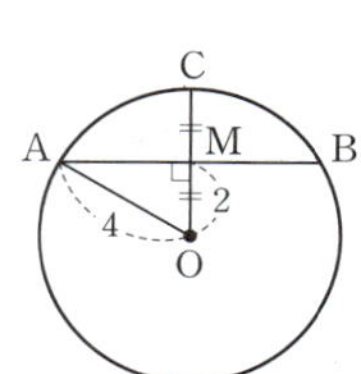

0292 답 60 cm²

현의 수직이등분선은 원의 중심을 지나므로 $\overline{OC}$는 원의 반지름이다.

$\therefore \overline{OM}=13-8=5(\text{cm})$

$\angle OMA=90°$이므로 $\triangle OMA$에서

$\overline{AM}=\sqrt{13^2-5^2}=\sqrt{144}=12(\text{cm})$

$\overline{AB}=2\overline{AM}=2\times12=24(\text{cm})$이므로

$\triangle OBA=\dfrac{1}{2}\times24\times5=60(\text{cm}^2)$

0293 답 24 cm

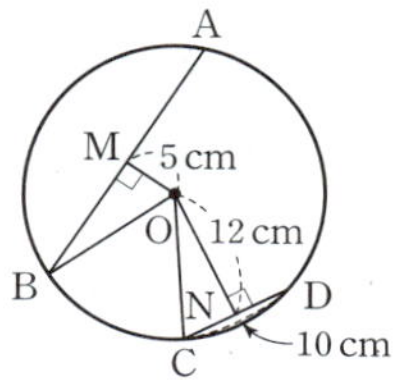

오른쪽 그림과 같이 $\overline{OB}$, $\overline{OC}$를 그으면

$\overline{CN}=\dfrac{1}{2}\overline{CD}=\dfrac{1}{2}\times10=5(\text{cm})$

$\triangle OCN$에서

$\overline{OC}=\sqrt{12^2+5^2}=\sqrt{169}=13(\text{cm})$

원의 반지름의 길이는 같으므로

$\overline{OB}=\overline{OC}=13\text{ cm}$

$\triangle OMB$에서

$\overline{BM}=\sqrt{13^2-5^2}=\sqrt{144}=12(\text{cm})$

$\therefore \overline{AB}=2\overline{BM}=2\times12=24(\text{cm})$

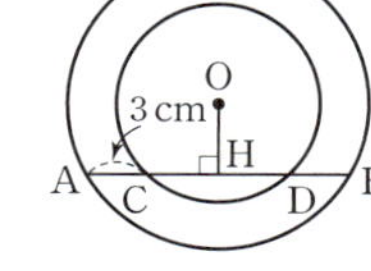

0294 답 3 cm

오른쪽 그림과 같이 원의 중심에서 현 AB에

내린 수선의 발을 H라 하면

$\overline{AH}=\overline{BH}$, $\overline{CH}=\overline{DH}$이므로

$\overline{AC}=\overline{AH}-\overline{CH}=\overline{BH}-\overline{DH}=\overline{BD}$

$\therefore \overline{BD}=\overline{AC}=3\text{ cm}$

0295 답 ③

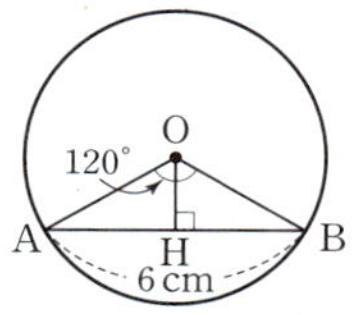

오른쪽 그림과 같이 원의 중심에서 현 AB에

내린 수선의 발을 H라 하자.

$\triangle AOB$가 $\overline{OA}=\overline{OB}$인 이등변삼각형이므로

$\angle AOH=\dfrac{1}{2}\times120°=60°$

또 $\overline{AH}=\dfrac{1}{2}\times6=3(\text{cm})$이므로

$\overline{OA}=\dfrac{3}{\sin60°}=3\times\dfrac{2}{\sqrt{3}}=2\sqrt{3}(\text{cm})$

따라서 원 O의 넓이는 $\pi\times(2\sqrt{3})^2=12\pi(\text{cm}^2)$

0296 답 5 cm

오른쪽 그림과 같이 원의 중심을 O,

반지름의 길이를 r cm라 하면

$\overline{OD}=r-2(\text{cm})$

$\triangle AOD$에서

$4^2+(r-2)^2=r^2$

$4r=20$ $\therefore r=5$

따라서 원의 반지름의 길이는 5 cm이다.

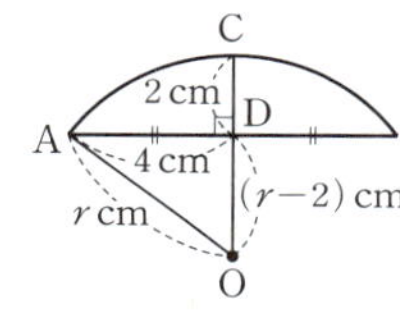

0297 답 2 cm

오른쪽 그림과 같이 원의 중심을 O,

$\overline{CD}=x$ cm라 하면

$\overline{OD}=17-x(\text{cm})$

또 $\overline{AD}=\dfrac{1}{2}\overline{AB}=\dfrac{1}{2}\times16=8(\text{cm})$

따라서 $\triangle AOD$에서

$8^2+(17-x)^2=17^2$

$x^2-34x+64=0$, $(x-2)(x-32)=0$

$\therefore x=2 \ (\because 0<x<17)$

$\therefore \overline{CD}=2\text{ cm}$

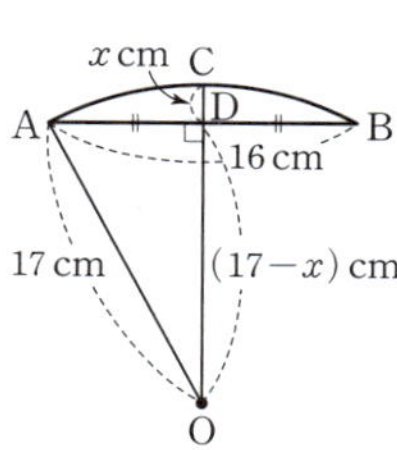

0298 답 $\dfrac{41}{4}\pi$ cm

新 유형

접근하기 원래 접시의 반지름의 길이를 구하는 방법을 먼저 생각해 본다.

$\overline{AD}=\dfrac{1}{2}\overline{AB}=\dfrac{1}{2}\times10=5\,(cm)$

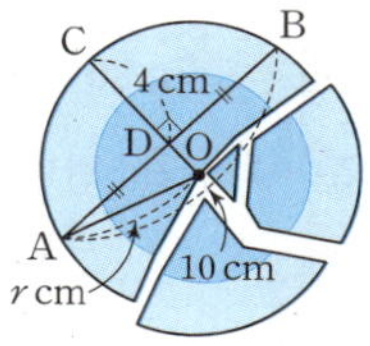

오른쪽 그림과 같이 원래 접시의 중심을 O,
반지름의 길이를 r cm라 하면

$\overline{OD}=r-4\,(cm),\ \overline{OA}=r\,cm$

따라서 $\triangle AOD$에서

$5^2+(r-4)^2=r^2$

$8r=41$ $\therefore r=\dfrac{41}{8}$

따라서 원래 접시의 반지름의 길이는 $\dfrac{41}{8}$ cm이므로 원래 접시의

둘레의 길이는

$2\pi\times\dfrac{41}{8}=\dfrac{41}{4}\pi\,(cm)$

0299 답 $4\sqrt{5}$ cm²

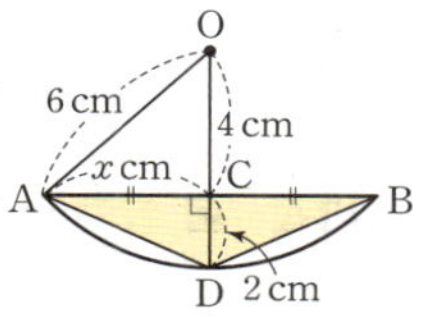

오른쪽 그림과 같이 원의 중심을 O,
$\overline{AC}=x$ cm라 하자.

$\triangle OAC$에서

$x^2+4^2=6^2$

$x^2=20$ $\therefore x=2\sqrt{5}\ (\because x>0)$

$\therefore \overline{AC}=2\sqrt{5}\,cm$ $\cdots$ (i)

이때 $\overline{AB}=2\overline{AC}=2\times2\sqrt{5}=4\sqrt{5}\,(cm)$ $\cdots$ (ii)

$\therefore \triangle ADB=\dfrac{1}{2}\times4\sqrt{5}\times2=4\sqrt{5}\,(cm^2)$ $\cdots$ (iii)

채점 기준	배점
(i) $\overline{AC}$의 길이를 구한 경우	50 %
(ii) $\overline{AB}$의 길이를 구한 경우	20 %
(iii) $\triangle ADB$의 넓이를 구한 경우	30 %

0300 답 ④

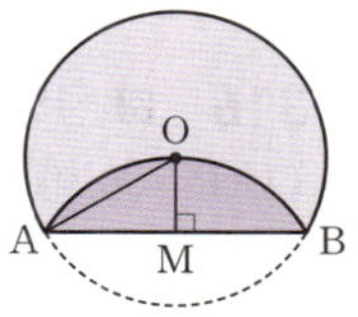

오른쪽 그림과 같이 원의 중심에서 현 AB에
내린 수선의 발을 M이라 하면

$\overline{OM}=\dfrac{1}{2}\overline{OA}=\dfrac{1}{2}\times8=4\,(cm)$

따라서 $\triangle OAM$에서

$\overline{AM}=\sqrt{8^2-4^2}=\sqrt{48}=4\sqrt{3}\,(cm)$

$\therefore \overline{AB}=2\overline{AM}=2\times4\sqrt{3}=8\sqrt{3}\,(cm)$

0301 답 $5\sqrt{3}$ cm

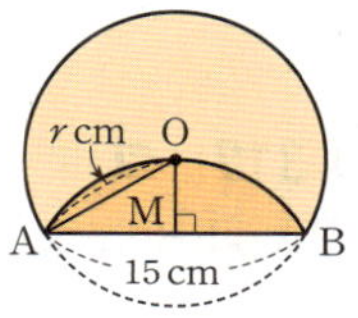

오른쪽 그림과 같이 원의 중심에서 현 AB에 내린
수선의 발을 M, 반지름의 길이를 r cm라 하면

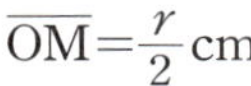

$\overline{OM}=\dfrac{r}{2}\,cm$

따라서 $\triangle OAM$에서

$\left(\dfrac{15}{2}\right)^2+\left(\dfrac{r}{2}\right)^2=r^2$

$\dfrac{3}{4}r^2=\dfrac{225}{4}$ $\therefore r=5\sqrt{3}\ (\because r>0)$

따라서 처음 원 모양의 색종이의 반지름의 길이는 $5\sqrt{3}$ cm이다.

0302 답 120°

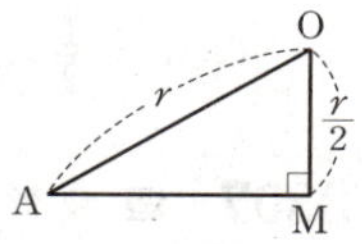

원의 중심에서 현 AB에 내린 수선의 발을
M, 원의 반지름의 길이를 r라 하면

$\overline{OM}=\dfrac{r}{2}$

따라서 $\triangle OAM$에서

$\cos(\angle AOM)=\dfrac{\overline{OM}}{\overline{AO}}=\dfrac{r}{2}\div r=\dfrac{1}{2}$

$\cos60°=\dfrac{1}{2}$이므로 $\angle AOM=60°$

$\therefore \angle AOB=2\angle AOM=2\times60°=120°$

0303 답 (1) $3\sqrt{3}$ cm (2) 6 cm (3) 36 cm

新 유형

접근하기 주어진 그림에서 적당한 직각삼각형을 찾아 필요한 변의 길이를 구해 본다.

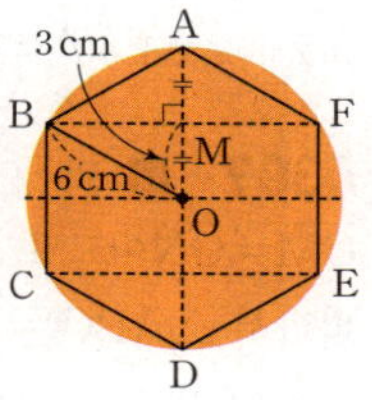

(1) 점 A와 점 O가 만나도록 접었으므로

$\overline{CM}=\dfrac{1}{2}\overline{OA}=\dfrac{1}{2}\times6=3\,(cm),$

$\overline{CM}\perp\overline{BF}$

따라서 $\triangle BOM$에서

$\overline{BM}=\sqrt{6^2-3^2}=\sqrt{27}=3\sqrt{3}\,(cm)$

(2) $\overline{BM}=3\sqrt{3}$ cm이므로 $\triangle ABM$에서

$\overline{AB}=\sqrt{(3\sqrt{3})^2+3^2}=\sqrt{36}=6\,(cm)$

(3) (정육각형 ABCDEF의 둘레의 길이)

$=\overline{AB}+\overline{BC}+\overline{CD}+\overline{DE}+\overline{EF}+\overline{FA}$

$=6\overline{AB}=6\times6=36\,(cm)$

0304 답 $4\sqrt{10}$ cm

$\triangle OMB$에서 $\overline{MB}=\sqrt{7^2-3^2}=\sqrt{40}=2\sqrt{10}\,(cm)$

$\therefore \overline{AB}=2\overline{MB}=2\times2\sqrt{10}=4\sqrt{10}\,(cm)$

$\overline{OM}=\overline{ON}$이므로

$\overline{CD}=\overline{AB}=4\sqrt{10}\,(cm)$

0305 답 48 cm

오른쪽 그림과 같이 $\overline{OD}$를 그으면

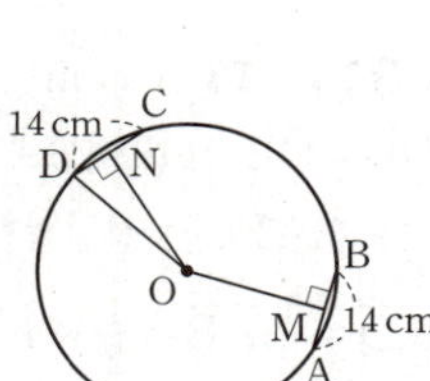

$\overline{ND}=\dfrac{1}{2}\overline{CD}=\dfrac{1}{2}\times14=7\,(cm),$

$\overline{OD}=25\,cm$이므로

$\triangle OND$에서

$\overline{ON}=\sqrt{25^2-7^2}=\sqrt{576}=24\,(cm)$

$\overline{CD}=\overline{AB}$이므로

$\overline{OM}=\overline{ON}=24\,cm$

$\therefore \overline{OM}+\overline{ON}=24+24=48\,(cm)$

0306 답 12 cm²

오른쪽 그림과 같이 원의 중심에서 $\overline{CD}$에 내린
수선의 발을 N이라 하자.

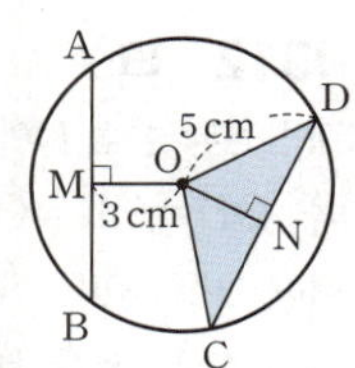

$\overline{AB}=\overline{CD}$이므로 $\overline{ON}=\overline{OM}=3\,cm$

$\triangle OND$에서

$\overline{DN}=\sqrt{5^2-3^2}=\sqrt{16}=4\,(cm)$

$\therefore \overline{CD}=2\overline{DN}=2\times4=8\,(cm)$

$\therefore \triangle OCD=\dfrac{1}{2}\times8\times3=12\,(cm^2)$

0307 답 $4\sqrt{3}\pi\,cm$

$\overline{OM}=\overline{ON}$이므로 $\overline{AB}=\overline{CD}=6\,cm$

$\overline{CN}=\overline{DN}$이므로 $\overline{DN}=\dfrac{1}{2}\overline{CD}=\dfrac{1}{2}\times6=3\,(cm)$

$\triangle OND$에서 $\cos30°=\dfrac{3}{\overline{OD}}=\dfrac{\sqrt{3}}{2}$이므로

$\sqrt{3}\,\overline{OD}=6$ $\therefore \overline{OD}=2\sqrt{3}\,(cm)$

따라서 원 O의 반지름의 길이가 $2\sqrt{3}\,cm$이므로 둘레의 길이는

$2\pi\times2\sqrt{3}=4\sqrt{3}\pi\,(cm)$

0308 답 ①

$\overline{OM}=\overline{ON}$이므로 $\overline{AB}=\overline{AC}$

따라서 $\triangle ABC$는 $\angle B=\angle C$인 이등변삼각형이므로

$\angle x+\angle x+40°=180°,\ 2\angle x=140°$ $\therefore \angle x=70°$

0309 답 $56°$

$\overline{OM}=\overline{ON}$이므로 $\overline{AB}=\overline{AC}$

따라서 $\triangle ABC$는 $\angle B=\angle C$인 이등변삼각형이므로

$\angle x+62°+62°=180°$ $\therefore \angle x=56°$

0310 답 ①

$\square AMON$에서

$\angle MAN+\angle AMO+\angle MON+\angle ANO=360°$이므로

$\angle MAN+90°+120°+90°=360°$

$\therefore \angle MAN=60°$

$\overline{OM}=\overline{ON}$이므로 $\overline{AB}=\overline{AC}$

따라서 $\triangle ABC$는 $\angle B=\angle C$인 이등변삼각형이므로

$\angle B=\angle C=\dfrac{1}{2}\times(180°-60°)=60°$

즉, $\triangle ABC$는 정삼각형이므로 둘레의 길이는

$5+5+5=15\,(cm)$

0311 답 $16\pi\,cm^2$

$\overline{OD}=\overline{OE}=\overline{OF}$이므로 $\overline{AB}=\overline{BC}=\overline{CA}$

즉, $\triangle ABC$는 정삼각형이다.

$\overline{AD}=\dfrac{1}{2}\overline{AB}=\dfrac{1}{2}\times4\sqrt{3}=2\sqrt{3}\,(cm)$

오른쪽 그림과 같이 $\overline{OA}$를 그으면 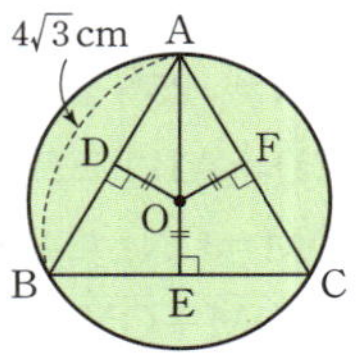
$\triangle ADO$는 $\angle OAD=30°$인 직각삼각형이므로

$\cos30°=\dfrac{2\sqrt{3}}{\overline{OA}}=\dfrac{\sqrt{3}}{2}$에서

$\sqrt{3}\,\overline{OA}=4\sqrt{3}$ $\therefore \overline{OA}=4\,(cm)$

따라서 원 O의 넓이는 $\pi\times4^2=16\pi\,(cm^2)$

0312 답 4

내접원의 중심 O에서 $\triangle ABC$의 세 변에 이르는 거리가 모두 같다.

즉, $\overline{OD}=\overline{OE}=\overline{OF}$ ··· (i)

이때 $\overline{OD}=\overline{OE}=\overline{OF}$이면 $\overline{AB}=\overline{BC}=\overline{CA}$이므로

$\triangle ABC$는 정삼각형이다. ··· (ii)

$\therefore \angle C=60°$

점 O는 $\triangle ABC$의 내심이므로

$\angle ECO=\dfrac{1}{2}\times60°=30°$

따라서 $\triangle OEC$에서

$\overline{OE}=8\sin30°=8\times\dfrac{1}{2}=4$

즉, 내접원의 반지름의 길이는 4이다. ··· (iii)

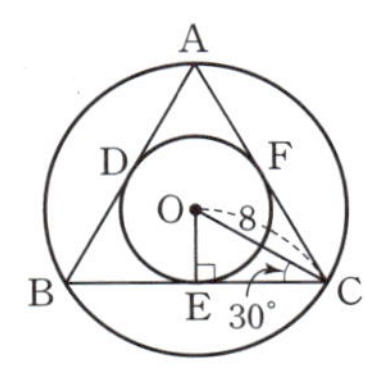

채점 기준	배점
(i) $\overline{OD}=\overline{OE}=\overline{OF}$임을 설명한 경우	30 %
(ii) $\triangle ABC$가 정삼각형임을 설명한 경우	40 %
(iii) 내접원의 반지름의 길이를 구한 경우	30 %

선생님 톡 톡

내접원의 반지름의 길이를 다른 방법으로도 구할 수 있어.
$\triangle ABC$가 정삼각형이므로 점 O는 $\triangle ABC$의 무게중심이야.
따라서 $\overline{AO}:\overline{OE}=2:1$이고, $\overline{AO}=8$이므로 $\overline{OE}=4$가 돼.

0313 답 $10\,cm$

$\triangle OPA$는 $\angle A=90°$인 직각삼각형이므로

$\overline{OP}=\sqrt{8^2+6^2}=\sqrt{100}=10\,(cm)$

0314 답 $2\sqrt{7}\,cm$

$\overline{OA}=\overline{OB}=6\,cm$

$\triangle OAP$는 $\angle A=90°$인 직각삼각형이므로

$\overline{AP}=\sqrt{(6+2)^2-6^2}=\sqrt{28}=2\sqrt{7}\,(cm)$

0315 답 $22\sqrt{3}\,cm^2$

원 O의 반지름의 길이를 $r\,cm$라 하면

$\overline{OA}=r\,cm,\ \overline{OP}=r+2\,(cm)$

$\triangle OAP$는 $\angle A=90°$인 직각삼각형이므로

$(r+2)^2=r^2+(4\sqrt{3})^2$

$4r=44$ $\therefore r=11$

$\therefore \triangle AOP=\dfrac{1}{2}\times4\sqrt{3}\times11=22\sqrt{3}\,(cm^2)$

0316 답 $(18\sqrt{3}-6\pi)\,cm^2$

$\angle OAP=90°$이므로 $\triangle OAP$에서

$\tan30°=\dfrac{6}{\overline{AP}}=\dfrac{\sqrt{3}}{3}$이므로

$\sqrt{3}\,\overline{AP}=18$ $\therefore \overline{AP}=6\sqrt{3}\,(cm)$

$\therefore$ (색칠한 부분의 넓이)$=\triangle OAP-$(부채꼴 OAB의 넓이)

$=\dfrac{1}{2}\times6\sqrt{3}\times6-\pi\times6^2\times\dfrac{60}{360}$

$=18\sqrt{3}-6\pi\,(cm^2)$

0317 답 $67°$

$\overline{PA}=\overline{PB}$이므로 $\triangle PBA$는 $\angle A=\angle B$인 이등변삼각형이다.

$\therefore \angle PAB=\dfrac{1}{2}\times(180°-46°)=67°$

0318 답 ①

$\angle PAO=\angle PBO=90°$이므로

$\angle APB+\angle AOB=180°$

$$\therefore \angle AOB = 180° - 45° = 135°$$
$$\therefore \widehat{AB} = 2\pi \times 4 \times \frac{135}{360} = 3\pi \,(\text{cm})$$

0319 답 ④

$\overline{PA} = \overline{PB}$이므로 $2x-3=7$

$2x=10$ $\therefore x=5$

0320 답 28 cm

$\angle PAO = \angle PBO = 90°$이므로

$\angle AOB = 180° - 90° = 90°$

$\overline{PA} = \overline{PB}$이므로 □APBO는 정사각형이다.

따라서 □APBO의 둘레의 길이는

$7 \times 4 = 28 \,(\text{cm})$

이웃하는 두 변의 길이가 같은 직사각형은 정사각형이다.

0321 답 13

점 P에서 원 O에 그은 접선의 길이는 같으므로

$\overline{PA} = \overline{PB}$ $\cdots$ ㉠

점 P에서 원 O′에 그은 접선의 길이는 같으므로

$\overline{PB} = \overline{PC}$ $\cdots$ ㉡

㉠, ㉡에서 $\overline{PA} = \overline{PC}$

즉, $4x+5=7x-1$이므로

$3x=6$ $\therefore x=2$

$\therefore \overline{PB} = \overline{PA} = 4 \times 2 + 5 = 13$

0322 답 ②

오른쪽 그림과 같이 점 P에서 $\overline{AB}$에 내린 수선의 발을 H라 하자.

△PAB는 $\overline{PA} = \overline{PB}$인 이등변삼각형이므로

$\overline{AH} = \frac{1}{2} \times 4 = 2\,(\text{cm})$,

$\angle APH = \frac{1}{2} \times 60° = 30°$

△APH에서

$\tan 30° = \dfrac{2}{\overline{PH}} = \dfrac{\sqrt{3}}{3}$이므로

$\sqrt{3}\,\overline{PH} = 6$ $\therefore \overline{PH} = 2\sqrt{3}\,(\text{cm})$

따라서 △APB의 넓이는

$\dfrac{1}{2} \times 4 \times 2\sqrt{3} = 4\sqrt{3}\,(\text{cm}^2)$

$\overline{PA} = \overline{PB}$이므로

$\angle PAB = \angle PBA = \dfrac{1}{2} \times (180° - 60°) = 60°$

즉, △APB는 정삼각형이므로

$\overline{PA} = \overline{PB} = \overline{AB} = 4 \,\text{cm}$

$\therefore \triangle APB = \dfrac{1}{2} \times 4 \times 4 \times \sin 60°$
$$= \dfrac{1}{2} \times 4 \times 4 \times \dfrac{\sqrt{3}}{2} = 4\sqrt{3}\,(\text{cm}^2)$$

0323 답 $(27\sqrt{3} - 9\pi)\,\text{cm}^2$

오른쪽 그림과 같이 $\overline{OB}$, $\overline{OP}$를 긋자.

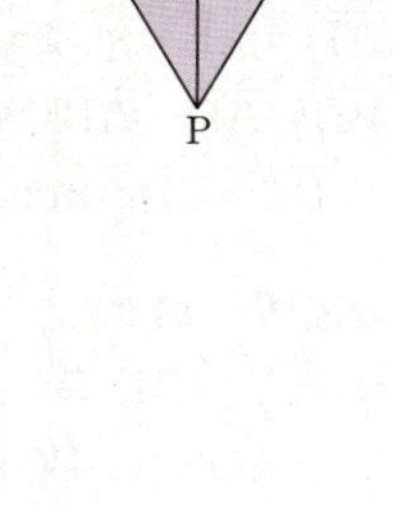

△OAB는 $\overline{OA} = \overline{OB}$인 이등변삼각형이므로

$\angle AOB = 180° - (30° + 30°) = 120°$

$\angle AOB + \angle APB = 180°$이므로

$\angle APB = 180° - 120° = 60°$

이때 $\overline{PA} = \overline{PB}$이므로 △APB는 정삼각형이다.

$\therefore \overline{PA} = \overline{AB} = 9 \,\text{cm}$

△OAP에서 $\angle OPA = \dfrac{1}{2} \times 60° = 30°$이므로

$\tan 30° = \dfrac{\overline{OA}}{9} = \dfrac{\sqrt{3}}{3}$

$3\overline{OA} = 9\sqrt{3}$ $\therefore \overline{OA} = 3\sqrt{3}\,(\text{cm})$

이때 △OAP ≡ △OBP (RHS 합동)이므로

(색칠한 부분의 넓이) $= 2\triangle OAP - $ (부채꼴 OAB의 넓이)
$$= 2 \times \left(\dfrac{1}{2} \times 9 \times 3\sqrt{3} \right) - \pi \times (3\sqrt{3})^2 \times \dfrac{120}{360}$$
$$= 27\sqrt{3} - 9\pi \,(\text{cm}^2)$$

0324 답 ①

오른쪽 그림과 같이 $\overline{OP}$를 그으면

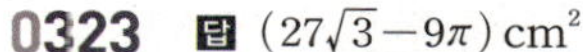

△AOP ≡ △BOP (RHS 합동)이므로

$\angle OPA = \angle OPB = \dfrac{1}{2} \times 60° = 30°$

△AOP에서 $\tan 30° = \dfrac{\overline{OA}}{3} = \dfrac{\sqrt{3}}{3}$

$3\overline{OA} = 3\sqrt{3}$ $\therefore \overline{OA} = \sqrt{3}\,(\text{cm})$

$\angle APB + \angle AOB = 180°$이므로

$\angle AOB = 180° - 60° = 120°$

$\therefore \triangle AOB = \dfrac{1}{2} \times \sqrt{3} \times \sqrt{3} \times \sin(180° - 120°)$
$$= \dfrac{1}{2} \times \sqrt{3} \times \sqrt{3} \times \dfrac{\sqrt{3}}{2} = \dfrac{3\sqrt{3}}{4}\,(\text{cm}^2)$$

0325 답 16 cm

$\overline{OC} = \overline{OA} = 6 \,\text{cm}$이므로 $\overline{PO} = 4 + 6 = 10\,(\text{cm})$

$\angle OAP = 90°$이므로 △APO에서

$\overline{PA} = \sqrt{10^2 - 6^2} = \sqrt{64} = 8\,(\text{cm})$

이때 △OAP ≡ △OBP (RHS 합동)이므로

$\overline{PB} = \overline{PA} = 8 \,\text{cm}$

$\therefore \overline{PA} + \overline{PB} = 8 + 8 = 16\,(\text{cm})$

0326 답 ②

오른쪽 그림과 같이 $\overline{PO}$를 긋고 $\overline{AB}$와의 교점을 H라 하면

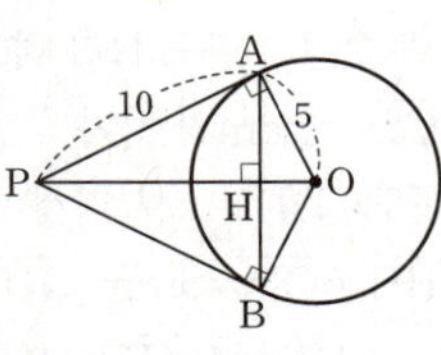

$\angle PAO = \angle PBO = 90°$이므로

△APO에서 $\overline{PO} = \sqrt{10^2 + 5^2} = \sqrt{125} = 5\sqrt{5}$

직각삼각형 APO의 넓이에 의하여

$\overline{AP} \times \overline{AO} = \overline{PO} \times \overline{AH}$

$10 \times 5 = 5\sqrt{5} \times \overline{AH}$ $\therefore \overline{AH} = 2\sqrt{5}$

이때 △APH ≡ △BPH (RHS 합동)이므로

$\overline{AB} = 2\overline{AH} = 2 \times 2\sqrt{5} = 4\sqrt{5}$

0327 답 ②

(△ACB의 둘레의 길이)$=\overline{AB}+\overline{BC}+\overline{CA}$

$=2\overline{AD}=2\times5=10(\text{cm})$

0328 답 2 cm

$\overline{AD}=\overline{AE}=8+1=9(\text{cm})$이므로

$\overline{BD}=\overline{AD}-\overline{AB}=9-7=2(\text{cm})$

$\therefore\ \overline{BF}=\overline{BD}=2\text{cm}$

0329 답 ④

④ $\overline{EA}=\overline{EB}$, 즉 △OEA≡△OEB일 때만

$\angle AOE=\angle BOE$이다.

⑤ △DBO≡△EBO (RHS 합동)이므로

$\angle DBO=\angle EBO$

따라서 옳지 않은 것은 ④이다.

0330 답 4 km

(△DPE의 둘레의 길이)$=2\overline{PB}(\text{km})$

이때 △DPE의 둘레의 길이가 8 km이므로

$2\overline{PB}=8$ $\quad\therefore\ \overline{PB}=4(\text{km})$

따라서 P지점과 B지점 사이의 거리는 4 km이다.

0331 답 24 cm

오른쪽 그림과 같이 $\overline{OC}$를 그으면

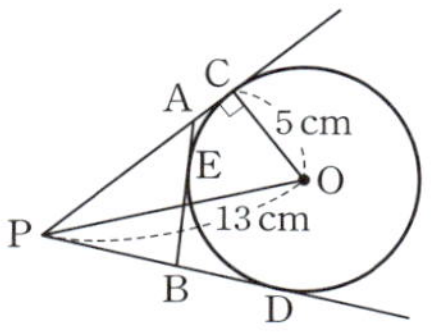

△OPC에서 $\overline{OP}=13\text{cm}$,

$\overline{OC}=5\text{cm}$ (반지름)이고,

$\angle OCP=90°$이므로

$\overline{PC}=\sqrt{13^2-5^2}=\sqrt{144}=12(\text{cm})$

$\therefore$ (△APB의 둘레의 길이)$=2\overline{PC}=2\times12=24(\text{cm})$

0332 답 6 cm

오른쪽 그림과 같이 $\overline{OA}$, $\overline{OD}$, $\overline{OE}$를 그으면

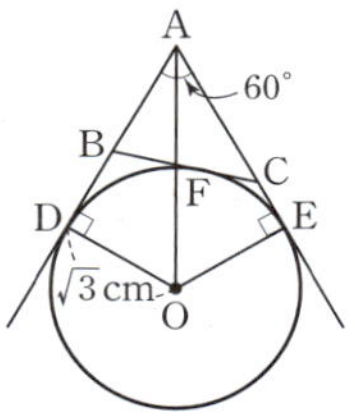

△ADO≡△AEO (RHS 합동)이므로

$\angle OAD=\frac{1}{2}\times60°=30°$

△ADO에서 $\overline{OD}=\sqrt{3}\text{cm}$이고

$\angle ADO=90°$이므로

$\tan30°=\frac{\sqrt{3}}{\overline{AD}}=\frac{\sqrt{3}}{3}$ $\quad\therefore\ \overline{AD}=3(\text{cm})$

$\therefore$ (△ABC의 둘레의 길이)$=2\overline{AD}=2\times3=6(\text{cm})$

0333 답 ③

오른쪽 그림과 같이 점 D에서 $\overline{AB}$에 내린 수선의 발을 H라 하고,

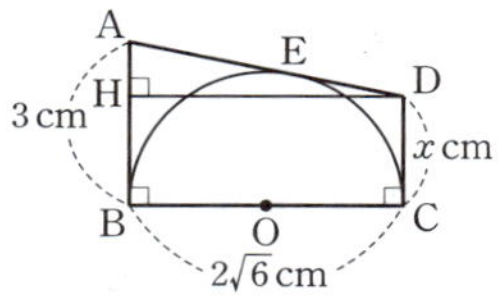

$\overline{CD}=x\text{cm}$라 하자.

□BCDH는 직사각형이므로

$\overline{BH}=\overline{CD}=x\text{cm}$, $\overline{HD}=\overline{BC}=2\sqrt{6}\text{cm}$

△AHD에서 $\overline{HD}=2\sqrt{6}\text{cm}$, $\overline{AH}=3-x(\text{cm})$,

$\overline{AD}=\overline{AE}+\overline{DE}=3+x(\text{cm})$이므로

$(2\sqrt{6})^2+(3-x)^2=(3+x)^2$

$12x=24$ $\quad\therefore\ x=2$

$\therefore\ \overline{CD}=2\text{cm}$

0334 답 ①

오른쪽 그림과 같이 점 C에서 $\overline{BD}$에 내린 수선의 발을 H라 하면 □CHBA는 직사각형이다.

△CDH에서

$\overline{CD}=\overline{CE}+\overline{ED}=6+9=15(\text{cm})$,

$\overline{DH}=9-6=3(\text{cm})$이므로

$\overline{CH}=\sqrt{15^2-3^2}=\sqrt{216}=6\sqrt{6}(\text{cm})$

따라서 반원 O의 반지름의 길이는 $\frac{6\sqrt{6}}{2}=3\sqrt{6}(\text{cm})$이므로 넓이는

$\pi\times(3\sqrt{6})^2\times\frac{1}{2}=27\pi(\text{cm}^2)$

0335 답 78 cm²

오른쪽 그림과 같이 점 D에서 $\overline{BC}$에 내린 수선의 발을 H라 하면 □ABHD는 직사각형이다.

△DHC에서 $\overline{DC}=13\text{cm}$,

$\overline{DH}=6+6=12(\text{cm})$이므로

$\overline{CH}=\sqrt{13^2-12^2}=\sqrt{25}=5(\text{cm})$

$\overline{AD}=\overline{BH}=x\text{cm}$라 하면

$\overline{CE}=13-x(\text{cm})$, $\overline{CB}=5+x(\text{cm})$

이때 $\overline{CE}=\overline{CB}$이므로 $13-x=5+x$

$2x=8$ $\quad\therefore\ x=4$

$\therefore$ □ABCD$=\frac{1}{2}\times(4+9)\times12=78(\text{cm}^2)$

다른 풀이

$\overline{AB}=2\overline{AO}=2\times6=12(\text{cm})$

$\overline{DA}+\overline{CB}=\overline{DE}+\overline{CE}=\overline{CD}=13\text{cm}$

이때 $\angle A=\angle B=90°$이므로 $\overline{DA}\,/\!/\,\overline{CB}$

따라서 □ABCD는 사다리꼴이므로

□ABCD$=\frac{1}{2}\times(\overline{DA}+\overline{CB})\times\overline{AB}$

$=\frac{1}{2}\times\overline{CD}\times\overline{AB}$

$=\frac{1}{2}\times13\times12=78(\text{cm}^2)$

0336 답 64

新 유형

접근하기 합동인 두 쌍의 삼각형을 찾아 ∠COD=90°임을 이용한다.

오른쪽 그림과 같이 $\overline{CD}$와 반원 O의 접점을 E라 하자.

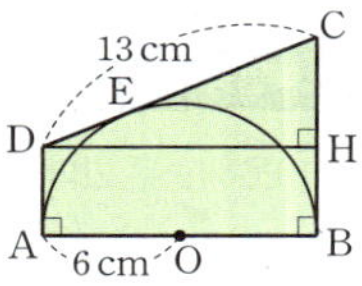

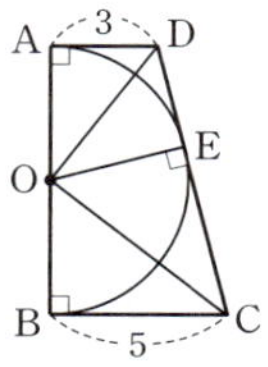

△ODA≡△ODE (RHS 합동)이므로

$\angle AOD=\angle EOD$

△OBC≡△OEC (RHS 합동)이므로

$\angle BOC=\angle EOC$

$\angle AOD+\angle EOD+\angle EOC+\angle BOC=180°$에서

$2\angle EOD+2\angle EOC=180°$

$\therefore\ \angle EOD+\angle EOC=90°$

따라서 △CDO는 $\angle COD=90°$인 직각삼각형이므로

$\overline{OC}^2+\overline{OD}^2=\overline{CD}^2=(3+5)^2=64$

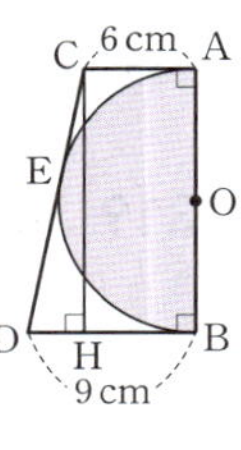

오른쪽 그림과 같이 점 D에서 $\overline{BC}$에 내린 수선의 발을 H라 하고, 반원 O의 반지름의 길이를 r라 하면
$\triangle DHC$에서 $(2r)^2+(5-3)^2=(3+5)^2$
$4r^2+4=64$ $\therefore r^2=15$
$\triangle AOD$에서 $\overline{OD}^2=r^2+3^2$,
$\triangle OBC$에서 $\overline{OC}^2=r^2+5^2$이므로
$\overline{OC}^2+\overline{OD}^2=(r^2+5^2)+(r^2+3^2)=2r^2+34$
$\qquad\qquad\qquad\quad =2\times15+34=64$

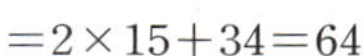

0337 답 $4\sqrt{5}$ cm

오른쪽 그림과 같이 원의 중심에서 $\overline{AB}$에 내린 수선의 발을 H라 하면
$\triangle OAH$에서 $\angle OHA=90°$이므로
$\overline{AH}=\sqrt{6^2-4^2}=\sqrt{20}=2\sqrt{5}$ (cm)
$\therefore \overline{AB}=2\overline{AH}=2\times2\sqrt{5}=4\sqrt{5}$ (cm)

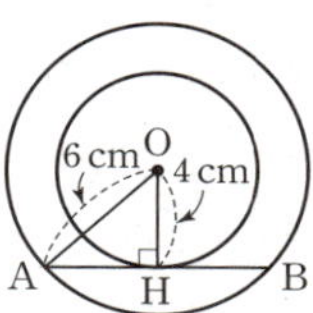

0338 답 10 cm

오른쪽 그림과 같이 원의 중심에서 $\overline{AB}$에 내린 수선의 발을 H라 하면
$\overline{AH}=\dfrac{1}{2}\overline{AB}=\dfrac{1}{2}\times16=8$ (cm)
따라서 $\triangle OAH$에서 $\angle OHA=90°$이므로
$\overline{OA}=\sqrt{8^2+6^2}=\sqrt{100}=10$ (cm)

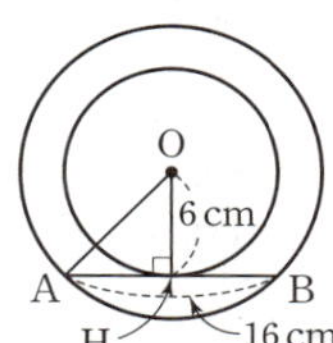

0339 답 ⑤

오른쪽 그림과 같이 $\overline{OA}$, $\overline{OP}$, $\overline{OQ}$를 긋자.
$\triangle OAP$는 $\angle OPA=90°$인 직각삼각형이고
$\overline{OP}=4$ cm, $\overline{OA}=5$ cm이므로
$\overline{PA}=\sqrt{5^2-4^2}=\sqrt{9}=3$ (cm)
$\therefore \overline{AB}=2\overline{PA}=2\times3=6$ (cm)
이때 $\overline{OQ}=\overline{OP}$이므로 $\overline{AC}=\overline{AB}=6$ cm
$\therefore \overline{AB}+\overline{AC}=6+6=12$ (cm)

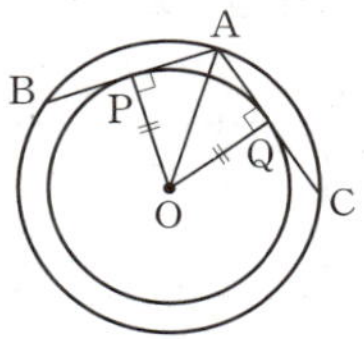

0340 답 ①

오른쪽 그림과 같이 원의 중심에서 $\overline{AB}$에 내린 수선의 발을 H, 큰 원의 반지름의 길이를 R cm, 작은 원의 반지름의 길이를 r cm라 하면
$\overline{AH}=\dfrac{1}{2}\overline{AB}=\dfrac{1}{2}\times8=4$ (cm)
$\triangle OAH$에서 $\angle OHA=90°$이므로 $R^2-r^2=4^2=16$
색칠한 부분의 넓이는 큰 원의 넓이에서 작은 원의 넓이를 뺀 것과 같으므로
$\pi\times R^2-\pi\times r^2=\pi(R^2-r^2)=16\pi$ (cm²)

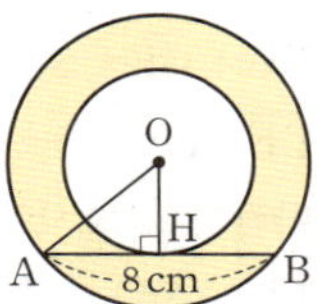

0341 답 6 cm

$\overline{AD}=x$ cm라 하면
$\overline{BD}=\overline{BE}=14-x$ (cm), $\overline{CF}=\overline{CE}=13-x$ (cm)
이때 $\overline{BC}=15$ cm이므로
$\overline{BE}+\overline{CE}=(14-x)+(13-x)=15$
$27-2x=15$, $2x=12$ $\therefore x=6$
$\therefore \overline{AD}=6$ cm

0342 답 9 cm

$\overline{CE}=x$ cm라 하면 $\overline{CF}=\overline{CE}=x$ cm이므로
$\overline{AD}=\overline{AF}=12-x$ (cm), $\overline{BD}=\overline{BE}=5$ cm
이때 $\overline{AB}=8$ cm이므로 $\overline{AD}+\overline{BD}=(12-x)+5=8$
$\therefore x=9$ $\therefore \overline{CE}=9$ cm

0343 답 34 cm

($\triangle ABC$의 둘레의 길이)
$=\overline{AB}+\overline{BC}+\overline{CA}$
$=(\overline{AD}+\overline{BD})+(\overline{BE}+\overline{CE})+(\overline{CF}+\overline{AF})$
$=(\overline{AD}+\overline{AF})+(\overline{BD}+\overline{BE})+(\overline{CE}+\overline{CF})$
$=2\times5+2\times6+2\times6$
$=10+12+12=34$ (cm)

0344 답 4 cm

$\overline{AF}=x$ cm라 하면
$\overline{AD}=\overline{AF}=x$ cm, $\overline{BD}=\overline{BE}$, $\overline{CF}=\overline{CE}$이므로
($\triangle ABC$의 둘레의 길이)
$=\overline{AD}+\overline{BD}+\overline{BE}+\overline{CE}+\overline{AF}+\overline{CF}$
$=2x+2(\overline{BE}+\overline{CE})=2x+2\overline{BC}$
$=2x+2\times13=34$
$2x=8$ $\therefore x=4$
$\therefore \overline{AF}=4$ cm

0345 답 33 cm²

$\overline{AB}=\overline{AD}+\overline{BD}=\overline{AD}+\overline{BE}=11+4=15$ (cm)
$\overline{BC}=\overline{BE}+\overline{CE}=\overline{BE}+\overline{CF}=4+\dfrac{3}{2}=\dfrac{11}{2}$ (cm)
$\overline{CA}=\overline{CF}+\overline{AF}=\overline{CF}+\overline{AD}=\dfrac{3}{2}+11=\dfrac{25}{2}$ (cm) ··· (i)
$\therefore \triangle ABC=\triangle OAB+\triangle OBC+\triangle OCA$
$\qquad\quad =\dfrac{1}{2}\times15\times2+\dfrac{1}{2}\times\dfrac{11}{2}\times2+\dfrac{1}{2}\times\dfrac{25}{2}\times2$ ··· (ii)
$\qquad\quad =15+\dfrac{11}{2}+\dfrac{25}{2}=33$ (cm²) ··· (iii)

채점 기준	배점
(i) $\overline{AB}$, $\overline{BC}$, $\overline{CA}$의 길이를 각각 구한 경우	30 %
(ii) $\triangle ABC$의 넓이를 구하는 식을 세운 경우	30 %
(iii) $\triangle ABC$의 넓이를 구한 경우	40 %

0346 답 2π cm

오른쪽 그림과 같이 원 O의 반지름의 길이를 r cm라 하고, 원 O와 $\overline{AB}$, $\overline{BC}$, $\overline{CA}$의 접점을 각각 D, E, F라 하면
$\overline{CE}=\overline{CF}=r$ cm,
$\overline{BE}=\overline{BD}=4-r$ (cm),
$\overline{AF}=\overline{AD}=3-r$ (cm)
$\triangle ABC$에서 $\overline{AB}=\sqrt{4^2+3^2}=\sqrt{25}=5$ (cm)이므로
$\overline{AD}+\overline{BD}=5$, $(3-r)+(4-r)=5$
$2r=2$ $\therefore r=1$
따라서 원 O의 반지름의 길이가 1 cm이므로 둘레의 길이는
$2\pi\times1=2\pi$ (cm)

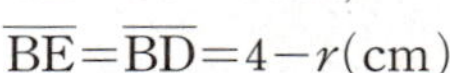

0347 답 ③

원 O의 반지름의 길이를 r cm라 하자.

$\overline{AD}=\overline{AF}=12$ cm, $\overline{BD}=\overline{BE}=5$ cm, $\overline{CE}=\overline{CF}=r$ cm이므로

$\triangle ABC$에서 $(5+r)^2+(12+r)^2=(12+5)^2$

$r^2+17r-60=0$, $(r-3)(r+20)=0$

$\therefore r=3 \ (\because r>0)$

따라서 $\square OECF$는 한 변의 길이가 3 cm인 정사각형이므로

$\square OECF=3\times 3=9\,(\text{cm}^2)$

0348 답 $54\,\text{cm}^2$

$\overline{AD}=\overline{AF}=3$ cm, $\overline{CE}=\overline{CF}=6$ cm이므로

$\overline{BD}=\overline{BE}=x$ cm라 하면

$\overline{AB}=x+3\,(\text{cm})$, $\overline{BC}=x+6\,(\text{cm})$, $\overline{AC}=3+6=9\,(\text{cm})$

따라서 $\triangle ABC$에서 $(x+3)^2+(3+6)^2=(x+6)^2$

$6x=54$ $\quad\therefore x=9$

$\therefore \overline{BD}=\overline{BE}=9$ cm

$\therefore \triangle ABC=\dfrac{1}{2}\times\overline{AB}\times\overline{AC}$

$\qquad\qquad =\dfrac{1}{2}\times(9+3)\times 9=54\,(\text{cm}^2)$

0349 답 5

$\overline{BP}=x$라 하면

$(2+x)+5=3+9$ $\quad\therefore x=5$

$\therefore \overline{BP}=5$

0350 답 3

$(3x-2)+(4x-4)=2x+3x$이므로

$7x-6=5x$

$2x=6$ $\quad\therefore x=3$

0351 답 6

$\overline{BP}=x$라 하면 $\square ABCD$의 둘레의 길이가 36이므로

$\overline{AB}+\overline{BC}+\overline{CD}+\overline{DA}=36$에서

$(4+x)+(x+6)+(6+2)+(4+2)=36$

$2x+24=36$

$2x=12$ $\quad\therefore x=6$

$\therefore \overline{BP}=6$

0352 답 $6\,\text{cm}$

원 O의 반지름의 길이가 4 cm이므로

$\overline{CD}=4+4=8\,(\text{cm})$

$10+8=\overline{AD}+12$이므로

$\overline{AD}=6\,(\text{cm})$

0353 답 $\dfrac{91}{4}\pi\,\text{cm}^2$

오른쪽 그림과 같이 두 점 A, D에서 변 BC
에 내린 수선의 발을 각각 E, F라 하자.

등변사다리꼴 ABCD가 원 O에 외접하므로

$\overline{AD}+\overline{BC}=\overline{AB}+\overline{CD}$에서

$7+13=2\overline{AB}$ $\quad\therefore \overline{AB}=10\,(\text{cm})$

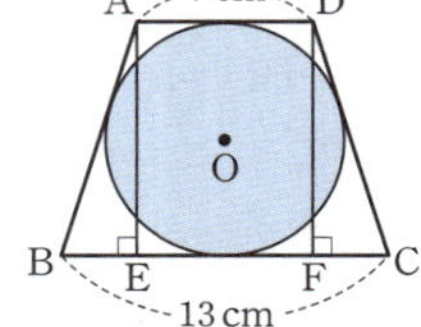

$\square AEFD$가 직사각형이므로 $\overline{EF}=\overline{AD}=7$ cm이고,

$\square ABCD$가 등변사다리꼴이므로

$\overline{BE}=\overline{CF}=\dfrac{1}{2}\times(13-7)=3\,(\text{cm})$

$\triangle ABE$에서 $\overline{AE}=\sqrt{10^2-3^2}=\sqrt{91}\,(\text{cm})$

따라서 원 O의 반지름의 길이는 $\dfrac{\sqrt{91}}{2}$ cm이므로 넓이는

$\pi\times\left(\dfrac{\sqrt{91}}{2}\right)^2=\dfrac{91}{4}\pi\,(\text{cm}^2)$

0354 답 $10\,\text{cm}$

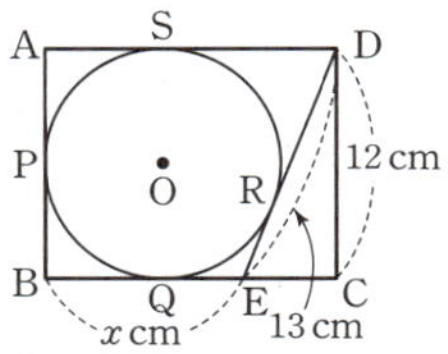

오른쪽 그림과 같이 원 O와 $\square ABED$의
접점을 각각 P, Q, R, S라 하고,
$\overline{BE}=x$ cm라 하자.

$\overline{AB}=\overline{CD}=12$ cm이므로 원 O의 반지름의

길이는 $\dfrac{12}{2}=6\,(\text{cm})$

$\therefore \overline{AS}=\overline{BQ}=6$ cm

$\triangle DEC$에서 $\overline{EC}=\sqrt{13^2-12^2}=\sqrt{25}=5\,(\text{cm})$이므로

$\overline{AD}=\overline{BC}=x+5\,(\text{cm})$, $\overline{DR}=\overline{DS}=(x+5)-6=x-1\,(\text{cm})$,

$\overline{RE}=\overline{QE}=x-6\,(\text{cm})$

이때 $\overline{DR}+\overline{RE}=13$ cm이므로

$(x-1)+(x-6)=13$, $2x=20$

$\therefore x=10$ $\quad\therefore \overline{BE}=10$ cm

0355 답 ①

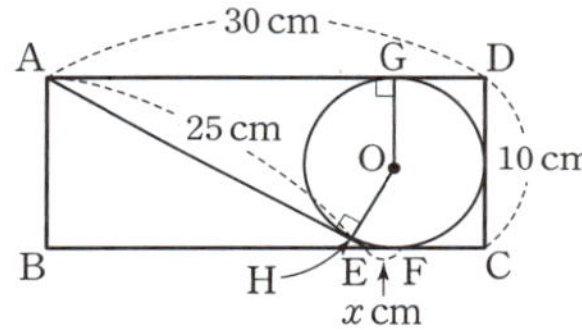

위의 그림과 같이 원 O와 $\overline{AD}$, $\overline{AE}$의 접점을 각각 G, H라 하고,
$\overline{EF}=x$ cm라 하자.

원 O의 반지름의 길이는 $\dfrac{10}{2}=5\,(\text{cm})$이므로

$\overline{DG}=\overline{CF}=5$ cm, $\overline{AG}=\overline{AH}=30-5=25\,(\text{cm})$,

$\overline{BE}=30-(5+x)=25-x\,(\text{cm})$, $\overline{AE}=25+x\,(\text{cm})$

따라서 $\triangle ABE$에서

$10^2+(25-x)^2=(25+x)^2$, $100x=100$

$\therefore x=1$ $\quad\therefore \overline{EF}=1$ cm

0356 답 ③

오른쪽 그림과 같이 원 O와 $\overline{BC}$, $\overline{DE}$,
$\overline{BE}$의 접점을 각각 F, G, H라 하고,
$\overline{EH}=x$ cm라 하자.

원 O의 반지름의 길이는 $\dfrac{8}{2}=4\,(\text{cm})$

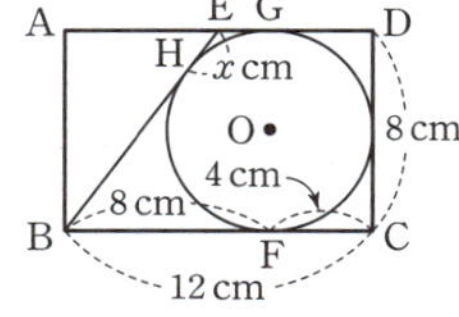

이므로 $\overline{GD}=\overline{CF}=4$ cm, $\overline{BF}=\overline{BH}=12-4=8\,(\text{cm})$,

$\overline{AE}=12-(x+4)=8-x\,(\text{cm})$

따라서 $\triangle ABE$의 둘레의 길이는

$8+(8+x)+(8-x)=24\,(\text{cm})$

0357 답 $6\,\text{cm}^2$

오른쪽 그림과 같이 원 O와 □ABED의
접점을 각각 P, Q, R, S라 하고,
$\overline{QE}=x\,\text{cm}$라 하자.
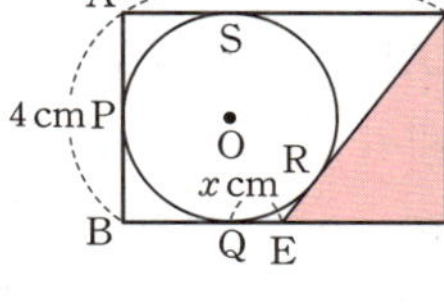
원 O의 반지름의 길이는
$\dfrac{4}{2}=2(\text{cm})$이므로
$\overline{AS}=\overline{BQ}=2\,\text{cm}$, $\overline{DS}=\overline{DR}=6-2=4(\text{cm})$,
$\overline{CE}=6-(2+x)=4-x(\text{cm})$, $\overline{DE}=4+x(\text{cm})$ $\qquad \cdots$ (i)
따라서 △CDE에서 $(4-x)^2+4^2=(4+x)^2$
$16x=16$ $\quad \therefore x=1$
$\therefore \overline{QE}=1\,\text{cm}$ $\qquad \cdots$ (ii)
$\therefore \triangle CDE=\dfrac{1}{2}\times\overline{EC}\times\overline{CD}$
$=\dfrac{1}{2}\times(4-1)\times4=6(\text{cm}^2)$ $\qquad \cdots$ (iii)

채점 기준	배점
(i) $\overline{CE}$, $\overline{DE}$의 길이를 각각 $\overline{QE}$의 길이를 이용하여 나타낸 경우	40 %
(ii) $\overline{QE}$의 길이를 구한 경우	20 %
(iii) △CDE의 넓이를 구한 경우	40 %

0358 답 2 cm

오른쪽 그림과 같이 두 점 O, O′에서
$\overline{BC}$에 내린 수선의 발을 각각 P, Q라
하고, 점 O′에서 $\overline{OP}$에 내린 수선의 발
을 R라 하자.
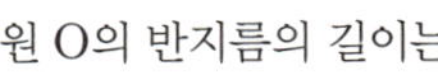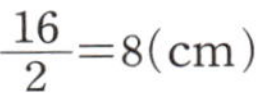
원 O의 반지름의 길이는
$\dfrac{16}{2}=8(\text{cm})$

원 O′의 반지름의 길이를 $r\,\text{cm}$라 하면
$\overline{OO'}=8+r(\text{cm})$, $\overline{OR}=8-r(\text{cm})$,
$\overline{PQ}=18-(8+r)=10-r(\text{cm})$
△ORO′에서 $(10-r)^2+(8-r)^2=(8+r)^2$
$r^2-52r+100=0$, $(r-2)(r-50)=0$
$\therefore r=2\ (\because 0<r<8)$
따라서 원 O′의 반지름의 길이는 2 cm이다.

0359 답 ⑤

오른쪽 그림과 같이 두 점 O, O′에
서 $\overline{AD}$에 내린 수선의 발을 각각
P, Q라 하고, 점 O에서 $\overline{O'Q}$에 내
린 수선의 발을 R라 하자.
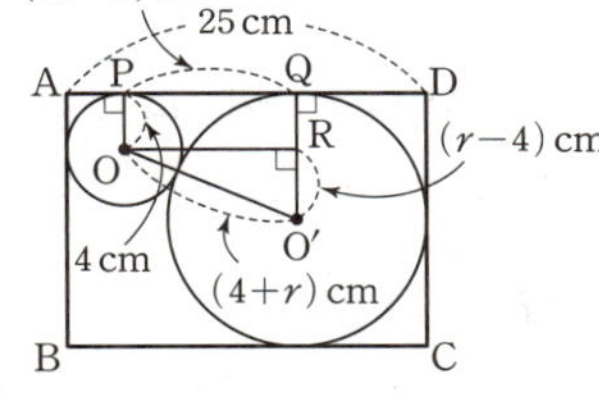
원 O′의 반지름의 길이를 $r\,\text{cm}$라
하면
$\overline{OO'}=4+r(\text{cm})$, $\overline{O'R}=r-4(\text{cm})$,
$\overline{PQ}=25-(4+r)=21-r(\text{cm})$
△OO′R에서 $(21-r)^2+(r-4)^2=(4+r)^2$
$r^2-58r+441=0$, $(r-9)(r-49)=0$
$\therefore r=9\ (\because 0<r<21)$
따라서 원 O′의 반지름의 길이가 9 cm이므로 둘레의 길이는
$2\pi\times9=18\pi(\text{cm})$

0360 답 $\dfrac{5}{2}$

오른쪽 그림과 같이 $\overline{AB}$, $\overline{AO}$, $\overline{OB}$를 긋
고, 점 B에서 $\overline{OA}$에 내린 수선의 발을 H,
원 B의 반지름의 길이를 r라 하자.
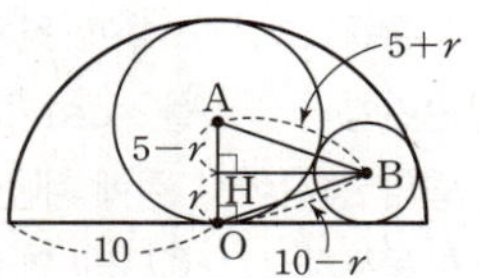
원 A의 지름의 길이는 반원 O의 반지름
의 길이와 같으므로
$\overline{AO}=\dfrac{10}{2}=5$
이때 $\overline{AB}=5+r$, $\overline{AH}=5-r$, $\overline{OH}=r$, $\overline{OB}=10-r$
두 직각삼각형 BHA와 BHO에서 $\overline{BH}$가 공통이므로
피타고라스 정리에 의하여
$(5+r)^2-(5-r)^2=(10-r)^2-r^2$
$40r=100$ $\quad \therefore r=\dfrac{5}{2}$

따라서 원 B의 반지름의 길이는 $\dfrac{5}{2}$이다.

선생님 톡톡

주어진 문제는
△BHA에서 $\overline{BH}^2=(5+r)^2-(5-r)^2$,
△BHO에서 $\overline{BH}^2=(10-r)^2-r^2$
임을 이용해야 해.

R : REAL
실전 업
본문 059~062쪽

0361 답 ③

오른쪽 그림과 같이 $\overline{OA}$를 그으면
$\overline{CD}=20\,\text{cm}$이므로 원 O의 반지름의
길이는 $\dfrac{20}{2}=10(\text{cm})$
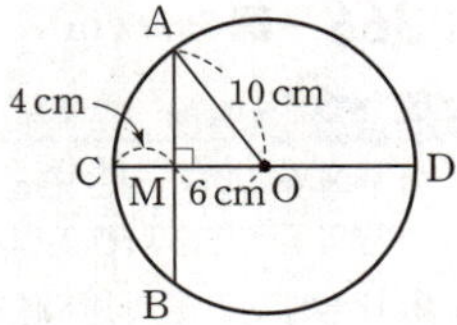
△AMO에서
$\overline{OM}=10-4=6(\text{cm})$, $\overline{OA}=10\,\text{cm}$이므로
$\overline{AM}=\sqrt{10^2-6^2}=\sqrt{64}=8(\text{cm})$
$\therefore \overline{AB}=2\overline{AM}=2\times8=16(\text{cm})$

0362 답 $2\sqrt{7}\,\text{cm}$

오른쪽 그림과 같이 원의 중심 O에서 $\overline{AB}$
에 내린 수선의 발을 H라 하면
$\overline{AH}=\dfrac{1}{2}\overline{AB}=\dfrac{1}{2}\times12=6(\text{cm})$
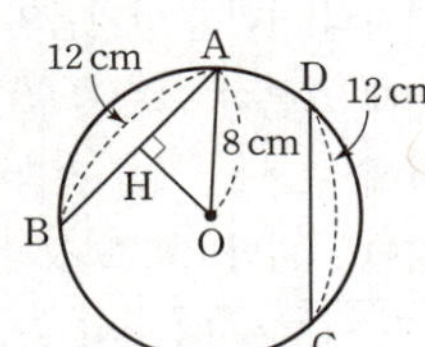
△OAH에서
$\overline{OH}=\sqrt{8^2-6^2}=\sqrt{28}=2\sqrt{7}(\text{cm})$
두 현 AB와 CD의 길이가 같으므로 두 현은 원의 중심으로부터
거리가 같다.
따라서 원의 중심에서 현 CD까지의 거리는 $2\sqrt{7}\,\text{cm}$이다.

0363 답 $\dfrac{15}{2}$ cm

오른쪽 그림과 같이 원의 중심을 O, 원의 반지름의 길이를 r cm라 하자.

원의 중심에서 현에 내린 수선은 현을 수직이등분하므로 $\overline{CD}$의 연장선은 원의 중심을 지난다.

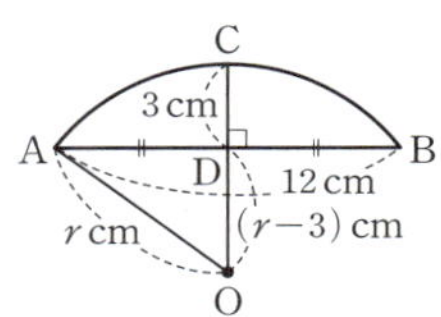

$\therefore \overline{OD}=r-3\,(\text{cm})$

즉, $\triangle AOD$에서 $6^2+(r-3)^2=r^2$

$6r=45$ $\therefore r=\dfrac{15}{2}$

따라서 원의 반지름의 길이는 $\dfrac{15}{2}$ cm이다.

0364 답 27π cm²

오른쪽 그림과 같이 현의 한 끝 점을 A, 원의 중심에서 현에 내린 수선의 발을 H, 원의 반지름의 길이를 r cm라 하자.

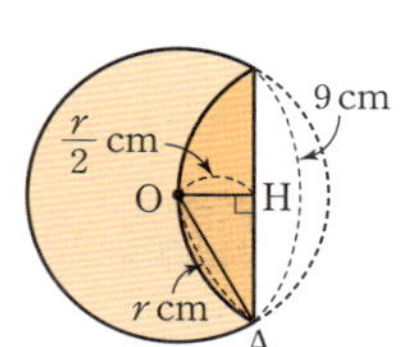

$\triangle OAH$에서 $\overline{OA}=r$ cm, $\overline{OH}=\dfrac{r}{2}$ cm,

$\overline{AH}=\dfrac{9}{2}$ cm이므로

$\left(\dfrac{9}{2}\right)^2+\left(\dfrac{r}{2}\right)^2=r^2$ $\therefore r^2=27$

따라서 처음 원 모양의 색종이의 넓이는 $\pi r^2=27\pi\,(\text{cm}^2)$

0365 답 ⑤

⑤ $\triangle AMO$와 $\triangle CNO$에서

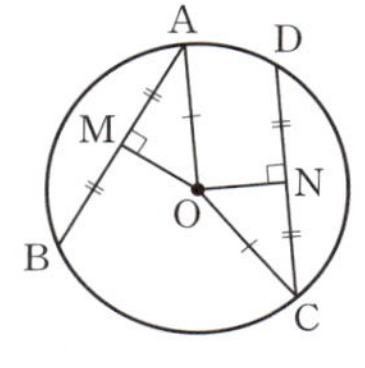

$\overline{OA}=\overline{OC}$ (반지름),

$\overline{AM}=\dfrac{1}{2}\overline{AB}=\dfrac{1}{2}\overline{CD}=\overline{CN}$,

$\angle AMO=\angle CNO=90°$이므로

$\triangle AMO\equiv\triangle CNO$ (RHS 합동)

$\therefore \angle OAM=\angle OCN$

0366 답 36π cm²

한 원에서 길이가 같은 현들은 모두 원의 중심으로부터 같은 거리에 있다.

현의 중점이 지나간 자리는 원의 중심에서 현까지의 거리를 반지름의 길이로 하는 원이다.

이때 오른쪽 그림과 같이 원의 중심에서 한 현에 수선을 그어 직각삼각형을 만들면 내부에 생긴 원의 반지름의 길이는 피타고라스 정리에 의하여

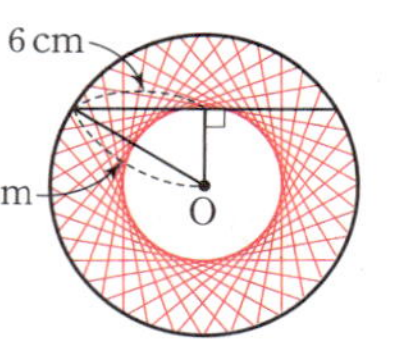

$\sqrt{7^2-6^2}=\sqrt{13}\,(\text{cm})$

따라서 현이 지나간 부분의 넓이는 처음의 원의 넓이에서 내부에 생긴 원의 넓이를 뺀 것과 같으므로

$\pi\times 7^2-\pi\times(\sqrt{13})^2=49\pi-13\pi$
$\qquad\qquad\qquad\qquad\quad=36\pi\,(\text{cm}^2)$

0367 답 80°

$\overline{OM}=\overline{ON}$이므로 $\overline{AB}=\overline{AC}$

$\triangle ABC$는 $\overline{AB}=\overline{AC}$인 이등변삼각형이므로 $\angle B=\angle C$이다.

따라서 $\triangle ABC$에서 $\angle A : \angle B : \angle C=1 : 4 : 4$이므로

$\angle C=\dfrac{4}{1+4+4}\times 180°=80°$

0368 답 ④

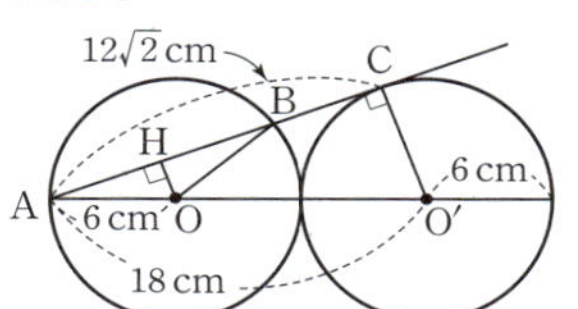

$\triangle AOC'$에서 $\overline{O'C}=6$ cm, $\overline{O'A}=6+6+6=18\,(\text{cm})$이므로

$\overline{AC}=\sqrt{18^2-6^2}=\sqrt{288}=12\sqrt{2}\,(\text{cm})$

위의 그림과 같이 점 O에서 $\overline{AB}$에 내린 수선의 발을 H라 하면

$\triangle O'CA \sim \triangle OHA$ (AA 닮음)이므로

$12\sqrt{2}:\overline{AH}=18:6$

$18\overline{AH}=72\sqrt{2}$ $\therefore \overline{AH}=4\sqrt{2}\,(\text{cm})$

$\therefore \overline{AB}=2\overline{AH}=2\times 4\sqrt{2}=8\sqrt{2}\,(\text{cm})$

0369 답 $10\sqrt{5}\pi$

$\triangle OAP$는 $\angle A=90°$인 직각삼각형이고 $\overline{PA}$의 길이가 10으로 일정하므로

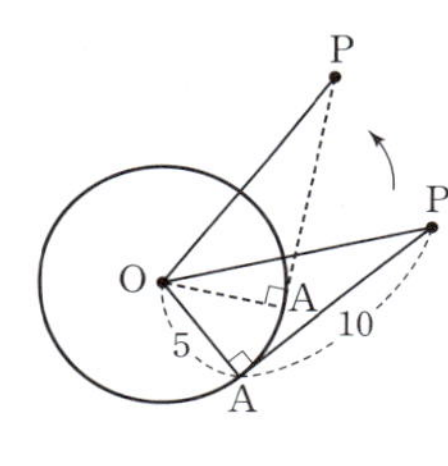

$\overline{OP}=\sqrt{10^2+5^2}=\sqrt{125}=5\sqrt{5}$

즉, 점 P가 움직이며 그리는 도형은 점 O를 중심으로 하고 반지름의 길이가 $5\sqrt{5}$인 원이다.

따라서 구하는 둘레의 길이는

$2\pi\times 5\sqrt{5}=10\sqrt{5}\pi$

0370 답 10π

오른쪽 그림과 같이 $\overline{OA}$, $\overline{OB}$를 그으면

$\angle OAP=\angle OBP=90°$이고,

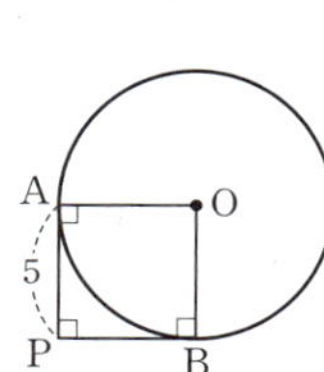

$\overline{PA}=\overline{PB}$이므로 $\square APBO$는 정사각형이다.

$\therefore \overline{OB}=\overline{AP}=5$

따라서 원 O의 반지름의 길이는 5이므로 둘레의 길이는 $2\pi\times 5=10\pi$

0371 답 ⑤

오른쪽 그림과 같이 인공위성을 P, 지구의 중심을 O라 하고, 점 P에서 구 모양의 지구의 단면에 접선을 그어 두 접점을 각각 A, B라 하자.

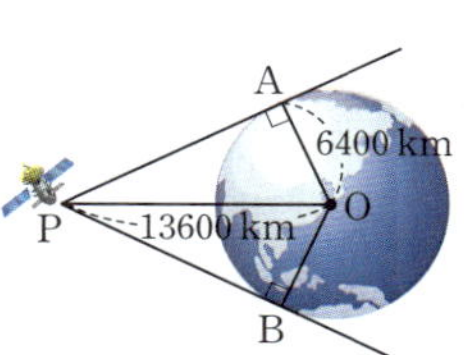

$\overline{PO}=7200+6400=13600\,(\text{km})$

이때 인공위성이 관찰할 수 있는 지표면까지의 최대 거리는 $\overline{PA}$의 길이 또는 $\overline{PB}$의 길이이므로 $\triangle POA$에서

$\overline{PA}=\sqrt{13600^2-6400^2}=\sqrt{12000^2}=12000\,(\text{km})$

따라서 인공위성이 관찰할 수 있는 지표면까지의 최대 거리는
$12000 \, \text{km}$이다.

> 인수분해 공식을 이용하면 13600^2-6400^2을 편리하게 계산할 수 있어. 즉,
> $13600^2-6400^2=(13600+6400)(13600-6400)=20000\times7200$
> 이므로
> $\sqrt{20000\times7200}=1000\sqrt{2\times72}=12000$이야.

0372 답 $4\sqrt{3}\,\text{cm}^2$

$\triangle APO$는 $\angle PAO=90°$인 직각삼각형이고
$\overline{OA}=\overline{OC}=2\,\text{cm}$, $\overline{OP}=2+2=4\,(\text{cm})$이므로
$\overline{PA}=\sqrt{4^2-2^2}=\sqrt{12}=2\sqrt{3}\,(\text{cm})$
이때 $\triangle APO\equiv\triangle BPO$ (RHS 합동)이므로
$\triangle APO=\triangle BPO$
$\therefore \square APBO=\triangle APO+\triangle BPO$
$$=\left(\frac{1}{2}\times2\sqrt{3}\times2\right)\times2=4\sqrt{3}\,(\text{cm}^2)$$

0373 답 $\dfrac{24}{5}\,\text{cm}$

오른쪽 그림과 같이 $\overline{OP}$를 긋고, $\overline{OP}$와 $\overline{AB}$의
교점을 H라 하면
$\overline{PO}\perp\overline{AB}$, $\overline{AH}=\overline{BH}$
$\triangle APO$에서 $\angle PAO=90°$이므로
$\overline{OP}=\sqrt{4^2+3^2}=\sqrt{25}=5\,(\text{cm})$
직각삼각형 APO의 넓이에 의하여
$\overline{AP}\times\overline{AO}=\overline{PO}\times\overline{AH}$이므로
$5\overline{AH}=12$ $\therefore \overline{AH}=\dfrac{12}{5}\,(\text{cm})$
$\therefore \overline{AB}=2\overline{AH}=2\times\dfrac{12}{5}=\dfrac{24}{5}\,(\text{cm})$

0374 답 $4\,\text{cm}$

$\triangle APB$에서 $\overline{AB}=\sqrt{10^2-8^2}=\sqrt{36}=6\,(\text{cm})$이고,
$\overline{AE}=\overline{AC}$, $\overline{BE}=\overline{BD}$이므로
$\overline{PC}+\overline{PD}=(\triangle APB의 둘레의 길이)$
$=10+8+6=24\,(\text{cm})$
이때 $\overline{PC}=\overline{PD}$이므로 $\overline{PD}=\dfrac{1}{2}\times24=12\,(\text{cm})$
$\therefore \overline{BD}=\overline{PD}-\overline{PB}=12-8=4\,(\text{cm})$

0375 답 $3\,\text{cm}$

작은 원의 반지름의 길이를 $r\,\text{cm}$라 하자.
두 현 AB와 BC는 큰 원의 중심으로부터 거
리가 같으므로
$\overline{AB}=\overline{BC}$
$\therefore \overline{BQ}=\overline{BP}=\overline{AP}=4\,\text{cm}$
따라서 $\angle OQB=90°$이므로 $\triangle OBQ$에서
$4^2+r^2=(r+2)^2$
$4r=12$ $\therefore r=3$
즉, 작은 원의 반지름의 길이는 $3\,\text{cm}$이다.

0376 답 ⑤

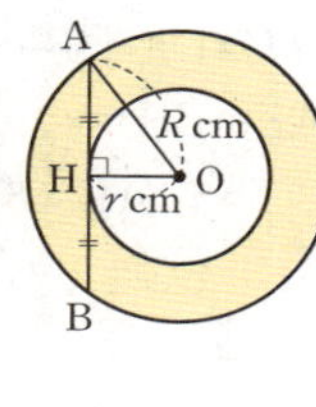

오른쪽 그림과 같이 큰 원의 반지름의 길이를
$R\,\text{cm}$, 작은 원의 반지름의 길이를 $r\,\text{cm}$라 하자.
색칠한 부분의 넓이는 큰 원의 넓이에서 작은 원의
넓이를 뺀 것과 같으므로
$\pi R^2-\pi r^2=\pi(R^2-r^2)=16\pi$에서
$R^2-r^2=16$
원의 중심에서 현 AB에 내린 수선의 발을 H라 하면
$\triangle AHO$에서
$\overline{AH}=\sqrt{R^2-r^2}=\sqrt{16}=4\,(\text{cm})$
$\therefore \overline{AB}=2\overline{AH}=2\times4=8\,(\text{cm})$

0377 답 $12\,\text{cm}$

오른쪽 그림과 같이 원 O와 $\triangle ABC$의 접점을
각각 P, Q, R라 하자.
$\overline{AP}=x\,\text{cm}$라 하면
$\overline{AP}=\overline{AR}=x\,\text{cm}$,
$\overline{BP}=\overline{BQ}=10-x\,(\text{cm})$,
$\overline{CR}=\overline{CQ}=8-x\,(\text{cm})$
이때 $\overline{BC}=6\,\text{cm}$이므로
$\overline{BQ}+\overline{CQ}=(10-x)+(8-x)=6$에서
$2x=12$ $\therefore x=6$
$\therefore \overline{AP}=6\,\text{cm}$
$\therefore (\triangle ADE의 둘레의 길이)=2\overline{AP}=2\times6=12\,(\text{cm})$

0378 답 $4\,\text{cm}^2$

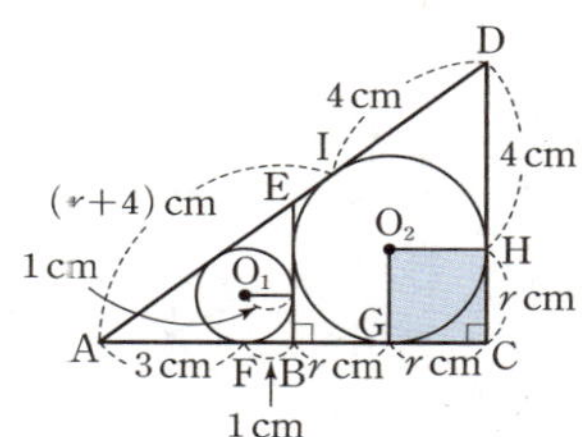

위의 그림과 같이 원 O_2의 반지름의 길이를 $r\,\text{cm}$라 하면
$\overline{CH}=\overline{CG}=\overline{GB}=r\,\text{cm}$
원 O_1의 반지름의 길이가 $1\,\text{cm}$이므로
$\overline{BF}=1\,\text{cm}$
점 A에서 원 O_2에 그은 두 접선의 길이는 같으므로
$\overline{AG}=\overline{AI}=r+4\,(\text{cm})$
$\triangle ACD$에서
$\overline{AC}=3+1+r+r=2r+4\,(\text{cm})$,
$\overline{CD}=r+4\,(\text{cm})$,
$\overline{DA}=(r+4)+4=r+8\,(\text{cm})$이므로
$(2r+4)^2+(r+4)^2=(r+8)^2$
$r^2+2r-8=0$, $(r-2)(r+4)=0$
$\therefore r=2\ (\because r>0)$
$\therefore \overline{CH}=2\,\text{cm}$
따라서 $\square O_2GCH$는 한 변의 길이가 $2\,\text{cm}$인 정사각형이므로
$\square O_2GCH=2\times2=4\,(\text{cm}^2)$

0379 답 ②

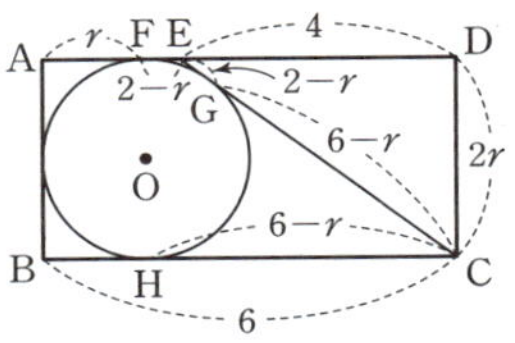

원 O의 반지름의 길이를 r라 하면

$\overline{AF}=\overline{BH}=r$

$\overline{BC}=6$, $\overline{AE}=6-4=2$이므로

$\overline{EF}=\overline{EG}=2-r$, $\overline{CH}=\overline{CG}=6-r$,

$\overline{CD}=2r$

따라서 △CDE에서

$4^2+(2r)^2=\{(2-r)+(6-r)\}^2$

$32r=48$　∴ $r=\dfrac{3}{2}$

즉, 원 O의 반지름의 길이는 $\dfrac{3}{2}$이다.

0380 답 $4\sqrt{5}$ cm

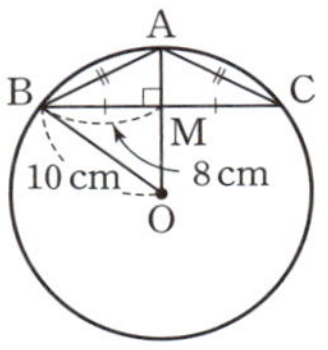

오른쪽 그림과 같이 이등변삼각형 ABC의 꼭짓점

A에서 $\overline{BC}$에 내린 수선의 발을 M이라 하면

$\overline{BM}=\overline{MC}=16\times\dfrac{1}{2}=8$(cm) 　 $\cdots$(i)

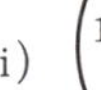

$\overline{AM}$은 현 BC의 수직이등분선이므로

$\overline{AM}$의 연장선은 원 O의 중심을 지난다.

△BOM에서 $\overline{OM}=\sqrt{10^2-8^2}=\sqrt{36}=6$(cm)이므로

$\overline{AM}=10-6=4$(cm) 　 $\cdots$(ii)

따라서 △ABM에서

$\overline{AB}=\sqrt{8^2+4^2}=\sqrt{80}=4\sqrt{5}$(cm) 　 $\cdots$(iii)

채점 기준	배점
(i) $\overline{AO}$, $\overline{BC}$의 교점을 M이라 할 때, $\overline{BM}$의 길이를 구한 경우	20 %
(ii) $\overline{AM}$의 길이를 구한 경우	50 %
(iii) $\overline{AB}$의 길이를 구한 경우	30 %

0381 답 $\sqrt{5}$

$\overline{AB}=\overline{AC}$이므로 △ABC는 이등변삼각형이고,

꼭짓점 A에서 $\overline{BC}$에 내린 수선은 원의 중심 O

를 지난다.

점 A에서 현 BC에 내린 수선의 발을 H라 하면

$\overline{BH}=\dfrac{1}{2}\overline{BC}=\dfrac{1}{2}\times4=2$

△ABH에서 $\overline{AH}=\sqrt{(2\sqrt{5})^2-2^2}=\sqrt{16}=4$ 　 $\cdots$(i)

이때 △AMO∽△AHB(AA 닮음)이고,

$\overline{AM}=\dfrac{1}{2}\overline{AB}=\dfrac{1}{2}\times2\sqrt{5}=\sqrt{5}$이므로

$\overline{AM}:\overline{AH}=\overline{OM}:\overline{BH}$에서

$\sqrt{5}:4=\overline{OM}:2$

$4\overline{OM}=2\sqrt{5}$　∴ $\overline{OM}=\dfrac{\sqrt{5}}{2}$ 　 $\cdots$(ii)

$\overline{AB}=\overline{AC}$에서 $\overline{ON}=\overline{OM}=\dfrac{\sqrt{5}}{2}$이므로

$\overline{OM}+\overline{ON}=\dfrac{\sqrt{5}}{2}+\dfrac{\sqrt{5}}{2}=\sqrt{5}$ 　 $\cdots$(iii)

채점 기준	배점
(i) 점 A에서 $\overline{BC}$에 내린 수선의 길이를 구한 경우	30 %
(ii) $\overline{OM}$의 길이를 구한 경우	40 %
(iii) $\overline{OM}+\overline{ON}$의 값을 구한 경우	30 %

0382 답 풀이 참조

□ABCD가 원 O에 외접하므로

$\overline{AB}+\overline{CD}=\overline{AD}+\overline{BC}$ 　 $\cdots$㉠ 　 $\cdots$(i)

오른쪽 그림과 같이 원 O의 반지름의 길이를

r라 하면

$\overline{OP}=\overline{OQ}=\overline{OR}=\overline{OS}=r$

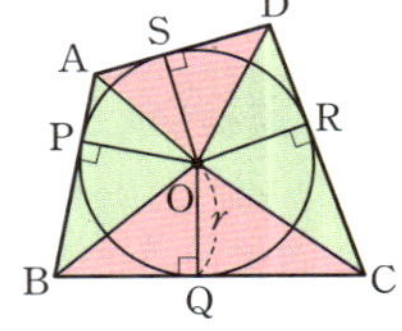

$\therefore$ △OAB+△OCD$=\left(\dfrac{1}{2}\times\overline{AB}\times r\right)+\left(\dfrac{1}{2}\times\overline{CD}\times r\right)$

$\qquad=\dfrac{r}{2}(\overline{AB}+\overline{CD})$

$\qquad=\dfrac{r}{2}(\overline{AD}+\overline{BC})$ ($\because$ ㉠)

$\qquad=\left(\dfrac{1}{2}\times\overline{AD}\times r\right)+\left(\dfrac{1}{2}\times\overline{BC}\times r\right)$

$\qquad=$△ODA+△OBC 　 $\cdots$(ii)

채점 기준	배점
(i) $\overline{AB}+\overline{CD}=\overline{AD}+\overline{BC}$임을 아는 경우	50 %
(ii) △OAB+△OCD=△ODA+△OBC임을 설명한 경우	50 %

0383 답 $3-\sqrt{5}$

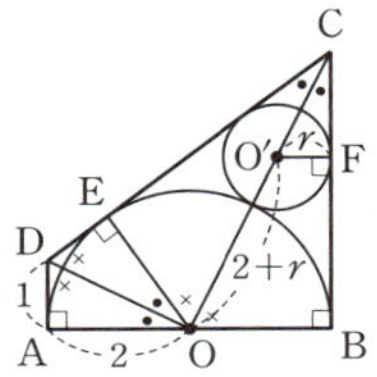

오른쪽 그림과 같이 $\overline{CD}$와 반원 O의 접점을 E,

$\overline{BC}$와 원 O′의 접점을 F라 하자.

△ODA≡△ODE(RHS 합동)이므로

∠AOD=∠EOD이고

∠EOD+∠EDO=90°이다.

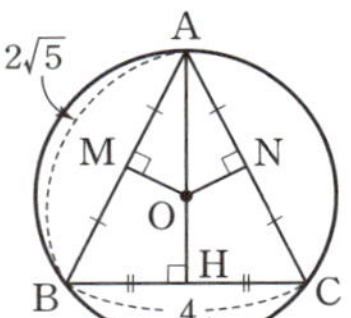

△OCB≡△OCE(RHS 합동)이므로

∠BOC=∠EOC이다.

이때 ∠AOD+∠DOE+∠EOC+∠COB=180°이므로

∠DOE+∠EOC=90° 　 $\cdots$(i)

또 △DAO에서 $\overline{DO}=\sqrt{1^2+2^2}=\sqrt{5}$

△AOD∽△OCD(AA 닮음)이므로 $\overline{AD}:\overline{OD}=\overline{AO}:\overline{OC}$에서

$1:\sqrt{5}=2:\overline{OC}$　∴ $\overline{OC}=2\sqrt{5}$ 　 $\cdots$(ii)

원 O′의 반지름의 길이를 r라 하면

$\overline{OO'}=2+r$이므로 $\overline{CO'}=2\sqrt{5}-2-r$ 　 $\cdots$(iii)

△CO′F∽△COB(AA 닮음)이므로 $\overline{CO'}:\overline{CO}=\overline{O'F}:\overline{OB}$에서

$(2\sqrt{5}-2-r):2\sqrt{5}=r:2$, $(2\sqrt{5}+2)r=4\sqrt{5}-4$

$\therefore r=\dfrac{4\sqrt{5}-4}{2\sqrt{5}+2}=\dfrac{2(\sqrt{5}-1)}{\sqrt{5}+1}=\dfrac{2(\sqrt{5}-1)^2}{(\sqrt{5}+1)(\sqrt{5}-1)}=3-\sqrt{5}$

따라서 원 O′의 반지름의 길이는 $3-\sqrt{5}$이다. 　 $\cdots$(iv)

채점 기준	배점
(i) ∠DOE+∠EOC의 값을 구한 경우	30 %
(ii) $\overline{OC}$의 길이를 구한 경우	20 %
(iii) $\overline{CO'}$의 길이를 원 O′의 반지름의 길이를 이용하여 나타낸 경우	20 %
(iv) 원 O′의 반지름의 길이를 구한 경우	30 %

해설 속 칠판 곱셈 공식을 이용한 분모의 유리화

곱셈공식 $(a+b)(a-b)=a^2-b^2$을 이용하면 분모에 근호가 있는 분수의
분모를 유리화할 수 있다.

예를 들어, $\dfrac{2}{\sqrt{3}+1}$의 분모, 분자에 각각 $\sqrt{3}-1$을 곱하면

$\dfrac{2}{\sqrt{3}+1}=\dfrac{2(\sqrt{3}-1)}{(\sqrt{3}+1)(\sqrt{3}-1)}=\dfrac{2(\sqrt{3}-1)}{(\sqrt{3})^2-1^2}=\sqrt{3}-1$

C : CONCEPT
개념 체크 ________________ 본문 065쪽

0384 답 60°
$\angle x=\dfrac{1}{2}\angle\mathrm{AOB}=\dfrac{1}{2}\times120°=60°$

0385 답 50°
$\angle x=2\angle\mathrm{APB}=2\times25°=50°$

0386 답 28°
$\angle x=\dfrac{1}{2}\angle\mathrm{AOB}=\dfrac{1}{2}\times56°=28°$

0387 답 230°
$\angle x=2\angle\mathrm{APB}=2\times115°=230°$

0388 답 (개) $\angle\mathrm{OPA}$ (내) $\angle\mathrm{OPB}$ (대) $\angle x+\angle y$ (래) $2\angle x$ (매) $2\angle y$

0389 답 35°
$\angle x=\angle\mathrm{APB}=35°$

0390 답 30°
$\angle x=\angle\mathrm{PBQ}=30°$

0391 답 50°
$\angle\mathrm{APB}=90°$이므로
$\angle x=180°-(40°+90°)=50°$

0392 답 25°
$\angle\mathrm{APB}=\angle\mathrm{AQB}=65°$, $\angle\mathrm{PAB}=90°$이므로
$\angle x=180°-(65°+90°)=25°$

0393 답 20
$\overarc{\mathrm{AB}}=\overarc{\mathrm{CD}}$이므로
$\angle\mathrm{APB}=\angle\mathrm{CQD}=20°$ $\therefore x=20$

0394 답 15
$\angle\mathrm{APB}=\angle\mathrm{CPB}=30°$이므로
$\overarc{\mathrm{BC}}=\overarc{\mathrm{AB}}=15$ $\therefore x=15$

0395 답 80
$20:x=4:16$이므로
$4x=320$ $\therefore x=80$

0396 답 14
$\angle\mathrm{BCA}:\angle\mathrm{CAD}=25°:50°=1:2$이므로
$\overarc{\mathrm{AB}}:\overarc{\mathrm{CD}}=1:2$에서
$7:x=1:2$ $\therefore x=14$

0397 답 12°
$\angle x=\angle\mathrm{CAD}=12°$

0398 답 37°
$\angle x=\angle\mathrm{ADB}=37°$

0399 답 70°
$\angle x=\angle\mathrm{ABD}=180°-(45°+65°)=70°$

0400 답 80°
$\angle\mathrm{BAC}=\angle\mathrm{BDC}=23°$이므로 $\angle x=23°+57°=80°$

P : PATTERN
유형 마스터 ________________ 본문 066~074쪽

0401 답 ①
$\triangle\mathrm{OBC}$는 $\overline{\mathrm{OB}}=\overline{\mathrm{OC}}$인 이등변삼각형이므로
$\angle\mathrm{OBC}=\angle\mathrm{OCB}=30°$
$\therefore \angle\mathrm{BOC}=180°-(30°+30°)=120°$
$\therefore \angle x=\dfrac{1}{2}\angle\mathrm{BOC}=\dfrac{1}{2}\times120°=60°$

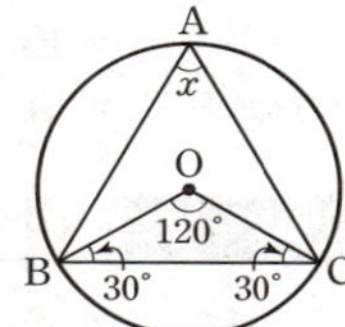

0402 답 $\angle x=70°$, $\angle y=220°$
$\angle y=2\angle\mathrm{BCO}=2\times110°=220°$
$\angle\mathrm{BOD}=360°-220°=140°$이므로
$\angle x=\dfrac{1}{2}\angle\mathrm{BOD}=\dfrac{1}{2}\times140°=70°$

0403 답 ⑤
오른쪽 그림과 같이 $\overline{\mathrm{OP}}$를 그으면 $\triangle\mathrm{OAP}$와
$\triangle\mathrm{OBP}$는 각각 이등변삼각형이므로
$\angle\mathrm{OPA}=\angle\mathrm{OAP}=22°$
$\angle\mathrm{OPB}=\angle\mathrm{OBP}=33°$
$\therefore \angle\mathrm{APB}=22°+33°=55°$
$\therefore \angle x=2\angle\mathrm{APB}=2\times55°=110°$

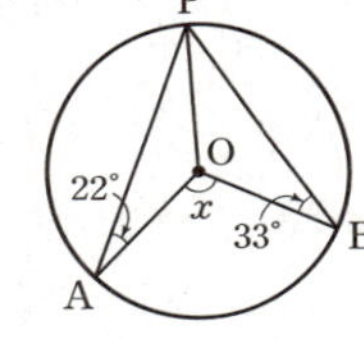

0404 답 ②
오른쪽 그림과 같이 $\overline{\mathrm{OB}}$를 그으면
$\angle x=\angle\mathrm{AOB}+\angle\mathrm{BOC}$
$\quad=2\angle\mathrm{AEB}+2\angle\mathrm{BDC}$
$\quad=2\times30°+2\times20°$
$\quad=60°+40°=100°$

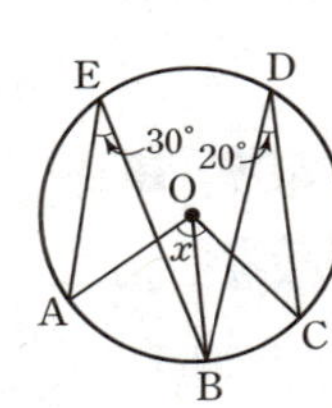

0405 답 90°
원 모양의 대관람차에 10개의 칸이 일정한 간격으로 매달려
있으므로 이웃한 두 칸과 원의 중심이 이루는 각의 크기는
$\dfrac{360°}{10}=36°$
이때 $\angle x$는 중심각의 크기가 $36°\times2=72°$인 호에 대한 원주각이므로
$\angle x=\dfrac{1}{2}\times72°=36°$
$\angle y$는 중심각의 크기가 $36°\times3=108°$인 호에 대한 원주각이므로
$\angle y=\dfrac{1}{2}\times108°=54°$
$\therefore \angle x+\angle y=36°+54°=90°$

0406 답 ①

$\overset{\frown}{ADC}$에 대한 중심각의 크기는

$360^\circ-140^\circ=220^\circ$이므로

$\angle ABC=\frac{1}{2}\times 220^\circ=110^\circ$

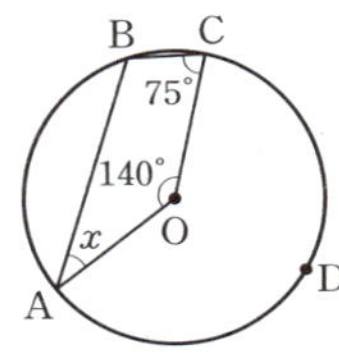

따라서 □AOCB에서

$\angle x=360^\circ-(140^\circ+75^\circ+110^\circ)=35^\circ$

0407 답 $9\sqrt{3}\,\mathrm{cm}^2$

$\angle BOC=2\angle BAC=2\times 60^\circ=120^\circ$ … (i)

$\therefore \triangle OBC=\frac{1}{2}\times 6\times 6\times \sin(180^\circ-120^\circ)$

$=\frac{1}{2}\times 6\times 6\times \frac{\sqrt{3}}{2}=9\sqrt{3}(\mathrm{cm}^2)$ … (ii)

채점 기준	배점
(i) ∠BOC의 크기를 구한 경우	50 %
(ii) △OBC의 넓이를 구한 경우	50 %

해설 속 칠판 삼각비를 이용한 삼각형의 넓이

△ABC에서 두 변의 길이 a, c와 그 끼인각 ∠B를 알 때, 넓이 S는

(1) ∠B가 예각인 경우: $S=\frac{1}{2}ac\sin B$

(2) ∠B가 둔각인 경우: $S=\frac{1}{2}ac\sin(180^\circ-B)$

0408 답 55°

오른쪽 그림과 같이 $\overline{BC}$를 그으면

$\angle BCD=\frac{1}{2}\angle BOD=\frac{1}{2}\times 150^\circ=75^\circ$,

$\angle ABC=\frac{1}{2}\angle AOC=\frac{1}{2}\times 40^\circ=20^\circ$

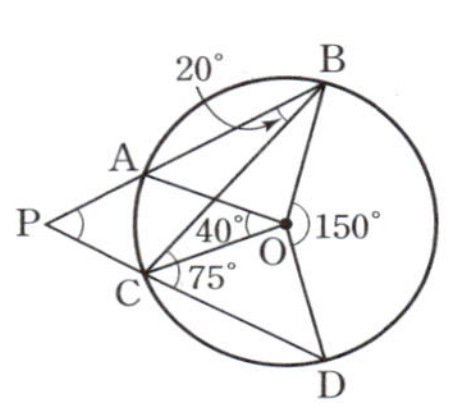

따라서 △PCB에서

$\angle APC+20^\circ=75^\circ \quad \therefore \angle APC=55^\circ$

해설 속 칠판 삼각형의 내각과 외각의 관계

삼각형의 한 외각의 크기는 그와 이웃하지 않는 두 내각의 크기의 합과 같다.

0409 답 ④

新 유형

접근하기	시를 나타내는 이웃한 두 숫자와 원의 중심이 이루는 각의 크기를 구한 후, 원주각과 중심각의 크기의 관계를 이용한다.

시계가 2시 30분을 나타내므로 시침은 2와 3의 한가운데에 있다.

시를 나타내는 이웃한 숫자와 원의 중심이 이루는 각의 크기는

$\frac{360^\circ}{12}=30^\circ$이므로 2시 30분을 나타내는 시침과 분침이 이루는 각의 크기는 $30^\circ\times\frac{1}{2}+30^\circ\times 3=105^\circ$

$\therefore \angle APB=\frac{1}{2}\times 105^\circ=52.5^\circ$

다른 풀이

12를 가리키는 방향을 기준으로 2시 30분을 나타낼 때까지 분침이 이동한 각의 크기는 $30\times 6^\circ=180^\circ$

시침이 이동한 각의 크기는 $2\times 30^\circ+30\times 0.5^\circ=75^\circ$

따라서 오른쪽 그림과 같이 원 모양의 시계의 중심을 O라 하면

$\angle AOB=180^\circ-75^\circ=105^\circ$

$\therefore \angle APB=\frac{1}{2}\times 105^\circ=52.5^\circ$

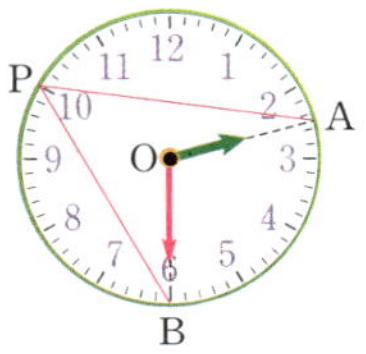

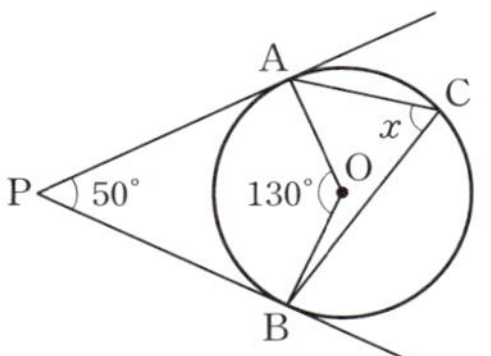

0410 답 ③

오른쪽 그림과 같이 $\overline{OA}$, $\overline{OB}$를 그으면

$\angle APB+\angle AOB=180^\circ$이므로

$\angle AOB=180^\circ-50^\circ=130^\circ$

$\therefore \angle x=\frac{1}{2}\angle AOB=\frac{1}{2}\times 130^\circ=65^\circ$

0411 답 124°

오른쪽 그림과 같이 $\overline{OA}$, $\overline{OB}$를 그으면

$\angle APB+\angle AOB=180^\circ$이므로

$\angle AOB=180^\circ-68^\circ=112^\circ$

이때 $\overset{\frown}{ADB}$의 중심각의 크기는

$360^\circ-112^\circ=248^\circ$이므로

$\angle x=\frac{1}{2}\times 248^\circ=124^\circ$

0412 답 68°

오른쪽 그림과 같이 $\overline{OA}$, $\overline{OB}$를 그으면

$\angle AOB=2\angle ACB=2\times 56^\circ=112^\circ$

$\angle APB+\angle AOB=180^\circ$이므로

$\angle x+112^\circ=180^\circ \quad \therefore \angle x=68^\circ$

0413 답 63°

오른쪽 그림과 같이 $\overline{OA}$, $\overline{OB}$를 그으면

$\angle APB+\angle AOB=180^\circ$이므로

$\angle AOB=180^\circ-72^\circ=108^\circ$ … (i)

$\angle ACB=\frac{1}{2}\angle AOB=\frac{1}{2}\times 108^\circ=54^\circ$ … (ii)

△ACB는 $\overline{CA}=\overline{CB}$인 이등변삼각형이므로

$\angle x=\frac{1}{2}\times(180^\circ-54^\circ)=63^\circ$ … (iii)

채점 기준	배점
(i) ∠AOB의 크기를 구한 경우	30 %
(ii) ∠ACB의 크기를 구한 경우	30 %
(iii) ∠x의 크기를 구한 경우	40 %

0414 답 ①

오른쪽 그림과 같이 $\overline{OB}$를 그으면

$\angle BOC=2\angle BQC=2\times 15^\circ=30^\circ$

따라서 $\angle AOB=100^\circ-30^\circ=70^\circ$이므로

$\angle x=\frac{1}{2}\angle AOB=\frac{1}{2}\times 70^\circ=35^\circ$

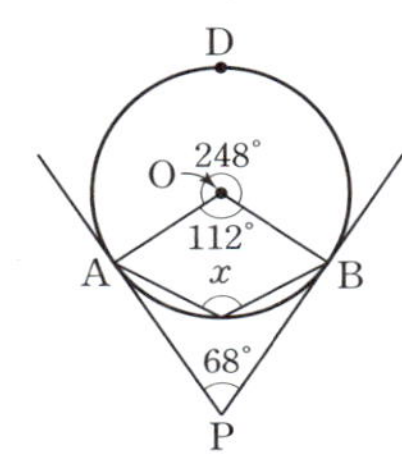

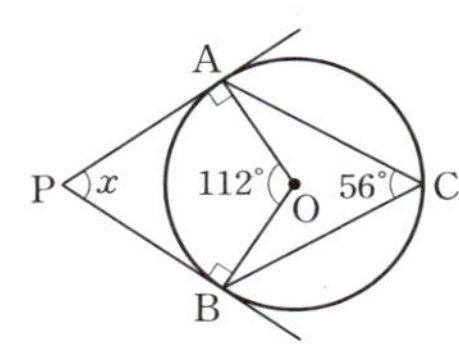

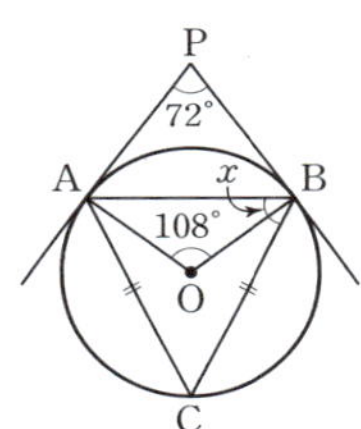

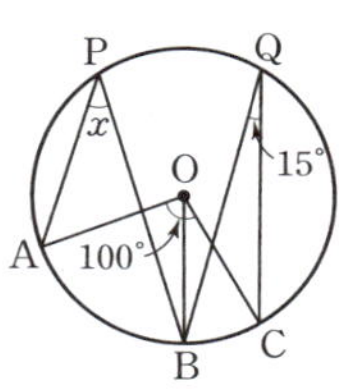

0415 답 ②

오른쪽 그림과 같이 $\overline{OB}$를 긋고,

$\angle APB=\angle a$, $\angle BQC=\angle b$라 하면

$\angle AOB=2\angle a$, $\angle BOC=2\angle b$이므로

$2\angle a+2\angle b=130^\circ \quad \therefore \angle a+\angle b=65^\circ$

$\therefore \angle APB+\angle BQC=\angle a+\angle b=65^\circ$

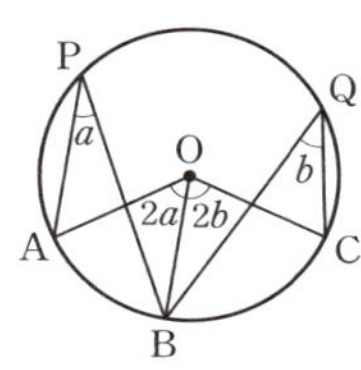

0416 답 $10°$

$\angle x = \angle DBC = 30°$

$\triangle PBC$에서 $30° + \angle y = 70°$이므로 $\angle y = 40°$

$\therefore \angle y - \angle x = 40° - 30° = 10°$

0417 답 ④

오른쪽 그림과 같이 $\overline{OA}$를 그으면

$\angle AOB = 2\angle APB = 2 \times 45° = 90°$,

$\angle AOC = 2\angle AQC = 2 \times 80° = 160°$

$\therefore \angle BOC = \angle AOC - \angle AOB$
$= 160° - 90° = 70°$

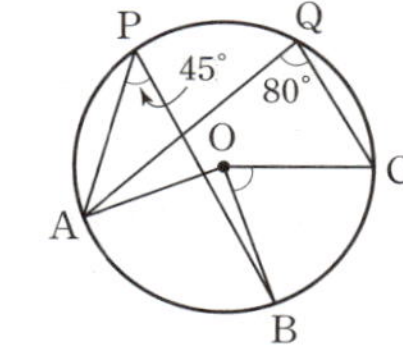

0418 답 (1) $55°$ (2) $80°$

(1) $\angle ABC = \angle ADC = 25°$

따라서 $\triangle PCB$에서

$\angle BCD = 30° + 25° = 55°$

(2) $\triangle ECD$에서

$\angle x = 55° + 25° = 80°$

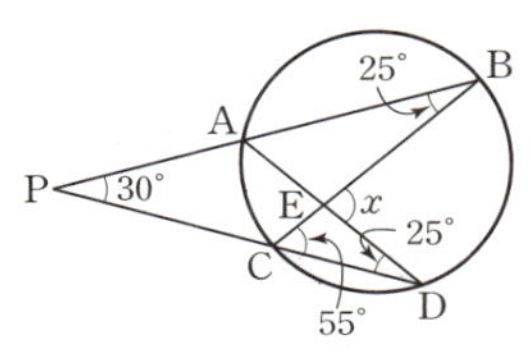

0419 답 $28°$

$\angle ABC = \angle ADC = 62°$

$\overline{AB}$는 원 O의 지름이므로 $\angle ACB = 90°$

따라서 $\triangle ABC$에서

$\angle x = 180° - (90° + 62°) = 28°$

0420 답 $35°$

$\angle BDC = \angle BAC = 55°$

$\overline{BD}$는 원 O의 지름이므로 $\angle BCD = 90°$

따라서 $\triangle BCD$에서

$\angle DBC = 180° - (55° + 90°) = 35°$

0421 답 ③

$\overline{AB}$는 원 O의 지름이므로 $\angle ACB = 90°$

$\therefore \angle OCB = 90° - 65° = 25°$

$\triangle OCB$는 $\overline{OC} = \overline{OB}$인 이등변삼각형이므로

$\angle x = \angle OCB = 25°$

0422 답 ③

오른쪽 그림과 같이 $\overline{AE}$를 그으면

$\angle AED = \angle ACD = 35°$

$\overline{AB}$는 원 O의 지름이므로

$\angle AEB = 90°$

$\therefore \angle x = 90° - 35° = 55°$

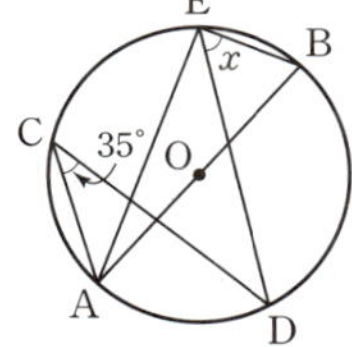
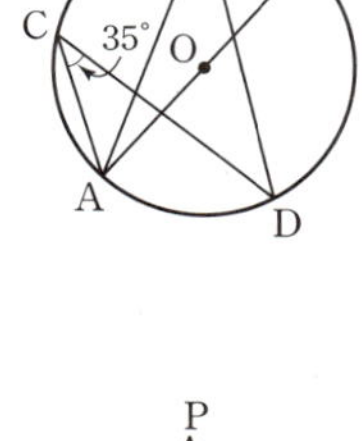
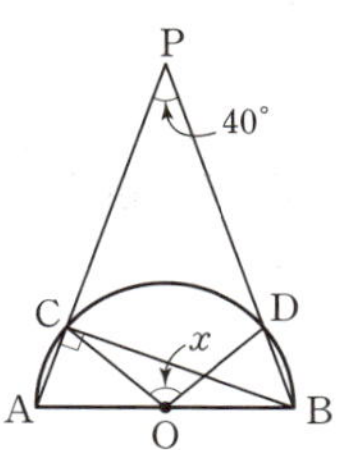

0423 답 ④

오른쪽 그림과 같이 $\overline{BC}$를 그으면

$\overline{AB}$는 반원 O의 지름이므로 $\angle ACB = 90°$

$\triangle PCB$에서

$\angle PBC = 180° - (40° + 90°) = 50°$

$\therefore \angle x = 2\angle CBD = 2 \times 50° = 100°$

0424 답 12개

접근하기 : 원의 지름을 한 변으로 하는 삼각형은 직각삼각형이므로 직각삼각형을 만들기 위한 원의 지름을 먼저 정한 후 나머지 한 점을 정해 본다.

마주 보는 두 점을 연결하면 원의 지름이다.

오른쪽 그림과 같이 지름의 양 끝 점과 그 두 점을 제외한 나머지 네 점 중 하나를 연결하면 직각삼각형이 된다.

이때 서로 다른 지름을 3개 만들 수 있고, 한 지름에 대하여 직각삼각형을 4개씩 만들 수 있으므로 구하는 직각삼각형의 개수는 $3 \times 4 = 12$(개)

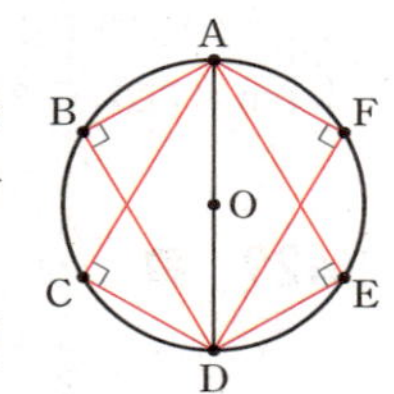

0425 답 9

오른쪽 그림과 같이 $\overline{CO}$의 연장선을 그어 원과 만나는 점을 A′이라 하고, $\overline{A'B}$를 그으면

$\angle BA'C = \angle BAC$

$\triangle A'BC$는 $\angle B = 90°$인 직각삼각형이므로

$\tan A = \tan A' = \dfrac{6\sqrt{2}}{\overline{A'B}} = 2\sqrt{2}$

$2\sqrt{2}\,\overline{A'B} = 6\sqrt{2}$ $\quad \therefore \overline{A'B} = 3$

$\therefore \overline{A'C} = \sqrt{3^2 + (6\sqrt{2})^2} = \sqrt{81} = 9$

따라서 원 O의 지름의 길이는 9이다.

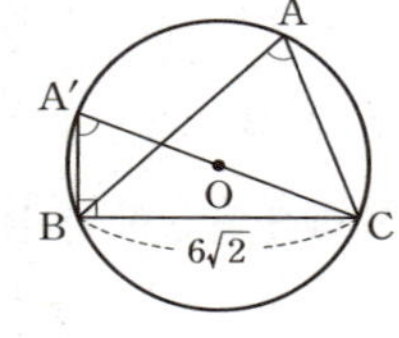

0426 답 ③

오른쪽 그림과 같이 $\overline{BO}$의 연장선을 그어 원과 만나는 점을 A′이라 하고, $\overline{A'C}$를 그으면

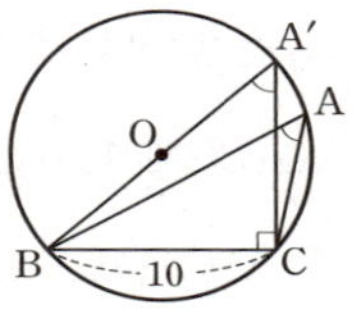

$\angle BA'C = \angle BAC$

$\triangle A'BC$는 $\angle C = 90°$인 직각삼각형이므로

$\sin A = \sin A' = \dfrac{10}{\overline{A'B}} = \dfrac{5}{13}$

$5\overline{A'B} = 130$ $\quad \therefore \overline{A'B} = 26$

따라서 원 O의 반지름의 길이는 $\dfrac{26}{2} = 13$이므로 둘레의 길이는

$2\pi \times 13 = 26\pi$

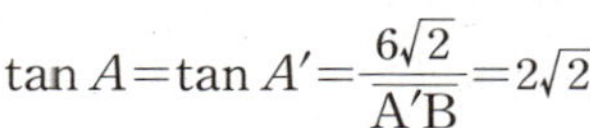

0427 답 $\dfrac{4}{5}$

오른쪽 그림과 같이 $\overline{BO}$의 연장선을 그어 원과 만나는 점을 A′이라 하고, $\overline{A'C}$를 그으면

$\angle BA'C = \angle BAC$

따라서 $\triangle A'BC$는 $\angle C = 90°$이고, 빗변의 길이가 $5 + 5 = 10$인 직각삼각형이므로

$\overline{A'C} = \sqrt{10^2 - 6^2} = \sqrt{64} = 8$ $\quad \therefore \cos A = \cos A' = \dfrac{8}{10} = \dfrac{4}{5}$

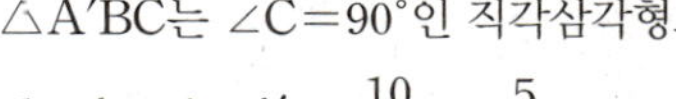
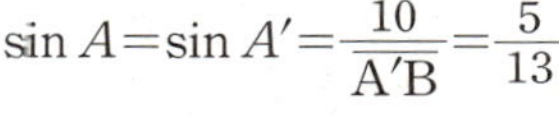
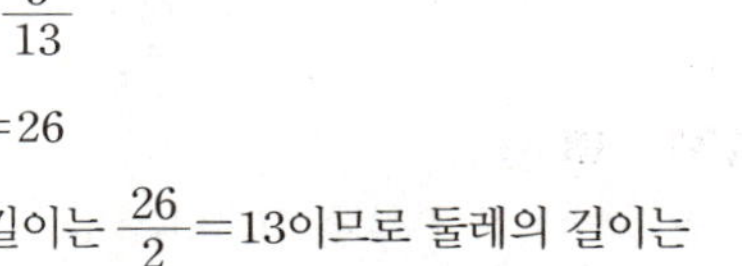

0428 답 $\dfrac{15}{8}$

오른쪽 그림과 같이 $\overline{PB}$를 그으면

$\overline{AB}$는 반원 O의 지름이므로

$\angle APB = 90°$ $\quad \cdots$ (i)

$\therefore \angle PBQ = 90° - \angle BPQ = \angle x$

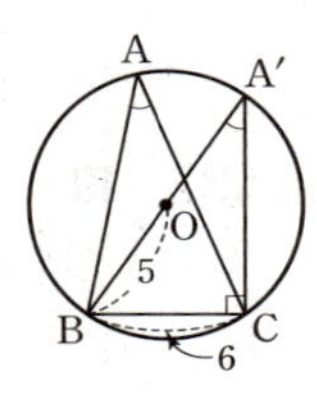
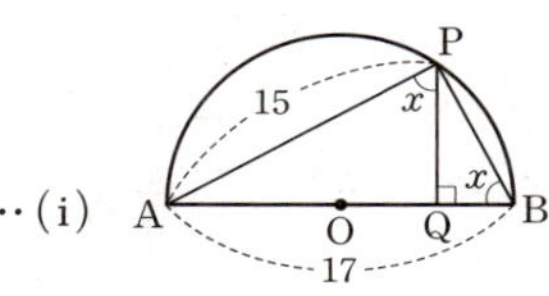

또 △ABP에서 $\overline{BP}=\sqrt{17^2-15^2}=\sqrt{64}=8$이므로　…… (ii)

$\tan x=\dfrac{\overline{AP}}{\overline{BP}}=\dfrac{15}{8}$　…… (iii)

채점 기준	배점
(i) ∠APB의 크기를 구한 경우	20 %
(ii) $\overline{BP}$의 길이를 구한 경우	40 %
(iii) $\tan x$의 값을 구한 경우	40 %

0429　답 $\dfrac{81}{2}\pi$

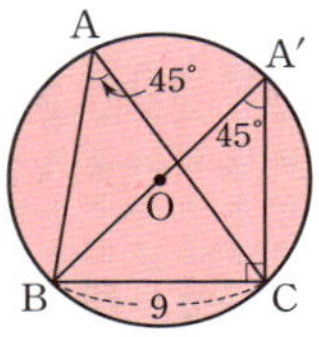

오른쪽 그림과 같이 $\overline{BO}$의 연장선을 그어 원과 만
나는 점을 A′이라 하고, $\overline{A'C}$를 그으면

$\angle BA'C=\angle BAC=45°$

△A′BC는 ∠C=90°인 직각삼각형이므로

$\sin45°=\dfrac{9}{\overline{A'B}}=\dfrac{\sqrt{2}}{2}$

$\sqrt{2}\,\overline{A'B}=18$　∴ $\overline{A'B}=9\sqrt{2}$

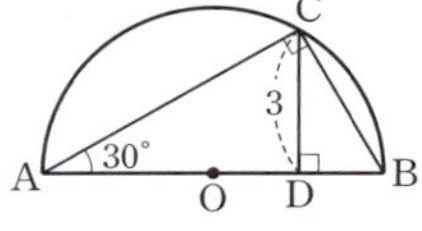

따라서 원 O의 반지름의 길이는 $\dfrac{9\sqrt{2}}{2}$이므로 넓이는

$\pi\times\left(\dfrac{9\sqrt{2}}{2}\right)^2=\dfrac{81}{2}\pi$

0430　답 ③

오른쪽 그림과 같이 $\overline{BC}$를 그으면

△ADC에서 $\sin30°=\dfrac{3}{\overline{AC}}=\dfrac{1}{2}$이므로

$\overline{AC}=6$

$\overline{AB}$는 반원 O의 지름이므로 ∠ACB=90°

△ABC에서 $\cos30°=\dfrac{6}{\overline{AB}}=\dfrac{\sqrt{3}}{2}$이므로

$\sqrt{3}\,\overline{AB}=12$　∴ $\overline{AB}=4\sqrt{3}$

따라서 반원 O의 지름의 길이는 $4\sqrt{3}$이다.

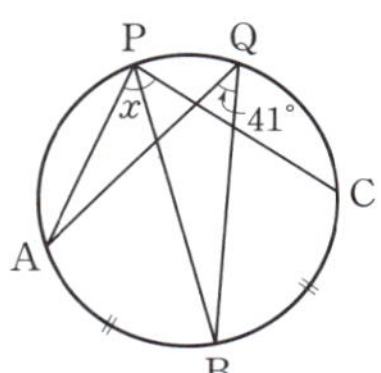

0431　답 82°

오른쪽 그림과 같이 $\overline{PB}$를 그으면

$\angle APB=\angle AQB=41°$

$\widehat{AB}=\widehat{BC}$이므로

$\angle BPC=\angle APB=41°$

∴ $\angle x=41°+41°=82°$

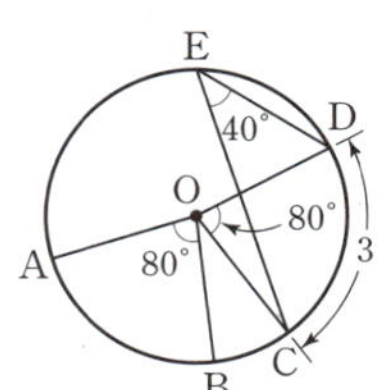

0432　답 ③

$\widehat{AB}=\widehat{CD}$이므로 ∠CBD=∠ACB=37°

따라서 △PBC에서

$\angle x=37°+37°=74°$

0433　답 3

오른쪽 그림과 같이 $\overline{OC}$, $\overline{OD}$를 그으면

$\angle COD=2\angle CED=2\times40°=80°$

한 원에서 중심각의 크기가 같은 호의 길이는
같으므로 $\widehat{AB}=\widehat{CD}=3$

0434　답 25°

오른쪽 그림과 같이 $\overline{OB}$를 그으면

$\angle BOD=2\angle BED=2\times60°=120°$

$\angle BOC=120°-70°=50°$

∴ $\angle x=\dfrac{1}{2}\angle BOC=\dfrac{1}{2}\times50°=25°$

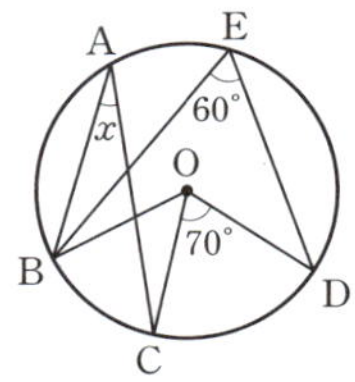

0435　답 7 cm

$\angle EFQ=180°-120°=60°$

$\angle QEF=\angle PED=100°$ (맞꼭지각)

△QFE에서

$\angle EQF=180°-(100°+60°)=20°$

한 원에서 원주각의 크기가 같은 두 호의 길이는
같으므로

$\widehat{CD}=\widehat{AB}=7$ cm

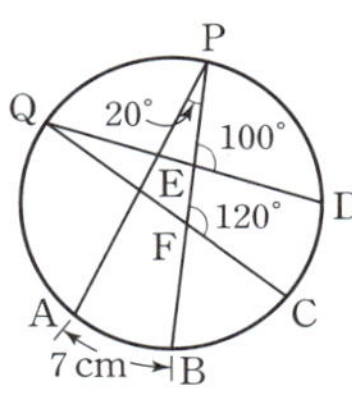

0436　답 ①

新 유형

> **접근하기**　$\overline{OC}$, $\overline{OD}$, $\overline{OE}$, $\overline{OF}$를 그은 후, 원주각의 크기와 호의 길이의 관계를 이용한다.

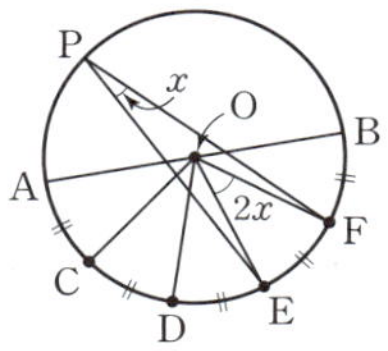

오른쪽 그림과 같이 $\overline{OC}$, $\overline{OD}$, $\overline{OE}$, $\overline{OF}$를
그으면

$\angle EOF=2\angle EPF=2\angle x$

한 원에서 호의 길이가 같은 두 중심각의 크기
는 같으므로

$\angle AOC=\angle COD=\angle DOE$
$\qquad=\angle EOF=\angle FOB=2\angle x$

따라서 $2\angle x\times5=180°$이므로

$10\angle x=180°$　∴ $\angle x=18°$

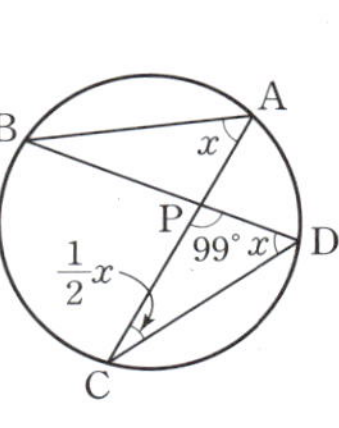

0437　답 ④

△PAB에서 $42°+\angle PBA=63°$　∴ ∠PBA=21°

한 원에서 호의 길이는 원주각의 크기에 정비례하므로

$\widehat{AD}:\widehat{BC}=21°:42°$에서 $\widehat{AD}:10=1:2$

$2\widehat{AD}:10$　∴ $\widehat{AD}=5$

0438　답 54°

$\angle BDC=\angle BAC=\angle x$

한 원에서 호의 길이는 원주각의 크기에 정비례
하므로 $\widehat{BC}=2\widehat{AD}$에서

$\angle ACD=\dfrac{1}{2}\angle BAC=\dfrac{1}{2}\angle x$

따라서 △PCD에서 $\dfrac{1}{2}\angle x+\angle x+99°=180°$이므로

$\dfrac{3}{2}\angle x=81°$　∴ $\angle x=54°$

0439　답 60°

$\widehat{AC}:\widehat{BC}=\angle APC:\angle BQC$이므로

$(6+3):3=\angle x:20°$

$3:1=\angle x:20°$　∴ $\angle x=60°$

0440 답 ②

오른쪽 그림과 같이 $\overline{BC}$를 그으면

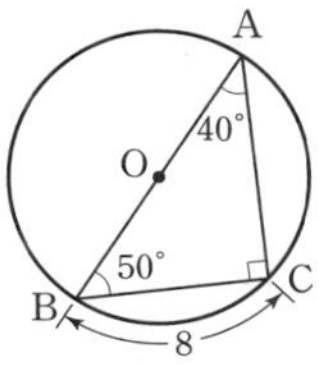

$\overline{AB}$는 원 O의 지름이므로

$\angle ACB=90°$

$\therefore \angle ABC=180°-(40°+90°)=50°$

한 원에서 호의 길이는 원주각의 크기에 정비례하

므로

$\overparen{AC}:\overparen{BC}=50°:40°$에서

$\overparen{AC}:8=5:4$

$4\overparen{AC}=40$ $\therefore \overparen{AC}=10$

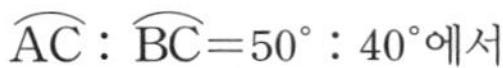

0441 답 ①

$\overline{OD}=\overline{OE}$이므로 $\overline{AB}=\overline{AC}$

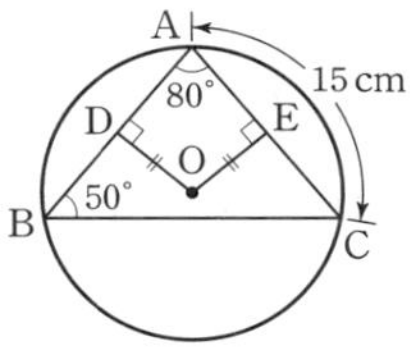

즉, $\triangle ABC$에서 $\angle C=\angle B=50°$이므로

$\angle A=180°-(50°+50°)=80°$

한 원에서 호의 길이는 원주각의 크기에 정비례

하므로

$\overparen{AC}:\overparen{BC}=50°:80°$에서

$15:\overparen{BC}=5:8$

$5\overparen{BC}=120$ $\therefore \overparen{BC}=24(\text{cm})$

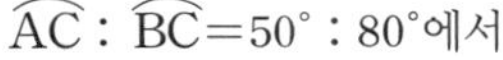

0442 답 24

오른쪽 그림과 같이 $\overline{AD}$를 긋고,

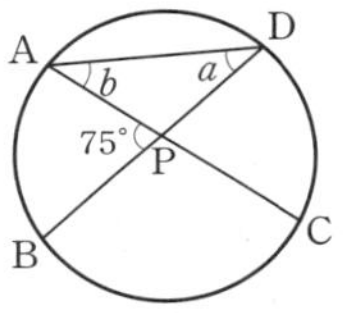

$\angle ADB=\angle a$, $\angle CAD=\angle b$라 하자.

$\triangle PAD$에서 $\angle a+\angle b=75°$ $\cdots$ (i)

원의 둘레를 이루는 모든 호에 대한 원주각의 크

기의 합은 $180°$이므로 원의 둘레의 길이를 x라 하면

$(\overparen{AB}+\overparen{CD}):x=75°:180°$에서 $\cdots$ (ii)

$10:x=5:12$

$5x=120$ $\therefore x=24$

따라서 원의 둘레의 길이는 24이다. $\cdots$ (iii)

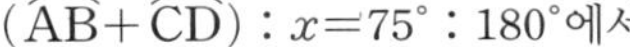

채점 기준	배점
(i) $\overparen{AB}$에 대한 원주각과 $\overparen{CD}$에 대한 원주각의 크기의 합을 구한 경우	40 %
(ii) 원의 둘레의 길이를 구하는 식을 세운 경우	40 %
(iii) 원의 둘레의 길이를 구한 경우	20 %

0443 답 ①

$\overparen{AB}:\overparen{BC}:\overparen{CA}=1:3:5$이므로

$\overparen{AB}$의 길이는 원주의 $\dfrac{1}{1+3+5}=\dfrac{1}{9}$이다.

$\therefore \angle x=\dfrac{1}{9}\times180°=20°$

0444 답 72°

$\overparen{AB}:\overparen{BC}:\overparen{CD}:\overparen{DA}=3:3:4:5$이므로

$\overparen{AC}$의 길이는 원주의 $\dfrac{3+3}{3+3+4+5}=\dfrac{2}{5}$이다.

$\therefore \angle x=\dfrac{2}{5}\times180°=72°$

0445 답 105°

$\overparen{AB}$의 길이는 원주의 $\dfrac{1}{6}$이므로

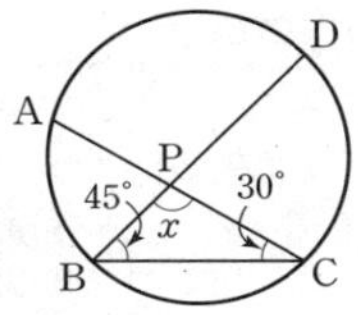

$\angle ACB=\dfrac{1}{6}\times180°=30°$ $\cdots$ (i)

$\overparen{CD}$의 길이는 원주의 $\dfrac{1}{4}$이므로

$\angle CBD=\dfrac{1}{4}\times180°=45°$ $\cdots$ (ii)

따라서 $\triangle PBC$에서 $\angle x=180°-(30°+45°)=105°$ $\cdots$ (iii)

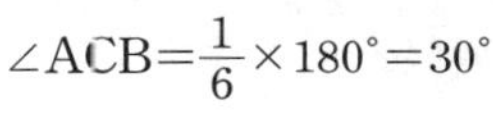
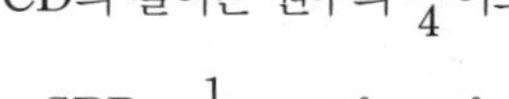

채점 기준	배점
(i) $\angle ACB$의 크기를 구한 경우	40 %
(ii) $\angle CBD$의 크기를 구한 경우	40 %
(iii) $\angle x$의 크기를 구한 경우	20 %

0446 답 12 cm

$\triangle ADP$에서 $30°+\angle DAP=75°$ $\therefore \angle DAP=45°$

원의 둘레의 길이를 l cm라 하면 $\overparen{BD}=3$ cm이므로

$3:l=45°:180°$에서

$3:l=1:4$ $\therefore l=12$

따라서 원의 둘레의 길이는 12 cm이다.

0447 답 ②

오른쪽 그림과 같이 $\overline{BC}$를 긋자.

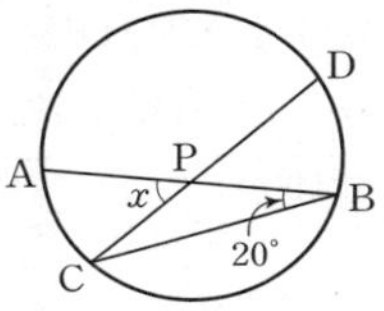

$\overparen{AC}$의 길이는 원주의 $\dfrac{1}{9}$이므로

$\angle ABC=\dfrac{1}{9}\times180°=20°$

$\overparen{AC}:\overparen{BD}=4:5$이므로

$\angle ABC:\angle BCD=4:5$에서

$20°:\angle BCD=4:5$, $4\angle BCD=100°$ $\therefore \angle BCD=25°$

따라서 $\triangle PCB$에서 $\angle x=20°+25°=45°$

0448 답 ②

오른쪽 그림과 같이 $\overline{BC}$를 긋자.

$\triangle BCP$에서 $\angle ABC+\angle BCD=30°$

즉, $\overparen{AC}$와 $\overparen{BD}$에 대한 원주각의 크기의 합이

$30°$이므로 $\overparen{AC}+\overparen{BD}$의 값은 원주의

$\dfrac{30°}{180°}=\dfrac{1}{6}$이다.

$\therefore \overparen{AC}+\overparen{BD}=\dfrac{1}{6}\times(2\pi\times12)=4\pi(\text{cm})$

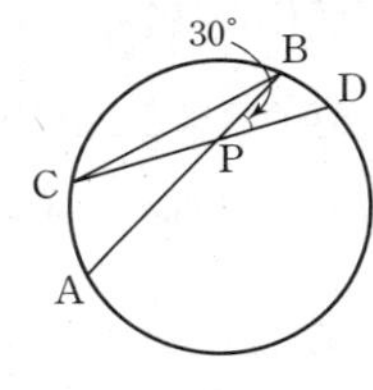

0449 답 ①, ③

① $\angle BAC=\angle BDC$이므로 네 점 A, B, C, D는 한 원 위에 있다.

③ $90°=\angle BDC+50°$이므로 $\angle BDC=40°$

즉, $\angle BAC=\angle BDC$이므로 네 점 A, B, C, D는 한 원 위에 있다.

0450 답 110°

네 점 A, B, C, D가 한 원 위에 있으므로

$\angle BAC=\angle BDC=70°$

$\therefore \angle x=180°-70°=110°$

0451 답 E

| 접근하기 | 건물의 양 끝 지점과 학생 C가 서 있는 지점을 지나는 원을 생각할 때, 한 원에서 길이가 같은 호에 대한 원주각의 크기가 같음을 이용한다. |

학생 C가 건물의 양 끝을 바라본 각의 크기는 $39°$이다.
건물의 양 끝과 학생 C가 서 있는 지점을 지나는 원을 그릴 때, 그 원 위에 있는 학생은 건물의 양 끝을 바라본 각의 크기가 $39°$이어야 한다.
따라서 구하는 학생은 E이다.

0452 답 ②

네 점 A, B, C, D가 한 원 위에 있으므로
$\angle CBD = \angle CAD = \angle x$
따라서 △PBC에서
$40° + \angle x = 80°$ ∴ $\angle x = 40°$

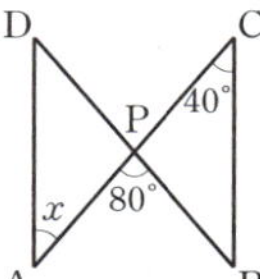

0453 답 6

네 점 A, E, C, D가 한 원 위에 있으므로
$\angle BAC = \angle BDE$
△ABC와 △DBE에서
$\angle BAC = \angle BDE$, $\angle B$는 공통
∴ △ABC ∽ △DBE (AA 닮음)
따라서 $\overline{AB} : \overline{DB} = \overline{BC} : \overline{BE}$이므로
$18 : 12 = \overline{BC} : 4$에서
$12\overline{BC} = 72$ ∴ $\overline{BC} = 6$

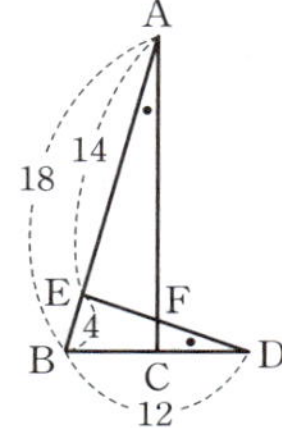

REAL
실전 업

본문 075~078쪽

0454 답 ③

$\angle ACB = \dfrac{1}{2} \angle AOB = \dfrac{1}{2} \times 40° = 20°$
따라서 △PBC에서 $\angle APB = 50° + 20° = 70°$

0455 답 ⑤

❶ 원주각과 중심각의 크기를 이용하기 위한 그림을 나타내어 본다.
❷ 삼각비를 이용하여 공연장의 반지름의 길이를 구한다.
❸ 공연장의 지름의 길이를 구한다.

오른쪽 그림과 같이 원 모양의 공연장의 중심을 O, 무대 양 끝을 A, B라 하고, $\overline{OA}$, $\overline{OB}$를 그으면
$\angle AOB = 2 \angle APB = 2 \times 45° = 90°$
△OAB에서 $\overline{OA} = \overline{OB}$이므로
$\angle OAB = \angle OBA = \dfrac{1}{2} \times (180° - 90°) = 45°$

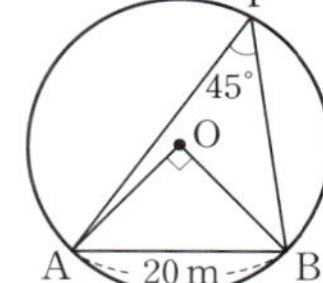

즉, $\cos 45° = \dfrac{\overline{OA}}{20} = \dfrac{\sqrt{2}}{2}$이므로 $2\overline{OA} = 20\sqrt{2}$ ∴ $\overline{OA} = 10\sqrt{2}$(m)
따라서 공연장의 지름의 길이는 $10\sqrt{2} \times 2 = 20\sqrt{2}$(m)

0456 답 ②

□APBO에서
$\angle APB + \angle AOB = 180°$이므로
$\angle AOB = 180° - 44° = 136°$
오른쪽 그림과 같이 $\overline{OC}$를 그으면
△OCA와 △OCB는 이등변삼각형이므로
$\angle OCA = \angle OAC = \angle x$,
$\angle OCB = \angle OBC = \angle y$
이때 $\angle ACB = \dfrac{1}{2} \angle AOB = \dfrac{1}{2} \times 136° = 68°$이므로
$\angle x + \angle y = \angle ACB = 68°$

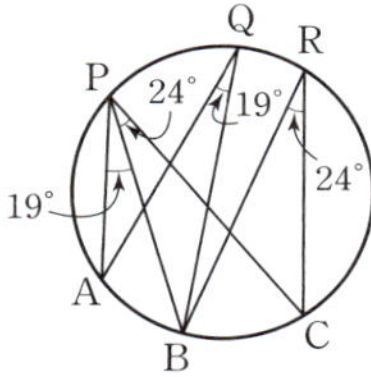

0457 답 ①

오른쪽 그림과 같이 $\overline{PB}$를 그으면
$\angle APB = \angle AQB = 19°$,
$\angle BPC = \angle BRC = 24°$
∴ $\angle x = 19° + 24° = 43°$

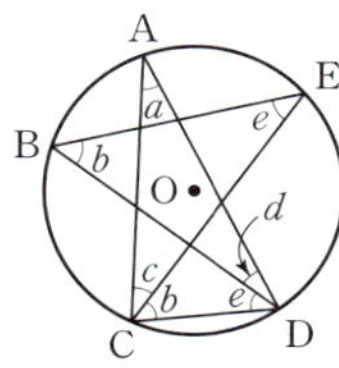

0458 답 ④

오른쪽 그림과 같이 $\overline{CD}$를 그으면
$\angle BDC = \angle BEC = \angle e$,
$\angle ECD = \angle EBD = \angle b$
따라서 △ACD에서
$\angle a + \angle b + \angle c + \angle d + \angle e = 180°$

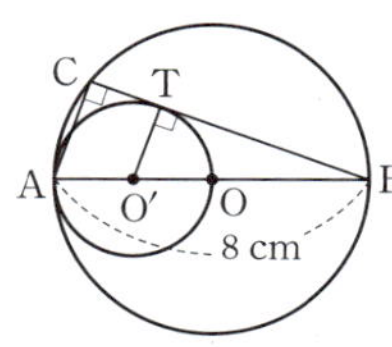

0459 답 ⑤

$\overline{OA} = \overline{OD}$이므로
$\angle DAO = \angle ADO = 43°$
$\overline{BD}$는 원 O의 지름이므로
$\angle DAB = 90°$
∴ $\angle x = 90° - 43° = 47°$

0460 답 $\dfrac{16\sqrt{2}}{3}$ cm

오른쪽 그림과 같이 $\overline{AC}$, $\overline{O'T}$를 그으면
원 O′의 지름의 길이는 원 O의 반지름의 길이와 같으므로
$\overline{AO} = \dfrac{8}{2} = 4$(cm)
∴ $\overline{BO'} = 8 - 2 = 6$(cm)
$\angle BTO' = 90°$이므로 △BTO′에서
$\overline{BT} = \sqrt{6^2 - 2^2} = \sqrt{32} = 4\sqrt{2}$(cm)
$\overline{AB}$는 원 O의 지름이므로 $\angle ACB = 90°$
△BCA와 △BTO′에서
$\angle BCA = \angle BTO' = 90°$, $\angle OBT$는 공통이므로
△BCA ∽ △BTO′ (AA 닮음)
따라서 $\overline{BA} : \overline{BO'} = \overline{BC} : \overline{BT}$이므로
$8 : 6 = \overline{BC} : 4\sqrt{2}$에서
$6\overline{BC} = 32\sqrt{2}$ ∴ $\overline{BC} = \dfrac{16\sqrt{2}}{3}$(cm)

0461 답 $\dfrac{9}{2}+2\sqrt{3}$

오른쪽 그림과 같이 $\overline{BO}$의 연장선을
그어 원 O와 만나는 점을 A′, $\overline{BO'}$
의 연장선을 그어 원 O′과 만나는 점
을 D′이라 하자.

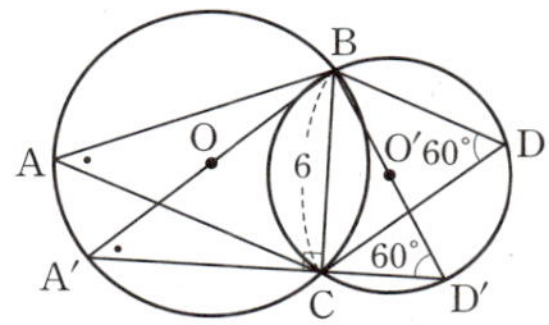

$\overline{A'B}$는 원 O의 지름이므로
$$\angle A'CB=90°$$
$\triangle A'CB$에서 $\sin A=\sin A'=\dfrac{6}{\overline{A'B}}=\dfrac{2}{3}$
$$2\overline{A'B}=18 \quad \therefore \overline{A'B}=9$$
$\overline{D'B}$는 원 O′의 지름이므로 $\angle BCD'=90°$
$\triangle D'BC$에서 $\sin 60°=\dfrac{6}{\overline{D'B}}=\dfrac{\sqrt{3}}{2}$
$$\sqrt{3}\,\overline{D'B}=12 \quad \therefore \overline{D'B}=4\sqrt{3}$$
따라서 두 원 O와 O′의 반지름의 길이는 각각 $\dfrac{9}{2}$, $2\sqrt{3}$이므로 그 합은
$$\dfrac{9}{2}+2\sqrt{3}$$

0462 답 ②

오른쪽 그림과 같이 $\overline{OC}$, $\overline{OD}$, $\overline{OE}$, $\overline{OF}$를
그으면

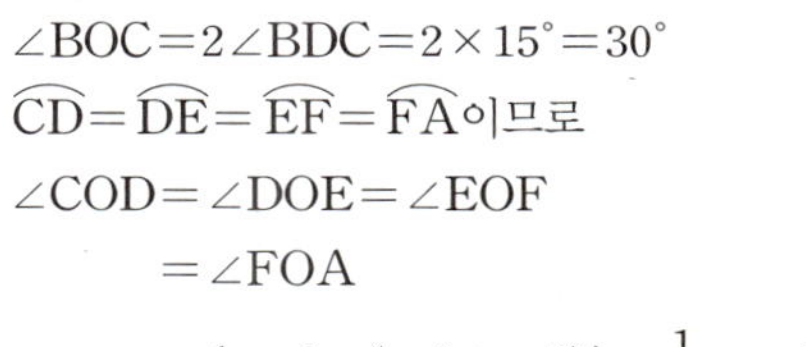

$$\angle BOC=2\angle BDC=2\times 15°=30°$$
$\widehat{CD}=\widehat{DE}=\widehat{EF}=\widehat{FA}$이므로
$$\begin{aligned}
\angle COD&=\angle DOE=\angle EOF\\
&=\angle FOA\\
&=\{360°-(70°+30°)\}\times\dfrac{1}{4}=65°
\end{aligned}$$
$$\therefore \angle x=\dfrac{1}{2}\angle DOE=\dfrac{1}{2}\times 65°=32.5°$$

다른 풀이

한 원에서 모든 호에 대한 원주각의 크기의 합은 $180°$이므로
$$4\angle x+\dfrac{70°}{2}+15°=180°$$
$$4\angle x=130° \quad \therefore \angle x=32.5°$$

0463 답 6

오른쪽 그림과 같이 $\overline{BC}$를 긋고, $\overline{PC}=x$라 하면

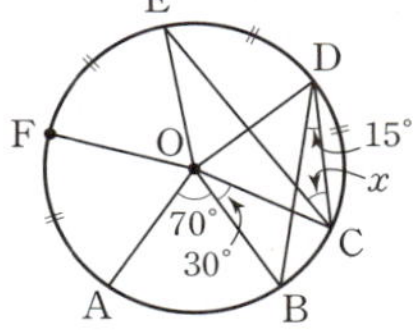

$\widehat{BC}=\widehat{CD}$이므로 $\angle BAC=\angle CAD$
또 $\angle ADB=\angle ACB$
따라서 $\triangle ADP\backsim\triangle ACB$ (AA 닮음)이므로
$\overline{AD}:\overline{AC}=\overline{AP}:\overline{AB}$에서 $8:(6+x)=6:9$
$$36+6x=72,\ 6x=36 \quad \therefore x=6$$
$$\therefore \overline{PC}=6$$

0464 답 ④

오른쪽 그림과 같이 $\overline{OC}$, $\overline{OD}$를 그으면
$$\angle BOC=2\angle BAC=2\times 20°=40°$$

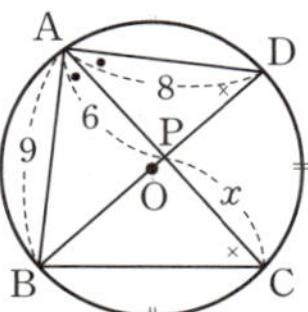

$\overline{AB}\,/\!/\,\overline{DC}$이므로
$$\angle DCA=\angle BAC=20° \text{ (엇각)}$$
$$\therefore \angle AOD=2\angle DCA=2\times 20°=40°$$

따라서 $\angle COD=180°-(40°+40°)=100°$이므로
$\angle BOC:\angle COD=\widehat{BC}:\widehat{CD}$에서
$$40°:100°=8:\widehat{CD},\ 2:5=8:\widehat{CD}$$
$$2\widehat{CD}=40 \quad \therefore \widehat{CD}=20$$

0465 답 3

$\widehat{AB}=2\widehat{CD}$이므로 $\angle CAD=\angle a$라 하면
$$\angle ACB=2\angle a$$

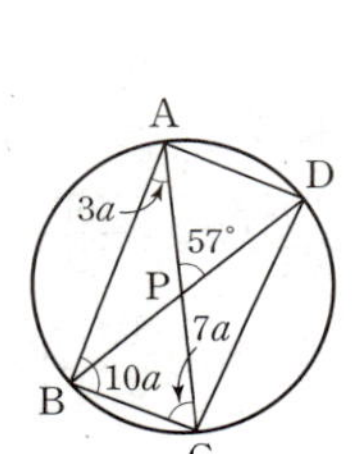

$\triangle ACP$에서 $\angle a+\angle APC=2\angle a$이므로
$$\angle APC=\angle a$$
따라서 $\triangle ACP$는 $\overline{CA}=\overline{CP}$인 이등변삼각형이므로
$$\overline{CP}=\overline{CA}=3$$

0466 답 ④

오른쪽 그림과 같이 $\overline{AB}$를 긋고,
$\angle ABD=\angle a$, $\angle BAC=\angle b$라 하자.

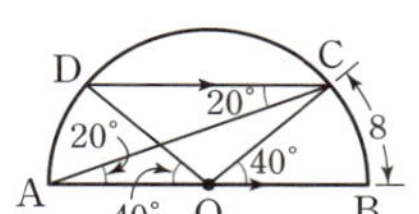

$\triangle PAB$에서 $\angle a+\angle b=45°$
$\widehat{AD}+\widehat{BC}$의 값은 크기가 $45°$인 원주각에 대한
호의 길이와 같다.
따라서 원의 둘레를 이루는 모든 호에 대한 원주
각의 크기의 합은 $180°$이므로 원의 둘레의 길이는 $\widehat{AB}+\widehat{BC}$의 값의
$$\dfrac{180°}{45°}=4(\text{배})\text{이다.}$$

0467 답 15 cm

$\triangle ADP$에서 $25°+\angle DAP=85°$ $\quad \therefore \angle DAP=60°$
$\angle DAB:180°=\widehat{BD}:(\text{원의 둘레의 길이})$이므로
$60°:180°=5:(\text{원의 둘레의 길이})$에서
$1:3=5:(\text{원의 둘레의 길이})$ $\quad \therefore (\text{원의 둘레의 길이})=15(\text{cm})$

0468 답 ①, ⑤

$\widehat{AB}:\widehat{BC}:\widehat{CDA}=7:3:10$이므로
$\angle ACB=7\angle a$, $\angle BAC=3\angle a$,
$\angle ABC=10\angle a$라 하자.

$7\angle a+3\angle a+10\angle a=180°$이므로
$20\angle a=180° \quad \therefore \angle a=9°$
① $\angle BAC=3\angle a=3\times 9°=27°$
② $\triangle ABP$에서 $\angle ABP=57°-27°=30°$
 $\therefore \angle ACD=\angle ABD=30°$
③ $\angle ABC=10\angle a=10\times 9°=90°$이므로 $\triangle ABC$는 직각삼각형이다.
④ $\angle BAC=27°$, $\angle ABD=\angle ACD=30°$이므로
 $\widehat{BC}=9$이면 $\widehat{DA}=10$이다.
⑤ $\angle CBD=\angle ABC-\angle ABD=90°-30°=60°$,
 $\angle ADC=\angle ADB+\angle BDC=\angle ACB+\angle BAC$
  $=63°+27°=90°$
 이므로 $\widehat{CD}:\widehat{ABC}=\angle CBD:\angle ADC$
 $20:\widehat{ABC}=60°:90°$ $\quad \therefore \widehat{ABC}=30$
따라서 옳지 않은 것은 ①, ⑤이다.

0469 답 $\frac{1}{3}$배

$\overarc{BC}$의 길이가 원주의 $\frac{1}{4}$이므로

$\angle BDC = \frac{1}{4} \times 180° = 45°$

$\triangle ACD$에서 $60° + 15° + 45° + \angle ADB = 180°$

$\therefore \angle ADB = 60°$

따라서 $\overarc{AB}$의 길이는 원의 둘레의 길이의 $\frac{60°}{180°} = \frac{1}{3}$(배)이다.

0470 답 ⑤

① $\angle BDC = \angle BAC = 54°$이고 $\angle BDC + \angle x = 86°$이므로
   $54° + \angle x = 86°$ $\quad \therefore \angle x = 32°$

② $\angle BDC = \angle BAC = 20°$이고 $\angle BDC + 50° = \angle x$이므로
   $20° + 50° = \angle x$ $\quad \therefore \angle x = 70°$

③ $\angle x = \angle BAC = 70°$

④ $\angle ADB = \angle ACB = 35°$이고 $\angle ADB + 75° + \angle x = 180°$이므로
   $35° + 75° + \angle x = 180°$ $\quad \therefore \angle x = 70°$

⑤ $\angle CAD = \angle CBD = 60°$이고 $\angle CAD + 40° + \angle x = 180°$이므로
   $60° + 40° + \angle x = 180°$ $\quad \therefore \angle x = 80°$

따라서 $\angle x$의 값이 가장 큰 것은 ⑤이다.

0471 답 $102°$

$\triangle PCD$에서 $\angle PCD = 180° - (38° + 80°) = 62°$

네 점 A, B, C, D가 한 원 위에 있으므로

$\angle x = \angle ACD = 62°$

$\triangle PBC$에서 $\angle PCB = 80° - 40° = 40°$

$\therefore \angle y = \angle PCB = 40°$

$\therefore \angle x + \angle y = 62° + 40° = 102°$

0472 답 $20°$

원 O의 둘레 위에 9개의 점이 일정한 간격으로
놓여 있으므로 오른쪽 그림에서

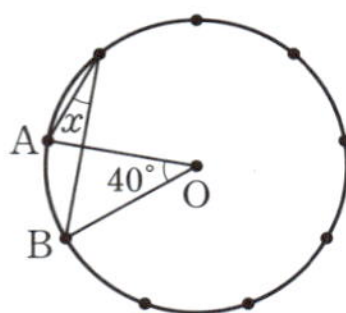

$\angle AOB = \frac{360°}{9} = 40°$ $\qquad \cdots$ (i)

$\therefore \angle x = \frac{1}{2} \angle AOB$

$\qquad = \frac{1}{2} \times 40° = 20°$ $\qquad \cdots$ (ii)

채점 기준	배점
(i) 이웃하는 두 점과 원의 중심이 이루는 각의 크기를 구한 경우	50 %
(ii) $\angle x$의 크기를 구한 경우	50 %

0473 답 풀이 참조

오른쪽 그림에서

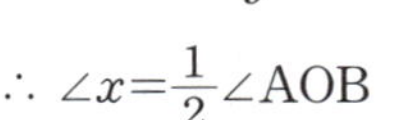

$\overline{OA} = \overline{OB} = \overline{OC}$ (반지름)이므로

$\triangle OCA$와 $\triangle OBC$는 이등변삼각형이다.

$\qquad \cdots$ (i)

즉, $\angle OAC = \angle x$, $\angle OBC = \angle y$라 하면

$\angle OCA = \angle x$, $\angle OCB = \angle y$

$\triangle ABC$에서 $\angle x + \angle y + (\angle x + \angle y) = 180°$이므로 $\qquad \cdots$ (ii)

$2(\angle x + \angle y) = 180°$

$\therefore \angle x + \angle y = 90°$

따라서 $\angle ACB = \angle x + \angle y = 90°$이므로 반원에 대한 원주각은
직각이다. $\qquad \cdots$ (iii)

채점 기준	배점
(i) $\triangle OAC$와 $\triangle OBC$가 이등변삼각형임을 설명한 경우	30 %
(ii) $\triangle ABC$의 내각의 크기의 합이 180°임을 이용하여 식을 세운 경우	30 %
(iii) 반원에 대한 원주각이 직각임을 설명한 경우	40 %

0474 답 $40°$

$\overarc{AB} : \overarc{CD} = 2 : 1$이므로

$\angle ADB : \angle CBD = 2 : 1$에서

$\angle x : \angle CBD = 2 : 1$

$\therefore \angle CBD = \frac{1}{2} \angle x$ $\qquad \cdots$ (i)

따라서 $\triangle BPD$에서

$20° + \frac{1}{2} \angle x = \angle x$

$\frac{1}{2} \angle x = 20°$ $\quad \therefore \angle x = 40°$ $\qquad \cdots$ (ii)

채점 기준	배점
(i) $\angle CBD$의 크기를 $\angle x$를 이용하여 나타낸 경우	50 %
(ii) $\angle x$의 크기를 구한 경우	50 %

0475 답 점 Q. 이유는 풀이 참조

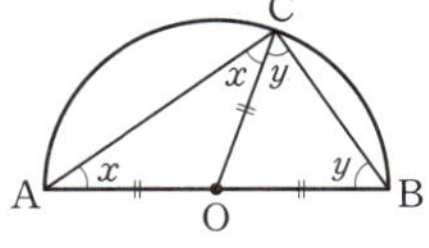

㉮ $\overline{AP}$와 원의 교점을 S라 하면 $\overarc{AB}$에 대
하여

$\angle AQB = \angle ASB$

삼각형의 한 외각의 크기는 그와 이웃
하지 않는 두 내각의 크기의 합과 같으
므로 $\triangle BSP$에서

$\angle APB < \angle ASB$

$\therefore \angle APB < \angle AQB$ $\qquad \cdots$ (i)

㉯ $\overline{BR}$와 원의 교점을 S′이라 하면 $\overarc{AB}$에 대하여

$\angle AQB = \angle AS'B$

삼각형의 한 외각의 크기는 그와 이웃하지 않는 두 내각의 크기의
합과 같으므로 $\triangle AS'R$에서

$\angle ARB < \angle AS'B$

$\therefore \angle ARB < \angle AQB$ $\qquad \cdots$ (ii)

따라서 ㉮, ㉯에서 $\angle APB < \angle AQB$, $\angle ARB < \angle AQB$이므로 탑
을 바라보는 각의 크기가 가장 큰 위치는 점 Q이다.

즉, 카메라가 점 Q에 위치할 때, 탑의 모습이 가장 잘 찍힌다.

$\qquad \cdots$ (iii)

채점 기준	배점
(i) $\angle APB$와 $\angle AQB$의 크기의 대소를 비교한 경우	40 %
(ii) $\angle ARB$와 $\angle AQB$의 크기의 대소를 비교한 경우	40 %
(iii) 탑의 모습이 가장 잘 찍히는 카메라의 위치를 찾은 경우	20 %

C : CONCEPT
개념 체크 본문 081쪽

0476 답 (가) $\dfrac{1}{2}$ (나) $\dfrac{1}{2}$ (다) $180°$ (라) $\angle DCE$

$\angle BAD = \boxed{\dfrac{1}{2}} \times \angle a$, $\angle BCD = \boxed{\dfrac{1}{2}} \times \angle b$이고,

$\angle a + \angle b = 360°$이므로

$\angle BAD + \angle BCD = \dfrac{1}{2}(\angle a + \angle b) = \dfrac{1}{2} \times 360° = \boxed{180°}$ … ㉠

또 $\angle BCD + \angle DCE = 180°$ … ㉡

따라서 ㉠, ㉡에서 $\angle BAD = \boxed{\angle DCE}$

0477 답 $105°$
$\angle x = 180° - 75° = 105°$

0478 답 $115°$
$\angle BCD = 180° - 115° = 65°$
$\therefore \angle x = 180° - \angle BCD = 180° - 65° = 115°$

0479 답 ✕
$\angle A + \angle C = 85° + 90° = 175° \neq 180°$
따라서 한 쌍의 대각의 크기의 합이 $180°$가 아니므로
$\square ABCD$는 원에 내접하지 않는다.

0480 답 ○
$\angle BCD = 180° - \angle DCE = 180° - 115° = 65°$
따라서 $\angle A + \angle BCD = 115° + 65° = 180°$이므로
$\square ABCD$는 원에 내접한다.

0481 답 ○
$\angle B + \angle D = 100° + 80° = 180°$이므로
$\square ABCD$는 원에 내접한다.

0482 답 ○
$\overline{AD} /\!/ \overline{BC}$이므로 $\angle BAD = 180° - 70° = 110°$
따라서 $\angle BAD + \angle C = 110° + 70° = 180°$이므로
$\square ABCD$는 원에 내접한다.

0483 답 $70°$
$\angle x = 180° - 110° = 70°$

0484 답 $50°$
$\overline{AD} /\!/ \overline{BC}$이므로 $\angle CAD = \angle x$, $\angle ACD = 40°$
따라서 $\angle A + \angle C = (40° + \angle x) + (\angle x + 40°) = 180°$이므로
$2\angle x = 100°$ $\therefore \angle x = 50°$

0485 답 $35°$
$\angle x = \angle ACB = 35°$

0486 답 $135°$
$\angle x = \angle CAB = 135°$

0487 답 $30°$
$\overline{AC}$는 원의 지름이므로 $\angle ABC = 90°$
$\therefore \angle x = \angle ABT = 180° - (60° + 90°) = 30°$

0488 답 $40°$
$\angle CBT' = \angle CAB = 95°$
$\therefore \angle x = 180° - (95° + 45°) = 40°$

0489 답 $\angle x = 50°$, $\angle y = 80°$
$\angle x = \angle CTQ = \angle ATP = \angle ABT = 50°$
$\angle y = \angle DTP = \angle BTQ = \angle BAT = 80°$

0490 답 $\angle x = 55°$, $\angle y = 55°$
$\angle DTP = \angle DCT = \angle ABT$이므로
$\angle x = \angle y = 55°$

P : PATTERN
유형 마스터 본문 082~089쪽

0491 답 ①
$\triangle CDB$에서 $\angle C = 180° - (40° + 35°) = 105°$
$\square ABCD$가 원에 내접하므로
$\angle x + \angle C = \angle x + 105° = 180°$
$\therefore \angle x = 75°$

0492 답 $120°$
$\overline{AB}$는 원의 지름이므로 $\angle ADB = 90°$
$\triangle ABD$에서 $\angle DAB = 180° - (30° + 90°) = 60°$
$\square ABCD$가 원에 내접하므로
$\angle DAB + \angle x = 60° + \angle x = 180°$
$\therefore \angle x = 120°$

0493 답 40
$\square ABCD$가 원에 내접하므로
$(2x + 6) + (3x - 26) = 180$
$5x = 200$ $\therefore x = 40$

0494 답 ④
$\angle BAD = \dfrac{1}{2} \angle BOD = \dfrac{1}{2} \times 94° = 47°$
$\square ABCD$가 원에 내접하므로
$\angle BAD + \angle x = 47° + \angle x = 180°$
$\therefore \angle x = 133°$

0495 답 $25°$
$\square ABCD$가 원에 내접하므로
$100° + \angle BCD = 180°$ $\therefore \angle BCD = 80°$
따라서 $\triangle PBC$에서
$\angle x = 180° - (75° + 80°) = 25°$

0496 답 ③
$\triangle ABC$가 $\overline{AB}=\overline{AC}$인 이등변삼각형이므로
$\angle ABC=\dfrac{1}{2}\times(180°-40°)=70°$
$\square ABCD$가 원에 내접하므로
$\angle ABC+\angle x=70°+\angle x=180°$
$\therefore \angle x=110°$

0497 답 $70°$
$\angle ABC=\dfrac{1}{2}\angle AOC=\dfrac{1}{2}\times140°=70°$
$\square ABCD$가 원에 내접하므로
$\angle ADE=\angle ABC=70°$

0498 답 $100°$
$\angle BAC=\angle BDC=65°$
$\square ABCD$가 원에 내접하므로
$\angle DCE=\angle BAD=65°+35°=100°$

0499 답 $100°$
$\square ABCD$가 원에 내접하므로
$\angle ADC=\angle ABE=40°$에서
$25°+\angle x=40°$ $\quad\therefore \angle x=15°$
$\overline{AD}$는 원 O의 지름이므로 $\angle ABD=90°$
$\triangle ABD$에서
$\angle BAD=180°-(90°+25°)=65°$
$\square ABCD$가 원에 내접하므로
$65°+\angle y=180°$ $\quad\therefore \angle y=115°$
$\therefore \angle y-\angle x=115°-15°=100°$

0500 답 $25°$
오른쪽 그림과 같이 $\overline{OC}$를 긋자.
$\angle ADC=180°-102°=78°$이므로
$\angle AOC=2\angle ADC=2\times78°=156°$
$\triangle OAC$는 $\overline{OA}=\overline{OC}$인 이등변삼각형이므로
$\angle OAC=\dfrac{1}{2}\times(180°-156°)=12°$ $\cdots$ (i)

또 $\square ABCD$가 원에 내접하므로
$\angle ABC=\angle CDE=102°$ $\cdots$ (ii)
이때 $\overline{CB}\,/\!/\,\overline{DA}$이므로
$\angle BAD=180°-\angle ABC$
$\qquad\quad=180°-102°=78°$ $\cdots$ (iii)
$\therefore \angle BAC=78°-(41°+12°)=25°$ $\cdots$ (iv)

채점 기준	배점
(i) $\angle OAC$의 크기를 구한 경우	30 %
(ii) $\angle ABC$의 크기를 구한 경우	30 %
(iii) $\angle BAD$의 크기를 구한 경우	20 %
(iv) $\angle BAC$의 크기를 구한 경우	20 %

0501 답 ③
③ $\angle A+\angle C=90°+100°=190°\neq180°$이므로 $\square ABCD$는 원에 내접하지 않는다.

④ $\angle BDC=180°-(79°+55°)=46°$에서 $\angle BAC=\angle BDC$이므로
$\square ABCD$가 원에 내접한다.
⑤ $\triangle BCD$에서 $\angle C=180°-(50°+70°)=60°$에서
$\angle A+\angle C=120°+60°=180°$이므로
$\square ABCD$가 원에 내접한다.
따라서 $\square ABCD$가 원에 내접하지 않는 것은 ③이다.

0502 답 ⑤
⑤ $\angle ACB=\angle ADB$ 또는 $\angle ACD=\angle ABD$일 때,
$\square ABCD$가 원에 내접한다.
따라서 원에 내접할 조건이 아닌 것은 ⑤이다.

0503 답 ③
$\triangle ABC$에서 $\angle B=180°-(45°+35°)=100°$
$\square ABCD$가 원에 내접하려면 $\angle B+\angle D=180°$이어야 하므로
$\angle D=180°-\angle B=180°-100°=80°$

0504 답 ㄱ, ㄹ, ㅁ
ㄱ. 오른쪽 그림의 등변사다리꼴 ABCD에서 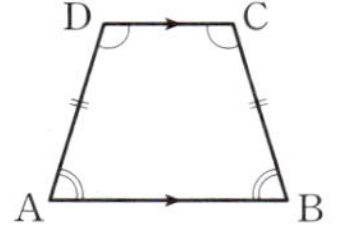
$\angle C=\angle D$이고 $\angle A+\angle D=180°$이다.
따라서 $\angle A+\angle C=\angle A+\angle D=180°$이므로
항상 원에 내접한다.

ㄴ. 오른쪽 그림의 평행사변형 ABCD에서 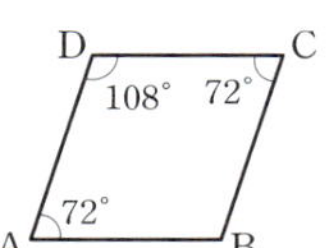
$\angle A+\angle C=72°+72°=144°\neq180°$이므로
원에 내접하지 않는다.

ㄷ. 오른쪽 그림의 마름모 ABCD에서 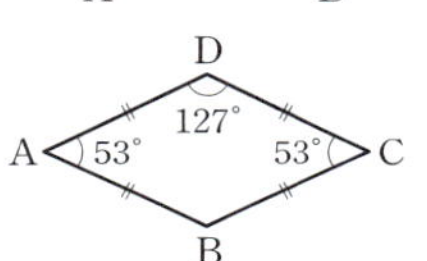
$\angle A+\angle C=53°+53°=106°\neq180°$이
므로 원에 내접하지 않는다.

ㄹ, ㅁ. 직사각형과 정사각형은 모두 한 쌍의 대각의 크기의 합이
$90°+90°=180°$이므로 항상 원에 내접한다.
따라서 항상 원에 내접하는 사각형은 ㄱ, ㄹ, ㅁ이다.

선생님 톡톡

등변사다리꼴이 아닌 사다리꼴은 원에 내접하지 않아. 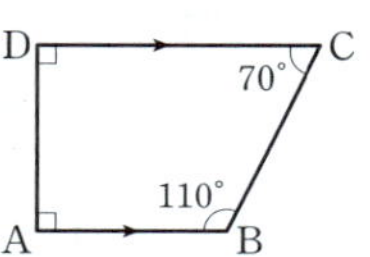
예를 들어, 오른쪽 그림과 같은 사다리꼴 ABCD에서
$\angle A+\angle C=90°+70°=160°\neq180°$이므로
이 사다리꼴은 원에 내접하지 않아.

0505 답 풀이 참조
$\square ADFE$에서 $\angle ADF=90°$, $\angle AEF=90°$이므로
한 쌍의 대각의 크기의 합이 $90°+90°=180°$이다.
따라서 $\square ADFE$는 원에 내접한다. $\cdots$ (i)
$\square DBCE$에서 $\angle BDC=\angle BEC=90°$이므로
$\square DBCE$는 원에 내접한다. $\cdots$ (ii)

채점 기준	배점
(i) $\square ADFE$가 원에 내접함을 설명한 경우	50 %
(ii) $\square DBCE$가 원에 내접함을 설명한 경우	50 %

0506 탑 34°

△ABF에서

$\angle CBE = 63° + 20° = 83°$

△BEC에서

$\angle DCB = \angle BEC + \angle CBE = \angle x + 83°$

□ABCD가 원에 내접하려면

$\angle A + \angle DCB = 180°$이어야 하므로

$63° + (\angle x + 83°) = 180°$

$\therefore \angle x = 34°$

0507 탑 60°

오른쪽 그림과 같이 $\overline{CE}$를 그으면

$\angle CED = \angle CAD = \angle x$

□BCEA가 원에 내접하므로

$\angle CEA = 180° - 130° = 50°$

$\therefore \angle x = \angle AED - \angle CEA$

$\qquad = 110° - 50° = 60°$

다른 풀이

□ACDE가 원에 내접하므로

$\angle ACD = 180° - 110° = 70°$

□ABCD가 원에 내접하므로

$\angle ADC = 180° - 130° = 50°$

따라서 △ACD에서

$\angle x = 180° - (70° + 50°) = 60°$

0508 탑 100°

△ABC에서

$\angle ABC = 180° - (30° + 35°) = 115°$

오른쪽 그림과 같이 $\overline{BE}$를 그으면

$\overparen{AB} = \overparen{AE}$이므로

$\angle ABE = \angle ACB = 35°$

$\therefore \angle CBE = 115° - 35° = 80°$

□BCDE가 원에 내접하므로

$\angle CDE = 180° - 80° = 100°$

0509 탑 60°

오른쪽 그림과 같이 $\overline{BE}$를 그으면

□BCDE가 원에 내접하므로

$\angle BED = 180° - 90° = 90°$

따라서 $\angle AEB = 120° - 90° = 30°$이므로

$\angle x = 2\angle AEB = 2 \times 30° = 60°$

주어진 문제를 해결할 때는 원에 내접하는 사각형을
만드는 것이 중요해.
이때 주어진 풀이와 같이 반드시 $\overline{BE}$를 그어야 하는
것은 아니야.
오른쪽 그림과 같이 $\overline{AC}$를 그어 원에 내접하는 사각
형 ACDE를 만들어 문제를 해결할 수도 있어.

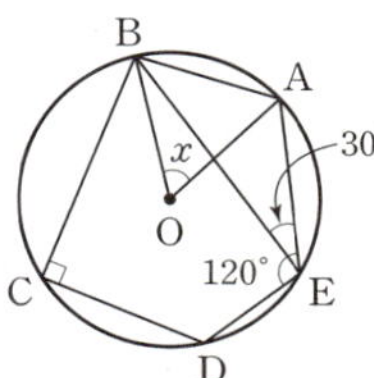
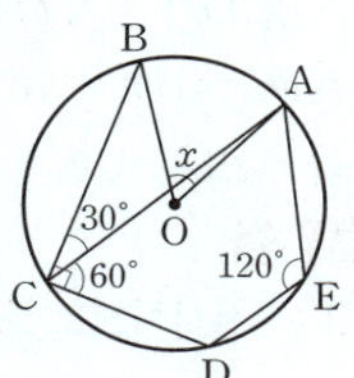

0510 탑 360°

오른쪽 그림과 같이 $\overline{AD}$를 긋자.

□ABCD가 원에 내접하므로

$\angle C + \angle BAD = 180°$

□ADEF가 원에 내접하므로

$\angle E + \angle DAF = 180°$

$\therefore \angle A + \angle C + \angle E = (\angle BAD + \angle DAF) + \angle C + \angle E$

$\qquad = (\angle C + \angle BAD) + (\angle E + \angle DAF)$

$\qquad = 180° + 180° = 360°$

0511 탑 46°

□ABCD가 원에 내접하므로

$\angle CDF = \angle ABC = \angle x$

△BCE에서 $\angle DCF = \angle x + 26°$

따라서 △CFD에서

$\angle x + (\angle x + 26°) + 62° = 180°$

$\therefore \angle x = 46°$

0512 탑 58°

□ABCD가 원에 내접하므로

$\angle CDQ = \angle ABC = 50°$

△BCP에서 $\angle DCQ = 22° + 50° = 72°$

따라서 △CQD에서

$50° + 72° + \angle x = 180°$

$\therefore \angle x = 58°$

0513 탑 100°

$\angle BAD = \dfrac{1}{2}\angle BOD = \dfrac{1}{2}\angle x$

□ABCD가 원에 내접하므로

$\angle DCQ = \angle A = \dfrac{1}{2}\angle x$

△APD에서 $\angle CDQ = \dfrac{1}{2}\angle x + 41°$

따라서 △CQD에서

$\dfrac{1}{2}\angle x + 39° + \left(\dfrac{1}{2}\angle x + 41°\right) = 180°$

$\therefore \angle x = 100°$

0514 탑 40°

$\angle DAB = \angle x$라 하자.

$\overparen{AD} : \overparen{DC} : \overparen{CB} = 2 : 1 : 1$이므로

$\overparen{BD} : \overparen{CA} = 2 : 3$에서

$\angle DAB : \angle CBA = 2 : 3$

$\therefore \angle CBA = \dfrac{3}{2}\angle x$

□ABCD가 원에 내접하므로

$\angle BCE = \angle A = \angle x$

△CBE에서 $\angle x + 20° = \dfrac{3}{2}\angle x$

$\therefore \angle x = 40°$

$\therefore \angle DAB = 40°$

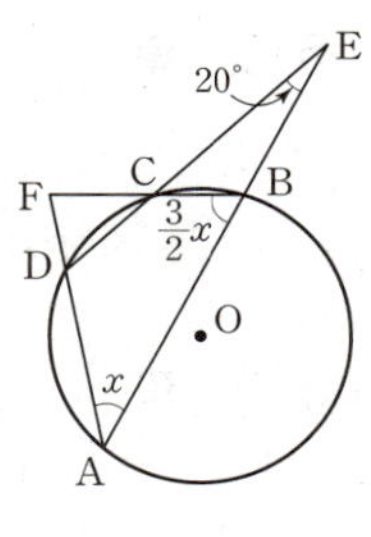

다른 풀이

∠DAB=∠x라 하면

$\overset{\frown}{\text{AD}}$: $\overset{\frown}{\text{DB}}$=1 : 1이므로 ∠DBA=∠$x$

또 $\overset{\frown}{\text{AD}}$: $\overset{\frown}{\text{BC}}$=2 : 1이므로 ∠BDC=$\dfrac{1}{2}$∠$x$

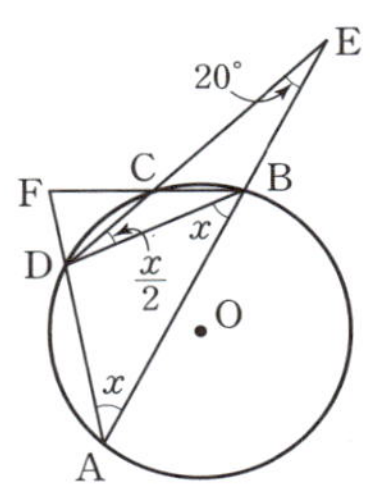

△BED에서 20°+$\dfrac{1}{2}$∠x=∠x

∴ ∠x=40°   ∴ ∠DAB=40°

0515 답 ①

□ABQP가 원에 내접하므로

∠PQC=∠BAP=107°

□PQCD가 원에 내접하므로

∠x=180°−107°=73°

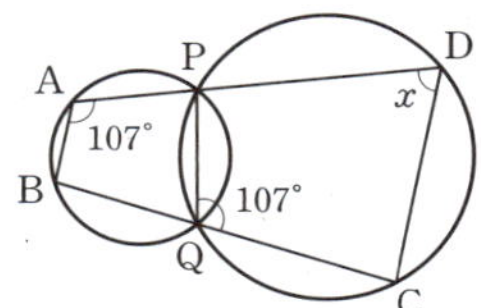

0516 답 ④

□ABQP가 원에 내접하므로 ∠x=180°−80°=100°

□PQCD가 원에 내접하므로 ∠PDC=∠x=100°

∴ ∠y=180°−100°=80°

∴ ∠x−∠y=100°−80°=20°

0517 답 75°

오른쪽 그림과 같이 $\overline{\text{PQ}}$를 그으면

∠PQC=$\dfrac{1}{2}$∠PO′C

$\qquad$=$\dfrac{1}{2}$×150°=75°

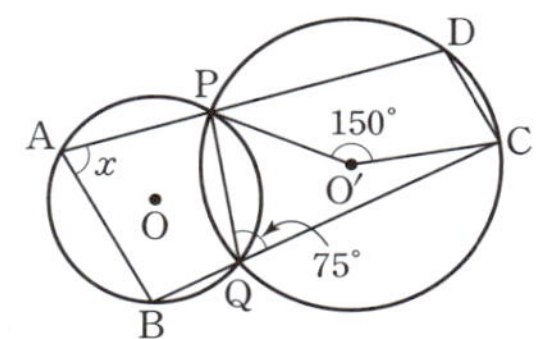

□ABQP가 원에 내접하므로

∠x=∠PQC=75°

0518 답 26°

접근하기	∠x, ∠y의 크기를 구하기 위해 세 원 중 필요한 두 원만 분리하여 살펴본다.

□PBQR가 원에 내접하므로

∠x=∠PBQ=103°, ∠QRD=∠PBQ=103°

□CDRQ가 원에 내접하므로

∠y=180°−∠QRD=180°−103°=77°

∴ ∠x−∠y=103°−77°=26°

0519 답 ①

∠ACB=$\dfrac{1}{2}$∠AOB=$\dfrac{1}{2}$×134°=67°

∴ ∠x=∠ACB=67°

0520 답 40°

△ABC는 $\overline{\text{BA}}$=$\overline{\text{BC}}$인 이등변삼각형이므로

∠ABC=180°−(70°+70°)=40°

∴ ∠x=∠ABC=40°

0521 답 ④

④ ∠BCD

0522 답 ∠x=73°, ∠y=41°

$\overrightarrow{\text{AT}}$는 접선이므로 ∠ACB=∠BAT=74°   ···(i)

△ABC에서 ∠x=180°−(33°+74°)=73°   ···(ii)

△ABP에서 ∠y+∠ABP=∠BAT이므로

∠y+33°=74°   ∴ ∠y=41°   ···(iii)

채점 기준	배점
(i) ∠ACB의 크기를 구한 경우	40 %
(ii) ∠x의 크기를 구한 경우	30 %
(iii) ∠y의 크기를 구한 경우	30 %

0523 답 66°

△BAP는 $\overline{\text{BA}}$=$\overline{\text{BP}}$인 이등변삼각형이므로 ∠BAP=∠BPA=38°

$\overrightarrow{\text{PA}}$는 접선이므로

∠ACB=∠BAP=38°

따라서 △APC는 $\overline{\text{AP}}$=$\overline{\text{AC}}$인 이등변삼각형이므로

∠CAP=180°−(38°+38°)=104°

∴ ∠BAC=∠CAP−∠BAP

$\qquad$=104°−38°=66°

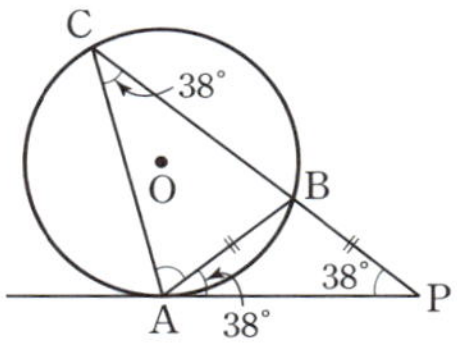

0524 답 13π cm²

오른쪽 그림과 같이 $\overline{\text{BO}}$의 연장선을 그어 원 O와 만나는 점을 D라 하고, $\overline{\text{AD}}$를 그으면

∠ADB=∠ABT=∠x

$\overline{\text{BD}}$는 원의 지름이므로 ∠BAD=90°

이때 △ABD에서

$\tan x$=$\dfrac{\overline{\text{AB}}}{\overline{\text{AD}}}$=$\dfrac{6}{\overline{\text{AD}}}$=$\dfrac{3}{2}$이므로

3$\overline{\text{AD}}$=12   ∴ $\overline{\text{AD}}$=4(cm)

∴ $\overline{\text{BD}}$=$\sqrt{4^2+6^2}$=$\sqrt{52}$=2$\sqrt{13}$(cm)

따라서 원 O의 반지름의 길이는 $\dfrac{2\sqrt{13}}{2}$=$\sqrt{13}$(cm)이므로 넓이는

π×($\sqrt{13}$)²=13π(cm²)

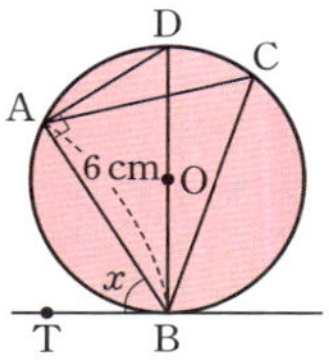

0525 답 ④

$\overrightarrow{\text{TA}}$는 접선이므로 ∠ABD=∠TAD=∠$x$

□ABCD가 원에 내접하므로

∠DAB=180°−75°=105°

따라서 △ABD에서 ∠x=180°−(45°+105°)=30°

0526 답 ②

$\overrightarrow{\text{AT}}$는 접선이므로 ∠ACB=∠BAT=54°

□ABCD가 원에 내접하므로

∠ABC=180°−70°=110°

따라서 △ABC에서 ∠x=180°−(110°+54°)=16°

다른 풀이

$\overrightarrow{\text{AT}}$는 접선이므로 ∠CAT=∠CDA에서

∠x+54°=70°   ∴ ∠x=16°

0527 답 $33°$

□ABCD가 원에 내접하므로

$\angle ADC = 180° - 117° = 63°$

$\overrightarrow{PA}$는 접선이므로 $\angle PAD = \angle ACD = \angle x$

따라서 △PAD에서

$30° + \angle x = 63°$　　∴ $\angle x = 33°$

0528 답 ③

$\overparen{AB} = \overparen{CD}$이므로 $\angle CAD = \angle ACB = \angle x$

$\overrightarrow{TA}$는 접선이므로

$\angle ACD = \angle DAT = 70°$

따라서 □ABCD가 원에 내접하므로

$(70° + \angle x) + (\angle x + 40°) = 180°$

$2\angle x = 70°$　　∴ $\angle x = 35°$

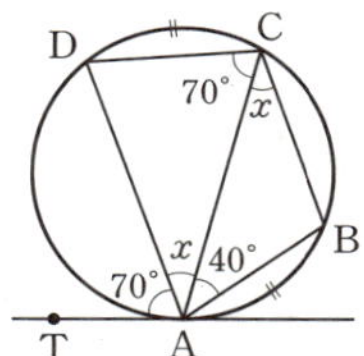

0529 답 ①

오른쪽 그림과 같이 $\overline{AC}$를 긋자.

$\overline{BC}$는 원의 지름이므로

$\angle BAC = 90°$

$\overrightarrow{PA}$는 접선이므로

$\angle CAP = \angle ABC = 26°$

따라서 △ABP에서

$\angle x = 180° - (26° + 90° + 26°) = 38°$

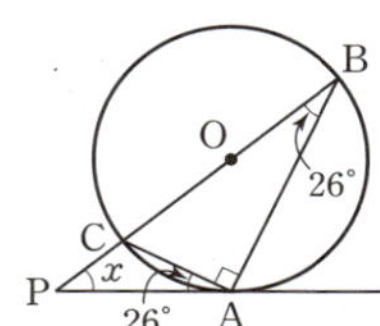

0530 답 $60°$

오른쪽 그림과 같이 $\overline{AC}$를 긋자.

$\overrightarrow{PA}$는 접선이므로 $\angle ACB = \angle x$

$\overline{BC}$는 원의 지름이므로 $\angle CAB = 90°$

△ABC에서 $\angle ABC = 90° - \angle x$

△ABP는 $\overline{AB} = \overline{AP}$인 이등변삼각형이므로

$\angle APB = \angle ABP = 90° - \angle x$

따라서 △ABP에서

$(90° - \angle x) + (90° - \angle x) = \angle x$이므로

$3\angle x = 180°$　　∴ $\angle x = 60°$

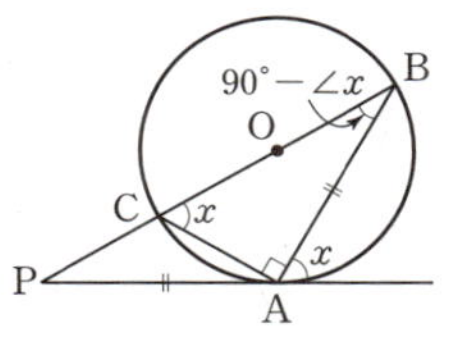

0531 답 $35°$

$\overrightarrow{TB}$는 접선이므로 $\angle ADB = \angle ABT = \angle x$

$\overline{AD}$는 원의 지름이므로 $\angle ABD = 90°$

□ABCD가 원에 내접하므로

$\angle BAD = 180° - 125° = 55°$

따라서 △ABD에서

$\angle x = 180° - (55° + 90°) = 35°$

0532 답 16

$\overline{BC}$는 원의 지름이므로

$\angle BAC = 90°$　　　　　　　　$\cdots$ (i)

$\overrightarrow{AP}$는 접선이므로

$\angle ACB = \angle BAP = 45°$　　$\cdots$ (ii)

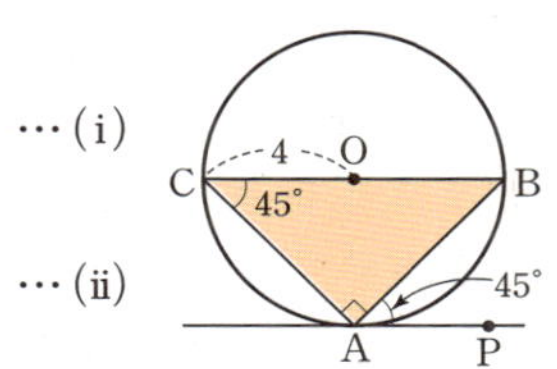

따라서 △ABC는 직각이등변삼각형이므로

$\sin 45° = \dfrac{\overline{AB}}{8} = \dfrac{\sqrt{2}}{2}$

$2\overline{AB} = 8\sqrt{2}$　　∴ $\overline{AB} = 4\sqrt{2}$　　$\cdots$ (iii)

∴ $\triangle ABC = \dfrac{1}{2} \times 4\sqrt{2} \times 4\sqrt{2} = 16$　　$\cdots$ (iv)

채점 기준	배점
(i) $\angle BAC$의 크기를 구한 경우	30 %
(ii) $\angle ACB$의 크기를 구한 경우	30 %
(iii) $\overline{AB}$ (또는 $\overline{AC}$)의 길이를 구한 경우	20 %
(iv) $\triangle ABC$의 넓이를 구한 경우	20 %

0533 답 $2\sqrt{6}$

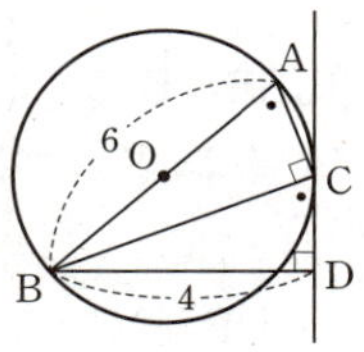

$\overline{CD}$는 접선이므로 $\angle DCB = \angle CAB$

$\overline{AB}$는 원의 지름이므로 $\angle ACB = 90°$

따라서 △BDC ∽ △BCA (AA 닮음)이므로

$\overline{BC} : \overline{BA} = \overline{BD} : \overline{BC}$에서

$\overline{BC} : 6 = 4 : \overline{BC}$

$\overline{BC}^2 = 24$　　∴ $\overline{BC} = 2\sqrt{6}$ ($\because \overline{BC} > 0$)

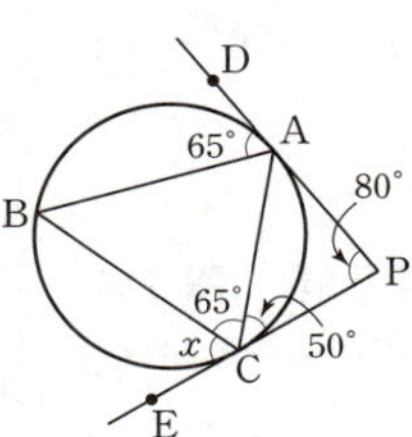

0534 답 ③

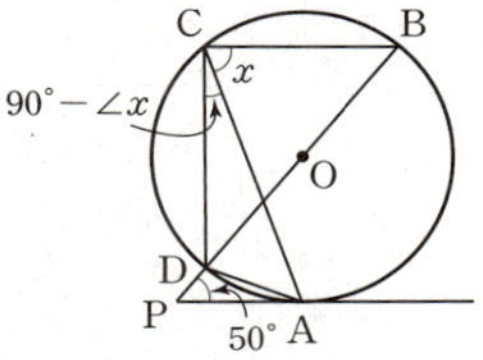

오른쪽 그림과 같이 $\overline{CD}$를 그으면

$\overline{BD}$는 원의 지름이므로

$\angle BCD = 90°$

∴ $\angle DCA = 90° - \angle x$

$\overrightarrow{PA}$는 접선이므로 $\overline{AD}$를 그으면

$\angle PAD = \angle DCA = 90° - \angle x$

또 $\angle ADB = \angle ACB = \angle x$

따라서 △PAD에서

$50° + (90° - \angle x) = \angle x$

$2\angle x = 140°$　　∴ $\angle x = 70°$

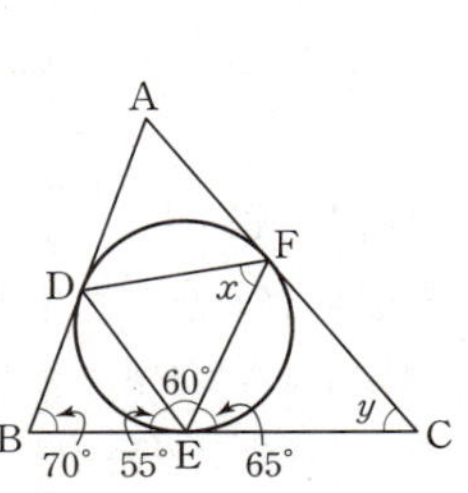

0535 답 $65°$

$\overrightarrow{AD}$는 접선이므로

$\angle ACB = \angle DAB = 65°$

△PAC는 $\overline{PA} = \overline{PC}$인 이등변삼각형이므로

$\angle ACP = \dfrac{1}{2} \times (180° - 80°) = 50°$

∴ $\angle x = 180° - (65° + 50°) = 65°$

0536 답 ③

△BED는 $\overline{BD} = \overline{BE}$인 이등변삼각형

이므로

$\angle BED = \dfrac{1}{2} \times (180° - 70°) = 55°$

이때 $\overline{BC}$는 접선이므로

$\angle x = \angle BED = 55°$

∴ $\angle FEC = 180° - (55° + 60°) = 65°$

△CFE는 $\overline{CE} = \overline{CF}$인 이등변삼각형이므로

$\angle y = 180° - (65° + 65°) = 50°$

∴ $\angle x + \angle y = 55° + 50° = 105°$

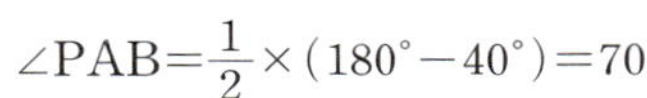

0537 탭 44°

$\triangle$PBA는 $\overline{PA}=\overline{PB}$인 이등변삼각형
이므로

$\angle$PAB$=\dfrac{1}{2}\times(180°-40°)=70°$

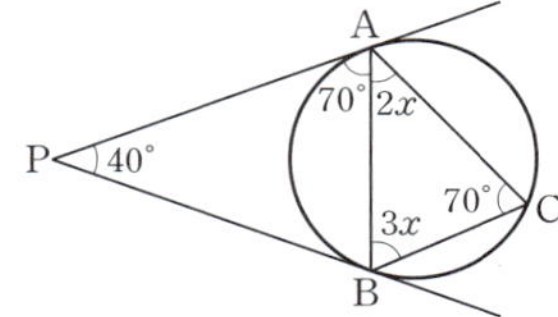

$\overline{PA}$는 접선이므로

$\angle$ACB$=\angle$PAB$=70°$

$\overset{\frown}{AC}:\overset{\frown}{BC}=3:2$이므로

$\angle$ABC$=3\angle x$, $\angle$BAC$=2\angle x$라 하면

$\triangle$ABC에서 $2\angle x+3\angle x+70°=180°$

$5\angle x=110°$ $\quad\therefore \angle x=22°$

$\therefore \angle$BAC$=2\angle x=2\times22°=44°$

0538 탭 92°

오른쪽 그림과 같이 $\overline{AC}$, $\overline{BD}$를 그으면

$\overset{\frown}{AB}:\overset{\frown}{BC}:\overset{\frown}{CD}=2:2:1$이므로

$\angle$ADB$=2\angle x$, $\angle$BDC$=2\angle x$,

$\angle$CAD$=\angle x$라 하자.

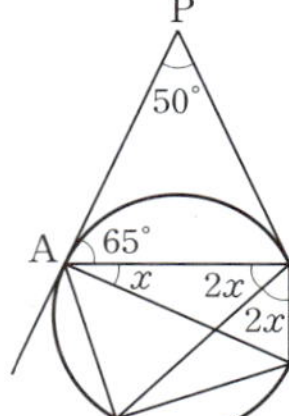

$\triangle$PAD는 $\overline{PA}=\overline{PD}$인 이등변삼각형이므로

$\angle$PAD$=\dfrac{1}{2}\times(180°-50°)=65°$

$\overline{PA}$는 접선이므로

$\angle$ACD$=\angle$PAD$=65°$

따라서 $\triangle$ACD에서

$\angle x+2\angle x+2\angle x+65°=180°$

$5\angle x=115°$ $\quad\therefore \angle x=23°$

$\therefore \angle$ADC$=4\angle x=4\times23°=92°$

0539 탭 5°

$\overleftrightarrow{PQ}$는 접선이므로

$\angle x=\angle$BTQ$=\angle$ATP$=\angle$ADT$=70°$

$\triangle$TCB에서

$\angle y=180°-(45°+70°)=65°$

$\therefore \angle x-\angle y=70°-65°=5°$

0540 탭 126°

$\overleftrightarrow{ET}$는 접선이므로

$\angle y=\angle$ABT$=63°$,

$\angle x=\angle y=63°$

$\therefore \angle x+\angle y=63°+63°=126°$

0541 탭 ④

접선과 현이 이루는 각의 성질에 의하여

$\angle$CAP$=\angle$CPF

맞꼭지각의 크기는 같으므로

$\angle$CPF$=\angle$EPD

접선과 현이 이루는 각의 성질에 의하여

$\angle$EPD$=\angle$DBP

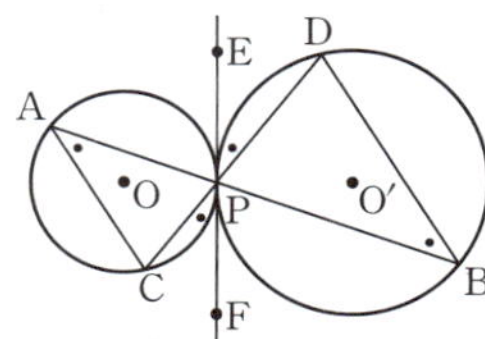

따라서 크기가 나머지 넷과 다른 하나는 ④이다.

0542 탭 85°

$\overleftrightarrow{EF}$는 접선이므로

$\angle$CPF$=\angle$CAP$=35°$, $\angle$BPF$=\angle$BDP$=60°$

따라서 평각의 크기는 180°이므로

$\angle$APC$=180°-(35°+60°)=85°$

0543 탭 ③, ④

②, ③ $\triangle$TAB와 $\triangle$TDC에서

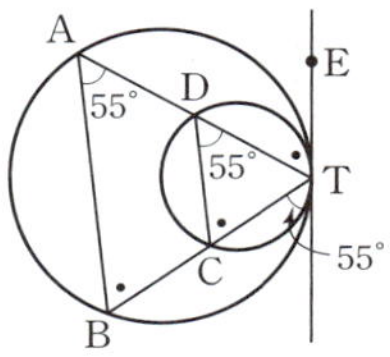

$\angle$BAT$=\angle$CDT,

$\angle$DTC는 공통이므로

$\triangle$TAB$\backsim\triangle$TDC (AA 닮음)

$\therefore \overline{DT}:\overline{DC}=\overline{AT}:\overline{AB}$

④ $\angle$DTC$+\angle$DTE$=180°-55°=125°$

⑤ $\angle$BAT$=\angle$CDT이므로 $\overline{AB}/\!/\overline{DC}$ (동위각)

즉, $\square$ABCD는 사다리꼴이다.

따라서 옳지 않은 것은 ③, ④이다.

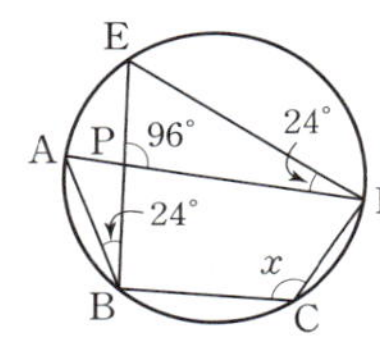

0544 탭 ④

$\angle$ADE$=\angle$ABE$=24°$

$\triangle$PDE에서

$\angle$PED$=180°-(96°+24°)=60°$

$\square$BCDE가 원에 내접하므로

$\angle x=180°-60°=120°$

0545 탭 $\dfrac{15\sqrt{3}}{2}$

$\square$ABCD가 원에 내접하므로

$\angle$BCD$=180°-120°=60°$

$\therefore \triangle$BCD$=\dfrac{1}{2}\times6\times5\times\sin60°$

$\qquad\qquad =\dfrac{1}{2}\times6\times5\times\dfrac{\sqrt{3}}{2}=\dfrac{15\sqrt{3}}{2}$

0546 탭 180°

$\square$ABCD가 원에 내접하므로 $\angle$DAP$=\angle$BCD

$\therefore \angle$DAP$+\angle$DCQ$=\angle$BCD$+\angle$DCQ$=180°$

0547 탭 ㄴ, ㄷ

ㄴ. $\triangle$PCD에서 $\angle$CDP$+54°=104°$이므로 $\angle$CDP$=50°$

$\angle$BAC$=\angle$BDC이므로 $\square$ABCD가 원에 내접한다.

ㄷ. $\angle$DCE$=\angle$BAD이므로 $\square$ABCD가 원에 내접한다.

ㄹ. $\triangle$BCD에서 $\angle$BCD$=180°-(33°+42°)=105°$

$\angle$A$+\angle$C$=85°+105°=190°\neq180°$이므로 $\square$ABCD는 원에
내접하지 않는다.

따라서 $\square$ABCD가 원에 내접하는 것은 ㄴ, ㄷ이다.

0548 답 540°

❶ 보조선을 적당히 그어 원에 내접하는 사각형을 만든다.

❷ 원에 내접하는 사각형의 성질을 이용하여 문제를 해결하기 위해 필요한 각의 크기의 합들을 구한다.

❸ 인지, 정선, 정미, 중호가 각각 양 옆의 친구들과 이루는 각의 크기의 합을 구한다.

오른쪽 그림과 같이 보조선을 그으면

인지, 혜진, 정선, 석재의 위치를 꼭짓점

으로 하는 사각형은 원에 내접하므로

$\angle a + \angle b = 180°$

또 석재, 정선, 인진, 중호의 위치를 꼭짓

점으로 하는 사각형도 원에 내접하므로

$\angle c + \angle d = 180°$

마찬가지 방법으로 $\angle e + \angle f = 180°$

따라서 인지, 정선, 정미, 중호가 각각 양 옆의 친구들과 이루는 각

의 크기의 합은

$\angle a + \angle b + \angle c + \angle d + \angle e + \angle f = 180° \times 3 = 540°$

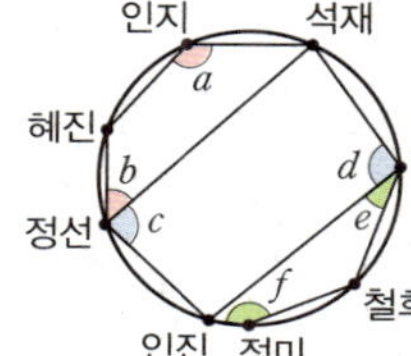

오른쪽 그림과 같이 보조선을 그어도 주어

진 문제를 해결할 수 있어.

중요한 것은 원에 내접하는 사각형을 만들

어 내는 거야.

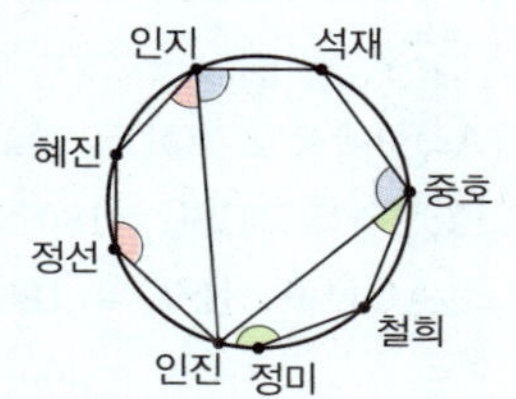

0549 답 40°

오른쪽 그림과 같이 $\overline{OC}$, $\overline{AD}$를 긋자.

$\angle BEC = \angle x$라 하면 $\angle BOC = 2\angle x$

즉, $\angle AOC = 2\angle x + 30°$이므로

$\angle ADC = \angle x + 15°$ ⋯ ㉠

□ADEF가 원에 내접하므로

$\angle ADE = 180° - 120° = 60°$

$\angle ADC + \angle ADE = 115°$이므로 $(\angle x + 15°) + 60° = 115°$

$\therefore \angle x = 40°$ $\therefore \angle BEC = 40°$

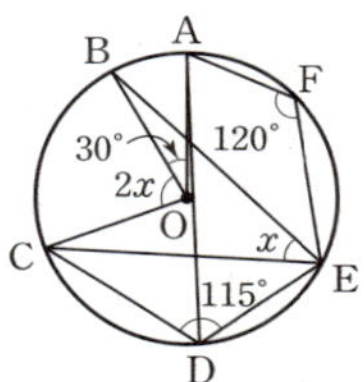

0550 답 37°

□ABCD가 원에 내접하므로 $\angle BAD = 180° - 127° = 53°$

$\triangle APD$에서 $\angle CDQ = 37° + 53° = 90°$

따라서 $\triangle CQD$에서 $\angle x + 90° = 127°$ $\therefore \angle x = 37°$

0551 답 ①, ⑤

①, ② □APQD, □PBCQ가 각각 원에 내접하

므로 $\angle PAD = \angle CQP = 82°$

$\therefore \angle ABC = 180° - 82° = 98°$

또 $\angle APQ = \angle BCQ = 82°$

③, ④ $\angle ABC = 98°$이므로 $\overline{AB} /\!/ \overline{DC}$, $\overline{AD} /\!/ \overline{BC}$

즉, □ABCD는 평행사변형이므로

$\overline{AD} = 2$이면 $\overline{BC} = 2$이다.

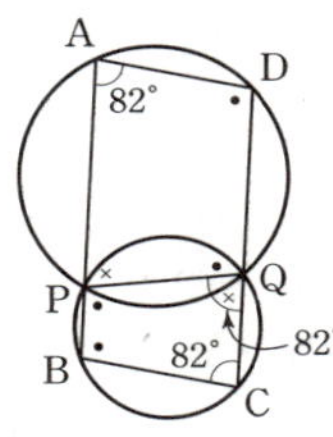

⑤ $\angle BAD + \angle BCD = 82° + 82° = 164° \neq 180°$이므로 네 점 A, B, C, D는 한 원 위에 있지 않다.

따라서 옳지 않은 것은 ①, ⑤이다.

0552 답 $\angle x = 88°$, $\angle y = 87°$

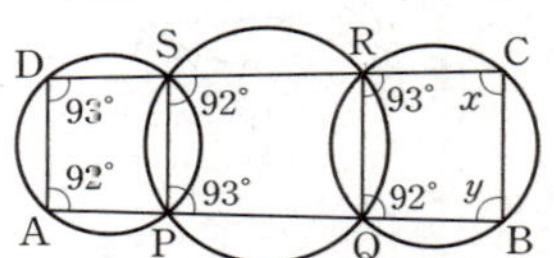

$\angle DAP = \angle PSR = \angle BQR = 92°$이고

$\angle x + \angle BQR = 180°$이므로 $\angle x = 88°$

$\angle ADS = \angle SPQ = \angle CRQ = 93°$이고

$\angle y + \angle CRQ = 180°$이므로 $\angle y = 87°$

0553 답 98°

$\triangle APT$에서 $\angle ATP = 180° - (31° + 51°) = 98°$

$\overrightarrow{PT}$는 접선이므로 $\angle x = \angle ATP = 98°$

0554 답 90°

$\overparen{AB} : \overparen{BC} : \overparen{CA} = 9 : 5 : 4$이고, 한 원을 이루는 모든 호에 대한 원

주각의 크기의 합은 180°이므로 $\triangle ABC$에서

$\angle ACB = \dfrac{9}{9+5+4} \times 180° = \dfrac{1}{2} \times 180° = 90°$

이때 $\overrightarrow{AT}$는 접선이므로 $\angle BAT = \angle ACB = 90°$

0555 답 ⑤

오른쪽 그림과 같이 $\overline{CT}$를 긋자.

$\triangle BTC$에서 $\overrightarrow{PT}$는 접선이므로

$\angle TCB = \angle BTP = 64°$

$\overline{BC}$는 원의 지름이므로 $\angle BTC = 90°$

$\therefore \angle x = 180° - (64° + 90°) = 26°$

또 $\angle y = \angle x = 26°$

$\therefore \angle x + \angle y = 26° + 26° = 52°$

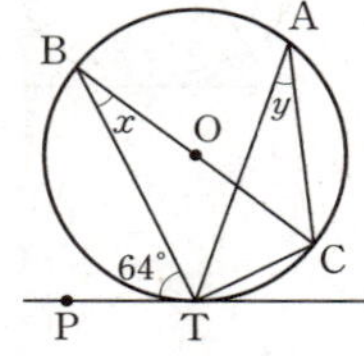

0556 답 $\angle x = 29°$, $\angle y = 61°$

오른쪽 그림과 같이 $\overline{OD}$, $\overline{BC}$를 긋자.

$\overline{AC}$는 반원 O'의 접선이므로

$\angle DOB = \angle BDC = \angle y$

$\overline{OB}$는 반원 O'의 지름이므로

$\angle ODB = 90°$

즉, $\triangle DOB$에서 $\angle x + \angle y + 90° = 180°$

$\therefore \angle x + \angle y = 90°$ ⋯ ㉠

$\overline{AB}$는 반원 O의 지름이므로 $\angle ACB = 90°$

$\therefore \angle ABC = 180° - (32° + 90°) = 58°$

$\triangle BCD$에서 $\angle CBD = 90° - \angle y = \angle x$

즉, $\angle ABC = 2\angle x$이므로

$2\angle x = 58°$ $\therefore \angle x = 29°$

따라서 ㉠에서

$\angle y = 90° - \angle x = 90° - 29° = 61°$

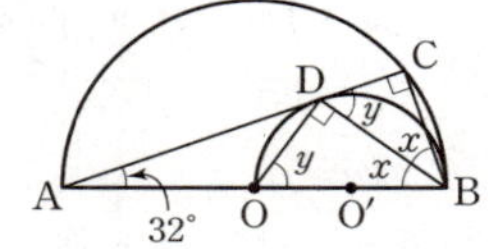

0557 답 ②

$\triangle$AFB에서 $\overline{FA}=\overline{FB}$이므로

$\angle ABF=\dfrac{1}{2}\times(180^\circ-100^\circ)$

$\qquad\quad=40^\circ$

$\overline{BF}$는 접선이므로

$\angle ADB=\angle ABF=40^\circ$

$\overline{HC}$는 접선이므로

$\angle DBC=\angle DCH=\angle z$

$\square$ABCD가 원에 내접하므로

$(40^\circ+\angle y)+(\angle x+\angle z)=180^\circ$

$\therefore \angle x+\angle y+\angle z=140^\circ$

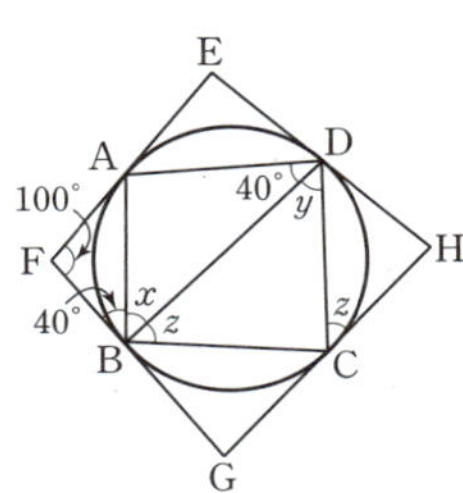

0558 답 유클리드

❶ 접선과 현이 이루는 각의 성질과 이등변삼각형의 성질, 삼각형의 외각의 성질을 이용하여 ❶의 $\angle x$의 크기에 해당하는 글자를 찾는다.

❷ 접선과 현이 이루는 각의 성질과 접선의 성질, 이등변삼각형의 성질을 이용하여 ❷의 $\angle x$의 크기에 해당하는 글자를 찾는다.

❸ 접선과 현이 이루는 각의 성질을 이용하여 ❸의 $\angle x$의 크기에 해당하는 글자를 찾는다.

❹ 접선과 현이 이루는 각의 성질, 사각형이 원에 내접할 조건을 이용하여 ❹의 $\angle x$의 크기에 해당하는 글자를 찾는다.

❺ 주어진 조건을 만족시키는 수학자의 이름을 구한다.

❶ 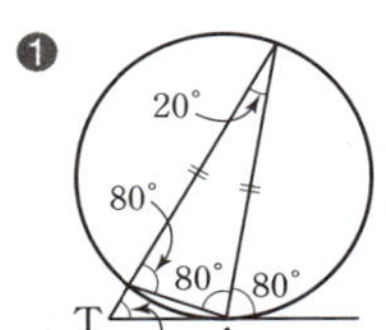

$\angle x=80^\circ-20^\circ$

$\qquad\quad=60^\circ$

➡ 유

❷ 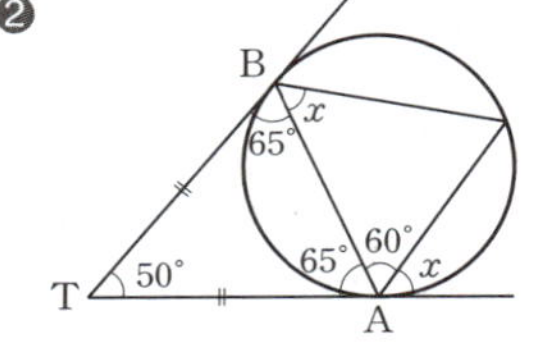

$\angle x=180^\circ-(65^\circ+60^\circ)$

$\qquad\quad=55^\circ$

➡ 클

❸ 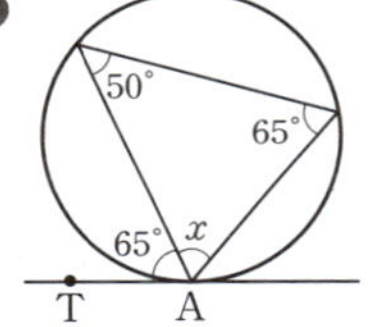

$\angle x=180^\circ-(50^\circ+65^\circ)$

$\qquad\quad=65^\circ$

➡ 리

❹ 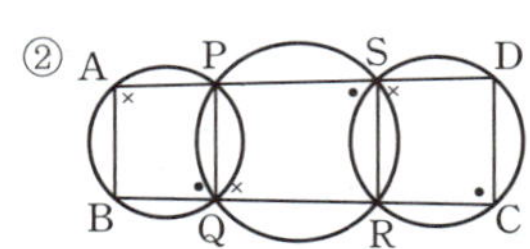

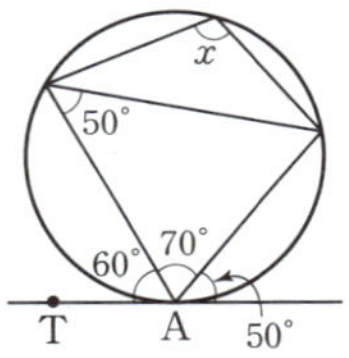

$\angle x=180^\circ-70^\circ$

$\qquad\quad=110^\circ$

➡ 드

따라서 구하는 수학자의 이름은 유클리드이다.

0559 답 ②, ⑤

① 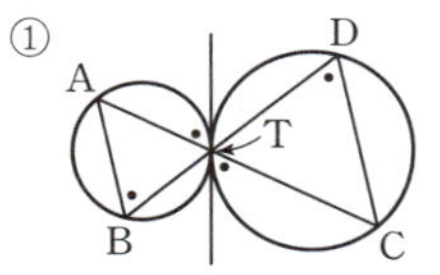

엇각의 크기가 같으므로

$\overline{AB}/\!/\overline{CD}$

②

$\bullet+\times=180^\circ$

동위각이나 엇각의 크기가

같은지는 알 수 없다.

③ 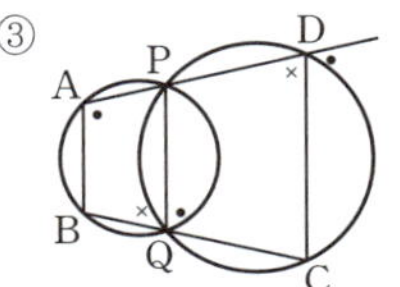

④ 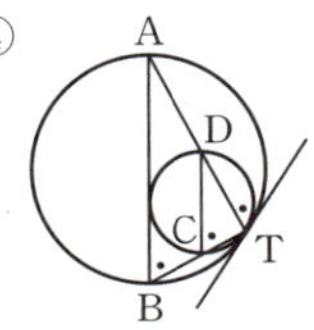

동위각의 크기가 같으므로

$\overline{AB}/\!/\overline{CD}$

동위각의 크기가 같으므로

$\overline{AB}/\!/\overline{CD}$

⑤ 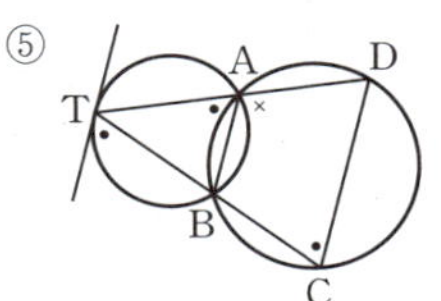

$\bullet+\times=180^\circ$

동위각이나 엇각의 크기가

같은지는 알 수 없다.

따라서 $\overline{AB}$와 $\overline{CD}$가 서로 평행하지 않은 것은 ②, ⑤이다.

0560 답 풀이 참조

$\angle A=2\angle a$, $\angle B=2\angle b$, $\angle C=2\angle c$, $\angle D=2\angle d$라 하면

$2\angle a+2\angle b+2\angle c+2\angle d=360^\circ$

$\therefore \angle a+\angle b+\angle c+\angle d=180^\circ \quad\cdots\ \ominus$

$\triangle$AQD에서 $\angle AQD=180^\circ-\angle a-\angle d \qquad\cdots\ (\text{i})$

$\triangle$BCS에서 $\angle BSC=180^\circ-\angle b-\angle c \qquad\cdots\ (\text{ii})$

$\therefore \angle AQD+\angle BSC=(180^\circ-\angle a-\angle d)+(180^\circ-\angle b-\angle c)$

$\qquad\qquad\qquad\qquad\quad=360^\circ-(\angle a+\angle b+\angle c+\angle d)$

$\qquad\qquad\qquad\qquad\quad=360^\circ-180^\circ\ (\because\ \ominus)$

$\qquad\qquad\qquad\qquad\quad=180^\circ$

따라서 $\square$PQRS에서 한 쌍의 대각의 크기의 합이 180°이므로

$\square$PQRS는 원에 내접한다. $\qquad\cdots\ (\text{iii})$

채점 기준	배점
(i) $\angle AQD$의 크기를 식으로 나타낸 경우	30 %
(ii) $\angle BSC$의 크기를 식으로 나타낸 경우	30 %
(iii) $\square$PQRS가 원에 내접함을 설명한 경우	40 %

0561 답 40°

오른쪽 그림과 같이 $\overline{AC}$를 긋자.

$\overline{PA}/\!/\overline{CD}$이므로

$\angle APB=\angle PCD=\angle x\ (\text{엇각}) \qquad\cdots\ (\text{i})$

$\overrightarrow{PA}$는 접선이므로

$\angle ACB=\angle PAB=25^\circ \qquad\cdots\ (\text{ii})$

$\overline{BC}$는 원의 지름이므로

$\angle BAC=90^\circ \qquad\cdots\ (\text{iii})$

따라서 $\triangle$PAC에서

$\angle x+(25^\circ+90^\circ)+25^\circ=180^\circ$

$\therefore \angle x=40^\circ \qquad\cdots\ (\text{iv})$

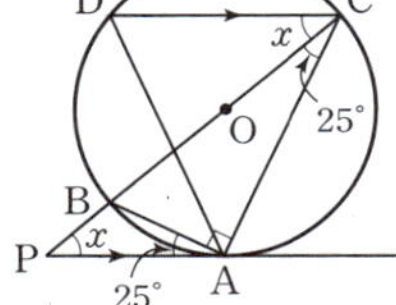

채점 기준	배점
(i) $\angle APB=\angle PCD$임을 설명한 경우	20 %
(ii) $\angle ACB$의 크기를 구한 경우	20 %
(iii) $\angle BAC$의 크기를 구한 경우	30 %
(iv) $\angle x$의 크기를 구한 경우	30 %

Ⅶ. 통계

06. 대푯값과 산포도

: CONCEPT 개념 체크

본문 095쪽

0562 답 5

$(평균)=\dfrac{4+8+3+3+7}{5}=\dfrac{25}{5}=5$

0563 답 7

$(평균)=\dfrac{9+6+5+11+8+3}{6}=\dfrac{42}{6}=7$

0564 답 86

$(평균)=\dfrac{77+86+80+85+95+93}{6}=\dfrac{516}{6}=86$

0565 답 21

$(평균)=\dfrac{17+19+20+21+23+25+23+20}{8}$

$\qquad=\dfrac{168}{8}=21$

0566 답 80

변량을 작은 값부터 크기순으로 나열하면

70, 70, 80, 90, 120

이므로 중앙값은 $\dfrac{5+1}{2}=3$(번째) 변량인 80이다.

0567 답 6

변량을 작은 값부터 크기순으로 나열하면

3, 4, 5, 7, 8, 9

이므로 중앙값은 $\dfrac{6}{2}=3$(번째)와 $\dfrac{6}{2}+1=4$(번째) 변량인

5와 7의 평균이다.

$\therefore \dfrac{5+7}{2}=6$

0568 답 7

변량을 작은 값부터 크기순으로 나열하면

3, 5, 6, 6, 8, 9, 11, 12

이므로 중앙값은 $\dfrac{8}{2}=4$(번째)와 $\dfrac{8}{2}+1=5$(번째) 변량인

6과 8의 평균이다.

$\therefore \dfrac{6+8}{2}=7$

0569 답 82

변량을 작은 값부터 크기순으로 나열하면

67, 68, 75, 82, 86, 94, 96

이므로 중앙값은 $\dfrac{7+1}{2}=4$(번째) 변량인 82이다.

0570 답 3

0571 답 없다.

0572 답 2

0573 답 8, 9

0574 답 9회

$(평균)=\dfrac{7+15+11+6+8+7+9}{7}=\dfrac{63}{7}=9(회)$

0575 답 8회

변량을 작은 값부터 크기순으로 나열하면

6회, 7회, 7회, 8회, 9회, 11회, 15회

이므로 중앙값은 8회이다.

0576 답 7회

0577 답 10, 2, $\sqrt{2}$

0578 답 분산: 8, 표준편차: $2\sqrt{2}$

$(평균)=\dfrac{2+4+6+8+10}{5}=\dfrac{30}{5}=6$이므로

$(분산)=\dfrac{(-4)^2+(-2)^2+0^2+2^2+4^2}{5}=\dfrac{40}{5}=8$

$(표준편차)=\sqrt{8}=2\sqrt{2}$

0579 답 분산: 4.4, 표준편차: $\sqrt{4.4}$

$(평균)=\dfrac{3+7+8+8+9}{5}=\dfrac{35}{5}=7$이므로

$(분산)=\dfrac{(-4)^2+0^2+1^2+1^2+2^2}{5}=\dfrac{22}{5}=4.4$

$(표준편차)=\sqrt{4.4}$

0580 답 분산: 10, 표준편차: $\sqrt{10}$

$(평균)=\dfrac{6+7+4+13+10}{5}=\dfrac{40}{5}=8$이므로

$(분산)=\dfrac{(-2)^2+(-1)^2+(-4)^2+5^2+2^2}{5}=\dfrac{50}{5}=10$

$(표준편차)=\sqrt{10}$

0581 답 분산: $\dfrac{20}{3}$, 표준편차: $\dfrac{2\sqrt{15}}{3}$

$(평균)=\dfrac{7+10+11+15+8+9}{6}=\dfrac{60}{6}=10$이므로

$(분산)=\dfrac{(-3)^2+0^2+1^2+5^2+(-2)^2+(-1)^2}{6}=\dfrac{40}{6}=\dfrac{20}{3}$

$(표준편차)=\sqrt{\dfrac{20}{3}}=\dfrac{2\sqrt{15}}{3}$

0582 답 분산: 5.5, 표준편차: $\sqrt{5.5}$

$(평균)=\dfrac{4+7+2+5+7+4+9+2}{8}=\dfrac{40}{8}=5$이므로

$(분산)=\dfrac{(-1)^2+2^2+(-3)^2+0^2+2^2+(-1)^2+4^2+(-3)^2}{8}$

$\qquad=\dfrac{44}{8}=5.5$

$(표준편차)=\sqrt{5.5}$

0583 답 분산: 62, 표준편차: $\sqrt{62}$

$$(\text{평균}) = \frac{80+86+98+78+92+88+76+74}{8} = \frac{672}{8} = 84$$

이므로

$$(\text{분산}) = \frac{(-4)^2+2^2+14^2+(-6)^2+8^2+4^2+(-8)^2+(-10)^2}{8}$$

$$= \frac{496}{8} = 62$$

$$(\text{표준편차}) = \sqrt{62}$$

0584 답 ×

두 반의 영어 성적의 평균이 같으므로 1반의 성적이 2반의 성적보다 우수하다고 할 수 없다.

0585 답 ○

1반의 영어 성적의 표준편차가 2반의 표준편차보다 작으므로 1반의 성적이 2반의 성적보다 고르다고 할 수 있다.

유형 마스터

본문 096~104쪽

0586 답 ③

$\dfrac{a+b+c}{3}=5$이므로 $a+b+c=15$

따라서 구하는 평균은

$$\frac{4+a+b+c+11}{5} = \frac{15+15}{5} = \frac{30}{5} = 6$$

0587 답 ③

$\dfrac{a+b+c+d+e}{5}=7$이므로 $a+b+c+d+e=35$

따라서 구하는 평균은

$$\frac{(a-2)+(b+4)+(c+5)+(d-3)+(e+6)}{5}$$

$$= \frac{(a+b+c+d+e)+10}{5}$$

$$= \frac{35+10}{5} = \frac{45}{5} = 9$$

0588 답 15.9분

$$(\text{평균}) = \frac{5+6+10+13+14+16+21+22+23+29}{10}$$

$$= \frac{159}{10} = 15.9(\text{분})$$

0589 답 ⑤

$$(\text{평균}) = \frac{12\times1+14\times3+16\times4+18\times9+20\times3}{1+3+4+9+3}$$

$$= \frac{12+42+64+162+60}{20}$$

$$= \frac{340}{20} = 17(\text{점})$$

0590 답 9

$$\frac{2+6+10+5+x+9+1+14}{8}=7 \text{이므로}$$

$$x+47=56 \qquad \therefore x=9$$

0591 답 72 cm

접근하기 4개의 끈의 길이를 각각 미지수로 놓고, 그 미지수에 대한 식을 세워 본다.

4개의 끈의 길이를 각각 a cm, b cm, c cm, d cm라 하면

$$\frac{a+b+c+d}{4}=24 \qquad \therefore a+b+c+d=96$$

각 끈의 길이를 한 변의 길이로 하는 정삼각형 4개의 둘레의 길이는 각각 $3a$ cm, $3b$ cm, $3c$ cm, $3d$ cm이므로 구하는 평균은

$$\frac{3a+3b+3c+3d}{4} = \frac{3(a+b+c+d)}{4} = \frac{3\times96}{4} = 72(\text{cm})$$

0592 답 91점

잘못 본 점수를 x점, 잘못 구한 평균을 y점, 점수를 바르게 본 11명의 학생의 점수의 합을 A점이라 하면

$$y = \frac{A+x}{12} \qquad\qquad \cdots \text{㉠}$$

이때 바르게 구한 평균은 $(y-1)$점이므로

$$y-1 = \frac{A+79}{12} \text{에서} \quad y = \frac{A+79}{12}+1 \qquad \cdots \text{㉡}$$

㉠, ㉡에서 $\dfrac{A+x}{12} = \dfrac{A+79}{12}+1$

$$A+x = A+79+12 \qquad \therefore x=91$$

따라서 79점을 91점으로 잘못 보았다.

0593 답 20회

변량을 작은 값부터 크기순으로 나열하면

13, 16, 16, 18, 19, 21, 21, 23, 24, 29

$$\therefore (\text{중앙값}) = \frac{19+21}{2} = 20(\text{회})$$

0594 답 ①

전체 학생 수는 $2+7+11+4=24$(명)이므로

구하는 중앙값은 $\dfrac{21+23}{2}=22$(개)

0595 답 ②

각 자료의 중앙값을 구하면

① 3 　　② $\dfrac{5+6}{2}=5.5$ 　　③ $\dfrac{3+5}{2}=4$

④ 5 　　⑤ 5

따라서 중앙값이 가장 큰 것은 ②이다.

0596 답 ②

두 선수의 점수를 작은 값부터 크기순으로 나열하면

선수 A(점): 4, 5, 5, 6, 7, 8, 8, 10, 10, 10

선수 B(점): 2, 3, 3, 6, 6, 7, 8, 9, 10, 10

따라서 선수 A의 점수의 중앙값은 $\dfrac{7+8}{2}=7.5$(점) 　　$\therefore a=7.5$

선수 B의 점수의 중앙값은 $\dfrac{6+7}{2}=6.5$(점) $\quad\therefore b=6.5$

$\therefore a+b=7.5+6.5=14$

0597 답 ⑤

⑤ 변량 중에서 극단적인 값이 있는 경우 중앙값이 평균보다
　자료의 중심 경향을 더 잘 나타낸다.

0598 답 90점

6명의 학생의 미술 점수를 작은 값부터 크기순으로 나열할 때,
4번째 점수를 x점이라 하자.
점수의 중앙값이 88점이므로

$\dfrac{86+x}{2}=88 \quad\therefore x=90$

즉, 4번째 점수는 90점이다.
모둠에 점수가 92점인 학생이 들어왔으므로 7명의 학생의 점수를
작은 값부터 크기순으로 나열하면 4번째 점수가 중앙값이다.
따라서 구하는 중앙값은 90점이다.

0599 답 ④

자료를 정리하면 다음 표와 같다.

점수(점)	4	5	6	7	8	9	10	합계
도수(명)	2	3	2	5	4	2	2	20

따라서 구하는 최빈값은 7점이다.

0600 답 ③

변량을 작은 값부터 크기순으로 나열하면
29세, 30세, 31세, 32세, 32세, 33세,
35세, 35세, 35세, 36세, 37세, 39세

중앙값은 $\dfrac{33+35}{2}=34$(세)이므로 $a=34$

최빈값은 35세이므로 $b=35$

$\therefore b-a=35-34=1$

0601 답 배드민턴

가장 많은 학생이 좋아하는 운동 경기는 배드민턴이므로
구하는 최빈값은 배드민턴이다.

참고 혈액형, 좋아하는 색과 같이 자료의 값이 수가 아닌 경우에는 대푯값으로
　최빈값이 적절하다.

0602 답 ③, ④

③ 최빈값은 없을 수도 있고, 2개 이상일 수도 있다.
④ 중앙값은 주어진 자료 중에 없을 수도 있다.

0603 답 ④, ⑤

진희의 점수를 작은 값부터 크기순으로 나열하면
7점, 7점, 8점, 9점, 10점이므로
중앙값은 8점, 최빈값은 7점이고,

$(\text{평균})=\dfrac{7+7+8+9+10}{5}=\dfrac{41}{5}=8.2$(점)

윤희의 점수를 작은 값부터 크기순으로 나열하면
6점, 7점, 8점, 8점, 9점이므로
중앙값은 8점, 최빈값은 8점이고,

$(\text{평균})=\dfrac{6+7+8+8+9}{5}=\dfrac{38}{5}=7.6$(점)

④ 진희의 점수의 최빈값은 평균보다 작다.
⑤ 진희의 점수의 중앙값과 윤희의 점수의 중앙값은 같다.

0604 답 15

중앙값이 13점이므로 변량을 작은 값부터 크기순으로 나열하면
9점, 11점, x점, 18점이다.

따라서 $\dfrac{11+x}{2}=13$이므로

$11+x=26 \quad\therefore x=15$

0605 답 ⑤

$\dfrac{4+5+3+7+x+6+3}{7}=5$이므로

$x+28=35 \quad\therefore x=7$
따라서 최빈값은 3, 7이다.

0606 답 ③

$\dfrac{15+20+22}{3}=\dfrac{20+22+x}{3}-5$이므로

$57=27+x \quad\therefore x=30$

0607 답 12

$a+3+4+5+b=20$이므로

$a+b=8 \qquad\cdots\ \bigcirc$

$\dfrac{1\times a+2\times 3+3\times 4+4\times 5+5\times b}{20}=3.5$이므로

$a+5b=32 \qquad\cdots\ \bigcirc$

$\bigcirc$, $\bigcirc$을 연립하여 풀면 $a=2$, $b=6$

$\therefore ab=2\times 6=12$

0608 답 6

5, 6, 7이 각각 두 번으로 가장 많이 나타나고, 자료의 최빈값은 1개
이므로 5, 6, 7 중 하나가 최빈값이다.
(ⅰ) $x=5$일 때, (최빈값)$=5$, (중앙값)$=5.5$
(ⅱ) $x=6$일 때, (최빈값)$=6$, (중앙값)$=6$
(ⅲ) $x=7$일 때, (최빈값)$=7$, (중앙값)$=6$
따라서 (ⅰ)~(ⅲ)에서 중앙값과 최빈값이 서로 같을 때의 x의 값은
6이다.

0609 답 4개

㈎ 5개의 수를 작은 것부터 크기순으로 나열할 때,
　3번째 수가 22이어야 하므로
　$a\geq 22$ $\qquad\qquad\cdots$ (i)
㈏ 6개의 수를 작은 것부터 크기순으로 나열할 때,
　3번째와 4번째 수의 평균이 30이어야 한다.
　이때 $\dfrac{25+35}{2}=30$이므로 $a\leq 25$ $\qquad\cdots$ (ii)
따라서 ㈎, ㈏에서 $22\leq a\leq 25$이므로 자연수 a의 값은
22, 23, 24, 25의 4개이다. $\qquad\qquad\cdots$ (iii)

채점 기준	배점
(i) 조건 ㈎에서 a의 값의 범위를 구한 경우	40 %
(ii) 조건 ㈏에서 a의 값의 범위를 구한 경우	40 %
(iii) 조건을 모두 만족시키는 자연수 a의 개수를 구한 경우	20 %

0610 답 24

접근하기 최빈값이 9로 유일함을 이용하여 a, b, c의 값을 추측해 본다.

최빈값이 9로 유일하므로 a, b, c 중 적어도 2개는 9이다.
중앙값이 7이므로 a, b, c 중 9가 아닌 값과 8의 평균이 7이다.
즉, a, b, c 중 9가 아닌 값은 6이다.
$\therefore a+b+c=24$

0611 답 -16
편차의 합은 0이므로
$-8+3+x+(-14)+2+20+13=0$
$x+16=0$ $\therefore x=-16$

0612 답 ④
편차의 합은 0이므로
$4+x+1+y+(-5)+(-2)=0$
$x+y+(-2)=0$ $\therefore x+y=2$

0613 답 ④
$(\text{평균})=\dfrac{6+5+7+9+2+7}{6}=\dfrac{36}{6}=6(\text{점})$이므로
각 점수의 편차는
0점, -1점, 1점, 3점, -4점, 1점
따라서 편차가 될 수 없는 것은 ④이다.

0614 답 81회
편차의 합은 0이므로
$-3+x+3+6+(-2)=0$
$x+4=0$ $\therefore x=-4$
이때 $(\text{변량})=(\text{편차})+(\text{평균})$이므로
$(\text{학생 B의 1분간 맥박 수})=-4+85=81(\text{회})$

0615 답 (1) -9 (2) 53 kg
(1) 편차의 합은 0이므로
$-4+(-1)+8+x+10+(-4)=0$
$x+9=0$ $\therefore x=-9$
(2) $(\text{변량})=(\text{편차})+(\text{평균})$이므로
$(\text{몸무게의 편차가 } -9\,\text{kg인 학생의 몸무게})=-9+62=53(\text{kg})$

0616 답 35개
혜원이가 암기한 영어 단어의 개수를 x개라 하면
$x=-5+40=35$
따라서 혜원이가 암기한 영어 단어의 개수는 35개이다.

0617 답 82점
편차의 합은 0이므로
$(x+7)+(-1)+(x-4)+x+(x+2)=0$
$4x+4=0$ $\therefore x=-1$
이때 학생 C의 수학 점수의 편차는 $-1-4=-5(\text{점})$이므로
$(\text{학생 C의 수학 점수})=-5+87=82(\text{점})$

0618 답 $\sqrt{4.6}$시간
$(\text{평균})=\dfrac{10+6+4+5+4+9+10+7+8+7}{10}$
$\qquad\quad =\dfrac{70}{10}=7(\text{시간})$
각 변량의 편차는 3시간, -1시간, -3시간, -2시간, -3시간,
2시간, 3시간, 0시간, 1시간, 0시간이므로
(분산)
$=\dfrac{3^2+(-1)^2+(-3)^2+(-2)^2+(-3)^2+2^2+3^2+0^2+1^2+0^2}{10}$
$=\dfrac{46}{10}=4.6$
$\therefore (\text{표준편차})=\sqrt{4.6}(\text{시간})$

0619 답 ⑤
$(\text{평균})=\dfrac{5+9+8+10+8}{5}=\dfrac{40}{5}=8(\text{회})$
각 변량의 편차는 -3회, 1회, 0회, 2회, 0회이므로
$\{(\text{편차})^2\text{의 총합}\}=(-3)^2+1^2+0^2+2^2+0^2=14$
즉, $(\text{분산})=\dfrac{14}{5}=2.8$이므로
$(\text{표준편차})=\sqrt{2.8}(\text{회})$
따라서 옳지 않은 것은 ⑤이다.

0620 답 $A=85$, $B=5$, $C=21.6$

	진희	윤지	동주	석민	민건
점수(점)	85	90	82	90	78
평균(점)	$A=\dfrac{85+90+82+90+78}{5}=\dfrac{425}{5}=85$				
편차(점)	0	$B=5$	-3	5	-7
$(\text{편차})^2$	0	25	9	25	49
분산	$C=\dfrac{0+25+9+25+49}{5}=\dfrac{108}{5}=21.6$				

0621 답 분산: 12, 표준편차: $2\sqrt{3}$점
$(\text{분산})=\dfrac{3^2+(-4)^2+5^2+(-1)^2+(-3)^2}{5}=\dfrac{60}{5}=12$
$\therefore (\text{표준편차})=\sqrt{12}=2\sqrt{3}(\text{점})$

0622 답 ③, ⑤
①, ② 편차의 합은 항상 0이다.
④ 두 자료의 분산만으로 평균을 알 수 없다.
따라서 옳은 것은 ③, ⑤이다.

0623 답 ⑤
ㄱ. A의 키의 편차는 1 cm, C의 키의 편차는 -2 cm이므로
   두 학생의 키의 차는
   $1-(-2)=3(\text{cm})$
ㄴ. D의 키의 편차를 x cm라 하면
   $1+3+(-2)+x+(-3)+4=0$
   $x+3=0$ $\therefore x=-3$
   D의 키의 편차와 E의 키의 편차가 서로 같으므로
   두 학생의 키는 서로 같다.

ㄷ. (분산)$=\dfrac{1^2+3^2+(-2)^2+(-3)^2+(-3)^2+4^2}{6}=\dfrac{48}{6}=8$

$\quad\quad\therefore$ (표준편차)$=\sqrt{8}=2\sqrt{2}(\mathrm{cm})$

ㄹ. F의 키의 편차가 $4\,\mathrm{cm}$로 가장 크므로 F의 키가 가장 크다.

따라서 옳은 것은 ㄴ, ㄷ, ㄹ이다.

0624 답 ④

(평균)$=\dfrac{(x+4)+(x+1)+x+(x-1)}{4}=\dfrac{4x+4}{4}=x+1$

각 변량의 편차는 $3,\ 0,\ -1,\ -2$이므로

(분산)$=\dfrac{3^2+0^2+(-1)^2+(-2)^2}{4}=\dfrac{14}{4}=\dfrac{7}{2}$

따라서 (표준편차)$=\sqrt{\dfrac{7}{2}}$이므로 $a=7$

0625 답 $\dfrac{60}{7}$

평균이 1이므로

$$\dfrac{-4+3+5+a+3+(-2)+b}{7}=1$$

$\therefore a+b=2 \hspace{5cm}\cdots\text{(i)}$

이때 중앙값이 2이고, 변량의 개수가 홀수 개이므로

$a,\ b$의 값 중 하나는 2이다.

$\therefore a=0,\ b=2\ (\because a<b) \hspace{3cm}\cdots\text{(ii)}$

각 자료의 편차는

$-5,\ 2,\ 4,\ -1,\ 2,\ -3,\ 1$이므로

(분산)$=\dfrac{(-5)^2+2^2+4^2+(-1)^2+2^2+(-3)^2+1^2}{7}$

$\quad\quad=\dfrac{60}{7} \hspace{5cm}\cdots\text{(iii)}$

채점 기준	배점
(i) $a+b$의 값을 구한 경우	30 %
(ii) a,b의 값을 각각 구한 경우	30 %
(iii) 분산을 구한 경우	40 %

0626 답 $\sqrt{12.8}$점

영주의 만족도를 x점이라 하면 민수, 지안, 우빈, 민아의 만족도는

각각 $(x-5)$점, $(x-1)$점, $(x-7)$점, $(x+3)$점이므로

(평균)$=\dfrac{(x-5)+(x-1)+x+(x-7)+(x+3)}{5}$

$\quad\quad=\dfrac{5x-10}{5}=x-2(\text{점})$

$\therefore$ (분산)$=\dfrac{(-3)^2+1^2+2^2+(-5)^2+5^2}{5}=\dfrac{64}{5}=12.8$

$\therefore$ (표준편차)$=\sqrt{12.8}(\text{점})$

0627 답 1

新 유형

접근하기 막대그래프로 나타낸 두 자료를 해석해 본다. 이때 A, B 두 자료는 각각 변량의 개수가 3개가 아닌 5개, 10개임에 주의한다.

(자료 A의 평균)$=\dfrac{a\times2+2a\times1+3a\times2}{2+1+2}=\dfrac{10a}{5}=2a$

(자료 B의 평균)$=\dfrac{b\times4+2b\times2+3b\times4}{4+2+4}=\dfrac{20b}{10}=2b$

(자료 A의 분산)

$=\dfrac{(a-2a)^2\times2+(2a-2a)^2\times1+(3a-2a)^2\times2}{5}=\dfrac{4a^2}{5}$

(자료 B의 분산)

$=\dfrac{(b-2b)^2\times4+(2b-2b)^2\times2+(3b-2b)^2\times4}{10}=\dfrac{8b^2}{10}=\dfrac{4b^2}{5}$

이때 자료 A와 자료 B의 표준편차가 같으므로 분산도 같다.

즉, $\dfrac{4a^2}{5}=\dfrac{4b^2}{5}$에서 $a^2=b^2$ $\quad\therefore a=b\ (\because a>0,\ b>0)$

$\therefore \dfrac{b}{a}=1$

0628 답 ①

$a+b+c+d=16$이므로 (평균)$=\dfrac{a+b+c+d}{4}=\dfrac{16}{4}=4$

또 $a^2+b^2+c^2+d^2=72$이므로

(분산)$=\dfrac{(a-4)^2+(b-4)^2+(c-4)^2+(d-4)^2}{4}$

$\quad\quad=\dfrac{a^2+b^2+c^2+d^2-8(a+b+c+d)+64}{4}$

$\quad\quad=\dfrac{72-8\times16+64}{4}=\dfrac{8}{4}=2$

따라서 $a,\ b,\ c,\ d$의 표준편차는 $\sqrt{2}$이다.

해설 속 칠판 곱셈 공식

(1) $(a+b)^2=a^2+2ab+b^2$
$\quad\ (a-b)^2=a^2-2ab+b^2$
(2) $(a+b)(a-b)=a^2-b^2$
(3) $(x+a)(x+b)=x^2+(a+b)x+ab$
(4) $(ax+b)(cx+d)=acx^2+(ad+bc)x+bd$

0629 답 25

5개의 변량의 평균이 4이므로

$$\dfrac{2+4+x+7+y}{5}=4$$

$x+y+13=20$ $\quad\therefore x+y=7 \hspace{2cm}\cdots\text{㉠}$

5개의 변량의 분산이 2.8이므로

$$\dfrac{(-2)^2+0^2+(x-4)^2+3^2+(y-4)^2}{5}=2.8$$

에서 $(x-4)^2+(y-4)^2=1$

$\therefore x^2+y^2-8(x+y)=-31 \hspace{2cm}\cdots\text{㉡}$

㉠을 ㉡에 대입하면 $x^2+y^2-56=-31$

$\therefore x^2+y^2=25$

0630 답 ④

5개 도시의 기온의 평균이 $16\,^\circ\mathrm{C}$이므로

$$\dfrac{a+12+16+b+28}{5}=16$$

$a+b+56=80$ $\quad\therefore a+b=24 \hspace{2cm}\cdots\text{㉠}$

또 표준편차는 $2\sqrt{10}\,^\circ\mathrm{C}$이므로 분산은 $(2\sqrt{10})^2=40$이다.

즉, $\dfrac{(a-16)^2+(-4)^2+0^2+(b-16)^2+12^2}{5}=40$에서

$(a-16)^2+(b-16)^2=40$

$\therefore a^2+b^2-32(a+b)+512=40 \hspace{2cm}\cdots\text{㉡}$

㉠을 ㉡에 대입하면 $a^2+b^2-32\times24+512=40$

$\therefore a^2+b^2=296$

0631 답 ①

편차의 합은 0이므로

$-4+a+3+b+0=0$

$\therefore a+b=1$ $\cdots$ ㉠

또 표준편차가 $\sqrt{6}$이므로 분산은 $(\sqrt{6})^2=6$이다.

즉, $\dfrac{(-4)^2+a^2+3^2+b^2+0^2}{5}=6$에서

$a^2+b^2+25=30$

$\therefore a^2+b^2=5$ $\cdots$ ㉡

$a^2+b^2=(a+b)^2-2ab$에 ㉠, ㉡을 대입하면

$5=1^2-2ab$

$2ab=-4$ $\therefore ab=-2$

> **해설 속 칠판 곱셈 공식의 변형**
>
> (1) $x^2+y^2=(x+y)^2-2xy$
> $\quad x^2+y^2=(x-y)^2+2xy$
> (2) $(x+y)^2=(x-y)^2+4xy$
> $\quad (x-y)^2=(x+y)^2-4xy$

0632 답 3

x, y, z의 평균이 8이므로

$\dfrac{x+y+z}{3}=8$에서 $x+y+z=24$

$\dfrac{(x-8)^2+(y-8)^2+(z-8)^2}{3}=3$이므로

$(x-8)^2+(y-8)^2+(z-8)^2=9$

따라서 $x+5$, $y+5$, $z+5$의

$\begin{aligned}(\text{평균})&=\dfrac{(x+5)+(y+5)+(z+5)}{3}\\&=\dfrac{(x+y+z)+15}{3}\\&=\dfrac{24+15}{3}=13\end{aligned}$

$\begin{aligned}(\text{분산})&=\dfrac{(x+5-13)^2+(y+5-13)^2+(z+5-13)^2}{3}\\&=\dfrac{(x-8)^2+(y-8)^2+(z-8)^2}{3}\\&=\dfrac{9}{3}=3\end{aligned}$

0633 답 6

a, b, c의 평균이 5이므로

$\dfrac{a+b+c}{3}=5$에서 $a+b+c=15$

a, b, c의 분산은 $2^2=4$이므로

$\dfrac{(a-5)^2+(b-5)^2+(c-5)^2}{3}=4$에서

$(a-5)^2+(b-5)^2+(c-5)^2=12$

따라서 $3a+1$, $3b+1$, $3c+1$의

$\begin{aligned}(\text{평균})&=\dfrac{(3a+1)+(3b+1)+(3c+1)}{3}\\&=\dfrac{3(a+b+c)+3}{3}\\&=\dfrac{45+3}{3}=16\end{aligned}$

$\begin{aligned}(\text{분산})&=\dfrac{(3a-15)^2+(3b-15)^2+(3c-15)^2}{3}\\&=\dfrac{9\{(a-5)^2+(b-5)^2+(c-5)^2\}}{3}\\&=\dfrac{9\times12}{3}=36\end{aligned}$

따라서 $3a+1$, $3b+1$, $3c+1$의 표준편차는 $\sqrt{36}=6$이다.

0634 답 12

a, b, c의 평균이 10이므로

$\dfrac{a+b+c}{3}=10$에서 $a+b+c=30$

$\begin{aligned}(3a,\ 3b,\ 3c\text{의 평균})&=\dfrac{3a+3b+3c}{3}=\dfrac{3(a+b+c)}{3}\\&=\dfrac{3\times30}{3}=30\end{aligned}$

$\therefore m=30$ $\cdots$ (i)

또 a, b, c의 분산은 $6^2=36$이므로

$\dfrac{(a-10)^2+(b-10)^2+(c-10)^2}{3}=36$에서

$(a-10)^2+(b-10)^2+(c-10)^2=108$

$\begin{aligned}(3a,\ 3b,\ 3c\text{의 분산})&=\dfrac{(3a-30)^2+(3b-30)^2+(3c-30)^2}{3}\\&=\dfrac{9\{(a-10)^2+(b-10)^2+(c-10)^2\}}{3}\\&=\dfrac{9\times108}{3}=324\end{aligned}$

$\therefore (3a,\ 3b,\ 3c\text{의 표준편차})=\sqrt{324}=18$

$\therefore n=18$ $\cdots$ (ii)

$\therefore m-n=30-18=12$ $\cdots$ (iii)

채점 기준	배점
(i) m의 값을 구한 경우	40 %
(ii) n의 값을 구한 경우	40 %
(iii) $m-n$의 값을 구한 경우	20 %

0635 답 평균: 19, 분산: 20

a, b, c, d의 평균이 10이므로

$\dfrac{a+b+c+d}{4}=10$에서

$a+b+c+d=40$

a, b, c, d의 분산이 5이므로

$\dfrac{(a-10)^2+(b-10)^2+(c-10)^2+(d-10)^2}{4}=5$에서

$(a-10)^2+(b-10)^2+(c-10)^2+(d-10)^2=20$

따라서 $2a-1$, $2b-1$, $2c-1$, $2d-1$의

$\begin{aligned}(\text{평균})&=\dfrac{(2a-1)+(2b-1)+(2c-1)+(2d-1)}{4}\\&=\dfrac{2(a+b+c+d)-4}{4}=\dfrac{2\times40-4}{4}=19\end{aligned}$

$\begin{aligned}(\text{분산})&=\dfrac{(2a-20)^2+(2b-20)^2+(2c-20)^2+(2d-20)^2}{4}\\&=\dfrac{4\{(a-10)^2+(b-10)^2+(c-10)^2+(d-10)^2\}}{4}\\&=(a-10)^2+(b-10)^2+(c-10)^2+(d-10)^2=20\end{aligned}$

0636 답 4점

남학생 18명의 (편차)^{2}의 총합은 $18\times(\sqrt{5})^2=90$

여학생 22명의 (편차)^{2}의 총합은 $22\times5^2=550$

따라서 전체 학생 40명의 (편차)^{2}의 총합은

$90+550=640$이므로 (분산)$=\dfrac{640}{40}=16$

$\therefore$ (표준편차)$=\sqrt{16}=4$(점)

0637 답 $2\sqrt{2}$개

왼손 타자 10명의 평균과 오른손 타자 20명의 평균이 같으므로

전체 타자 30명의 평균도 같다.

이때 왼손 타자 10명의 (편차)^{2}의 총합은 $10\times(\sqrt{6})^2=60$,

오른손 타자 20명의 (편차)^{2}의 총합은 $20\times3^2=180$

따라서 전체 타자 30명의 (편차)^{2}의 총합은

$60+180=240$이므로 (분산)$=\dfrac{240}{30}=8$

$\therefore$ (표준편차)$=\sqrt{8}=2\sqrt{2}$(개)

0638 답 ⑤

① 두 반을 합한 50명의 사용 시간의 평균은

$\dfrac{24\times120+26\times120}{50}=\dfrac{6000}{50}=120$(분)

② 1반의 사용 시간의 (편차)^{2}의 총합은 $24\times(5\sqrt{5})^2=3000$

③ 2반의 사용 시간의 (편차)^{2}의 총합은 $26\times10^2=2600$

④ 두 반을 합한 50명의 사용 시간의 분산은

$\dfrac{3000+2600}{50}=\dfrac{5600}{50}=112$

⑤ 두 반을 합한 50명의 사용 시간의 표준편차는 $\sqrt{112}=4\sqrt{7}$(분)

따라서 옳지 않은 것은 ⑤이다.

0639 답 ①

①, ② 표준편차가 작을수록 무게의 분포가 고르다.

　즉, A상자가 B상자보다 무게의 분포가 고르다.

③, ④ 두 상자 A, B의 표준편차가 다르므로 무게의 분포가 다르다.

⑤ 가장 무거운 달걀이 어느 상자에 들어 있는지는 알 수 없다.

따라서 옳은 것은 ①이다.

0640 답 1반

표준편차가 4분으로 가장 작은 1반의 대중교통을 이용한 시간의 분포

가 가장 고르다.

0641 답 (1) B중학교 (2) A중학교

접근하기	자료의 분포를 나타낸 그래프에서 두 중학교의 평균의 대소, 분포 상태를 파악한다.

(1) B중학교의 그래프가 A중학교의 그래프보다 오른쪽에 치우쳐 있

　으므로 B중학교의 수면 시간의 평균이 A중학교의 수면 시간의

　평균보다 더 길다.

(2) A중학교의 그래프가 B중학교의 그래프보다 폭이 좁으므로 A중

　학교의 수면 시간이 B중학교의 수면 시간보다 더 고르다.

0642 답 ②, ③

① 평균은 자료 전체를 이용하여 계산한다.

④ 분산, 표준편차는 대푯값이 아닌 산포도이다.

　대푯값에는 평균, 중앙값, 최빈값 등이 있다.

⑤ 자료의 변량을 작은 값부터 크기순으로 나열하였을 때,

　한가운데 있는 값은 중앙값이다.

따라서 옳은 것은 ②, ③이다.

0643 답 23.25 ℃

평균 기온을 조사한 날수는 30일이다.

따라서 중앙값은 15번째와 16번째의 값의 평균인

$\dfrac{23.1+23.4}{2}=23.25(℃)$

0644 답 90호

창의력 解결 단계
❶ 주어진 상황에서 평균, 중앙값, 최빈값 중 적절한 대푯값을 파악한다.
❷ 자료의 대푯값, 즉 문구점에서 가장 많이 준비해야 할 체육복의 치수를 구한다.

문구점에서 가장 많이 준비해야 할 체육복의 치수를 정할 때는 3일

동안 판매한 체육복의 치수 중 가장 많이 판매한 것을 선택해야 하므

로 최빈값이 이 자료의 대푯값으로 적절하다.

따라서 90호가 5벌로 가장 많이 판매되었으므로 최빈값 90호가 이

자료의 대푯값으로 가장 적절하다.

解결 속 칠판 적절한 대푯값 찾기
(1) 평균: 평균은 대푯값으로 가장 많이 쓰이며 자료 중에 극단적인 값이 있으면 그 값에 영향을 받는다.
(2) 중앙값: 자료 중 극단적인 값이 있는 경우 자료 전체의 특징을 잘 나타낼 수 있다.
(3) 최빈값: 중앙값과 마찬가지로 자료 중 극단적인 값이 있는 경우 자료 전체의 특징을 잘 나타낼 수 있다. 또 선호도를 조사하거나, 숫자로 나타내지 못하는 자료의 경우에 쓰인다.

0645 답 ⑤

ㄱ. 평균은 추가된 변량에 따라 변할 수도 있다.

ㄴ. 한 개의 변량을 추가해도 한가운데 있는 변량은 항상 6이므로

　중앙값은 변하지 않는다.

ㄷ. 6은 3개이고, 다른 변량은 각각 1개이므로 한 개의 변량이

　추가되더라도 최빈값은 6으로 변하지 않는다.

따라서 옳은 것은 ㄴ, ㄷ이다.

0646 답 13회

평균이 7회이므로 $\dfrac{4+6+8+9+a+10+9+4+8+6}{10}=7$

$64+a=70$　$\therefore a=6$

변량을 작은 값부터 크기순으로 나열하면

4회, 4회, 6회, 6회, 6회, 8회, 8회, 9회, 9회, 10회이므로

중앙값은 $\dfrac{6+8}{2}=7$(회), 최빈값은 6회이다.

따라서 중앙값과 최빈값의 합은 $7+6=13$(회)

0647 답 17

중앙값이 15이므로 $14 \leq a \leq 28$

변량을 작은 값부터 크기순으로 나열하면

10, 14, a, 28

따라서 $\dfrac{14+a}{2}=15$이므로

$14+a=30$　∴ $a=16$

∴ (평균)$=\dfrac{28+10+16+14}{4}=\dfrac{68}{4}=17$

0648 답 28

8개의 자연수를 작은 값부터 크기순으로 나열하면 최빈값은 중앙값과 같으므로 4번째와 5번째 수는 서로 같다.

즉, 3, 4 중 하나가 중앙값, 최빈값, 평균이 되어야 한다.

(i) 평균이 3인 경우

$\dfrac{1+2+3+4+5+6+a+b}{8}=3$

$a+b+21=24$　∴ $a+b=3$

이때 a, b 중 하나는 3이어야 하므로 불가능하다.

(ii) 평균이 4인 경우

$\dfrac{1+2+3+4+5+6+a+b}{8}=4$

$a+b+21=32$　∴ $a+b=11$

이때 a, b 중 어느 하나는 4, 나머지는 7이면 조건을 만족시킨다.

따라서 (i), (ii)에서 $a=4$, $b=7$ 또는 $a=7$, $b=4$이므로

$ab=28$

0649 답 ③

ㄱ. 득점의 평균을 m점이라 하면 B, E의 득점은 각각 $m-4$(점), $m-5$(점)이므로 득점의 차는

$(m-4)-(m-5)=1$(점)

ㄴ. D의 득점의 편차는 0점이므로 D의 득점은 5명의 득점의 평균과 같다.

ㄷ. 득점을 가장 많이 한 선수는 편차가 가장 큰 A이다.

따라서 옳은 것은 ㄱ, ㄴ이다.

0650 답 ③

E의 편차를 x mm라 하면

편차의 합은 0이므로

$-2+0+4+2+x=0$

$x+4=0$　∴ $x=-4$

C의 편차와 E의 편차의 차가

$4-(-4)=8$(mm)이므로

E의 발 사이즈는 $262-8=254$(mm)

0651 답 ④

① 변량을 작은 값부터 크기순으로 나열하면

1회, 1회, 2회, 3회, 4회, 4회, 4회, 5회이므로

(중앙값)$=\dfrac{3+4}{2}=3.5$(회)

② 4회의 도수가 가장 많으므로 최빈값은 4회이다.

③ 편차의 합은 항상 0이다.

④, ⑤ (평균)$=\dfrac{1+5+4+4+2+1+4+3}{8}=\dfrac{24}{8}=3$(회)이므로

(분산)$=\dfrac{(-2)^2+2^2+1^2+1^2+(-1)^2+(-2)^2+1^2+0^2}{8}$

$\qquad=\dfrac{16}{8}=2$

∴ (표준편차)$=\sqrt{2}$

따라서 옳지 않은 것은 ④이다.

0652 답 ②

10발을 쏘아 얻은 점수는

1점, 2점, 2점, 3점, 3점, 3점, 3점, 4점, 4점, 5점이다.

∴ (평균)$=\dfrac{1+2\times2+3\times4+4\times2+5}{10}=\dfrac{30}{10}=3$(점)

∴ (분산)

$=\dfrac{(1-3)^2+(2-3)^2\times2+(3-3)^2\times4+(4-3)^2\times2+(5-3)^2}{10}$

$=\dfrac{12}{10}=1.2$

0653 답 $\sqrt{10}$ kg

창의력 해결 단계

❶ 편차의 합이 0임을 이용하여 진수의 몸무게의 편차를 구한다.

❷ 축구 부원 5명의 몸무게의 편차를 이용하여 몸무게의 표준편차를 구한다.

진수의 몸무게의 편차를 x kg이라 하면

$1+(-5)+2+x+4=0$

$x+2=0$　∴ $x=-2$

즉, 진수의 몸무게의 편차는 -2 kg이다.

∴ (분산)$=\dfrac{1^2+(-5)^2+2^2+(-2)^2+4^2}{5}=\dfrac{50}{5}=10$

∴ (표준편차)$=\sqrt{10}$(kg)

0654 답 ④

a, b, c, d, e의 평균이 3이므로

$\dfrac{a+b+c+d+e}{5}=3$

∴ $a+b+c+d+e=15$　　　　　… ㉠

a, b, c, d, e의 표준편차가 $\sqrt{2}$이므로 분산은 $(\sqrt{2})^2=2$이다.

즉, $\dfrac{(a-3)^2+(b-3)^2+(c-3)^2+(d-3)^2+(e-3)^2}{5}=2$에서

$\dfrac{a^2+b^2+c^2+d^2+e^2-6(a+b+c+d+e)+45}{5}=2$　　… ㉡

㉡에 ㉠을 대입하여 정리하면

$a^2+b^2+c^2+d^2+e^2=55$

따라서 a^2, b^2, c^2, d^2, e^2의 평균은

$\dfrac{a^2+b^2+c^2+d^2+e^2}{5}=\dfrac{55}{5}=11$

0655 답 ①

5, a, b, 13의 평균이 10이므로

$\dfrac{5+a+b+13}{4}=10$에서 $a+b+18=40$

∴ $a+b=22$　　　　　　　　　… ㉠

5, a, b, 13의 표준편차가 6이므로 분산은 $6^2=36$이다.

즉, $\dfrac{(5-10)^2+(a-10)^2+(b-10)^2+(13-10)^2}{4}=36$ $\qquad\cdots\text{ⓛ}$

$\therefore (8,\ a+3,\ b+3,\ 16$의 평균$)=\dfrac{8+(a+3)+(b+3)+16}{4}$

$\qquad\qquad\qquad\qquad\qquad\ =\dfrac{a+b+30}{4}$

$\qquad\qquad\qquad\qquad\qquad\ =\dfrac{22+30}{4}\ (\because \text{ⓥ})$

$\qquad\qquad\qquad\qquad\qquad\ =\dfrac{52}{4}=13$

$\therefore (8,\ a+3,\ b+3,\ 16$의 분산$)$

$\qquad =\dfrac{(8-13)^2+(a+3-13)^2+(b+3-13)^2+(16-13)^2}{4}$

$\qquad =\dfrac{(5-10)^2+(a-10)^2+(b-10)^2+(13-10)^2}{4}$

$\qquad =36\ (\because \text{ⓛ})$

따라서 8, $a+3$, $b+3$, 16의 표준편차는 $\sqrt{36}=6$

0656 답 1240

영수의 사과 3개의 무게의 (편차)^{2}의 총합은

$3\times 20^2=1200$

지호의 사과 7개의 무게의 (편차)^{2}의 총합은

$7\times 40^2=11200$

따라서 전체 사과 10개의 무게의 (편차)^{2}의 총합은

$1200+11200=12400$이므로

$(\text{분산})=\dfrac{12400}{10}=1240$

0657 답 ①

각 자료의 평균은 모두 2이고, 주어진 자료 중 평균 2를 중심으로 흩어진 정도가 가장 큰 것은 ①이므로 표준편차가 가장 큰 것은 ①이다.

0658 답 ②, ③

① 두 반의 성적의 평균이 같으므로 1반의 성적이 더 우수하다고 할 수 없다.

② 2반의 성적의 표준편차가 1반의 성적의 표준편차보다 크므로 2반의 성적의 분산이 1반의 성적의 분산보다 크다.

③ 1반의 성적의 표준편차가 2반의 성적의 표준편차보다 작으므로 1반의 성적이 2반의 성적보다 더 고르다.

④ 두 반의 학생 수를 알 수 없으므로 두 반의 성적의 총합은 알 수 없다.

⑤ 성적이 가장 높은 학생이 어느 반에 속하는지는 알 수 없다.

따라서 옳은 것은 ②, ③이다.

0659 답 ㄱ, ㄷ

ㄱ. $(\text{학생 A의 평균})=\dfrac{1\times 4+2\times 2+3\times 3+4\times 2+5\times 4}{15}$

$\qquad\qquad\qquad\qquad =\dfrac{45}{15}=3(\text{개})$

$\quad (\text{학생 B의 평균})=\dfrac{1\times 3+2\times 3+3\times 3+4\times 3+5\times 3}{15}$

$\qquad\qquad\qquad\qquad =\dfrac{45}{15}=3(\text{개})$

$\quad (\text{학생 C의 평균})=\dfrac{1\times 2+2\times 3+3\times 5+4\times 3+5\times 2}{15}$

$\qquad\qquad\qquad\qquad =\dfrac{45}{15}=3(\text{개})$

$\quad$ 즉, 평균은 3개로 모두 같다.

ㄴ. 산포도가 가장 작은 학생은 변량들이 평균 3개에 가장 가까이 모여 있는 C이다.

ㄷ. 받은 메일의 개수의 변화가 가장 큰 학생은 변량들이 평균 3개에서 가장 멀리 흩어져 있는 A이다.

따라서 옳은 것은 ㄱ, ㄷ이다.

0660 답 97점

$(1$회부터 5회까지의 국어 성적의 총합$)$

$=91\times 5=455(\text{점})$ $\qquad\qquad\qquad\cdots\text{(i)}$

6회의 국어 성적을 x점이라 하면

$(1$회부터 6회까지의 국어 성적의 평균$)$

$=91+1=92(\text{점})$

이므로 $\dfrac{455+x}{6}=92$에서 $\qquad\qquad\cdots\text{(ii)}$

$455+x=552$ $\quad\therefore x=97$

따라서 6회의 국어 성적은 97점이다. $\qquad\cdots\text{(iii)}$

채점 기준	배점
(i) 1회부터 5회까지의 국어 성적의 총합을 구한 경우	30 %
(ii) 6회의 국어 성적을 구하는 식을 세운 경우	40 %
(iii) 6회의 국어 성적을 구한 경우	30 %

해설 속 칠판 **변량의 개수가 증가 또는 감소할 때의 평균**

변량의 개수가 n개일 때, 평균이 a이면 전체 변량의 총합은 na이므로

(1) 자료에 변량 x가 하나 추가되었을 때의 평균

$\Rightarrow \dfrac{na+x}{n+1}$

(2) 자료에서 변량 y가 하나 빠졌을 때의 평균

$\Rightarrow \dfrac{na-y}{n-1}$

0661 답 19시간

조건 ㈎, ㈐, ㈑에서 4명의 학생의 봉사 활동 시간은

16시간, 17시간, 19시간, 19시간이다. $\qquad\cdots\text{(i)}$

나머지 한 명의 학생의 봉사 활동 시간을 x시간이라 하면

조건 ㈏에서 평균은 18.2시간이므로

$\dfrac{16+17+19+19+x}{5}=18.2$에서

$71+x=91$ $\quad\therefore x=20$

즉, 나머지 한 명의 학생의 봉사 활동 시간은 20시간이다. $\qquad\cdots\text{(ii)}$

따라서 5명의 학생의 봉사 활동 시간을 작은 값부터 크기순으로 나열하면 16시간, 17시간, 19시간, 19시간, 20시간이므로

중앙값은 19시간이다. $\qquad\cdots\text{(iii)}$

채점 기준	배점
(i) 조건 ㈎, ㈐, ㈑로부터 4명의 학생의 봉사 활동 시간을 구한 경우	30 %
(ii) 조건 ㈏로부터 나머지 한 명의 학생의 봉사 활동 시간을 구한 경우	40 %
(iii) 자료의 중앙값을 구한 경우	30 %

0662 답 $100\sqrt{2}$ m

등고선의 간격이 100 m이므로 C지점의 높이를 h m라 하면
A, B, D, E 각 지점의 높이는
$(h+200)$ m, $(h+100)$ m, $(h-100)$ m, $(h-200)$ m … (i)
5개의 지점 A, B, C, D, E의 높이의 평균은
$$\frac{(h+200)+(h+100)+h+(h-100)+(h-200)}{5}$$
$$=\frac{5h}{5}=h\,(\text{m}) \qquad\qquad\qquad \cdots \text{(ii)}$$
5개의 지점 A, B, C, D, E의 높이의 분산은
$$\frac{200^2+100^2+0^2+(-100)^2+(-200)^2}{5}$$
$$=\frac{100000}{5}=20000 \qquad\qquad \cdots \text{(iii)}$$
따라서 5개의 지점 A, B, C, D, E의 높이의 표준편차는
$\sqrt{20000}=100\sqrt{2}\,(\text{m})$ … (iv)

채점 기준	배점
(i) 5개의 지점의 높이를 한 문자를 이용하여 나타낸 경우	20 %
(ii) 5개의 지점의 높이의 평균을 구한 경우	30 %
(iii) 5개의 지점의 높이의 분산을 구한 경우	20 %
(iv) 5개의 지점의 높이의 표준편차를 구한 경우	30 %

0663 답 138

6, 9, a, b, c의 평균이 7이므로
$\dfrac{6+9+a+b+c}{5}=7$에서
$a+b+c+15=35$
$\therefore a+b+c=20$ … ㉠ … (i)
6, 9, a, b, c의 표준편차가 $\sqrt{2}$이므로 분산은 $(\sqrt{2})^2=2$이다.
즉, $\dfrac{(-1)^2+2^2+(a-7)^2+(b-7)^2+(c-7)^2}{5}=2$에서
$(a-7)^2+(b-7)^2+(c-7)^2+5=10$
$(a-7)^2+(b-7)^2+(c-7)^2=5$
$a^2+b^2+c^2-14(a+b+c)+147=5$ … ㉡ … (ii)
㉠을 ㉡에 대입하면
$a^2+b^2+c^2-14\times20+147=5$
$\therefore a^2+b^2+c^2=138$ … (iii)

채점 기준	배점
(i) $a+b+c$의 값을 구한 경우	30 %
(ii) $a^2+b^2+c^2$을 포함하는 식을 세운 경우	30 %
(iii) $a^2+b^2+c^2$의 값을 구한 경우	40 %

07. 산점도와 상관관계

C : CONCEPT
개념 체크 본문 111쪽

0664 답

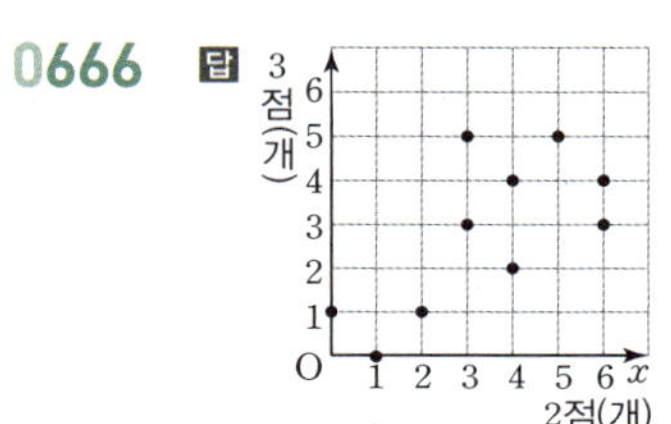

0665 답 할 수 있다.

0666 답

0667 답 5명

오른쪽 산점도에서 성공시킨 2점슛이 3개 이하인 선수를 나타내는 점은 $(0, 1)$, $(1, 0)$, $(2, 1)$, $(3, 3)$, $(3, 5)$의 5개이다.
따라서 구하는 선수의 수는 5명이다.

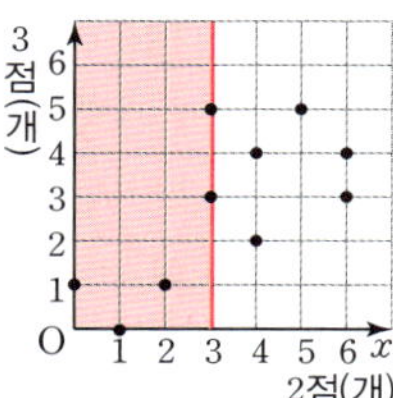

0668 답 3명

오른쪽 산점도에서 성공시킨 2점슛과 3점슛의 개수가 같은 선수를 나타내는 점은 대각선 위의 점인 $(3, 3)$, $(4, 4)$, $(5, 5)$의 3개이다.
따라서 구하는 선수의 수는 3명이다.

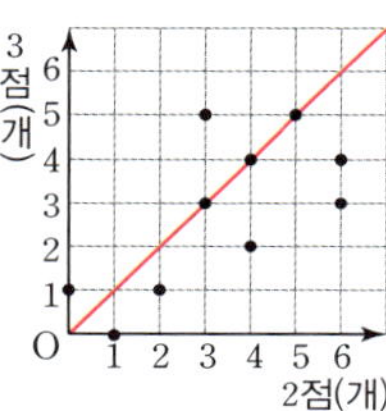

0669 답 5명

오른쪽 산점도에서 2점슛을 3점슛보다 더 많이 성공시킨 선수를 나타내는 점은 대각선 아래쪽에 속하는 점인 $(1, 0)$, $(2, 1)$, $(4, 2)$, $(6, 3)$, $(6, 4)$의 5개이다.
따라서 구하는 선수의 수는 5명이다.

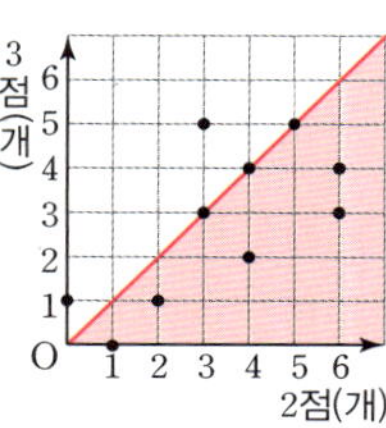

0670 답 ㄱ, ㄷ, ㅁ, ㅂ

0671 답 ㄱ

0672 답 ㄴ, ㄹ

0673 답 ㅂ

가장 강한 음의 상관관계가 있는 것은 ㅂ이다.

0674 답 양

0675 답 음

0676 답 음

0677 답 무

0678 답 양

0679 답 양

0680 답 양

0681 답 무

P : PATTERN
유형 마스터

본문 112~115쪽

0682 답 ①

오른쪽 산점도에서 영어 듣기 점수와 영어 말하기 점수가 모두 70점 이상인 학생을 나타내는 점은 색칠한 부분(경계선 포함)에 속하는 5개의 점이다.

따라서 구하는 학생 수는 5명이다.

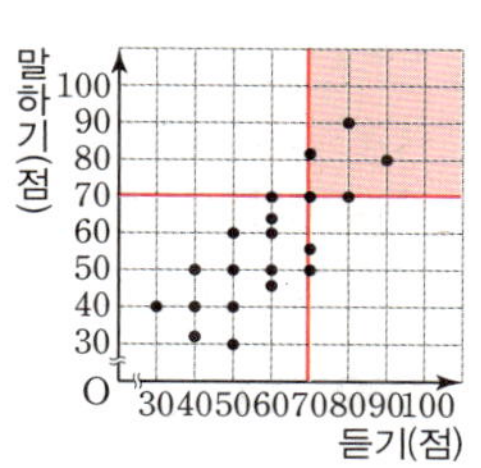

0683 답 4명

오른쪽 산점도에서 SNS 이용 시간이 15시간 이상이면서 수학 점수가 80점 이상인 학생을 나타내는 점은 색칠한 부분(경계선 포함)에 속하는 4개의 점이다.

따라서 구하는 학생 수는 4명이다.

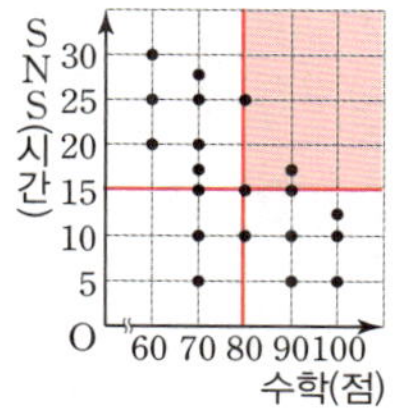

0684 답 7명

오른쪽 산점도에서 자유투를 1차, 2차에서 모두 7개 이상 성공시킨 선수를 나타내는 점은 색칠한 부분(경계선 포함)에 속하는 7개의 점이다.

따라서 구하는 선수의 수는 7명이다.

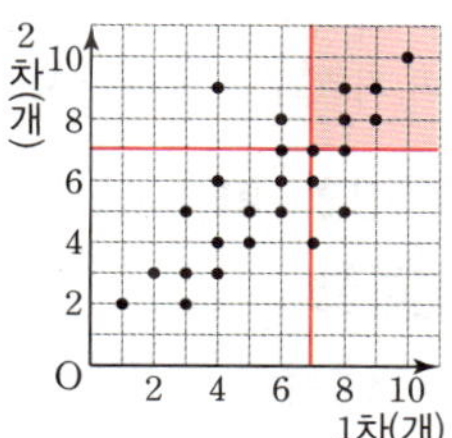

0685 답 8명

오른쪽 산점도에 자유투를 1차보다 2차에서 더 많이 성공시킨 선수를 나타내는 점은 대각선 위쪽에 속하는 8개의 점이다.

따라서 구하는 선수의 수는 8명이다.

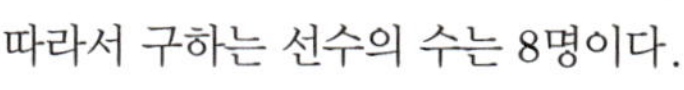

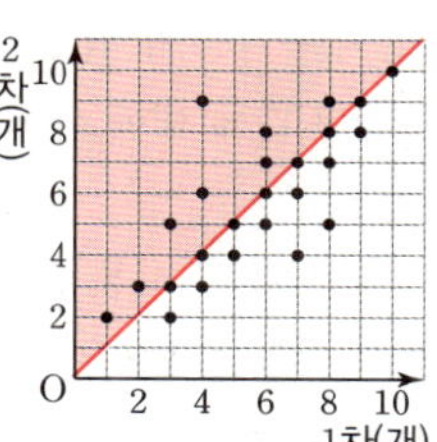

0686 답 32 %

오른쪽 산점도에서 자유투를 1차, 2차에서 모두 같은 개수만큼 성공시킨 선수를 나타내는 점은 대각선 위에 있는 8개의 점이다.

따라서 자유투를 1차, 2차에서 모두 같은 개수만큼 성공시킨 선수는 8명이므로

$$\frac{8}{25} \times 100 = 32\,(\%)$$

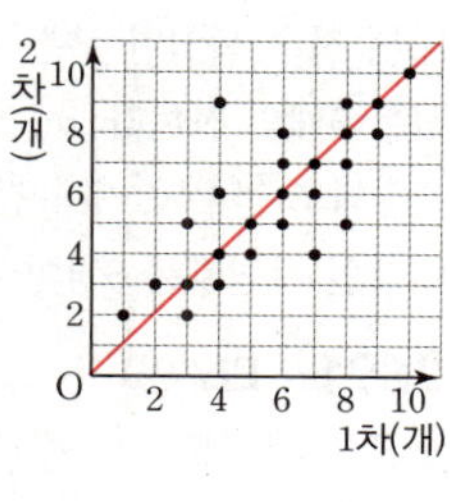

0687 답 30 %

오른쪽 산점도에서 총괄 평가 점수가 진단 평가 점수보다 떨어진 학생을 나타내는 점은 대각선 아래쪽에 속하는 9개의 점이다.

따라서 총괄 평가 점수가 진단 평가 점수보다 떨어진 학생은 9명이므로

$$\frac{9}{30} \times 100 = 30\,(\%)$$

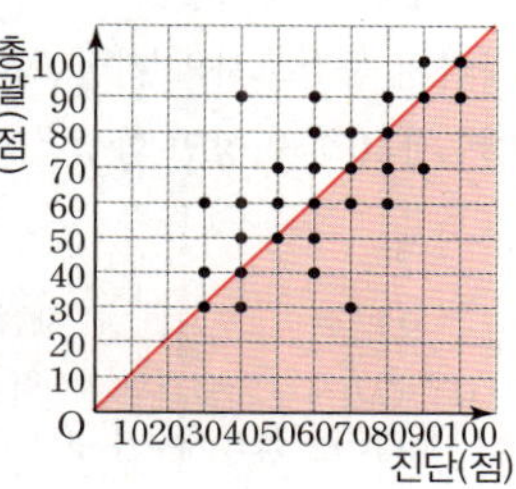

0688 답 ㄴ, ㄷ

오른쪽 산점도에서

ㄱ. 1차, 2차에서 같은 점수를 얻은 양궁 선수를 나타내는 점은 대각선 위에 있는 4개의 점이다.

즉, 1차, 2차에서 같은 점수를 얻은 양궁 선수는 4명이다.

ㄴ. 1차보다 2차에서 높은 점수를 얻은 양궁 선수를 나타내는 점은 대각선 위쪽에 속하는 4개의 점이다.

즉, 1차보다 2차에서 높은 점수를 얻은 양궁 선수는 4명이다.

ㄷ. 1차와 2차에서 얻은 점수 중 적어도 하나는 9점 이상인 양궁 선수를 나타내는 점은 (7, 9), (8, 9), (9, 8), (9, 9), (9, 10), (10, 9)의 6개의 점이다.

즉, 1차와 2차에서 얻은 점수 중 적어도 하나는 9점 이상인 양궁 선수는 6명이다.

따라서 옳지 않은 것은 ㄴ, ㄷ이다.

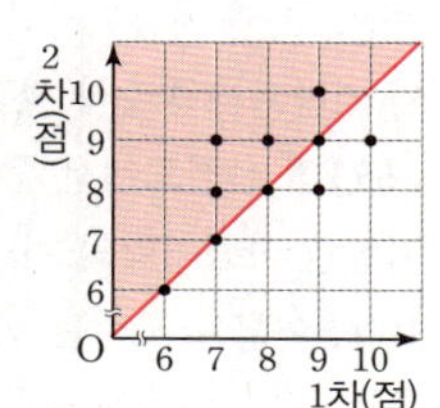

0689 답 30 %

오른쪽 산점도에서 실기 점수와 이론 점수의 합이 50점 이하인 학생을 나타내는 점은 색칠한 부분(경계선 포함)에 속하는 6개의 점이다.

따라서 실기 점수와 이론 점수의 합이 50점 이하인 학생은 6명이므로

$$\frac{6}{20} \times 100 = 30\,(\%)$$

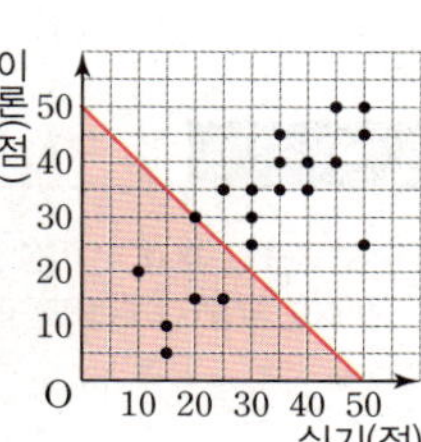

0690 답 6명

태도 점수와 지식 점수의 평균이 80점 이상이려면 두 점수의 합이
$80 \times 2 = 160$(점) 이상이어야 한다.
따라서 오른쪽 산점도에서 태도 점수와 지식
점수의 평균이 80점 이상인 지원자를 나타
내는 점은 색칠한 부분(경계선 포함)에 속하
는 6개의 점이다.
즉, 태도 점수와 지식 점수의 평균이 80점
이상인 지원자는 6명이다.

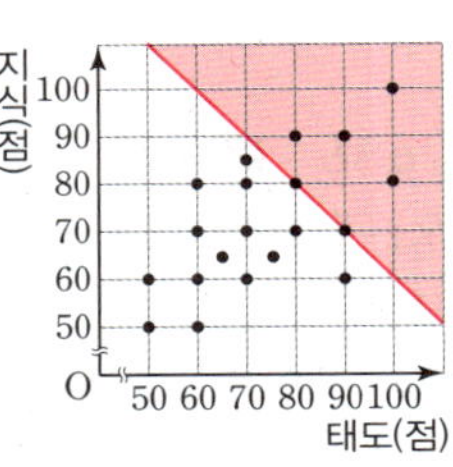

0691 답 5명

오른쪽 산점도에서 중간고사와 기말고사의
수학 성적의 합이 140점 이상인 학생을 나
타내는 점은 색칠한 부분(경계선 포함)에 속
하는 5개의 점이다.   … (i)
따라서 중간고사와 기말고사의 수학 성적의
합이 140점 이상인 학생은 5명이다.

… (ii)

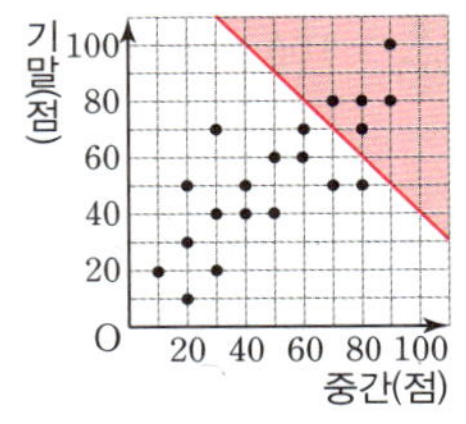

채점 기준	배점
(i) 중간고사와 기말고사의 수학 성적의 합이 140점 이상인 학생을 나타내는 점의 개수를 구한 경우	50 %
(ii) 중간고사와 기말고사의 수학 성적의 합이 140점 이상인 학생 수를 구한 경우	50 %

0692 답 82점

중간고사와 기말고사의 수학 성적의 평균이 70점 이상이려면 중간고사
와 기말고사의 수학 성적의 합이 $70 \times 2 = 140$(점) 이상이어야 한다.
0691의 산점도에서 중간고사와 기말고사의 수학 성적의 평균이 70점
이상인 학생 5명의 기말고사 점수는 각각 70점, 80점, 80점, 80점,
100점이므로 구하는 평균은
$$\frac{70+80+80+80+100}{5} = \frac{410}{5} = 82(점)$$

0693 답 ②

접근하기	산점도에 중간고사와 기말고사의 수학 성적의 차가 20점인 두 직선을 그어 본다.

오른쪽 산점도에서 중간고사와 기말고사의
수학 성적의 차가 20점 이상인 학생을 나타
내는 점은 색칠한 부분(경계선 포함)에 속하
는 4개의 점이다.
따라서 중간고사와 기말고사의 수학 성적의
차가 20점 이상인 학생은 4명이므로
$$\frac{4}{20} \times 100 = 20(\%)$$

해설 속 칠판

두 변량의 차가 a 이상인 경우는 오른쪽 산점도에서
색칠한 부분(경계선 포함)과 같다.

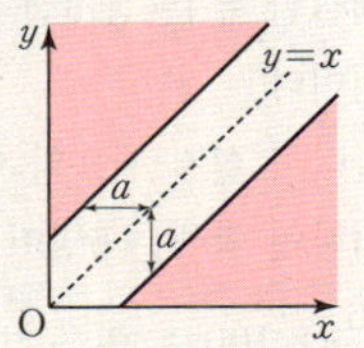

0694 답 ②, ③

① 상관관계가 없다.　　　　　②, ③ 양의 상관관계
④, ⑤ 음의 상관관계

0695 답 ④

지면에서의 높이와 산소량 사이에는 음의 상관관계가 있다.
①, ③, ⑤ 양의 상관관계
② 상관관계가 없다.
④ 음의 상관관계

0696 답 ⑤

ㄱ, ㄷ, ㅁ. 양의 상관관계
ㄴ. 음의 상관관계
ㄹ, ㅂ. 상관관계가 없다.
따라서 옳은 것은 ⑤이다.

0697 답 ②

① 키가 가장 큰 학생은 A이다.
③ B는 키에 비해 몸무게가 많이 나가는 편도 아니고 적게 나가는
　편도 아니다.
④ C는 E보다 키가 크다.
⑤ 몸무게가 가장 많이 나가는 학생은 E이다.
따라서 옳은 것은 ②이다.

0698 답 ㄱ, ㄷ

ㄴ. B는 1차와 2차 점수의 차가 가장 작은 편이다.
ㄹ. D는 A보다 1차 점수가 높다.
따라서 옳은 것은 ㄱ, ㄷ이다.

0699 답 ⑤

주어진 산점도는 음의 상관관계를 나타낸다.
①, ④ 상관관계가 없다.　　　　②, ③ 양의 상관관계
⑤ 음의 상관관계

0700 답 ④

당근의 생산량과 당근의 가격 사이에는 음의 상관관계가 있으므로
x, y 사이의 상관관계를 나타내는 산점도는 ④이다.

0701 답 B

대각선으로부터 가장 멀리 떨어진 점 B가 나타내는 학생이 왼쪽 눈
의 시력과 오른쪽 눈의 시력의 차가 가장 크다.

0702 답 상관관계가 없다.

접근하기	얼룩진 부분의 변량을 점으로 나타낸 후, 두 변량 사이의 상관관계를 판단한다.

얼룩진 부분의 자료를 추가하면 학생 21명
의 지난 주말의 컴퓨터 사용 시간과 봉사
활동 시간에 대한 산점도는 오른쪽 그림과
같다.

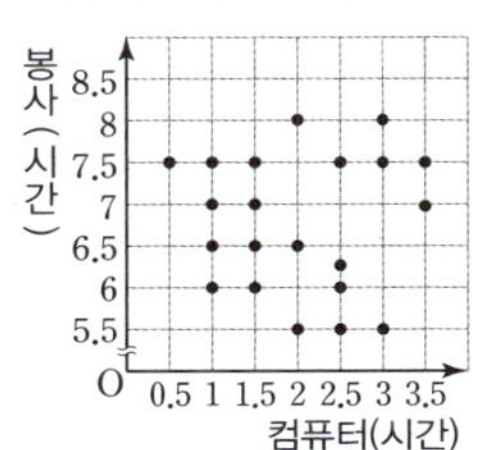

이때 컴퓨터 사용 시간이 증가함에 따라
봉사 활동 시간이 대체로 증가하거나 감소
하는 경향이 있지 않으므로 두 변량 사이에는 상관관계가 없다.

0703 답 ①, ⑤

② 용돈에 비해 저축액에 많은 학생은 B이다.

③, ④ 용돈이 많은 학생은 대체로 저축액도 많으므로 용돈과 저축액
　　사이에는 양의 상관관계가 있다.

따라서 옳은 것은 ①, ⑤이다.

실전 업

본문 116~119쪽

0704 답 8명

오른쪽 산점도에서 2차 미술 실기 점수가 1차
보다 향상된 학생을 나타내는 점은 대각선
위쪽에 속하는 8개의 점이다.

따라서 구하는 학생 수는 8명이다.

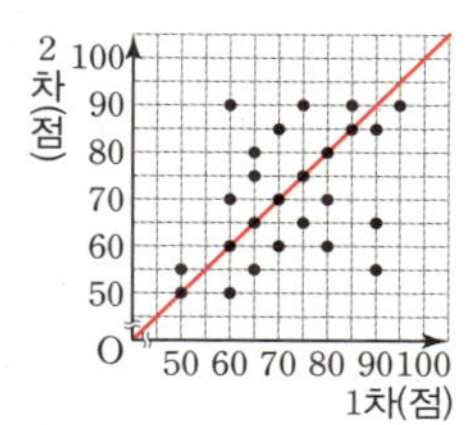

0705 답 ②

오른쪽 산점도에서 2차 영어 듣기 평가 점
수가 1차보다 하락한 학생을 나타내는 점은
대각선 아래쪽에 속하는 점이다.

이때 점수가 가장 많이 하락한 학생을 나타
내는 점은 대각선으로부터 가장 멀리 떨어
진 $(90, 55)$이므로 하락한 점수는

$90-55=35$(점)

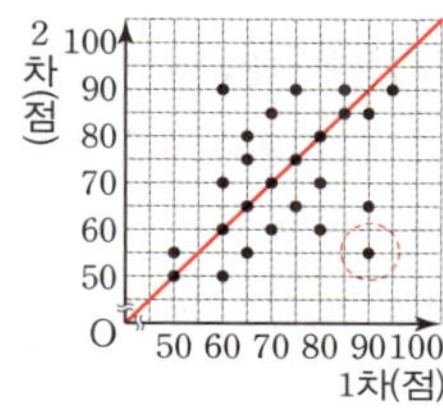

0706 답 ㄱ, ㄴ

ㄱ. 키가 큰 신생아는 머리 둘레도 대체로 큰 편이다.

ㄴ. 키가 $51\,\mathrm{cm}$인 신생아는 3명으로 그 머리 둘레가 각각 $34\,\mathrm{cm}$,
　　$35\,\mathrm{cm}$, $36\,\mathrm{cm}$이다.

　　즉, 구하는 머리 둘레의 평균은 $\dfrac{34+35+36}{3}=35\,(\mathrm{cm})$

ㄷ. 오른쪽 산점도에서 키가 $50\,\mathrm{cm}$ 이하인
　　신생아를 나타내는 점은 색칠한 부분
　　(경계선 포함)에 속하는 11개의 점이다.

　　즉, 키가 $50\,\mathrm{cm}$ 이하인 신생아는

　　11명이므로 $\dfrac{11}{20}\times100=55\,(\%)$

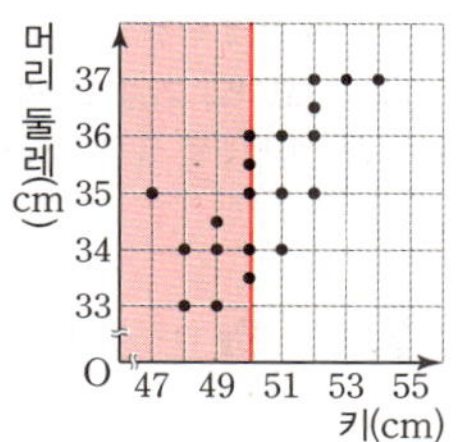

따라서 옳지 않은 것은 ㄱ, ㄴ이다.

0707 답 ④

오른쪽 산점도에서 8시간 이상 운동을 한
학생을 나타내는 점은 색칠한 부분(경계선
포함)에 속하는 8개의 점이다.

따라서 운동 시간이 8시간 이상인 8명의
학생의 독서 시간은 각각 1시간, 2시간,
2시간, 3시간, 3시간, 4시간, 5시간, 6시간
이므로 구하는 평균은

$$\frac{1+2\times2+3\times2+4+5+6}{8}=\frac{26}{8}=3.25(\text{시간})$$

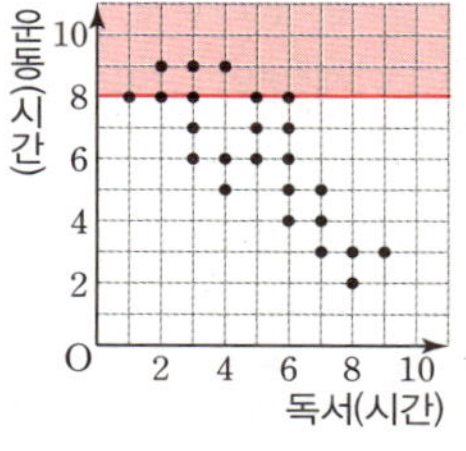

0708 답 ③

오른쪽 산점도에서 지필 평가 점수와 수행
평가 점수를 합한 점수가 90점 이상인 학생
을 나타내는 점은 색칠한 부분(경계선 포함)
에 속하는 4개의 점이다.

따라서 지필 평가 점수와 수행 평가 점수를
합한 점수가 90점 이상인 학생은 4명이므로
A등급을 받는 학생 수는 4명이다.

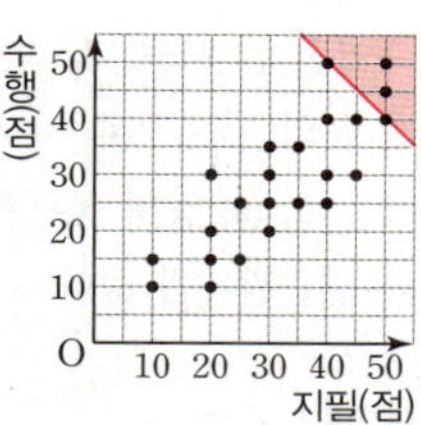

0709 답 10명

오른쪽 산점도에서 지필 평가 점수와 수행
평가 점수의 차가 10점 이상인 학생을 나타
내는 점은 색칠한 부분(경계선 포함)에 속하
는 10개의 점이다.

따라서 구하는 학생 수는 10명이다.

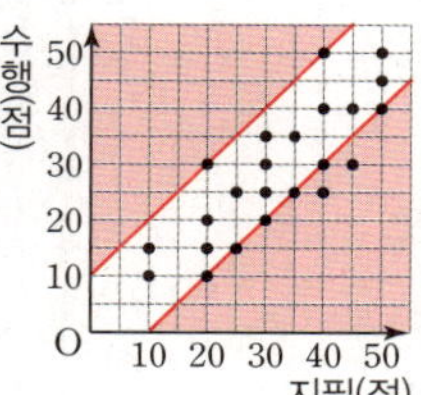

0710 답 25 %

수학 성적과 과학 성적의 평균이 80점 이상이려면 두 성적의 합이
$80\times2=160$(점) 이상이어야 한다.

따라서 학생 5명의 자료를 추가한 오른쪽 산
점도에서 수학 성적과 과학 성적의 평균이
80점 이상인 학생을 나타내는 점은 색칠한
부분(경계선 포함)에 속하는 5개의 점이다.

즉, 수학 성적과 과학 성적의 평균이 80점 이
상인 학생은 5명이므로

$\dfrac{5}{20}\times100=25\,(\%)$

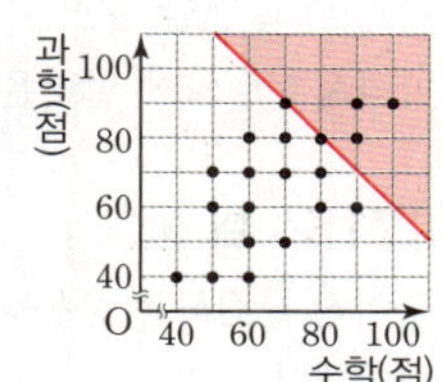

0711 답 ②

학생 A의 표어 만들기 점수는 6점, 포스터 그리기 점수는 7점이므로

평균은 $\dfrac{6+7}{2}=6.5$(점)

이때 표어 만들기 점수와 포스터 그리기 점수의 평균이 6.5점이려면
표어 만들기 점수와 포스터 그리기 점수의 합이 $6.5\times2=13$(점)이어
야 한다.

따라서 표어 만들기 점수와 포스터 그리기 점
수의 평균이 학생 A보다 낮은 학생을 나타내
는 점은 오른쪽 산점도에서 표시한 부분인 5개
의 점이다.

즉, 구하는 학생 수는 5명이다.

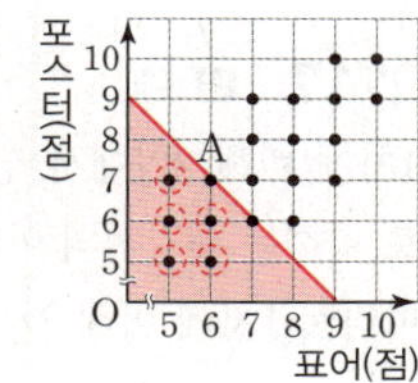

0712 답 ③

창의력 해결 단계

❶ 주어진 신문 기사를 읽고, 여름철 냉방병의 발생률의 증가에 영향을 주는 것과
　감소에 영향을 주는 것을 구분한다.

❷ 여름철 냉방병의 발생률과 양의 상관관계가 있지 않은 것을 찾는다.

③ 환기를 충분히 하지 않으면 냉방병이 많이 발생하므로 환기량과
　여름철 냉방병의 발생률 사이에는 음의 상관관계가 있다.

0713 답 ④

주어진 산점도는 두 변량 사이에 상관관계가 없음을 나타낸다.

① 음의 상관관계

②, ③, ⑤ 양의 상관관계

④ 상관관계가 없다.

0714 답 ④

차량 수와 평균 통과 속력에 대한 산점도는 다음 그림과 같다.

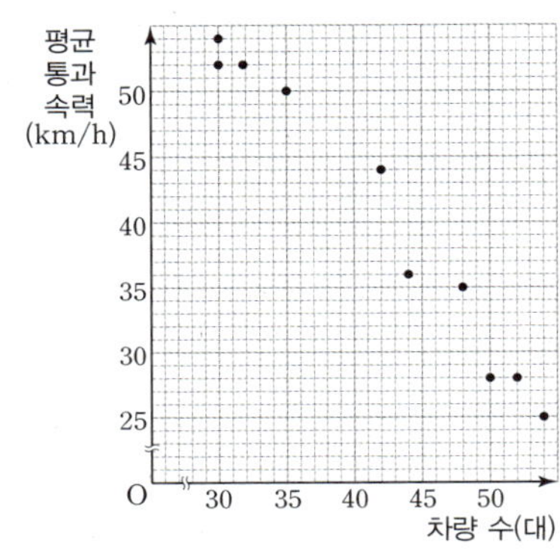

위의 산점도에서 대체로 차량 수가 증가할 때, 평균 통과 속력은 감소하는 편이므로 차량 수와 평균 통과 속력 사이에는 음의 상관관계가 있다고 말할 수 있다.

따라서 (개), (내)에 알맞은 것을 차례로 나열한 것은 ④이다.

0715 답 ④

주어진 산점도는 운동량과 심박수 사이에 양의 상관관계가 있음을 나타낸다.

ㄱ. 음의 상관관계

ㄴ, ㄷ. 양의 상관관계

ㄹ. 상관관계가 없다.

0716 답 ④, ⑤

① 산점도는 두 변량의 순서쌍을 좌표평면 위에 나타낸 그림이다.

② 상관관계가 없는 경우도 있다.

③ 산점도에서 점들이 오른쪽 아래로 향하는 경향이 있으면 음의 상관관계가 있다.

따라서 옳은 것은 ④, ⑤이다.

0717 답 C

1차에 비해 2차에서 성적이 하락한 학생을 나타내는 점은 오른쪽 위로 향하는 대각선의 아래쪽에 속하는 점인 C이다.

따라서 1차에 비해 2차에서 성적이 하락한 학생은 C이다.

0718 답 B

성적의 변화가 가장 큰 학생을 나타내는 점은 오른쪽 위로 향하는 대각선으로부터 가장 멀리 떨어진 점인 B이다.

따라서 성적의 변화가 가장 큰 학생은 B이다.

0719 답 양의 상관관계

1차 국어 성적이 증가함에 따라 대체로 2차 국어 성적도 증가하므로 1차 국어 성적과 2차 국어 성적 사이에는 양의 상관관계가 있다.

0720 답 (1) 6명 (2) $\dfrac{25}{3}$점 (3) C

(1) 말하기 성적과 듣기 성적이 같은 학생을 나타내는 점은 대각선 위의 6개의 점이므로 말하기 성적과 듣기 성적이 같은 학생은 6명이다. ⋯ (i)

(2) 듣기 성적이 8점인 학생은 3명이고, 이 3명의 말하기 성적이 각각 7점, 8점, 10점이므로

$$(\text{말하기 성적의 평균}) = \frac{7+8+10}{3} = \frac{25}{3}(\text{점}) \quad \cdots \text{(ii)}$$

(3) 말하기 성적과 듣기 성적의 차는

A: 5−5=0(점), B: 7−6=1(점), C: 9−6=3(점),

D: 10−9=1(점), E: 10−8=2(점)

이므로 성적의 차가 가장 큰 학생은 C이다. ⋯ (iii)

채점 기준	배점
(i) 말하기 성적과 듣기 성적이 같은 학생 수를 구한 경우	30 %
(ii) 듣기 성적이 8점인 학생들의 말하기 성적의 평균을 구한 경우	40 %
(iii) 말하기 성적과 듣기 성적의 차가 가장 큰 학생을 구한 경우	30 %

0721 답 40 %

중간고사와 기말고사의 사회 성적의 평균이 70점 초과이려면 중간고사와 기말고사의 사회 성적의 합이 $70 \times 2 = 140$(점) 초과이어야 한다.

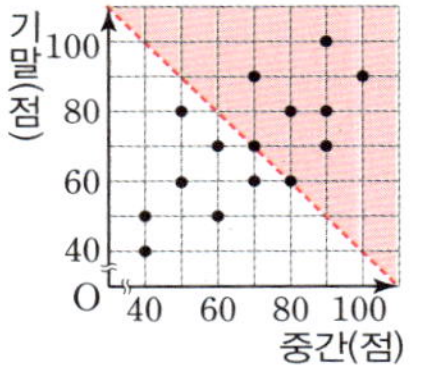

따라서 오른쪽 산점도에서 중간고사와 기말고사의 사회 성적의 평균이 70점 초과인 학생을 나타내는 점은 색칠한 부분에 속하는 6개의 점이다.

즉, 중간고사와 기말고사의 사회 성적의 평균이 70점 초과인 학생은 6명이므로 ⋯ (i)

$$\frac{6}{15} \times 100 = 40(\%) \quad \cdots \text{(ii)}$$

채점 기준	배점
(i) 중간고사와 기말고사의 사회 성적의 평균이 70점 초과인 학생 수를 구한 경우	70 %
(ii) 중간고사와 기말고사의 사회 성적의 평균이 70점 초과인 학생은 전체의 몇 %인지 구한 경우	30 %

0722 답 (1) 양의 상관관계 (2) 상관관계가 없다.

(1) x의 값이 증가함에 따라 y의 값도 대체로 증가하는 경향이 있으므로 두 변량 x, y 사이에는 양의 상관관계가 있다. ⋯ (i)

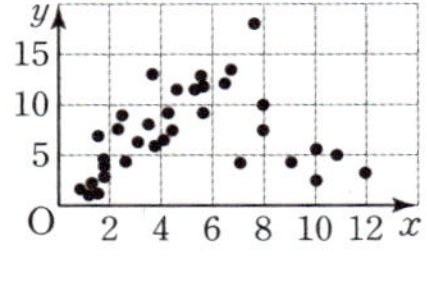

(2) 주어진 자료를 추가하여 나타낸 산점도는 오른쪽 그림과 같다. ⋯ (ii)

이때 x의 값이 증가함에 따라 y의 값이 증가하거나 감소하는 경향이 있지 않으므로 두 변량 x, y 사이에는 상관관계가 없다. ⋯ (iii)

채점 기준	배점
(i) 처음의 산점도에서 두 변량 x, y 사이의 상관관계를 말한 경우	40 %
(ii) 자료를 추가하여 새로운 산점도를 그린 경우	30 %
(iii) 자료를 추가하여 그린 새로운 산점도에서 두 변량 x, y 사이의 상관관계를 말한 경우	30 %

www.megabooks.co.kr

내용 문의 02-6350-8491
구입 문의 02-6350-8455,6

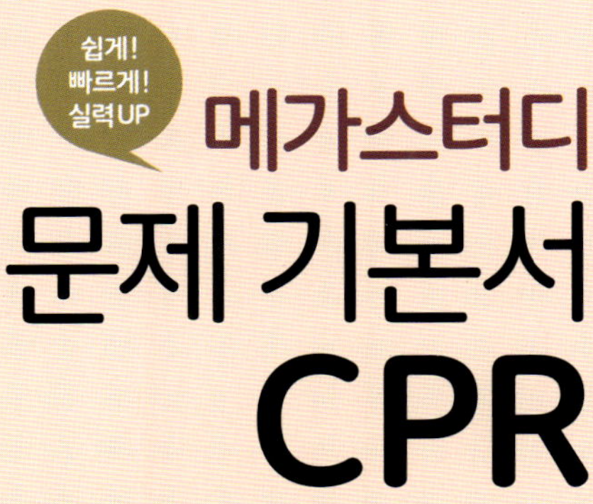
쉽게!
빠르게!
실력UP
메가스터디
문제 기본서
CPR